Sistema de Gestão:
qualidade e segurança dos alimentos

Sistema de Gestão:
qualidade e segurança dos alimentos

Pedro Manuel Leal Germano
Professor titular de Saúde Pública Veterinária do Departamento de Prática de Saúde Pública da Faculdade de Saúde Pública da USP

Maria Izabel Simões Germano
Mestre e doutora em Saúde Pública pela Faculdade de Saúde Pública da USP e pedagoga pela PUCSP

Copyright© 2013, Editora Manole Ltda., por meio de contrato com os organizadores.

Editor gestor: Walter Luiz Coutinho
Editora responsável: Ana Maria Silva Hosaka
Produção editorial: Pamela Juliana de Oliveira
Marília Courbassier Paris
Editora de arte: Deborah Sayuri Takaishi
Projeto gráfico e diagramação: Acqua Estúdio Gráfico
Capa: O Capista
Imagens da capa: Bigstock® Fresh Vegetables And Fruits/Poultry farm/Business people enjoy lunch meal at restaurant management discussion/Male and female chef chopping vegetables/Factory

Dados Internacionais de Catalogação na Publicação (CIP)
(Câmara Brasileira do Livro, SP, Brasil)

Sistema de gestão: qualidade e segurança dos alimentos /
Pedro Manuel Leal Germano, Maria Izabel Simões Germano [orgs.]. -- Barueri, SP: Manole, 2013.

Vários colaboradores.
Bibliografia.
ISBN 978-85-204-3304-1

1. Alimentos - Contaminação 2. Alimentos - Manuseio 3. Cuidados de saúde 4. Doenças causadas pela nutrição 5. Serviços de nutrição - Higiene
I. Germano, Pedro Manuel Leal.
II. Germano, Maria Izabel Simões.

12-09201 CDD-613.2

Índices para catálogo sistemático:
1. Alimentos : Segurança : Promoção da saúde :
Ciências médicas 613.2

Todos os direitos reservados.
Nenhuma parte deste livro poderá ser reproduzida,
por qualquer processo, sem a permissão expressa
dos editores. É proibida a reprodução por xerox.

1ª edição – 2013

A Editora Manole é afiliada à ABDR – Associação Brasileira de Direitos Reprográficos

Editora Manole Ltda.
Av. Ceci, 672 – Tamboré
06460-120 – Barueri – SP – Brasil
Tel.: (11) 4196-6000 – Fax: (11) 4196-6021
www.manole.com.br
info@manole.com.br

Impresso no Brasil
Printed in Brazil

Aos nossos filhos, Luiz e Gabriela, com nosso carinho e muito amor por serem quem vocês são para nós: dois seres maravilhosos.

A palavra foi dada ao homem para explicar os seus pensamentos, e assim como os pensamentos são os retratos das coisas, da mesma forma as nossas palavras são retratos dos nossos pensamentos. (Molière)

Ao nosso neto, Luiz Felipe, que foi gerado concomitantemente a este livro e para o qual nossas esperanças se voltam.

A melhor maneira de nos prepararmos para o futuro é concentrar toda a imaginação e entusiasmo na execução perfeita do trabalho de hoje. (Dale Carnegie)

À Paulinha, nossa nora, que trouxe um novo significado à nossa família.

A amizade duplica as alegrias e divide as tristezas. (Francis Bacon)

Sobre os organizadores

Pedro Manuel Leal Germano

Médico Veterinário pela Faculdade de Medicina Veterinária e Zootecnia (FMVZ) da Universidade de São Paulo (USP). Especialização em Saúde Pública, mestrado e doutorado pela Faculdade de Saúde Pública (FSP) da USP; pós-doutorado na França, no Instituto Pasteur de Paris; livre-docência em Epidemiologia e Saneamento Ambiental pela FMVZ/USP; professor titular de Saúde Pública Veterinária junto ao Departamento de Prática de Saúde Pública da FSP/USP. Coordenador do Curso de Extensão Universitária de Especialização em Vigilância Sanitária de Alimentos da FSP/USP. Na área de Vigilância Sanitária exerceu a coordenação geral, junto à Comissão de Cultura e Extensão da FSP/USP, com o apoio da Agência Nacional de Vigilância Sanitária (Anvisa) do Ministério da Saúde e da Organização Pan-americana da Saúde (OPAS), dos seguintes cursos com ênfase em Vigilância Sanitária: Correlatos, Alimentos, Radiações Ionizantes, Serviços de Saúde e de Medicamentos, Cosméticos e Domissaneantes. Membro da Câmara Técnica de Alimentos da Gerência Geral de Alimentos da Anvisa desde 2004. Autor do livro *Higiene e Vigilância Sanitária de Alimentos*, em coautoria com Maria Izabel Simões Germano. Autor de diversos capítulos de livros sobre vigilância sanitária de alimentos.

Maria Izabel Simões Germano

Bacharel e licenciada em Pedagogia pela Pontifícia Universidade Católica de São Paulo (PUC-SP), com habilitação em Orientação Educacional e Supervisão Escolar; habilitação em Administração Escolar pelas Faculdades Associadas do Ipiranga; mestrado e doutorado em Saúde Pública pela Faculdade de Saúde Pública (FSP) da Universidade de São Paulo (USP). Responsável pelo apoio pedagógico do curso de extensão universitária de Especialização em Vigilância Sanitária de Alimentos da FSP/USP. Atuou na área de Treinamento de Recursos Humanos em empresas públicas e privadas, assim como na área de formação profissional. Autora dos livros *Treinamento de Manipuladores de Alimentos: fator de segurança alimentar e promoção da saúde*; e *Higiene e Vigilância Sanitária de Alimentos*, em coautoria com Pedro Manuel Leal Germano. Autora de diversos capítulos de livros sobre vigilância sanitária de alimentos.

Sobre os colaboradores

Andréa Barbosa Boanova

Médica Veterinária pela Faculdade de Medicina Veterinária e Zootecnia (FMVZ) da Universidade de São Paulo (USP) e bacharel em Direito pela Universidade Paulista (Unip). Especialização em Saúde Pública pela Unaerp. Especialização em Perícia Veterinária pelo Instituto de Medicina Social de Criminologia de São Paulo. Especialização em Direito Sanitário pela Faculdade de Saúde Pública (FSP) da USP. Mestre em Serviços de Saúde Pública pela FSP/USP. Doutoranda em Serviços de Saúde Pública pela FSP/USP (em andamento). Autoridade sanitária da Subgerência de Alimentos na Coordenação de Vigilância em Saúde da Secretaria Municipal da Saúde de São Paulo.

Cássia Neves Martins

Médica Veterinária pela Faculdade de Medicina Veterinária e Zootecnia (FMVZ) da Universidade de São Paulo (USP). Mestrado em Epidemiologia Experimental Aplicada às Zoonoses pela FMVZ/USP. Foi responsável técnica da Indústria de Produtos Veterinários Dog Clean Ltda. Consultora na SOS Cozinha, Segurança Alimentar (atual).

Débora Flosi

Engenheira de Alimentos pela Fundação Educacional de Barretos. Especialista em Vigilância Sanitária de Alimentos pela Faculdade de Saúde Pública da Universidade de São Paulo (FSP/USP). Sócia e Supervisora em Controle de Qualidade da SOS Cozinha, Segurança Alimentar. Cursos de Supervisor em Segurança Alimentar – IH/*serv safe* (2001) e instrutor em Segurança Alimentar – IH/*serv safe* (2003). Professora do curso de Tecnólogo em Gastronomia da Escola de Hotelaria, Gastronomia e Turismo de São Paulo. Docente do Curso de Especialização em Vigilância Sanitária de Alimentos da FSP/USP.

Elisabete Aparecida Martins

Graduada em Ciências Biológicas pela Universidade São Judas Tadeu. Especialização em Vigilância Sanitária de Alimentos pela Faculdade de Saúde Pública (FSP) da Universidade de São Paulo (USP). Doutora e mestre em Saúde Pública pela FSP/USP. MBA em Gestão Estratégica de Negócios pela Universidade de Campinas. Vivência de mais de 25 anos em sistemas da qualidade, segurança e higiene de alimentos, atuando como gestora, consultora e auditora. Docente do Curso de Especialização em Vigilância Sanitária de Alimentos da FSP/USP. Docente do Curso de Especialização em Sistemas de Gestão Integrados para a Cadeia de Alimentos, da Universidade Positivo/Food Design.

Érika Fabiane Furlan

Zootecnista pela Universidade Estadual Paulista Júlio de Mesquita Filho. Mestrado em Ciência e Tecnologia de Alimentos pela Escola Superior de Agricultura Luiz de Queiroz da Universidade de São Paulo (Esalq/USP). Doutoranda em Nutrição pela Faculdade de Saúde Pública da USP (em andamento). Pesquisadora científica do Instituto de Pesca. Tem experiência na área de ciência e tecnologia de alimentos, com ênfase em pescado, atuando principalmente nos seguintes temas: controle de qualidade do pescado e segurança alimentar. Revisora dos periódicos: *Ciência e Tecnologia de Alimentos*; *Boletim do Instituto de Pesca*; *Anais do Simpósio de Controle do Pescado; Journal of Aquatic Food Product Technology*. Autora de diversas publicações relativas ao pescado.

Georgiana Sávia Brito Aires

Médica Veterinária pela Universidade Federal de Goiás. Especialista em Inspeção Higiênico-sanitária e Tecnológica de Carnes e Derivados pelo Colégio Brasileiro de Médicos Veterinários Higienistas de Alimentos. Doutora e mestre em Tecnologia de Alimentos – Área de Leite e Derivados – pela Faculdade de Engenharia de Alimentos da Universidade de Campinas. Professora das disciplinas de Tecnologia de Produtos de Origem Animal, Higiene e Inspeção de Produtos de Origem Animal e Indústria de Laticínios nos Cursos de Medicina Veterinária, Engenharia de Alimentos e Engenharia Agronômica da Universidade de Pinhal. Professora dos cursos de extensão e pós-gradução do Curso de Medicina Veterinária da Unifeob – Centro Universitário da Fundação de Ensino Octávio Bastos. Diretora da Alimentária – Análise, Consultoria e Treinamento Ltda. Coordenadora do Curso de Engenharia de Alimentos do Centro Regional Universitário de Espírito Santo do Pinhal. Coordenadora e professora do Curso de Especialização em Higiene e Inspeção de Produtos de Origem Animal do Instituto Qualittas de Pós-Graduação. Associada ao Conselho Brasileiro da Qualidade do Leite. Membro da Câmara Setorial de Leite do Estado de São Paulo. Secretária executiva do Serviço de Inspeção Municipal de Produtos de Origem Animal em Espírito Santo do Pinhal.

Gillian Alonso Arruda

Nutricionista pela Faculdade de Ciências da Saúde São Camilo. Doutora e Mestre pela Faculdade de Saúde Pública (FSP) da Universidade de São Paulo (USP). Diretora de relações interinstitucionais e de educação à distância da Faculdade do Centro Brasileiro de Estudos de Saúde. Diretora do Instituto de Pesquisa, Capacitação e Especialização. Colaboradora do Curso de Nutrição da FSP/USP. Diretora da Editora Ponto Crítico. Editora da *Revista Qualidade em Alimentação e Nutrição*. Autora da coleção: Manual de Boas Práticas (Volume I – Hotéis e Restaurantes, Volume II – Unidades de Alimentação e Nutrição). Autora do livro *Listéria e Listeriose: perigo para gestantes*. Autora de diversos capítulos de livros e publicações concernentes à segurança alimentar.

Lívia de Andrade Rodrigues

Médica Veterinária pela Universidade Estadual de Londrina. Curso de Especialização em Higiene e Inspeção em Produtos de Origem Animal e Vigilância Sanitária na Qualittas – Instituto de Pós-Graduação em Medicina Veterinária. Aperfeiçoamento Profissional no Laboratório de Inspeção de Produtos de Origem Animal da Universidade Federal de Viçosa. Mestrado em Epidemiologia Experimental e Aplicada às Zoonoses da Faculdade de Medicina Veterinária e Zootecnia da Universidade de São Paulo (USP). Consultora técnica em segurança alimentar da SOS Cozinha, Segurança Alimentar. Auditora em Boas Práticas de Fabricação (BPF) do Bureau Verittas. Docente do Curso de Especialização em Vigilância Sanitária de Alimentos da Faculdade de Saúde Pública da USP.

Luiz Eduardo Leite Chaves

Engenheiro Agrônomo pela Escola Superior de Agricultura Luiz de Queiroz (Esalq) da Universidade de São Paulo (USP). Mestre em Entomologia com concentração na área de Controle Biológico – Esalq/USP. Doutor em Entomologia com foco em Pragas Urbanas – Esalq/USP. Professor convidado do Curso de Pós-Graduação em Entomologia Urbana – Universidade Estadual de São Paulo/Instituto Biológico, para a Disciplina Traças e Insetos Relacionados a Produtos Armazenados. Atuou na Citrosuco Paulista Ltda, na Microbiotécnica Saneamento Ambiental, na qual liderou o lançamento do conceito de Manejo Integrado de Pragas para Ambientes Urbanos e Industriais no Brasil. Ocupa a diretoria da Divisão Pest Elimination. É autor do capítulo "Controle de traças em ambientes urbanos e de armazenagem de grãos" do livro *Manejo de Pragas Urbanas*. Fundador da Associação Paulista dos Controladores de Pragas Urbanas, trabalhou por diversos anos como membro de sua diretoria; coordenou tecnicamente a primeira edição da Expoprag e foi membro da equipe de normatização de alguns temas relacionados à atividade de controle de pragas urbanas junto à Associação Brasileira de Normas Técnicas, entre eles Manejo Integrado de Pragas.

Maria Roberta Felizardo

Médica Veterinária pela Pontifícia Universidade Católica de Minas Gerais. Mestrado em Epidemiologia Experimental Aplicada às Zoonoses pela Faculdade de Medicina Veterinária e Zootecnia (FMVZ) da Universidade de São Paulo (USP). Doutoranda pela FMVZ/USP em Epidemiologia Experimental Aplicada às Zoonoses (em andamento). Especialização em Acupuntura Veterinária pelo Instituto Qualittas (em andamento).

Paula Christina Gonzales Praxedes

Médica Veterinária pela Faculdade de Medicina Veterinária e Zootecnia (FMVZ) da Universidade de São Paulo (USP). Mestre em Epidemiologia Experimental Aplicada às Zoonoses pela FMVZ/USP. Consultora técnica em segurança alimentar da SOS Cozinha, Segurança Alimentar. Ministra cursos para responsáveis técnicos em cozinhas comerciais pela SOS Cozinha, Segurança Alimentar. Docente do Curso de Especialização em Vigilância Sanitária de Alimentos da Faculdade de Saúde Pública da USP.

Priscilla Rocha Silva Fagundes

Engenheira Agrônoma pela Faculdade de Ciências Agronômicas (FCA) da Universidade Estadual Paulista (Unesp), campus Botucatu. Especialização em Gestão Rural pela Universidade Federal de Santa Catarina. Mestre em Horticultura pela FCA/Unesp. Pesquisadora científica do Instituto de Economia Agrícola da Secretaria de Agricultura e Abastecimento do Estado de São Paulo. Docente do Curso de Especialização em Vigilância Sanitária de Alimentos da Faculdade de Saúde Pública (FSP) da USP.

Stela Scaglione Quarentei

Farmacêutica Bioquímica de Alimentos, formada pela Faculdade de Ciências Farmacêuticas da Universidade de São Paulo (USP). Mestrado em Saúde Pública pela Faculdade de Saúde Pública da Universidade de São Paulo (FSP/USP). Auditora Líder da ISO 22000 e da ISO 9001. Diretora e consultora da S & Quality Consulting em Alimentos – consultoria em sistemas de gestão da qualidade em alimentos e segurança de alimentos para indústria alimentícia e serviços de alimentação. Docente do curso de Especialização em Vigilância Sanitária de Alimentos da FSP/USP.

Tarcila Neves Lange

Médica Veterinária pela Universidade Metodista de São Paulo. Especialista em Vigilância Sanitária de Alimentos pela Faculdade de Saúde Pública (FSP) da Universidade de São Paulo (USP). Mestre e doutoranda em

Saúde Pública pela FSP/USP. Docente em disciplinas de curso de pós-graduação da Universidade Nove de Julho. Docente do Curso de Especialização em Vigilância Sanitária de Alimentos da FSP/USP. Coordenadora da Vigilância Sanitária do município de Rio Grande da Serra no período de 2006 a 2008. Analista de Vigilância Sanitária da Rede de Supermercados DIA%.

Tatiana Almeida Mennucci

Médica Veterinária pela Universidade Paulista (Unip). Bacharelado e licenciatura em Física pela Universidade Presbiteriana Mackenzie. Especialista em Vigilância Sanitária de Alimentos pela Faculdade de Saúde Pública (FSP) da Universidade de São Paulo (USP). Especialista em Higiene e Inspeção de Produtos de Origem Animal pela Universidade Castelo Branco. Mestre em Saúde Pública pela FSP/USP, área de concentração: serviços de saúde pública. Docente do Curso de Especialização em Vigilância Sanitária de Alimentos da FSP/USP. Docente da disciplina Patologia dos Alimentos no Curso de Especialização em Vigilância Sanitária de Alimentos da Universidade Nove de Julho. Professora convidada em diversos cursos de pós-graduação/especialização em Vigilância Sanitária e Controle Sanitário de Alimentos. Colaboradora técnica da Secretaria de Segurança Alimentar do Município de Diadema. Chefe do Serviço de Vigilância Sanitária do Município de Diadema. Médica veterinária da Coordenadoria de Vigilância à Saúde de Diadema, atuando nos grupos técnicos de Vigilância Sanitária de Alimentos e Serviços de Saúde. Consultora técnica em segurança alimentar da SOS Cozinha, Segurança Alimentar.

Sumário

PREFÁCIO..XVII
Helena Ribeiro

APRESENTAÇÃO..XIX
Maria Izabel Simões Germano, Pedro Manuel Leal Germano

PARTE I – PADRÕES NORMATIVOS PARA A SEGURANÇA DE ALIMENTOS

1 | Sistemas de gestão e padrões normativos aplicáveis ao segmento
alimentício..3
Elisabete Aparecida Martins, Stela Scaglione Quarentei

PARTE II | QUALIDADE DAS MATÉRIAS-PRIMAS

2 | Qualidade das matérias-primas de origem animal (MPOA): carnes..............97
Tarcila Neves Lange, Tatiana Almeida Mennucci

3 | Qualidade das matérias-primas de origem animal: aves.............................143
*Paula Christina Gonzales Praxedes, Tarcila Neves Lange, Tatiana
Almeida Mennucci*

4 | Qualidade das matérias-primas de origem animal: ovos............................157
*Maria Izabel Simões Germano, Cássia Neves Martins, Maria Roberta
Felizardo, Pedro Manuel Leal Germano*

5 | Qualidade das matérias-primas de origem animal: leite............................167
Lívia de Andrade Rodrigues

XVI | Sistema de gestão: qualidade e segurança dos alimentos

6 | Qualidade das matérias-primas de origem animal: pescado......................183
Érika Fabiane Furlan

7 | Mel e produtos da colmeia..213
Georgiana Sávia Brito Aires

8 | Qualidade das matérias-primas: vegetal...245
Priscilla Rocha Silva Fagundes

9 | Gestão do agronegócio e micotoxinas em alimentos.....................263
Pedro Manuel Leal Germano

PARTE III – GESTÃO AMBIENTAL E SUSTENTABILIDADE

10 | Gestão ambiental e sua interação com a saúde...........................287
Gillian Alonso Arruda, Pedro Manuel Leal Germano

11 | Manejo integrado de pragas em ambientes urbanos.....................299
Luiz Eduardo Leite Chaves

PARTE IV – GESTÃO DA SEGURANÇA DOS ALIMENTOS

12 | Boas práticas de fabricação (BPF)..329
Stela Scaglione Quarentei

13 | Procedimento operacional padronizado (POP)..............................359
Débora Flosi

14 | Análise de perigos e pontos críticos de controle (APPCC)............395
Elisabete Aparecida Martins, Maria Izabel Simões Germano, Pedro Manuel Leal Germano

PARTE V – SEGURANÇA DOS ALIMENTOS NO SEGMENTO COMERCIAL

15 | Orientações gerais para estabelecimentos que comercializam alimentos...441
Andréa Barbosa Boanova

PARTE VI – GESTÃO DE PESSOAS

16 | Gestão de pessoas para qualidade e segurança dos alimentos...................475
Maria Izabel Simões Germano

17 | Metodologia para análise de situações na gestão de pessoas...................523
Maria Izabel Simões Germano

ÍNDICE REMISSIVO..563

Prefácio

Com muita satisfação atendi ao convite dos autores, coordenados pelo professor e colega de faculdade Pedro Manuel Leal Germano e por Maria Izabel Simões Germano, para prefaciar o livro *Sistema de gestão: qualidade e segurança dos alimentos*. O tema, sob abordagens múltiplas e ao mesmo tempo interligadas, é apresentado de modo bastante abrangente e atual, permitindo a formação de profissionais para atuação segura nas mais diversas áreas de toda a cadeia alimentar.

Em um paralelo com a gestão ambiental, cujo enfoque mais atual é o do ciclo de vida dos produtos, a obra trata os alimentos em todo seu ciclo, do campo ao consumo, sob a ótica da sua qualidade e da segurança à saúde das pessoas que os manipulam e os consomem.

Trata-se de uma obra acadêmica, escrita por autores com elevada formação científica em instituições de competência reconhecida, que atende a necessidades não só acadêmicas, mas de atuação prática e profissional nos setores público e privado. Portanto é, também, uma obra de extensão e de prestação de serviços à sociedade.

Ao traduzir informações técnico-científicas em linguagem de fácil compreensão, permite uma ampla disseminação do conhecimento nela apresentado.

Profa. Dra. Helena Ribeiro

Professora titular do Departamento de Saúde Ambiental e
Diretora da Faculdade de Saúde Pública da Universidade de São Paulo

Apresentação

> Você pode deduzir quanto quiser, mas dedução é inútil sem conhecimento. Sua mente é como uma roca a girar eterna e inutilmente, até que sejam introduzidas as fibras e elas passem a produzir fios. A informação é a base de todo pensamento racional. Busque-a. Procure-a com assiduidade. Encha o depósito de sua mente com tantos fatos quantos couberem nele. Não tente distinguir entre fatos importantes e triviais: todos são potencialmente importantes[1]. (Lane, 2011, p.52-3)

O presente livro, *Sistema de gestão: qualidade e segurança dos alimentos*, tem como objetivo primordial esclarecer e alertar sobre a importância da correta aplicação dos princípios de gestão para a garantia da qualidade, em especial no que concerne à segurança dos alimentos, visando à promoção da saúde da população. Destina-se àqueles que trabalham ou têm interesse no segmento de alimentos: proprietários de estabelecimentos, responsáveis técnicos, consultores, estudantes e outros profissionais dos setores público e privado. Foi escrito em linguagem de fácil compreensão, apesar de a temática ter caráter técnico-científico, para que todos os leitores pudessem se apropriar das informações e colocá-las em prática.

---

1 LANE, A. *Nuvem da morte*. Rio de Janeiro: Intrínseca, 2011, p.52-3

XX | Sistema de gestão: qualidade e segurança dos alimentos

A ideia da obra surgiu do trabalho dos coautores, que foram sugerindo e moldando os temas em conjunto, apresentando novos membros ao grupo, até chegarmos à versão que agora apresentamos ao público. Vale ressaltar que a disponibilidade e a dedicação de todos para tornar este texto possível foi o fator de maior relevância.

Desse modo, na Parte I do livro – Padrões Normativos para a Segurança dos Alimentos – são abordados os Sistemas de Gestão e Padrões Normativos Aplicáveis ao Segmento Alimentício (Capítulo 1), enfatizando o histórico e a evolução dos programas de gestão da qualidade, referenciando as principais normas nacionais e internacionais sobre o assunto.

A Parte II, sobre Qualidade das Matérias-Primas, subdivide-se em oito capítulos, destacando, inicialmente, a segurança dos produtos de origem animal, Capítulos 2 a 7, complementada pelos de segurança de produtos de origem vegetal, Capítulos 8 e 9.

No que se refere às Carnes, Capítulo 2, a segurança dos produtos de origem animal está intrinsecamente relacionada ao controle de qualidade empregado nos vários pontos da complexa cadeia produtiva animal. A qualidade pode ser avaliada pelos meios operacionais e graduações de risco, aplicados de acordo com especificações do processamento de cada tipo de produto cárneo, assegurando, assim, a ausência de substâncias e micro-organismos nocivos à saúde.

O Capítulo 3 comenta os aspectos produtivos da carne de aves, que interferem, direta ou indiretamente, na qualidade da carne, com repercussões tanto para o consumidor quanto para os abatedouros/frigoríficos.

Em relação aos Ovos, Capítulo 4, destinados à comercialização *in natura* ou processados, destaca-se que a criação avícola, além de gerar emprego e renda para os setores produtivos, tem repercussão bastante favorável para a balança comercial e a crescente demanda, na área da produção de ovos para os mercados interno e de exportação, torna fundamental a aplicação dos sistemas de gestão de qualidade.

O Leite, Capítulo 5, ocupa lugar de destaque em saúde pública, notadamente por suas propriedades nutricionais, qualquer que seja a idade e o grau de higidez de seu consumidor, contudo, há um grande número de micro-organismos causadores de doenças infecciosas, que podem ser por ele transmitidos aos seres humanos. Os procedimentos tecnológicos, desenvolvidos pela indústria com a finalidade de garantir a qualidade no produto final, são complementados com a descrição de alguns dos diferentes tipos de leite que comumente estão presentes no mercado, à disposição da população.

No que diz respeito ao Pescado, Capítulo 6, comenta-se a complexidade da cadeia produtiva, sobretudo as informações quanto às técnicas de manipulação, processamento e estocagem, incluindo histórico de tempo e temperatura, que podem afetar o frescor e a qualidade dos produtos pesqueiros.

No Capítulo 7 aborda-se o Mel e outros produtos da colmeia, destacando-se a importância da polinização feita pelas abelhas, que contribui favoravelmente para a produção de frutas, legumes, sementes, óleos e fibras. Por isso, a apicultura é considerada, hoje, uma das opções para a agricultura, em particular a familiar, proporcionando aumento de renda, por meio da oportunidade de aproveitamento da potencialidade natural do meio ambiente em sua cadeia produtiva.

No Capítulo 8 comenta-se a Qualidade das Matérias-Primas de Origem Vegetal, cujo significado de qualidade sofreu substanciais mudanças ao longo do tempo, uma vez que, antes, se consideravam apenas suas características físico-químicas e organolépticas, e, agora, leva-se em consideração a inocuidade do alimento e suas características nutricionais, principalmente em virtude do crescente apelo por uma alimentação mais saudável, além da preocupação com a inocuidade propriamente dita. A implantação de programas de qualidade exige o desenvolvimento de estratégias de controle e monitoramento de contaminação dos produtos, bem como o melhoramento das técnicas de produção agrícola.

Por último, são tecidas considerações sobre a Gestão do Agronegócio e Micotoxinas em Alimentos, Capítulo 9, uma vez que a crescente competitividade exigida pelo mercado agrícola, aliada à reduzida rentabilidade do setor, torna fundamental a adoção de métodos de gestão para elevar os lucros, diminuindo desperdícios, sobretudo os decorrentes de pragas e doenças, desde a lavoura até a fase final de armazenamento dos produtos. Desse modo, considera-se a problemática decorrente da associação de fungos e suas micotoxinas, principalmente em grãos de cereais contaminados, como consequência de precárias práticas agrícolas.

A Parte III, concernente à Gestão Ambiental e Sustentabilidade, é composta por dois capítulos. O Capítulo 10, Gestão Ambiental e sua Interação com a Saúde, enfoca a gestão na área da saúde, particularmente aquela pertinente aos campos da alimentação e da nutrição. Aborda, ainda, a inter-relação entre a saúde e o meio ambiente, destacando complexidades; perspectivas futuras, no sentido de estender os conceitos de sustentabilidade ambiental para as próprias Unidades de Alimentação e Nutrição (UANs); e limitações.

O Manejo Integrado de Pragas em Ambientes Urbanos é objeto do Capítulo 11, no qual se destaca a relevância de sua adoção como método eficiente para o controle de pragas, visando à prevenção das doenças, sejam elas provocadas por seres vertebrados, como roedores, ou invertebrados, como espécimes do reino insecta, contribuindo, de modo significativo, para a redução ou eliminação de danos severos de ordem econômica, sobretudo os de natureza ambiental.

Na Parte IV, pertinente à Gestão da Segurança dos Alimentos, incluem-se as Boas Práticas de Fabricação (BPF), Capítulo 12, obrigação legal para todas as organizações do segmento de alimentos, não importando o seu tamanho, produto ou atividade (produção, industrialização, manipulação, fracionamento, estocagem, transporte, distribuição, exposição, venda e entrega de alimentos preparados para o consumo). Destaca-se, ainda, que o não atendimento à legislação, bem como a alegação de seu desconhecimento, configuram infração sanitária, passível de penalização dentro dos termos dos instrumentos legais em vigor, por não garantir que as prováveis contaminações físicas, químicas e/ou biológicas estão sob controle, e que o produto é apropriado e seguro à saúde do consumidor.

No mesmo contexto, inclui-se o Procedimento Operacional Padronizado (POP), Capítulo 13 e seus anexos, que tem por objetivo descrever todas as etapas fundamentais para confecção e implantação dos Procedimentos Operacionais Padronizados (POPs), bem como auxiliar os usuários de Unidades de Alimentação e Nutrição (UANs) a utilizarem essa ferramenta poderosa, que é capaz de minimizar os riscos quanto a contaminações diretas e cruzadas, além de adulteração do produto.

Por último, considera-se, em detalhes, a Análise de Perigos e Pontos Críticos de Controle (APPCC), Capítulo 14, a qual tem como objetivos fundamentais prevenir, reduzir ou eliminar os perigos potenciais, associados a todos os estágios da cadeia de produção do alimento, desde plantio, cultivo, colheita, criação animal, processamento, fabricação, distribuição e comercialização, até o consumo, sempre evidenciando a inocuidade dos alimentos do "campo à mesa", assertiva que deixa claro que esta constitui uma responsabilidade que se inicia nas atividades básicas da pecuária e da agricultura.

Na Parte V – Segurança de Alimentos no Segmento Comercial, tecem--se Orientações Gerais para Estabelecimentos que Comercializam Alimentos (Capítulo 15), destacando, sobretudo, que os serviços de produção ou de comercialização são atividades de interesse da saúde pública, estando sujeitos à vigilância sanitária, cujo objetivo maior é o de eliminar, diminuir e prevenir riscos ao bem-estar da população. Estes serviços estão, também, submetidos a outros tipos de fiscalizações, sempre exercidas por autoridades competentes.

A obra é finalizada com a Parte VI, sobre Gestão de Pessoas, compreendendo no Capítulo 16 a Gestão de Pessoas para a Qualidade e Segurança dos Alimentos, no qual se destaca que as pessoas não fazem somente parte da vida produtiva das organizações, elas constituem o princípio essencial de sua dinâmica, conferem vitalidade às atividades e processos, inovam, criam, recriam contextos e situações que podem levar a organização a se posicionar de maneira competitiva, cooperativa e diferenciada com clientes, outras organizações e no ambiente de negócios em geral. As pessoas constituem o maior capital das empresas, instrumento de geração de riqueza e de prosperidade. Assim, todos os procedimentos para captação, educação e manutenção desses recursos humanos devem ser planejados cuidadosamente.

Em seguida, apresenta-se a Metodologia para Análise de Situações na Gestão de Pessoas, Capítulo 17, a qual tem por objetivo servir de subsídio para todos aqueles que pretendam realizar diagnóstico de situações no processo de gestão de pessoas, utilizando instrumentos de metodologia de pesquisa. Métodos para realizar o diagnóstico situacional são importantes na medida em que conferem credibilidade aos fatos, documentam e propiciam indícios que possam servir de base para a avaliação dos resultados alcançados, tanto para sanar inadequações quanto para aperfeiçoar as condições preexistentes.

Concluindo esta apresentação, os organizadores desejam deixar registrado um pensamento do ilustre cientista Albert Einstein: "A mente que se abre a uma nova ideia jamais voltará ao seu tamanho original". É dessa maneira que vemos o resultado do esforço conjunto que empenhamos para que esta obra se tornasse realidade, enfatizamos que não fosse pelos coautores não teria sido possível.

Maria Izabel Simões Germano
Pedro Manuel Leal Germano

PARTE I

Padrões normativos para a segurança de alimentos

1

Sistemas de gestão e padrões normativos aplicáveis ao segmento alimentício

Elisabete Aparecida Martins
Stela Scaglione Quarentei

Introdução: o cenário do segmento de alimentos

A produção de alimentos torna-se, cada vez mais, um tema de grande desafio nos cenários atual e futuro. O crescimento da população mundial, a aceleração do processo de urbanização dos países em desenvolvimento, o crescimento econômico e da renda levam ao aumento da demanda. O desafio não reside somente no fato de atender à demanda por alimentos, mas em cumprir os requisitos de qualidade, incluindo a inocuidade. Adicionalmente, também há a necessidade de se considerar as questões de sustentabilidade social e ambiental, envolvidas nessa cadeia produtiva, e a crescente utilização de produtos agrícolas para a produção de bioenergia, que compete com a produção de alimentos.

A *Food and Agriculture Organization* (FAO) estima que a produção mundial de alimentos deva ser ampliada em 70% até o ano de 2050, em função do crescimento da população. O número de pessoas a serem alimentadas, no ano em questão, em relação ao número atual, deverá ser superior em 2,3 bilhões de pessoas.

A organização prevê que ainda, segundo estimativas, a produção anual de cereais terá de crescer em quase um bilhão de toneladas, dos atuais 2,1 bilhões de toneladas; e a oferta de carne terá de ser elevada em 200 milhões de toneladas, atingindo 470 milhões de toneladas em 2050.

A FAO sinaliza ainda que 72% da produção de carne do mundo será consumida pelos países em desenvolvimento. Atualmente, esses países consomem 58% da carne. A organização acredita que boa parte da produção de alimentos crescerá por meio da produtividade, entretanto, estima que mais de 120 milhões de hectares de terra serão necessários para suprir as necessidades.

O Ministério da Agricultura, Pecuária e Abastecimento (Mapa) aponta que o Brasil apresenta expressivo crescimento no comércio internacional do agronegócio, consolidando sua posição como um dos maiores produtores e exportadores de alimentos para mais de 200 países.

O Brasil se tornou o terceiro maior exportador de produtos agrícolas do mundo. Ocupa o primeiro lugar no *ranking* de exportação em vários produtos: açúcar, carne bovina, carne de frango, café, suco de laranja, tabaco e álcool. É vice-líder em soja e milho e está na quarta posição no fornecimento de carne suína. A assessoria de gestão estratégica do Mapa projeta que, até 2020, a produção do país irá representar um terço da comercialização mundial.

Outro aspecto muito importante a ser considerado diz respeito à mudança de perfil dos consumidores. Pesquisas sobre tendências de consumo, realizadas em diferentes países, demonstraram as seguintes categorias de exigências dos consumidores: sensoriabilidade e prazer; saudabilidade e bem-estar; conveniência e praticidade; confiabilidade e qualidade; e sustentabilidade e ética. Em pesquisa semelhante, realizada no Brasil em 2010 (Fiesp, 2010), de quatro categorias identificadas no Brasil, três coincidem com as tendências globais: conveniência e praticidade; confiabilidade e qualidade e sensoriabilidade e prazer. A quarta tendência foi uma junção das duas identificadas globalmente: saudabilidade e bem-estar, e sustentabilidade e ética.

Enquanto os consumidores fazem referência ao atributo saudabilidade, associando o consumo do alimento à promoção de benefícios à saúde, as indústrias são cada vez mais desafiadas pelos órgãos regulatórios da saúde sobre a necessidade da redução de gorduras saturada e *trans*, sódio e açúcar nos produtos. Tal fato ocorre em função da correlação de teores elevados destes e a presença de doenças crônicas, como obesidade, hipertensão e doenças cardiovasculares.

Outra tendência no segmento de alimentos é a realização de refeições fora do ambiente doméstico. Com isso, a indústria alimentícia foi estimulada a desenvolver novos produtos e o mercado de serviços de alimentação, também conhecido como *food service*, entrou em franca expansão. O número de restaurantes aumentou, surgiram os *fast-foods*, os *self-services*, os restaurantes por quilo e os serviços *delivery*, além de ser possível fazer refeições em bares, padarias e supermercados, sem mencionar o comércio informal de alimentos vendidos nas ruas – a comida de rua.

A Associação Brasileira das Indústrias da Alimentação (Abia) estima que, em 2025, a alimentação fora do lar terá ultrapassado o varejo em volume de negócios. Divulga que, de 1997 a 2007, o varejo cresceu, anualmente, cerca de 7%, enquanto a alimentação fora do lar chegou aos 13% ao ano. O consumidor valoriza não só a praticidade, mas também a apresentação do alimento em pequenas porções e que este apresente facilidade para ser consumido em trânsito. Entretanto, também é valorizado o aspecto de saudabilidade.

Ainda, é preciso citar o segmento de refeições para coletividade – empresas, hospitais, escolas, entre outros. De acordo com a Associação Brasileira das Empresas de Refeições Coletivas (Aberc), no ano de 2010, o segmento serviu 9,4 milhões de refeições/dia, movimentou 10,8 bilhões de reais e consumiu 3 mil toneladas de alimentos. Calcula-se que o potencial desse mercado, no Brasil, é superior a 41 milhões de refeições diárias, sendo que nesta década o crescimento previsto é de 10%, com possibilidades de duplicar nos próximos sete anos. Um aspecto interessante das concessionárias de alimentação é a diversidade de operações que essa atividade pode englobar, por exemplo, para atender colaboradores de organizações situadas em localidades remotas, isoladas e sob condições adversas, como é o caso das empresas de petróleo e gás – alimentação *offshore* atende às necessidades das plataformas marítimas de petróleo e a alimentação *onshore* fornece alimentos para os pontos de perfuração em terra.

As tendências de consumo e mudanças de perfil dos consumidores representam desafios para as indústrias e para os serviços de alimentação: atender as necessidades, expectativas dos consumidores e demanda; assegurar a qualidade, incluindo a inocuidade.

Porém, deve-se considerar o fato de que, mesmo com todas as novas possibilidades e facilidades quanto à alimentação, a população passou a ficar mais exposta a perigos para a sua saúde. O distanciamento do ponto de produção primária até o ponto de consumo, a produção em larga escala, a necessidade de novos produtos e novas tecnologias, a grande circulação de alimentos pelo mundo e o contato com possíveis novos contaminantes, implicaram maiores chances de comprometimento da qualidade higiênico-sanitária dos alimentos.

Todas essas transformações trouxeram complexidade e alongamento para a cadeia produtiva de alimentos, deixando a população mais vulnerável frente a prováveis danos a sua saúde, decorrentes da ingestão de alimentos contaminados.

A Organização Mundial da Saúde (OMS) alerta que mais de duzentos tipos de doenças são disseminadas por meio dos alimentos ou água contaminados, sendo que as doenças diarreicas matam um número estimado de 1,8 milhões de crianças anualmente. A organização alerta que a segurança dos alimentos é uma prioridade de saúde pública. Cita que as principais preocupações incluem: a disseminação de perigos microbiológicos; a presença de contaminantes químicos nos alimentos; a avaliação de novas tecnologias alimentares e a aplicação de sistemas de segurança de alimentos robustos, para garantir a segurança global da cadeia de alimentos.

Torna-se evidente que produtores primários, produtores de insumos/ingredientes/matérias-primas, indústrias processadoras, transportadoras, armazéns e distribuidores e pontos de preparo e consumo de alimentos são responsáveis pela produção e oferta de alimentos nutritivos, saborosos, saudáveis e seguros, e devem assumir de forma responsável todos os riscos e benefícios, implícitos e explícitos, que envolvem esse universo.

Paralelamente às questões de mercado está o desenvolvimento tecnológico; como exemplo, é possível citar os estudos que estão sendo realizados para o cultivo de músculo em laboratório, por meio do crescimento de células-tronco embrionárias de animais. O sucesso dessa pesquisa poderia resultar em grandes mudanças: a não ocupação de grandes áreas para a criação dos animais e os impactos ambientais decorrentes da atividade, a eliminação do transporte, segurança em relação à presença de contaminantes, a não preocupação em relação ao bem-estar animal, entre outras. Por outro lado, quais preocupações seriam introduzidas? Como seria a aceitação da carne *in vitro*? A utilização de aditivos seria intensificada para melhoria de sabor? É notório que o desafio da produção de alimentos envolve uma série de aspectos que devem ser harmonizados, entre eles, a tecnologia.

Outro aspecto relevante é que, há alguns anos, iniciou-se uma tendência mundial dos investidores procurarem empresas socialmente responsáveis, sustentáveis e rentáveis para aplicar seus recursos. Tais aplicações, denominadas Investimentos Socialmente Responsáveis (SRI), consideram que empresas sustentáveis apresentam resultados mais consistentes e a possibilidade de gerar valor para o acionista no longo prazo é maior, em função de estarem mais preparadas para enfrentar riscos econômicos, sociais e ambientais.

No Brasil, a BM&FBovespa (Bolsa de Valores, Mercadorias e Futuros), em conjunto com várias instituições, e o Ministério do Meio Ambiente criaram um referencial para os investimentos socialmente responsáveis, o Índice de Sustentabilidade Empresarial (ISE). Este tem por objetivo oferecer uma carteira composta por ações de empresas com reconhecido comprometimento com a responsabilidade social e a sustentabilidade empresarial, e também atuar como promotor das boas práticas no meio empresarial brasileiro. As dimensões pelas quais as empresas são avaliadas para integrarem o ISE envolvem aspectos relacionados a produto, governança corporativa e os aspectos econômico-financeiro, ambiental e social. Já existem organizações produtoras de alimentos listadas no ISE, o que demonstra a conscientização da importância e dos impactos destas dimensões também para esse segmento.

Em razão do cenário exposto, a produção de alimentos deve, obrigatoriamente, ter um enfoque integral. A visão da cadeia de produção de alimentos, do campo à mesa, passa pela necessidade de conciliar a sanidade e o bem-estar animal, quantidade, qualidade e segurança, expectativas do consumidor, preservação do meio ambiente e responsabilidade social.

Sistemas de gestão

Gestão da qualidade – histórico

Em uma rápida avaliação do que as empresas têm feito – desde o início dos tempos, quando a produção era absolutamente artesanal até os dias de hoje, em que os recursos tecnológicos são praticamente indispensáveis – é possível observar que passado e futuro se fundem, incorporando conceitos e práticas para alcançar a almejada qualidade e, assim, satisfazer o cliente e assegurar a longevidade do negócio.

Nesses anos todos, o entendimento da qualidade como "satisfazer aos requisitos do cliente" pouco mudou; a grande mudança ocorreu no mercado, reflexo de um cliente/consumidor que ampliou suas exigências. Atualmente, além do produto, os aspectos de sustentabilidade, responsabilidade social e ética passaram a ser requisitos valorizados. Consequentemente, as empresas mudaram a forma e os recursos utilizados para captar os anseios dos clientes e produzir produtos que os satisfaçam de maneira consistente e com alto grau de confiabilidade.

Antigamente, quando a produção era exclusivamente artesanal, o artesão tinha o domínio e a participação em todas as etapas do processo produtivo, desde o entendimento das necessidades do cliente até a entrega do produto. Entretanto, os volumes produzidos eram baixos, muitas vezes os produtos diferiam entre si e a qualidade dependia da avaliação do produto final. Apesar dos conceitos modernos de se manter próximo ao cliente e entender suas necessidades para atendê-las de forma satisfatória, faltavam especificações, padronizações, documentações, registros, conformidade, metrologia, confiabilidade, planejamento do negócio etc.

Mais tarde, com a Revolução Industrial e a introdução da linha de montagem, a customização foi substituída pela produção em massa e pela padronização, na qual o então trabalhador/operário tinha pouca participação. Os produtos tornaram-se mais baratos e acessíveis, contudo, houve certo distanciamento das necessidades do cliente, que passou a comprar o produto existente no mercado. A qualidade continuou focada na inspeção do produto final. Todavia, no século XX, o conceito de controle de qualidade evoluiu consideravelmente. A padronização, a criação de especificações, os sistemas de medição e as avaliações de conformidade adotadas nas fábricas de automóveis deram o impulso que faltava para minimizar o inconveniente da reação sobre o produto já produzido, sendo até hoje indispensáveis.

Do período após a Revolução Industrial até a Segunda Guerra Mundial, a estatística passou a ser utilizada para o controle dos processos produtivos. Surgiram os gráficos de controle, os planos de inspeção por amostragem, os controles estatísticos de processos (CEPs), diminuindo custos e permitindo ação antecipada ou mais rápida sobre os prováveis defeitos. Nesse período, surgiram as primeiras associações de profissionais da qualidade e as primeiras associações normativas – como o *British Standard* BS 600. Adicionalmente, merece destaque a proposta precursora do ciclo PDCA (*plan–do–check–act*), por Walter A. Shewhart, como instrumento para análise e solução de um problema. Tiveram início, também, as pesquisas sobre a importância da participação do trabalhador no processo produtivo como agente de melhoria e estudos sobre motivação humana. Fatos estes absolutamente relevantes como elementos da atual gestão da qualidade.

No período pós-guerra foram realizadas as primeiras abordagens sistêmicas da qualidade. Nessa época foi criado o organismo normativo *International Organization for Standardization* (ISO). Os teóricos americanos da qualidade lançaram seus modelos com forte embasamento estatístico e lógico. Em 1951, Joseph M. Juran apresentou o modelo que envolvia planejamento e avaliação de custos da qualidade; em seguida, Armand Feigenbaum formulou o Sistema de Controle de Qualidade Total (*TQC – Total Quality Control*) e Philip B. Crosby lançou os elementos para o Programa Zero Defeito. Em contrapartida, os japoneses, preocupados com a reconstrução do país, desenvolveram seu próprio modelo, o *Company Wide Quality Control* (CWQC), associando aos modelos americanos a sua cultura e seus fundamentos de motivação, participação e responsabilidade dos trabalhadores e da alta direção. Em decorrência, surgiram as seguintes práticas: controle e eliminação do desperdício, correções em tempo real de não conformidades, implementação de melhorias de processo sugeridas pelos próprios trabalhadores, os Círculos de Controle de Qualidade (CCQs), seleção e desenvolvimento de fornecedores, produção *just in time* e 5S. Esses modelos trouxeram consideráreis avanços na área da qualidade e sua abordagem proativa já indicava características de garantia da qualidade.

Na década de 1980, foram criadas as normas para garantia da qualidade, a família de normas ISO 9000, bastante focadas na padronização, e que se destacaram como um marco para as relações comerciais, uma vez que passaram a ser uma exigência entre clientes e fornecedores como garantia de produtos adequados, prática realizada até os dias atuais.

No final da década de 1990, adotou-se uma visão de gestão da qualidade, com a incorporação de importantes elementos sistêmicos, como gestão por processos e por diretrizes, foco no cliente e melhoria da eficácia. Esse modelo de sistema preserva o aprimoramento do controle de qualidade, a lógica, a sistemática e a proatividade da garantia da qualidade, o comprometimento e o envolvimento dos trabalhadores – independentemente do nível hierárquico – e, ainda, recupera a proximidade com o cliente.

A qualidade, definitivamente, deixou de ser uma inspeção de produto final ou uma padronização para ser o resultado do bom desempenho de pessoas, processos e empresa, visando sempre atender a demanda dos clientes/consumidores, de forma dinâmica e promovendo, continuamente, melhorias. Hoje, em um mercado cada vez mais diversificado, exigente e competitivo, a qualidade é um fator de liderança estratégica.

Ciclo PDCA

O ciclo PDCA (*plan–do–check–act*), também conhecido como ciclo da melhoria contínua, ou ainda, ciclo de Deming, é sem dúvida o conceito mais difundido, conhecido e aplicado dentro da gestão da qualidade, pode-se dizer que é a sua base. Esse instrumento, criado inicialmente para facilitar a solução de problemas, é tão simples, de fácil entendimento, acessível, lógico e prático que foi amplamente divulgado e disseminado pelo mundo.

No início do século XX, as indústrias já conheciam os três processos para a produção em massa: especificações, produção e inspeção, introduzidos por Frederick Taylor como uma sequência linear representativa das atividades e estrutura das indústrias daquela época, ou seja, *plan–do–see* (planejar, produzir, inspecionar).

No final da década de 1930, Walter A. Shewhart, engenheiro americano, na sua obra *Statistical method from the viewpoint of quality control*, propõe um modelo de produção visto como um sistema e transforma os processos lineares em um ciclo fechado, uma vez que, no seu entendimento, os resultados obtidos em uma etapa são utilizados no planejamento da próxima, conferindo, assim, capacidade de realimentação do processo, bem como possibilidades de aprimoramento pela análise de erros e/ou problemas do ciclo anterior. Estava criado o modelo denominado ciclo de Shewhart, precursor do ciclo PDCA (Figura 1.1).

Figura 1.1   Ciclo de Shewhart – 1939.
Fonte: Adaptada de Oribe (2009).

Originalmente, Shewhart buscou os fundamentos para o seu modelo de solução de problemas no pensamento filosófico, mais precisamente, na escola filosófica do pragmatismo, para a qual o conhecimento tem valor na medida em que contribui para a obtenção de resultados concretos e práticos para a vida. De acordo com a referida escola, a solução de um problema envolve cinco fases distintas e lógicas, cuja funcionalidade está associada a um circuito. Essas fases são: perceber a dificuldade, localizar e definir o problema, sugerir possíveis soluções, analisar racionalmente as influências das soluções, experimentar e observar para chegar à aceitação ou rejeição da solução, funcionando de forma cíclica. Analisando esse pensamento, Shewhart aplicou o mesmo tipo de raciocínio para a solução de problemas nos processos industriais.

Em 1950, Deming foi ao Japão e apresentou o ciclo de Shewhart, que, inicialmente, foi muito bem aceito. Porém, segundo Ishikawa, na cultura japonesa o verbo *see* (olhar) tem uma conotação passiva, portanto, para que ficasse clara a atitude de agir após o resultado da inspeção, foi proposta a inclusão de mais uma fase/etapa, o *action* (agir). Assim, o modelo proposto no Japão passou a ser o ciclo PDCA, utilizado até hoje com muito sucesso (Figura 1.2).

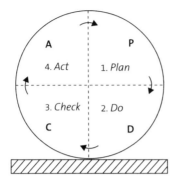

Figura 1.2 Ciclo PDCA como desenvolvido no Japão.
Fonte: Adaptada de Oribe (2009).

Os passos do PDCA significam:

- *Plan* (planejar) – estabelecer uma meta, um objetivo, uma especificação, um procedimento ou identificar um problema; analisar o fenômeno, analisar o processo, descobrir as causas fundamentais e elaborar um plano.
- *Do* (executar) – realizar, implementar, executar as atividades conforme o plano.
- *Check* (verificar) – monitorar e avaliar periodicamente os resultados, avaliar processos e resultados, confrontando-os com o planejado (metas/objetivos, especificações, estado desejado etc).
- *Act* (agir) – agir com base no resultado da avaliação e de forma a promover e melhorar a qualidade e a eficácia, aprimorando a execução e corrigindo eventuais falhas (ações corretivas e preventivas).

O ciclo PDCA, apesar de ter sido concebido para a solução de um problema, pode ser aplicado a qualquer processo/atividade dentro de uma empresa – capacitação de profissionais, produção, desenvolvimento de novos produtos, vendas e outros – hoje, seu objetivo principal é possibilitar a melhoria contínua. Sua utilização ajuda pessoas e empresas a se estruturarem, a priorizarem esforços, a implementarem os pequenos e os grandes projetos e, assim, atingirem seus objetivos e até mesmo superá-los. A simplicidade, a praticidade e a aplicabilidade do ciclo PDCA fizeram deste um instrumento universal.

Gerenciamento da qualidade

O termo qualidade, dependendo do contexto em que é aplicado, pode gerar diferentes interpretações. Frequentemente, o termo tem sido utilizado com o significado de: características do produto que atendem às necessidades do cliente, ausência de defeitos e adequação ao uso. As definições de qualidade foram classificadas em cinco diferentes tipos de abordagem, são elas:

- Transcendental – qualidade é sinônimo de excelência inata. É absoluta e universalmente reconhecível.
- Produto – qualidade é uma variável precisa e mensurável oriunda dos atributos do produto.
- Usuário – qualidade é uma variável subjetiva. Produtos de melhor qualidade atendem melhor aos desejos do consumidor.
- Produção – qualidade é uma variável precisa e mensurável, oriunda do grau de conformidade do planejado com o realizado.
- Valor – abordagem que associa dois conceitos, excelência e valor (preço aceitável).

De acordo com a norma ISO 9000/2000, qualidade é o "grau no qual um conjunto de características inerentes satisfaz a requisitos". Sendo característica uma propriedade diferenciadora, que pode ser física, sensorial, comportamental, ou funcional, e requisito a necessidade ou expectativa que é expressa de forma implícita ou obrigatória.

É importante ter cuidado ao definir qualidade como conformidade aos padrões ou às especificações, pois estes são estáticos. A qualidade é um alvo móvel, pois os produtos devem atender às necessidades dos clientes, e estas não são imutáveis.

Outros termos, também utilizados com frequência, são: o controle da qualidade, a garantia da qualidade e a qualidade total. Na maioria das vezes, são vistos de forma isolada na linha do tempo dos modelos aplicáveis

14 | Sistema de gestão: qualidade e segurança dos alimentos

à qualidade, como se fossem completamente independentes. Entretanto, existem complementaridades entre eles. O controle da qualidade tem ênfase na inspeção e na utilização de ferramentas e técnicas estatísticas, a garantia da qualidade tem o foco na aplicação de programas e sistemas, enquanto a qualidade total está direcionada ao atendimento das necessidades do mercado e dos clientes. Tendo em vista a gestão da qualidade atualmente praticada e a aplicação do PDCA, os métodos utilizados pelos três modelos citados interagem.

A visão do atendimento ao mercado e aos clientes é contemplada no planejamento da qualidade. Essa visão deve ser compartilhada por todas as áreas da empresa: *marketing*, desenvolvimento do produto, qualidade, suprimentos, produção, recursos humanos e vendas, entre outras, pois tem foco estratégico. A aplicação de programas e sistemas consta do planejamento e também é utilizada na execução, no *check* e na atuação para correção e/ou melhorias, ou seja, percorre todo o PDCA. Já os métodos utilizados no controle da qualidade são mais utilizados no *check*.

Quanto ao conceito de gestão da qualidade, pode ser entendido como o conjunto de atividades coordenadas, com foco na qualidade, para dirigir e controlar uma organização.

Para conduzir, operar e dirigir uma organização com o sucesso desejado, e de forma constante, é preciso transparência e controle sistêmico, entendendo-a como um todo e considerando as necessidades de todas as partes interessadas – clientes, colaboradores, fornecedores, empresa e sociedade.

Com esse intuito, a cúpula administrativa das organizações deve fazer uso dos chamados oito princípios da gestão da qualidade e, assim, otimizar e aprimorar o desempenho de sua empresa. Estes princípios são:

- Foco no cliente: entender as necessidades atuais e futuras de seus cliente e procurar superá-las.
- Liderança: líderes estabelecem unidade, coesão de propósito e direcionam as pessoas para o alcance de um objetivo.
- Envolvimento de pessoas: a participação de todos os colaboradores, de todos os níveis hierárquicos, possibilita o uso das mais diversas habilidades, o que potencializa os resultados.

- Abordagem de processo: facilita a realização de atividades e a utilização dos recursos, o que amplia a eficácia da operação.
- Abordagem sistêmica: identifica, entende e gerencia os processos de maneira interligada, contribui para que os objetivos sejam atingidos.
- Melhoria contínua: o contínuo aprimoramento do desempenho total da empresa deve ser um objetivo permanente.
- Abordagem factual para tomada de decisões: as decisões mais eficazes são tomadas com base nas análises de dados e informações.
- Benefícios mútuos nas relações com os fornecedores: apesar da independência entre as organizações e seus fornecedores, uma relação entre estes, pautada em benefícios mútuos, aumenta as possibilidades de ambos agregarem mais valor aos seus processos e produtos.

Os princípios citados anteriormente estão descritos na norma ISO 9000/2005, porém, podem e devem ser adotados por empresas que almejam um sistema de gestão da qualidade, mesmo que não o façam para fins de certificação, uma vez que são fundamentais e indispensáveis para a implementação do sistema.

A gestão da qualidade engloba o planejamento, o controle, a garantia e a melhoria da qualidade. Nessas etapas os resultados esperados são os descritos adiante:

- Planejamento da qualidade – estabelecer os objetivos, processos e recursos necessários para atendê-los.
- Controle da qualidade – cumprir os objetivos e requisitos da qualidade.
- Garantia da qualidade – prover confiança de que os requisitos são cumpridos.
- Melhoria da qualidade – aumentar a eficácia e eficiência.

A gestão da qualidade também é definida por um processo constituído de três fases, denominado trilogia de Juran, são elas: planejamento da qualidade, controle da qualidade e melhoria da qualidade. Posteriormente, a fase do controle da qualidade foi incorporada à fase de garantia da qualidade (Juran, 1992).

Planejamento da qualidade

Segundo Juran (1992), o planejamento da qualidade é a atividade de estabelecer as metas da qualidade e desenvolver produtos e processos necessários à realização destas metas.

O planejamento da qualidade envolve os seguintes passos:

- Identificar os clientes e suas necessidades e desenvolver produtos com características que atendam às necessidades dos clientes.
- Desenvolver processos que sejam capazes de produzir rotineiramente produtos com as características requeridas.
- Estabelecer padrões, procedimentos e controles para a operação.
- Estabelecer metas/indicadores da qualidade e os itens de controle.

A função qualidade deve ser planejada desde o desenvolvimento do produto e do processo, considerando-se que produto é o resultado de um processo para satisfazer um desejo ou uma necessidade do cliente/consumidor.

Cliente pode ser entendido como uma pessoa, uma organização ou uma comunidade que recebe um produto ou um serviço. Nesse contexto, o cliente pode ser interno ou externo. Por exemplo, em uma empresa podem existir processos com produtos intermediários, entre departamentos ou áreas (clientes internos), que continuarão sendo processados para posterior disponibilização a um cliente final (cliente externo).

No tocante a processo, este pode ser definido como uma combinação de recursos para gerar o produto pretendido. O processo pode ser representado por fluxograma com uma sequência de atividades, que por sua vez é constituída de tarefas. Tanto as tarefas como as atividades e o processo necessitam de padrões definidos e gestão.

Deve-se considerar que o planejamento da qualidade envolve o estabelecimento da política e dos objetivos da qualidade, bem como de processos, padrões, responsabilidades e recursos que assegurem e promovam melhoria dos requisitos da qualidade definidos pelos clientes, órgãos de regulamentação e padrões da própria organização.

A política da qualidade pode ser entendida como o estabelecimento das diretrizes gerais, no tocante à qualidade, da alta direção para a organização. A partir da política da qualidade são desdobrados seus objetivos, ou seja, o que se busca para a organização, em termos da qualidade, de forma mensurável. Nos processadores, usualmente, a qualidade e a segurança dos alimentos são abordadas em uma única política.

Deve ser observado o alinhamento dos objetivos à política e também ao compromisso da melhoria contínua. Note-se que o estabelecimento de políticas desdobráveis em objetivos, igualmente, é aplicável às demais funções da empresa, como: ambiental, responsabilidade social e outras.

Importante salientar que, ainda no planejamento da qualidade, devem ser estabelecidos os métodos e medidas para avaliar o resultado planejado dos objetivos da qualidade face aos resultados obtidos. Também devem estar definidas ferramentas para prevenção de não conformidades, identificação de suas causas e eliminação.

Quando da elaboração do planejamento da qualidade, também deve ser estabelecida a estrutura ou hierarquia da documentação do sistema. Um exemplo de hierarquia de documentação é demonstrado na Figura 1.3.

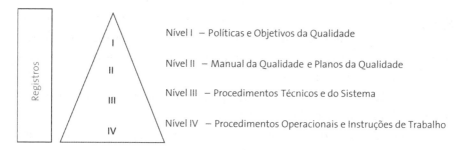

Figura 1.3 Exemplo de hierarquia da documentação.
Fonte: Adaptada de Cerqueira (2010).

A documentação é essencial para a retenção do conhecimento, e a manutenção do histórico na organização favorece a padronização das atividades e o treinamento dos colaboradores.

É recomendável que a organização estabeleça um procedimento que oriente a criação dos documentos. O relatório técnico "ABNT ISO/TR 10013: 2002 – Diretrizes para a documentação do sistema de gestão da qualidade" é uma referência a ser consultada.

O termo documento pode ser entendido como a informação contida em qualquer meio físico. São exemplos: especificação, procedimento documentado e registro. O meio físico no qual a informação está contida pode ser papel, meio eletrônico, fotográfico, óptico ou uma combinação desses meios. Por documentação entende-se o conjunto de documentos.

O manual da qualidade é o documento que especifica a estrutura do sistema de gestão da qualidade da organização. Deve incluir o escopo do sistema de gestão da qualidade, com detalhes e justificativas para quaisquer exclusões e a descrição da interação entre os processos do sistema. Os procedimentos documentados podem fazer parte do manual ou devem ser referidos nele.

No tocante a procedimento, é uma norma específica para executar um processo. É detalhado o suficiente para permitir a realização da atividade ou a execução de um processo, assim, estabelece o que deve ser feito, como será feito, quem fará, quando (frequência), onde será feito e por quê. A instrução de trabalho possui uma estrutura semelhante ao procedimento, porém esse é um documento de nível tático que estabelece a sistemática para manter e realizar processos da empresa, enquanto instrução de trabalho é um documento de âmbito operacional que descreve como as atividades devem ser executadas. Normalmente, as instruções de trabalho estão relacionadas a um procedimento.

O registro é um documento que apresenta os resultados obtidos, fornece evidências das atividades realizadas.

Para os processadores de alimentos existem ainda documentos específicos, como os manuais de Boas Práticas de Fabricação (BPF), o Manual de Análise de Perigos e Pontos Críticos de Controle (APPCC), os Procedimentos Operacionais Padronizados (POPs) ou Procedimento Padrão de Higiene Operacional (PPHO), que podem ser incluídos no sistema de gestão da qualidade.

A documentação deve ser avaliada criticamente para posterior aprovação, por pessoal autorizado, antes da sua publicação e distribuição. O mesmo critério aplica-se para a revisão, que deve ser realizada conforme ocorrerem alterações ou para atender a um prazo preestabelecido.

O controle de documentos pode ser realizado por meio de uma lista mestra de documentos. Um aspecto relevante a ser considerado é o controle dos documentos externos, como: especificações, legislações etc. A utilização de uma legislação que tenha sido revogada ou de uma especificação desatualizada pode comprometer os resultados do sistema de gestão.

Controle da qualidade

O controle, ou *check*, da qualidade tem por objetivo avaliar se aquilo que foi estabelecido no planejamento da qualidade está sendo cumprido, ou seja, o desempenho real da qualidade. Será avaliado o atendimento aos padrões, às metas e aos itens de controle estabelecidos.

Normalmente, as atividades de controle da qualidade são executadas pelas pessoas envolvidas no processo, sejam operadores, inspetores, supervisores e gestores. Já as atividades de garantia da qualidade são desempenhadas por pessoas da área da qualidade ou, ainda, de outras áreas que possuam independência do processo que está sendo avaliado.

O *check* realizado pela garantia da qualidade, na maioria das vezes, envolve procedimentos preestabelecidos e padronizados de verificação e auditoria. Nessa etapa deve ocorrer a avaliação do processo com o objetivo de assegurar o atendimento das características do produto. É válido lembrar que, para avaliação do processo, seja ele produtivo ou de prestação de serviços, é importante que estejam sendo utilizados gráficos de controle, que evidenciem se a estabilidade do processo é mantida.

É importante que as metas, os indicadores da qualidade e os itens de controle sejam avaliados, diariamente, contra o desempenho esperado. Também devem ser realizadas análises de tendências, a fim de identificar riscos de perda de controle e oportunidades de melhorias.

No caso da identificação de não conformidades, o gestor deve atuar tanto no processo quanto no produto, a fim de assegurar que as condições predefinidas para o processo sejam restabelecidas e que o produto que não atenda às especificações tenha uma correta destinação. Ressalta-se que o objetivo do tratamento das não conformidades é a identificação e o bloqueio da causa para que não haja reincidência. Assim sendo, quando da adoção de ações corretivas é necessário que o resultado destas seja avaliado quanto à eficácia.

Melhoria da qualidade

Na fase de melhoria da qualidade, o primeiro aspecto a ser considerado é a necessidade de assegurar que o processo esteja estável e mantido sob controle, pois só existe a possibilidade de promover melhorias em processos que efetivamente estejam atendendo aos padrões estabelecidos. Esta fase tem por objetivo elevar o desempenho da qualidade de processos e produtos a patamares muito superiores.

Devem ser identificadas as oportunidades de melhorias, problemas ou desperdícios crônicos, sejam eles reais ou potenciais, buscar suas respectivas causas e definir o tratamento a ser aplicado. Itens de controle para mensurar e acompanhar os ganhos obtidos devem ser definidos. É importante que sejam estabelecidos projetos e equipes específicos e que haja infraestrutura e recursos necessários para que a conclusão dos trabalhos apresente resultados consistentes.

Uma vez conquistadas as melhorias, estas devem ser padronizadas, para que sejam mantidas e acompanhadas.

Normas aplicáveis à gestão da qualidade

As normas de gestão da qualidade mais utilizadas pelas organizações do segmento de alimentos são a ISO 9001 e a ISO/17025.

ABNT NBR ISO 9001 – Sistemas de gestão da qualidade – Requisitos

Histórico

A série ISO 9000, na sua primeira versão publicada em 1987, era composta de três normas certificáveis de garantia da qualidade e duas normas de diretrizes para implementação (Quadro 1.1). As normas eram utilizadas nas relações contratuais objetivando assegurar que o produto fornecido atendesse às especificações previstas em contrato.

Em 1994, essa série de normas foi revisada, sem ocorrerem alterações significativas no objetivo e na estrutura da série. A alteração mais importante foi na definição de produto, que passou a incorporar não só os bens tangíveis, mas também os serviços.

Quadro 1.1 Série ISO 9000:1987.

Série ISO 9000:1987	
Número da norma	Título da norma
ISO 9000	Normas de gestão da qualidade e garantia da qualidade – diretrizes para seleção e uso
ISO 9001	Sistemas da qualidade – modelo para garantia da qualidade em projetos/desenvolvimento, produção, instalação e assistência técnica
ISO 9002	Sistemas da qualidade – modelo para garantia da qualidade em produção e instalação
ISO 9003	Sistemas da qualidade – modelo para garantia da qualidade em inspeções e ensaios finais
ISO 9004	Gestão da qualidade e elementos do sistema da qualidade – diretrizes

Fonte: Ribeiro Neto et al. (2008).

A segunda revisão da série aconteceu em 2000, sendo que as três normas certificáveis foram unificadas em uma única, e seus objetivos foram alterados, transformando-a em uma norma de gestão da qualidade. O principal enfoque do sistema de gestão da qualidade da ISO 9001:2000 passou a ser a satisfação do cliente e não somente o atendimento de requisitos previamente especificados. Foram incluídos elementos importantes, baseados nos modelos da qualidade total, como: abordagem de processo, foco no cliente, melhoria contínua e necessidade de medir a satisfação do cliente. Nesse contexto, a norma passou a ter a abrangência do ciclo PDCA: planejamento da qualidade, produção conforme o planejado, verificação de resultados e melhorias.

A terceira revisão foi publicada em dezembro de 2008, e nela foram realizadas apenas melhorias no texto, a fim de propiciar melhor entendimento de alguns requisitos. Atualmente, a série ISO 9000 é composta pelas normas ISO 9000:2005 – Fundamentos e vocabulário, ISO 9001:2008 – Sistema de gestão da qualidade/Requisitos e ISO 9004:2000 – Diretrizes para melhoria de desempenho.

Geralmente, para uma norma ser internalizada em um país, deve ser publicada por um organismo responsável por normas técnicas, que no caso do Brasil é a Associação Brasileira de Normas Técnicas (ABNT). Quando essa publicação acontece, é acrescentada ao nome da norma a identificação do publicador e/ou do país, assim, no Brasil, as normas ISO recebem as siglas ABNT e/ou NBR (norma brasileira), exemplificando: ABNT NBR ISO 9001:2008.

Para auxiliar a implementação de um sistema de gestão da qualidade existem diferentes normas que podem ser agregadas à família ISO 9000, como ABNT NBR ISO 1002:2005 – Gestão da qualidade: satisfação de clientes – Diretrizes para o tratamento de reclamações nas organizações, ABNT ISO/TR 10013:2002 – Diretrizes para documentação de sistema, de gestão da qualidade, ABNT NBR ISO 19011:2012 – Diretrizes para auditoria de sistemas de gestão.

A ISO 9001 é uma das normas mais conhecidas e aplicadas no mundo. Em pesquisa realizada pela própria ISO, em 2008, havia mais de 982 mil certificados de conformidade emitidos para organizações em 175 países. O Brasil ocupava a 12ª posição, possuindo 14.539 certificações.

OBJETIVO

O objetivo da norma ISO 9001:2008 é definir requisitos para um sistema de gestão da qualidade, a fim de que a organização/empresa demonstre sua capacidade em fornecer, de forma consistente, produtos ou serviços que atendam aos requisitos do cliente, estatutários e regulamentares[1] aplicáveis. Adicionalmente, a norma também tem por objetivo o aumento da satisfação do cliente por meio da aplicação de melhorias contínuas. Isso é evidenciado na interface entre cliente e sistema, quando da captação das suas necessidades e "tradução" destas em requisitos para a realização do produto (processo produtivo), e na avaliação da satisfação após o seu fornecimento (Figura 1.4), o que realimenta o sistema.

APLICAÇÃO

Os requisitos dessa norma são genéricos e aplicáveis a qualquer tipo de organização, independentemente do seu produto, tamanho e setor de atividade, sejam elas públicas, privadas, com ou sem fins lucrativos. É importante ressaltar que a ISO 9001 é uma norma que trata exclusivamente de qualidade, considerando esta como atributos ou características inerentes que definem os produtos (ver item 3.3 da norma).

---

1 Requisitos estatutários e regulamentares: são aqueles estabelecidos em legislação, normas, códigos, estatutos e outros tipos de regulamentos.

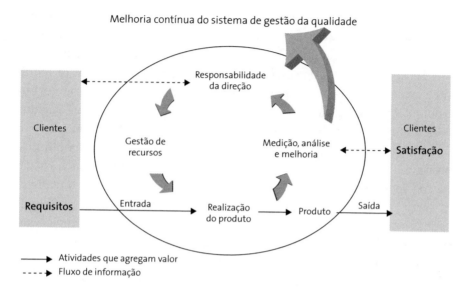

Figura 1.4 Modelo de um sistema de gestão da qualidade baseado em processo.
Fonte: ABNT NBR ISO 9001:2008 (2008).

ESTRUTURA DA NORMA

A norma está dividida em nove seções ou capítulos:
Introdução
1. Escopo
2. Referência normativa
3. Termos e definições
4. Sistema de gestão da qualidade
5. Responsabilidade da direção
6. Gestão de recursos
7. Realização do produto
8. Medição, análise e melhoria

CONSIDERAÇÕES GERAIS

Na Introdução são dadas explicações gerais sobre um sistema de gestão; no Escopo são definidos o objetivo e a abrangência da norma; no capítulo Referência normativa é feita a citação da norma que deve ser lida e utilizada em conjunto com esta; na seção Termos e definições é adotada a norma ISO 9000:2005 como base. Os demais capítulos contemplam os requisitos a serem atendidos para a organização evidenciar a implantação do seu sistema de gestão da qualidade, sendo, portanto, os requisitos auditáveis.

Seção 4 – Sistema de gestão da qualidade. São especificados os requisitos que envolvem um sistema de gestão da qualidade (planejamento, implementação, manutenção e melhoria) e quais são os documentos exigidos para a empresa demonstrar que o possui, como: política da qualidade e seus objetivos; manual da qualidade, procedimentos documentados – procedimentos por escrito – registros específicos requeridos pela norma, e outros documentos e procedimentos necessários para garantir o planejamento, a realização e o controle eficaz dos processos. Nesta seção são indicados os requisitos mínimos e essenciais para uma empresa evidenciar que possui um sistema de gestão da qualidade, pois permitem que a organização o assegure e demonstre que seus processos acontecem conforme o previsto, de maneira satisfatória e estão sob controle, podendo ser facilmente analisados/avaliados, o que possibilita a tomada de decisões e ações consistentes.

Nesta seção constam dois dos seis procedimentos documentados exigidos pela norma ISO 9001:2008, o procedimento documentado para controle de documentos e o procedimento documentado para controle de registros.

Seção 5 – Responsabilidade da direção. Estão descritos os requisitos que determinam quais as responsabilidades da alta direção e o seu comprometimento no sentido de proporcionar todas as garantias necessárias para que o sistema de gestão da qualidade seja estipulado, mantido e melhorado de forma eficaz e, ainda, aumentar a satisfação do cliente. A gestão da qualidade deve ser considerada como um dos propósitos da organização e estar inserida na sua estratégia de negócio. Para tanto, a alta direção deve deixar claro e explícito o que pretende em termos de qualidade, quais as responsabilidades e autoridades dos diversos níveis hierárquicos envolvidos, e a forma de analisar os resultados obtidos e as providências tomadas para a melhoria.

Nesta seção, os requisitos estão divididos nas seguintes subseções: comprometimento da direção; foco no cliente; política da qualidade; planejamento/objetivos da qualidade; responsabilidade, autoridade e comunicação; e análise crítica, sendo exigido o registro desta.

A alta direção deve escolher um representante para a gestão do sistema, o representante da direção (RD), que, além das suas atribuições normais, deve: assegurar que os processos necessários para o sistema de gestão da qualidade (SGQ) sejam estabelecidos, implementados e mantidos; relatar à alta direção o desempenho do sistema e qualquer oportunidade de melhoria, e garantir a conscientização sobre os requisitos do cliente em toda a organização.

Seção 6 – Gestão de recursos. São especificados os requisitos para a organização identificar e disponibilizar todos os recursos necessários para o funcionamento eficaz do sistema de gestão da qualidade, englobando recursos financeiros, humanos (competência, treinamento e conscientização), de infraestrutura e de ambiente de trabalho. Neste capítulo, a norma exige o registro de educação, treinamento, habilidade e experiência das pessoas que "executam trabalhos que afetam a conformidade com os requisitos do produto", e mais a avaliação da eficácia dos treinamentos.

Seção 7 – Realização do produto. Estão descritos os requisitos necessários para a obtenção de produtos com o nível de qualidade necessário para atender de forma eficaz, confiável e consistente às solicitações dos clientes e aos regulamentos e estatutos aplicáveis. Envolve todo o processo produtivo, indo desde a identificação dos requisitos do cliente e aquisição de insumos até produção, liberação, entrega e pós-entrega do produto, passando pelas fases de projeto e desenvolvimento, e controle dos dispositivos de medição.

Esta é a seção mais extensa da norma e apresenta as seguintes subseções: planejamento e realização do produto; processos relacionados a clientes; projeto e desenvolvimento; aquisição; produção e prestação de serviço; e controle de equipamento de monitoramento e medição.

Neste capítulo são exigidos registros de todas as fases do projeto e desenvolvimento, como informações utilizadas para as análises críticas do projeto, as análises críticas, as validações e as verificações, e as alterações do projeto. Além dos registros das avaliações e seleção dos fornecedores; e registros das calibrações dos equipamentos de monitoramento e de medição.

Outro requisito importante é a devida identificação do produto nas diversas fases de produção para possibilitar a sua rastreabilidade.

Seção 8 – Medição, análise e melhoria. Estão especificados os requisitos necessários para salvaguardar a confiabilidade e a conformidade do sistema, bem como promover a melhoria deste, por meio da sua avaliação, da análise de dados e de ações para evitar a repetição de não conformidades, e/ou a ocorrência de não conformidades potenciais.

Nesta seção estão os requisitos para medir a satisfação do cliente, avaliar o sistema por meio de auditorias, monitorar os processos e o produto, controlar produtos não conformes, analisar todos os dados gerados e melhorar o sistema como um todo.

É aqui, na seção 8, que estão os outros quatro procedimentos documentados exigidos pela ISO 9001:2008: auditoria interna, controle de produtos não conformes, ações corretivas e ações preventivas.

São exigidos registros das auditorias, das não conformidades e das correções, registros das ações corretivas e das ações preventivas.

Para efeito dessa norma, correção significa ação para eliminar uma não conformidade, o que pode implicar uma ação no produto e outra no processo para que este volte à normalidade. Por outro lado, ação corretiva é a ação para eliminar a causa da não conformidade identificada, com o intuito de evitar que ela aconteça novamente. E, por fim, ação preventiva é definida como a ação para eliminar uma potencial não conformidade.

É possível verificar que a própria estrutura da norma e seus requisitos estão intimamente relacionados com o ciclo PDCA – planejar, implementar, monitorar e avaliar, e agir para melhorar.

ABNT NBR ISO 17025 – Requisitos gerais para a competência de laboratórios de ensaio e calibração

Histórico

O processo de padronização das atividades dos laboratórios de ensaios iniciou-se em 1978, na Europa, com a publicação da ISO/IEC Guia 25 em 1978. Este guia apresentava somente requisitos técnicos e específicos para laboratórios de ensaio, e não eram contemplados os laboratórios de calibração.

Os laboratórios de calibração da Europa observaram que os requisitos deste guia também eram aplicáveis em suas atividades. Então, apresentaram ao organismo ISO uma proposta de revisão da ISO/IEC Guia 25 e, assim, em 1982, foi publicada a segunda edição do guia. A terceira e última versão foi editada em 1993. No Brasil, a terceira versão foi traduzida e publicada pela ABNT, em 1993.

Adicionalmente, também vigorava a EN 45001 como norma para reconhecer a competência dos ensaios e calibrações realizados pelos laboratórios, entretanto, tanto a ISO Guia 25 como a EN 45001 não apresentavam detalhamento suficiente para a interpretação e aplicação. Ante ao exposto, em 1995, o organismo ISO criou um grupo de trabalho para revisar a ISO/IEC Guia 25.

Dessa revisão resultou a norma ISO/IEC 17025 – Requisitos gerais para a competência de laboratórios de ensaio e calibração, oficialmente datada de 15 de dezembro de 1999 e publicada internacionalmente no início do ano 2000.

No Brasil, a NBR/ISO/IEC 17025 foi publicada pela ABNT em janeiro de 2001. Nesse mesmo ano foi constituído um grupo de trabalho para realizar o alinhamento da primeira edição da ISO/IEC 17025 com a ISO 9001: 2000. A revisão contemplou o fortalecimento da comunicação com o cliente e a análise crítica, aproximando-se à ISO 9000:2000.

Em setembro de 2005 foi publicada, no Brasil, a segunda edição da NBR/ISO/IEC 17025:2005.

Os diferentes órgãos do governo, como a Agência Nacional de Vigilância Sanitária (Anvisa), o Instituto Brasileiro do Meio Ambiente e dos Recursos Naturais Renováveis (Ibama), a Agência Nacional de Águas (ANA) e o Mapa solicitam a aplicação da ISO 17025 pelos laboratórios, o que levou a um aumento na sua adoção. Considerando a lista de laboratórios acreditados pelo Instituto Nacional de Metrologia, Normalização e Qualidade Industrial (Inmetro), responsável pelas acreditações no Brasil, cerca de 90% dos laboratórios que fazem parte de sua Rede Brasileira de Laboratórios de Ensaio (RBLE) adotam a norma ISO/17025.

O atendimento aos requisitos da ISO 17025 pelos laboratórios de ensaios e/ou calibrações indica que estes operam sob um sistema de gestão da qualidade que também atende aos princípios da ISO 9001. Adicionalmente, a ISO 17025 abrange vários requisitos de competência técnica que não são cobertos pela ISO 9001.

A acreditação é dada por classe e tipo de ensaio para uma determinada área de atividade e por produto específico. Por exemplo: acreditação na área de alimentos e bebidas, para o produto café solúvel, em ensaios químicos, análise de cafeína por HPLC (cromatografia líquida de alta eficiência).

Objetivo

O objetivo da ISO 17025 é o de definir requisitos gerais para os laboratórios de ensaios e/ou calibrações que desejam demonstrar sua competência técnica, que possuem um sistema da qualidade efetivo e que são capazes de produzir resultados tecnicamente válidos. Para tal, seu escopo aborda as atividades administrativas e técnicas envolvidas na realização dos ensaios e/ou calibrações. Os métodos utilizados podem ser normalizados, não normalizados e, também, desenvolvidos pelo laboratório.

Aplicação

A norma aplica-se a todas as organizações que realizam ensaios e/ou calibrações, independentemente do número de pessoas ou da extensão do escopo das atividades de ensaios e/ou calibrações.

Estrutura da norma

A norma está estruturada em cinco seções:

Introdução
1. Objetivo
2. Referências normativas
3. Termos e definições
4. Requisitos da direção
5. Requisitos técnicos

Considerações gerais

As seções 4 e 5 contemplam os requisitos a serem atendidos para a organização evidenciar a implantação do seu sistema de gestão da qualidade laboratorial, sendo, portanto, os requisitos auditáveis.

A seção 4 contempla quinze itens da direção (administrativos), enquanto a seção 5 apresenta um total de dez itens técnicos.

Ressalta-se que os requisitos regulamentares e de segurança, aplicáveis aos laboratórios, não são cobertos por esta norma, entretanto, são pré-requisitos para a operação dos laboratórios.

Todos os aspectos estruturais do laboratório, para realização das análises, sem que haja o comprometimento dos resultados, são contemplados em boas práticas laboratoriais, como: fluxo contínuo, separação de áreas, manutenção da identificação das amostras desde o recebimento até a conclusão do ensaio, entre outros, que devem ser atendidos.

Será apresentado um resumo dos requisitos da norma. As considerações estão divididas por seção e o número entre parênteses refere-se à subseção constante na norma.

Seção 4 – Requisitos administrativos. Em organização (4.1) fica estabelecida a necessidade de ter pessoal técnico e gerencial. A gerência técnica deve ter responsabilidade por todas as operações técnicas, tendo autoridade para providenciar recursos adequados para os funcionários do laboratório. O gerente da qualidade deve ser nomeado a partir do quadro do pessoal do laboratório, e tem a responsabilidade e a autoridade para implementação do sistema de gestão.

Deve haver procedimentos que assegurem proteção às informações confidenciais, manutenção da competência e imparcialidade, assegurando confiabilidade.

O sistema de qualidade (4.2) deve ser documentado, implementado e mantido. O manual da qualidade deverá contemplar os procedimentos complementares, ou referências a eles, a estrutura da documentação, as atribuições e responsabilidades da gerência técnica e do gerente da qualidade, e a estrutura organizacional e gerencial do laboratório, demonstrando suas interfaces com a organização. A documentação do sistema da qualidade deve ser comunicada, disponibilizada, avaliada criticamente e implementada.

O controle de documentos (4.3) exige um alto grau de confiabilidade e confidencialidade. O laboratório deve ter um procedimento para o controle dos documentos, a fim de evitar que pessoas não autorizadas tenham acesso a documentos de clientes, ou que sejam utilizados documentos desatualizados ou não aprovados pela gerência. É importante manter uma lista mestra ou procedimento equivalente que identifique o *status* da revisão atual e a distribuição dos documentos.

A análise crítica dos pedidos, propostas e contratos (4.4) deve ser conduzida segundo procedimento próprio do laboratório, assegurando que os métodos a serem utilizados sejam adequadamente definidos, documentados e entendidos. Devem ser mantidos registros das análises críticas.

A subcontratação de ensaios e calibrações (4.5) poderá ocorrer mediante aprovação do cliente. Entretanto, o laboratório é responsável, perante o cliente ou autoridade regulamentadora, pelo trabalho do subcontratado. Os subcontratados devem ser competentes, atender aos requisitos da ISO 17025 e serem cadastrados.

A aquisição dos serviços e suprimentos (4.6) deve ter um procedimento, deve ser assegurado que seja realizada a conferência e armazenamento correto e que os itens de consumo que possam afetar a qualidade dos ensaios e/ou calibração sejam avaliados antes do uso. Devem ser mantidos registros das ações tomadas para verificar a conformidade e das avaliações de fornecedores.

O laboratório deve procurar obter realimentação tanto positiva como negativa dos seus clientes. Para tal, podem ser utilizadas pesquisas de satisfação (4.7 – atendimento ao cliente).

O laboratório deve manter um procedimento para investigação e solução das reclamações recebidas (4.8), sendo as reclamações recebidas de clientes ou de outras partes. Devem ser mantidos os registros das reclamações, investigações e ações corretivas.

Deve haver um procedimento para o controle dos trabalhos de ensaio e/ou calibrações não conformes (4.9). Neste devem estar designadas as responsabilidades e autoridades pelo gerenciamento do trabalho não conforme. Devem ser mantidos os registros associados.

Deve ser promovida a melhoria (4.10) do sistema de gestão e sua eficácia devem ser aprimoradas continuamente.

O laboratório deve estabelecer um procedimento para designar autoridades apropriadas para implementar ações corretivas (4.11) quando forem identificados trabalhos não conformes ou desvios das políticas, procedimentos ou operações técnicas. Devem ser mantidos os registros pertinentes.

Os procedimentos para ação preventiva (4.12) devem incluir o início de tais ações e a aplicação de controle para garantir que elas sejam eficazes. Os registros das ações preventivas devem ser mantidos.

O laboratório deve definir e manter procedimentos para identificar, coletar, indexar, acessar, arquivar, armazenar, manter e dispor os registros técnicos e da qualidade (4.13 – controle de registros), este deve abordar os registros impressos e os eletrônicos.

Devem ser definidos um procedimento e um cronograma para a realização das auditorias internas (4.14), a fim de se verificar se as operações do laboratório continuam a atender aos requisitos da norma. Os registros das áreas de atividade auditada, das constatações e das ações corretivas devem ser mantidos.

A análise crítica pela alta direção do laboratório (4.15) deve ser realizada periodicamente, conforme procedimento e cronograma estabelecidos. A análise crítica deve avaliar a adequação e eficácia do sistema e introduzir mudanças ou melhorias necessárias. As constatações e ações decorrentes da análise crítica devem ser registradas.

Seção 5 – Requisitos técnicos. O pessoal (5.2) é um recurso muito importante no laboratório, pois, entre os fatores que determinam a correção e a confiabilidade dos ensaios e/ou calibração, está o fator humano. A direção do laboratório deve assegurar a competência da equipe. Deve ser elaborada descrição das funções com o perfil completo requerido: escolaridade, formação específica, habilidades, experiência requerida, responsabilidades, entre outros. Deve haver um procedimento para identificar as necessidades de treinamento. Os registros das autorizações, competências, qualificação, treinamentos e habilidades devem ser mantidos.

As acomodações e condições ambientais (5.3) podem ser documentadas pela descrição das instalações do laboratório, demonstrando que elas são adequadas ao tipo de serviços prestados, referenciados os métodos para controle e monitoramento, e ser realizado o registro das condições ambientais e das instalações. Deve ser mantida adequada limpeza e organização no laboratório. Onde necessário, devem ser elaborados procedimentos específicos para assegurar que acomodações ambientais não afetem a qualidade dos ensaios.

Em métodos de ensaio e calibração e validação de métodos (5.4) é requerida a utilização de métodos e procedimentos apropriados. No caso de metodologia desenvolvida pelo laboratório, deve haver planos de desenvolvimento, incluindo validação, treinamento e comunicação. Adicionalmente, os métodos devem ser validados nas seguintes situações: quando não forem normalizados, ou quando desenvolvidos pelo laboratório, ou normalizado, porém utilizado fora do escopo para o qual foi concebido, e ainda, em situações de modificações de métodos normalizados.

Deve haver o registro do procedimento utilizado para a validação e uma conclusão quanto à adequação ou não para o uso. Dever ser realizada a estimativa da incerteza da medição, tanto para os laboratórios de calibração como para os de ensaio.

Os equipamentos (5.5) do laboratório só devem ser operados por pessoal autorizado e competente. O laboratório deve descrever ou referenciar a sistemática de compra e aceitação dos equipamentos. Deve ser assegurada a calibração destes antes de serem colocados em serviço. É importante manter um programa de calibração. Deve haver procedimento para efetuar em segurança o manuseio, transporte, armazenamento, uso e manutenção destes. Quando forem necessárias verificações intermediárias para manutenção da confiança na calibração do equipamento, estas devem ser realizadas de acordo com procedimento definido. O equipamento deve ser protegido contra ajustes que invalidariam os resultados dos ensaios e/ou calibrações.

Em rastreabilidade da medição (5.6), o laboratório deve calibrar todos os equipamentos antes de colocá-los em operação, ter programa para calibrações e padrões e materiais de referência certificados, realizar verificações intermediárias (quando aplicáveis), devem ser definidos procedimentos para esses itens. É interessante manter um programa de calibração dos equipamentos e dos padrões.

Para a amostragem (5.7), o laboratório deve ter plano e procedimento disponíveis no local onde a atividade é realizada. O plano de amostragem, sempre que viável, deve ser baseado em métodos estatísticos apropriados.

No manuseio de itens de ensaio e calibração (5.8) deve ser elaborado procedimento para transporte, recebimento, manuseio, proteção, armazenamento, retenção e/ou remoção de itens de ensaio e/ou calibração, a fim de manter a proteção da integridade do item. O laboratório deve ter atenção especial para os itens que devem ser armazenados ou acondicionados sob condições ambientais especificadas, pois essas condições devem ser mantidas, monitoradas e registradas.

Para a garantia da qualidade de ensaio e calibração (5.9), o laboratório deve ter procedimentos de controle da qualidade para monitorar a validade dos ensaios e calibrações. Os dados devem ser registrados e devem ser realizadas análises de tendências. Podem ser realizados ensaios ou calibrações replicados, participação em programas de comparação interlaboratorial ou de ensaios de proficiência.

Na apresentação de resultados (5.10), estes devem ser relatados com exatidão, clareza, objetividade e sem ambiguidade. Devem incluir toda a informação solicitada pelo cliente e necessária à interpretação do resultado.

Gestão da Segurança de Alimentos

Evolução conceitual

As transformações do mercado alimentício, estimuladas principalmente pela economia globalizada e pelo modo de vida da sociedade moderna, somados aos avanços técnicos da área da qualidade, ocasionaram mudanças não só na produção, mas também na concepção e na dimensão da qualidade dos alimentos.

Qualidade, no seu significado mais estrito, refere-se às especificações, à conformidade com requisitos e/ou propriedades que definem o produto. No caso de um alimento, podem ser: tamanho, cor, textura, sabor e outras características sensoriais, valor nutricional, saudabilidade e palatabilidade. Por outro lado, sua condição higiênico-sanitária refere-se aos níveis de contaminações física, química ou microbiológica, dentro dos limites aceitáveis e seguros, ou seja, indica se o alimento (produto) é ou está próprio para o consumo e em consonância com a legislação vigente.

A expressão segurança de alimentos, também conhecida como *food safety*, ou ainda, inocuidade de alimentos, passou a ser amplamente utilizada, a partir do momento em que as normas da comissão *Codex Alimentarius*[2] (comissão conjunta da FAO e OMS) passaram a ser uma referência no comércio internacional de alimentos, incrementado pela globalização. De acordo com essa comissão, a segurança de alimentos é definida como: garantia de que o alimento não cause dano à saúde do consumidor quando preparado e/ou ingerido de acordo com o seu uso intencional. Conceitualmente, a segurança de alimentos está associada aos corretos e adequados processos de produção e de manuseio dentro de toda cadeia produtiva de alimentos, desde a produção primária até o ponto de consumo, uma vez que só dessa forma se torna possível o controle efetivo dos contaminantes e perigos à saúde.

Segundo o *Codex Alimentarius*, contaminantes são agentes estranhos (não inerentes ao alimento) de origem biológica, química ou física e/ou qualquer substância adicionada de forma intencional ao alimento, que podem comprometer sua segurança e qualidade. E perigos são os agentes bio-

---

2   A abrangência da atuação do *Codex Alimentarius* é apresentada no item 5 – Normalização.

lógicos, químicos ou físicos, ou condição do alimento – por exemplo: presença natural de cianeto na mandioca crua, com potencial de causar um efeito adverso à saúde. Ainda com relação aos perigos, estes estão associados ao nível aceitável, isto é, certos agentes podem ser considerados perigos quando sua presença excede o limite do aceitável, ocasionando, então, dano à saúde.

Contaminantes/perigos físicos podem ser: fragmentos de ossos, espinhas de peixe, pedaços de madeira, de metal, de vidro ou de plástico desprendidos de equipamentos, utensílios e até mesmo das embalagens, uma vez que podem ocasionar ferimentos ao serem ingeridos com os alimentos. Os perigos químicos mais comuns são: resíduos de produtos químicos usados nas higienizações, defensivos agrícolas usados na produção de hortifrutícolas, aditivos alimentares tóxicos, drogas veterinárias, inseticidas, metais pesados, antibióticos, toxinas de micro-organismos, como a aflatoxina. Para finalizar, os perigos biológicos são os organismos vivos capazes de provocar uma doença, mais especificamente, micro-organismos patogênicos: bactérias, vírus, fungos e parasitas patogênicos. É a capacidade de prevenir, eliminar ou reduzir a níveis seguros esses agentes, durante as etapas de produção/manuseio e/ou na cadeia produtiva de um alimento, que assegura a inocuidade deste.

A segurança de alimentos tem como principal finalidade a proteção da saúde do consumidor e é tida pela OMS como o fator decisivo no combate às doenças transmitidas por alimentos (DTAs). Essas doenças são ocasionadas pela ingestão de alimentos contaminados por micro-organismos patogênicos ou por substâncias químicas nocivas, sejam elas toxinas produzidas por estes micro-organismos ou quaisquer outros perigos químicos. Atualmente, de acordo com a OMS, as DTAs são um dos maiores problemas de saúde pública mundial, inclusive com impacto negativo na economia. Nos últimos anos, tanto nos países desenvolvidos quanto nos que estão em desenvolvimento, a ocorrência de alimentos ou água contaminados cresceu de forma significativa.

Em meados da década de 1980, o modelo de qualidade fundamentado exclusivamente em controle de produto acabado estava se esgotando. A ideia de um controle proativo, que ainda trouxesse benefícios para o processo produtivo, ganhava força com a crescente adoção das técnicas japonesas de produção, as chamadas ferramentas da qualidade disseminadas por todos os segmentos produtivos. Esses dispositivos, técnicas ou métodos estruturados permitiam detectar e atuar sobre falhas e/ou defeitos antes dos produtos serem finalizados, ou antes mesmo de ocorrerem, melhorando os processos produtivos.

O mercado alimentício não foi exceção, absorveu tal evolução, incorporando e difundindo o uso de ferramentas da qualidade e do conceito de gestão da qualidade às suas práticas. A adoção das boas práticas de fabricação – BPF (GMP – *Good Manufacturing Pratices*), dos Procedimentos Padrão de Higiene Operacional – PPHOs (SSOPs – *Sanitation Standard Operating Procedures*), dos Procedimentos Operacionais Padronizados – POPs, e do Sistema APPCC – Análise de Perigos e Pontos Críticos de Controle (HACCP – *Hazard Analysis and Critical Control Points*), tornaram-se indispensáveis para as empresas alimentícias, de produção primária, indústrias, distribuidores, ou serviços de alimentação, ora por exigência de mercado, ora por obrigatoriedade legal.

As BPF, juntamente dos PPHOs/POPs, compõem o programa de pré-requisitos para a produção de alimentos seguros, uma vez que controlam as contaminações e são necessários para a manutenção de um ambiente em condições sanitárias, enquanto o Sistema APPCC controla especificamente os prováveis perigos provenientes do processo produtivo. Portanto, é a aplicação concomitante das três técnicas que, efetivamente, garante a segurança dos alimentos.

Essas são as ferramentas mais utilizadas para assegurar a inocuidade dos alimentos e evitar doenças alimentares, compondo o arsenal técnico do sistema de gestão de segurança de alimentos. A partir dos anos de 1990, as BPF e o Sistema APPCC recomendados pelo *Codex Alimentarius* passaram a embasar a legislação de vários países, incluindo o Brasil, e foram adotadas pela Organização Mundial do Comércio (OMC), como requisitos para o comércio internacional de alimentos.

Vale a pena, ainda, comentar os outros termos relacionados com a produção de alimentos seguros.

- O conceito de segurança alimentar, ou *food security,* foi concebido em 1945, quando a FAO foi criada, pois havia uma grande preocupação em assegurar alimentação à população castigada pelos efeitos da Segunda Guerra Mundial. Basicamente, a ideia era incentivar a produção de alimentos. Mais tarde, em 1974, na I Conferência Mundial de Alimentação/FAO, a garantia da qualidade, da inocuidade do alimento e da distribuição à população foram incorporadas a esse conceito. Só em 1996, com a Cúpula Mundial de Alimentação/FAO de Roma, o conceito ganhou a atual definição: um estado no qual todas as pessoas têm, a qualquer momento, acesso físico e econômico a alimentos em quantidades suficientes, seguros/inócuos, nutritivos e de modo a satisfazer suas necessidades nutricionais e suas preferências alimentares, a fim de lhes garantir uma vida saudável. Esse termo está ligado a políticas governamentais que garantirão a qualquer cidadão o seu direito e acesso à boa alimentação.

- Mais recentemente, nos anos 2000, o conceito de defesa de alimentos, ou *food defense*, passou a ser difundido. A defesa de alimentos aborda ações e procedimentos utilizados para evitar e impedir a contaminação proposital de alimentos e a adulteração por agentes físicos, químicos, biológicos e radioativos, e/ou atos de sabotagem dentro de uma empresa alimentícia, que porventura venham a possibilitar o uso de um alimento em um ato terrorista, ocasionando um desastre em massa, tanto no que diz respeito à saúde pública quanto às implicações econômicas. Baseado na avaliação de riscos e de vulnerabilidade, na proteção dos *sites* (instalações), na proteção das pessoas e das operações, bem como na capacidade de resposta a situações de emergência, o plano de defesa de alimentos visa reduzir o impacto e os efeitos de uma catástrofe dentro do segmento alimentício. Os termos bioterrorismo, biovigilância e agroterrorismo estão relacionados a esse mesmo conceito.

- Para finalizar, o termo *food protection*, ou proteção de alimentos, engloba sob um único sistema a segurança de alimentos (*food safety*) com a defesa dos alimentos (*food defense*), sendo, portanto, o mais abrangente de todos. Percebe-se no mercado atual a tendência da adoção desse sistema, uma vez que a ideia é a proteção do consumidor, do produto e da empresa e/ou marca.

Apesar de todos os termos aqui discutidos apresentarem definições distintas, eles estão intrinsecamente relacionados e são complementares, ampliando a gama de requisitos exigidos para a produção de alimentos seguros. A tendência em função das exigências de mercado é a adoção, por parte das empresas, de um sistema cada vez mais próximo do conceito de *food protection*.

Outro aspecto a ser considerado é que os processadores de alimentos, principalmente as corporações multinacionais, estão buscando a aplicação de sistemas de gestão de segurança de alimentos de forma global, proporcionando a harmonização de conceitos e de práticas realizadas nas mais diversas partes do planeta, propiciando a melhoria das técnicas utilizadas e, como consequência, promovendo o aumento da confiança na produção de alimentos seguros em todo o mundo.

Análise de risco microbiológico

Em paralelo às ações individuais das empresas de alimentos estão as ações dos órgãos governamentais e das autoridades sanitárias cujos objetivos, entre outros, são a promoção e a proteção da saúde da população. Para tanto, necessitam atuar na gestão da cadeia produtiva de alimentos como um todo, visualizando o conjunto e a interação de todos os seus elos, até que o alimento seja consumido.

As DTAs são um dos problemas de saúde pública mundial mais sérios e, na maioria das vezes, são ocasionadas por micro-organismos patogênicos. Esse fato, associado à intensificação do comércio internacional de alimentos e ao tamanho e complexidade da atual cadeia produtiva de alimentos, levou o *Codex Alimentarius* e a OMC a desenvolverem uma metodologia baseada em gestão de risco microbiológico, como instrumento governamental de combate a essas doenças.

As bases da sistemática estão descritas no documento *Principles and guideline for the conduct of microbiological risk management* (MRM) CAC/GL 63-2007, publicado pelo *Codex Alimentarius*, e serve como guia de implementação para os órgãos governamentais e para os setores industriais envolvidos – da produção primária até o âmbito do varejo, serviços de alimentação e pontos de consumo. É importante citar que a análise de risco microbiológico é uma prerrogativa dos órgãos dos governos, pois estes têm acesso a todas as informações necessárias para conduzi-la.

Dentro dessa avaliação, entende-se risco como a possibilidade da ocorrência de uma determinada enfermidade e sua magnitude (severidade e/ou extensão de dano). A análise de risco é uma função do alimento e do perigo ou agente ocasionador da enfermidade, do tipo de problema de saúde, dos elos da cadeia produtiva envolvidos, e inclui as práticas de manipulação e hábitos alimentares do consumidor.

Na prática, é responsabilidade das autoridades governamentais traduzirem o nível esperado de proteção da saúde de uma população em relação a uma DTA específica (ALOP – *Appropriate Level of Protection*), em objetivos de segurança de alimentos (FSO – *Food Safety Objective*), isto é, máxima frequência e/ou concentração de um perigo microbiológico em um alimento, no momento do consumo.

Esses objetivos são utilizados para definir os programas de inspeção das empresas alimentícias, programas de monitoramento de produtos no comércio, alteração nas legislações, elaborações de regulamentos técnicos, estabelecimento de novos critérios. Dessa maneira, são internalizados pelas organizações de cada elo da cadeia produtiva de alimentos, na forma de planejamento de seus produtos e processos, adoção das ferramentas de gestão de segurança de alimentos, cumprimento da legislação vigente e, assim, minimizam de maneira eficaz a probabilidade de uma determinada população ser acometida por uma DTA específica (Figura 1.5).

Figura 1.5 Interação entre as atividades governamentais e industriais sobre segurança de alimentos.

Fonte: Forsythe (2002).

A utilização da análise de risco como um instrumento de proteção da saúde da população por parte dos órgãos dos governos, ou seja, como ferramenta de gestão da saúde pública, ainda não é expressiva, uma vez que a metodologia é de alta complexidade, depende de uma série de dados ainda em estudo e do intercâmbio interativo de informações (comunidade científica, organizações governamentais, consumidores, indústrias etc), tanto que são poucos os exemplos completos de aplicação dessa ferramenta na literatura. O serviço de inspeção animal norte-americano (FSIS – Food Safety and Inspection Service) demorou dois anos para completar a análise do risco em relação à *Salmonella enteritidis* e a ingestão de produtos à base de ovo e/ou uso de ovo com casca.

Normas aplicáveis à gestão da segurança de alimentos

Atualmente, as normas de gestão de segurança de alimentos mais aplicadas são: ISO 22000, BRC – Global Standard For Food Safety (Norma Global para Segurança de Alimentos) e FSSC 22000.

Existem outras normas, porém com adoção menos conhecida no Brasil, como:

- O protocolo GlobalGAP, para certificação de empresas agrícolas, que descreve os requisitos essenciais de Boas Práticas Agrícolas (ou *Good Agricultural Practices – GAP*) contemplando segurança de alimentos, preservação ambiental e manejo de defensivos agrícolas e bem-estar de trabalhadores. Essa norma foi elaborada a partir da organização de grandes varejistas europeus – EurepGAP – preocupados em assegurar qualidade e inocuidade, fazendo uso das melhores práticas para uma produção de alimentos sustentável. Mais tarde, com a globalização do comércio de alimentos e com o interesse de produtores primários e supermercados do mundo todo, em 2007, o organismo adotou a denominação GlobalGAP.
- IFS – *International Featured Standards* (ou International Food Standard). As federações de supermercadistas da Alemanha (HDE) e da França (FCD) desenvolvem protocolos ou padrões para as diversas atividades relacionadas à distribuição de alimentos, com o objetivo de padronizar, otimizar e aumentar a confiabilidade nas operações.

Essa norma para alimentos aplica-se para a certificação de fornecedores de produtos alimentícios, marcas próprias para os supermercados, exclusivamente em empresas processadoras/industrializadoras de alimentos ou embaladoras de produtos a granel. Estipula os pré-requisitos de um sistema de gestão de segurança de alimentos, faz uso do Sistema APPCC recomendado pelo *Codex Alimentarius* e acrescenta elementos de gestão. A versão vigente, versão 5, em especial, foi desenvolvida com a colaboração das federações de supermercadistas da Alemanha, França e Itália.

ABNT NBR ISO 22000 – Sistemas de gestão da segurança de alimentos – Requisitos para qualquer organização na cadeia produtiva de alimentos

Histórico

O aumento significativo das DTAs, nas últimas décadas, com seus respectivos impactos econômicos – em função de gastos com tratamento médico, ausências do trabalho, indenizações legais, entre outros –, levaram alguns países, incluindo o Brasil[3], a desenvolverem normas nacionais visando proteger a saúde da sua população.

Alguns setores específicos do segmento de alimentos também passaram a desenvolver programas próprios para avaliarem seus fornecedores.

A aplicação de diferentes ferramentas e/ou programas para um objetivo único, a segurança dos alimentos, gerou conflito e níveis desiguais de exigências, aumento de custos, sobreposição de controles e utilização de diferentes tipos de avaliações com o mesmo propósito.

Nesse cenário surgiu a proposta de elaboração de uma norma internacional para a gestão da segurança dos alimentos. O documento foi desenvolvido na ISO, por peritos da indústria de alimentos, juntamente de representantes de organizações internacionais especializadas e em estreita cooperação com a Comissão do *Codex Alimentarius*, e em parceria com a *Global Food Safety Initiative* (GFSI) e a Confederation of Food and Drink Industries of the European Union (CIAA).

---

3   No Brasil, havia sido publicada a ABNT NBR 14900:2002 – Sistema de gestão da análise de perigos e pontos críticos de controle, que foi cancelada e substituída pela ABNT NBR ISO 22000.

Em 2005 foi publicada a ISO 22000 – *Sistemas de gestão da segurança de alimentos: requisitos para qualquer organização na cadeia produtiva desse produto*, apoiada por um consenso internacional, que harmoniza os requisitos para sistematizar a gestão da segurança dos alimentos em toda a cadeia. Essa norma é, portanto, projetada para permitir que todos os tipos de organização dentro da cadeia alimentar possam implementar um sistema de gestão da segurança alimentar, desde os fabricantes de alimentos para animais e produtores primários até processadores de alimentos para consumo humano, operadores de transporte e estocagem, distribuidores varejistas e serviços de alimentação, incluindo organizações inter-relacionadas, como: fabricantes de equipamentos, materiais de embalagem, produtos de limpeza, aditivos e ingredientes.

A norma foi alinhada à ISO 9000, propiciando a compatibilidade entre elas. Adicionalmente, a ISO 22000 pode ser certificada, o que atende à demanda no setor de alimentos, inclusive para a certificação dos fornecedores.

A norma integra os sete princípios e as etapas de aplicação do APPCC definidos no *Codex Alimentarius*, com os Programas de Pré-Requisitos (PPRs).

O ponto de destaque do documento é o controle de perigos (físicos, químicos ou microbiológicos) que deve ser realizado por meio da definição dos pontos críticos de controle (chamados de PCC), de níveis aceitáveis de perigos e de um programa de monitoramento e melhorias.

As outras normas relacionadas à ISO 22000 são: a ISO/TS 22004:2005, guia para implementação da ISO 22000; ISO/TS 22003, requisitos para organismos que oferecem auditoria e certificação do sistema de segurança de alimentos, e ISO 22005, sobre a rastreabilidade na cadeia de alimentos.

OBJETIVO

Por meio da aplicação dos requisitos especificados pela norma, demonstrar a habilidade em controlar os perigos, a fim de garantir que o alimento está seguro no momento do consumo humano. A norma está direcionada somente aos aspectos de segurança do alimento.

APLICAÇÃO

A norma aplica-se a todas as organizações, independentemente de tamanho e complexidade, que estejam envolvidas, direta ou indiretamente, em qualquer etapa da cadeia produtiva de alimentos.

Estrutura da norma

A norma está estruturada em oito seções:

Introdução
1. Objetivo
2. Referências normativas
3. Termos e definições
4. Sistemas de gestão da segurança de alimentos
5. Responsabilidade da direção
6. Gestão de recursos
7. Planejamento e realização de produtos seguros
8. Validação, verificação e melhoria do sistema de gestão da segurança de alimentos.

Considerações gerais

As seções 4 a 8 abordam os requisitos auditáveis, que poderão evidenciar a implantação do sistema de gestão da segurança de alimento.

Foram definidos como elementos-chave para garantir a segurança ao longo da cadeia até o consumo final: a comunicação interativa; a gestão de sistema; o programa de pré-requisitos; e os princípios de análise dos perigos e pontos críticos de controle. Estes permitem interligação com outros elos da cadeia de alimentos.

É requerido que a organização atenda a quaisquer requisitos regulamentares e estatutários aplicáveis à segurança dos alimentos, pelo seu sistema de gestão.

Será abordado um resumo dos requisitos da norma. As considerações estão divididas por seção e o número entre parênteses refere-se à subseção constante na norma.

Seção 4 – Sistemas de gestão da segurança de alimentos. Em requisitos gerais (4.1), a organização deve definir o escopo do sistema de gestão. Devem ser especificados os produtos ou categorias de produtos, processos e locais de produção abrangidos pelo sistema. É requerido que todos os perigos à segurança dos alimentos, constantes do escopo, sejam identificados, avaliados e controlados. Quando forem contratados processos externos, que possam afetar a conformidade do produto final, a organização deve assegurar o controle destes.

Em requisitos da documentação (4.2) deve ser incluída a política da segurança dos alimentos e seus objetivos relacionados, os procedimentos e os registros requeridos pela norma. As alterações propostas devem ser analisadas criticamente antes da implementação. Deve haver um procedimento documentado definindo responsabilidades e controles na elaboração, aprovação, revisão e distribuição dos documentos (4.2.2). É interessante manter uma lista mestra ou procedimento equivalente que identifique o *status* da revisão atual e a distribuição dos documentos. Os registros também devem ter procedimento documentado para controle (4.2.3).

Seção 5 – Responsabilidade da direção. O comprometimento da direção (5.1) deve ser evidenciado. Ações que podem evidenciar o comprometimento: comunicação à organização da importância no atendimento dos requisitos da segurança de alimentos, estabelecimento e divulgação da política de segurança de alimentos (5.2), realização de análises críticas do sistema e disponibilização de recursos.

No planejamento do sistema de gestão da segurança de alimentos (5.3) deve ser assegurada, pela alta direção, a integridade do sistema quando mudanças neste são planejadas e implementadas.

A alta direção deve assegurar que responsabilidades e autoridades (5.4) sejam definidas e comunicadas, para reportar problemas com o sistema, iniciar e registrar ações.

Um coordenador da equipe de segurança de alimentos (5.5) deve ser indicado pela alta administração.

Devem ser estabelecidos métodos para assegurar a comunicação (5.6.) externa e interna dos assuntos relativos à segurança de alimentos, em toda a cadeia de alimentos. A equipe de segurança deve ser informada em tempo apropriado das mudanças que possam ter impacto na gestão da segurança.

Em prontidão e resposta a emergências (5.7), a alta administração deve estabelecer e manter procedimentos para administrar potenciais situações emergenciais que possam causar impacto à segurança dos alimentos.

A análise crítica pela direção (5.8) deve incluir a avaliação das oportunidades para melhoria e necessidade de mudanças no sistema de gestão da segurança de alimentos. Devem estar identificadas as principais entradas para a análise crítica, por exemplo, análise dos resultados da verificação, auditorias internas e saídas da análise crítica (necessidade de recursos e revisão da política de segurança de alimentos). Devem ser mantidos os registros da análise crítica.

Seção 6 – Gestão de recursos. A provisão de recursos (6.1) deve ser feita pela organização para o estabelecimento, implementação, manutenção e atualização do sistema.

A equipe de segurança de alimentos e demais recursos humanos (6.2) que realizam atividades com impacto na segurança de alimentos devem ser competentes e ter educação, treinamento, habilidade e experiência apropriados. É necessário manter os registros que comprovem a competência, conscientização e treinamento.

A organização deve prover recursos para manter infraestrutura (6.3) e ambiente de trabalho (6.4) adequados para implementar os requisitos da norma. Esses aspectos estão associados ao programa de pré-requisitos (7.2).

Seção 7 – Planejamento e realização de produtos seguros. Deve-se estabelecer, implementar e manter condições para assegurar adequados ambiente e práticas higiênicas (Programa de Pré-requisitos – PPRs). Por meio dos PPRs deve ser assegurado que as condições do ambiente e as práticas tenham um padrão higiênico adequado o suficiente para contribuir na redução da possibilidade da introdução de perigos à segurança dos alimentos pelo ambiente de trabalho, das atividades, dos funcionários, da contaminação cruzada e das utilidades, entre outros. Os componentes do PPRs serão estabelecidos em função da etapa da cadeia (tipo de operação) em que a norma está sendo aplicada. Isso significa que as Boas Práticas de Fabricação (BPF), Boas Práticas Agrícolas (BPA), Boas Práticas Veterinárias (BPV) são parte deste programa.

Os PPRs (7.2) devem: ser apropriados às necessidades organizacionais relativas à segurança de alimentos, ao tipo de operação e à natureza dos produtos; ser implementados ao longo do sistema de produção; abordar os requisitos regulamentares e estatutários e ser aprovados pela equipe de segurança de alimentos.

Ao estabelecer os PPRs, a organização deve utilizar informações apropriadas, por exemplo, os princípios gerais de higiene dos alimentos e os códigos de práticas pertinentes do *Codex Alimentarius*, normas nacionais, internacionais ou do setor, diretrizes reconhecidas e requisitos regulamentares e de clientes.

A organização deve considerar no estabelecimento dos PPRs:

- Construção e *layout* de edifícios e utilidades associadas.
- *Layout* das instalações, incluindo local de trabalho e facilidades para os empregados.
- Suprimento de ar, água, energia e outras utilidades.
- Serviços de suporte, incluindo descarte de resíduos e efluentes.
- Adequação dos equipamentos e sua acessibilidade para limpeza e manutenção.
- Gestão de materiais, suprimentos, descarte e manipulação de produtos.
- Medidas para a prevenção de contaminação cruzada.
- Limpeza e sanitização.
- Controle de pragas.
- Higiene pessoal.
- Outros aspectos pertinentes.

A verificação dos PPRs deve ser planejada e estes devem ser modificados quando necessário. Devem ser mantidos registros da verificação e das alterações.

Nas etapas preliminares para permitir a análise de perigos (7.3) é requerido que a equipe de segurança de alimentos tenha uma combinação de conhecimentos multidisciplinares e experiência no desenvolvimento e implementação do sistema de segurança de alimentos.

Todas as matérias-primas, ingredientes e materiais que entram em contato com o produto devem ser descritos de forma a propiciar a condução da análise de perigos. Devem ser identificados os requisitos regulamentares e estatutários referentes aos itens citados. As descrições devem ser mantidas atualizadas.

As características do produto final também devem ser descritas na extensão necessária à condução da análise de perigos. Os requisitos regulamentares e estatutários referentes às características do produto devem ser identificados e as descrições devem ser mantidas atualizadas.

O uso pretendido, o manuseio esperado e não esperado, mas possível de ocorrer, do produto final deve ser descrito de forma a propiciar a análise de perigos. Os grupos de consumidores devem ser identificados, inclusive os vulneráveis. A descrição deve ser mantida atualizada.

Os fluxogramas devem ser preparados para categorias de produtos ou de processos cobertos pelo sistema de gestão dos alimentos. Devem fornecer a base para avaliar a possibilidade de ocorrência, aumento ou introdução de perigos à segurança de alimentos.

Cada uma das etapas previstas no fluxograma deve ser descrita, na extensão necessária à análise de perigos, incluindo: medidas de controle existentes, parâmetros de processo e o rigor com o qual cada um é aplicado, e requisitos regulatórios ou de clientes aplicáveis à etapa.

Na análise de perigos (7.4), todos os perigos de segurança de alimentos que possam ocorrer em relação ao tipo de produto, tipo de processo e instalações de processamento existentes devem ser identificados e registrados. Para cada perigo à segurança de alimentos identificado, deve ser determinado o nível aceitável deste no produto final[4], sempre que possível. A identificação dos perigos e a base para definição deste nível de aceitação devem ser registradas.

Cada perigo identificado deverá ser avaliado quanto à severidade das suas consequências e probabilidade da sua ocorrência. Deve ser definida uma metodologia reprodutível[5] para a avaliação dos perigos. A metodologia utilizada deve ser descrita e os resultados registrados.

Com base na avaliação de perigos, deve ser estabelecida uma medida de controle ou uma combinação de medidas que assegurem a prevenção, eliminação ou redução do perigo aos níveis aceitáveis definidos. A organização deve estabelecer uma metodologia que permita classificar as medidas de controle em função do tipo de programa pelo qual serão gerenciadas – pré-requisitos operacionais (PPR operacionais) ou Plano APPCC. As medidas de controle devem ser validadas, ou seja, deve ser confirmado, por meio de evidências objetivas, que estas de fato controlam os perigos.

As metodologias para classificar as medidas de controle e para a validação destas devem ser documentadas e devem ser mantidos os registros aplicáveis.

Os PPR operacionais (7.5) devem ser documentados, e para cada um deles devem constar as seguintes informações: perigo a ser controlado pe-

---

4   O nível determinado deve levar em conta os requisitos regulamentares, estatutários e de clientes.

5   Pode ser utilizado o modelo bidimensional de avaliação de risco à saúde.

los PPR operacionais; medidas de controle; procedimentos de monitoramento; correções e ações corretivas para os PPR operacionais fora de controle; responsabilidades e autoridades; f) registros de monitoramento.

O plano APPCC (7.6) deve ser documentado e deve conter as seguintes informações: perigo a ser controlado no PCC; medida(s) de controle; limites críticos; procedimentos de monitoramento; correções e ações corretivas para os limites críticos fora de controle; responsabilidades e autoridades; registros de monitoramento. A justificativa para a escolha dos limites críticos deve ser documentada. Limites críticos apoiados por dados subjetivos, por exemplo, inspeção visual, devem ser apoiados por instruções e/ou educação e treinamento.

Para assegurar a implementação e a eficácia das atividades previstas no sistema, a organização deve estabelecer o planejamento da verificação (7.8). Devem estar definidos os métodos, a frequência e as responsabilidades. Tais atividades podem incluir a realização das auditorias internas do sistema, auditoria dos registros e análises de produtos.

Um sistema de rastreabilidade (7.9) deve ser estabelecido, assegurando a identificação dos lotes dos produtos e sua relação com os lotes de matérias-primas, processamento e registros de liberação.

Para o controle de não conformidades (7.10), a organização deve assegurar que, caso um limite crítico seja excedido ou ocorra perda de controle dos PPR operacionais, os produtos afetados sejam identificados e controlados com relação ao seu uso e liberação. Um procedimento documentado deve ser mantido, definindo identificação e avaliação dos produtos afetados, para determinar um tratamento adequado e uma análise crítica das correções realizadas (7.10.1). Situações onde não haja o atendimento de um limite crítico implicam no tratamento do produto como potencialmente inseguro (7.10.3). O fato de PPR operacional estar não conforme leva à necessidade de avaliar a consequência em relação ao produto, em termos da manutenção da segurança do alimento. Quando necessário, o produto também deve ser tratado como potencialmente inseguro. Se após a avaliação a conclusão for de que o produto não será liberado, ele deve ser reprocessado, desde que essa ação assegure que o perigo seja eliminado ou reduzido a níveis aceitáveis, caso contrário, deverá ser destruído e/ou descartado. Devem ser mantidos os registros da avaliação e da destinação do produto.

Nos casos em que o produto identificado como potencialmente inseguro não esteja mais na organização, as partes interessadas devem ser informadas e o recolhimento dos produtos efetuado (7.10.4). Devem ser mantidos os registros das ações.

Um procedimento documentado de ação corretiva (7.10.2) deve ser mantido, a fim de identificar e eliminar a causa das não conformidades detectadas e prevenir a recorrência. As avaliações devem ser registradas.

Seção 8 – Validação, verificação e melhoria do sistema de gestão da segurança de alimentos. Antes da implementação das medidas de controle ser incluída no plano APPCC e nos PPR operacionais (7.4.4) e depois de qualquer alteração, estas devem ser validadas (7.4.4). A validação deve ser conclusiva quanto ao efetivo controle dos perigos, caso contrário, as medidas de controle devem ser modificadas e submetidas à validação[6] novamente.

Para assegurar a confiança nos resultados obtidos, os métodos, equipamentos e instrumentos de medição utilizados nos procedimentos de monitoramento e verificação deverão ser controlados, calibrados e verificados em face de padrões de medição rastreáveis. Os resultados de calibração e verificação devem ser mantidos.

Deve haver um procedimento documentado para as auditorias internas, com critérios, escopo, frequência, métodos, apresentação dos resultados e manutenção dos registros.

A equipe de segurança de alimentos deve avaliar sistematicamente os resultados da verificação, incluindo as auditorias internas e externas. Os resultados das avaliações devem ser registrados e relatados à alta direção como entrada para a análise crítica.

A alta direção deve assegurar a melhoria contínua do sistema de gestão da segurança de alimentos da organização, por meio de: comunicação interna e externa, que propiciará que a equipe de segurança de alimentos mantenha-se informada dos assuntos relevantes à segurança de alimentos; auditorias internas e externas; análise crítica da direção; análise dos resultados da verificação e atualização do sistema, sendo que esta deve ser relatada e registrada.

---

6   Validação: obtenção de evidências de que as medidas de controle gerenciadas pelo plano APPCC e pelos PPR operacionais são capazes de serem eficazes.

FSSC 22000 – Food Safety System Certification

Histórico

A FSSC 22000 é um esquema de certificação completo para sistemas de gestão da segurança dos alimentos. É baseada na ISO 22000, a norma global para a gestão de sistemas de segurança dos alimentos e na especificação técnica ISO/TS 22002 -1: Programa de Pré-Requisitos para estabelecimentos produtores de alimentos (*Technical Specification – Prerequisites programmes on food safety- Part 1: Food manufacturing*), desenvolvida para orientar a aplicação do programa de pré-requisitos para processadores de alimentos.

Inicialmente este esquema de certificação incluía a norma PAS 220:2008 - Programa de Pré-Requisitos para estabelecimentos produtores de alimentos (*Publicly Available Specification* – PAS/ especificação disponível publicamente), publicada em 2008 pelo British Standards Institution (BSI) como referência para os programas de pré-requisitos, e com base nos princípios gerais de higiene dos alimentos do *Codex Alimentarius*.

Visto que a ISO 22000 aplica-se a toda a cadeia produtiva de alimentos, a sua cláusula 7.2 – Programa de pré-requisitos não é detalhada, pois os requisitos de higiene podem variar consideravelmente entre os diferentes segmentos alimentícios. Este fato levou a necessidade da definição de normas específicas para os programas de pré-requisitos aplicáveis aos diversos setores da produção de alimentos. No caso dos processadores de alimentos foi estabelecida a PAS 220.

Em 2009 a PAS 220 migrou para a estrutura ISO, no formato de especificação técnica, publicada como ISO/TS 22002-1:2009, sendo mantido o mesmo conteúdo.

Em março de 2012 a British Standards Institution (BSI) substituiu a PAS 220 pela ISO/TS 22002-1:2009, tendo sido definido um período de transição entre estas normas. A utilização da norma PAS 220 só será aceita até outubro de 2012, todavia, as empresas que já são certificadas com base na PAS 220 devem atualizar a certificação do esquema FSSC 22000 até 30 de abril de 2013.

Objetivo

Garantir que a certificação da gestão da segurança dos alimentos seja conduzida com requisitos internacionalmente harmonizados, assegurando que os certificados sejam compatíveis em relação ao conteúdo e ao alcance.

APLICAÇÃO

A norma é aplicável para produtores (processadores ou fabricantes) de alimentos. Sejam eles perecíveis de origem animal ou vegetal, produtos de longa vida de prateleiras e ingredientes como aditivos, vitaminas e culturas biológicas. Não se aplica às demais etapas da cadeia de alimentos.

ESTRUTURA DO ESQUEMA DE CERTIFICAÇÃO

Os requisitos e guias da FSSC 22000 são descritos em quatro partes:

- Parte I – requisitos de sistemas de segurança nos alimentos e guia sobre como candidatar-se à certificação.
- Parte II – requisitos para prover certificação, incluindo a regulamentação para os organismos de certificação e o comitê de harmonização.
- Parte III – requisitos para prover acreditação, incluindo a regulamentação para organismos de acreditação.
- Parte IV – regulamentação do Conselho de Partes Interessadas.

Em considerações gerais serão apresentados os itens de destaque relativos aos requisitos de sistemas de segurança nos alimentos (parte I).

CONSIDERAÇÕES GERAIS

Deve ser ressaltado que a FSSC 22000 não é uma norma e sim um esquema de certificação, que tem como base a aplicação da ISO 22000 (sistema de gestão da segurança de alimentos) e da ISO 22002-1 (programa de pré-requisitos para estabelecimentos produtores de alimentos). É importante esclarecer que a norma TS 22002-1 não é passível de certificação isoladamente.

A base para a produção de alimentos seguros é a adoção das BPF, que constituem parte do Programa de Pré-Requisitos (PPR). Entretanto, a norma ISO/TS 22002-1 apresenta requisitos específicos, que nem sempre são contemplados nas BPF. Portanto, para a elaboração de um PPR em adesão à ISO/TS 22002-1, também há que se considerar as BPF, os requisitos legais e os estatutários.

Sistemas de gestão e padrões normativos aplicáveis ao segmento alimentício | **51**

Estrutura da norma ISO/TS 22002-1

Introdução
1. Escopo
2. Referências normativas
3. Termos e definições
4. Construção e *layout* de edifícios e utilidades associadas
5. *Layout* das instalações, incluindo local de trabalho e facilidades para os empregados
6. Suprimento de ar, água, energia e outras utilidades
7. Serviços de suporte, incluindo descarte de resíduos e efluentes
8. Adequação dos equipamentos e sua acessibilidade para limpeza e manutenção
9. Gestão de materiais, suprimentos, descarte e manipulação de produtos
10. Medidas para a prevenção de contaminação cruzada
11. Limpeza e sanitização
12. Controle de pragas
13. Higiene pessoal e instalações para funcionários
14. Reprocessamento
15. Procedimentos de recolhimento de produtos (*recall*)
16. Armazenamento
17. Informações sobre o produto e educação do consumidor
18. Proteção do alimento e do consumidor (*food defense*), biovigilância e bioterrorismo

Pontos de destaque nos requisitos da Norma ISO/TS 22002-1

O número entre parênteses indica o requisito da norma em que há o ponto de destaque.

A área do estabelecimento deve ser claramente identificada. O acesso ao local deve ser controlado (4.3).

Testes laboratoriais e testes realizados na linha de produção devem ser controlados para minimizar o risco de contaminação (5.5).

Laboratórios microbiológicos devem ser projetados, localizados e operacionalizados, de forma a prevenir a contaminação de pessoas, da planta e dos produtos. Não devem ser abertos diretamente para a planta (5.5).

Nas áreas de estocagem, o monitoramento e o controle de umidade devem ser aplicados, onde especificado (5.7).

A água não potável deve ter um sistema de fornecimento rotulado, não conectado ao sistema de água potável e deve ser impedido o seu refluxo para este (6.2).

Caldeiras, se utilizadas, devem ser tratadas com aditivos que tenham sido aprovados pela legislação pertinente, e que sejam seguros para uso em água destinada ao consumo humano (6.3).

Deve haver exigências para filtração, umidade (UR%) e microbiologia do ar utilizado como ingrediente para o contato direto com o produto (6.4).

Ventilação (natural ou mecânica) deve ser prevista para remover o excesso de vapor ou, ainda, o vapor indesejado, poeira e odores, e para facilitar a secagem após a limpeza úmida.

A qualidade do ar deve ser controlada para minimizar os riscos de contaminação microbiológica. Protocolos para controle devem ser estabelecidos em áreas onde produtos expostos possam suportar o crescimento de micro-organismos (6.4).

Sistemas de ventilação devem ser construídos de forma que o fluxo de ar não seja direcionado de áreas contaminadas para áreas limpas (6.4).

Gases destinados ao contato direto ou eventual com o produto devem ser provenientes de uma fonte aprovada para utilização em contato com alimento e filtrado para remover poeira, óleo e água (6.5).

Quando utilizado óleo em compressores e existir a possibilidade do ar entrar em contato com o produto, o óleo deve ser de grau alimentício (6.5).

Recipientes para resíduos, substâncias perigosas e não comestíveis devem ser: claramente identificados para sua finalidade; localizados em área designada; construídos de material impermeável, que possa ser facilmente limpo e higienizado; fechados quando não estiverem sendo utilizados e trancados, onde estes possam constituir um risco para o produto (7.2).

Materiais rotulados, produtos ou embalagens impressas identificadas devem ser desfigurados ou destruídos para assegurar que não possam ser reutilizados. Devem ser mantidos os registros da destruição (7.3).

Drenos não devem passar sobre as linhas de processo. A direção da drenagem não deve fluir de uma área contaminada para uma área limpa (7.4).

Pontos de acesso às linhas de recebimento devem ser identificados, vedados e trancados (9.3).

Áreas onde existe potencial para contaminação cruzada devem ser identificadas e um plano de separação (zoneamento) executado. Uma avaliação de risco deve ser feita e medidas de controle adequadas devem ser adotadas: separação da matéria-prima dos produtos acabados ou prontos para consumo; separação estrutural (barreiras físicas, prédios separados); controle de acesso com exigências para troca de roupa de trabalho; áreas de circulação ou separação de equipamentos; e diferenciais de pressão do ar (10.2).

Os alergênicos presentes no produto, tanto pela sua concepção quanto pelo potencial de contaminação cruzada durante a fabricação, devem ser declarados (10.3).

Deve haver uma área de armazenagem separada, trancada e com acesso controlado, para materiais de limpeza, lubrificantes, desinfetantes, produtos químicos e substâncias perigosas (11.2).

O uniforme deve ser lavado seguindo padrões e com a frequência adequada ao uso pretendido (13.4).

O reprocessamento deve ser conduzido de forma a manter a segurança do produto, qualidade, rastreabilidade e conformidade com as exigências legais. O reprocessamento deve ser claramente identificado e/ou rotulado para permitir a rastreabilidade. Registros de rastreabilidade para reprocessamento devem ser mantidos. Quando o reprocessamento é incorporado a um produto em uma etapa do processamento, a quantidade aceitável, o tipo e a condição da utilização do reprocesso devem ser especificados (14).

As informações relativas à identificação do lote e data de validade do produto, manuseio, armazenagem e preparo devem ser apresentadas aos consumidores de forma a possibilitá-los evitar a contaminação, multiplicação ou sobrevivência dos patógenos e auxiliá-los a fazer escolhas conscientes.

Quanto à proteção do alimento e do consumidor (*food defense*), cada estabelecimento deve avaliar o perigo dos seus produtos serem ameaçados por atos de sabotagem, vandalismo ou terrorismo e devem ser aplicadas medidas cautelares proporcionais ao risco apresentado. Devem ser identificadas e mapeadas as áreas potencialmente sensíveis no estabelecimento aos atos citados, estas devem estar sujeitas a acesso controlado. Para maiores informações sobre as formas de sabotagem no setor alimentar, uma fonte a ser consultada é a PAS 96:2010 – *Defending food and drink. Guidance for the deterrence, detection and defeat of ideologically motivated and other forms of malicious attack on food and drink and their supply arrangements.*

Todos os pré-requisitos devem ser definidos, documentados e verificados. Se houver situação de exclusões de requisitos ou medidas alternativas implementadas, estas devem ser justificadas por escrito, por meio da avaliação de riscos.

BRITISH RETAIL CONSORTIUM (BRC) – GLOBAL STANDARD FOR FOOD SAFETY

HISTÓRICO

No ano de 1998, o *British Retail Consortium* (BRC), organização formada pelas principais cadeias de distribuição de alimentos do Reino Unido, elaborou uma norma para a *"due diligence"* (coleta de informações para dimensionar o risco de uma determinada negociação, com foco nos aspectos legais e proteção de marca) e aprovação de fornecedores, em resposta às necessidades de garantias para os produtos alimentícios de suas marcas próprias. Em pouco tempo, a norma tornou-se uma referência para o setor e passou a ser utilizada mundialmente.

A partir de então, vem passando por revisões constantes, atualizando-se de acordo com o mercado. Hoje, é uma norma voltada à gestão de segurança de alimentos, está na sexta versão, cuja publicação aconteceu em julho de 2011. Um dos fatores determinantes do sucesso de adoção dessa norma deve-se ao fato de que, diferentemente da ISO 22000, no que se refere ao programa de pré-requisitos, esta prescreve, determinando o quê e como as empresas devem trabalhar, facilitando sua implementação.

Além da norma de sistema de gestão de segurança de alimentos, o BRC também elaborou e publicou uma norma para o segmento de embalagens para alimentos, a norma BRC/IoP (*Global Standard for Packaging and Packaging Materials*) que está na versão 3.

OBJETIVO

O objetivo da BRC – *Global Standard for Food Safety* é estipular os requisitos de qualidade e segurança necessários para uma empresa cumprir com suas obrigações legais e proteger a saúde do consumidor. Ou seja, visa determinar requisitos para a organização demonstrar que seus produtos são se-

Sistemas de gestão e padrões normativos aplicáveis ao segmento alimentício | **55**

guros, de qualidade e foram produzidos de acordo com as exigências legais pertinentes, dentro de um sistema de gestão de segurança de alimentos.

APLICAÇÃO

Essa norma aplica-se exclusivamente a empresas do segmento produtivo de alimentos, como produtores primários fornecedores para marcas próprias, indústrias de ingredientes, processadoras/industrializadoras de alimentos e produtoras de marcas próprias para supermercados.

A BRC – *Global Standard for Food Safety* certifica processos e produtos cuja produção/operação (produção, embalagem, armazenamento e distribuição) estão sob a responsabilidade direta do auditado, e o certificado tem validade de apenas um ano.

ESTRUTURA DA NORMA

A norma está dividida em quatro seções.

Seção I – Introdução e sistema de gestão de segurança de alimentos
Seção II – Requisitos
Seção III – Protocolo de auditoria
Seção IV – Gestão e governança do programa

As seções I, III e IV contêm explicações gerais sobre a BRC, sobre o processo de certificação, sobre a classificação das não conformidades, capacitação dos auditores certificadores, entre outras. Um ponto de destaque na sexta versão da norma é a possibilidade da realização de auditorias "não anunciadas" para a certificação.

A seção II apresenta orientações para a execução da auditoria e contempla os requisitos auditáveis, pode-se considerar que são quatro os blocos principais:

- Comprometimento da alta direção – parte 1.
- Plano APPCC – parte 2.
- Sistema de gestão da qualidade e segurança de alimentos – parte 3.
- Programa de pré-requisitos – partes 4 a 7.

Dentro das partes, alguns requisitos são chamados de cláusula fundamental, sendo que a certificação depende do atendimento a estes. As cláusulas fundamentais são requisitos que impactam diretamente no sistema e/ ou são cruciais para a eficácia da qualidade e segurança das operações/ produtos. Caso sejam evidenciadas não conformidades críticas ou maiores nesses requisitos, isso pode resultar em não certificação, suspensão ou revogação da certificação. A norma possui dez cláusulas fundamentais.

Parte 1 – Comprometimento da alta direção e melhoria contínua. Esse requisito é uma cláusula fundamental. A alta direção deve demonstrar que está completamente comprometida com a implementação dos requisitos da *Global Standard for Food Safety,* o que deve incluir política da qualidade e segurança dos alimentos, objetivos e indicadores, estrutura organizacional, responsabilidades e autoridades, a provisão de recursos adequados, comunicação eficaz e ainda assegurar o efetivo tratamento das não conformidades, com identificação de causa raiz e avaliação de eficácia. Também deve estar implementado um sistema de análise crítica e tomada de ações para a efetiva melhoria contínua. Oportunidades de melhoria devem ser identificadas, implementadas e devidamente documentadas.

Alguns requisitos, apesar de implícitos, são especificados ou prescritos, como: a empresa deve possuir uma cópia da versão vigente da norma; a empresa deve manter a certificação por meio do planejamento adequado das auditorias para que seu certificado não se expire; o mais alto cargo da alta direção presente no *site* deve comparecer para as reuniões de abertura e encerramento da auditoria de certificação.

Parte 2 – Plano de segurança de alimentos – Análise de Perigo de Pontos críticos de Controle (APPCC). Esse requisito é uma cláusula fundamental. O plano de segurança de alimentos da empresa deve ser baseado no sistema APPCC, o qual deve ser sistemático, abrangente, completo, totalmente implementado e mantido. Os princípios do *Codex Alimentarius* devem ser utilizados, além de referências da legislação relevante e de códigos de práticas ou diretrizes.

A norma segue exatamente os doze passos do *Codex Alimentarius* para a implementação de um sistema APPCC e acrescenta um requisito sobre revisão do sistema, no mínimo anual, independentemente de terem acontecido mudanças de produto, processo/equipamento, ingrediente, formulação, alteração de uso pelo consumidor, informações científicas associadas aos ingredientes, produto e processo. As alterações devem ser documentadas e validadas.

Parte 3 – Sistema de gestão da qualidade e segurança de alimentos. Nessa parte estão as exigências quanto a: manual da qualidade e segurança de alimentos; auditoria interna; documentação; ação corretiva e preventiva; controle de produto não conforme e rastreabilidade. Com relação à aprovação de fornecedores e monitoramento de desempenho, a norma inclui a gestão de serviços e processos terceirizados. Também são contemplados o tratamento de reclamações, o gerenciamento de incidentes, o recolhimento e o *recall* de produtos, sendo que, no caso de *recall*, o organismo certificador deve ser imediatamente comunicado para avaliar as providências a serem tomadas.

São apresentadas três cláusulas fundamentais:

3.5. Auditoria interna: a empresa deve auditar o seu sistema e procedimentos cobrindo todos os requisitos da *Global Standard for Food Safety*, para assegurar sua completa e adequada implementação. As auditorias devem acontecer pelo menos uma vez ao ano.

3.8. Ação corretiva e preventiva: a alta direção da empresa deve garantir que existem procedimentos para investigar a causa raiz de não conformidades e avaliação da eficácia.

3.9. Rastreabilidade: a empresa deve ter um sistema para identificar e rastrear os lotes de produtos e acompanhá-los desde a matéria-prima (incluindo embalagem primária ou qualquer outra que seja relevante e processos auxiliares), por todas as fases do processamento e distribuição do produto acabado ao cliente. Os testes de rastreabilidade incluem verificação de quantidade/balanço de massa, devem ser realizados no mínimo uma vez por ano e preferencialmente ser conduzidos no prazo de quatro horas.

Parte 4 – Padrões da instalação. Esta é a parte mais extensa da norma e estão estabelecidos os seguintes requisitos: padrões para o ambiente externo; segurança (controle de acesso de pessoas não autorizadas); *layout*, fluxo e segregação; estrutura predial; utilidades; equipamentos; manutenção; instalações para o pessoal; controle de contaminação química e física do produto; equipamentos de detecção e remoção de corpos estranhos; *housekeeping* e higiene; descarte de resíduos; controle de pragas; armazenamento e transporte.

Dentro dessa parte é importante comentar que a organização deve realizar uma avaliação documentada das medidas de segurança e dos riscos potenciais de roubo, danos aos produtos e ainda contaminação intencional, aproximando-se do conceito de *food defense* (requisito 4.2.).

Nessa parte encontram-se duas cláusulas fundamentais:

4.3. *Layout*, fluxo de produção e segregação: o *layout* da fábrica, o fluxo do processo e a movimentação de pessoas devem ser suficientemente adequados para prevenir o risco de contaminação do produto e atender a legislação pertinente.

4.11. *Housekeeping* e higiene: sistemas de *housekeeping* e higiene devem ser estabelecidos para garantir que os padrões de higiene sejam mantidos a todo o momento e que o risco de contaminação seja minimizado. Devem ser estabelecidos procedimentos documentados e validados. A eficácia da higienização deve ser avaliada por meio do estabelecimento de limites de aceitação, que podem ser baseados em avaliação visual, testes de bioluminescência, testes microbiológicos ou testes de resíduos químicos.

Parte 5 – Controle do produto. Os requisitos especificados são: projeto e desenvolvimento de produto; gestão de alergênicos e de identidade preservada; embalagem do produto; inspeção de produto e testes laboratoriais e liberação de produto. É interessante destacar que a norma exige que os testes laboratoriais críticos para a legalidade e qualidade do produto devem ser realizados por laboratório, interno ou externo, que opere ou seja certificado pela ISO/IEC 17025.

Essa parte contém uma cláusula fundamental:

5.2. Gestão de alergênicos – a organização deve ter um sistema implantado para a gestão de alergênicos que minimize os riscos de contaminação cruzada dos produtos e que atenda os requisitos legais de rotulagem.

Parte 6 – Controle do processo. São exigidos: controle das operações; controle de quantidade, peso, volume e número; calibração e controle dos dispositivos de monitoramento e medição.

Nessa parte encontra-se uma cláusula fundamental:

6.1. Controle das operações: a empresa deve implementar procedimentos documentados e/ou instruções de trabalho para assegurar que seus produtos sejam consistentemente seguros e legais, e que atendam as características de qualidade desejadas e estejam em total conformidade com o sistema APPCC.

Parte 7 – Pessoal: são apresentadas as exigências quanto a: treinamento, higiene pessoal, avaliação médica, roupas de proteção.

A última cláusula fundamental é:

7.1. Treinamento: a empresa deve assegurar que todas as pessoas cujo trabalho afeta a segurança, legalidade e qualidade do produto têm competência para realizar suas atividades, sendo demonstrada por meio de treinamento, experiência profissional ou qualificação.

Outro aspecto bastante interessante dessa norma é que em vários momentos ela faz uso da análise de risco, dando a opção de a empresa adotar uma alteração em um requisito, comprovando que os seus procedimentos são suficientemente eficazes para atendê-lo.

Adicionalmente, essa norma exige validação de: medidas de controle dos PCCs, procedimentos de higienização, desenvolvimento de novos produtos para consumidores especiais e lavagem de uniformes.

Gestão Ambiental

Histórico e conceitos

A preservação ambiental é um tema que diz respeito a todos os seres humanos. O meio ambiente é a fonte de recursos naturais que pode assegurar a preservação da vida no planeta. A sociedade, de forma geral, sempre tão preocupada com o desenvolvimento econômico e social, nas últimas décadas passou a avaliar de forma mais crítica a questão do crescimento populacional, a exploração dos recursos naturais e seus impactos no planeta.

As organizações passaram a ter foco em sustentabilidade, entendendo-se como tal também a questão da perenidade do negócio. Sob esse aspecto, a preocupação com o ambiente deixou de ser "preocupação de ecologistas" para ganhar espaço na pauta dos vários segmentos empresariais.

Há, ainda, que se considerar a questão legal. Em 1988, a Constituição Federal abordou o tema, dedicando um capítulo a este, que contempla o conceito em diversos aspectos e deixa claro o compromisso com a preservação ambiental:

> Todos têm direito ao meio ambiente ecologicamente equilibrado, bem de uso comum do povo e essencial à sadia qualidade de vida, impondo-se ao poder público e à coletividade o dever de defendê-lo e preservá-lo para as presentes e futuras gerações. (Constituição Federal – Art. 225)

A legislação relativa ao tema ambiental é vasta. Considerando o período posterior à Constituição de 1988 até o ano de 1999, foram publicadas, somente no âmbito federal: 17 leis ordinárias, 36 decretos, 124 atos em portarias, instruções normativas e ordens de serviço e 61 resoluções do Conselho Nacional do Meio Ambiente (Conama). Portanto, a gestão ambiental envolve atualização constante no que tange ao aspecto legislativo.

O risco da escassez de recursos, as pressões da sociedade e dos clientes e a necessidade de atender às regulamentações levaram as organizações, entre elas os processadores de alimentos, a repensarem seus negócios e melhorarem continuamente seus processos e sua tecnologia, buscando equilibrar suas atividades com a poluição por elas gerada.

A questão da preservação ambiental não é mais somente um fator de diferenciação, pois reduzir os custos com a eliminação de desperdícios, desenvolver tecnologias limpas e baratas, e reciclar insumos não são apenas princípios de gestão ambiental, mas questão de sobrevivência da empresa.

Nesse contexto, a gestão ambiental, que é uma prática muito recente, vem ganhando espaço nas organizações. Atualmente, ela começa a ser encarada como um assunto estratégico. As organizações passaram a investir em projetos para redução de consumo de água e de energia, entre outros, que representam a otimização de recursos naturais e também a possibilidade da redução de custos. Além do ganho com a redução dos custos diretos, é possível diminuir os custos indiretos, por exemplo, pagamento de indenizações por danos ambientais. Sendo assim, o compromisso com a qualidade ambiental gera impactos positivos nas empresas e na sociedade. Esse cenário tem levado as organizações a adotarem o sistema de gestão ambiental (SGA).

A ISO 14001:2004 define o SGA como "parte de um sistema de gestão de uma organização utilizada para desenvolver e implementar sua política ambiental e para gerenciar seus aspectos ambientais".

O SGA tem o enfoque preventivo, identificando os impactos ambientais significativos, definindo ações para o controle desses impactos, monitorando os níveis de desempenho e atuando para que sejam atendidos os resultados planejados, incluindo os requisitos legais, e promovendo a melhoria contínua. Alguns processos envolvidos no sistema de gestão ambiental são demonstrados no Quadro 1.2.

Quadro 1.2   Alguns componentes do SGA

P	Identificar os possíveis impactos ambientais
	Identificar a legislação aplicável e as demais exigências
	Definir política ambiental, objetivos e metas
	Definir e implementar os programas associados às metas e objetivos
	Identificar e sistematizar os processos
	Definir e sistematizar os controles
	Identificar e disponibilizar os recursos
D	Executar os processos conforme o especificado
C	Monitorar e mensurar os resultados
A	Atuar nos resultados insatisfatórios
	Promover a melhoria contínua do sistema

Norma aplicável à gestão ambiental

ABNT NBR ISO 14001 – Sistemas da gestão ambiental – Requisitos com orientações para uso

Histórico

A preocupação com o esgotamento dos recursos naturais teve início na década de 1960, em função do crescimento da população e do aumento do consumo dos recursos. Porém, as preocupações e regulamentações estavam voltadas para as questões que envolviam a água e o ar.

Os acidentes ambientais e a crise do petróleo, na década de 1970, levaram a algumas iniciativas, como a primeira conferência da Organização das Nações Unidas (ONU) sobre o meio ambiente, em 1972, em Estocolmo. Como consequência foram criados o programa da ONU para o meio ambiente e a Comissão Mundial para o Meio Ambiente e o Desenvolvimento.

Na década de 1980, foram criados os fóruns de discussão internacional sobre questões ambientais, entre eles: Programa *Global Change,* o Protocolo de Montreal e o Painel Intergovernamental sobre Mudanças Climáticas. No Brasil foi criada a Política Nacional do Meio Ambiente, em que é mencionado o Estudo de Impacto Ambiental (EIA) e firmada a Resolução n.1 do Conama, em 1986. Esta torna obrigatória a realização de análise de impacto ambiental para atividades específicas e para atender à determinação do órgão de controle ambiental.

A preocupação com o ambiente apresentava-se bastante difundida na década de 1990. As questões de otimização de recursos, disposição de resíduos e uso de fontes alternativas passaram a fazer parte das agendas das empresas e os países começaram a elaborar normas ambientais próprias.

O Reino Unido publicou, em 1992, a norma britânica BS 7750 (*British Standard*), que abordava aspectos da gestão ambiental. Em 1993 foi publicado o *Eco-Management and Audit Scheme* (sistema europeu de ecogestão e auditorias ambientais), para promoção da participação voluntária das empresas na realização de auditorias ambientais. No mesmo ano foi criado o comitê técnico na ISO, com o objetivo de desenvolver um conjunto de normas internacionais para a padronização de questões ambientais.

Em 1996 foram publicadas as normas da série ISO 14000 voltadas para a gestão ambiental, sendo a versão brasileira publicada no mesmo ano. Em dezembro de 2004 publicou-se sua segunda revisão.

A série 14000, publicada pela ABNT, é constituída de quinze normas. Para a aplicação na gestão ambiental também estão disponíveis a ABNT NBR ISO 19011, que aborda as diretrizes para auditorias de sistema de gestão e a ABNT ISO/IEC Guia 64 – guia para inclusão de aspectos ambientais em normas de produtos.

O sistema de gestão ambiental mais aplicado é o que consta na ISO 14001. Em pesquisa publicada pela ISO, até o final de 2008, foram emitidos 188.815 certificados em 155 países. O Brasil ocupava a 16ª posição.

Objetivo

A ISO 14001 tem como objetivo definir os requisitos relativos a um sistema da gestão ambiental, permitindo a uma organização desenvolver e implementar uma política e objetivos que levem em conta os requisitos legais e outros requisitos por ela subscritos, e informações referentes aos aspectos ambientais significativos.

Aplicação

A norma aplica-se aos aspectos ambientais que a organização identifica como aqueles que possa controlar e aqueles que possa influenciar.

ESTRUTURA

A norma está estruturada em quatro seções:

Introdução

1. Objetivo
2. Referências normativas
3. Termos e definições
4. Requisitos do SGA
   4.1. Requisitos gerais
   4.2. Política ambiental
   4.3. Planejamento
   4.4. Implementação e operação
   4.5. Verificação
   4.6. Análise pela administração

CONSIDERAÇÕES GERAIS

Será apresentado um resumo dos requisitos do SGA que consta na seção 4. O número entre parênteses refere-se à subseção constante na norma.

Seção 4 – Requisitos do SGA. Em requisitos gerais (4.1) é abordado o estabelecimento, documentação e implementação do SGA, bem como o compromisso com a melhoria contínua e a forma como serão atendidos os requisitos normativos. Requer definição e registro do escopo do SGA.

A política ambiental (4.2) deve ser estabelecida e nela deve constar o comprometimento com a melhoria contínua, com a prevenção da poluição e o atendimento aos requisitos legais. A política deve ser divulgada na organização e estar disponível para o público.

No planejamento (4.3) devem ser identificados os aspectos ambientais significativos das atividades da organização, os requisitos legais e outros requisitos, quando pertinentes. Devem ser estabelecidos os objetivos e metas ambientais, estes devem ser mensuráveis e coerentes com a política ambiental. A organização deve estabelecer, implementar e manter programa(s) para atingir seus objetivos e metas, estes devem incluir: os responsáveis, os meios e os prazos.

Para implementação e operação (4.4) é requerida a disponibilidade de recursos essenciais para estabelecer, implementar, manter e melhorar o SGA. Devem ser definidas autoridades e responsabilidades para a gestão do SGA. Um representante deverá ser indicado para assegurar a adequação do SGA e relatar o seu desempenho à alta administração.

A organização deve assegurar que a determinação das competências detenham o potencial de causar impactos ambientais significativos, deve identificar e prover os treinamentos necessários e manter registros. É requerido que aqueles que trabalham para a organização, ou em seu nome, sejam conscientizados dos aspectos ambientais e impactos.

É requerido que haja um procedimento para promover a comunicação interna e o tratamento das solicitações externas provenientes das partes interessadas.

A documentação do SGA deve contemplar política, objetivos e metas ambientais, escopo do SGA, descrição dos principais elementos do sistema da gestão ambiental e sua interação e documentos associados, registros e outros documentos determinados pela organização como sendo necessários para assegurar planejamento, operação e controle.

Para o controle de documentos do SGA deve ser estabelecido um procedimento, definindo responsabilidades e controles na elaboração, aprovação, revisão e distribuição.

Em controle operacional, a organização deve identificar e planejar aquelas operações que estejam associadas aos aspectos ambientais significativos, identificados de acordo com sua política, objetivos e metas ambientais para assegurar que elas sejam realizadas sob condições especificadas por meio de estabelecimento, implementação e manutenção de procedimento(s) documentado(s) para controlar situações em que sua ausência possa acarretar desvios em relação à sua política e aos objetivos e metas ambientais. Os fornecedores e terceiros devem ser comunicados.

Devem ser identificadas as potenciais situações de emergência e acidentes, tratadas as situações reais de emergência e os acidentes, e prevenidos ou mitigados os impactos ambientais adversos associados.

Na verificação (4.5), a organização deve estabelecer, implementar e manter procedimento para monitorar e medir regularmente as características principais de suas operações que possam ter um impacto ambiental significativo, incluindo o desempenho ambiental, os controles operacionais e a conformidade com objetivos e metas.

Para a avaliação do atendimento a requisitos legais e outros subscritos pela organização, é requerido o estabelecimento de um procedimento, e devem ser mantidos os registros dessa avaliação.

Para o tratamento das não conformidades, reais e potenciais, adoção de ação corretiva e ação preventiva, devem ser estabelecidos procedimentos. Estes devem abordar ações de mitigação dos impactos e análises da causa e da eficácia. Devem ser mantidos os registros.

A organização deve estabelecer e manter registros, para demonstrar conformidade com os requisitos do sistema da gestão ambiental e da ISO 14001. É requerido um procedimento para o controle dos registros.

Auditorias internas devem ser conduzidas em intervalos planejados para verificar se o SGA está em conformidade com a ISO 14001 e com o planejado pela organização. Requer o estabelecimento de um procedimento definindo responsabilidades, determinação dos critérios de auditoria, escopo, frequência, métodos e os requisitos para o planejamento e execução das auditorias.

A análise crítica pela alta administração (4.6) deve ser conduzida em intervalos planejados. O SGA deve ser avaliado criticamente para assegurar sua continuada adequação, pertinência e eficácia. É requerida a manutenção de registros dessas análises.

Gestão da responsabilidade social, segurança e saúde ocupacional

Histórico e conceitos

Durante as décadas de 1980 e 1990, os relatos de casos de abusos dos direitos trabalhistas desencadearam reivindicações, tanto da sociedade como dos clientes dessas empresas, no sentido de que as organizações tivessem uma atuação mais responsável e respeitosa. Grandes corporações tiveram suas imagens abaladas após a revelação de que suas unidades produtivas, em países com mão de obra barata, operavam em condições trabalhistas precárias e até sub-humanas.

Em resposta a tal anseio, algumas empresas desenvolveram códigos de conduta declarando o comprometimento com a não utilização de trabalho infantil e/ou trabalho escravo, a não discriminação e a promoção dos direitos humanos. Estes tomavam como base documentos da ONU, como a Declaração Universal dos Direitos Humanos, a Convenção sobre os Direitos da Criança e as convenções da Organização Internacional do Trabalho (OIT).

A multiplicidade de códigos, associada à dificuldade de avaliação destes, fez surgir, em 1997, a primeira norma, o primeiro sistema e o primeiro organismo de acreditação em responsabilidade social. Estava criada a *Council on Economic Priorities Accreditation Agency* (CEPAA), que em 2000 passou a ser a *Social Accountability International* (SAI), responsável pela publicação da norma SA 8000.

Inicialmente, então, o conceito de responsabilidade social estava associado exclusivamente às questões trabalhistas, às condições mínimas de trabalho e ao respeito humano. Hoje, o entendimento deste evoluiu e abrange as possibilidades de impactos e interações das organizações com o meio onde estão inseridas e o equilíbrio entre os aspectos econômicos, ambientais e sociais, para assegurar o pleno desenvolvimento da sociedade e da humanidade. Portanto, responsabilidade social, atualmente, é uma questão de sustentabilidade.

A responsabilidade social corporativa ou empresarial, de acordo com o Instituto Ethos, pode ser definida como uma forma de gestão, na qual existe uma relação ética e transparente da organização com todos os públicos com os quais esta se relaciona, e pelo estabelecimento de metas empresariais compatíveis com o desenvolvimento sustentável da sociedade, preservando recursos ambientais e culturais para as gerações futuras, respeitando a diversidade e promovendo a redução de desigualdades.

Dessa forma, a sustentabilidade das empresas depende de como utilizam e gerenciam os recursos financeiros, ambientais e humanos (ou sociais), para resultar e assegurar, equilibradamente, negócios viáveis, preservação das condições de vida e justiça social (Figura 1.6).

Atualmente, o termo empresa cidadã vem sendo utilizado para identificar as organizações socialmente responsáveis, ou aquelas que compartilham valores com seus colaboradores, fornecedores e clientes, diminuem custos, aumentam a qualidade e a segurança de seus produtos, são éticas e possuem a consciência de que sua eficácia influencia diretamente outras

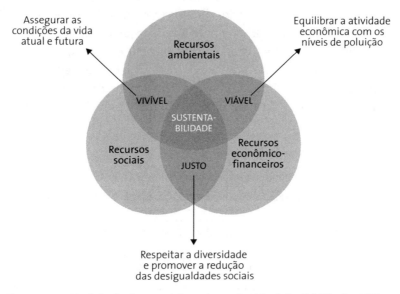

Figura 1.6 Modelo de desenvolvimento sustentável de Cid Alledi – UFF.
Fonte: Cerqueira (2010).

empresas e a sociedade. Além do que, cumprem os ditames da OIT, respeitando os direitos humanos, não fazendo uso de trabalho escravo, pagando salários justos e suficientes para garantir as condições de vida de seus colaboradores, e não aceitando parcerias comerciais com empresas que não compartilham esses valores.

Outro aspecto que reflete a importância das questões sociais no mundo dos negócios é o aumento expressivo de adesões ao *Global Compact* da ONU. De janeiro de 1999, quando o programa foi lançado no Fórum Econômico Mundial em Davos, até julho de 2004, 1.750 empresas, dentre estas, 109 brasileiras, formalizaram seu compromisso em respeitar os princípios do *Global Compact*. De acordo com a última atualização de dados, pode-se dizer que do período citado de 2004 até abril de 2011, mais de 6.950 empresas, em 130 países, aderiram a essa iniciativa.

O *Global Compact* é uma iniciativa da ONU para fomentar o desenvolvimento sustentável. Com base na Declaração Universal dos Direitos Humanos, nos fundamentos da Organização Internacional do Trabalho e nos princípios de sustentabilidade elaborados durante a Eco-92, foram estipulados dez princípios nas áreas dos direitos humanos, dos direitos trabalhistas, do meio ambiente e do combate à corrupção como os princípios da sustentabilidade. Seu objetivo é recrutar, engajar e comprometer, voluntariamente, o maior número possível de organizações ao redor do mundo todo, que estejam em afinidade com estes princípios, e assumam o compromisso de respeitá-los e de atuar em consonância com eles (Quadro 1.3).

Quadro 1.3   Dez princípios do *Global Compact*

Princípios relativos aos direitos humanos
1. Apoiar e respeitar a proteção dos direitos humanos internacionais dentro de seu âmbito de influência.
2. Certificar-se de que suas próprias corporações não estejam sendo cúmplices de abusos em direitos humanos.
Princípios relativos ao trabalho
3. Apoiar a liberdade de associação e o reconhecimento efetivo do direito à negociação coletiva.
4. Apoiar a eliminação de todas as formas de trabalho forçado e compulsório.
5. Apoiar a erradicação efetiva do trabalho infantil.
6. Apoiar o fim da discriminação com respeito a emprego e cargo.
Princípios relativos ao meio ambiente
7. Adotar uma abordagem preventiva para os desafios ambientais.
8. Tomar iniciativas para promover maior responsabilidade ambiental.
9. Incentivar o desenvolvimento e a difusão de tecnologias ambientalmente sustentáveis.
Princípio relativo ao combate à corrupção
10. As empresas devem trabalhar contra toda forma de corrupção, incluindo extorsão e propina.

Fonte: Adaptado de Cerqueira (2010).

Conforme a ABNT NBR ISO 26000, o desenvolvimento sustentável é um conceito e um objetivo norteador, e refere-se a satisfazer as necessidades do presente, dentro dos limites ecológicos do planeta e sem comprometer a capacidade das futuras gerações de suprir suas próprias necessidades.

Normas aplicáveis à gestão da responsabilidade social, segurança e saúde ocupacional

Como as questões relacionadas ao trabalhador estão inseridas na responsabilidade social, a norma de segurança e saúde do trabalhador será apresentada neste item. As principais normas aplicadas a esses assuntos são: SA 8000, ABNT 16001, ISO 26000 e OHSAS18000.

SA 8000 – Social Accountability

Histórico

A norma SA 8000 foi publicada em 1997, tendo sido revisada em 2001 e 2008. Para a sua elaboração foram envolvidos vários segmentos sociais, como, sindicatos, organizações de direitos humanos e da criança, acadêmicos, indústrias, consultorias e certificadoras. Esta norma foi a primeira auditável para fins de certificação sobre responsabilidade social, sendo compatível com a ISO 9001, ISO 14001 e OHSAS 18001.

De acordo com as estatísticas do SA, até março de 2011 foram emitidos 2.606 certificados em 62 países, envolvendo 65 indústrias e 1.242.970 empregados. O Brasil ocupava a quarta posição em 2009 e em 2011, ocupa o sexto lugar no *ranking* de países com certificações SA 8000.

Objetivo

Esta norma, baseando-se nos direitos humanos internacionais e legislações trabalhistas nacionais, visa fornecer um padrão para proteger e capacitar todo o pessoal envolvido na operação de uma empresa, ou que esteja sob o seu âmbito e influência, que produzam produtos ou serviços, sejam empregados próprios, subcontratados ou subfornecedores.

Aplicação

A SA 8000:2008 aplica-se a qualquer empresa, de qualquer tamanho, ramo de atividade ou localização geográfica. É uma norma de aplicação universal.

Estrutura da norma

I. Propósito e escopo

II. Elementos normativos para a sua interpretação

III. Definições

IV. Requisitos de responsabilidade social

1. Trabalho infantil
2. Trabalho forçado e compulsório
3. Saúde e segurança
4. Liberdade de associação e direito a negociação
5. Discriminação
6. Práticas disciplinares
7. Horário de trabalho
8. Remuneração
9. Sistema de gestão.

Na seção I estão o objetivo e a abrangência da norma; na seção II consta uma lista com todas as normas que devem ser lidas para a total compreensão do assunto; na seção III estão definidos os termos empregados na norma; e, na última seção, os requisitos auditáveis.

Requisito 1. Trabalho infantil: este tipo de trabalho não deve fazer parte do contexto da empresa. Baseando-se em acordos internacionais e legislações nacionais, a norma determina que os critérios mais restritivos devem ser adotados para a proteção dos direitos da criança e do adolescente.

Requisito 2. Trabalho forçado e compulsório: obrigar pessoas a trabalharem sob qualquer tipo de opressão, coação ou constrangimento não é aceitável, e a legislação deve ser obedecida. A empresa deve ser transparente e clara na comunicação dos termos e condições do trabalho, trabalhadores têm o direito de após o expediente deixarem o local de trabalho e de encerrar seus contratos, quando assim lhes convier.

Requisito 3. Saúde e segurança: os trabalhadores devem ter sua integridade física, mental e emocional preservada. A empresa deve garantir que os trabalhadores tenham condições de executar suas atividades sem qualquer tipo de dano à saúde, em ambientes desprovidos de riscos a curto, médio e longo prazo.

Requisito 4. Liberdade de associação e direito a negociação: os trabalhadores possuem o direito de se associarem a sindicatos e de negociarem as condições de trabalho, sem qualquer tipo de represália. Nos países onde existem restrições a essas questões, segundo essa norma, as empresas de-

Sistemas de gestão e padrões normativos aplicáveis ao segmento alimentício | **71**

vem buscar outras formas para possibilitar que seus empregados manifestem suas reinvidicações e encontrem as melhores soluções.

Requisito 5. Discriminação: selecionar e/ou avaliar pessoas por critérios distintos do seu desempenho profissional, como religião, raça, orientação sexual, idade, sexo, preferência política etc., é discriminação e essa prática não deve ser realizada pelas empresas, que devem tratar de forma igualitária, justa e transparente todos os seus empregados. Também não deve permitir qualquer comportamento sexualmente abusivo, nem submeter as mulheres a teste de gravidez ou de virgindade.

Requisito 6. Práticas disciplinares: uma empresa socialmente responsável não se envolve nem apoia punições, coerções, ou qualquer forma de abuso para que as metas/objetivos sejam atingidos, como abuso verbal, tratamento ofensivo, rude e desumano ou, ainda, punição física ou mental.

Requisito 7. Horário de trabalho: convenções internacionais e legislações nacionais que regulamentam o regime de horas trabalhadas devem ser respeitadas, para promover maior qualidade de vida ao trabalhador. A empresa deve disciplinar de forma equilibrada a carga horária de trabalho, sem que haja prejuízos para o trabalhador e para a organização.

Requisito 8. Remuneração: o pagamento ao trabalhador deve ser justo, dando-lhe condições mínimas de vida; e envolve não só os salários, mas também os benefícios, devendo existir transparência na composição destes. A legislação deve ser obedecida e os acordos sindicais respeitados, e horas extras pagas de forma diferenciada.

Requisito 9. Sistema de gestão: estão descritos todos os elementos do sistema de gestão de responsabilidade social, que abordam definição e implementação de diretrizes, de procedimentos e de práticas de responsabilidade social; sua comunicação; métodos para medições e monitoramento; avaliações, tomadas de ações e melhoria contínua. Esses requisitos são: política, representante da direção, representante dos trabalhadores, análise crítica, planejamento e implementação, controle de fornecedores, subcontratados e subfornecedores, tratamento das preocupações e tomada de ação corretiva, comunicação externa e engajamento de partes interessadas, acesso para verificação e registros.

72 | Sistema de gestão: qualidade e segurança dos alimentos

ABNT NBR 16001 – Responsabilidade social – Sistema da gestão

Histórico

Nas últimas décadas, a grande mobilização e a preocupação da sociedade com ética, cidadania, direitos humanos, desenvolvimento econômico, desenvolvimento sustentável e inclusão social fizeram muitas empresas buscarem programas de responsabilidade social e avaliações do seu desempenho nesse campo. Porém, essas avaliações podem não conseguir dimensionar a capacidade das organizações em atender e manter seus próprios programas e/ou atender de forma satisfatória aos requisitos legais para responsabilidade social.

Dentro desse contexto, a ABNT desenvolveu e publicou, em 2004, uma norma para as empresas brasileiras, a ABNT NBR 16001:2004 Responsabilidade Social – Sistema de Gestão – Requisitos.

Objetivo

A ABNT NBR 16001 tem por objetivo prover às organizações os elementos de um sistema da gestão da responsabilidade social eficaz, passível de integração com outros requisitos de gestão, de forma a auxiliá-las a alcançar seus objetivos relacionados com os aspectos da responsabilidade social, dentro das suas obrigações legais e seus compromissos éticos de promoção da cidadania, desenvolvimento sustentável e transparência de atividades.

Aplicação

Esta norma aplica-se a todos os tipos e tamanhos de organizações em diferentes condições geográficas, culturais e sociais do Brasil.

Estrutura da norma

Introdução
1. Objetivo
2. Definições
3. Requisitos do sistema de gestão da responsabilidade social
    3.1 Requisitos gerais
    3.2. Política de responsabilidade social
    3.3. Planejamento

Sistemas de gestão e padrões normativos aplicáveis ao segmento alimentício | **73**

3.4. Implementação e operação
3.5. Requisitos de documentação
3.6. Medição, análise e melhoria

CONSIDERAÇÕES GERAIS

3.2. Política de responsabilidade social. Deve ser elaborada com o envolvimento das partes interessadas e apropriada ao perfil da empresa (natureza da operação, tamanho, impactos e legislação pertinente), estando compromissada com a melhoria contínua. Deve ser comunicada interna e externamente para assegurar o seu entendimento.

3.3. Planejamento. Visa identificar, direcionar e alinhar entre as partes interessadas, os aspectos e os impactos sociais, bem como identificar a legislação vigente e garantir os recursos necessários para estabelecer, implementar, manter e melhorar o sistema de responsabilidade social.

3.4. Implementação e operação. Os requisitos desta seção têm o objetivo de garantir a implementação e a manutenção eficaz do sistema de responsabilidade social, por meio da competência e capacitação dos envolvidos; da comunicação efetiva entre as partes interessadas, divulgando, por exemplo, os objetivos e metas da responsabilidade social; as ações e resultados da responsabilidade social e do controle da operação.

3.5. Requisitos de documentação. A documentação do sistema de responsabilidade social deve incluir: política da responsabilidade social e seus objetivos; manual do sistema da gestão da responsabilidade social; procedimentos documentados, documentos e registros requeridos por esta norma; além dos procedimentos documentados, documentos e registros definidos pela organização como necessários para assegurar o planejamento, a operação e o controle eficazes de seus processos relacionados com a responsabilidade social.

3.6. Medição, análise e melhoria. Este capítulo estipula quais as medições, avaliações e análises que devem ser consideradas para garantir a manutenção e a melhoria do sistema de gestão de responsabilidade social, como: monitoramento e medições dos processos com impactos sociais; avaliação de conformidade com requisitos legais; tratamento de não conformidades, ações corretivas e preventivas; auditoria interna; análise crítica pela alta direção (Figura 1.7).

Figura 1.7 Modelo de sistema de gestão de responsabilidade social proposto pela norma ABNT NBR 16001:2004.

Fonte: ABNT NBR 16001:2004 (2004).

ABNT NBR 26000 – Diretrizes para responsabilidade social

Histórico

No início do ano 2000, os questionamentos de clientes e consumidores, exigindo transparência a respeito da integridade social das empresas com operações globalizadas, estimularam o ISO a pesquisar a real necessidade de uma norma internacional que abordasse esse tema, e o resultado foi a publicação, em 2010, da norma ISO 26000. A elaboração dessa norma contou com a participação de 91 países membros e representantes de 42 organizações independentes, como OMS, OIT, SAI, entre outras.

Objetivo

A ISO 26000:2010 é uma norma de diretrizes que fornece orientações sobre os princípios de responsabilidade social para empresas que buscam contribuir com o desenvolvimento sustentável e ir além das prerrogativas exclusivamente legais. Não é uma norma de sistema de gestão, nem para fins de certificação.

Aplicação

Esta norma é aplicável a qualquer empresa que queira seguir os princípios de responsabilidade social, de qualquer tamanho, ramo de atividade, pública ou privada, em qualquer localidade, seja em um país desenvolvido ou em desenvolvimento.

Estrutura da norma

Introdução
1. Escopo
2. Termos e definições
3. Compreensão da responsabilidade social
4. Princípios da responsabilidade social
5. Reconhecimento da responsabilidade social e engajamento das partes interessadas
6. Orientações sobre temas centrais da responsabilidade social
7. Orientações sobre a integração da responsabilidade social por toda a organização

Na seção Introdução, apresenta-se uma breve discussão sobre o tema da norma; no Escopo são apresentados seu objetivo e abrangência.

Seção 3. Compreensão da responsabilidade social. Nesta seção são apresentados informações e dados relevantes para contextualizar o assunto, como: histórico, tendências, características da responsabilidade social e o papel do Estado no desenvolvimento sustentável.

Seção 4. Princípios da responsabilidade social. São apresentados sete princípios: *accountability* ou responsabilidade, transparência, comportamento ético, respeito pelas partes interessadas, respeito pelo estado de direito (legalidade), respeito pelas normas internacionais de comportamento e respeito pelos direitos humanos.

Seção 5. Reconhecimento da responsabilidade social e engajamento das partes interessadas. Aqui, são discutidas as questões pertinentes ao reconhecimento, por parte da empresa, de sua responsabilidade, e na identificação das partes que estão envolvidas, interessadas, ou ainda, que são afetadas pela atuação da empresa, e o consequente empenho e dedicação de todos.

Seção 6. Orientações sobre temas centrais da responsabilidade social. Neste capítulo são discutidos os temas que estão no cerne da responsabilidade social: direitos humanos (evitar cumplicidade, resolução de queixas, discriminação e grupos vulneráveis, direitos civis e políticos, direitos econômicos, sociais e culturais, direito fundamentado no trabalho); práticas de trabalho (emprego e trabalho, condições de trabalho e proteção social, diálogo social, saúde e segurança, desenvolvimento humano e treinamento); meio ambiente (prevenção da poluição, uso sustentável de recursos, mitigação e adaptação a mudanças climáticas, proteção do meio ambiente e da biodiversidade, e restauração de *habitats* naturais); práticas leais de operação (práticas anticorrupção, envolvimento político responsável, concorrência leal, promoção da responsabilidade social na cadeia de valor, respeito ao direito de propriedade); consumidor (*marketing* leal, informações factuais e não tendenciosas e práticas contratuais justas, proteção à saúde e segurança do consumidor, consumo sustentável, atendimento e suporte ao consumidor e solução das reclamações e controvérsias, proteção e privacidade de dados do consumidor, acesso a serviços essenciais, educação e conscientização); envolvimento e desenvolvimento da comunidade (envolvimento da comunidade, educação e cultura, geração de emprego e capacitação, desenvolvimento tecnológico e acesso às tecnologias, geração de riqueza e renda, saúde, investimento social).

Seção 7. Orientações sobre a integração da responsabilidade social por toda organização. Esta seção fornece informações sobre como colocar a responsabilidade social em prática, sendo que, na maioria das vezes, as organizações podem fazer uso do que já possuem em termos de sistemas, políticas, estruturas e redes. Aborda como trazer o tema para dentro da empresa, em todos os níveis; a comunicação e as informações relacionadas, métodos para fortalecer a credibilidade em relação à responsabilidade social, avaliação e aprimoramento das práticas realizadas, iniciativas voluntárias.

Esta norma é um dos documentos mais completos sobre o assunto já desenvolvidos, um excelente guia para empresas e profissionais que almejam se posicionar quanto ao seu papel e sua contribuição para a sociedade.

OHSAS 18001 – OCCUPATIONAL HEALTH AND SAFETY MANAGEMENT SYSTEMS SPECIFICATIONS

HISTÓRICO

Na década de 1960 não existiam muitas preocupações com a segurança do trabalho, era considerado que o risco era inerente à atividade. Nesta época, o Brasil foi pressionado pela OIT para adoção de medidas de controle da saúde dos trabalhadores, em função do elevado número de acidentes de trabalho no país. Uma das ações adotadas foi a unificação da previdência social, quando então foi criado o Instituto Nacional de Previdência Social (INPS).

Houve uma evolução do tema saúde do trabalhador no Brasil e, na década de 1970, a legislação tinha o enfoque de corrigir condições inseguras. Foi criado o Serviço Especializado em Engenharia de Segurança e em Medicina do trabalho (SESMT) e a investigação de acidentes passou a ser conduzida por meio da combinação: ato inseguro e condições inseguras. Passou-se a utilizar a teoria social do risco, em que o trabalhador é isento do risco e a insalubridade tem risco. Assim, o empregador assume e paga o risco. Tem início a aplicação da segurança e higiene do trabalho no Brasil. No final da década, o Ministério do Trabalho, a partir da Portaria 3.214/78, passou a publicar as Normas Regulamentadoras (NRs), relativas a segurança e medicina do trabalho.

Um fato marcante é, na década de 1980, a nova Constituição, que no artigo 7º, inciso XXVIII, cita: "Seguro contra acidentes de trabalho, a cargo do empregador, sem excluir a indenização a que está obrigado, quando incorrer em dolo ou culpa". Na mesma época, o INPS foi alterado para INSS (Instituto Nacional do Seguro Social) e havia a preocupação de definir uma política para o setor.

A partir da década de 1990, as alterações das regulamentações referentes às práticas de segurança e saúde no trabalho estavam mais voltadas ao Programa de Prevenção de Riscos Ambientais (PPRA) e ao Programa de Controle Médico e Saúde Ocupacional (PCMSO). Também ocorreram mudanças na Comissão Interna de Prevenção de Acidentes (Cipa), que passou a promover a melhoria das condições de trabalho, mediante a elaboração de mapa de risco.

Alguns modelos para a gestão da Segurança e Saúde Ocupacional (S&SO) foram desenvolvidos nas décadas de 1980 e 1990. O Reino Unido publicou a BS 8800:1996 – guia para sistemas de gestão da segurança e saúde ocupacional, que foi muito difundido no Brasil. Entretanto, era um guia, não existia a possibilidade de certificação por meio dele.

Havia uma demanda internacional para a elaboração de uma norma de Segurança e Saúde Ocupacional nos moldes da ISO 9001 e da ISO 14000, entretanto, o organismo ISO não aprovou a formação de um comitê para desenvolvimento da norma, por entender que haveria alguma superposição com as atividades da OIT. Assim, alguns órgãos certificadores se reuniram, sob a liderança da BSI, e elaboraram a OHSAS 18001:1999 – *Occupational Health and Safety Management Systems Specifications* (Sistemas de gestão da segurança e saúde no trabalho – requisitos).

Para a OHSAS 18001:1999 foi adotada uma estrutura muito similar à ISO 14000, o que facilita o seu entendimento. A OHSAS 18001 foi revisada pela primeira vez em 2007, sendo que não houve alterações significativas na estrutura da norma, destacando-se nessa revisão o aumento no enfoque preventivo e a exigência de gerenciamento de acidentes.

A OHSAS 18001 ainda não foi publicada no Brasil pela ABNT, como consequência, não existe acreditação no Brasil para a norma e os certificados aqui emitidos não têm o reconhecimento do Inmetro.

OBJETIVO

Especificar os requisitos para um sistema de gestão de segurança e saúde ocupacional, permitindo à organização controlar os riscos e monitorar seu desempenho em S&SO.

APLICAÇÃO

Aplica-se a qualquer organização que queira estabelecer um sistema de gestão de segurança e saúde ocupacional para eliminar ou minimizar os riscos associados à S&SO.

ESTRUTURA

A norma OHSAS está estruturada em quatro seções:

Introdução

1. Objetivo e campo de aplicação
2. Publicações de referência
3. Termos e definições
4. Requisitos do sistema de gestão da S&SO
    4.1. Requisitos gerais
    4.2. Política de S&SO
    4.3. Planejamento
    4.4. Implementação e operação

4.5. Verificação
4.6. Análise pela direção

CONSIDERAÇÕES GERAIS SOBRE A NORMA OHSAS 18001:2007

O resumo dos requisitos do S&SO, constantes na seção 4, é apresentado a seguir, sendo que o número entre parênteses refere-se à subseção constante na norma.

Seção 4 – Requisitos do sistema de gestão da S&SO. Em requisitos gerais (4.1) é abordado o estabelecimento, documentação e implementação do sistema de gestão da S&SO, bem como o compromisso com a melhoria contínua e a forma como serão atendidos os requisitos normativos. Requer definição do escopo do sistema de gestão da S&SO e registro.

A política de S&SO (4.2) deve ser estabelecida pelo primeiro escalão da organização e nela deve constar o comprometimento, de forma clara, com a segurança e saúde ocupacional. Deve incluir, ainda, o comprometimento com a melhoria contínua, com a prevenção de lesões e doenças e com atendimento aos requisitos legais. A política deve ser divulgada na organização e estar disponível para as partes interessadas.

No planejamento (4.3) devem ser identificados os perigos e conduzida a avaliação dos riscos existentes na organização, também devem ser identificados os requisitos legais e outros que sejam pertinentes. A partir desses, devem ser estabelecidos os objetivos, os programas e os controles relativos à gestão da S&SO. A organização deve manter os registros da identificação dos perigos, avaliação de riscos e controles. Os programas para atingir os objetivos de S&SO devem incluir: os responsáveis, os meios e os prazos.

Para a implementação e operação (4.4) é necessário haver disponibilidade de recursos e condições para a operação do sistema, assim devem ser definidas as responsabilidades e autoridades para a gestão da S&SO. É requerida a determinação das competências necessárias e a provisão dos treinamentos.

Deve haver um procedimento para promover a comunicação interna e o tratamento das solicitações de partes internas.

A documentação deve conter política, escopo, objetivos e documentos exigidos pela norma, incluindo registros. O controle de documentos deve ser realizado e deve haver um procedimento para esse fim.

O controle operacional das atividades que gerenciam os riscos de S&SO deve ser implementado por meio de procedimentos.

Potenciais situações de emergência devem ser identificadas, bem como as respostas a estas emergências, possibilitando tratar ou mitigar suas consequências. Para tanto, um procedimento deve ser definido.

A subseção 4.5 trata da verificação do sistema, nela estão estabelecidas as necessidades de monitoramento e medição do desempenho da S&SO, por meio de procedimentos predefinidos. É requerida, também, a elaboração de procedimentos para a avaliação do atendimento aos requisitos legais e para o registro e investigação de incidentes.

Todos os registros do sistema devem ser mantidos e controlados por um procedimento específico.

Auditorias internas devem ser conduzidas em intervalos planejados para verificar se o sistema de gestão da S&SO está em conformidade com a norma e com o planejado pela organização. Deve ser estabelecido um procedimento definindo responsabilidades e os requisitos para o planejamento e execução das auditorias.

A análise crítica pela alta administração (4.6) deve ser conduzida em intervalos planejados, avaliando a adequação, pertinência e eficácia do sistema de gestão da S&SO. É requerida a manutenção de registros dessas análises.

Sistemas de Gestão Integrados

Para sobreviverem a um cenário de mudanças constantes e crescente exigência, as organizações devem ser capazes de atender requisitos, sejam eles legais, ambientais, comerciais ou sociais, de diferentes fontes e de diferentes partes interessadas; o que leva à necessidade de repensarem seus negócios para assegurarem sua continuidade.

Dentro desse contexto, é cada vez maior o número de organizações que adota algum tipo de sistema formal de gestão. Geralmente, esses sistemas são operados de forma independente, em função dos diferentes estágios da implantação, da complexidade do negócio e até do nível de maturidade da organização. O fato de os sistemas tratarem de temas diversos, com legislações específicas e de serem conduzidos em áreas distintas acarreta um esforço maior para a sua manutenção.

Adicionalmente, deve ser considerada a questão dos custos com o desenvolvimento e a manutenção de sistemas isolados, ou de inúmeros programas e ações que, na maioria das vezes, se sobrepõem e geram gastos desnecessários.

À medida que um número maior de empresas passou a utilizar os sistemas de gestão baseados nas normas ISO 9001, ISO 14001, OHSAS 18001, SA 8000/NBR 16001, que são as mais utilizadas, ficou evidente a necessidade de se realizar a integração dos sistemas, pois há elementos que podem ser gerenciados de maneira integrada.

Outro aspecto a ser considerado é a necessidade de ser mantida a visão sistêmica da organização para o estabelecimento de estratégias e desdobramento de metas que sejam alinhadas entre si.

Os aspectos expostos têm levado as organizações a integrarem os sistemas de gestão. Os sistemas de gestão integrados buscam incorporar os aspectos comuns ao gerenciamento dos processos de qualidade, meio ambiente, segurança, saúde ocupacional e responsabilidade social, e outros, conforme características, atividades e necessidades de cada organização.

O Sistema de Gestão Integrado (SGI) pode ser entendido como o conjunto de elementos relacionados entre si (processos, procedimentos e práticas) que devem ser implementados para assegurar a uma organização que os objetivos desdobrados a partir das suas políticas serão atingidos de forma mais eficiente.

Entre os principais aspectos positivos para essa integração podem ser destacados: redução de custos; redução de duplicidade de documentos; melhoria da comunicação interna e externa; maior envolvimento e cooperação do pessoal; maior foco no negócio, pois um sistema compatível com os objetivos estratégicos do negócio contribui com melhoria da organização como um todo; e a realização de uma única análise crítica, propiciando uma visão holística da organização, o que possibilita considerar os riscos e as consequências de todas as ações e como elas interagem umas com as outras. Dessa forma, a integração dos sistemas contribui positivamente no desdobramento dos objetivos, evitando conflito entre as metas e priorizando a alocação de recursos, além de promover a melhoria do desempenho organizacional.

Com o objetivo de facilitar a integração dos sistemas de gestão, a BSI, baseando-se no ISO *Guide* 72:2001 (guia para elaboração de normas), de-

82 | Sistema de gestão: qualidade e segurança dos alimentos

senvolveu uma especificação disponível publicamente, a *Publicly Available Specification* (PAS), a PAS 99:2006, com os requisitos comuns dos sistemas integrados de gestão.

A proposta é que essa especificação seja utilizada como modelo para a implementação de requisitos comuns das normas ou sistemas de gestão de maneira integrada. A PAS 99 não foi desenvolvida com a finalidade de certificação, ela deve ser utilizada em conjunto com as normas dos sistemas de gestão que a organização pretende adotar ou tenha adotado.

Cada norma de sistema de gestão possui seus próprios requisitos específicos, sendo que os requisitos principais são comuns a todas as normas, por exemplo: política, planejamento, implementação e operação, avaliação de desempenho, melhoria e análise crítica de direção; e são a base para a integração.

A estrutura detalhada da PAS 99 e da associação dos requisitos comuns na estrutura do sistema de gestão integrado é mostrada na Figura 1.8.

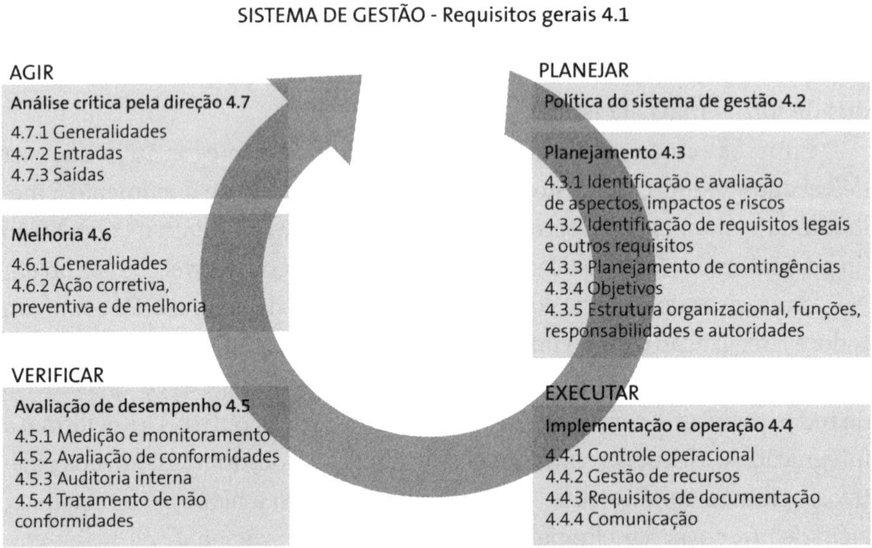

SISTEMA DE GESTÃO - Requisitos gerais 4.1

AGIR

Análise crítica pela direção 4.7
4.7.1 Generalidades
4.7.2 Entradas
4.7.3 Saídas

Melhoria 4.6
4.6.1 Generalidades
4.6.2 Ação corretiva, preventiva e de melhoria

VERIFICAR

Avaliação de desempenho 4.5
4.5.1 Medição e monitoramento
4.5.2 Avaliação de conformidades
4.5.3 Auditoria interna
4.5.4 Tratamento de não conformidades

PLANEJAR

Política do sistema de gestão 4.2

Planejamento 4.3
4.3.1 Identificação e avaliação de aspectos, impactos e riscos
4.3.2 Identificação de requisitos legais e outros requisitos
4.3.3 Planejamento de contingências
4.3.4 Objetivos
4.3.5 Estrutura organizacional, funções, responsabilidades e autoridades

EXECUTAR

Implementação e operação 4.4
4.4.1 Controle operacional
4.4.2 Gestão de recursos
4.4.3 Requisitos de documentação
4.4.4 Comunicação

Figura 1.8 Estrutura do sistema de gestão – PAS 99/2006.

Fonte: Adaptado de PAS 99/2006 (2006).

A estrutura é bastante similar aos sistemas de gestão ambiental e de saúde e segurança. Quanto à ISO 9001, podem haver diferenças nos termos utilizados, mas que não levam a grandes dificuldades. Por exemplo, a subseção 4.5.2 – Avaliação de conformidade, corresponde, na ISO 9001, à 8.2.4 – à medição e monitoramento do produto. Requisitos contidos em uma subseção da PAS 99 podem estar em mais de uma seção das outras normas. É o caso dos requisitos constantes em 4.2 – Política do sistema de gestão; na ISO 9001, são abordados em 5.1.b – Comprometimento da direção e 5.3 – Política da qualidade.

A SA 8000 possui uma estrutura diferente, não englobando todos os requisitos dos sistemas de gestão das demais normas. Sendo assim, a interpretação dos requisitos para a associação à PAS 99 requerem maior atenção.

Não existe um modelo padrão a ser utilizado para a integração dos sistemas, em função das diferenças de cultura, amadurecimento e do estágio das normas de gestão nas diferentes organizações.

Para as empresas que irão iniciar a implantação de um dos sistemas de gestão e, posteriormente, implantar os outros, é interessante implantar, inicialmente, os requisitos comuns. Conforme indicado na PAS 99, estes formarão a base da estrutura, onde serão complementados com os requisitos específicos de cada norma implantada, posteriormente, conforme consta na Figura 1.9. A correlação entre os requisitos da PAS 99:2006 com as normas ISO 9001, ISO 14001 e OHSAS 18001 é demonstrada no Quadro 1.4.

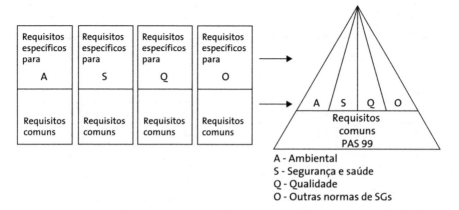

Figura 1.9 PAS 99 como base estrutural no SGI.

Fonte: PAS 99/2006 (2006).

84 | Sistema de gestão: qualidade e segurança dos alimentos

As organizações que já possuem um ou mais sistemas implantados e irão integrá-los, devem desenvolver uma estratégia que permita a integração gradativa dos sistemas.

Quadro 1.4 Correlação entre os requisitos PAS 99, ISO 9001, ISO 14001 e OHSAS 18001

Requisitos da PAS 99	ISO 9001 Qualidade – Seção	ISO 14001 Gestão Ambiental – Seção	OHSAS 18001 Segurança e Saúde – Seção
4.1 Requisitos gerais	4.1	4.1	4.1
4.2 Política do sistema de gestão	5.1, 5.3	4.2	4.2
4.3 Planejamento		4.3	4.3
4.3.1 Identificação e avaliação de aspectos, impactos e riscos	5.2, 5.4.2, 7.2.1, 7.2.2	4.3.1	4.3.1
4.3.2 Identificação de requisitos legais e outros requisitos	5.3(b), 7.2.1(c)	4.3.2	4.3.2
4.3.3 Planejamento de contingências	8.3	4.4.7	4.4.7
4.3.4 Objetivos	5.4.1	4.3.3	4.3.3
4.3.5 Estrutura organizacional, funções, responsabilidades e autoridades	5.5	4.4.1	4.4.1
4.4 Implementação e operação			
4.4.1 Controle operacional	7	4.4.6, 4.4.1, 4.4.2	4.4.6
4.4.2 Gestão de recursos	6	4.4.4, 4.4.5, 4.5.4	4.4.1, 4.4.2
4.4.3 Requisitos de documentação	4.2	4.4.3	4.4.4, 4.4.5, 4.5.3
4.4.4 Comunicação	5.5.3, 7.2.3, 5.3(d), 5.5.1		4.4.3
4.5 Avaliação de desempenho			
4.5.1 Medição e monitoramento	8.1	4.5.1	4.5.1
4.5.2 Avaliação de conformidade	8.2.4	4.5.2	4.5.1
4.5.3 Auditoria interna	8.2.2	4.5.5	4.5.4
4.5.4 Tratamento de não conformidades	8.3	4.5.3	4.5.2
4.6 Melhoria			

(continua)

Sistemas de gestão e padrões normativos aplicáveis ao segmento alimentício | **85**

Quadro 1.4 Correlação entre os requisitos PAS 99, ISO 9001, ISO 14001 e OHSAS 18001 (*continuação*)

Requisitos da PAS 99	ISO 9001 Qualidade – Seção	ISO 14001 Gestão Ambiental – Seção	OHSAS 18001 Segurança e Saúde – Seção
4.6.1 Generalidades	8.5.1	4.5.3	4.5.2
4.6.2 Ação corretiva, preventiva e de melhoria	8.5.2, 8.5.3	4.5.3	4.5.2
4.7 Análise crítica pela direção			
4.7.1 Generalidades	5.6.1	4.6	4.6
4.7.2 Entrada	5.6.2		
4.7.3 Saída	5.6.3		

Fonte: Extraído da PAS 99:2006 (2006).

É de fundamental importância destacar que a integração dos sistemas não é somente a unificação dos documentos. Muitas empresas tendem a direcionar seus esforços para a documentação, não avaliando criticamente todas as oportunidades que a interação entre os sistemas pode trazer ao negócio em termos de benefícios e eficácia.

Não há certificação do sistema de gestão integrado, visto que não existe um padrão normativo abordando todos os sistemas de gestão. Portanto, a certificação ocorre a partir da avaliação de cada um dos sistemas de gestão, com certificados específicos.

Avaliação do Sistema de Gestão: auditorias

A aplicação dos sistemas de gestão está associada ao ciclo PDCA (*plan, do, check, act*), sendo que o *check* dos sistemas deve fornecer dados que permitam atuar corretivamente e/ou promover melhorias. Ressalta-se que a melhoria é a parte comum e o grande foco em todos os padrões dos sistemas de gestão.

A ferramenta utilizada com grande frequência para realização do *check* é a auditoria, que, se conduzida de forma adequada e tendo entre os objetivos a identificação de oportunidades de melhoria, pode contribuir de forma muito positiva para os sistemas de gestão.

A norma de referência para auditoria é a ABNT NBR ISO 19011:2012 – Diretrizes para auditoria de sistemas de gestão, sendo esta aplicável para a realização de auditorias internas e externas ou para gerenciar um programa de auditorias. Pode, ainda, ser utilizada para outros tipos de auditorias, desde que seja observada a necessidade de competência específica do auditor.

A seção 4 da norma apresenta os princípios da auditoria. Na seção 5 são fornecidas as orientações para a gestão dos programas de auditoria, enquanto a seção 6 trata da sua realização, incluindo a seleção de equipes, e a seção 7 fornece orientação sobre a competência necessária a um auditor e descreve um processo para avaliar auditores.

Auditoria é definida como um processo sistemático, documentado e independente para obter evidências de auditoria e avaliá-las, objetivamente, para determinar a extensão na qual os critérios da auditoria são atendidos. De forma simplificada, este é um exame sistemático e independente para determinar se as atividades e seus resultados estão de acordo com os objetivos planejados.

As auditorias podem ser internas e externas. A interna, ou auditoria de primeira parte, é realizada na própria empresa, por representante da organização ou por terceiro contratado em seu nome. As auditorias externas podem ser de segunda ou terceira parte. Quando as auditorias são realizadas por clientes, ou alguém em seu nome, para avaliação de fornecedores, são chamadas de segunda parte, enquanto que as realizadas por organismos certificadores, para fins de certificação, são as de terceira parte.

É importante ressaltar que o processo de auditoria também deve ser gerenciado, e para tal pode-se utilizar as orientações constantes na Figura 1.10.

Normalização

A normalização, como um instrumento de garantia da padronização e com base técnico-científica, surgiu no século XVIII com o desenvolvimento do sistema métrico de medidas e da necessidade de se intercambiar peças, entre fábricas diferentes, para atender a produção em série. Assim sendo,

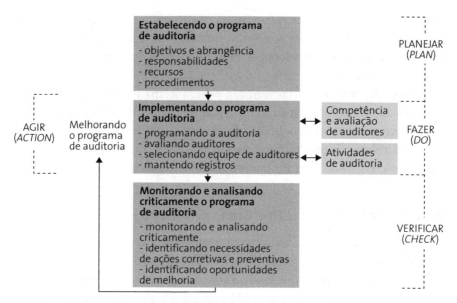

Figura 1.10 Fluxo do processo de gestão de um programa de auditoria.
Fonte: ABNT NBR ISO 19011:2012 (2002).

em alguns países foram criados os primeiros organismos de normalização, mas, em 1906, a demanda por padrões internacionais na área eletrotécnica estimulou a criação da *International Electrotechnical Commission* (IEC).

Em 23 de fevereiro de 1946, no período pós-guerra, foi criado o organismo ISO para facilitar a coordenação internacional e a unificação dos padrões das indústrias. Hoje, o ISO é o maior desenvolvedor e editor de normas internacionais do mundo.

No Brasil, em 1940, para atender às necessidades normativas do segmento de tecnologia do concreto, foi criada a ABNT. A entidade se desenvolveu e alcançou reconhecimento internacional, tendo, inclusive, participado ativamente da fundação do ISO. A ABNT representa o Brasil junto ao ISO, sendo o local para debates referentes à normalização em âmbito nacional.

A enorme aceitação das normas da série ISO 9000 e o crescente interesse dos vários segmentos produtivos e da sociedade estimularam o surgimento de vários organismos elaboradores e certificadores, dentro dos mais diversos segmentos, como foi amplamente discutido neste capítulo. A implementação de sistemas de gestão baseados em normas traz inegáveis benefícios para as empresas, como mais oportunidades de negócios ao atender exigências de clientes e, com a melhoria da imagem, otimização de processos e ganhos com a redução de custos e adoção de melhores práticas inseridas nas normas.

Segundo uma pesquisa realizada pelo Inmetro, em 2006, e dirigida aos gestores da qualidade e da área comercial: 96% dos entrevistados avaliaram que houve aumento da credibilidade da empresa; para 71% é possível perceber diferenças de resultados entre fornecedores certificados e os não certificados; e, para 48,7% as vendas aumentaram após a certificação.

Acreditação, Certificação e Credenciamento

A acreditação é uma ferramenta estabelecida em escala internacional para gerar confiança na atuação de organizações que executam atividades de avaliação da conformidade. O fórum internacional de acreditação (*International Accreditation Forum* – IAF) avalia e habilita os organismos de acreditação em diferentes localidades do mundo, para que estes possam dar sequência ao mecanismo e, então, acreditar os organismos certificadores de cada país.

No Brasil, o Decreto n. 6.275, de 28 de novembro de 2007, estabeleceu que compete ao Inmetro atuar como organismo de acreditação de organismos de avaliação da conformidade. Assim, temos: Inmetro audita e acredita os organismos de certificação; e os Organismos de Certificação Acreditados (OCAs) auditam e certificam os sistemas de gestão das empresas, de acordo com os padrões normativos pertinentes, conforme Figura 1.11.

A certificação de produtos ou serviços, sistemas de gestão e pessoas é, por definição, realizada pela terceira parte, isto é, por uma organização independente, classificada como OCA.

Alguns dos OCAs no Brasil são:

- BVC do Brasil Sociedade Certificadora Ltda
- DNV – Det Norske Veritas Certificadora Ltda
- FCAV – Fundação Carlos Alberto Vanzolini
- ICQ Brasil
- DQS Brasil
- Associação Brasileira de Normas Técnicas (ABNT)

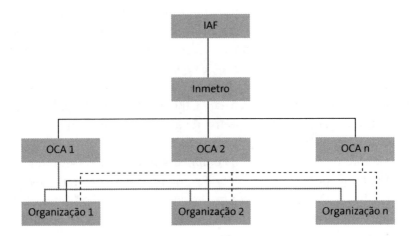

Figura 1.11 Inter-relação dos organismos envolvidos na acreditação e certificação.
Fonte: Adaptada de Ribeiro Neto et al. (2008).

- Lloyd's Register do Brasil
- Tecpar Instituto de Tecnologia do Paraná
- BRTÜV Avaliações da Qualidade Ltda S/C
- SGS ICS Certificadora Ltda
- UCIEE União Certificadora
- BSI Américas, Inc.
- TÜV Rheinland Brasil

Na certificação dos sistemas de gestão é atestada a conformidade do modelo de gestão, de fabricantes e prestadores de serviço, em relação a requisitos normativos. Entre os sistemas mais usuais na certificação de gestão estão os de gestão da qualidade, baseado nas normas NBR ISO 9001; e os sistemas de gestão ambiental, de acordo as normas NBR ISO 14001.

O reconhecimento formal da competência técnica para a realização de uma atividade definida pode ser entendido como credenciamento. Mais especificamente, é o ato oficial de delegação de competência para realizar análises por metodologia específica.

No Brasil, o Mapa estabeleceu um programa (Sistema de Credenciamento e Reconhecimento de Laboratórios) para o credenciamento de laboratórios, com o objetivo de garantir que estes realizem, em seu nome, de forma harmonizada, consistente e com alto grau de confiabilidade as análises de interesse fiscal. Este programa está vinculado a outros, como: segurança alimentar, sanidade animal e vegetal, e produção animal e vegetal. Sendo que uma das ferramentas para a avaliação dos laboratórios é a auditoria e a norma de referência é a ISO/IEC 17025, além de que o laboratório precisa evidenciar o seu sistema de gestão da qualidade e o cumprimento de normas de biossegurança.

O laboratório interno de uma empresa alimentícia, ao ser avaliado por esse programa, passa a ter o "reconhecimento" do Mapa, mas, neste caso, não acontece a delegação de competência, ou seja, o laboratório continua servindo, exclusivamente, para o suporte das operações da empresa, porém, de acordo com todas as exigências do Mapa.

Normas *Codex*

Em resposta às constantes questões sobre a inocuidade dos alimentos e dos mecanismos do comércio internacional de alimentos, em 1963 foram criados o programa conjunto FAO/OMS sobre normas alimentares e a comissão mista FAO/OMS do *Codex Alimentarius*, cujo objetivo é proteger a saúde dos consumidores e assegurar a aplicação de práticas claras e equitativas no comércio internacional, bem como promover e coordenar os trabalhos de desenvolvimento de normas alimentares por organizações governamentais e não governamentais. Essa comissão é composta por 165 países membros, sendo o Brasil um dos seus membros, 24 órgãos auxiliares, 6 comitês regionais e 10 comitês técnicos.

O *Codex Alimentarius* desenvolve normas, diretrizes, recomendações, padrões para limites máximos tolerados, métodos de análise, amostragem para contaminantes, aditivos, resíduos de pesticidas, medicamentos veterinários e códigos recomendados de práticas de higiene para a produção de alimentos, com base científica e por consenso entre os países membros da ONU. Cada um desses temas é desenvolvido por um comitê específico, conforme abaixo.

- Comitê Codex sobre Resíduos de Pesticidas (CCPR)

- Comitê Codex sobre Sistemas de Inspeção e Certificação da Importação e Exportação de Alimentos (CCFICS)
- Comitê Codex sobre Resíduos de Medicamentos Veterinários em Alimentos (CCRVDF)
- Comitê Codex sobre Nutrição e Alimentos para Dietas Especiais (CCNFSDU)
- Comitê Codex sobre Rotulagem de Alimentos (CCFL)
- Comitê Codex sobre Métodos de Análise e Amostragem (CCMAS)
- Comitê Codex sobre Princípios Gerais (CCGP)
- Comitê Codex sobre Aditivos Alimentares (CCFA)
- Comitê Codex sobre Contaminantes em Alimentos (CCCF)
- Comitê Codex sobre Higiene de Alimentos (CCFH)

As normas elaboradas pelo *Codex Alimentarius* não são normas certificáveis, uma vez que não foram desenvolvidas para tal, mas são de suma importância para o setor alimentício, pois além de fornecerem padrões, constituem referência para a elaboração de legislação nos países membros da FAO e da OMS, e também para a manutenção da equidade na Organização Mundial do Comércio.

Referências

ASSOCIAÇÃO BRASILEIRA DAS INDÚSTRIAS DE ALIMENTAÇÃO. *Relatório anual 2010*. São Paulo, 2010. Disponível em: http://www.abia.org.br/anexos/RelatorioAnualABIA2010.pdf. Acessado em: maio/2011.

ASSOCIAÇÃO BRASILEIRA DE NORMAS TÉCNICAS. ABNT ISO/TR 10013/2002 – Diretrizes para a documentação do sistema de gestão da qualidade. Rio de Janeiro, 2002

_____. ABNT NBR ISO 14001:2004 – Sistemas da gestão ambiental – Requisitos com orientações para uso. Rio de Janeiro, 2004.

_____. ABNT NBR ISO 19011:2012 – Diretrizes para auditoria de sistemas de gestão. Rio de Janeiro, 2002.

_____. ABNT NBR ISO 22000:2006 – Sistemas de gestão da segurança de alimentos – Requisitos para qualquer organização na cadeia produtiva de alimentos. Rio de Janeiro, 2006.

_____. ABNT NBR ISO 9000:2005 – Sistemas de gestão da qualidade – Fundamentos e vocabulário. Rio de Janeiro, 2005.

_____. ABNT NBR ISO/IEC 17025:2005 – Requisitos gerais para a competência de laboratórios de ensaio e calibração. Rio de Janeiro, 2005.

_____. ABNT NBR 16001:2004 – Responsabilidade social – Sistema da gestão – Requisitos. Rio de Janeiro, 2004.

_____. ABNT NBR ISO 26000:2010 – Diretrizes para responsabilidade social. Rio de Janeiro, 2010.

_____. ABNT NBR ISO 9001:2008 – Sistema de gestão da qualidade – Requisitos. Rio de Janeiro, 2008.

BICHO, G.G.E; VALLE, B. ISO/IEC 17025: a nova norma para laboratórios de ensaio e calibração. *Revista Metrologia Instrumentação – Laboratórios & Controle de Processos*, ano I, n. 5, abr. 2001.

BRITISH RETAIL CONSORTIUM – BRC. Global Standard for Food Safety – Issue 5. London, 2008.

BRITISH STANDARDS INSTITUTION. PAS 220:2008. Prerequisite programmes on food safety for food manufacturing. BSI, 2008.

_____. PAS 96:2010. Defending food and drink. Guidance for the deterence, detection, and defeat of ideologically motivated and other forms fo malicious attack on food and drink and their supply arragementes. BSI, 2010.

CARNEIRO, C.T.M. *Sistema de credenciamento e reconhecimento de laboratórios – Ministério da Agricultura, Pecuária e Abastecimento*, 2003. Disponível em http://www.anvisa.gov.br/reblas/seminario/Cleber%20Tailor%20Melo%20Carneiro_CLA-MAPA.pps. Acessado em: 28 jun. 2011.

CARVALHO, M.M.; PALADINI, E.P. *Gestão da Qualidade: teoria e casos*. Rio de Janeiro: Elsevier, 2006.

CERQUEIRA, J.P. *Sistemas de Gestão Integrados: ISO 9001, ISO 14001, OHSAS 18001, AS 8000 e NBR 16001 – conceitos e aplicações*. Rio de Janeiro: Qualitymark, 2010.

CODEX ALIMENTARIUS COMMISSION. *Recommended international code of practice: general principles of food hygiene*. Roma: FAO: WHO, 2003. (CAC/RPP1-1969, Rev.4-2003).

CODEX ALIMENTARIUS COMMISSION. *Principles and guidelines for the conduct of microbiological risk management (MRM)*. Roma: FAO: WHO, 2007. (CAC/GL 63-2007).

DIAS J.; HEREDIA L.; UBARANA F.; LOPES E. *Implementação de sistemas de gestão da qualidade e segurança de alimentos*. São Paulo: SBCTA, 2010. v.1.

[FIESP] FEDERAÇÃO DAS INDÚSTRIAS DO ESTADO DE SÃO PAULO. Brasil Food Trends, 2020. São Paulo, 2010. Disponível em: http://www.brasilfoodtrends.com.br/Brasil_Food_Trends/index.html. Acessado em: mar. 2011.

FOOD AND AGRICULTURE ORGANIZATION. *How to feed the World in 2050*. Disponível em: http://www.fao.org/fileadmin/templates/wsfs/docs/expert_paper/How_to_Feed_the_World_in_2050.pdf. Acessado em: abr. 2011.

[FDA] FOOD AND DRUG ADMINISTRATION. *Food defense acronyms, abbreviations and definitions*. Washington, DC, 2009. Disponível em: http://www.fda.gov/Food/FoodDefense/Training/ucm111382.htm. Acessado em: 24 maio 2011.

FORSYTHE, S.J. *Microbiologia da segurança alimentar*. Porto Alegre: Artmed, 2002.

GERMANO, P.M.L.; GERMANO, M.I.S. *Higiene e vigilância sanitária de alimentos*. 4.ed. Barueri: Manole, 2011.

HENNESSEY, M. Risk evaluation tools and food defense. In: *North Central Cheese Industry Conference*. 2010. Brookings, USA. National Center for Food Protection and Defense. Disponível em: http://northcentralcheese.org/wpcontent/uploads/2010/10/Hennessey_Risk-Evaluation-Tools.pdf. Acessado em: 20 maio 2011.

[ISO] INTENATIONAL ORGANIZATION OF STANDARIZATION. *ISO/TS 22002-1 Technical Specification – Prerequisites programmes on food safety – Part 1: Food manufacturing*. Geneva, 2009.

JURAN, J.M. *A qualidade desde o projeto*. São Paulo: Pioneira, 1992.

OHSAS 18001:2007. *Sistemas de gestão da segurança e saúde no trabalho – Requisitos*. São Paulo: Risk Tecnologia, 2007.

ORIBE, C.Y. Os 70 anos do ciclo PDCA. *Revista Banas Qualidade*. São Paulo, ano XVII, n. 209, p.20-25, out 2009.

PAS 99/2006. *Especificação de requisitos comuns de sistemas de gestão como estrutura para a integração*. São Paulo: Risk Tecnologia, 2006.

PIVARO J. Pré-sal aquece mercado de alimentação offshore. *Nutrinews*, n.252, p.10-14.

QUARENTEI, S.S. *Avaliação dos procedimentos de limpeza e desinfecção de superfícies realizados em restaurantes comerciais self-service do município de São Paulo*. São Paulo, 2009. Dissertação (Mestrado em Saúde Pública). Faculdade de Saúde Pública da USP.

RIBEIRO NETO, J.B.M.; TAVARES, J.C.; HOFFMANN, S.C. *Sistemas de gestão integrados: qualidade, meio ambiente, responsabilidade social, segurança e saúde no trabalho*. 2.ed. São Paulo: Editora Senac, 2008.

SAI – Social Accountability International. SA 8000:2008 – Social Accountability 2008. New York, 2008.

UNGC – UNITED NATIONS GLOBAL COMPACT. Overview of the UN Global Compact. New York – NY, 30/ABRIL/2011. Disponível em http://www.unglobalcompact.org/AboutTheGC/. Acessado em: 18 jun. 2011.

UNITED STATES DEPARTMENT OF AGRICULTURE - USDA/FSIS – Food Safety and Inspection Service. *Food Defense & Emergency Response*. Washington, DC, 2011. Disponível em: http://www.fsis.usda.gov/food_defense_&_emergency_response/index.asp. Acessado em: 20 maio 2011.

WORLD HEALTH ORGANIZATION. *10 facts on food safety*. Genebra, 2009. Disponível em: http://www.who.int/features/factfiles/food_safety/en/. Acessado em: dez. 2010.

Sites consultados

Agência Nacional de Vigilância Sanitária: http://www.anvisa.gov.br

Associação Brasileira das Empresas de Refeições Coletivas: http://www.aberc.com.br

Associação Brasileira de Normas Técnicas: http://www.abnt.org.br

British Retail Consortium: http://www.brcglobalstandards.com

Codex Alimentarius: http://www.codexalimentarius.net

Food and Agriculture Organization: http://www.fao.org

Food and Drug Administration: http://www.fda.org

Food Safety System Certification: http://www.fssc22000.com/en/

GlobalGAP: http://www.globalgap.org

International Food Standard: http://www.ifs-certification.com

International Organization for Standardization: http://www.iso.org/iso/home.htm

Ministério da Agricultura, Pecuária e Abastecimento: http://www.agricultura.gov.br

Social Accountability Accreditation Services: http://www.saasaccreditation.org/

World Health Organization: http://www.who.int

PARTE II

Qualidade das matérias-primas

2

Qualidade das matérias-primas de origem animal (MPOA): carnes

Tarcila Neves Lange
Tatiana Almeida Mennucci

Introdução

Importância das matérias-primas de origem animal na gestão da qualidade e da segurança dos alimentos

Os animais, como bovinos, suínos e aves, são espécies de exploração econômica expressiva na produção de alimentos destinados ao consumo humano e representam importantes fontes de proteína para o homem. Porém, para que esses produtos possam ser considerados seguros para o consumo, uma série de medidas higiênico-sanitárias devem ser implementadas e eficazmente aplicadas.

A segurança dos produtos de origem animal está intrinsecamente relacionada ao controle de qualidade empregado nos vários pontos da complexa cadeia produtiva animal, da criação até a mesa. A qualidade pode ser avaliada por meios operacionais e graduações de risco, aplicados de acordo com especificações do processamento de cada tipo de produto, assegurando, assim, a ausência de substâncias e micro-organismos nocivos à saúde.

Em uma visão mais ampla, pode-se referir não somente ao controle e à garantia da qualidade, mas à gestão da qualidade, que permite abranger os conceitos de qualidade e relacioná-los com a segurança dos alimentos e com a saúde do consumidor. Um sistema de qualidade não se resume, portanto, ao aspecto burocrático, justificando-se apenas no atendimento às exigências legais e de mercado; relaciona-se ao manejo de fatores de risco necessário para a obtenção de um produto final que atenda às especificações e aos padrões de identidade e qualidade vigentes, visando também à satisfação de clientes, fornecedores e da sociedade como um todo.

Com a expansão socioeconômica mundial, a demanda por produtos de origem animal isentos de doenças e que possuam alto padrão de qualidade se intensifica, tornando cada vez mais rigorosas e homogêneas as exigências para a comercialização de produtos, tanto para o consumo no mercado interno como para importação e exportação.

Quando se fala em gestão de qualidade no processamento e manipulação de alimentos, são obrigatórios sistemas como: Boas Práticas de Fabricação (BPF), Análise de Perigos e Pontos Críticos de Controle (APPCC), Programas de Qualificação de Fornecedores, Sistemas de Rastreabilidade, além dos aplicados a toda e qualquer empresa como o Sistema ISO (International Organization for Standardization), Qualidade Total, entre outros.

Um dos objetivos da gestão da qualidade é garantir uma alimentação saudável e segura a partir do emprego de procedimentos higiênicos, desde a produção até o preparo dos alimentos, incluindo um conjunto de princípios e regras para uma correta manipulação, a fim de garantir a saúde do consumidor.

Pretende-se, com este texto, disponibilizar ao profissional da área de alimentos, qualquer que seja sua formação, um conteúdo técnico que forneça ferramentas de controle de qualidade que possam ser aplicadas no processamento, na escolha de fornecedores, na distribuição, no armazenamento, na manipulação e na comercialização de produtos de origem animal.

Inspeção e controle de qualidade dos produtos de origem animal

Os sistemas tradicionais de inspeção e controle de qualidade, por si só, não têm sido capazes de assegurar a sanidade dos alimentos. Em todo o mundo se observa um aumento das perdas econômicas e da incidência de enfermidades causadas pelo consumo de alimentos, decorrentes de falhas no processo de produção e manipulação, e da decomposição de origem microbiana dos produtos.

A existência de serviços de inspeção e controle de qualidade para os produtos de origem animal traduz a necessidade da observância de normas, padrões e legislação compatíveis com a realidade de cada país e com os objetivos de zelar pela saúde do consumidor, garantir o comércio leal, reduzir perdas e oferecer condições de aceitabilidade destes produtos e de seus derivados. O exercício da inspeção sanitária não objetiva apenas o combate às enfermidades que podem atingir o consumidor, mas também a defesa da qualidade pela supervisão sobre o controle dos pontos críticos nas linhas de produção e na luta contra o desperdício da matéria-prima e dos produtos finais.

O êxito nas atividades de inspeção também depende do apoio de uma opinião pública bem-educada e informada, e da cooperação daqueles que produzem alimentos, uma vez que é de sua responsabilidade o exercício do controle de qualidade. Este controle consiste nas medidas tomadas desde a produção até a comercialização, visando proteger a qualidade do produto final, prevenindo-o da deterioração e protegendo-o de possíveis contaminações ou fatores que possam torná-lo impróprio para consumo ou esteticamente rejeitável.

O comércio varejista de carnes

Definição e características

O comércio varejista de carnes refere-se ao estabelecimento comercial onde se realiza a venda direta ao consumidor de produtos e subprodutos de origem bovina, suína, caprina, ovina e equídea, sob a forma fresca, frigorificada ou congelada, bem como a comercialização de aves abatidas e de pequenos animais abatidos para consumo, como coelhos, patos, perus e similares, nas mesmas apresentações citadas. Também podem ser comercializados diversos produtos de origem animal embalados a vácuo, secos, salgados e defumados. Essa definição não contempla a comercialização de animais vivos de qualquer espécie, assim como a atividade de abate associada ao comércio.

Ao adquirir carne desses estabelecimentos, o consumidor espera que seja proveniente de animais saudáveis, abatidos e processados higienicamente, rica em nutrientes necessários à alimentação, com a aparência típica da espécie animal a que pertence, além de palatável. Cabe ao comércio varejista a aquisição de produtos que possam atender a essas expectativas dos consumidores, bem como a sua manutenção em condições adequadas de armazenagem, manipulação e venda, de modo a garantir a continuidade de tais características no produto.

A aquisição de produtos de qualidade pelo comércio varejista pressupõe a adoção de sistemas de qualificação dos fornecedores, por meio de critérios de confiabilidade das empresas fabricantes ou distribuidoras e de segurança dos produtos por elas oferecidos. Ressalta-se que é bastante difícil, ou quase impossível, para o varejo, realizar auditorias junto às empresas que fazem parte de toda a cadeia de produção das carnes, que envolve desde a criação e transporte de animais, passando pelo abate, industrialização e terminando na distribuição.

No que diz respeito ao produto depois de adquirido, cabe ao comércio varejista de carnes conhecer as características e necessidades do produto, para adotar medidas que controlem os perigos que possam ser introduzidos nesta etapa da cadeia produtiva de alimentos, de modo a garantir que esteja seguro no momento do consumo. Essas medidas incluem ações, atividades e procedimentos de controle que previnam, eliminem ou reduzam a níveis aceitáveis o perigo, assim como condições básicas e necessárias para manter o ambiente do estabelecimento higiênico, que equivalem às boas práticas de manipulação e comercialização de alimentos.

Localização e instalações

A escolha do local mais conveniente para o estabelecimento do comércio varejista de carnes deve considerar os aspectos relacionados: ao perfil do consumidor residente na área e suas necessidades; à facilidade de transporte, deslocamento e trânsito, incluindo a previsão de local destinado ao adequado recebimento, embarque e desembarque das mercadorias; às condições da edificação existente quanto à conservação do prédio e das instalações, bem como as dimensões adequadas para exercer atividades agregadas, desde que não sejam incompatíveis com o comércio de carnes; às vizinhanças do edifício, evitando áreas de enchentes, com problemas no abastecimento de água, ou que exerçam atividades que sejam fonte de poluição ou contaminação; às normas legais e regulamentos municipais, estaduais e federais que possam impedir ou restringir o desenvolvimento da atividade na região, como as leis de zoneamento.

A edificação e as instalações devem ser projetadas ou adaptadas de forma a possibilitar um fluxo ordenado e sem cruzamento das etapas necessárias à atividade, assim como de outras do comércio varejista de alimentos que sejam permitidas e que estejam agregadas à atividade principal, possibilitando facilitar operações de manutenção, limpeza e desinfecção de áreas e equipamentos. As diferentes atividades devem estar separadas preferencialmente por meio físico, de modo a evitar a contaminação cruzada.

Atenção especial deve ser dada ao revestimento do piso, paredes e teto, para que sejam constituídos de material liso, impermeável e lavável, mantidos íntegros e bem conservados, evitando rachaduras, trincas, descascamentos, goteiras, vazamentos, infiltrações ou quaisquer outras condições que permitam a transmissão de contaminantes aos produtos comercializados. Aberturas externas, incluindo janelas, ralos, grelhas, sistemas de ventilação e exaustão devem ser providas de telas e sistemas de fechamento que impeçam o acesso de vetores e pragas urbanas.

As instalações elétricas devem estar embutidas ou protegidas por tubulações para facilitar a higienização do ambiente. Devem existir instalações sanitárias suficientes ao número de funcionários, dotadas de lavatórios e supridas de produtos destinados à higiene pessoal, como papel higiênico, sabonete líquido inodoro e antisséptico, e toalha de papel não reciclado ou outro sistema higiênico e seguro para secagem das mãos.

Lavatórios exclusivos para a higiene das mãos dos funcionários nas áreas de manipulação são imprescindíveis, devendo ser instalados em pontos estratégicos em relação ao fluxo de atividades, dotados dos mesmos aparatos dos sanitários para o adequado procedimento de higienização das mãos.

Todos os equipamentos, mobiliários e utensílios que entrarem em contato com os produtos comercializados devem ser constituídos de materiais que não lhes transmitam substâncias tóxicas, odores e sabores, devendo ser mantidos em adequado estado de conservação, limpeza e desinfecção.

Recursos humanos

O desenvolvimento de qualquer atividade econômica, e o segmento do comércio varejista de carnes não é nenhuma exceção, apoia-se nos recursos humanos, na capacidade de trabalho e no relacionamento dos funcionários com o cliente. Tanto no setor operacional como no administrativo, devem-se agregar colaboradores competentes. No comércio de carnes necessita-se de pessoas que sejam tecnicamente capazes de manipular com habilidade e segurança, visando ao seu melhor aproveitamento e ao atendimento dos critérios de boas práticas que garantam higiene e sanidade do produto comercializado.

A importância da capacitação de manipuladores representa a minimização da ocorrência de contaminações dos alimentos, sendo considerada uma medida eficiente e econômica de evitar casos e surtos de doenças transmitidas por alimentos.

Segundo Germano (2003, p. 53-4), entende-se treinamento como sendo "o conjunto de ações educativas organizadas com finalidade específica de aprimorar uma competência ou conjunto de competências de um indivíduo ou grupo, considerando-se competência as habilidades e comportamentos passíveis de treinamento". Desse modo, é possível afirmar que "o aspecto primordial do treinamento consiste em visar não somente à aquisição de conhecimentos, mas também à mudança de comportamentos que o indivíduo internalizou desde a mais tenra idade e que fazem parte de sua cultura".

No comércio varejista de carnes é necessária a promoção de programas de treinamentos periódicos de orientação específica para o manipulador, nas suas diversas funções. Esses treinamentos devem conter as noções de higiene necessárias ao desenvolvimento das atividades, as técnicas corretas de manipulação dos produtos e as práticas que garantem a sua inocuidade, bem como a importância da higiene pessoal, ambiental e de utensílios, baseada nas boas práticas. Ao ser contratado, o colaborador deve receber um treinamento específico para que possa sentir-se atualizado. Porém, na rotina do estabelecimento, é necessário observar alguns itens que fornecem sinais indicativos de que está faltando treinamento, como: muita rotatividade de pessoal, baixa produtividade, desperdício ou negligência, aumento do número e/ou frequência de conflitos, acidentes de trabalho e reclamações de clientes.

O treinamento, assim como qualquer outra atividade educativa, requer uma série de etapas, como diagnóstico das necessidades, planejamento e execução, acompanhamento e avaliação, caso contrário poderá caracterizar-se meramente como o cumprimento de uma exigência legal, não atingindo seu papel de contribuir para a melhoria da qualidade e segurança dos produtos oferecidos pelo estabelecimento.

Higiene e segurança no trabalho

A falta de higiene no ambiente de trabalho compõe uma receita infalível para afastar a clientela, destruir a imagem do estabelecimento, obrigá-lo a encerrar suas atividades, ainda que temporariamente, e, o pior de tudo, arcar com os prejuízos da ocorrência de um dano à saúde do consumidor decorrente do produto comercializado nessas condições. O comércio varejista de carnes deve ser um modelo de limpeza e organização, uma vez que a carne é extremamente suscetível à ação de micro-organismos.

Segundo Barros at al. (2007), os pontos de maior risco para a segurança das carnes em estabelecimentos varejistas são as caixas de aço inoxidável, os amaciadores de bife, os moedores de carne, as facas, as caixas de plástico, os pisos e os ralos. Nesses locais e equipamentos a higiene inadequada ou insuficiente é fator preponderante para a contaminação das carnes por uma variedade de micro-organismos causadores de doenças transmitidas por alimentos (DTAs). Dentre eles, pode-se citar a *Salmonella* spp, presente em carnes suínas e de aves; o *Campylobacter* spp, encontrado em carcaças de aves; e a *Escherichia coli* patogênica, que é um contaminante ocasional de carnes bovina e caprina.

Tão importante quanto a adoção de medidas de boas práticas que garantam a oferta de produtos seguros e inócuos são os cuidados com a saúde dos colaboradores. Cortes, queimaduras pelo frio intenso, choques elétricos, fraturas ou distensões provocadas por tropeços ou quedas são apenas alguns dos inúmeros acidentes que podem ocorrer nos locais de trabalho. Invariavelmente, revelam desrespeito às normas de segurança que devem prevalecer, sobretudo em atividades de açougue, em que, pela natureza do trabalho, o risco de acidentes graves, com amputação e perda de membros pelo uso de moedores e serras de fita, é mais acentuado.

Segundo a Nota Técnica nº 94 do Ministério do Trabalho e Emprego, de 20 de abril de 2009, em seus subitens 25.2 e 27.2, o moedor de carnes deve ser de material liso, lavável, impermeável e de fácil higienização, a qual deve ser realizada diariamente ou de acordo com o uso. A bandeja do moedor, acoplada ao funil, deve ser construída com uma proteção móvel intertravada, impedindo o ingresso dos dedos do trabalhador. Também com o objetivo de proteger a saúde do trabalhador e evitar acidentes, a serra de fita deve possuir uma canaleta regulável para enclausurar o perímetro da fita serrilhada na região de corte.

Deve-se utilizar como equipamentos de proteção individual (EPIs): sapatos fechados, que devem estar em boas condições de higiene e conservação, como forma de proteção para pernas e pés contra umidade; luva de malha de aço para proteção das mãos contra agentes cortantes ou perfurantes; e, finalmente, devem ser disponibilizados blusões ou jaquetas para proteção do membro superior contra agentes térmicos, para entrada dos açougueiros nas câmaras de refrigeração e congelamento.

O desconhecimento sobre a utilização dos instrumentos de trabalho é uma das causas mais comuns de acidentes. O uso incorreto dos equipamentos ou o emprego de utensílios inadequados, improvisados ou em mau estado de conservação, estabelece uma situação de risco, capaz de provocar uma tragédia a qualquer instante.

As condições do local de trabalho, seja pela inadequação das instalações, permitindo fios elétricos descascados e piso escorregadio, seja pela ausência de proteção em máquinas de corte e serragem de peças de carne ou de carcaças, que favorecem a ocorrência de acidentes graves, ou ainda, a má arrumação de objetos que permanecem fora do lugar, dificultando a circulação de pessoas, comprometem a segurança dos colaboradores.

Ainda que o estabelecimento não tenha a obrigação legal de instituir uma Comissão Interna de Prevenção de Acidentes (Cipa), por ser de pequeno porte, deve-se garantir a plena segurança de todos os colaboradores, adotando medidas preventivas e corretivas de caráter coletivo, bem como zelar pelo uso de EPIs, sempre que estes se revelem necessários.

Aspectos da qualidade na comercialização no varejo: aplicação das boas práticas

Para se instituir um sistema de qualidade nos estabelecimentos varejistas de carnes é preciso reconhecer os riscos do processo que podem ser minimizados, inibidos ou eliminados.

Começando pelas matérias-primas que serão adquiridas pelo estabelecimento, é preciso garantir de alguma forma a confiabilidade do produtor e/ou distribuidor. Para tanto, o estabelecimento pode utilizar-se de critérios que qualifiquem esses fornecedores sem que, necessariamente, seja preciso verificar *in loco* certos quesitos. A solicitação de documentos que comprovem a legalidade e a regularização da empresa junto aos órgãos competentes da saúde, agricultura e meio ambiente, por exemplo, assim como da capacidade técnica e higiênico-sanitária, por meio de manuais e procedimentos registrados e documentados, são medidas indicadas. Quando a empresa é o próprio fabricante do produto, pode-se solicitar a comprovação da regularização dos produtos fabricados, por meio de cópias dos registros junto aos órgãos competentes.

Depois de cadastrados e qualificados os fornecedores, o recebimento das mercadorias é considerado a primeira etapa do controle higiênico-sanitário do estabelecimento. Nele avaliam-se os parâmetros qualitativos e quantitativos dos produtos, assim como as condições do transporte e do entregador. Visando minimizar os riscos envolvidos na cadeia de distribuição de carnes, em especial o transporte da matéria-prima e descarga em seu destino final, os estabelecimentos de abate somente poderão entregar carnes e outros subprodutos para comercialização se estiverem, no máximo, a 7ºC. O comércio varejista de carnes deve observar o atendimento deste critério durante o recebimento.

Outras características do produto no recebimento referem-se à embalagem e à rotulagem, que deve estar íntegra e visível, contendo as seguintes informações obrigatórias: denominação de venda do produto; lista de ingredientes; conteúdo líquido; identificação de origem; nome ou razão social e endereço do fabricante ou importador com CNPJ; carimbo oficial da Inspeção Federal (SIF) ou Estadual (Sisp); conservação do produto; identificação do lote e da validade; bem como instruções sobre preparo e uso, quando necessário. Complementando o recebimento, os cortes primários e secundários do traseiro de bovinos, assim como as meias carcaças de suínos, ovinos e caprinos devem possuir etiquetas afixadas por lacres de segurança.

Nenhum processo industrial alimentício é capaz de transformar uma matéria-prima de má qualidade em um produto acabado de boa qualidade, uma vez que os alimentos são produtos biológicos e podem ser afetados por fatores internos e externos. Os estabelecimentos do comércio varejista de carnes podem implantar alguns critérios de análise sensorial da qualidade para a obtenção de matéria-prima de origem animal adequada ao processo empregado, na tentativa de minimizar a atuação negativa desses fatores. Entre os padrões que podem ser adotados na recepção de matérias-primas de origem animal, destacam-se:

- pH – é o principal controlador de alterações bioquímicas, e deve estar entre 5,2 e 5,8. O declínio ou aumento do pH reduzirá a qualidade da carne, favorecendo o desenvolvimento de micro-organismos. Quando o pH da carne fresca chega a 6,4 considera-se estar no limite crítico de utilização, ou seja, para consumo imediato. Acima desse valor inicia-se a decomposição do produto.
- Temperatura – é um dos fatores mais importantes no controle das atividades microbiológicas em alimentos. Quanto mais alta a temperatura do produto, maior será a velocidade do crescimento microbiológico e das alterações bioquímicas, e será menor a sua vida útil. A temperatura das carnes deve oscilar entre 0 e 4°C e não ser superior a 7°C. Carnes com temperatura superior a 7°C devem ser devolvidas ou descartadas.
- Embalagens e condições de higiene – a integridade das embalagens e o veículo de transporte em condições adequadas são fatores que contribuem para o sucesso do processo. Com os cortes recebidos embalados a vácuo e com etiqueta de identificação segundo o tipo, a procedência, validade e o órgão responsável pela inspeção na produção, o comércio varejista garante a integridade da matéria-prima a ser utilizada, dando maior confiabilidade aos seus produtos.
- Cor – a cor apresentada pela carne depende de fatores como: espécie animal, sexo, idade, regime de vida, tipo de músculo considerado, alimentação e existência de determinados processos patológicos.

A cor das diversas espécies de abate pode ser definida em termos gerais como: vermelho-cereja brilhante no bovino adulto; rosado na vitela; vermelho escuro nos equinos; vermelho tijolo em ovelhas e cabras; vermelho pálido e acinzentado em suínos e rosa pálido e esbranquiçado em aves. Alterações na cor da carne podem ocorrer em virtude da ação de micro-organismos deteriorantes, como a *Serratia marcescens,* que produz pigmentos vermelhos; a *Pseudomonas syncyanea* que proporciona coloração azulada à superfície; as leveduras, que produzem pigmentos de cor branca, creme, rosa ou marrom; e os bolores *Sporotrichium carnis,* que produz pigmento branco, e *Penicillium* verde.

Todos esses critérios devem ser avaliados cuidadosamente durante o recebimento para evitar que mercadorias inadequadas sejam recebidas, manipuladas e comercializadas. Os produtos que não atenderem a essas especificações deverão ser devolvidos.

A qualidade das carnes depende de muitos fatores, como: sistema produtivo utilizado na engorda e na criação animal; manejo dos animais antes do abate e sistema de abate; sanidade e eficiência na distribuição do produto; e procedimentos empregados durante o transporte e a comercialização. Esses aspectos são difíceis de avaliar no momento da compra, porém, há outros que podem ser observados, como aparência tenra, firme e fresca, cor vermelha intensa e uniforme.

No quesito aparência, a gordura presente na carne se distingue em dois tipos: de cobertura, que se encontra recobrindo a maioria dos cortes, e a intramuscular, também chamada de marmórea, que se encontra entre os tecidos da carne e contribui para melhorar o sabor, a tenrura e a suculência. A cor normal da gordura varia de branco cremoso a amarelo cremoso. A gordura amarela se deve, geralmente, à ingestão de pastos verdes por parte do animal, ricos em caroteno (vitamina A). Porém, o fator idade também intensifica essa cor nos animais velhos, deixando a gordura amarelada.

Como a carne é um produto extremamente perecível, sua conservação deve ser realizada a frio, sob refrigeração ou congelamento. Diversos equipamentos podem ser utilizados para essa finalidade, como câmaras frigoríficas, *freezers* e balcões térmicos. Seja qual for o tipo de equipamento escolhido para armazenar os produtos, a temperatura deve ser controlada e registrada diariamente, e possuir capacidade adequada às necessidades do estabelecimento. Os produtos cárneos congelados devem ser mantidos à temperatura de -18ºC, com tolerância de até -12ºC; produtos cárneos devem ser refrigerados entre 6 a 7ºC; e resfriados entre 6 a 10ºC. Esses parâmetros devem ser adotados em todos os estabelecimentos alimentícios, incluindo o comércio varejista de carnes, exceto quando as recomendações do fabricante forem diferentes.

Um dos pontos mais críticos do comércio varejista de carnes, depois do quesito higienização, refere-se ao controle e manutenção dos produtos em temperaturas adequadas que garantam sua qualidade e segurança. Para que os equipamentos de refrigeração destinados ao armazenamento ou à exposição para venda possam atender essa exigência é preciso que estejam em adequadas condições de conservação e funcionamento. O procedimento de boas práticas que possibilita essa condição é a realização periódica de manutenção preventiva nos equipamentos, visando identificar falhas e corrigi-las antes que os produtos sejam submetidos a alterações de temperatura que determinem sua inutilização.

Carne moída homogeneizada

A utilização de carne moída no preparo de alimentos é um hábito comum entre os consumidores brasileiros e de outras partes do mundo. A possibilidade de variedades culinárias e, principalmente, o baixo custo são os principais atrativos para sua utilização. Porém, é importante considerar a qualidade da matéria-prima empregada e a forma de obtenção do produto, especialmente quanto aos aspectos higiênico-sanitários, para obter-se um alimento de qualidade e seguro para o consumidor.

O termo homogeneizar significa igualar, tornar homogêneo. A carne moída homogeneizada se refere ao teor de distribuição da gordura, tanto nos aspectos de seleção da matéria-prima como no processo de fabricação; teor de gordura e qualidade higiênico-sanitária na produção e comercialização.

Segundo a legislação vigente, entende-se carne moída como sendo o produto obtido a partir da moagem de massas musculares de carcaças de bovino, seguido do imediato resfriamento ou congelamento, podendo conter, no máximo, 15% de gordura.

O comércio varejista de carnes inúmeras vezes agrega às suas atividades a comercialização de carne moída preparada e embalada na ausência do consumidor. Considerando tal característica, torna-se necessário que esses estabelecimentos disponham de condições apropriadas para essa atividade, que incluem: local próprio para moagem com temperatura ambiente não superior a 10°C; temperatura da carne moída ao sair do equipamento não superior a 7°C; imediato congelamento (-18°C) ou resfriamento (0 a 4°C); estabelecimento de prazo de validade de acordo com a legislação vigente, observando-se as variáveis dos processos de obtenção, embalagem e conservação; uso de embalagens apropriadas para o contato com alimentos que não os contaminem quimicamente e que confiram proteção para o produto; manutenção no armazenamento e na exposição à venda sob refrigeração (0 a 4°C) ou congelamento (-18°C); atendimento integral aos regulamentos técnicos que estabelecem a rotulagem de alimentos embalados, definidos pelos órgãos da saúde e da agricultura.

As carnes frescas resfriadas, utilizadas como matérias-primas no processo, não estão livres da deterioração bacteriana provocada por micro--organismos que crescem em baixas temperaturas e em meios com elevada umidade. As carnes moídas podem se deteriorar mais rapidamente do que as peças inteiras frescas, em razão da maior superfície de contato.

Por sofrer intensa manipulação durante o seu preparo, a carne moída torna-se mais suscetível a eventuais falhas de ordem higiênico-sanitária, podendo viabilizar a contaminação do produto por coliformes termotolerantes. A contaminação da carne pode acontecer durante todas as fases do processamento do alimento, desde a sala de abate até a mesa do consumidor, por ar, pele, mãos dos manipuladores, facas, ganchos, superfícies de contato, equipamentos e utensílios. Por esse motivo, torna-se especialmente importante que o comércio varejista de carnes adote todas as medidas de boas práticas como base para a gestão da qualidade de alimentos.

O equipamento utilizado na fabricação da carne moída não deve apresentar complicações para sua desmontagem, caso contrário, o funcionário responsável pela sua limpeza evitará realizar tal procedimento. É frequente a colocação do equipamento de moagem de carne, por açougueiros, sob refrigeração, em vez de desmontá-lo e lavá-lo. Deve-se observar o formato das peças e a facilidade de desmontagem destas para evitar que, por negligência de funcionários, ocorra o acúmulo indesejável de matéria orgânica.

Um outro produto que envolve intensa manipulação nos açougues é a carne temperada. Seu processamento e preparo devem seguir a Resolução Conjunta SS/SSA n. 01, de 27 de dezembro de 2001, que estipula a obrigatoriedade de um local adequado para tempero de carnes, estruturado conforme legislação vigente, e a presença de um responsável treinado em manipulação higiênico-sanitária de carnes frescas temperadas, que possua certificado emitido por entidade de ensino reconhecida.

Carnes salgadas

Pode-se definir a carne fresca como sendo a musculatura dos animais utilizada como alimento, resultado de um processo biológico que ocorre após a sua morte. Em termos gerais, sua composição química compreende 75% de água, 19% de proteína, 3,5% de substâncias não proteicas solúveis e 2,5% de gordura. Sob o aspecto nutricional, é rica em aminoácidos essenciais e alguns minerais, o que lhe confere o *status* de importante fonte de nutrientes para a reparação de glóbulos vermelhos, músculos e outros tecidos, e para produção de hormônios.

Em razão da composição e da elevada quantidade de água, é um produto altamente perecível, uma vez que permanece exposto a uma diversidade de micro-organismos deteriorantes, sendo também suscetível à multiplicação de micro-organismos patogênicos. Essa condição de perecibilidade levou ao desenvolvimento de vários processos de conservação da carne fresca, entre eles a desidratação. No Brasil, a técnica de desidratar carnes foi adaptada do processo empregado com peixes pelos colonizadores portugueses, nas regiões norte e nordeste, que consistia em salgar o produto e submetê-lo à secagem natural ao sol ou à ação de correntes de ar aquecidas.

A técnica rústica de salgar e secar a carne foi aperfeiçoada, para ser empregada na indústria, com o objetivo de melhorar e aumentar sua vida útil, preservar sua qualidade e conferir características especiais. A tecnologia adaptou os antigos e rudimentares processos utilizados, que hoje estão alicerçados em moldes, critérios e controles tecnológicos. Porém, este método de conservação milenar de carnes também se mantém vivo em algumas culturas, em virtude dos hábitos alimentares, resultando na elaboração de produtos com características artesanais.

Atualmente, as carnes salgadas brasileiras vêm sendo utilizadas, cada vez mais, na preparação de diversas receitas, servindo de ingrediente ou prato principal, consumidas em todo o país, inclusive em centros urbanos distantes da origem histórica de produção, em decorrência das migrações, das inovações culinárias e dos modismos, disponibilizando o produto a inúmeros consumidores.

Características da salga e secagem natural

A ação do sal nos alimentos está relacionada à capacidade de inibir a multiplicação de micro-organismos, sendo um importante agente conservador, pois impede o desenvolvimento destes e o de seus processos biológicos. Na carne, a salga altera a pressão osmótica do produto, removendo a água dos tecidos, levando à redução do desenvolvimento microbiano e da velocidade de reações indesejáveis no produto final. No caso dos produtos cárneos, a água encontra-se na linfa, sangue e espaços intercelulares, de forma que o sal promove a perda desse componente pelo processo osmótico. Sendo um eletrólito forte, consegue retirar parte da água ligada às proteínas, desnaturando-as.

A quantidade de água presente no produto e a concentração de sal interferem nas características sensoriais e na vida de prateleira do produto, uma vez que a sobrevivência e a multiplicação dos micro-organismos estão diretamente relacionadas com a disponibilidade de água nos alimentos. Portanto, mesmo quando conservada fora de refrigeração, a carne salgada apresenta vida de prateleira superior à da carne fresca. A presença de sal reduz a solubilidade do oxigênio na água, dificultando o crescimento de micro-organismos aeróbicos e, ao mesmo tempo, favorecendo o desenvolvimento dos anaeróbicos. Em concentrações elevadas, interfere nas ações proteolíticas e enzimáticas. Ao ionizar-se, libera íons cloreto, que são tóxicos à maioria dos micro-organismos, tornando-os mais sensíveis à ação do dióxido de carbono.

Desse modo, podem-se resumir as ações do sal na carne em poder bacteriostático, ação plasmolítica sobre as bactérias e redução do oxigênio na água, dificultando a aerobiose.

Há vários fatores que interferem no processo de penetração do sal nos produtos cárneos, entre eles: a pureza, representada pela presença de cloretos e sulfatos de cálcio e magnésio, que diminuem ou retardam a penetração na carne; e a granulometria, que permite ao sal mais fino penetrar rapidamente no início do processo, diminuindo seu poder de penetração com o aumento de sua concentração no produto.

A secagem da carne pelo método natural consiste na exposição do produto ao sol e/ou a correntes aéreas aquecidas. É um método bastante popular no nordeste brasileiro e no estado do Rio Grande do Sul, na produção de carnes desidratadas, mas apresenta algumas desvantagens, como a possibilidade de contaminação do produto por resíduos trazidos pela poeira do ambiente e a suscetibilidade ao ataque de insetos e roedores.

Variações das carnes salgadas

No Brasil, as carnes salgadas são denominadas, genericamente, de carnes secas. Encontram um grande mercado de consumo, com destaque para os pertences de feijoada, muito comercializados na região centro-sul do país. A produção de carnes salgadas compreende a elaboração de produtos industrializados e também artesanais. Embora a técnica empregada seja basicamente a mesma, nas carnes industrializadas o processo é mais elaborado e dispõe de tecnologia para atender a padrões estabelecidos de qualidade e identidade. Na produção artesanal, a matéria-prima utilizada é, em geral, procedente de abates clandestinos e sua elaboração não obedece a esses padrões.

As típicas carnes salgadas brasileiras são classificadas em charque, carne seca e carne de sol, sendo que as duas primeiras são obtidas por processo industrial. A diferença entre elas reside, basicamente, na técnica de preparo, o que lhes confere características variadas. Em comum, todas são elaboradas, preferencialmente, de carne bovina, e sofrem a ação do sal e da secagem natural. Entre as décadas de 1960 e 1970, surgiu no mercado nacional um outro produto cárneo salgado, denominado *jerked beef*, caracterizado como um sucedâneo do charque, pois seu processamento se assemelha ao desse produto.

Tradicionalmente, empregam-se carnes da parte dianteira de bovinos para o processamento do charque; para a elaboração da carne de sol, utilizam-se peças nobres, como patinho e alcatra. A técnica empregada na elaboração das diversas carnes salgadas produzidas no Brasil está descrita de forma resumida no Quadro 2.1.

Qualidade das matérias-primas de origem animal (MPOA): carnes | **113**

Quadro 2.1 Diferenças tecnológicas e de composição química entre a carne de sol e o charque.

Parâmetros	Carne de sol	Charque*
Teor de sal	5,0-6,0%	15-20%
Umidade	64,0-70%	45-50%
Atividade de água	0,9	0,7-0,8
pH	5,7	–
Embalagem	Ausente	Ausente ou a vácuo
Aditivos	Ausente	Nitrato e nitrito até 200 ppm no *jerked beef*
Tipo de músculo	Cortes nobres (patinho, chã de fora, alcatra)	Ponta de agulha, acém, pescoço
Processamento	Artesanal	Industrial
Tempo de elaboração	4 a 8 horas ou, no máximo, 12 a 16 horas	10 dias
Vida de prateleira	3 a 4 dias (temperatura ambiente: 21° a 30°C) 8 dias (refrigeração: 5°C)	6 meses embalado a vácuo (temperatura ambiente: 21° a 30°C)

Fonte: Adaptado de Biscontini (1995) e Lira (1998).

Notas: * Os valores apresentados se referem a todos os produtos de charque, incluindo o *jerked beef*.
– Ausência de informação.

CHARQUE

O charque é um produto industrializado, também conhecido como carne do sertão, xergão, chanola, xarqui, jabá ou paçoca, dependendo da região de elaboração. Para sua obtenção utiliza-se carne fresca bovina desossada, cortada em tiras ou mantas de 3 a 5 cm de espessura, dispostas em camadas. Aplica-se sobre essas camadas uma injeção de salmoura, ou salga úmida, com cerca de 25% de cloreto de sódio. As mantas são mantidas em pilhas com até dois metros de altura. Após 24 horas, as pilhas são invertidas, para que a carne localizada inicialmente no topo passe para a base da nova pilha. A esse processo dá-se o nome de tombo. Os tombos são realizados diariamente, durante três a cinco dias, com aplicação de salga seca entre as mantas. Decorrido esse tempo, as mantas são lavadas e expostas ao sol para secagem por 40 a 42 horas, podendo ser cobertas com lona para abafamento. Podem ser embaladas a vácuo ou não, estando prontas para comercialização. O tempo de processamento total, quando submetidas a embalagem, é de cerca de dez dias, permitindo obter um produto com validade de quatro a seis meses, se mantido em temperatura ambiente. Em virtude dessas características, o charque é definido tecnologicamente como um produto cárneo curado, salgado e seco ao sol, que não deve exceder 45% de umidade na porção muscular. É empregado em vários pratos da culinária típica brasileira, como arroz de carreteiro, arrumadinho e feijoada.

Carne seca

A carne seca obedece ao mesmo processo de elaboração do charque, porém recebe sal em menor quantidade. A secagem é feita com as carnes estendidas em varais expostos ao sol. O produto pode ser comercializado embalado ou a granel.

Carne de sol

Segundo alguns autores, a carne de sol é aquela preparada conforme o sistema nordestino, aplicando salga rápida com imediata exposição indireta ao sol, após o abate. Diferentemente das demais carnes salgadas citadas, a fabricação de carne de sol é artesanal, ausente de padronização e de tecnologia sofisticada. Submete-se a carne bovina e, eventualmente, a caprina, apenas a um leve processo de salga seca e secagem. A salga é realizada com o auxílio das mãos, esfregando sal grosso, fino ou moído. O tempo de salga se dá entre quatro a oito horas ou, no máximo, entre doze e dezesseis horas, dependendo da técnica utilizada. A concentração de cloreto de sódio é baixa, entre 5 e 6%, conferindo ao produto alto teor de umidade, entre 64 e 70%. Contrariamente ao nome que recebe, raramente é exposta diretamente ao sol, sendo mantida em locais cobertos e bem ventilados. O resultado é um produto semidesidratado, com vida de prateleira de três a quatro dias em temperatura ambiente, e de no máximo oito dias sob refrigeração. Para a fabricação da carne de sol há preferência por carnes de animais gordos, que além de propiciar melhor rendimento, definem um produto de maior aceitação comercial pela cor vermelha mais intensa, e o coxão mole é o corte mais apreciado. A carne de sol recebe várias denominações de acordo com o local de produção, como carne serenada, carne de viagem, carne mole, carne de vento, cacina ou carne acacinada. É utilizada para acompanhar pratos regionais como o baião de dois ou pode ser servida isoladamente, sob a forma de filé.

JERKED BEEF

O *jerked beef* é um produto análogo ao charque. A principal diferença figura no fluxograma de processamento, que admite a adição de nitrito de sódio no início do processo, durante a etapa de salga úmida. Essa técnica confere à carne coloração avermelhada e teor de umidade de no máximo 56%. No final do processo é obrigatoriamente embalado a vácuo.

A preferência pelas carnes salgadas varia, no Brasil, com a localidade. Na Paraíba, a carne de sol é três vezes mais consumida que o charque; em Pernambuco o charque é cinco vezes mais consumido que a carne de sol. A região centro-sul do país se destaca como consumidora do charque, em virtude da migração de populações nordestinas e popularização do produto como ingrediente da feijoada, prato típico nacional.

Vários outros países também elaboram carnes salgadas, diferentes das brasileiras. Nos Estados Unidos tem-se o *beef jerky* criado pelos *cowboys* americanos, e que se assemelha à carne seca brasileira, porém, é embalado a vácuo, estando pronto para consumo, e comercializado sob a forma de lanche ou aperitivo.

Na Espanha, tem-se a carne desidratada denominada *cecina*, que pode ser consumida crua, mas também é apreciada frita ou assada. Em Cuba, Colômbia, Venezuela e alguns países da costa do Pacífico, processa-se carne de carneiro pelo sal e sol, e o produto recebe o nome de *chalona*. Na Bulgária, se prepara a *pastarma*, carne de cabra e búfalo dessecada; os árabes e marroquinos apreciam a *kodyd* ou *khlia*, que é confeccionada com carne de vaca desidratada e salgada. Alguns povos sul-africanos preparam a *bitongue* como alimento destinado às épocas de guerra e às viagens.

Perigos associados às carnes salgadas

Apesar dos obstáculos impostos durante a produção de carnes salgadas, representados pela adição de sal e secagem que aumentam a vida de prateleira, estudos demonstram que há presença de micro-organismos indesejáveis nesses produtos, caracterizados como perigos biológicos. Esse fato é decorrente tanto da má qualidade do sal utilizado, que pode conter bactérias proteolíticas, aeróbias, anaeróbias, esporuladas e responsáveis pela deterioração de alimentos, como de contaminações ao longo de seu processamento, incluindo as causadas por manipuladores.

A maior parte das bactérias tem sua multiplicação inibida em concentrações de sal ao redor de 2%. No entanto, há algumas bactérias, incluindo patogênicas, que são capazes de multiplicar-se em concentrações salinas muito elevadas, da ordem de 10% ou mais. É o caso do *Staphylococcus aureus*, considerado um dos mais frequentes causadores de surtos de toxinfecção alimentar, provocando náuseas, vômitos, cólicas abdominais e diarreia, com quadros graves em crianças, idosos e enfermos. Esse agente é produtor de uma enterotoxina resistente aos processos de aquecimento dos alimentos, que tolera concentrações salinas de até 20% e a presença de conservantes, como o nitrito. Nesse contexto, as carnes salgadas, incluindo as industrializadas, propiciam condições favoráveis para a multiplicação do *S. aureus* e podem constituir-se em alimentos envolvidos em surtos dessa natureza.

A presença de *E. coli*, bactéria encontrada no intestino dos animais e do homem, capaz de provocar infecções graves com quadros de diarreia até colite hemorrágica, já foi identificada em amostras de carnes salgadas. Esse é um agente de contaminação do produto, relacionado às práticas insatisfatórias de higiene e, em geral, disseminado por manipuladores.

Os perigos físicos, caracterizados pela presença de materiais estranhos nos alimentos, também podem estar presentes nas carnes salgadas. Em geral, são representados por insetos, vivos ou mortos, e seus ovos e larvas, que se encontram viáveis mesmo na presença de teores elevados de cloreto de sódio. Outras matérias estranhas detectadas em carnes salgadas são os ácaros e os pelos de roedores. Esses materiais incorporam-se durante o processo de secagem natural do produto e na exposição para comercialização no varejo, que, inúmeras vezes, dispensa o uso da embalagem protetora primária.

Controle de qualidade nas carnes salgadas

De maneira geral, o controle de qualidade empregado nas carnes salgadas industrializadas deve considerar os aspectos relacionados à matéria-prima, processamento, produto acabado e manipuladores. Atenção especial deve ser dada às condições que propiciem a ocorrência dos perigos biológicos e físicos citados.

Todos os ingredientes utilizados no processamento dessas carnes devem ser considerados, em especial a qualidade do sal e a origem da carne fresca. No controle do processamento, devem-se identificar os pontos críticos, como a concentração de cloreto de sódio, o teor de umidade, os níveis de aditivo e o vácuo utilizado na embalagem. A etapa de secagem natural merece atenção redobrada, em razão de suas características, assim como a técnica empregada na aplicação de sal, automatizada ou manual. A potabilidade da água utilizada na salmoura deve ser atestada.

A análise única do produto acabado não permite alterar sua qualidade. No entanto, permite verificar a aceitabilidade ou não dentro de um padrão estabelecido. As análises microbiológicas são essenciais para determinar a presença e os níveis de micro-organismos patogênicos, comparando-os com os permitidos pela legislação vigente, e as inspeções visual e microscópica auxiliam na identificação de materiais estranhos. O monitoramento de parâmetros do produto e de pontos críticos no processo produtivo possibilita o controle dos padrões de identidade e a qualidade higiênico-sanitária, contribuindo para a redução de riscos ao consumidor.

Os manipuladores devem ser permanentemente treinados e supervisionados nas suas atividades, com ênfase especial para a adoção das boas práticas. A avaliação de saúde dessas pessoas é importante, considerando o papel que desempenham no processo produtivo e a possibilidade de serem portadores de agentes patogênicos.

Na produção de carnes salgadas artesanais, a adoção de todos os controles de qualidade aplicados na indústria é bastante difícil, dada sua característica rudimentar de elaboração. No entanto, algumas medidas para minimizar os perigos são viáveis, como a adoção de condutas de higiene pessoal e ambiental e de boas práticas, além da utilização da refrigeração para manutenção dos produtos acabados, medida que deve ser adotada também na comercialização pelo varejo.

Carnes exóticas

O consumo de carnes exóticas está cada vez mais presente no prato dos brasileiros. A associação do sabor diferenciado das carnes exóticas, da curiosidade culinária do ser humano e do seu desejo em alimentar-se de produtos considerados saudáveis fez que a comercialização desses produtos crescesse consideravelmente nos últimos anos.

- Avestruz: é originário da África. Sua carne vermelha, macia e saborosa é extremamente magra e rica em proteínas, com baixos teores de colesterol, contendo menos gorduras que a carne de porco, frango e boi. Sua gordura contém ácidos graxos ômega 3 e 6, ferro, fósforo, cálcio e magnésio. Apresenta textura, aspecto e sabor semelhantes ao da carne bovina, porém, seu gosto é levemente adocicado. Seus principais contaminantes são a *Salmonella* spp e o *Staphylococcus aureus* decorrentes da contaminação cruzada e da manipulação, respectivamente.
  Como forma de reduzir esses riscos, recomenda-se que a carne seja refrigerada a 2°C e congelada a -18°C e, complementarmente, cozida em temperaturas entre 63 e 70°C, conforme a espessura do corte.
- Jacaré: carne branca, firme, com textura semelhante à do frango e sabor de peixe, porém mais suave. A parte com maior quantidade de carne é a cauda. Apresenta baixo teor de colesterol. Durante as fases de cria, abate e processamento da carne de jacaré é essencial que sejam mantidos os controles higiênico-sanitários, inclusive com a alimentação dos animais, uma vez que a carne pode transmitir uma série de micro-organismos e parasitas.
- Rã: é classificada como pescado e é criada em cativeiro. Sua carne possui menores teores de gordura e de colesterol do que as carnes de aves e peixes, sendo rica em proteínas de alto valor biológico. Sua carne é comercializada, no Brasil, sob a forma de carcaças inteiras ou de coxas congeladas. Uma atenção com relação às condições de higiene em que o animal é criado e, posteriormente, abatido e processado é necessária para a obtenção de uma matéria-prima dentro dos padrões higiênico-sanitários. As rãs são reservatórios de *Salmonella* spp e, portanto, sua carne deve ser consumida bem cozida e

todos os cuidados devem ser tomados para que não haja recontaminação da carne.

Segundo Germano e Germano (2009), qualquer que seja o hábito alimentar adotado, deve-se garantir o consumo de alimentos inócuos produzidos dentro dos padrões higiênico-sanitários, com garantia de fornecedores que adotem as boas práticas de fabricação e manipulação dos alimentos.

Legislação pertinente ao comércio varejista de carnes

Para a comercialização de produtos de origem animal, uma série de documentos legais deve ser respeitada, de modo a garantir sua segurança e qualidade. Entre esses documentos, citam-se alguns em vigor que, por estarem relacionados diretamente aos aspectos higiênico-sanitários, são exigidos para a comercialização dos produtos por estabelecimentos varejistas de carnes.

Relacionados ao Ministério da Agricultura, Pecuária e Abastecimento (Mapa):

- Decreto n. 30.691, de 29 de março de 1952 – aprova o novo regulamento da inspeção industrial e sanitária de produtos de origem animal.
- Portaria n. 304, de 22 de abril de 1996 – os estabelecimentos de abate de bovinos, bubalinos e suínos somente poderão entregar carnes e miúdos, para comercialização, com temperatura de até 7ºC.
- Portaria n. 89, de 15 de julho de 1996 – institui o programa de distribuição de carnes bovina e bubalina ao comércio varejista, previamente embaladas e identificadas.
- Portaria n. 90, de 15 de julho de 1996 – institui a obrigatoriedade da afixação de etiquetas-lacre de segurança nos cortes primários (quartos de carcaça) e cortes secundários do traseiro de bovinos e bubalinos, bem como nas meias carcaças de suínos, ovinos e caprinos, obtidos nos estabelecimentos de abate, independentemente da aplicação dos carimbos oficiais, à tinta, nas diversas partes da carcaça.

120 | Sistema de gestão: qualidade e segurança dos alimentos

- Instrução Normativa n. 22, de 24 de novembro de 2005 – aprova o regulamento técnico para rotulagem de produto de origem animal embalado.
- Instrução Normativa n. 83, de 21 de novembro de 2003 – aprova os regulamentos técnicos de identidade e qualidade de carne bovina em conserva (*corned beef*) e carne moída de bovino.

Relacionados ao Ministério da Saúde, Anvisa e Centro de Vigilância Sanitária do estado de São Paulo:

- Portaria CVS 6, de 10 de março de 1999 – estabelece parâmetros e critérios para o controle higiênico-sanitário em estabelecimentos de alimentos.
- Portaria CVS 18, de 9 de setembro de 2008 – aprova alteração do item 4 – controle de saúde dos funcionários do item 16 – higiene ambiental e do subitem 16.3 da Portaria CVS 6 de 10 de março de 1999.
- Resolução Conjunta SS/SAAñ1, de 26 de dezembro de 2001 – os açougues e estabelecimentos do comércio varejista de carnes frescas que optarem por temperar as carnes deverão dispor de local apropriado que atenda aos requisitos estabelecidos nas legislações sanitárias vigentes.
- Resolução RDC 216, de 15 de setembro de 2004 – aprova o regulamento técnico de boas práticas para serviços de alimentação.
- Resolução RDC 259, de 20 de setembro de 2002 – aprova o regulamento técnico sobre rotulagem de alimentos embalados.
- Resolução RDC 360, de 23 de dezembro de 2003 – aprova o regulamento técnico sobre rotulagem nutricional de alimentos embalados, tornando obrigatória a rotulagem nutricional.

A aplicação e exigências desses documentos no segmento varejista de carnes estão descritas nos itens a seguir.

Transporte/recebimento

As severas condições de clima e altas temperaturas brasileiras propiciam a rápida deterioração do produto de abate. Com vistas a essa preocupação, o Mapa instituiu a Portaria n. 304, de 22 de abril de 1996, visando minimizar os riscos envolvidos na cadeia de distribuição, principalmente no transporte da matéria-prima e descarga do produto no destino final. Segundo esta portaria, os estabelecimentos de abate somente poderão entregar carnes e miúdos para comercialização com temperatura de até 7°C. O recebimento deve ser monitorado por meio da utilização de planilhas que devem ser preenchidas com os valores de temperatura aferidos pelos funcionários no momento do recebimento.

Outras características para o recebimento do produto, como embalagem e rotulagem, deverão seguir as instruções contidas na Portaria n. 89 de 15 de julho de 1996, que está em vigor nos municípios do estado de São Paulo e discorre sobre o programa de distribuição de carnes bovinas e bubalinas ao comércio varejista. Destaca-se que as carnes que são recebidas pelos açougues, já desossadas, deverão ter sofrido prévia toalete superficial, sendo retirados os excessos de aponevrose, gordura, cartilagens e tendões. Complementarmente, no momento do recebimento, as carnes devem estar protegidas mediante uso de embalagem apropriada e identificada por rótulos previamente aprovados.

Tais condições de embalagem e identificação da carne aplicam-se ao recebimento dos produtos pelos açougues. Ao manipular e fracionar o produto, as embalagens poderão ser retiradas desde que as seguintes informações contidas nos rótulos sejam exibidas de forma clara e ostensiva aos consumidores: estabelecimento de origem das carnes, número de registro no órgão de inspeção, sexo e espécie do animal.

As orientações referentes à rotulagem encontram-se no art. 796 do Decreto n. 30.691, de 29 de março de 1952, complementadas pela Instrução Normativa n. 22, de 24 de novembro de 2005. Resumidamente, os detalhamentos necessários para o rótulo são: nome verdadeiro do produto, nome e endereço completo da empresa responsável, carimbo oficial do órgão de inspeção, marca comercial do produto, data de fabricação, pesos líquido e bruto e especificação Indústria Brasileira.

Além do rótulo e da aplicação dos carimbos oficiais, a Portaria n. 90, de julho de 1996, instituiu a obrigatoriedade de afixação de etiquetas-lacre de segurança nos cortes primários (quartos de carcaças) e cortes secundários do traseiro de bovinos e bubalinos, bem como nas meias carcaças de suínos, ovinos e caprinos, obtidos dos estabelecimentos de abate.

Sob o ponto de vista das boas práticas, há a Resolução da RDC n. 216 de 15 de setembro de 2004 da Anvisa. Nessa resolução são abordados os critérios de avaliação e seleção de fornecedores, assim como os critérios a seguir no recebimento de matérias-primas. Devem-se avaliar as condições das embalagens e a temperatura de recebimento dos produtos, visando à proteção contra contaminantes e à sua integridade.

Em complementação, a Secretaria Estadual de Saúde aprovou em 10 de março de 1999 a Portaria CVS n. 6, que em seu item 19.1 cita mais alguns aspectos que devem ser avaliados no momento do recebimento, como: análise sensorial do produto e condições do entregador.

Conservação pelo frio

Sendo a carne um produto extremamente perecível, sua conservação deve ser sempre realizada a frio, seja sob refrigeração ou sob congelamento. Diversos equipamentos podem ser utilizados para essas finalidades, como câmaras frigoríficas, *freezers* e balcões térmicos.

A CVS n. 6/99 dispõe sobre a conservação em temperatura controlada da seguinte forma: os equipamentos de refrigeração e congelamento devem ser em número suficiente e adequado aos produtos comercializados. Caso o local possua apenas um equipamento, este deve estar sempre regulado para o produto que necessite de menor temperatura.

A temperatura do equipamento de congelamento deve ser mantida a 0°C ou menos e para equipamentos de refrigeração a temperatura deve permanecer entre 0 e 10°C. Lembrando que os produtos cárneos congelados são mantidos em temperatura de -18°C com tolerância de até -12°C; os produtos cárneos refrigerados são mantidos entre 6 a 7°C; e os produtos cárneos resfriados são mantidos na faixa de temperatura entre 6 a 10°C. Tais parâmetros devem ser adotados em quaisquer estabelecimentos alimentícios, exceto quando as recomendações do fabricante forem diferentes.

A conservação de alimentos pelo emprego do frio é conhecida como um dos métodos mais seguros e confiáveis de preservação dos alimentos. O desenvolvimento microbiano é retardado por temperaturas abaixo de 4°C e paralisado no congelamento com temperaturas de aproximadamente -18°C. Porém, existem micro-organismos patogênicos que conseguem se multiplicar à temperatura de refrigeração, por exemplo: *Listeria monocyto-*

genes a 0°C, *Clostridium botulinum* e *Yersinia enterocolitica* a 3°C. É por tal motivo que a manutenção de condições adequadas de controle de temperatura de equipamentos é essencial para garantir a redução do ritmo de crescimento de micro-organismos e preservação dos produtos.

A instalação de um termômetro no interior de equipamentos refrigerados é uma forma fácil e inteligente de monitorar a temperatura, lembrando que a presença de termômetros nos equipamentos é o único referencial de temperatura que os consumidores têm, no momento da compra, que permite avaliar a qualidade do produto que está sendo adquirido.

Exposição à venda

Para a exposição à venda, têm-se novamente as diretrizes anteriormente citadas da Portaria CVS n. 6/99 e da Resolução RDC n. 216/04 complementadas pela Lei n. 8.078, de 11 de setembro de 1990, que dispõe sobre o Código de Defesa do Consumidor (CDC).

Segundo o CDC, em caso de fornecimento de produto *in natura*, será responsável perante o consumidor o fornecedor imediato, exceto quando identificado claramente seu produtor. O consumidor tem direito à informação adequada sobre os diferentes produtos oferecidos, com especificação correta de quantidade, características, composição, qualidade e preço. É vedado ao fornecedor de produtos colocar no mercado qualquer produto em desacordo com as normas expedidas pelos órgãos oficiais competentes.

Entende-se por órgãos competentes os Ministérios da Agricultura e da Saúde, nos seus diversos âmbitos que, em suas regulamentações, também abordam questões relacionadas à rotulagem e à correta exposição do produto, com um enfoque mais direcionado, não só para o direito dos consumidores, mas também para sua saúde e segurança do alimento.

As matérias-primas animais

Aspectos da qualidade: da criação animal ao abate

Inegavelmente, os bovinos e suínos, além das aves, são as espécies de exploração econômica mais expressiva para a produção de alimentos destinados ao consumo humano. As mudanças na cadeia produtiva dessas

124 | Sistema de gestão: qualidade e segurança dos alimentos

espécies, com a implantação do conceito de cuidar da produção da granja à mesa do consumidor, resumem todos os cuidados que se deve ter em relação à segurança dos alimentos.

O sistema de avaliar a produção de alimentos da origem até a mesa do consumidor é cada vez mais adotado mundialmente. Esse sistema permite identificar e resolver os problemas de introdução de riscos nos diversos pontos da cadeia produtiva. A metodologia de APPCC procura incorporar os controles de sanidade agropecuária e inocuidade dos alimentos nas fases de produção, elaboração e comercialização, em vez de concentrar a análise no produto final. Os problemas da fazenda de produção podem ser separados dos existentes na indústria, no processamento, distribuição e comercialização dos produtos, conforme resumido no Quadro 2.2.

Quadro 2.2 Distribuição da responsabilidade na produção de produtos cárneos.

Setor agropecuário			Setor da saúde pública		
Propriedade	Transporte de animais	Frigoríficos e matadouros	Transporte	Elaboração de subprodutos	Serviços de alimentação e comercialização
Higiene das instalações	Limpeza	Higiene das instalações	Limpeza	Higiene das instalações	Higiene das instalações
Higiene do pessoal	Desinfecção	Higiene do pessoal	Desinfecção	Higiene do pessoal	Higiene do pessoal
Uso da água		Inspeção pré e *post-mortem* (sanidade animal)	Resfriamento	Manejo higiênico dos produtos	Manejo e conservação higiênica dos produtos
Contaminação por água residual		Manejo higiênico dos produtos	Higiene do pessoal	Controle microbiológico	Rotulagem
Controle de praguicidas		Determinação de resíduos		Rotulagem	
Controle de drogas de uso veterinário		Controle microbiológico			
Sanidade animal		Rotulagem			

Fonte: Moreira (2011).

Nesse contexto, o Mapa, por meio da Portaria n. 46 de 10 de fevereiro de 1998, instituiu o APPCC a ser implantado nas indústrias de produtos de origem animal, sob o regime do Serviço de Inspeção Federal (SIF), adequando-se às exigências sanitárias e aos requisitos de qualidade determinados tanto pelo mercado nacional quanto pelas normas e padrões internacionais. A Portaria salienta a importância do programa de boas práticas de fabricação dentro do sistema APPCC.

As normas que estabelecem as boas práticas de fabricação envolvem requisitos que vão desde projeto e instalações do prédio, passando por rigorosas regras de higiene pessoal e de limpeza, sanificação de ambiente e equipamentos, controle integrado de pragas, até a completa descrição dos procedimentos envolvidos no processamento do produto.

Produção de carnes bovina e suína

Pode-se definir carne como sendo a musculatura dos animais usada como alimento. Na prática, essa definição está restrita a poucas dúzias das 3 mil espécies de mamíferos, sendo incluídos além da musculatura, órgãos como fígado e rins, cérebro e outros tecidos comestíveis.

Segundo a legislação do Mapa (Decreto 30.691/1952), as carnes de açougues são definidas como sendo "as massas musculares maturadas e demais tecidos que as acompanham incluindo ou não a base óssea correspondente, procedentes de animais abatidos sob inspeção veterinária".

Para a obtenção de carnes de boa qualidade é necessário observar cuidados que vão desde o nascimento do animal até o produto final. A produção de carne deve ter como princípio produzir a máxima qualidade, a fim de preservar os benefícios que esse alimento pode proporcionar ao consumidor. Sua obtenção em condições não adequadas pode afetar diretamente a saúde do consumidor, pela ocorrência de doenças de origem parasitária ou bacteriana, causando infecções e intoxicações alimentares.

Manejo pré-abate

O embarque dos animais na fazenda é o início do processo de pré-abate, pois é o momento em que estes estarão suscetíveis a iniciar o processo de estresse. O estresse diz respeito à soma dos mecanismos de defesa em resposta a um estímulo provocado por um agente estressor, como transporte, área de espera e atordoamento.

Animais sob estresse apresentam aumento da temperatura corporal, glicólise rápida, queda do pH, rápida desnaturação proteica e rápido estabelecimento do *rigor mortis*. A combinação dessas condições altera a transformação do músculo em carne, deixando-a mais dura e escura.

Animais estressados no embarque apresentam comportamento agitado, favorecendo o risco de acidentes e consequente aumento de contusões. Atualmente, preconiza-se a adoção de medidas de bem-estar animal no pré-abate, no qual os responsáveis pelo embarque são orientados e treinados a manter um comportamento tranquilo, evitando gritos e atitudes forçadas, como o uso de ferrões e choques elétricos para condução dos animais aos veículos de transporte. Desse modo, evita-se a ocorrência de contusões no transporte, que comprometem a qualidade da carcaça para consumo.

O transporte é considerado o evento mais estressante para os bovinos e suínos. Nessa etapa, é importante observar a densidade de carga de animais no caminhão (kg/m^2), a distância e o tempo de viagem até o abatedouro, o tempo de restrição alimentar e de água, as condições ambientais durante o percurso (temperatura, umidade, velocidade do vento) e condições de pavimentação das rodovias (trepidações e solavancos).

Segundo Braggion e Silva (2004), o transporte representa a segunda maior causa de lesões em carcaças, em razão da alta densidade de animais associada com o estresse, risco de contusão e número de quedas. Outras causas, como chifradas, coices, pisoteios e tombos estão ligados, normalmente, a problemas de manejo.

Para o desembarque dos animais no abatedouro recomendam-se os mesmos procedimentos adotados no embarque, sobretudo, evitar o uso de equipamentos para forçar o desembarque dos caminhões.

No abatedouro, os animais devem ter à disposição um local (curral) destinado à espera, onde permanecerão por tempo suficiente para se acalmarem e descansarem da viagem, antes de prosseguirem para as próximas etapas do abate propriamente dito. Durante esse período são inspecionados, separados por lotes de acordo com a procedência, permanecendo em jejum alimentar por 16 a 24 horas. Dessa forma, recuperam-se do estresse do transporte e diminuem o conteúdo estomacal e intestinal. O descanso restabelece os níveis de adrenalina e glicogênio do sangue, propiciando a melhora da qualidade da carne.

A condução dos animais até a linha de abate deve ser executada da maneira menos estressante possível. Para tanto, os aspectos construtivos das instalações do abatedouro devem propiciar corredores e linhas circulares, de modo a facilitar a locomoção segura e contínua dos animais até os boxes de atordoamento. Durante esse percurso, os animais são lavados com jatos ou *sprays* de água clorada, para melhor remoção e lavagem do esterco e de outras sujidades presentes na pele.

CONTAMINANTES NO PROCESSO DE ABATE

O processo de abate é considerado crítico em termos de contaminação microbiana. A contaminação por meio de equipamentos e instrumentos introduzidos no animal é possível, assim como o extravasamento de conteúdos estomacal e intestinal que, por sua vez, levam à contaminação da carne produzida.

A seguir, são apresentadas as diversas fases do abate em que a contaminação da carne é possível, como também os pontos considerados críticos para a multiplicação de micro-organismos.

- Remoção da pele – a microbiota da pele é constituída por micro--organismos originários do solo e matéria fecal. Outras fontes de contaminação como facas, água de lavagem e equipamentos também são representativas. Essa etapa é de grande importância para se definir a natureza e intensidade da contaminação das carcaças.
- Evisceração – esta etapa é considerada como um importante ponto de controle, uma vez que os instrumentos utilizados para a remoção das vísceras podem promover perfuração e originar vazamento do material contido. As vísceras intestinais contêm elevada carga microbiana e podem disseminar patógenos entéricos.
- Lavagem – a água utilizada na lavagem de carcaças deve ser potável. A lavagem excessiva das carcaças pode resultar em excesso de umidade, dificultando a desidratação superficial, durante a estocagem, e aumentando o risco de deterioração por parte da microbiota remanescente.

128 | Sistema de gestão: qualidade e segurança dos alimentos

- Corte e desossa – durante a desossa, a carne é muito manipulada, podendo levar à introdução de patógenos. A temperatura da sala deve estar em torno de 10°C para que a contaminação do ar e o desenvolvimento microbiano sejam reduzidos. O tempo de permanência da carne nesse ambiente deve ser o menor possível, a fim de se evitar a proliferação de bactérias psicrotróficas. Os instrumentos de corte e utensílios em geral devem permanecer em esterilizadores à temperatura de 85°C durante a produção e, depois, deve ser realizada a desinfecção química por imersão. Exames médicos periódicos devem ser realizados nos colaboradores dessa área para detecção de *Salmonella* spp.
- Refrigeração – a manutenção da carne a temperaturas menores do que 10°C seleciona a microflora contaminante. Sob essas condições as bactérias anaeróbias causadoras de putrefação, que se multiplicam no interior da carne, fazem-no lentamente. Possíveis alterações microbiológicas somente ocorrerão na superfície da carne em virtude do crescimento de bactérias psicrotróficas.
- Congelamento – durante o congelamento, pode-se reduzir a carga microbiana da carne. Entretanto, se houver desenvolvimento de alta carga microbiana antes do congelamento, pode ocorrer deterioração lenta durante o armazenamento. Normalmente, os micro-organismos tendem a morrer quando expostos por tempo prolongado ao frio. Esporos não são afetados pelo frio e as células vegetativas de *Clostridium perfringens* morrem rapidamente.

Transformação do músculo em carne

A carne, embora reflita a natureza química e estrutural dos músculos dos quais se origina no *post-mortem*, difere destes por uma série de alterações bioquímicas e biofísicas iniciadas no músculo por ocasião da morte do animal.

Quando o animal é abatido, a falha da circulação sanguínea provoca a interrupção do fornecimento de oxigênio e nutrientes, ocorrendo também a quebra do sistema de eliminação dos produtos resultantes do metabolismo celular. Esses fatos são a causa das intensas modificações químicas e físicas que provocam a transformação do músculo em carne.

Apesar da morte do animal, a musculatura não cessa imediatamente suas atividades. A atividade muscular só cessa quando acaba a fonte de energia disponível. Toda a glicose presente é consumida e, na ausência de oxigênio, as células transformam a glicose em ácido láctico. Por um processo bioquímico há a contração da musculatura animal, ou *rigor mortis*, que provoca o endurecimento da carne.

Cessado o metabolismo celular, ocorre a morte e consequente liberação de enzimas no tecido. As enzimas agem nas ligações proteicas formadas no *rigor mortis*, quebrando essas ligações e permitindo o amolecimento da carne. A maturação que se segue visa permitir a máxima extensão da proteólise, sem perda da qualidade sensorial e nutritiva da carne.

As principais mudanças *post-mortem* que acontecem no músculo são a degradação do glicogênio e do trifosfato de adenosina (ATP), que levam ao decréscimo do pH até valores finais em torno de 5,5. Do ponto de vista físico, ocorre primeiro a rigidez cadavérica, pela formação de actomiosina e depois a resolução do *rigor mortis* pela atuação de enzimas endógenas.

No animal vivo, o pH encontra-se entre 6,7 a 7,2; após o processo do *rigor mortis* a carne obtida de animais não estressados apresenta pH entre 5,4 e 5,7. Dependendo das condições à que os animais são submetidos antes do abate, o pH pode elevar-se até níveis que afetam a qualidade final da carne, levando às condições de PSE (*Pale, Soft, Exsudative)* ou DFD (*Dry, Firm, Dark*).

PSE – PÁLIDA, MACIA E EXSUDATIVA

Essa condição é observada principalmente em suínos e aves submetidos ao estresse. Esses animais possuem teor de glicogênio normal, porém, ao estressar-se, ocorre uma brusca descarga de adrenalina, fazendo que a glicólise ocorra rapidamente. Essa rápida ocorrência de reações bioquímicas produz calor, fazendo que a temperatura corporal aumente. A elevada taxa glicolítica, que proporciona uma queda brusca no pH, de 7 para 5,3, combinada à alta temperatura corporal (35 a 40ºC), são suficientes para desnaturar algumas proteínas musculares. Dessa forma, a habilidade das proteínas musculares de reterem água está comprometida e a consequente perda de líquido (exsudação) confere aparência úmida à superfície dos cortes. Ao ocorrer liberação de água, liberam-se pigmentos da carne (hemoglobina, mioglobina), fazendo que apresente uma coloração mais clara (pálida). Esse processo não provoca apenas a desnaturação das proteínas, como também a hidrólise do endomísio (camada de tecido conjuntivo que encobre uma fibra muscular) e perimísio (membrana fibroelástica formada de elastina e colágeno que envolve o músculo), agregando ao músculo um aspecto flácido (mole). Quando cozida, a carne PSE é seca e pouco palatável.

DFD – SECA, FIRME E ESCURA

É observada em suínos e, principalmente, em bovinos. Ocorre em carnes de animais cansados e fatigados, em consequência de esforços físicos, maus tratos, agitação e transporte por longas distâncias. Durante esse período estressante, antes do abate, ocorre o esgotamento das reservas de glicogênio, consequentemente, na glicólise *post-mortem* a formação de ácido láctico será baixa e o pH final alto, entre 5,8 e 6,2.

Confundida com a carne de animais mais velhos, a carne de corte escuro tem menor aceitação pelo consumidor. Além disso, em virtude de seu pH mais alto, o desenvolvimento de micro-organismos deteriorantes é propiciado.

A firmeza apresentada pelo músculo traduz a sua maior capacidade de reter água. O prejuízo comercial reflete-se na perda de propriedades sensoriais, maior suscetibilidade à degradação e certa dificuldade para a difusão de sais de cura nos produtos. A incidência de DFD pode ser grandemente evitada se o animal, sobretudo o confinado, for abrigado em currais não muito frios, livres de correntes de ar, e hidratados convenientemente antes do abate (dieta hídrica), a fim de repor a sua reserva de glicogênio.

Características sensoriais da carne

Os alimentos são primeiramente avaliados pelo olhar (forma, aspecto, cor), depois pelo olfato e, em algumas situações, pelo tato. A impressão causada por essas sensações predispõe ao seu consumo. A sensação agradável ou desagradável que provoca a aceitabilidade ou recusa de um alimento é o resultado da combinação de todos os estímulos captados pelos cinco sentidos.

A carne possui características sensoriais excepcionais que, associadas ao seu valor nutritivo, convertem-na em um dos alimentos de origem animal mais valorizados pelo consumidor.

A capacidade de retenção de água é a aptidão da carne para reter, total ou parcialmente, a própria água, e, eventualmente, a água adicionada ao seu tratamento. A cor, a textura, a firmeza, a maciez e, sobretudo, a suculência são fortemente condicionadas a essa característica. A suculência e a palatabilidade dos produtos reduzem-se com a diminuição da água contida na carne. Por outro lado, a água liberada arrasta proteínas solúveis, vitaminas e minerais, com consequente redução do valor nutritivo.

A capacidade de retenção de água deve ser sempre levada em conta, seja qual for o destino que se pretende dar a uma carne. Todos os fatores envolvidos na cadeia de distribuição do produto e todas as variáveis de processo influenciarão nessa característica.

A musculatura dos animais fatigados, com escasso conteúdo de glicogênio, apresenta maior capacidade de retenção de água em virtude da menor queda de pH. Essa carne será de difícil conservação. Por outro lado, a utilização de carnes com baixa capacidade de retenção de água, como a procedente de suínos PSE, provoca grandes perdas durante o processamento e origina produtos de baixa qualidade sensorial, qualificados como insípidos e exsudativos.

A capacidade de retenção de água também é muito importante quando se pretende comercializar a carne fresca. A exsudação decorrente de baixa retenção de água chama a atenção particularmente em cortes recentes, produzindo aspecto desagradável que o consumidor tende a rejeitar. Esse é o problema mais sério apresentado na comercialização de carnes PSE, como produto fresco, pois essa carne possui grande porcentagem de água livre que se acumula na superfície dos cortes, imediatamente após seu acondicionamento.

A cor é a primeira característica sensorial observada pelo consumidor que determina sua recusa ou aceitação. Essa impressão óptica é relacionada, de imediato, com diversos aspectos ligados à qualidade e ao grau de frescor. O aspecto exterior pode ser associado ao tempo de armazenamento, vida útil, dureza, suculência e deterioração. A cor da carne dos animais de abate oscila entre o rosa pálido e o pardo ou marrom, passando pelo vermelho intenso, podendo chegar até o violeta em determinadas apresentações.

A cor apresentada pela carne depende da quantidade total de mioglobina e hemoglobina, que são pigmentos musculares de natureza proteica que, por sua vez, dependem de outros fatores, como espécie animal, sexo, idade, regime de vida, tipo de músculo considerado, alimentação e existência de determinados processos patológicos. A cor das diversas espécies de abate pode ser definida em termos gerais como: vermelho-cereja brilhante no bovino adulto; rosado na vitela; vermelho escuro nos equinos; vermelho tijolo em ovelhas e cabras; vermelho pálido e acinzentado em suínos e rosa pálido e esbranquiçado em aves.

As superfícies da carne expostas ao ar durante muito tempo podem apresentar escurecimento em consequência da dessecação e da concentração de pigmentos. Já a presença de cor esverdeada na superfície da carne deve-se à proliferação microbiana e à desnaturação da fração proteica do pigmento. Essas reações ocorrem pela ação de sulfeto de hidrogênio ou oxigênio, peróxido de hidrogênio e ácido ascórbico, ou outro agente redutor, cujo pigmento esverdeado é produzido durante o crescimento de alguns micro-organismos.

A carne crua apresenta sabor característico de soro, ligeiramente salino, parecido com sangue. Depois do tratamento culinário, a carne desenvolve sua plenitude sensorial. O odor e sabor indesejáveis nesse produto podem surgir durante a estocagem, pelo crescimento bacteriano ou pela deterioração química da superfície. O odor produzido pelos micro-organismos na superfície da carne não é tão indesejável quanto aquele oriundo dos micro-organismos anaeróbios. O primeiro tende a ser fermentado, mais do que pútrido. Temperaturas relativamente altas e ausência de oxigênio irão produzir odores pútridos, em consequência da hidrólise das proteínas presentes na carne.

Embalagem a vácuo

A carne embalada a vácuo normalmente tem cor escura e não deve desprender excesso de suco enquanto estiver embalada. Ao abrir a embalagem e o produto entrar em contato com o ar, se o processo de embalagem e a matéria-prima forem adequados, a carne recupera rapidamente a cor vermelho-cereja e o aspecto agradável.

O esverdeamento devido à produção de H_2S pode ocorrer nas carnes frescas embaladas a vácuo e armazenadas entre 1 e 5ºC. O H_2S reage com a mioglobina da carne formando sulfomioglobina, que promove a coloração esverdeada. As bactérias causadoras dessa deterioração são: *Pseudomonas mephitica, Shewanella putrefaciens* e *Lactobacillus sake.*

Microbiologia da carne

A quantidade e o tipo de micro-organismos que se desenvolverão na carne dependerão das condições do animal antes do abate, transporte, estresse etc. Em animal sadio, poucos micro-organismos são encontrados, com exceção da superfície externa e dos tratos digestório e respiratório. O nível de contaminação geralmente é menor na superfície interna do que na externa.

A riqueza de nutrientes presentes nas carnes permite que estas sejam um excelente meio para o desenvolvimento de bactérias deteriorantes e organismos patogênicos. A deterioração é fortemente determinada pelo crescimento de bactérias na superfície, porque o tecido interno do músculo é considerado estéril até o momento do corte. Os tipos de micro-organismos deteriorantes que se desenvolvem nas carnes resfriadas são determinados pelas condições de estocagem.

Além da temperatura, a vida útil das carnes estocadas é influenciada pela quantidade e tipos de organismos presentes, inicialmente, na carne. Quando o número inicial de bactérias é pequeno, durante o acondicionamento os micro-organismos causadores de deterioração constituem-se no grupo de taxa de crescimento maior e serão claramente dominantes. Porém, se o número inicial de bactérias é alto, durante o acondicionamento os micro-organismos com taxa de crescimento menor representarão a maior proporção da flora final e contribuirão significativamente para a deterioração. Outros fatores, como o pH da carne, a presença de NaCl ou ingredientes de cura selecionarão determinadas bactérias afetando sua taxa de crescimento. O número necessário de bactérias para causar deterioração varia e é significativamente maior em carnes estocadas a vácuo do que em carnes armazenadas aerobicamente.

As *Pseudomonas* spp são os micro-organismos aeróbios estritos que crescem rápido em temperaturas de refrigeração e são capazes de dominar a flora microbiana das carnes embaladas de forma aeróbia. Elas utilizam, preferencialmente, a glicose disponível. Quando a glicose é exaurida, os organismos iniciam o catabolismo do aminoácido, resultando em aminas, amônia e sulfetos orgânicos que determinam odores e sabores desagradáveis.

A carne fresca proveniente de animais sadios, obtida em abate sob condições higiênicas, apresenta uma microbiota contaminante que possui um baixo número de bactérias patogênicas, composta, principalmente, por bactérias Gram-negativas, destacando-se os gêneros *Pseudomonas, Acinetobacter, Aeromonas, Alcaligenes, Flavobacterium, Moraxella* e micro-organismos da família *Enterobacteriaceae*, na qual se incluem, principalmente, os coliformes. Os cocos Gram-positivos são representados pelos *Micrococcus* e *Staphylococcus* e, em menor frequência, pelos estreptococos fecais.

As salmonelas são as bactérias que mais oferecem perigo para a matéria-prima, tendo acesso à carne por meio do abate inadequado, quando o conteúdo gastrointestinal é perfurado. O uso de rações contaminadas, o estresse durante o transporte, a contaminação cruzada no abate e a manutenção de manipuladores assintomáticos constituem-se em pontos de controle importantes na prevenção da disseminação da *Salmonella* spp na planta de processo.

Outras bactérias como a *Escherichia coli* e *Yersinia enterocolitica* podem contaminar as carnes do mesmo modo que as salmonelas. Os esporos de *Clostridium* naturalmente presentes, ou ainda, provenientes de contaminação fecal direta ou indireta no abate, podem sobreviver nas partes interiores da carne, permanecendo viáveis quando mantidos a temperaturas de refrigeração. Os estafilococos podem contaminar a carne pela manipulação inadequada de indivíduos portadores. Como não competem bem com outros micro-organismos, não são considerados críticos nas carnes *in natura*, processadas em condições higiênico-sanitárias.

O crescimento de fungos ocorre na carne submetida a longos períodos de estocagem. Os micro-organismos *Mucor, Rhizopus* e *Thamnidium* crescem na carne com formação semelhante a bigodes de rato; a presença de manchas negras é decorrente de *Cladosporium herbarum* e *Cladosporium cladosporioides;* manchas brancas são causadas por *Sporotrichum carnis.*

Cortes de carne bovina e suína

Entende-se por carcaça de bovino o animal abatido, sangrado, esfolado, eviscerado, desprovido de cabeça, patas, cauda, glândula mamária, no caso da fêmea, e testículos, no caso do macho. Dividindo-se a carcaça ao meio, por corte longitudinal, têm-se as meias carcaças. Delas retiram-se, ainda, os rins, a gordura perirrenal e inguinal, a medula espinhal e o diafragma.

Os quartos são obtidos da subdivisão da meia carcaça em traseiro e dianteiro, por separação entre a quinta e a sexta costelas. O quarto dianteiro é constituído das seguintes peças comerciais: pescoço, acém, peito, braço/paleta, músculo e cupim. No quarto traseiro têm-se as peças de maior qualidade, como fraldinha, ponta de agulha, filé-mignon, contrafilé ou filé de lombo, capa de filé, alcatra, patinho, coxão duro, coxão mole, lagarto, músculo, aba de filé, maminha e picanha (Figura 2.1).

A carne proveniente dos grandes músculos localizados no membro posterior (quarto traseiro) e em grande parte da porção lombar do animal é, preferencialmente, utilizada para preparar churrascos, bifes ou assados, pois apresenta maior tenrura e suculência. Esses cortes são os de maior valor comercial. Os que se originam do quarto dianteiro possuem diversos usos e características, segundo o corte. Os de músculos pequenos e das regiões das extremidades e pescoço, em sua maioria, contêm maior proporção de ossos e são utilizados, principalmente, para preparar carne moída, cozidos e para cocção em geral.

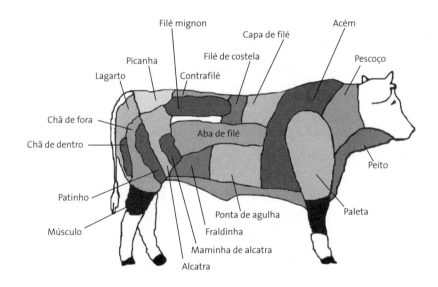

Figura 2.1 Cortes bovinos

Fonte: Adaptado de http://1.bp.blogspot.com/_7HUvW75bnIU/TA1xN7AOsgI/ AAAAAAAAec/9iLuTRJ8adk/s1600/boi.jpg. Acessado em: 22 maio 2011.

Os cortes suínos (Figura 2.2) mais tradicionais compreendem pernil, paleta e lombo. Outros cortes mais específicos incluem perna, pernil, filezinho, ombro, pescoço, barriga e costela. No suíno é possível ainda encontrar outras partes comestíveis, como toucinho, banha e miudezas (pé, orelhas, focinho, rabo).

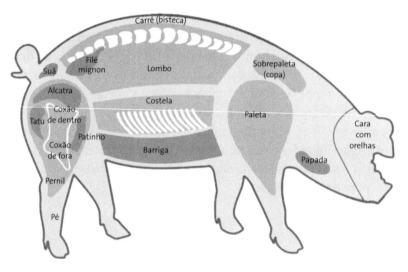

Figura 2.2 Cortes suínos
Fonte: Adaptado de: http://blogdochurrasco.files.wordpress.com/2009/10/suino-cortes.jpg.
Acessado em: 13 jan 2011.

Classificação e tipificação de carcaças

A classificação de carcaças consiste no agrupamento do gado em diferentes classes, levando em consideração a idade e o sexo. Algumas vezes considera-se, também, a raça. A idade se refere ao grau de maturidade dos animais e é determinante para a qualidade das carnes. Animais jovens possuem carnes macias e tenras. O sexo influi no desenvolvimento muscular e na capa de gordura, em decorrência dos hormônios sexuais. Carnes oriundas de fêmeas apresentam mais gordura superficial do que as provenientes de machos. A raça também influi sobre a qualidade do produto, uma vez que existem raças especializadas para produção de carnes, que atingem seu pleno desenvolvimento antes do que raças leiteiras ou mistas.

Tipificar é ordenar as carcaças em termos de categoria, em função da classe do animal, definida pela idade, sexo e alguns parâmetros que avaliam atributos relativos à qualidade, como o peso. A tipificação possibilita a padronização dos produtos. Um sistema de classificação e tipificação de um produto tem como propósito fundamental aumentar a eficiência na comercialização, ordenar a produção pecuária do país para obtenção de preços adequados, em função da qualidade do gado entregue no mercado, e permitir chegar ao consumidor carne tenra, macia, suculenta e saborosa. A classificação e a tipificação possibilitam instituir a certificação da qualidade das carnes, realizada por certificadores oficiais, estabelecendo um controle de qualidade do produto que abre caminho para a implantação de um sistema de controle de qualidade total, podendo-se utilizar para essa finalidade o sistema de análise de riscos e a identificação de pontos críticos de controle ao longo do processo. Com essas informações, o mercado varejista está em condições de identificar os produtos, indicando ao consumidor a origem e a procedência das carnes.

Certificação e rastreabilidade

O comércio varejista tem condições de oferecer ao consumidor produtos com origem (fazenda) e procedência (frigorífico de abate) conhecidas que devem estar estampadas nos rótulos de certificação de qualidade oficial. Os registros e controles praticados nesse processo possibilitam realizar a chamada rastreabilidade, que significa poder refazer o percurso de ida e volta de um alimento, de forma documentada, sem perder sua identidade, podendo-se verificar os controles de qualidade aplicados no processo, em particular os do tipo higiênico-sanitário, que determinam que um alimento possa ser consumido com segurança.

Referências

BARROS, M.A.F.; NERO, L.A.; MONTEIRO, A.A. Identification of main points by hygiene indicator microorganisms in beef processing plants. *Ciênc Tecnol Aliment*, v. 27, n. 4, p. 856-62, 2007.

BISCONTINI, T.M.B. *Avaliação bioquímica e estrutural de um produto cárneo de atividade de água intermediária. Jeked beef*. São Paulo, 1995. 106p. Tese (Doutorado). Departamento de Alimentos e Nutrição Experimental. Faculdade de Ciências Farmacêuticas, Universidade de São Paulo.

BRAGGION, M., SILVA, R.A.M.S. Quantificações de lesões em carcaças de bovinos abatidos em frigoríficos no pantanal sul mato-grossense. *Comunicado Técnico* n. 45. Corumbá, 2004.

138 | Sistema de gestão: qualidade e segurança dos alimentos

BRAMORSKI, A.; VASCONCELLOS, K.S.; THEILACKER, C.; SARDAGNA, C.; GARCIA, G.F. Avaliação dos equipamentos de refrigeração e congelamento dos maiores supermercados do município de Blumenau, SC. *Higiene Alimentar,* v. 19, n. 133, p. 20-3, 2005.

BRASIL. Ministério da Agricultura, Pecuária e Abastecimento. Instrução Normativa n. 3, de 17 de janeiro de 2000. Regulamento técnico de métodos de insensibilização para o abate humanitário para animais de açougue. *Diário Oficial da União.* 24 jan 2000; Seção 1:14.

_____. Ministério da Agricultura, Pecuária e Abastecimento. Portaria n. 711, de 01 de novembro de 1995. Normas técnicas de instalações e equipamentos para abate e industrialização de suínos. *Diário Oficial da União.* 03 nov 1995; Seção1:17625.

_____. Ministério da Agricultura, Pecuária e Abastecimento. Portaria n. 210, de 10 de novembro de 1998. Regulamento técnico da inspeção tecnológica e higiênico-sanitária de carnes de aves. *Diário Oficial da União.* 26 nov 1998; Seção 1:226.

_____. Ministério da Agricultura, Pecuária e Abastecimento. Portaria n. 304, de 22 de abril de 1996. Os estabelecimentos de abate de bovinos, bubalinos e suínos, somente poderão entregar carnes e miúdos, para comercialização, com temperatura de até 7 (sete) graus centígrados. *Diário Oficial da União.* 23 abr. 1996; Seção 1:6856.

_____. Ministério da Agricultura, Pecuária e Abastecimento. Portaria n. 89, de 15 de julho de 1996 – Institui o Programa de Distribuição de Carnes Bovina e Bubalina ao Comércio Varejista, previamente embaladas e identificadas. *Diário Oficial da União.* 19 ago. 1996; Seção 1:14893.

_____. Ministério da Agricultura, Pecuária e Abastecimento. Portaria n. 90, de 15 de julho de 1996 – Institui a obrigatoriedade da afixação de etiquetas-lacre de segurança nos cortes primários (quartos de carcaça) e cortes secundários do traseiro de bovinos e bubalinos, bem como nas meias carcaças de suínos, ovinos e caprinos, obtidos nos estabelecimentos de abate, independente da aplicação dos carimbos oficiais, a tinta, nas diversas partes da carcaça. *Diário Oficial da União.* 07 ago 1996; Seção 1:14894.

_____. Ministério da Agricultura, Pecuária e Abastecimento. Instrução Normativa n. 83, de 21 de novembro de 2003 - Aprova os regulamentos técnicos de identidade e qualidade de carne bovina em conserva *(corned beef)* e carne moída de bovino. *Diário Oficial da União.* 24 nov 2003; Seção 1:29.

_____. Ministério da Agricultura, Pecuária e Abastecimento. Instrução Normativa n. 22, de 24 de novembro de 2005 – Aprova o regulamento técnico para rotulagem de produto de origem animal embalado. *Diário Oficial da União.* 25 nov. 2005; Seção 1.

_____. Ministério da Agricultura, Pecuária e Abastecimento. Portaria n. 193, de 10 de setembro de 1994 – Institui o Programa Nacional de Sanidade Avícola no âmbito da Secretaria de Defesa Agropecuária – SDA, envolvendo o Departamento de Defesa Animal – DDA e Departamento de Inspeção de Produtos de Origem Animal - Dipoa. *Diário Oficial da União.* 22 set. 1994; Seção 1.

_____. *Lei n. 8078, de 11 de setembro de 1990b.* Dispõe sobre a proteção do consumidor e dá outras providências. Disponível em: http://www.consumidorbrasil.com.br. Acessado em: 2 jun. 2011.

_____. *Decreto n. 30691, de 29 de março de 1952.* Aprova o Novo Regulamento da Inspeção Industrial e Sanitária de Produtos de Origem Animal. *Diário Oficial da União.* 07 jul. 1952; Seção 1:10785.

_____. Ministério da Saúde. Agência Nacional de Vigilância Sanitária. *Resolução RDC 259, de 20 de setembro de 2002* – Aprova o regulamento técnico sobre rotulagem de alimentos embalados. Disponível em: http://www.anvisa.gov.br. Acessado em: 02 jun. 2011.

_____. Ministério da Saúde. Agência Nacional de Vigilância Sanitária. *Resolução RDC 360, de 23 de dezembro de 2003* – Aprova o Regulamento Técnico sobre Rotulagem Nutricional de Alimentos Embalados, tornando obrigatória a rotulagem nutricional. Disponível em: http://www.anvisa.gov.br. Acessado em: 02 jun. 2011.

_____. Ministério da Saúde. Agência Nacional de Vigilância Sanitária. *Resolução RDC 216, de 15 de setembro de 2004.* Aprova o Regulamento técnico de boas práticas para serviços de alimentação. Disponível em: http://www.anvisa.gov.br. Acessado em: 02 jun. 2011.

_____. Ministério da Saúde. Agência Nacional de Vigilância Sanitária. *Resolução – RDC n. 18, de 29 de fevereiro de 2000*. Dispõe sobre normas gerais para funcionamento de empresas especializadas na prestação de serviços de controle de vetores e pragas urbanas. Disponível em: http://www.anvisa.gov.br. Acessado em: 25 maio 2011.

_____. Ministério da Saúde. Agência Nacional de Vigilância Sanitária. *Resolução – RDC n. 14, de 28 de fevereiro de 2007*. Aprovar o Regulamento Técnico para Produtos Saneantes com Ação Antimicrobiana harmonizado no âmbito do Mercosul através da Resolução GMC n. 50/06. Disponível em: http://www.anvisa.gov.br. Acessado em: 25 maio 2011.

_____. Ministério do Trabalho e Emprego. *NR n. 6, de 15 de outubro de 2001*. Altera a norma regulamentadora que trata de equipamentos de proteção individual e dá outras providências. Disponível em: http://www.mte.gov.br. Acessado em: 2 jun. 2011.

_____. Ministério do Trabalho e Emprego. *NT n. 94, de 20 de abril de 2009*. Estabelecer requisitos específicos de segurança para máquinas de panificação, mercearia e açougue, novas, usadas e importadas, a saber: amassadeiras, batedeiras, cilindros, modeladoras, laminadoras, fatiadoras para pão sanduíche, moinho para farinha de rosca, serra fita, fatiador de bife, amaciador de bife, moedor de carne, fatiador de frios e ralador de frios. Disponível em: http://www.mte.gov.br. Acessado em: 2 jun. 2011.

CARRAGHER, J.F., MATTHEWS, L.R. Animal behavior and stress: impacts on meat quality. *Proc. of the New Zeal. Soc. Anim. Prod*. v. 56, p. 162-6, 1996.

CAVIRANI, S. Cattle industry and zoonotic risk. *Vet Res Commum*. v. 32, p. S19-S24, 2008.

[CETESB] Companhia de Tecnologia de Saneamento Ambiental. *Guia Técnico Ambiental de Abate (bovino e suíno)*. 2008. Disponível em: http://www.cetesb.sp.gov.br/tecnologia/produção_limpa/documentos/abate.pdf. Acessado em: 17 jun. 2011.

CORREIA, R.T.P.; BISCONTINI, T.M.B. Influência da dessalga e cozimento sobre a composição química e perfil de ácidos graxos em charque e *jerked beef*. *Ciência e Tecnologia de Alimentos*. v. 23, n.1, p.38-42, 2003.

COSTA, E.L.; SILVA, J.A. Avaliação microbiológica da carne de sol elaborada com baixos teores de cloreto de sódio. *Higiene Alimentar*. v. 21, n. 2, 2001.

EGAÑA, C.S. *Enciclopedia de la carne*. Madrid: Mapasacaipe AS, 1967.

EVANGELISTA, J. *Tecnologia de alimentos*. 2 ed. São Paulo: Atheneu, 1994.

GERMANO, M.I.S. *Treinamento de manipuladores de alimentos: fator de segurança alimentar e promoção da saúde*. São Paulo: Varela, 2003.

GERMANO, P.M.L.; GERMANO, M.I.S. Novas opções de carnes requintadas e exóticas: avestruz e javali. *Qualidade em Alimentação e Nutrição*. v. 16, n. 31, p. 16-8, 2009.

LANGE, T.N. *Avaliação do laudo de inspeção como instrumento de verificação das condições higiênico-sanitárias de estabelecimentos varejistas de carnes do município de Ribeirão Pires-SP*. São Paulo, 2010. Dissertação (Mestrado em Saúde Pública). Faculdade de Saúde Pública da Universidade de São Paulo.

LAWRIE, R.A. *Ciência da carne*. 6.ed. Porto Alegre: Artmed, 2005.

LIRA, G.M. *Avaliação de parâmetros da qualidade da carne de sol*. São Paulo, 1998. Tese (Doutorado em Ciências dos Alimentos). Faculdade de Ciências Farmacêuticas da USP.

LITTLE, C.L.; RICHARDSON, J.F., OWEN, R.J.; PINNA, E.; THREFALL, E.J. Prevalence, characterisation and antimicrobial resistance of *Campylobacter* and *Salmonella* in raw poultrymeat in the UK, 2003-2005. *Int J Environ Health Res*. v. 18, n. 6, p. 403-14, 2008.

MÁRSICO, E.T. et al. Determinação do teor de umidade e presença de nitrito em amostras de charque. *Higiene Alimentar*. v. 16, n. 91, p. 45-9, 2002.

MCLAUCHLIN, J.; LITTLE, C. *Food poisoning and food hygiene*. London: Hodder Arnold, 2007.

MENNUCCI, T.A. *Avaliação dos riscos à saúde proporcionados pelo abate clandestino de aves em avícolas*. São Paulo, 2006. Trabalho monográfico do curso de pós-graduação *latu sensu* em Higiene e Inspeção de Produtos de Origem Animal e Vigilância Sanitária de Alimentos. Universidade Castelo Branco.

140 | Sistema de gestão: qualidade e segurança dos alimentos

MENNUCCI, T.A. *Avaliação das condições higiênico-sanitárias da carne de sol comercializada em "casas do norte" no Município de Diadema-SP* . São Paulo, 2009. Dissertação (Mestrado em Saúde Pública). Faculdade de Saúde Pública da USP.

MENNUCCI, T.A. Carnes secas: produção e controle de qualidade. A produção brasileira e os perigos associados ao produto. *Qualidade em Alimentação e Nutrição*. v. 8, n. 31, 2009.

MENNUCCI, T.A.; MARCIANO, M.A.M.; ATUI, M.B.; GERMANO, P.M.L. Avaliação da contaminação por matérias estranhas em carne de sol. *Instituto Adolfo Lutz*. v. 69, p.1255-74, 2010.

MILNES, A.S.; STEWART, I.; CLIFTON-HADLEY, F.A.; DAVIES, R.H.; NEWELL, D.G.; SAYERS, A.R. et al. Intestinal carriage of verototoxigenic *Escherichia coli* O157, *Salmonella*, thermophilic *Campylobacter* and *Yersinia enterocolitica*, in cattle, sheep and pigs at slaughter in Great Britain during 2003. *Epidemiol Infect*. v. 136, p. 739-51, 2007.

MONTEBELLO, N.P.; ARAÚJO, W.M.C. *Carne e Cia*. Brasília: Senac, 2006.

MOREIRA, EC. *Importância do controle da sanidade sobre produtos de origem animal*. II Simpósio de Produção de Gado de Corte. 2010. Disponível em: http://www.simcorte.com/index/Palestras/s_simcorte/10_elvio.pdf. Acessado em: 17 jun. 2011.

NÓBREGA, D.M. *Contribuição ao estudo da carne de sol visando melhorar sua conservação*. Campinas, 1982. Dissertação (Mestrado em Tecnologia de Alimentos). Faculdade de Engenharia de Alimentos e Agrícola da Universidade Estadual de Campinas.

ORDÓÑEZ, J.A. *Tecnologia de alimentos: características gerais da carne e componentes fundamentais*. v. 2. Porto Alegre: Artmed, 2005, p. 129-41.

ORDÓÑEZ, J.A. *Tecnologia de alimentos: características sensoriais da carne*. v. 2. Porto Alegre: Artmed, 2005, p. 145-70.

PEREIRA, A.S.C.; LOPES, M.R.F. *Manejo pré-abate e qualidade da carne*. 2006. Disponível em: http://www.carneangus.org.br. Acessado em: 17 jun. 2011.

PINTO, M.F. et al. Controle de *Staphylococcus aureus* em charques (*jerked beef*) por culturas inibidoras. *Ciência e Tecnologia de Alimentos*. v. 18, n. 2, 1998.

PRADO, C.S.; LAGE, M.E.; MESQUITA, J.A.; PALMA, C.S.C.; NUNES, I.A.; OLIVEIRA, J.P. *Qualidade microbiológica da carne homogeneizada comercializada em um hipermercado de Goiânia (GO)*. 1998. Disponível em: http://www.google.com.br/search?hl=pt-BR&source=hp&biw=1003&bih=526&q=qualidade+m icrobiologia%C3%B3gica+da+carne+homogeneizada. Acessado em: 17 jun. 2011.

REITER, M.G.R.; BUENO, C.M.M.; LÓPEZ, C.; JORDANO, R. Occurrence of Campylobacter and Listeria monocytogenes in a poultry processing plant. *J Food Prot*. v. 68, n. 9, p. 1903-6, 2005.

RIEDEL, G. *Controle sanitário dos alimentos*. São Paulo: Atheneu, 2005.

SANTOS, S.G.F. *Treinando manipuladores de alimentos*. São Paulo: Varela, 1999.

SANTOS, M.C.; RODRIGUES, R.M.M.S. Carnes salgadas: verificação da contaminação por insetos. *Higiene Alimentar*. n.5, v.18, 1991.

SÃO PAULO. Centro de Vigilância Sanitária do Estado de São Paulo. *Portaria CVS n. 6, de 10 de março de 1999*. Estabelece parâmetros e critérios para o controle higiênico-sanitário em estabelecimentos de alimentos. Disponível em: http://www.cvs.saude.sp.gov.br. Acessado em: 02 jun 2011.

_____. Centro de Vigilância Sanitária do Estado de São Paulo. *Portaria CVS n. 18, de 9 de setembro de 2008*. Aprova alteração do item 4 – Controle de Saúde dos Funcionários do item 16 – Higiene Ambiental e do subitem 16.3 da Portaria CVS 6 de 10 de março de 1999. Disponível em: http://www.cvs.saude. sp.gov.br. Acessado em: 02 jun. 2011.

_____. Resolução Conjunta SS/SAA 1, de 26 de dezembro de 2001. Os açougues e estabelecimentos do comércio varejista de carnes frescas que optarem por temperar as carnes, deverão dispor de local apropriado que atenda aos requisitos estabelecidos nas legislações sanitárias vigentes. *Diário Oficial do Estado de São Paulo*. 26 dez. 2001.

SARCINELLI, M.F.; VENTURINI, K.S.; SILVA, L.C. Processamento da carne suína. *Boletim Técnico – Universidade Federal do Espírito Santo.* 2007. Disponível em: http://www.agais.com/telomc/b01907_processamento_suínos.pdf. Acessado em: 17 jun 2011.

[SEBRAE] AGÊNCIA DE APOIO AO EMPREENDEDOR E PEQUENO EMPRESÁRIO. *Manual sobre nutrição, conservação de alimentos e manipulação de carnes.* São Paulo, 2004.

[SEBRAE/SENAI] AGÊNCIA DE APOIO AO EMPREENDEDOR E PEQUENO EMPRESÁRIO/SERVIÇO NACIONAL DE APRENDIAGEM INDUSTRIAL. *Elementos de apoio para o sistema APPCC.* 2.ed. Brasília, 2000. Série Qualidade e Segurança Alimentar.

SILVA, J.A. *Tópicos da tecnologia de alimentos.* São Paulo: Varela, 2000.

SILVA JR., E.A. *Manual de controle higiênico-sanitário em serviços de alimentação.* São Paulo: Varela, 2005.

SHIMOKOMAKI, M. et al. Charque e produtos cárneos, tecnologia e conservação – uma revisão. *Bol SBCTA.* v. 21, n. 1, p. 25-35, 1987.

SOUZA, N.L. *Efeito da combinação de sal com lactato e diacetato de sódio nas características sensoriais, físico-químicas, cor e textura de um produto similar à carne de sol.* Campinas, 2005. Dissertação (Mestrado em Tecnologia de Alimentos). Faculdade de Engenharia de Alimentos da Universidade Estadual de Campinas.

TAVECHIO, N.A.; GHILARDI, C.R.; PERESI, J.T.M.; FUZIHARA, T.O.; YONAMINE, E.K.; LAKABI, M. et al. Salmonella serotypes isolated from nonhuman sources in São Paulo, Brazil, from 1996 through 2000. *J Food Prot.* v. 65, n. 6, p. 1041-4, 2002.

3

Qualidade das matérias-primas de origem animal: aves

Paula Christina Gonzales Praxedes
Tarcila Neves Lange
Tatiana Almeida Menucci

Introdução

O presente capítulo tem o intuito de comentar os aspectos produtivos da carne de aves do ponto de vista da gestão e garantia da qualidade. Serão abordados os temas que interferem, direta ou indiretamente, na qualidade da carne de frango, tanto sob a perspectiva do consumidor quanto dos abatedouros/frigoríficos.

O objetivo é oferecer ao leitor subsídios para avaliar a qualidade da carne de frango e o processamento desta de modo crítico, baseando-se nas etapas da produção e nos critérios para determinação de uma carne de aves de qualidade.

Breve histórico

A galinha foi introduzida pelos portugueses no Brasil na década de 1930. As aves eram, inicialmente, criadas em quintais, onde se alimentavam de restos de alimentos. Com o passar dos anos e acompanhando os avanços tecnológicos, a produção passou a ser realizada em grande escala, cada vez mais embasada em aspectos técnicos.

Quando criadas no sistema semi-intensivo, as aves são dispostas em galinheiros durante o período noturno e possuem livre acesso às áreas de pastejo, onde podem se movimentar livremente, durante o período diurno, sendo esse sistema utilizado para criar a chamada galinha caipira. Tal sistema de criação é considerado uma alternativa que resulta em diferenças na expressão do comportamento natural e bem-estar das aves, e na qualidade do produto final.

Para as aves criadas em granjas, em sistemas de produção intensivos de grande escala, utiliza-se o confinamento. Nesses sistemas, as aves são mantidas em galpões desde o nascimento até o abate, onde são dispostas em uma densidade populacional que pode variar de 10 a 14 aves/m^2 a até 18 a 22 aves/m^2, expressando resultados de produção entre 30 Kg de carne/m^2 a 40 kg/m^2. Porém, o adensamento populacional pode facilitar a disseminação de doenças entre o plantel e comprometer a qualidade do produto final.

Aspectos referentes à legislação

Com a intensificação dos processos de produção e considerando a importância da produção avícola nacional, o Ministério da Agricultura, Pecuária e Abastecimento (Mapa) aprovou a Portaria n. 193, de 19 de setembro de 1994, que instituiu o Programa Nacional de Sanidade Avícola (PNSA). Este programa normatiza as ações de acompanhamento sanitário relacionadas ao setor avícola, desenvolvendo estratégias sanitárias de monitoramento dos plantéis de criação para profilaxia, controle e erradicação de doença de Newcastle, salmoneloses e micoplasmoses.

Existem outros programas de prevenção e controle que devem ser, obrigatoriamente, executados pelas empresas produtoras, conforme exigência do Mapa. São eles: Programa de Redução de Patógenos (PRP), que objetiva verificar a prevalência de *Salmonella* spp. nos produtos avícolas; Programa de Prevenção e Controle da Adição de Água aos Produtos (PPCAAP), que tem por objetivo coibir a prática de fraude no processo de absorção de água, durante o pré-resfriamento de carcaças de aves e na fabricação de carne temperada de aves; e Programa de Controle de Resíduos em Carne (PCRC), que visa controlar os resíduos decorrentes do emprego de drogas veterinárias, agroquímicos e contaminantes ambientais nos produtos avícolas.

O abate de aves, por sua vez, também deve seguir as diretrizes do Mapa, como: RIISPOA/52, Instrução Normativa n. 3 de 17 de janeiro de 2000 e Portaria n. 210 de 10 de novembro de 1998, que dispõe sobre o regulamento técnico da inspeção tecnológica e higiênico-sanitária de carne de aves. O abate e processamento das carcaças das aves devem ser controlados desde o momento da chegada dos animais à plataforma de recepção do abatedouro até a obtenção do produto final.

Características de uma carne de frango de qualidade

Qualidade é um conceito subjetivo, entretanto, existem ferramentas que auxiliam na avaliação e gestão da qualidade. Quando se refere a um produto final, porém, é possível determinar características que são procuradas pelos consumidores e outras características rejeitadas.

Para o consumidor, as seguintes características são avaliadas na carne de frango: aparência, textura, suculência, sabor e propriedades funcionais. O fato de haver suspeita de adição de água para aumento do peso do produto também contribui negativamente para sua aceitação.

É de responsabilidade dos estabelecimentos produtores de carne de aves a garantia da qualidade higiênico-sanitária e tecnológica de seus produtos. Estes devem implantar sistemas de controle de qualidade que sejam capazes de detectar os perigos e riscos à saúde pública advindos de falhas na sua linha de produção e se antecipar à sua materialização. As ferramentas de qualidade que podem ser implantadas são: o sistema de Análise de Perigos e Pontos Críticos de Controle (APPCC), as Boas Práticas de Fabricação e os Procedimentos Padronizados de Higiene Operacional (PPHO), os quais devem ser devidamente registrados, monitorados e revisados, diariamente, pela equipe de controle de qualidade e acompanhada pelo Serviço de Inspeção Federal (SIF).

Para as unidades abatedoras de aves, produtos com defeitos de processo, como hematomas, fraturas ou contaminações são características que diminuem o valor da carcaça, sendo, portanto, rejeitáveis. As causas dessas ocorrências são distintas e serão discutidas ao longo deste capítulo.

Fluxograma de produção da carne de frango

A Figura 3.1, a seguir, mostra em linhas gerais as etapas do processamento da carne de frango e qual o impacto da ocorrência de possíveis falhas na qualidade do produto final.

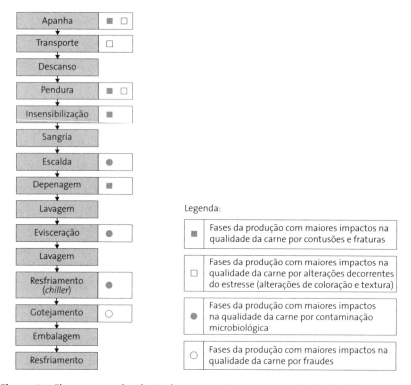

Figura 3.1 Fluxograma do abate de aves e etapas que podem interferir diretamente na qualidade do produto final.

Descrição do processo produtivo

O jejum e a dieta hídrica se iniciam desde a granja, quando os comedouros são erguidos, e terminam no abate, que deve ocorrer em um período de seis a oito horas após o início da privação. Se o período de jejum for maior que oito horas, podem ocorrer alterações na qualidade da carcaça ou morte súbita das aves, decorrente do estresse alimentar. A prática do jejum é necessária para reduzir o conteúdo gastrointestinal das aves, diminuindo a possibilidade de contaminação da carcaça na evisceração, decorrente do rompimento do inglúvio e/ou intestino.

O transporte até o abatedouro é feito em caminhões, por meio de gaiolas com dez a doze aves em cada. Na chegada, as aves são encaminhadas a uma plataforma de descanso que possui ventiladores que aspergem água sobre elas, como forma de reduzir o estresse pela viagem, enquanto aguardam o abate. Nessa etapa pode ocorrer a contaminação cruzada entre as aves, aumento da contaminação das penas e da pele por contaminantes fecais, sendo indispensável a limpeza e a desinfecção dos caminhões entre as partidas.

Na plataforma de recepção é realizada a inspeção *ante-mortem*, mediante exame visual do lote dos animais a serem abatidos; nesse momento, também, é avaliado o Boletim Sanitário — documento que relata o histórico dos eventos relacionados aos animais de cada lote e onde constam os seguintes dados:

- Procedência das aves: nome, endereço da granja produtora e número do lote ou galpão.
- Número inicial e final de aves.
- Doenças detectadas no lote.
- Tipo de tratamento, agente terapêutico usado e duração do tratamento a que o lote foi submetido.
- Data de suspensão de ração com antibiótico e/ou coccidiostáticos, avaliando-se o prazo de carência dos medicamentos.
- Data e hora de retirada de alimentação.
- Demais dados relevantes.
- Assinatura do médico veterinário responsável.

Os processos de abate mais modernos são amplamente automatizados, sendo realizados com atordoamento elétrico e corte mecânico dos vasos sanguíneos do pescoço, e estão descritos a seguir.

- Insensibilização/eletronarcose — consiste na imersão das aves em água com corrente elétrica por, no máximo, 12 segundos. Segundo a Instrução Normativa n. 3/2000, deve ser mantida uma tensão suficiente para produzir uma intensidade de corrente eficaz para garantir a insensibilização das aves. Para que seja assegurada a correta passagem da corrente elétrica, devem-se molhar as patas das aves e os ganchos de suspensão. A linha de processamento ocorre em alta velocidade, tornando impossível uma separação higiênica entre as carcaças que previna a difusão de uma eventual contaminação.

- Sangria — tem duração máxima de três minutos. Deve ser considerado o tempo que as aves deverão permanecer dependuradas pelos pés, para que o fluxo de sangue chegue à cabeça e possa ocorrer a degola. Em caso de sangria automatizada, é necessária a supervisão de um operador para realizar manualmente o processo caso o equipamento tenha sofrido falhas, evitando que o animal atinja a escaldagem sem a devida morte pela sangria.

- Escaldagem — procedimento que objetiva o afrouxamento das penas e, para tanto, as aves são imersas em água aquecida por vapor com temperatura variando entre 55 e 65ºC, por um período máximo de cinco minutos. Nesta etapa pode ocorrer uma ampla contaminação entre as carcaças. Uma forma de evitar que isso aconteça é a substituição da água de escaldagem, por meio de seu frequente extravasamento e monitoramento.

- Depenagem — etapa em que são retiradas as penas. É realizada mecanicamente, com os animais dependurados pelos pés. Embora nenhum novo microrganismo seja introduzido nesta etapa, é de suma importância para a qualidade do produto final que os dedos de borracha do depenador sejam eficazmente higienizados e desinfetados no final da produção.

- Lavagem — etapa prévia à evisceração. As aves sofrem a lavagem em chuveiros de aspersão sob adequada pressão para a remoção de penas que tenham permanecido aderidas à pele e para a remoção de material contaminante superficial.

- Evisceração — inicia-se com o corte da cloaca, seguido pela abertura do abdome com a exposição das vísceras. A retirada das vísceras é realizada na seguinte ordem: glândula uropígea, traqueia, cloaca, vísceras não comestíveis, vísceras comestíveis (moela, coração e fígado) e pulmões. Lembrando que não é permitida a retirada de órgãos ou partes da carcaça antes da realização da inspeção *post-mortem*. Nesta etapa pode ocorrer uma contaminação adicional na carcaça, em consequência do extravasamento do conteúdo intestinal das aves.

- As operações de retirada das vísceras comestíveis e não comestíveis deve ser realizada de forma mecanizada com acompanhamento técnico capacitado. A velocidade da linha de produção também deve ser controlada, de forma a permitir o correto emprego das técnicas de evisceração e a não ruptura dos intestinos no processo com consequente contaminação da carcaça.

- Lavagem — após a evisceração, as carcaças são novamente lavadas para diminuir a contaminação da etapa anterior. Este processo deve ocorrer o mais prontamente possível para evitar a aderência da contaminação, tanto na superfície externa da carcaça quanto na cavidade abdominal.

- Resfriamento — as aves são pré-resfriadas e, em seguida, resfriadas, devendo as carcaças, ao final do processo, estar a uma temperatura não superior a 7°C. Para minimizar a contaminação cruzada entre as carcaças, decorrente do processo de abate, a imersão deve ocorrer em fluxo contínuo, contracorrente e em quantidade suficiente, sendo renovado 1,5 litro de água por carcaça (carcaças com peso entre 2,5 e 5 kg); a temperatura máxima da água não deve ultrapassar 16°C para o pré-*chiller*, e 4°C para o *chiller;* o nível de cloro nos tanques não deve ultrapassar 5 ppm.

- A água absorvida, decorrente desse processo, é escorrida na etapa de gotejamento. As carcaças são suspensas pelas asas ou pelo pescoço, devendo a quantidade de água presente não ultrapassar o limite de 8% do peso total final.

- Para tanto, utiliza-se uma técnica para quantificar a água resultante do descongelamento de carcaças congeladas que é conhecida como gotejamento ou *dripping test.* Este teste determina o valor real do teor de líquido perdido por degelo das carcaças de aves. O limite legal é de 6% de água absorvida, considerando o peso total da carcaça.

- Embalagem — as aves são classificadas em frangos inteiros ou em cortes e são embaladas conforme regulamentação específica. Se esta etapa acontecer dentro dos padrões de higiene, a probabilidade de comprometimento da segurança e qualidade do produto final é muito pequena.

Causas relacionadas à perda da qualidade do produto

É possível separar essas causas nos seguintes grupos:

- Carne de frango com qualidade no processo de abate (hematomas, defeitos).
- Carne de frango com qualidade no processamento pós-abate (fraudes).
- Carne de frango com qualidade microbiológica.

Carne de frango com qualidade no processo de abate

Do ponto de vista do processo para obtenção da carne de frango, é possível identificar alguns pontos-chave, em que qualquer falha acarreta perda da qualidade do produto, seja sob aspecto de perda de produtividade ou de perda de características desejáveis no produto, como: aparecimento de fraturas, hematomas e carnes com alterações na textura, maciez e cor.

Essas ocorrências diminuem o aproveitamento total das carcaças, uma vez que partes deverão ser removidas e descartadas ou deverão ser encaminhadas para a produção de produtos derivados, havendo, inclusive, a impossibilidade de uso destes produtos alterados para essa finalidade. Quando se discute qualidade sob um enfoque mais amplo, conclui-se que até mesmo a produtividade reduzida é um parâmetro de avaliação de qualidade.

O manejo pré-abate tem influência significativa na qualidade da carne, uma vez que a bioquímica do músculo de um animal estressado pode conferir características indesejáveis à carne, por meio do abaixamento indevido do pH ao final do processo de conversão do músculo em carne. A carne de aves pode apresentar alterações que são consideradas defeitos, podendo ser de dois tipos.

- Carne DFD (*dark, firm and dry*: escura, firme e seca): carne com essas características costumam ter pH mais elevado que o normal, em geral maior que 6, sendo, portanto, mais suscetíveis ao ataque de bactérias. Além disso, apesar da expressão seca, a carne DFD na verdade possui menor perda de água, pois tem água ligada às proteínas, sem que fiquem livres na superfície. O aparecimento de carne com essas características está associado a situações crônicas de estresse, ou seja, que ocorreram ao longo da vida do animal, como: exaustão durante o transporte, temperaturas ambientais extremas (frias ou quentes), falta de alimentação, comportamento agressivo ou medo. Dessa forma, os níveis de glicogênio no músculo encontram-se, constantemente, esgotados, não sendo possível produzir uma quantidade suficiente de ácido láctico, impedindo a adequada queda do pH. Esse fenômeno é mais comumente observado em carnes bovinas e, também, em suínas.

- Carne PSE (*pale, soft, exsudative*: carne pálida, mole e exsudativa): possui pH abaixo do normal e apresenta alto teor de exsudato, em virtude da baixa capacidade de retenção de água. O aparecimento de carne PSE está diretamente associado a situações de estresse que ocorreram imediatamente antes do abate, como: transporte e pendura. O animal esgota suas reservas de glicogênio nessas etapas e durante o abate inicia a fermentação aeróbica com produção de ácido láctico muito rapidamente. O valor baixo de pH faz que a instalação do *rigor mortis* se antecipe e ocorra antes mesmo do adequado resfriamento da carcaça. A queda do pH em alta temperatura promove a desnaturação de proteínas, conferindo coloração pálida, característica da carne PSE. O manejo adequado durante as etapas de pré-abate pode minimizar a ocorrência de carnes com essa característica.

Outras ocorrências que promovem perda de produto

Partes da carcaça contendo contusões e fraturas, principalmente nas coxas e peito, são características encontradas durante a inspeção das aves, na fase de evisceração. As partes com tais alterações não devem ser destinadas ao consumo, sendo destacadas da carcaça e descartadas. A carcaça deve ser encaminhada à desossa para que as demais partes sejam aproveitadas, havendo, de qualquer forma, perda de parte da carcaça. Essas ocorrências são decorrentes do mau manejo nas etapas de pré-abate e abate, particularmente nas etapas de apanha, transporte e pendura.

Qualidade da carcaça: prevenção de fraudes

Por motivos diversos (aumentar o valor da mercadoria, diminuir as perdas econômicas, evitar o desperdício), as fraudes são realizadas por produtores sem escrúpulos, ou podem ocorrer por falta de conhecimento técnico sobre o assunto. No que se refere à carne de frango, a principal fraude consiste em aumentar o peso da carcaça, por meio da adição (ou não remoção do excesso) de água. Esse procedimento acontece nas etapas de pré-resfriamento da carcaça, que ocorrem em tanques coletivos tipo rosca sem fim, denominados *chiller*. Estes tanques contêm água fria, em que as aves são movimentadas para promover o abaixamento da temperatura. Algumas características desse processo, como o borbulhamento da água (pela injeção de ar no sistema), o tempo de permanência das carcaças, a temperatura da água e o corte abdominal fazem com que a carcaça absorva água, aumentando seu peso final. Uma vez que há perda de água durante o processo, há permissão legal de absorção de até 8% de peso. Outra fraude frequente diz respeito à inserção de outros cortes, diferentes daqueles indicados no rótulo, ou produtos com imperfeições tecnológicas; e a venda de miúdos no frango inteiro em quantidade supranumerária.

Após a etapa de resfriamento todas as carcaças devem ser submetidas ao chamado gotejamento, no qual as peças ficam penduradas até que o excedente de água seja perdido.

A Portaria 210 de 1998 descreve essa etapa e, também, o controle a ser realizado, denominado método de controle interno. Algumas peças são identificadas, antes de serem colocadas no sistema, faz-se a pesagem destas e, ao final do processo de pré-resfriamento e gotejamento, pesa-se novamente o produto, avaliando se está havendo absorção maior do que o permitido. Em caso positivo, as características do processo (turbilhonamento, temperatura e tempo de permanência no *chiller*, bem como o tempo de gotejamento) devem ser alteradas.

Além desse controle, existe o chamado método de *dripping test* ou gotejamento, feito com carcaças submetidas ao congelamento; estas são pesadas, antes e depois do processo de descongelamento, a fim de avaliar se houve absorção excessiva durante o pré-resfriamento. A quantidade média de água resultante do descongelamento não pode ser superior a 6%.

Aspectos da qualidade microbiológica do frango

Nos dias atuais, o consumidor tem buscado produtos com qualidade superior. A mídia tem permitido o acesso à informação sobre alimentação saudável e segurança dos alimentos. O risco de intoxicações alimentares pelo consumo de carnes é conhecido pela população. Ao mesmo tempo, aves doentes diminuem a produtividade, uma vez que apresentam carcaças de baixo peso e com características alteradas, não sendo, portanto, uma ocorrência desejável sob nenhum ponto de vista.

A carne de aves está frequentemente relacionada a casos de doenças veiculadas por alimentos (DVAs) de origem bacteriana. Dentre elas, podem-se citar as *Salmonella* spp., que estão presentes em cerca de 5% das carnes suínas e de aves e os *Campylobacter* spp., que são encontrados em 40 a 90% das carcaças de aves. Assim, Little et al. (2008) estudaram 1.795 amostras de carnes de aves, coletadas de 75 pontos de venda distribuídos pelo Reino Unido, entre os anos de 2003 e 2005. Detectaram *Campylobacter* spp. em 57,3% (1.206) das amostras e *Salmonella* spp. em 6,6% (138), sendo que em 70% das amostras, as duas bactérias foram detectadas. Em estudo realizado por Tavechio et al. (2002), com a análise de amostras de materiais não humanos contaminados por *Salmonella* spp., no estado de São Paulo, no período de 1996 a 2000, constatou-se que das 4.581 amostras analisadas, 32,7% continham o sorotipo *Salmonella enteritidis*, sendo 92% isolados de produtos derivados da carne de aves.

A *Salmonella enteritidis* começou a se disseminar no Brasil em 1993, quando passou a ser, frequentemente, isolada de produtos de carne de aves. Essa bactéria Gram-negativa da família das *Enterobacteriacea* está presente no intestino de aves e mamíferos. Algumas etapas do abate propiciam a troca de resíduos intestinais entre um animal e outro.

- Escalda: nesta fase, as aves possuem alto grau de contaminação em suas penas, pele e patas, sendo o tanque coletivo um local que propicia a troca de contaminação entre um animal e outro.
- Evisceração: após a escalda e depenagem, as aves são submetidas à evisceração. Nesta etapa pode haver extravasamento do conteúdo intestinal, com posterior contaminação da carcaça.

- Pré-resfriamento: as aves evisceradas são resfriadas a partir da colocação destas em um tanque coletivo com água fria, conforme explicado anteriormente neste capítulo. A troca de contaminações entre os animais, por meio da água, mais uma vez é favorecida.

Salienta-se que existem outros métodos de escalda e pré-resfriamento dos animais, sem o uso de sistemas coletivos, como: a escalda em túnel de vapor de água e o *chiller* em túnel de resfriamento, porém, não são ainda muito utilizados no Brasil.

Dados epidemiológicos de países do norte da Europa e dos Estados Unidos da América (EUA) destacam o crescimento do envolvimento de *Campylobacter* spp. em DTAs, sendo a grande maioria dos animais de abate portadora desse microrganismo em suas fezes, chegando a uma prevalência em cultura fecal de aves de 30 a 100%. A bactéria emergente *Campylobactrer jejuni* tem sido relatada como uma das causas de intoxicação alimentar veiculada pela carne de frango. Trata-se de uma bactéria Gram-negativa presente no intestino dos animais de abate e até mesmo em moscas, que podem disseminar esse patógeno. A prevalência em cultura fecal de aves é de 30 a 100%.

A ocorrência, no Brasil, não é adequadamente notificada, porém, dados da União Europeia demonstram que esse agente é responsável por quadros de doença diarreica bacteriana, mais do que a *Shigella* e *Salmonella* juntas. Cerca de 2,4 milhões de pessoas por ano são acometidas pela campilobacteriose. A doença tem um quadro característico de intoxicação alimentar (febre, náusea, diarreia), porém, podem ocorrer complicações raras, como a síndrome de Guillain-Barré, meningite, colite, colecistite e aborto séptico (FDA, 2012).

Cortes comerciais de carne de aves

A carne de aves pode ser comercializada resfriada ou congelada, inteira ou em pedaços, ou sob a forma de produtos semipreparados. Os cortes encontrados são: coxas, sobrecoxas, peito, drumete ou coxinha da asa, asas e dorso ou carcaça. Os miúdos, pés, pescoço e dorso são comercializados separados ou juntamente com as carcaças inteiras.

A figura a seguir mostra, esquematicamente, alguns dos cortes mencionados.

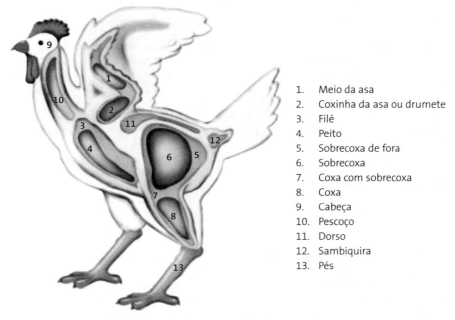

Figura 3.2. Cortes comerciais de carne de ave.
Fonte: Adaptado de http://www.segalas.com.br/curiosidades/corte_frango.asp.

1. Meio da asa
2. Coxinha da asa ou drumete
3. Filé
4. Peito
5. Sobrecoxa de fora
6. Sobrecoxa
7. Coxa com sobrecoxa
8. Coxa
9. Cabeça
10. Pescoço
11. Dorso
12. Sambiquira
13. Pés

Considerações finais

É importante que todos os envolvidos na cadeia de produção da carne de aves, inclusive aqueles que estão na fase de comercialização, conheçam as etapas de processamento e suas implicações no produto final e saibam quais controles devem ser comprovados para garantir a entrega e o consumo de uma carne de qualidade.

Referências

ANDREWS, W.H.; HAMMACK, T.S. Salmonella. Food and Drug Administration. *Bacterial Analitical Manual. Revision A.* 8.ed. Arlington: AOAC International, 2003, p.501-19.

BAUEMIER, A.J.; HARGIS, B.M.; TSOLIS, R.M. Tracing the origins of Salmonella outbreaks. *Science,* n. 287, p. 50-2, 2000.

BRASIL. Ministério da Agricultura, Pecuária e Abastecimento. Portaria n. 210, de 10 de novembro de 1998. Regulamento técnico da inspeção tecnológica e higiênico-sanitária de carnes de aves. *Diário Oficial da União.* 26 nov. 1998; Seção 1:226.

BRASIL. Campilobacter, campilobacteriose. *Boletim das Doenças Transmitidas por Alimentos*, 2003. Disponível em: http://www.cve.saude.sp.gov.br/htm/hidrica/CAMPYLOBACTER.htm. Acessado em: 10 jul. 2011.

BRASIL. Instrução Normativa n. 78, de 3 de novembro de 2003, Normas Técnicas para Controle e Certificação de Núcleos e Estabelecimentos Avícolas como livres de *Salmonella gallinarum* e de *Salmonella pullorum* e Livres ou Controlados para *Salmonella enteritidis* e para *Salmonella typhimurium*.

CAPITA, R.; ALONSO-CALLEJA, C.; GARCIA-LINARES, M.C.; MORENO, B.; GARCIA-FERNÁNDEZ, M.C. Salmonella y salmonelosis humana. *Alimentaria*, n. 313, p. 91-8, 2000.

CORRY, J.L.E.; ALLEN, V.M.; HUDSON, W.R.; BRESLIN, M.F.; DAVIES, R.H. Sources of salmonella on broiler carcasses during transportation and processing: modes of contamination and methods of control. *Journal of Applied Microbiology*, n. 92, p. 424-32, 2002.

[FDA] FOOD AND DRUG ADMINISTRATION. *Bad bug book foodborne pathogenic microorganism and natural toxins*. 2.ed. Disponível em:http://www.fds.gov/downloads/Food/FoodSafety/FoodborneIllness/FoodborneIllnessFoodbornePathogensNaturalToxins/BadBugBook/UCM297627.pdf. Acessado em: 10 jun. 2012.

FLETCHER, D.L. Poultry Meat Quality. *World´s Poultry Science Journal Ithaca*, v.58, n. 2, p.131-45, 2002.

GOMIDE, L.A.M.; RAMOS, E.M.; FONTES, P.R. *Tecnologia de abate e tipificação de carcaças*. 22. ed. Viçosa: UFV, 2006. 370p.

LEITÃO, M.F.F. Qualidade e segurança alimentar em produtos avícolas. *Anais da Confererência Apinco de Ciência e Tecnologia Avícolas*. Campinas, 2001, p. 181-90.

LITTLE, C.L.; RICHARDSON, J.F.; OWEN, R.J.; PINNA, E; THREFALL, E.J. Prevalence, characterisation and antimicrobial resistance of *Campylobacter* and *Salmonella* in raw poultrymeat in the UK, 2003-2005. *Int J Environ Health Res.*, v. 18, n. 6, p. 403-14, 2008.

MENNUCCI, T.A. *Avaliação dos riscos à saúde proporcionados pelo abate clandestino de aves em avícolas*. São Paulo, 2006. Trabalho monográfico do curso de pós-graduação *latu sensu* em Higiene e Inspeção de Produtos de Origem Animal e Vigilância Sanitária de Alimentos. Universidade Castelo Branco.

MIKOLAJCZYK, A.; RADKOWSKI, M. Salmonella spp on chicken carcasses in processing plants in Poland. *Journal of Food Protection*, v. 65, n. 9, p. 1475-9, 2002.

MULDER, R.W.A.W. European directives to regulate food safety. *World Poult Sci J*, n.15, p. 50-1, 1999.

ORDÓ — EZ, J.A. *Tecnologia de alimentos: alimentos de origem animal*. v.2. Porto Alegre: Artmed, 2005. 279p.

REITER, M.G.R.; BUENO, C.M.M.; LÓPEZ, C.; JORDANO, R. Occurrence of Campylobacter and Listeria monocytogenes in a poultry processing plant. *J Food Prot*, v. 68, n. 9, p.1903-6, 2005.

SHIMOKOMAKI, M.; OLIVO, R.; TERRA, N.N.; FRANCO, B.D.G.M. *Atualidades em ciência e tecnologia de carnes*. São Paulo: Varella, 2006. 236p.

TAVECHIO, A.T.; GHILARDI, A.C.; PERESI, J.T.; FUZIHARA, T.O.;YONAMINE, E.K.; JAKABI, M.; et al. Salmonella serotypes isolated from nonhuman sources in São Paulo, Brazil, from 1996 though 2000. *Journal of Food Protection*, v. 65, n. 6, p. 1041-4, 2002.

4

Qualidade das matérias-primas de origem animal: ovos

Maria Izabel Simões Germano
Cássia Neves Martins
Maria Roberta Felizardo
Pedro Manuel Leal Germano

Introdução

O mercado de ovos para consumo e processados movimenta milhões nas economias dos países produtores e, em especial no Brasil, a criação avícola, além de gerar emprego e renda para os setores produtivos, tem repercussão bastante favorável para a balança comercial.

A demanda crescente do setor avícola, na área da produção de ovos, torna fundamental a aplicação dos sistemas de gestão de qualidade (boas práticas – BPs, procedimentos operacionais padronizados – POPs, análise de perigos e pontos críticos de controle – APPCC, entre outros), a qual objetiva a sanidade dos produtos, obedecendo às exigências legais para sua produção, tanto para o mercado interno quanto para o de exportação.

A avicultura de postura brasileira, em 2010, movimentou aproximadamente US$ 3 bilhões, provenientes da produção de 3.800 avicultores e responsáveis por cerca de 38,2 bilhões de unidades de ovos, constituindo produto de importância para o agronegócio do país. Por outro lado, dados do Ministério de Desenvolvimento, Indústria e Comércio Exterior revelaram que o Brasil, em 2008, exportou mais de 33 mil toneladas de ovos de galinha, em casca e refrigerados.

A relevância da produção de ovos, do ponto de vista econômico, é indiscutível em termos mundiais, mas, do ponto de vista da saúde, também ocupa lugar de destaque, pois constitui um dos alimentos mais completos para a alimentação humana, uma vez que os ovos apresentam na sua composição proteína de excelente valor biológico, a qual reúne a maior parte dos aminoácidos essenciais, vitaminas, minerais e ácidos graxos. Além de todas as vantagens nutricionais, ainda constituem fonte de proteína de baixo custo, podendo contribuir para melhorar a dieta, notadamente das populações de baixa renda.

Características dos ovos

Um ovo de galinha possui de 120 a 200 mg de colesterol, conforme o peso. Pessoas saudáveis podem consumir um ovo por dia, sempre atentas ao limite de ingestão diária total de colesterol, que não deve ultrapassar 300 mg, segundo recomendações da American Heart Association. A integridade da casca tem grande influência na qualidade do ovo, sendo um dos fatores que mais têm preocupado os produtores, principalmente quando se explora a produção de ovos por mais de um ciclo de postura.

A espessura da casca pode variar por vários fatores, entre eles a hereditariedade, uma vez que algumas famílias ou linhagens de aves produzem ovos com casca mais grossa que outras. O nível nutricional da galinha poedeira também interfere, pois a casca do ovo é formada, sobretudo, de carbonato de cálcio e, uma deficiência desse elemento pode resultar em ovos de casca mole ou fina. A redução de magnésio e fósforo provoca a mesma situação.

De acordo com o Regulamento da Inspeção Industrial e Sanitária de Produtos de Origem Animal (Riispoa), os ovos são classificados em: extra, especial, primeira qualidade, segunda qualidade e terceira qualidade. Todos os ovos devem: ser uniformes, íntegros, limpos e de casca lisa; possuir gema translúcida, firme, consistente, ocupando a parte central do ovo e sem germe envolvido; ter clara transparente, consistente, límpida, sem manchas ou turvação e com calazas (ou chalazas) intactas – estruturas encontradas nos polos dos ovos, sob a forma de cordões em espiral que têm a função de centralizar a gema, mantendo-a suspensa no albume, conforme a figura a seguir.

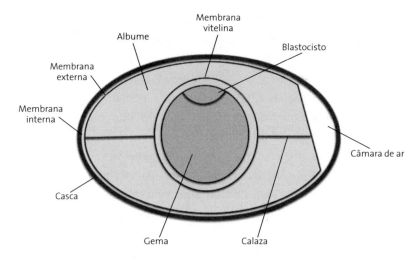

Figura 4.1   Estrutura do ovo.
Fonte: Adaptada de http://professor.bio.br/provas_questoes.asp?section=Embriologia.

Fatores de contaminação dos ovos

Entre os prováveis meios de contaminação dos ovos estão as galinhas poedeiras, que atuam como portadoras de patógenos que se desenvolvem no folículo ovariano, propiciando a postura de ovos contaminados. Outra forma importante de contaminação refere-se ao contato das cascas dos ovos com as fezes das aves, no momento da postura ou no próprio ninho, além da questão do manuseio sob condições inadequadas. Os ovos podem, igualmente, se contaminar pela via transovariana, a denominada transmissão vertical. Nesse caso, a contaminação está localizada na gema e os processos convencionais de desinfecção dos ovos não são eficientes. A clara, geralmente, apresenta-se com baixa contaminação por salmonelas, pois contém elementos naturais que dificultam seu desenvolvimento, como a presença de enzimas antimicrobianas e a deficiência em ferro, elemento essencial para a multiplicação bacteriana. Mas a manipulação da clara em determinados pratos culinários pode romper esse equilíbrio e favorecer a multiplicação de salmonelas.

Estas, por seu alto teor de umidade e alta porcentagem de proteína, constituem um dos micro-organismos mais importantes transmitidos pelos ovos, notadamente nas preparações em que são utilizados ovos crus, como na gemada, na musse de chocolate, no *tiramisu*, nos sorvetes, no *steak tartare*, nos molhos para salada e, particularmente, na maionese artesanal. Sabe-se que essa bactéria é de distribuição mundial e a maior disseminação de agentes verifica-se nas aves e nos suínos.

Por outro lado, rações à base de cereais, especialmente milho e sorgo, contaminadas com micotoxinas, produzidas por fungos, podem comprometer a postura e a qualidade dos ovos.

Com o objetivo de reduzir os perigos causados pelo consumo de ovos, a Agência Nacional de Vigilância Sanitária (Anvisa) propôs normas para comercialização de ovos, em consequência da contaminação por *Salmonella*. Incluiu nos rótulos as seguintes informações:

- "O consumo desse alimento cru ou mal cozido pode causar danos à saúde".
- "Mantenha os ovos preferencialmente refrigerados".

Ovos como fontes de contaminação

Os ovos podem ser contaminados em decorrência de condições desfavoráveis de venda e manipulação. Assim, um estudo realizado por Andrade et al. (2004) com 660 ovos comerciais evidenciou: *Escherichia coli* em 195; *Proteus* em 175; *Enterobacter aerogenes* em 130; *Pseudomonas aeruginosa* em 97; e *Salmonella* em 14. Nesse último grupo, foram detectados 5 sorovares de *S. typhimurium*, 4 de *S. pullorum*, 3 de *S. enteritidis* e 2 de *S. montevideo*.

Pesquisas citadas por esses autores, realizadas com ovos de poedeiras comerciais oriundos de granjas e supermercados, revelaram *Klebsiella, Escherichia coli, Citrobacter, Staphylococcus, Enterobacter, Serratia* e *Shigella*; outros trabalhos similares com ovos de granjas identificaram *Staphylococcus aureus* (30,42%), *Enterobacter cloacae* (9,89%), *E. coli* (7,60%) e *Pseudomonas* (1,52%), nas amostras analisadas; além de pesquisas em que se encontraram: *Alcaligenes, Flavobacterium, Bacillus, Proteus, Pseudomonas, E. coli* e *Staphylococcus*, entre outros micro-organismos.

Investigações recentes de surtos de toxinfecções alimentares, segundo Cardoso et al. (2007), ocorridos em diferentes regiões do Brasil, sobre a ocorrência de salmonelas em diferentes alimentos, mostraram que *Salmonella enteritidis* é, atualmente, o principal sorotipo causador de salmoneloses e o mais prevalente em produtos de frangos. De acordo com dados de diferentes fontes, referenciadas até 1998, no Brasil, nos últimos cinco anos foram registrados 749 surtos de infecção pela bactéria, só no Distrito Federal, enquanto a Secretaria de Vigilância em Saúde do Ministério da Saúde, no mesmo período, fornece dados dos surtos por agentes mais frequentes, em que a salmonelose surgiu em primeiro lugar com 42,2% dos casos.

Vale destacar que os surtos por bactérias ocorrem com maior frequência em refeições preparadas em domicílios, seguidos daqueles observados em restaurantes e refeitórios industriais. A infectologista Maria Cláudia Stockler de Almeida, do Hospital das Clínicas da Faculdade de Medicina da Universidade de São Paulo, afirmou que, em relação aos surtos de diarreia observados clinicamente, 80% são devidos à ingestão de alimentos contaminados.

Comércio varejista de ovos *in natura*

Feiras livres, supermercados, padarias, sacolões e açougues são estabelecimentos que servem de ponto para comercialização de ovos.

Nas feiras livres, em geral, apesar dos feirantes terem adquirido os ovos em granja inspecionada, fato percebido pelas caixas de ovos que contêm carimbo do Serviço de Inspeção Federal (SIF) do Ministério da Agricultura, Pecuária e Abastecimento (Mapa) e data de validade, essas informações não são continuadas ao consumidor final.

Apesar de legalizado, esse tipo de comércio de alimentos, nas ruas, apresenta algumas deficiências: ambiente com acúmulo de sujidades, micro-organismos e habitação (ou passagem) de vários tipos de pragas. As caixas de ovos, invariavelmente, permanecem armazenadas sobre as calçadas. Na maioria das vezes, os funcionários da barraca que manipulam os produtos (organização e embalagem) executam a cobrança. Além do que, nesse tipo de comércio, não há como higienizar as mãos com uma frequência segura para diminuir os riscos de contaminação.

Não obstante a ausência de legislação que obrigue a comercialização de ovos em temperaturas controladas, a situação observada é inadequada, em virtude da incidência de sol sobre o produto.

Nos supermercados, a identificação de origem e o prazo de validade são informados na embalagem oferecida ao consumidor em todos os estabelecimentos; supõe-se que em razão da maior exigência dos clientes, ou à ação da fiscalização, mesmo nos locais que comercializam marca própria.

Nesses estabelecimentos, apesar da situação variar entre os diferentes supermercados, as condições de limpeza, tanto do ambiente quanto da estrutura, em geral são melhores, sobretudo nos locais que têm implantados os sistemas da qualidade, como BPs e POPs.

Outros estabelecimentos, como os denominados sacolões – estabelecimentos dedicados originalmente à comercialização de frutas, legumes e verduras (FLV), também comercializam ovos e com frequência apresentam condições semelhantes aos supermercados.

Por outro lado, as padarias – estabelecimentos comerciais dedicados originalmente à produção e comercialização de pães, bolachas, biscoitos e similares –, também se dedicam à venda de secos e molhados, aproximando-se de mercearias e pequenos supermercados, comercializam ovos com identificação de origem e prazo de validade, em embalagens de papelão. Em virtude da falta de espaço nesses locais, por causa da variedade de produtos e do nível de improvisação na tentativa, nem sempre bem-sucedida, de ampliar as instalações prejudicam as condições de estrutura e possibilitam a promiscuidade entre mercadorias, sobretudo nas proximidades das máquinas de cortar frios e empilhamento de outros produtos diretamente sobre os ovos.

O açougue ou casa de carnes, estabelecimento dedicado ao comércio de produtos de origem animal, mais especificamente carnes de diferentes espécies, sobretudo bovinas, suínas e avícolas, entre outras, também vendem ovos em embalagens de papelão com identificação de origem e prazo de validade. Contudo, não constitui o local mais apropriado para comercialização de ovos, pela proximidade de carnes *in natura* expostas no mesmo ambiente. Por outro lado, deve-se considerar que os funcionários que manipulam as carnes expostas à venda são os mesmos que têm de organizar a bancada de comercialização de ovos, podendo contribuir para a ocorrência de contaminações.

Legislação

Os documentos de ordem legal, de maior relevância, que subsidiam a gestão do agronegócio de ovos, concernentes à produção, armazenamento, processamento e comercialização de aves e ovos, iniciaram-se em 1952, com a publicação no Diário Oficial da União do Riispoa (Regulamento da Inspeção Industrial e Sanitária de Produtos de Origem Animal), para regular, em todo o território nacional, a inspeção industrial e sanitária de produtos de origem animal. Em 1965, por meio de decreto, foram aprovadas as novas especificações para a classificação e fiscalização do ovo e, em 1991, a Coordenação-Geral de Inspeção de Produtos de Origem Animal (Cipoa) resolveu baixar padrões de identidade e qualidade para 26 produtos, dos quais se destacavam ovo integral, gema, ovo em natureza, clara e misturas de produtos de ovo.

Em 2009, uma Resolução da Diretoria Colegiada (RDC) da Anvisa dispôs sobre a obrigatoriedade de instruções de conservação e consumo na rotulagem de ovos, destacando, entre outras, a designação correta do produto, classificação de fabricação e prazo de validade, declarados expressamente.

Assim, o poder público federal promulgou documentos básicos de ordem legal sobre ovos, os quais possibilitaram às esferas estaduais e municipais acompanhar o preceituado nessas legislações e complementá-las de acordo com as realidades locais, sempre objetivando a saúde dos consumidores.

Considerações finais

Pelo porte e importância da avicultura brasileira – especialmente aquela dedicada à postura de ovos, tanto para o próprio país quanto para o fornecimento no âmbito global –, sua gestão exige a união de todo o setor, constituído não só pelas entidades representativas, mas também por produtores, pesquisadores e técnicos, na melhoria das condições de comercialização para garantir a saúde da população.

Qualquer que seja o tipo de estabelecimento que pretenda dedicar-se à comercialização de ovos, deve aplicar as BPs a fim de assegurar a inocuidade das matérias-primas comercializadas, incluindo-se os ovos.

Por outro lado, é preocupante o desconhecimento do consumidor, sobretudo daquele que adquire produtos na feira livre. Devem-se salientar, igualmente, os hábitos alimentares dos consumidores, que podem dar preferência pelo preparo de receitas que constituem um alto risco para sua saúde.

Faz-se necessário implementar intervenções educativas, mediante campanhas ou mensagens na mídia, que possam contribuir para evitar os perigos relacionados ao consumo de ovos, tanto do ponto de vista nutricional quanto da inocuidade do produto. Cabe às vigilâncias sanitárias zelarem pelo cumprimento da legislação, mediante fiscalização e esclarecimento aos comerciantes em geral.

Referências

ANDRADE, M.A.; CAFÉ, M.B.; JAYME, V.S.; ROCHA, P.T.; LEANDRO, N.S.M.; STRINGHINI, J.H. Avaliação da qualidade bacteriológica de ovos de galinha comercializados em Goiânia, Goiás, Brasil. *Ciência Animal Brasileira*. v.5, n.4, p.221-8, out./dez. 2004.

BOTTURA, J.R. Os desafios da produção nacional de ovos. *Dinheiro Rural*, julho 2011. Disponível em: http://www.terra.com.br/revistadinheirorural/edicoes/81/artigo225890-1.htm. Acessado em 26 ago. 2011.

BRASIL. Ministério de Estado de Negócios da Agricultura. *Decreto n. 56.585 de 20 de julho de 1965*, publicado no DOU em 22.07.1965. Aprova as novas especificações para a classificação e fiscalização do ovo. Disponível em: http://www.cda.sp.gov.br/www/legislacoes/?row=18#. Acessado em 14 dez. 2011.

BRASIL. Ministério da Agricultura. *Resolução n. 005 de 05 de julho de 1991*, Cipoa – Coordenação-Geral de Inspeção de Produtos de Origem Animal. Disponível em: http://www.cidasc.sc.gov.br/html/servico_animal/Inspecao%20Animal/ORIENTA%C7%D5ES%20SOBRE%20ROTULAGEM/OVOS%20E%20DERIVADOS/PORTARIA%20MAPA%2001_90_normas%20gerais%20inspe%E7%E3o%20ovos%20e%20derivados.pdf. Acessado em 14 dez. 2011.

BRASIL. Ministério da Agricultura, Pecuária e Abastecimento. Departamento Nacional de Inspeção de Produtos de Origem Animal. *Regulamento de Inspeção Industrial e Sanitária de Produtos de Origem Animal – Riispoa*. Aprovado pelo Decreto n. 30691 de 29/03/1952, alterado pelo Decreto n. 1255 de 25/06/1962. Brasília, 1997.

BRASIL. Agência Nacional de Vigilância Sanitária. *Notícias da Anvisa* – Propõe normas para embalagem de ovos. Disponível em: http://www.anvisa.gov.br/DIVULGA/NOTICIAS/2008/291008.htm. Acessado em: 11 mar. 2009.

BRASIL. Agência Nacional de Vigilância Sanitária. *Resolução RDC n. 35, de 17 de junho de 2009*, publicada no DOU de 18 de junho de 2009. Dispõe sobre a obrigatoriedade de instruções de conservação e consumo na rotulagem de ovos.

CARDOSO, A.L.S.P.; TESSARI, E.N.C.; STOPPA, G.F.Z.; CASTRO, A.G.M.; KANASHIRO, A.M.I.; LUCIANO, R.L. Pesquisa de *Salmonella* spp em ovos comerciais. *Higiene Alimentar*. v.21, n.156, p.112-5, 2007.

[CEBES] CENTRO BRASILEIRO DE ESTUDOS DE SAÚDE. Anvisa publica Consulta Pública sobre rotulagem de ovos. 2007. Disponível em http://www.cebes.org.br/default.asp?site_Acao=mostraPagina&paginaId=100>. Acessado em: 20 jun. 2009.

GERMANO, P.M.L.; GERMANO, M.I.S. Agentes bacterianos de toxinfecções. In: GERMANO, P.M.L.; GERMANO, M.I.S. *Higiene e vigilância sanitária de alimentos*. 4.ed. Barueri: Manole, 2011.

OLIVEIRA, D.D.; SILVA, E.S. Salmonela em ovos comerciais: ocorrência, condições de armazenamento e desinfecção da casca. *Arquivo Brasileiro de Medicina Veterinária e Zootecnia*. v.52, p.655-61, 2000.

OLIVEIRA, M.F.M; SILVA, J.A.; BRITO, M.C.; COUTINHO, H.D.M. Aspectos da contaminação alimentar por *Salmonella*. *Higiene Alimentar*, v.21, n.148, p.47-54, 2007.

SILVEIRA, J. 25 perguntas sobre ovo. *Jornal Folha de São Paulo*, Caderno Equilíbrio, p.6-9, 5 de março de 2009.

SOBRINHO, J.K.; FONSECA, R.A. Análise econômica da produção de ovos de galinhas poedeiras no município de Toledo – PR. *Revista Eletrônica Lato Sensu*, ano 2, n.1, julho de 2007. ISSN 1980-6116. Disponível em: http://www.unicentro.br. Acessado em: 19 ago. 2011.

TERRA, C. Ovo, a proteína do 3º milênio. In: *Congresso de produção e consumo de ovos*. São Paulo, 1999. *Anais...* São Paulo: Associação Paulista de Avicultura, 1999, p.8-9.

TRINDADE, J.L.; NASCIMENTO, J.W.B.; FURTADO, D. Qualidade do ovo de galinhas poedeiras criadas em galpões no semiárido paraibano. *Revista Brasileira de Engenharia Agrícola e Ambiental*, v.11, n.6, p.652-7, 2007.

5

Qualidade das matérias-primas de origem animal: leite

Lívia de Andrade Rodrigues

Introdução

Neste capítulo serão abordados os micro-organismos que podem contaminar o leite e, inclusive, ter como consequência as toxinfecções, bem como os procedimentos tecnológicos desenvolvidos por indústrias que possuem a finalidade de garantir a qualidade no produto final. Serão mencionados, também, alguns dos diferentes tipos de leite que comumente estão presentes no mercado.

Microbiologia do leite

O leite é um alimento de importante valor nutritivo, uma vez que contém minerais, proteínas, lipídios, carboidratos (lactose) e vitaminas. Em consequência desses fatores, junto da alta atividade de água (A_w) e do pH próximo da neutralidade, o produto se torna um excelente substrato à multiplicação de micro-organismos. Alguns destes podem até mesmo ser adicionados pela indústria, com a finalidade de produzir derivados lácteos, como queijos, iogurtes, leites fermentados, entre outros. Porém, a excessiva multiplicação dos micro-organismos denominados deteriorantes pode tornar o produto impróprio ao consumo em razão da produção de sabor e odor ruins. No que se refere ao risco à saúde, os micro-organismos patogênicos, ao se multiplicarem no alimento, ao produzirem toxinas ou simplesmente por estarem presentes em determinada quantidade, podem causar as toxinfecções.

Micro-organismos deteriorantes

Os micro-organismos deteriorantes não têm a importância de causar doenças, mas de promover transformações físico-químicas e organolépticas no produto, dando origem a características sensoriais desagradáveis, interferindo nos processos de fermentação e redução da vida de prateleira.

Grande parte desses deteriorantes, presentes no leite cru (cerca de 10^2 a 10^4 UFC/mL) são oriundos dos canais do teto da vaca, do úbere, dos equipamentos e utensílios de ordenha.

Os psicrotróficos constituem o grupo de maior potencial de deterioração para o leite e derivados refrigerados (Fairbairn e Law, 1986). A ocorrência desses micro-organismos no leite cru é muito variável e depende das condições sob as quais o leite foi obtido e do seu tempo em temperatura de estocagem, após o processamento (Cousin, 1982). Normalmente, esse grupo representa cerca de um décimo da microbiota inicial do leite cru (Fairbairn e Law, 1986).

As *Pseudomonas, Flavobacterium* e *Alcaligenes* spp. são algumas das responsáveis pela deterioração dos produtos lácteos durante a estocagem sob refrigeração. Utilizam diversos mecanismos de deterioração, incluindo a produção de proteases e lipases termoestáveis que produzem aromas e sabores desagradáveis, mesmo após a destruição dos micro-organismos por meio da pasteurização.

Dentro do grupo dos mesófilos encontram-se as bactérias ácido-lácticas presentes naturalmente no leite, que também são consideradas micro-organismos úteis, por serem utilizadas como cultura *starter* (iniciadoras) na produção de fermentados. No entanto, quando há acelerada proliferação dessas bactérias, elas degradam grande parte da lactose presente no leite ou derivados, ocasionando alta produção de ácido láctico. Ainda dentro desse grupo de mesófilos, incluem-se os coliformes que também deterioram o produto por acidificação e estufamento (produzem gás). São utilizados como importantes indicadores de higiene no processamento do leite.

Micro-organismos patogênicos

Existe um grande número de agentes causadores de doenças infecciosas que podem ser transmitidas ao homem pelo leite. Micro-organismos termodúricos, produtores de esporos, como o *Bacillus* spp. e *Clostridium* spp., têm importância relacionada ao processo térmico, uma vez que seus esporos são resistentes à pasteurização e ao processo longa vida.

Há os micro-organismos tradicionalmente relatados, como *Mycobacterium bovis, Brucella abortus* e *Coxiella burnetii,* porém, existem os micro-organismos emergentes e de grande importância, como *Escherichia coli* O157:H7, *Listeria monocytogenes, Campylobacter jejuni, Yersinia enterocolitica* e *Staphylococcus aureus.*

Mycobacterium bovis

O *M. bovis* tem um amplo espectro de patogenicidade para as espécies domésticas e silvestres, principalmente bovinos e bubalinos, e pode participar da etiologia da tuberculose humana. A doença humana causada pelo *M. bovis* é, igualmente, denominada tuberculose zoonótica.

A tuberculose é uma das doenças infecciosas mais difundidas. O *Mycobacterium tuberculosis* é o principal causador da tuberculose humana, porém, não existem dados definidos quanto ao número de doentes que foram infectados por *M. bovis.* Há uma estimativa de que, em média, 5% dos casos de tuberculose humana sejam de origem bovina. Isso representaria cerca de 4.000 novos casos anuais.

A ingestão de leite cru contaminado constitui uma das principais formas de infecção humana pelo *M. bovis.* O animal infectado é capaz de eliminar o agente no leite mesmo antes de apresentar lesões mamárias. A contaminação natural máxima do leite por *M. bovis* pode chegar a 10^4 UFC/mL, mas como não apresenta alterações visíveis, fica difícil detectar a doença.

O controle da tuberculose está incluído no Programa Nacional de Controle e Erradicação da Brucelose e Tuberculose Animal (PNCEBT) do Ministério da Agricultura, Pecuária e Abastecimento (Mapa). Este programa objetiva descartar os animais positivos dos rebanhos.

Brucella abortus

Bactéria responsável por ocasionar abortos em fêmeas bovinas e bubalinas e gera também mastite intersticial crônica. É uma zoonose distribuída no mundo todo e sua transmissão pode ser por contato com animais infectados, bem como por tecidos provenientes de aborto ou por ingestão de leite cru.

Coxiella burnetii

A febre quaternária, causada pela *Coxiella burnetii*, é uma zoonose encontrada em todos os continentes e pode se manifestar com um amplo espectro clínico em humanos.

Os parâmetros de tempo e temperatura empregados no mundo foram definidos após estudos sobre a resistência térmica da *Coxiella burnetii* e do *Mycobacterium tuberculosis*.

Escherichia coli O157:H7

A *Escherichia coli* sorotipo O157:H7 é uma bactéria emergente, causa um quadro agudo de colite hemorrágica, por meio de uma toxina, provocando graves danos à mucosa intestinal. Aproximadamente 15% das infecções por *E. coli* O157:H7, principalmente em crianças menores de cinco anos e idosos, apresentam a síndrome hemolítica urêmica (SHU), caracterizada por destruição das células vermelhas sanguíneas e falência renal, podendo haver deterioração neurológica e insuficiência renal crônica. Além desse quadro, pode haver também o desenvolvimento de um quadro de púrpura trombocitopênica trombótica (PTT), caracterizada por anemia hemolítica microangiopática, trombocitopenia, insuficiência renal, febre e, frequentemente, manifestações neurológicas.

Nos Estados Unidos da América (EUA), estima-se anualmente a ocorrência de 73.000 casos de infecção, 2.100 hospitalizações e 61 casos fatais (letalidade de 3 a 5%). Na Argentina, a SHU em crianças menores de cinco anos é endêmica, porém, não há estudos que estabeleçam, ainda, uma nítida relação entre a síndrome, a bactéria e os alimentos. No Brasil, não há dados definidos que possam indicar a situação da síndrome.

Listeria monocytogenes

A listeriose causa gastrenterite e, em casos mais graves, septicemia, meningite e meningoencefalite. Os surtos são relativamente raros, porém, quando ocorrem, podem ser letais, principalmente em grupos de risco (idosos, recém-nascidos, gestantes e imunodeprimidos). A mortalidade pode chegar a 70% nos casos de meningite e 50% nos casos de septicemia, e ser maior que 80% em infecções perinatais-neonatais.

Há estimativas de que a *L. monocytogenes* esteja presente no intestino de 1 a 10% da população. É uma bactéria resistente a diversas situações ambientais, por isso pode ser encontrada em diversos tipos de alimentos, tanto crus como processados, bem como em diversos ambientes.

Leite e produtos lácteos, especialmente os queijos frescais, têm sido associados a surtos de listeriose. A contaminação dos queijos por *L. monocytogenes* tem sido associada principalmente ao leite usado na fabricação do produto (cru ou pasteurizado inadequadamente), ou aos equipamentos e utensílios utilizados no seu processamento.

Campylobacter jejuni

Nos países desenvolvidos, esse micro-organismo é considerado como emergente causador de enterites e diarreia. Em países como Canadá, EUA, Inglaterra e Suíça ocorreram surtos epidêmicos envolvendo o consumo de leite não pasteurizado ou de seus derivados produzidos com leite cru. No Brasil, é subdiagnosticada e subnotificada.

Seus principais sintomas são: diarreia (líquida ou com muco ou sangue), febre, dor abdominal, náusea, dor de cabeça e dores musculares. A maior parte das infecções é autolimitante.

Yersinia enterocolitica

É uma bactéria que reside em diversos ambientes, podendo ser encontrada em diferentes tipos de alimentos, dentre eles, o leite cru. A temperatura ótima de multiplicação é de 30 a 37°C, podendo se multiplicar sob refrigeração e sobreviver sob congelamento por até dezesseis meses no produto estocado. Apesar de poder ser encontrada em alimentos, são mais frequentes em animais, principalmente porcos.

É uma doença de rara ocorrência sendo mais comum no norte da Europa (Escandinávia) e no Japão, em comparação aos EUA.

Staphylococcus aureus

Os estafilococos estão presentes no ar, na água, no leite, nos equipamentos e nos utensílios de ordenha. No entanto, humanos e animais são os principais reservatórios deste agente. Colonizam as mucosas da nasofaringe e a pele de 30 a 60% das pessoas saudáveis. Essa média pode ser maior em pessoas que têm contato com doentes ou ambientes hospitalares.

As intoxicações humanas são decorrentes da ingestão de enterotoxinas termoestáveis (resistentes à pasteurização) produzidas nos alimentos. No caso do leite e seus derivados, a contaminação provém da má qualidade no processamento desses produtos. Vacas com mastite, por exemplo, eliminam grande quantidade de *S. aureus* no leite. Além disso, a própria demora no beneficiamento, com aumento da temperatura de conservação, contribui para a rápida multiplicação bacteriana.

O período de incubação é muito rápido, em torno de uma hora apresentam-se sinais de vômitos, náuseas e dores abdominais.

Bacillus cereus

O *Bacillus cereus* é uma bactéria que pode ser destruída durante a pasteurização, porém, suas células vegetativas, ao sofrerem um tratamento térmico, ativam os esporos que são altamente resistentes ao calor. Em condições adequadas, estes esporos germinam, levando à multiplicação de células vegetativas.

Esse micro-organismo é capaz de agir de duas formas distintas, de acordo com suas diferentes proteínas. A proteína termossensível é responsável pelo quadro diarreico (o esporo é ingerido e há produção da enterotoxina no intestino delgado), enquanto a proteína termorresistente, uma vez ingerida, provoca o quadro emético.

A presença de *B. cereus* no leite é decorrente tanto da resistência do micro-organismo ao tratamento térmico quanto da contaminação do alimento após o tratamento.

Métodos tecnológicos de tratamento e conservação utilizados pela indústria

Após a colheita do leite, este pode sofrer contaminações físicas, químicas e biológicas. No entanto, a maioria dos métodos de conservação objetiva a inibição da multiplicação de micro-organismos. Os procedimentos tecnológicos que previnem ou inibem esta multiplicação em produtos lácteos são: resfriamento, congelamento, acidificação, fermentação e utilização de conservantes. Os procedimentos que inativam os micro-organismos são: pasteurização, esterilização e irradiação. A maioria desses métodos se baseia em desestruturar um ambiente favorável à multiplicação de vírus, bolores, leveduras e bactérias.

Resfriamento

A prática de resfriar o leite, imediatamente após a ordenha, é fundamental na garantia da qualidade da matéria-prima, uma vez que o resfriamento do leite a 4°C (em menos de duas horas após o término da ordenha) inibe a multiplicação de micro-organismos presentes.

A forma mais eficiente para o resfriamento rápido do leite é o uso de tanques de expansão, pois apresentam ampla superfície de contato com o produto, além do agitador, favorecendo a rápida queda na temperatura. Em algumas propriedades ainda se utilizam resfriadores de imersão, nos quais os latões são imersos na água gelada. Porém, não oferecem a mesma eficiência em virtude da troca de calor ser muito mais lenta. Isso ocorre em consequência da não homogeneização do leite durante o resfriamento, ocasionando um resfriamento desigual, de forma a não inibir a multiplicação de micro-organismos na parte mais interna do latão. Para aumentar a eficiência no resfriamento, principalmente nos casos de grandes produções de leite, usam-se tanques de pré-resfriamento que otimizam a queda mais rápida da temperatura e a economia de energia.

Pasteurização

É um processo tecnológico aplicado ao leite, com o objetivo de evitar perigos à saúde pública decorrentes de micro-organismos patogênicos eventualmente presentes, promovendo mínimas modificações químicas, físicas, sensoriais e nutricionais. Alternativas a essa técnica são a bactofugação e a microfiltração. A primeira consiste em uma centrifugação realizada em centrífuga específica, hermética, a qual separa o leite das bactérias e esporos; a segunda filtra o leite através de membranas capazes de reter as bactérias indesejadas.

O tempo e a temperatura da pasteurização foram estabelecidos, há muitos anos, por meio das características da bactéria *Mycobacterium tuberculosis* e da termoestabilidade da enzima fosfatase alcalina, que é inativada a 71,7ºC, por 15 segundos.

Porém, os micro-organismos termodúricos, como o grupo dos *Streptococcus thermophilus, Enterococcus faecalis, Micrococcus luteus e Mycobacterium lactium* podem sobreviver a esse processamento. Além destes, os esporos de *B. cereus* e *B. subtilis* também podem resistir.

Existem dois tipos de pasteurização empregados:

Pasteurização lenta

O leite é aquecido em tanque de parede dupla e agitador, de 62 a 65ºC, por 30 minutos. O aquecimento é feito por água quente circulando nas paredes do tanque. Em seguida, resfria-se de 2 a 4º C, por circulação de água gelada nas paredes do tanque. Esse tipo de pasteurização é utilizado somente por pequenas indústrias, visando à produção de derivados lácteos, pois se trata de um processo mais demorado e dispendioso.

Pasteurização rápida

O leite também é aquecido em tanque cilíndrico-vertical, de parede dupla, com agitador. O aparelho se constitui de um conjunto de placas que aquecem e resfriam o leite circulando entre elas, em circuito fechado, sem contato com o ar e luz, sob pressão, à temperatura de 72 a 75ºC, por 15 a 20 segundos, seguido de resfriamento com água gelada a uma temperatura de 2 a 4ºC.

É um processo mais seguro, eficaz, contínuo, rápido, de maior volume, com processo automático de limpeza, economia de mão de obra, menor espaço para instalação e economia de energia comparada à pasteurização lenta. É importante ressaltar que a pasteurização não é um processo para recuperar um leite de má qualidade, mas um tratamento para prolongar a conservação do leite, sem alterar suas propriedades organolépticas, físicas e nutritivas.

UAT ou UHT

No processo de ultra alta temperatura (UAT) ou *Ultra High Temperature* (UHT) aplica-se temperatura entre 130 e 150°C, por dois a quatro segundos, em processo de fluxo contínuo, imediatamente refrigerado a temperatura inferior a 32°C e envasado sob condições assépticas em embalagens esterilizadas e hermeticamente fechadas. Após sete dias, incubado de 35 a 37°C, o produto não deverá conter micro-organismos patogênicos e causadores de alterações físicas, químicas e organolépticas do produto, em condições normais de armazenamento.

Apesar de o processo térmico destruir as células vegetativas, há estudos que indicam que alguns esporos possuem a capacidade de sobrevivência.

Esterilização

O tratamento térmico aplicado requer um pré-aquecimento do produto em torno de 70°C e, então, a esterilização na própria embalagem a uma temperatura de 110 a 130°C, durante vinte a quarenta minutos, seguidos de resfriamento. O grande problema desse processo térmico é a destruição qualitativa dos nutrientes do leite, bem como uma possível alteração em seu sabor.

Leite desidratado

Obtido pela evaporação parcial ou total da água do leite. Deve ser obtido de matéria-prima de boa qualidade, composição química dentro dos padrões do leite de consumo.

Quando destinado ao consumo direto, deverá estar isento de micro-organismos patogênicos, deteriorantes e coliformes.

A vantagem desse tipo de técnica é a maior durabilidade (vida de prateleira longa), bem como a redução no espaço para o armazenamento, transporte e comercialização desses produtos. O objetivo maior é poder fornecer esse tipo de leite como matéria-prima para indústrias de sorvetes, doces e alimentos em geral.

Hoje, a indústria de leite desidratado busca aperfeiçoar o produto, de forma que fique o mais próximo possível, após a reconstituição, do leite fluido.

Leite desidratado parcialmente

Leite concentrado

Produto resultante da desidratação a vácuo, parcial, do leite fluido, seguida de refrigeração.

Leite evaporado ou leite condensado sem açúcar

É obtido pela concentração parcial do leite em equipamento a vácuo até restringir o seu volume à metade, seguido de homogeneização, acondicionamento em latas e posterior esterilização. O produto pode ser mantido à temperatura ambiente posteriormente. São permitidas irradiação e adição de vitaminas.

Leite condensado ou leite condensado com açúcar

É concentrado até um terço (1/3) de seu volume original. O teor de sólidos desse produto é mais elevado que o do leite evaporado. Tem o açúcar como agente capaz de inibir a multiplicação bacteriana pelo poder bacteriostático, por sua baixa atividade de água (A_w). Assim, o produto não precisa ser refrigerado, podendo ser considerado microbiologicamente estável.

Doce de leite

Produto obtido pela concentração parcial do leite ou leite reconstituído, por calor e pressão, com ou sem adição de outras substâncias alimentícias ou sólidos lácteos e/ou creme adicionado de sacarose.

Leite desidratado totalmente

Não chega a haver esterilização do produto, mas a mínima quantidade de água residual faz com que a A_w seja muito baixa, a ponto de dificultar a multiplicação de micro-organismos. Os principais fatores envolvidos na deterioração da qualidade do leite desidratado são a absorção de umidade, permitindo o desenvolvimento de micro-organismos e de fungos, potencialmente capazes de produzir micotoxinas prejudiciais à saúde, mas também de resultar na aglomeração do produto e oxidação lipídica.

Leite em pó

Produto obtido por desidratação do leite de vaca integral, desnatado ou parcialmente desnatado e apto para a alimentação humana, mediante processos tecnologicamente adequados.

Farinha láctea

Obtida pela dessecação do leite misturado à farinha de cereais e leguminosas.

Leites fermentados

Os leites fermentados são obtidos pela adição ou não de substâncias alimentícias, obtidas por coagulação e diminuição do pH do leite, ou leite reconstituído, adicionado ou não de outros produtos lácteos, por fermentação láctica mediante ação de cultivos de micro-organismos específicos. Estes devem ser viáveis, ativos e abundantes no produto final, durante seu prazo de validade.

Exemplos de leites fermentados são: iogurtes, *kefir*, leite fermentado, leite acidófilo, *kumys* e coalhada.

Geralmente, são adicionadas culturas lácticas como *Streptococcus salivarius* subsp. *Thermophillus, Lactobacillus acidophilus, Lactobacillus casei, Bifidobacterium* spp., entre outras bactérias lácticas que, de acordo com suas atividades, contribuem para a determinação das características do produto final.

Testes de controle da eficiência dos tratamentos térmicos do leite

Além da diferença na contagem microbiológica, existem recursos analíticos capazes de diferenciar o tipo de tratamento que foi empregado no leite, bem como a intensidade deste. Tais análises determinam quais componentes deveriam estar presentes (e em qual concentração) ou ausentes no leite cru.

As enzimas presentes naturalmente no leite cru, fosfatase e peroxidase, são utilizadas a fim de demonstrar se o processo térmico empregado atingiu a temperatura desejada (Quadro 5.1).

Quadro 5.1: Presença ou ausência das enzimas fosfatase e peroxidase em leite submetido a diferentes tratamentos térmicos e sem tratamento.

	Fosfatase	Peroxidase
Sem tratamento térmico	+	+
Pasteurização	-	+
UHT	-	-

Há outros métodos que se baseiam nas reações de isomerização e de degradação da lactose. No aquecimento do leite forma-se um isômero da lactose chamado lactulose, que não é encontrada no leite cru. Assim, sua quantificação é empregada para diferenciar o leite UHT do esterilizado.

É possível, também, quantificar as proteínas do soro, com relação àquelas que não teriam sido desnaturadas durante o processo térmico, com o objetivo de diferenciar os tipos de leite em pó.

Conservantes e neutralizantes

Existem algumas substâncias que podem ser adicionadas ao leite fluido com a finalidade de retardar ou impedir a deterioração pelos micro-organismos e/ou suas toxinas. Essa prática é considerada fraude e pode ter como consequência danos graves à saúde do consumidor, além de diminuir a preocupação em manter as boas práticas da produção do leite e seus derivados. Geralmente, há suspeitas de adição de conservantes quando o leite permanece inalterado, à temperatura ambiente, por 24 a 36 horas.

Figura 5.1: Fluxograma dos processos associados ao beneficiamento do leite.

Dentre esses conservantes, destacam-se: formaldeído, água oxigenada, ácido bórico, ácido salicílico, carbonatos, hipocloritos e cloraminas, ácido benzoico e bissulfitos, bem como os antibióticos e quimioterápicos.

Os neutralizantes são, geralmente, empregados para mascarar a acidez produzida por micro-organismos. São substâncias com alto poder de alterar a composição do leite, podendo desintegrar as proteínas, saponificar a gordura, causar modificação dos fosfatos de cálcio e magnésio e, por fim, proporcionar um ambiente propício à multiplicação de micro-organismos. Exemplos dessas substâncias são carbonatos, bicarbonatos ou hidróxidos de metais alcalinos.

Como forma de recuperar as propriedades físico-químicas do leite, por causa das fraudes por adição de água ou soro, são usados os reconstituintes da densidade, teor de sólidos ou do ponto de congelamento, como cloreto de sódio, açúcar comum ou sacarose, amido, dextrinas, gelatina e gomas.

Considerações finais

O leite ocupa lugar de destaque em saúde pública, notadamente por suas propriedades nutricionais, qualquer que seja a idade e grau de higidez de seu consumidor, contudo, há um grande número de micro-organismos causadores de doenças infecciosas, que podem ser por ele veiculados aos seres humanos.

É mediante a utilização de métodos tecnológicos de tratamento e conservação que a indústria se vale para garantir a gestão da qualidade do leite e seus subprodutos. Resfriamento, diferentes procedimentos de pasteurização, esterilização, desidratação parcial, fermentação, mesmo leite em pó e leite condensado, assim como testes de controle da eficiência dos tratamentos térmicos do leite, os quais determinam a concentração de componentes que deveriam estar presentes ou ausentes no leite cru, são algumas dessas tecnologias.

Por outro lado, práticas consideradas fraudulentas, como a adição ao leite fluido de substâncias químicas (conservantes ou neutralizantes) podem ser prejudiciais à saúde dos consumidores, além de diminuir a preocupação em manter as boas práticas de produção do leite e derivados, por parte dos produtores ou mesmo das usinas de beneficiamento.

Aos Ministérios da Agricultura, Pecuária e Abastecimento; e da Saúde, por meio da Anvisa; e da Justiça, mediante o acionamento da Polícia Federal, competem as ações de fiscalização e punição dos infratores, e às entidades representativas dos direitos dos consumidores compete a denúncia sobre irregularidades detectadas nos diversos órgãos de divulgação.

Referências

ACHA, P.N.; SZYFRES, B. Zoonotic tuberculosis. In: *Zoonoses and communicable diseases common to man and animals*. 2.ed. Washington: Pan American health organization/World Health Organization, 1987. Scientific Publication, n. 503.

ARCURI, E.F. Qualidade microbiológica do leite refrigerado nas fazendas. *Arquivo Brasileiro de Medicina Veterinária e Zootecnia*. Belo Horizonte, v.58, n.3, p.440-6, 2006.

BALL, C.O. Short Time pasteurization of Milk. *Industrial Engineering Chemistry*, v.35, p.71-84, 1943.

BRASIL. Ministério da Agricultura, Pecuária e Abastecimento. *Manual Técnico*. Brasília. 2006. Disponível em: http://www.agricultura.gov.br/arq_editor/file/Aniamal/programa%20nacional%20sanidade%20brucelose/Manual%20do%20PNCEBT%20-%20Original.pdf. Acessado em: 25 jul. 2011

Qualidade das matérias-primas de origem animal: leite | **181**

_____. *Portaria 146 de 07/03/1996*. Regulamento Técnico de Identidade e Qualidade de Leite UAT. Brasil. 1996. Disponível em: http://extranet.agricultura.gov.br/sislegis/action/detalhaAto.do?method=c onsultarLegislacaoFederal. Acessado em: 25 jul. 2011.

_____. *Portaria 146 de 07/03/1996*. Regulamento Técnico de Identidade e Qualidade do Leite em pó. Brasil. 1996. Disponível em: http://extranet.agricultura.gov.br/sislegis-consulta/servlet/VisualizarAnexo? id=4332. Acessado em: 15 dez. 2011.

_____. *Instrução Normativa n. 46, de 23 de outubro de 2007*. Regulamento Técnico de Identidade e Qualidade de Leite e Fermentados. Disponível em: http://extranet.agricultura.gov.br/sislegis/action/ detalhaAto.do?method=consultarLegislacaoFederal. Acessado em: 25 jul. 2011.

BRASIL. Ministério da Saúde. *Regulamento técnico sobre padrões microbiológicos para alimentos. Resolução - RDC n. 12, de 2 de janeiro de 2001*. Disponível em: http://extranet.agricultura.gov.br/sislegis/action/detalhaAto.do?method=consultarLegislacaoFederal. Acessado em: 25 jul. 2011.

COUSIN, M.A. Presence and activity of psychrotrophic microorganisms in milk and dairy products: a review. *Journal of Food Protection*. Ames, v.45, n.2, p.172-207, fev. 1982.

FAIRBAIRN, D.J.; LAW, B.A. Proteinases of psychrotrophic bacteria: their production, properties, effects and control. *Journal of Dairy Research*. Cambridge, v.53, n.1, p.139-77, 1986.

FERREIRA NETO, J.S.; BERNARDI, F. O controle da tuberculose bovina. *Higiene Alimentar*. v.11, n.47, p.9-13, 1997.

GRANGE, J.M.; YATES, M.D. Zoonotic aspects of Mycobacterium bovis infection in cattle. *Veterinary Microbiology*, v.40, n.1-2, p.137-52, 1994.

LERCHE, M. Inspeccion Veterinária de la leche. In: *Obtención Higiênica da la leche*. Zaragoza: Acribia, 1969.

NADAL, M.R. et al. Oxidation stability of the lipid fraction in milk powder formulas. *Food Chemistry*, v.100, n.2, p.756-63, 2007.

REH, C.; BHAT, S.N.; BERRUT, S. Determination of water content in powdered milk. *Food Chemistry*. v.86, n.3, p.457-64, 2004.

RODRIGUES, L.A. *Inativação do* Mycobacterium bovis *(espoligotipo BR024) em creme de leite submetido a alguns parâmetros comerciais de pasteurização*. 2010. São Paulo, 2009. 57f. Dissertação (Mestrado em Ciências). Faculdade de Medicina Veterinária e Zootecnia, Universidade de São Paulo.

ROSENTHAL, I. *Milk and dairy products: properties and processing*. Weinheim, New York: VCH Publishers Inc., 1991.

ROXO, E.M. Bovis como causa de zoonose. *Revista de Ciências Farmacêuticas*. São Paulo, v.18, n.1, p.101-8, 1997.

SÃO PAULO. Centro de Vigilância Epidemiológica – CVE. *Manual das doenças transmitidas por alimentos e água. Divisão de Doenças de Transmissão Hídrica e Alimentar*. Disponível em: http://www.cve.saude.sp.gov.br/htm/hidrica/Ecolinet.htm. Acessado em: 25 jul. 2011.

SOUZA, A.V.; SOUZA, C.F.A.; SOUZA, R.M.; RIBEIRO, R.M.P.; OLIVEIRA, A.L. A importância da tuberculose bovina como zoonose. *Higiene Alimentar*. v.13, n.59, p.22-7, 1999.

FORSYTHE, S.J. *Microbiologia da Segurança Alimentar*, v.1, p.112-5, 2002.

VASCONCELOS, S.A.; ITO, F.H. Principais zoonoses transmitidas pelo leite. *Revista de Educação Continuada em Medicina Veterinária e Zootecnia*, v.9, n.1, p.32-7, 2011.

G100 – Associação Brasileira das Pequenas e Médias Cooperativas e Empresas de Laticínios. Disponível em: http://www.g100.org.br/download/Lacteos_SegurosIV.pdf. Acessado em: 25 jul. 2011.

6

Qualidade das matérias-primas de origem animal: pescado

Érika Fabiane Furlan

Introdução: segurança e qualidade na cadeia produtiva do pescado

O termo qualidade, com referência aos produtos alimentares, pode ter diversos significados. Pode se referir às características sensoriais de um produto (aparência, sabor, odor e textura) e, ainda, indicar o valor nutricional e dietético, o frescor, a higiene, a facilidade de utilização pelo consumidor, a segurança e a disponibilidade. No caso do pescado, o frescor assume particular relevância, pois constitui o primeiro critério para a sua aceitação ou rejeição.

Muitos consumidores sabem que o pescado e muitos de seus produtos derivados são itens alimentares altamente perecíveis, mas poucos conhecem a complexidade dessa cadeia produtiva e quão complicada pode ser a trajetória do pescado até o prato do consumidor.

Informações quanto às técnicas de manipulação, processamento e estocagem, incluindo histórico de tempo e temperatura, que podem afetar o frescor e a qualidade dos produtos pesqueiros, são de grande importância para os agentes dessa cadeia produtiva.

Como alimentos suscetíveis à deterioração, a manutenção da cadeia do frio, com flutuações mínimas na temperatura, é fundamental para a obtenção de um produto de alta qualidade, principalmente se levarmos em conta a distância percorrida pelos produtos alimentícios em um país de grandes extensões como o Brasil.

Adicionalmente, as condições ambientais que afetam as áreas de pesca, os métodos de captura e a ocorrência de defeitos influenciam diretamente na qualidade geral dos produtos pesqueiros.

Os processos de autólise ou de perda da qualidade do pescado iniciam-se logo após a sua morte. Em muitos destes processos estão envolvidas substâncias que derivam da metabolização do nitrogênio. Dentre elas, deve-se salientar o óxido de trimetilamina (OTMA), que pode ser transformado em trimetilamina (TMA) por meio da atividade bacteriana, ou em dimetilamina (DMA) e formaldeído (FA), por ação enzimática.

Aminas biogênicas também são formadas como resultado da descarboxilação dos aminoácidos livres pelos micro-organismos presentes no pescado, merecendo especial atenção pelo potencial tóxico. Entre essas aminas, a histamina é a mais comentada, pois é responsável pela intoxicação histamínica ou por escombrídeos. É assim denominada por estar associada, principalmente, à ingestão de atum, cavala, bonito, entre outras espécies da família *Scombridae*.

Em algumas espécies de pescado, especialmente nos moluscos, a agmatina é a amina biogênica de maior importância.

Outra consequência do processo deteriorativo é o aparecimento de manchas pretas (melanose) em lagostas e camarões. Substâncias redutoras, como sulfitos, ácido ascórbico e cisteína são, usualmente, empregadas no controle da melanose.

Os sulfitos têm sido utilizados no controle da melanose em camarões desde longa data. No entanto, o uso de aditivos químicos em camarões, com o intuito de prevenir a melanose, vem sofrendo restrições, principalmente pelo mercado externo, em decorrência dos abusos e efeitos tóxicos por eles provocados.

Outra fonte importante de contaminação é a manipulação do pescado, desde o momento da captura até a sua destinação final. Como consequência direta da manipulação inadequada tem-se apontado os *Streptococcus* spp. e o *Staphylococcus aureus,* ambos de origem humana, presentes nas mucosas e superfície da pele, e que encontram no pescado ambiente favorável à sua multiplicação.

O pescado também pode ser veiculador de uma gama enorme de micro-organismos patogênicos para o homem, a maior parte deles oriundos da contaminação ambiental. Nesse sentido, é importante destacar as bactérias dos gêneros *Salmonella* spp. e *Shigella* spp., encontradas em águas poluídas por esgotos ou excretas animais. No caso particular da pesca marítima, a captura em águas costeiras oferece maiores riscos do que a realizada em alto-mar.

Ainda relacionado ao ambiente hídrico, tem-se os víbrios, merecendo destaque o vírus da hepatite tipo A (VHA) e o vírus de Norwalk ou norovírus.

Poluentes químicos, biotoxinas e endoparasitas são outros riscos associados ao consumo do pescado. Dentre os poluentes químicos, os metais, as bifenilas policloradas (PCBs) e os pesticidas são os mais preocupantes, uma vez que o pescado acumula os contaminantes presentes no ambiente e no alimento.

Quanto aos metais pesados, o mercúrio e o arsênio assumem grande relevância em saúde pública, pela elevada toxicidade, persistência, efeito cumulativo para o homem e porque o pescado é considerado a principal fonte de exposição desses contaminantes.

Os parasitas zoonóticos também são uma crescente preocupação no mercado nacional, frente ao considerável aumento na oferta de produtos de pescado cru, do tipo *sashimi* e *sushi*.

Levantamento recente sobre as doenças transmitidas por pescado no Brasil revelou como principais parasitas patogênicos ao homem os helmintos pertencentes às famílias *Opisthorchiidae, Heterophyidae, Paragonimidae* (trematoides), *Anisakidae, Gnathostomidae* (nematoides) e *Diphyllobothridae* (cestoides).

Diante desse cenário, torna-se nítida a importância de os consumidores, bem como todos os elementos dessa cadeia produtiva, atentarem para a origem e a qualidade dos produtos de pescado consumidos e comercializados. Para tal, há necessidade de se implantar programas de gestão da qualidade, sobretudo a rastreabilidade nos produtos da pesca e aquicultura.

Este capítulo visa disponibilizar algumas informações imprescindíveis sobre a segurança e a qualidade dos produtos da pesca e aquicultura, de forma a auxiliar estudantes e atores dessa cadeia produtiva na busca pela melhoria da qualidade do pescado brasileiro, como ferramenta de desen-

Fatores intrínsecos e extrínsecos que influenciam a qualidade do pescado

Os produtos pesqueiros apresentam uma composição balanceada em aminoácidos essenciais. Sua proteína é muito sensível às ações deteriorantes, em virtude da presença de enzimas que catabolizam os diferentes constituintes proteicos. No entanto, sob condições apropriadas de manipulação e conservação, a perda da qualidade por hidrólise, polimerização, desaminação, descarboxilação, oxidação, entre outras alterações, pode ser prevenida ou minimizada.

As primeiras etapas do processamento do pescado variam entre as espécies, mas são comuns entre peixes selvagens e de cultivo. No entanto, os peixes cultivados apresentam certas vantagens sobre os provenientes da pesca tradicional, uma vez que o processador pode influenciar em vários parâmetros da sua qualidade *post-mortem*.

O assunto qualidade do pescado está em voga, mas sem uma concreta e viável aplicação para todas as espécies existentes. O parâmetro mais importante associado à qualidade do pescado é o frescor, que é influenciado pelo *rigor mortis*.

Após a morte, os peixes passam por três fases até a sua completa deterioração, a saber: pré-*rigor mortis*, *rigor mortis* e pós-*rigor mortis*. O *rigor mortis* ou a rigidez cadavérica está associado ao frescor máximo do pescado, assegurando uma composição nutricional excelente.

A excelência nutricional do pescado, o seu elevado teor de umidade, a elevada digestibilidade de suas fibras musculares e o seu pH próximo da neutralidade são os principais fatores intrínsecos ao pescado responsáveis pela rápida alteração da sua qualidade. Essas características, tão desejáveis do ponto de vista alimentar, também propiciam o crescimento de micro-organismos e, por sua vez, determinam a reduzida vida útil do pescado e seus produtos derivados.

A composição lipídica do pescado, tão aclamada pelos comprovados benefícios à saúde, também é um fator limitante na sustentabilidade da vida comercial em peixes gordos. Nesse caso, isso ocorre pela suscetibilidade dos ácidos graxos poli-insaturados à oxidação.

Muitos autores consideram os micro-organismos os principais responsáveis pela degradação do pescado. Alterações enzimáticas têm início, principalmente, a partir do tubo digestivo, mas este, muitas vezes, é eliminado no processo de evisceração e ainda, em termos de propriedades organolépticas, a autólise não é tão evidente como a degradação microbiana.

A comprovada eficiência do processo de lavagem do pescado na redução da carga microbiana inicial, o uso de práticas higiênicas na manipulação e a manutenção da cadeia do frio reduzem a velocidade de deterioração do pescado pelo controle dos principais fatores atuantes sobre a qualidade do mesmo, carga microbiana e temperatura.

O Regulamento da Inspeção Industrial e Sanitária de Produtos de Origem Animal (R.I.I.S.P.O.A.) indica a conservação do pescado resfriado em temperaturas entre -0,5 a -2°C e o pescado congelado em uma temperatura máxima de -15°C, sendo que o processo de congelação deve ocorrer em temperaturas inferiores a -25°C.

As alterações *post-mortem* ou degradação constituem um fenômeno complexo que se inicia com a morte do pescado, embora alguns acontecimentos que a antecedem influenciem todo o processo. Em uma primeira fase do *post-mortem*, o músculo do pescado mantém a sua flacidez natural, durante períodos variáveis, que dependem de suas características intrínsecas (espécie, tamanho, condição física) e da temperatura. Essa fase denomina-se pré-*rigor mortis*.

Os primeiros acontecimentos após a morte do pescado estão relacionados à adenosina-trifosfato (ATP) e produtos da sua decomposição. No organismo vivo, a ATP representa uma fonte de energia para numerosas reações, e é continuamente regenerada a partir da adenosina-difosfato (ADP) e da creatinina-fosfato existentes no músculo. Com a morte do pescado, a ATP gasta pelo músculo não é regenerada, levando à impossibilidade de dissociação das proteínas contráteis – actina e miosina – e estabelecendo-se o *rigor mortis*. O *rigor mortis* caracteriza-se pela contração muscular irreversível após a morte de um animal e funciona como barreira física à ação de micro-organismos. Sendo bastante influenciado pelo binômio tempo e temperatura, e quaisquer parâmetros associados à manutenção ou extensão do *rigor mortis*, garantirá maior frescor ao pescado.

O glicogênio presente no músculo é outro relevante fator intrínseco a se considerar. Com a morte do pescado, uma vez suprimida a chegada de oxigênio no músculo, a glicólise ocorre em condições de anaerobiose, resultando na formação de ácido láctico e consequente redução no pH muscular.

O músculo do pescado geralmente contém níveis de glicogênio inferiores aos mamíferos, conferindo um pH final mais elevado. Ao longo da degradação do pescado o abaixamento do pH varia de 7,0 para 6,2 a 6,5, enquanto em outras carnes este abaixamento é maior, para cerca de 5,5.

Há variação do teor de glicogênio entre as diferentes espécies de pescado. Peixes migratórios contêm mais glicogênio que os de carne branca. Existe, ainda, uma variação entre as diferentes partes do corpo dos peixes, observando-se uma tendência de aumento do conteúdo no sentido da cabeça para a cauda. Em peixes e crustáceos, o glicogênio é decomposto a ácido láctico; enquanto nos moluscos, além do ácido láctico, há formação da octopina.

As condições de morte do peixe também influenciam o conteúdo de glicogênio. Os peixes que são abatidos ou morrem após atividade muscular intensa apresentam teores reduzidos de glicogênio, suas células contêm mais ácido láctico e o *rigor mortis* se instala mais precocemente.

Quanto menores o estresse e a temperatura de conservação do pescado, mais tardio será o início do *rigor mortis* e maior a sua duração, o que é de interesse tecnológico considerável.

Nesse sentido, o abate imediato do pescado por hipotermina (imersão do pescado em água com gelo) tem sido um método indicado para a preservação da qualidade, propiciando uma extensão no período de *rigor mortis*.

Com o término da rigidez cadavérica, em razão da degradação enzimática, ocorre a disponibilização de substratos para o crescimento logarítmico dos micro-organismos presentes, aminoácidos, entre outras substâncias nitrogenadas não proteicas presentes no músculo, como o óxido de trimetilamina, ureia e histidina. Denomina-se essa última fase de pós--*rigor mortis*.

Numerosos autores indicam que até o fim do *rigor* poucas transformações importantes ocorrem no pescado, especialmente as relacionadas com o desenvolvimento microbiano. Por isso, há associação do pescado antes ou durante o *rigor mortis* com a qualidade elevada.

Uma vez que as maiores alterações no pescado ocorrem após a finalização do *rigor mortis*, com a aceleração do crescimento microbiano, as técnicas de conservação da qualidade, normalmente, visam ao controle do crescimento e/ou do metabolismo dos micro-organismos.

Durante o armazenamento desenvolve-se no pescado uma fauna microbiana característica, mas apenas parte dela contribui para a deterioração. Os micro-organismos deteriorantes produzem metabolitos responsáveis pelo desenvolvimento de odores e sabores desagradáveis associados à deterioração.

Algumas das principais bactérias deteriorantes em produtos pesqueiros são *Pseudomonas* spp., bactérias produtoras de H_2S, *Shewanella* spp., *Enterobacteriaceae*, bactérias acidolácticas, *Photobacterium phosphoreum*, *Brochothrix thermosphacta*, entre outras.

A *Shewanella putrefaciens* é uma bactéria típica da deterioração de muitas espécies de peixes de águas temperadas, conservadas sob refrigeração e em condições aeróbias, e produz TMA, H_2S, entre outros compostos voláteis responsáveis pelo mau cheiro e sabores desagradáveis no pescado, lembrando a couve estragada. Metabolitos semelhantes são produzidos por *Vibrionaceae* e *Enterobacteriaceae*, durante a deterioração em altas temperaturas.

Alguns peixes de água doce e muitas espécies de águas tropicais, durante o armazenamento em gelo e em condições aeróbias, têm como característica o desenvolvimento de odor frutado, sulfídrico e enjoativo, típico da deterioração causada por *Pseudomonas*.

A presença de *Pseudomonas* é mais pronunciada no pescado marinho, independentemente das condições de temperatura da água, e a presença de *Enterobacteriaceaes*, principalmente os coliformes, é mais frequente no pescado fluvial.

Os produtos derivados do pescado com um maior grau de conservação, como os produtos salgados ou fermentados, normalmente apresentam como microbiota dominante bactérias Gram-positivas, halófilas ou micrococos halotolerantes, bolores e leveduras, esporos e bactérias lácticas.

Frente ao exposto, torna-se evidente que a complexidade e a perecibilidade da matéria-prima pescado exigem que a mão de obra envolvida na atividade seja capacitada, principalmente quanto às boas práticas de manipulação (BPM), desde o pessoal envolvido na captura ou cultivo até os que trabalham diretamente com o consumidor, assegurando a oferta de qualidade.

Existe uma crescente conscientização quanto à importância e necessidade de se trabalhar essa cadeia produtiva com uma abordagem integrada e multidisciplinar, principalmente no que diz respeito à segurança e qualidade. Cabe ressaltar que há tecnologias para a conservação da qualidade, que uma vez perdida não poderá ser recuperada. Portanto, apenas a oferta de pescado de qualidade para o segmento subsequente da cadeia produtiva permitirá a colocação de pescado de qualidade no mercado.

Em linhas gerais, as práticas efetivas na preservação da qualidade do pescado são: captura ou colheita rápida e efetiva, evitando-se causar danos e exaustão ao pescado; abate por hipotermia; rápido abaixamento da temperatura do pescado; uso de gelo potável; evisceração e lavagem efetiva do pescado; seleção por espécies e tamanhos; manutenção da cadeia do frio; BPM em todo o processo e capacitação contínua.

Fatores de natureza biológica, física ou química que afetam a segurança do pescado e produtos derivados

A inocuidade dos alimentos representa a principal preocupação das autoridades sanitárias e dos consumidores. Esta preocupação recai, entre outros aspectos, sobre a contaminação por produtos químicos, como a presença de agrotóxicos, aditivos e antibióticos.

A contaminação dos alimentos por químicos é uma preocupação de saúde pública mundial e é a principal causa dos problemas do comércio internacional, podendo ocorrer por meio da poluição ambiental da água, ar e solo, como é o caso do metais tóxicos, PCBs e dioxinas; ou por meio do uso intencional de vários produtos químicos, como pesticidas, drogas veterinárias, aditivos alimentares, entre outros.

No entanto, grande parte das alterações na qualidade do pescado são de natureza biológica, como consequência da atividade de micro-organismos deteriorantes, como a *Shewanella putrefaciens*, *Vibronaceae*, *Enterobacteriaceae*, *Photobacterium* spp., *Halococcus* spp. e *Halobacterium* spp., e muitos desses agentes bacterianos podem, também, causar riscos à saúde.

Assim, cepas psicrotróficas de *Bacillus cereus* produzem enterotoxina nos produtos de pescado, sobretudo em pH superior a 6,0, acarretando surtos caracterizados por diarreia.

O *Clostridium botulinum* produz uma potente neurotoxina, conhecida como toxina botulínica, uma das substâncias mais tóxicas conhecidas. Os esporos de *C. botulinum* são termorresistentes e podem sobreviver em alimentos que são inadequadamente ou minimamente processados. O *Clostridium perfringens* tipo C pode causar enterite necrótica. Clostrídios sulfito-redutores, *Klebsyela* spp., *Citrobacter* spp., *Enterobacter* spp., *Yersinia enterocolitica, Escherichia coli, Pseudomonas* spp., *Aeromonas* spp., *Alcaligenes* spp., *Flavobacterium* spp., Enterococos e coliformes fecais podem ser encontrados no pescado fresco ou congelado e nos produtos derivados industrializados.

A maioria dos micro-organismos citados anteriormente relaciona-se com a qualidade da água e/ou do gelo utilizado na conservação e, ainda, com os procedimentos pós-captura.

Publicações recentes indicam a deficiente qualidade dos produtos pesqueiros desembarcados no país. Muitas dessas relatam a falta de capacitação da mão de obra envolvida na atividade, principalmente quanto às práticas higiênico-sanitárias; além da precariedade da frota pesqueira e, até mesmo, a presença de animais a bordo.

Algumas bactérias produzem histamina no peixe *post-mortem,* pela descarboxilação do aminoácido histidina. Entre elas, algumas *Enterobacteriaceae, Vibrio* spp., *Clostridium* spp. e *Lactobacillus* spp. O envenenamento por histamina é uma intoxicação química, designada historicamente como envenenamento por escombrídeos, em virtude de sua frequente associação ao consumo do atum e da cavala, espécies da família *Scombridae*, podendo também estar associada à família *Clupeidae*.

Outro problema bastante discutido na atualidade, que exerce relação direta sobre a qualidade do pescado, é a contaminação ambiental. Nesse sentido, a certificação da origem dos produtos pesqueiros é de grande relevância para a segurança do consumidor de pescado, sobretudo de moluscos.

Há uma relação positiva entre a contaminação fecal das áreas de cultivo de moluscos e a ocorrência de doenças entéricas.

Existe extensa evidência do desenvolvimento de doenças pelo consumo de moluscos contaminados, uma vez que são organismos filtradores e concentram os patógenos e contaminantes presentes no ambiente. As doenças mais comuns associadas ao consumo destes organismos são: febre tifoide, salmonelose, gastroenterites, hepatite infecciosa, *Vibrio parahaemolyticus* e *V. vulnificus* e, ainda, as intoxicações paralisante e amnésica.

Segundo Huss (1993), as toxinas marinhas são responsáveis por um substancial número de doenças causadas pela ingestão de mariscos. No Brasil, são poucos os registros de intoxicação humana pelo consumo de pescado, mas o acúmulo de ficotoxinas nos tecidos dos mariscos é um dos maiores problemas na produção mundial de moluscos.

O controle de toxinas marinhas é difícil e a intoxicação pode não ser completamente prevenida. As toxinas são extremamente estáveis, ou seja, resistentes aos processos de cocção, salga, defumação e secagem. Além disso, não alteram a aparência do pescado quando contaminado. Portanto, o monitoramento ambiental das áreas de cultivo é uma ferramenta promissora para minimizar os potenciais riscos à saúde associados ao consumo de pescado.

Galvão et al. (2009) verificaram o acúmulo de saxitoxina em tilápias (*Oreochromis niloticus*) cultivadas em água doce e a eficiência do processo de depuração na eliminação da toxina, melhorando a segurança do consumidor.

O pescado, marinho ou de água doce, também apresenta uma vasta fauna parasitológica. Embora muitos dos países desenvolvidos reconheçam as zoonoses pelo consumo de carnes, como a cisticercose, muitos ainda não estão familiarizados com as zoonoses parasitárias transmitidas pela ingestão de peixes e que são causadas, principalmente, por trematódeos, cestoides e nematoides.

A prevenção das parasitoses deverá levar em conta, especialmente, que essas doenças são transmitidas por pescado cru ou mal cozido. Portanto, a preparação culinária adequada é uma forma eficaz de evitá-las.

No caso dos nematóideos, a morte dos parasitas ocorre com o aquecimento do pescado a 55°C por 1 min. Ainda, a adição de sal pode ser efetiva no controle dos parasitas, visto que quanto maior o teor de sal, menor a sobrevivência destes. Os parasitas podem, também, ser detectados e removidos pela inspeção, em *candle-table* (contra a luz), mas a congelação a 20°C por 24 horas é o método preventivo mais efetivo.

Os metais pesados, como o arsênio (As), cádmio (Cd), mercúrio (Hg) e chumbo (Pb), especialmente em altas concentrações, são uma ameaça à saúde em razão de alta toxicidade e persistência. Além disso, apresentam tendência a acumular-se nos organismos marinhos, água e sedimentos.

É importante monitorar o conteúdo de oligoelementos no pescado e muita atenção tem sido focada na potencial exposição humana ao mercúrio (Hg), que se encontra presente nas águas nas formas orgânicas e inorgânicas. Quando liberado no ambiente, o Hg inorgânico é convertido para Hg orgânico (metilmercúrio), que é a forma química mais tóxica, estável e fácil de ser absorvida pela dieta.

Em virtude de sua natureza perecível, muitas vezes, a conservação dos produtos de pescado é realizada utilizando-se conservantes e/ou antioxidantes, entre outros aditivos alimentares. Apesar da ampla utilização de sulfitos na indústria camaroeira, visando retardar o aparecimento da melanose, inúmeros efeitos adversos à saúde humana têm sido relacionados à ingestão desses aditivos alimentares, entre eles, náusea, irritação gástrica local, urticária e broncoespasmos em indivíduos asmáticos sensíveis.

Essa problemática pode estar associada ao uso desordenado dos sulfitos já nas embarcações pesqueiras e pela falta de capacitação dos profissionais envolvidos na atividade em BPM.

Com base nos relatórios disponíveis sobre doenças transmitidas por alimentos (DTAs), a diminuição da ocorrência destas coincide com a implementação dos programas de Análise de Perigos e Pontos Críticos de Controle (APPCC), baseados nas medidas de garantia da segurança alimentar. Contudo, em face da crescente demanda por pescado e o declínio dos estoques selvagens, a aquicultura é cada vez mais vista como a principal fonte de abastecimento de pescado no futuro e, então, as questões de inocuidade e qualidade do pescado relacionadas a micro-organismos exóticos, químicos ou medicamentos veterinários são cada vez mais preocupantes.

Há necessidade de uma abordagem da cadeia alimentar na análise de perigos e riscos, bem como de desenvolvimento de uma gestão estratégica integrada dos riscos. No entanto, para uma abordagem da cadeia alimentar, faz-se necessária substancial informação científica e multidisciplinar dando suporte à análise de risco.

Normas e padrões de qualidade do pescado

O frescor é uma propriedade do pescado que exerce considerável influência sobre a sua qualidade. Tem sido considerado o critério isolado mais importante para a aceitação da maioria dos produtos pesqueiros. A perda do frescor, seguida pela deterioração, se dá pela combinação de processos microbiológicos, químicos e físicos bastante complexos.

A detecção precoce da deterioração do pescado é um problema ainda não resolvido na atualidade. Na prática, a avaliação sensorial da qualidade é a técnica mais utilizada na rotina das indústrias e, também, na fiscalização do pescado, pela sua rapidez e economia.

Contudo, a análise sensorial é um método subjetivo, sendo necessários estudos para obtenção de resultados comparativos e representativos e, ainda, ter-se em mente que deverá sempre ser conduzida por técnicos ou por um painel de julgadores treinados.

Há também a necessidade de se proceder à análise sensorial das espécies de interesse comercial, concomitantemente aos métodos objetivos, como as análises físicas e químicas, para, por meio de estudos comparativos, estabelecer correlação entre ambos os parâmetros.

Ao longo dos anos, muitos estudos têm sido desenvolvidos para a determinação da qualidade dos alimentos e diferentes técnicas são recomendadas para averiguar a qualidade e o frescor destes. Nesse contexto, o pescado tem sido estudado sob uma perspectiva diferente, visto que quando *in natura* apresenta uma vida comercial muito restrita, além de elevada variabilidade.

Há uma infinidade de espécies de peixes, moluscos e crustáceos sendo comercializadas. Esse aspecto restringe a aplicação dos mesmos sistemas adotados para outras fontes alimentares no controle de qualidade. Além disso, os métodos químicos desenvolvidos são de alto custo e demandam tempo, não sendo indicados para os produtos que necessitam de uma resposta rápida e econômica.

Diversos parâmetros químicos vêm sendo propostos para se estabelecer uma escala de frescor para o pescado, entre eles, a determinação do nitrogênio das bases voláteis totais (N-BVT), a degradação dos nucleotídeos e a quantificação das aminas biogênicas, bem como de peróxidos e do indol.

No Brasil, os padrões de qualidade do pescado e derivados são indicados, desde 1952, no Riispoa (Regulamento para Inspeção Industrial e Sanitária para Alimentos de Origem Animal), do Ministério da Agricultura, Pecuária e Abastecimento (Mapa) e são baseados na análise de compostos como N-BVT e N-TMA, bem como na mensuração do pH, do teor de indol e na reação negativa de gás sulfídrico. Para a determinação das N-BVT, emprega-se um método relativamente simples e, consequentemente, largamente utilizado para avaliar quimicamente se o pescado encontra-se com qualidade para o consumo.

O Riispoa também informa as características organolépticas próprias do pescado fresco, mas, de maneira geral, caracterizando apenas os três grandes grupos: peixes, crustáceos e moluscos (bivalves e cefalópodes). Enquanto a definição dos padrões microbiológicos é contemplada na Resolução RDC n. 12 de 2001, da Agência Nacional de Vigilância Sanitária (Anvisa), do Ministério da Saúde, sendo específica aos diferentes produtos de pescado.

Os produtos pesqueiros, em geral, devem concordar com os padrões de qualidade e segurança estabelecidos para plantas de processamento e, ainda, estar de acordo com as regulações para o tipo de produto. Atualmente, com a abertura dos mercados internacionais, processadores devem não somente atender às expectativas nacionais quanto à qualidade, mas também adquirir competitividade no mercado internacional.

Nesse contexto, a análise sensorial é o método mais utilizado para garantir o frescor e a qualidade no setor pesqueiro e pelos serviços de inspeção do pescado, necessitando apenas ser aprimorada por meio de estudos quanto aos padrões sensoriais indicadores da qualidade das espécies de interesse comercial no país.

Assim, em tempos recentes, alguns autores vêm desenvolvendo o *Quality Index Method* (QIM), que visa graduar sensorialmente os principais atributos específicos em pescado, de forma precisa e objetiva, sem a necessidade de se trabalhar com um número grande de julgadores, uma vez que, na prática, o número de pessoal treinado e especializado na avaliação do frescor do pescado é reduzido.

O QIM é um método rápido e tem sido considerado referência na padronização e harmonização da avaliação sensorial do pescado na Europa.

Certificação

Certificação é o processo pelo qual os órgãos de certificação, oficiais ou oficialmente reconhecidos, atestam por escrito ou fornecem garantia equivalente de que os alimentos ou sistemas de controle de alimentos estão em conformidade com os requisitos. A certificação de alimentos pode ser, conforme o caso, com base em uma série de atividades de inspeção, que podem incluir inspeção *online* contínua, auditoria de sistemas de garantia de qualidade e análise de produtos acabados.

No *Codex Alimentarius* constam os princípios para a rastreabilidade/ produtos rastreados como ferramenta dentro da inspeção de alimentos e dos sistemas de certificação, que aborda o contexto, os fundamentos, concepção e aplicação da rastreabilidade como uma ferramenta para uso das autoridades competentes, quer seja dentro de uma inspeção de alimentos ou no sistema de certificação.

Os produtos da pesca e da aquicultura a serem exportados pela União Europeia devem estar acompanhados de um certificado sanitário emitido por uma autoridade competente. Este certificado tem o formato e o conteúdo baseado na legislação europeia *Model Certificate for Fish and Fishery Products* e trata-se de um documento oficial de comprovação sobre a conformidade do produto e das garantias oficiais exigidas.

Atualmente, no Brasil, existe o Programa Nacional de Rastreamento de Embarcações Pesqueiras por Satélite (PREPS), obrigatório a toda embarcação com mais de 14 m, de forma a possibilitar ao Ministério da Pesca e Aquicultura o acompanhamento dessas embarcações e a Certificação de Captura exigida pela União Europeia, para garantia de que o produto não é fruto de pesca ilegal, não declarada e não registrada. Há, também, algumas iniciativas de certificação de produtos pesqueiros brasileiros, sendo, na atualidade, duas empresas certificadas pela *Friends of the Sea* e, ainda, há a certificação de origem do pirarucu da Amazônia (*Arapaima gigas)*, para garantir sua origem a partir de uma área de manejo, visto ser uma espécie ameaçada de extinção. Na aquicultura também já existe produto certificado na origem, como é o caso do camarão da Costa Negra, mas o caminho do Brasil na busca da garantia da qualidade ainda é extenso.

Rastreabilidade

Atualmente, existe uma crescente demanda pela rastreabilidade dos produtos alimentícios em relação à qualidade e segurança destes para os consumidores. Técnicas para verificar a qualidade dos alimentos são essenciais para garantir a confiança do consumidor e facilitar a comercialização dos produtos.

A rastreabilidade, como forma de assegurar a inocuidade de um produto, é um mecanismo emergente que está sendo introduzido pelos principais países importadores, como Estados Unidos da América (EUA) e União Europeia.

Segundo o Regulamento Europeu (CE) n. 178/2002, a rastreabilidade é a capacidade de detectar a origem e de seguir o rastro de um gênero alimentício, de um alimento para animais, de um animal produtor de gêneros alimentícios ou de uma substância, destinados a serem incorporados em alimentos para humanos ou para animais, ou com probabilidades de o serem, ao longo de todas as fases da produção, transformação e distribuição.

Esse regulamento estabelece o princípio comum para implementação de sistemas de rastreabilidade nas cadeias de fornecimento de produtos, com vistas a estabilizar o mercado, por meio de medidas eficazes que melhorem a transparência das condições de produção e comercialização destes produtos, principalmente no aspecto de conhecimento dos antecedentes, estabelecendo, para o setor produtivo, um regime de identificação e registro.

A eficácia de um sistema de rastreabilidade depende do registro detalhado de todas as etapas da cadeia produtiva, desde a produção e/ou captura até o produto acabado. Sendo necessário o estabelecimento de um sistema que permita traçar todo o histórico do produto acabado desde a sua origem e matérias-primas utilizadas. Para os peixes e frutos do mar faz-se imprescindível que as condições de tempo/temperatura sejam controladas e incluídas como parte do histórico do produto.

O pescado é um alimento altamente perecível, com um mercado global ascendente, mas com uma cadeia produtiva repleta de particularidades e com mais dificuldades, quando comparado a outros alimentos.

No Brasil, há uma concentração de esforços para a adequada implementação do sistema APPCC, bem como tentativas para a introdução dos conceitos de análise de risco e de rastreabilidade. Entretanto, esse esforço geralmente se concentra dentro das fábricas de processamento. Muito pouco, ou quase nada, é feito fora das fábricas, ou seja, nos barcos pesqueiros, fazendas de cultivo, locais de desembarque de pescado e mercados.

Por outro lado, há um aumento na demanda de informações quanto à origem e histórico dos produtos pelos consumidores, apontando a necessidade de se avançar com novos métodos de registro. Novos requerimentos podem, ainda, ser levantados pela introdução do sistema de rastreabilidade na cadeia de produção.

O aumento da consciência dos integrantes desse setor em trabalhar em uma perspectiva de cadeia produtiva poderá facilitar os caminhos a serem trilhados para efetivação da rastreabilidade, que é de extrema importância para o desenvolvimento do setor, uma vez que poderá propiciar um aumento no consumo de produtos de pescado, em razão de uma maior confiança na aquisição destes pelo consumidor.

Legislação

Padrão de Identidade e Qualidade (PIQ)

Qualquer alimento somente será exposto à venda depois de registrado nos órgãos competentes. No Brasil, para produtos de origem animal, o registro é emitido pelo Mapa.

As leis que regem os alimentos são aquelas que servem para fiscalizar e registrar os produtos comercialmente. Nessa perspectiva, para cada alimento registrado, as normas técnicas de alimentos e bebidas têm por objetivo definir, designar, classificar, dar características organolépticas, físicas, químicas, microbiológicas e microscópicas, e estabelecer normas de rotulagem e sanitárias aos produtos. Especificamente para pescado, os padrões mínimos exigíveis encontram-se nos PIQ ou regulamentos técnicos de identidade estabelecidos para os diferentes produtos de pescado, a saber:

- Decreto n. 30.691, de 29 de março de 1952, do Ministério da Agricultura, Pecuária e Abastecimento – aprova o Regulamento da Inspeção Industrial e Sanitária dos Produtos de Origem Animal.

- Decreto n. 1.255, de 25 de junho de 1962, do Ministério da Agricultura, Pecuária e Abastecimento – altera o Decreto n. 30.691, de 29 de março de 1952, que aprovou o Regulamento da Inspeção Industrial e Sanitária de Produtos de Origem Animal.
- Portaria n. 185, de 13 de maio de 1997, do Ministério da Agricultura, Pecuária e Abastecimento – aprova o Regulamento Técnico de Identidade e Qualidade de Peixe Fresco (inteiro e eviscerado).
- Portaria n. 52, de 29 de dezembro de 2000, do Ministério da Agricultura, Pecuária e Abastecimento. Secretaria de Defesa Agropecuária – submete à consulta pública o Regulamento Técnico de Identidade e Qualidade de Peixe Salgado e Peixe Salgado Seco.
- Portaria n. 63, de 13 de novembro de 2002, do Ministério da Agricultura, Pecuária e Abastecimento. Secretaria de Defesa Agropecuária – submete à consulta pública Regulamentos Técnicos de Identidade e Qualidade de Conserva de Peixes, Conservas de Sardinhas e Conserva de Atum e Bonito.
- Portaria n. 406, de 10 de agosto de 2010, do Ministério da Agricultura, Pecuária e Abastecimento. Secretaria de Defesa Agropecuária – submete à consulta pública Regulamentos Técnicos de Identidade e Qualidade de Conserva de Sardinhas.
- Portaria n. 456, de 10 de setembro de 2010, do Ministério da Agricultura, Pecuária e Abastecimento. Secretaria de Defesa Agropecuária – submete à consulta pública o Projeto de Instrução Normativa, que visa aprovar o Regulamento Técnico de Identidade e Qualidade para Camarão Fresco.
- Portaria n. 457, de 10 de setembro de 2010, do Ministério da Agricultura, Pecuária e Abastecimento. Secretaria de Defesa Agropecuária – submete à consulta pública o Projeto de Instrução Normativa, que visa aprovar o Regulamento Técnico de Identidade e Qualidade para Camarão Congelado.
- Portaria n. 458, de 10 de setembro de 2010, do Ministério da Agricultura, Pecuária e Abastecimento. Secretaria de Defesa Agropecuária – submete à consulta pública o Projeto de Instrução Normativa que visa aprovar o Regulamento Técnico de Identidade e Qualidade de Conservas de Atuns e de Bonitos.

- Portaria n. 459, de 10 de setembro de 2010, do Ministério da Agricultura, Pecuária e Abastecimento. Secretaria de Defesa Agropecuária – submete à consulta pública o Projeto de Instrução Normativa, que visa aprovar o Regulamento Técnico de Identidade e Qualidade para Peixe Congelado.

Padrão microbiológico

A rápida deterioração na qualidade do pescado fresco é causada por atividades microbianas e de enzimas endógenas no animal após a sua morte – *post-mortem*. Normalmente, os métodos de preservação do pescado fresco objetivam controlar o crescimento microbiano e o seu metabolismo, enquanto os efeitos adversos das enzimas endógenas são pouco contemplados.

Os ensaios microbiológicos são complexos e consomem tempo, não sendo um método prático para estimação do frescor em pescado; em contrapartida, a qualidade microbiológica dos produtos pesqueiros é um fator-chave para a comercialização e para a segurança para o consumo. Alguns países, como os EUA, praticam o monitoramento microbiano das águas de cultivo. No Brasil não existe, ainda, um programa abrangente de monitoramento das águas nas áreas de criação.

O Conselho Nacional do Meio Ambiente (Conama), do Ministério do Meio Ambiente, por meio da Resolução 357, de 17 de março de 2005, classifica as águas para a criação natural e/ou intensiva de espécies destinadas à alimentação humana, como pertencentes à Classe 1 – não devem exceder um limite de 1.000 coliformes termotolerantes por 100 mL, em 80% ou mais de pelo menos seis amostras coletadas durante o período de um ano, com periodicidade bimestral.

O National Shellfish Sanitation Program (NSSP) – um órgão cooperativo de representantes de estados produtores de moluscos dos EUA –, a indústria privada e a Food and Drug Administration (FDA) têm, tradicionalmente, utilizado tanto o grupo de coliformes totais como fecais para assegurar a qualidade bacteriológica e a segurança das áreas de cultivo. O Canadian Shellfish Sanitation Program (CSSP) também segue à risca este programa americano.

Os coliformes termotolerantes são indicadores específicos e apresentam uma elevada correlação com a contaminação fecal por animais de sangue quente. Várias críticas e algumas desvantagens são apontadas quanto ao uso dos coliformes como indicadores de poluição fecal em ambientes hídricos, em virtude de sua baixa tolerância à toxicidade da água do mar ou salgada, bem como ao procedimento de cloração, em relação a alguns patógenos resistentes.

A enumeração de coliformes totais em água é menos representativa como indicação de contaminação fecal, do que a enumeração de coliformes termotolerantes ou *Escherichia coli*. No entanto, sua enumeração é muito utilizada em indústrias alimentícias, indicando poluição pré-sanitização, contaminação pós-sanitização ou pós-processo, evidenciando práticas de higiene e sanitização aquém dos padrões requeridos para o processamento de alimentos.

No Brasil, a Anvisa, órgão que regulamenta os padrões microbiológicos em alimentos, por meio da Resolução – RDC n. 12, de 2 de janeiro de 2001, preconiza que o pescado *in natura*, resfriado ou congelado e que não será consumido cru, apresente-se livre de *Salmonella* spp. em 25 g e limita em 10^3 UFC a contagem de *Staphylococcus* coagulase positiva/g do pescado. Para os produtos de pescado, ou seja, para o pescado processado, prevê-se também um limite para os coliformes termotolerantes em função do tipo de produto.

Outros patógenos, como o *Clostridium perfringens*, o gênero *Shigella*, *Yersinia enterocolitica*, *Listeria monocytogenes* e *Campylobacter jejuni* representam risco. Entretanto, práticas adequadas de manipulação pós-captura podem reduzir a frequência das doenças associadas a estes. O risco de infecções alimentares associados a estes micro-organismos é baixo comparado ao risco de uma infecção viral ou por víbrios.

Huss (1993), afirmou que a refrigeração adequada dos produtos pesqueiros é essencial para o controle do crescimento de micro-organismos, inclusive de víbrios patogênicos.

O aumento das importações de pescado dos países em desenvolvimento para os países desenvolvidos levou à adoção de padrões internacionais no processamento de alimentos, como a implantação do programa de APPCC e o atendimento às normas da União Europeia (UE) por parte das indústrias exportadoras.

Em um esforço para o controle da contaminação microbiana dos alimentos, o National Advisory Committee on Microbiological Criteria for

Foods (NACMCF) e o International Commission on Microbiological Specifications for Foods (ICMSF), órgãos de consultoria científica das agências federais americanas de inocuidade dos alimentos, têm recomendado o critério microbiológico como forma de assegurar a eficiência do programa APPCC.

No Brasil, a implantação de programas de gestão da qualidade por parte das indústrias processadoras de pescado, visando atender às exigências nas exportações, contribuiu para a melhoria da qualidade do pescado ofertado no mercado interno.

Entretanto, grande esforço é necessário no sentido de se avançar no monitoramento das áreas de cultivo e captura e, consequentemente, na certificação de origem e na rastreabilidade dos produtos de pescado brasileiro, com vistas a atender as exigências de mercado em um mundo globalizado, onde o consumidor está mais exigente quanto ao cumprimento dos requisitos de qualidade por parte das empresas produtoras nos aspectos de segurança alimentar, padronização e fraude econômica, além da responsabilidade ambiental e social.

Rotulagem

A Organização Mundial da Saúde (OMS) estima que as doenças transmitidas por alimentos contaminados constituem um dos problemas sanitários mais difundidos no mundo. Porém, observa-se também o aumento da consciência do consumidor sobre a segurança dos alimentos. Ressaltando-se a necessidade de avaliação de todos os perigos potenciais decorrentes do ciclo natural de obtenção de um produto, do cultivo à colheita, do processo à distribuição, da revenda ao preparo doméstico. Se uma doença de origem alimentar está associada ao consumo de um determinado produto, evidencia-se que existe um perigo não controlado.

Portanto, sua origem deve ser determinada e medidas corretivas estabelecidas. A criteriosa rotulagem dos produtos alimentícios constitui forma de controlar o perigo, além de fornecer informação dos constituintes, dos métodos de conservação, preparo e uso de um produto pelo consumidor. No Brasil, a Resolução – RDC n. 40 de 2001 determina a obrigatoriedade da rotulagem nutricional em alimentos e produtos cuja embalagem possua dimensões inferiores a 10 x 8 cm.

De maneira geral, todos os produtos de origem animal entregues ao comércio devem estar identificados por meio de rótulos registrados pelo Mapa, quer se destinem diretamente ao consumidor, quer a outros estabelecimentos que os beneficiarão (Oetterer, 2011).

Entende-se por rótulo toda inscrição, legenda, imagem ou matéria descritiva ou gráfica, que esteja escrita, impressa, estampada, gravada, litografada ou colada sobre a embalagem do alimento. O regulamento técnico para rotulagem de produto de origem animal embalado, por meio da Instrução Normativa n. 22, de 24 de novembro de 2005, do Mapa, define todas as condições e informações necessárias à rotulagem de alimentos embalados de origem animal.

Dentre outras exigências previstas no referido regulamento, os rótulos devem obrigatoriamente conter as seguintes informações: denominação (nome) de venda do produto; lista de ingredientes em ordem decrescente de quantidade, sendo os aditivos citados com função, nome e número de inscrição; conteúdos líquidos; identificação da origem; nome ou razão social e endereço do estabelecimento; nome ou razão social e endereço do importador, no caso de produtos importados; carimbo oficial da inspeção federal; categoria do estabelecimento, de acordo com a classificação oficial quando do seu registro na Divisão de Produtos de Origem Animal; CNPJ; conservação do produto; marca comercial do produto; identificação do lote; data de fabricação; prazo de validade; composição do produto; indicação da expressão: registro no Mapa e instruções sobre o preparo, conservação e uso do alimento, quando necessário.

Ainda, quanto à regulação da rotulagem, a Resolução n. 1, de 7 de março de 2008, do Mapa, orienta a adoção da inscrição "Peixe de cultivo: coloração resultante do corante utilizado na ração" em todos os produtos que contenham peixes cultivados cuja coloração da musculatura tenha sido obtida por meio da alimentação com rações adicionadas de corantes.

A rotulagem dos produtos de origem animal deve ser realizada exclusivamente nos estabelecimentos processadores habilitados, pela autoridade competente do país de origem, para elaboração ou fracionamento. Quando a rotulagem não estiver redigida no idioma do país de destino, uma etiqueta complementar deverá ser colocada, com a informação obrigatória no idioma correspondente e com caracteres de tamanho, realce e visibilidade adequados. Esta etiqueta poderá ser colocada tanto na origem como no destino. No último caso, a aplicação deve ser efetuada antes da comercialização.

Pesquisa efetuada junto a consumidores norte-americanos demonstrou que uma parcela significativa de indivíduos é muito influenciada pelas tabelas nutricionais presentes nos rótulos de alimentos. Assim, o *marketing* tem empregado de forma bastante enfática os recursos da rotulagem de alimentos, sobretudo destacando os benéficos à saúde.

Frente à excelência nutricional do pescado, a sua relação direta com o meio ambiente e o aumento da conscientização dos consumidores, a rotulagem pode ser uma ferramenta de aproximação entre a cadeia produtiva do pescado e o consumidor ávido por informações quanto aos produtos e serviços.

Programas de garantia e gestão da qualidade na cadeia produtiva do pescado

Boas práticas de manipulação

Garantir a qualidade dos produtos é um dever de todo profissional que atua na cadeia produtiva de alimentos. Toda manipulação do pescado deve ser realizada observando-se os princípios de BPM e de boas práticas de fabricação (BPF) de alimentos. São procedimentos que devem ser adotados, a fim de garantir a qualidade higiênico-sanitária e a conformidade dos alimentos com a legislação sanitária e que incluem a higienização de embarcações, das instalações, equipamentos e utensílios, o manejo de resíduos, a saúde dos manipuladores, entre outros.

Para a OMS, as BPM andam em conformidade com os códigos de conduta, padrões da indústria, regulamentos e leis relativos à produção, tratamento, manipulação, rotulagem e venda de alimentos, decretadas para a indústria com a intenção de proteger o consumidor das doenças transmitidas por alimentos, da adulteração do produto e da fraude.

Nesse sentido, o código de práticas para pescado e produtos derivados do *Codex Alimentarius* constitui um instrumento valioso para auxiliar os operadores no setor de pescado, em todos os níveis dessa cadeia agroalimentar, na observância das regras de higiene e dos princípios APPCC.

No entanto, é de grande importância a normatização, de acordo com as peculiaridades locais e as condições de funcionamento dos estabelecimentos, sendo considerável a necessidade de constante aprimoramento das ações de vigilância em saúde nos estabelecimentos de alimentos, visando à proteção da saúde da população.

São inúmeras as regulações nacionais na área de alimentos quanto às práticas higiênico-sanitárias de manipulação e fabricação. A seguir encontram-se elencadas as principais:

- Portaria n. 1428, de 26 de novembro de 1993 – SVS/MS – Regulamento técnico sobre inspeção sanitária, boas práticas de produção e/ou prestação de serviços e padrão de identidade e qualidade na área de alimentos.
- Portaria n. 326 de 30 de julho de 1997– SVS/MS – Regulamento técnico sobre as condições higiênico-sanitárias e de boas práticas de fabricação para estabelecimentos produtores/industrializadores de alimentos.
- Portaria n. 368, de 04 de setembro de 1997 – MAPA/GM – Regulamento técnico sobre as condições higiênico-sanitárias e de boas práticas de fabricação para estabelecimentos elaboradores/industrializadores de alimentos.
- Resolução n. 04, de 24 de novembro de 1998 – CNS/MS – Aprova a revisão das Tabelas I, III, IV e V referentes a aditivos intencionais, bem como os Anexos I, II, III e VII, todos do Decreto n. 55.871, de 26 de março de 1965. (Aditivos alimentares e coadjuvantes de tecnologia – pescado e produtos da pesca).
- Resolução – RDC n. 275, de 21 de outubro de 2002 – MS/Anvisa – Regulamento técnico de procedimentos operacionais padronizados aplicados aos estabelecimentos produtores/industrializadores de alimentos e a lista de verificação das boas práticas de fabricação em estabelecimentos produtores/industrializadores de alimentos.
- Resolução – RDC n. 216, de 15 de setembro de 2004 – MS/Anvisa – Regulamento técnico de boas práticas para serviços de alimentação.

Sistema de análise de perigos e pontos críticos de controle

Um ponto notório no mercado global é a crescente importância da conformidade internacional quanto aos aspectos da segurança dos alimentos. Cerca de 40% do pescado produzido é comercializado internacionalmente, portanto, existe uma necessidade de critérios comuns que facilitem ou permitam regras claras de submissão.

Dentro do escopo das normas, diretrizes e recomendações do *Codex Alimentarius* consta o Código de Práticas Internacionais Recomendadas em Princípios Gerais de Higiene Alimentar, revisado em 2003. Este código é reconhecido mundialmente como essencial para garantir a inocuidade e a segurança dos alimentos, sendo recomendado aos governos, indústria e consumidores.

Os objetivos dos princípios gerais de higiene alimentar do *Codex Alimentarius* são recomendar uma abordagem baseada no sistema APPCC, como um meio de aumentar a inocuidade alimentar. Como resultado da citação da comissão do *Codex* no acordo quanto à aplicação de medidas sanitárias e fitossanitárias, o APPCC passou a ser referência para as exigências internacionais de inocuidade alimentar.

É crescente a aceitação do sistema APPCC em todo o mundo, por indústrias, governos e consumidores. Com a publicação pelo governo brasileiro, em novembro de 1993, da Portaria do Ministério da Saúde de n. 1428/93, ficou estipulado que todos os estabelecimentos que trabalham com alimentos são obrigados a adotar a sistemática de controle preconizada pelo método APPCC.

No entanto, para a aplicação do APPCC a quaisquer segmentos do setor de alimentos, faz-se necessário operar de acordo com princípios gerais de higiene alimentar do *Codex*, como o código de práticas para pescado e produtos derivados e a legislação relativa à segurança alimentar aplicável.

Os aspectos mais relevantes do programa de pré-requisitos do APPCC são: concepção e construção das embarcações de pesca; concepção e construção das instalações de processamento; concepção e construção de equipamentos e utensílios; programa de controle da higiene; higiene e saúde do pessoal; procedimentos de transporte, amostragem e rastreabilidade; capacitação/treinamento.

O sistema APPCC possui fundamentação científica e consiste em etapas sequenciais de identificação, avaliação e controle dos perigos de contaminação dos alimentos, desde a produção até o consumidor. Seus objetivos são prevenir, reduzir ou minimizar os riscos associados ao consumo de alimentos. A antecipação do perigo e a identificação dos pontos críticos de controle (PCC) são, portanto, os elementos principais no APPCC, garantindo um maior grau de segurança com um menor custo.

Os perigos têm sido definidos como uma contaminação, crescimento ou sobrevivência de micro-organismos indesejáveis no alimento, afetando a sua segurança ou qualidade (deterioração), ou ainda a produção de substâncias indesejáveis ou persistentes, como toxinas, enzimas ou produtos do metabolismo microbiano.

De acordo com o NACMCF, um perigo pode ser definido como uma propriedade física, química ou biológica que pode tornar um alimento impróprio para o consumo (EUA, 1992). Algumas indústrias de alimentos também incluem valor nutricional, entre outros aspectos importantes na definição dos riscos (Huss, 1993).

Para o ICMSF (1988), os PCC podem ser um local, etapa de procedimento ou do processamento, nos quais o perigo pode ser controlado. Existem dois tipos de PCC que podem ser identificados: PCC-1, que assegura total controle do perigo e o PCC-2, o qual minimiza, mas não assegura o controle do perigo na sua totalidade.

Para os alimentos marinhos alguns perigos encontram-se listados, entre eles: a associação destes alimentos a toxinfecções; o processo de produção que não inclui PCC-1 para um perigo identificado; potencial recontaminação após processamento e antes do embalamento; manejo abusivo durante a distribuição ou mesmo pelo consumidor, que poderia render um produto prejudicial quando consumido; ausência de processo de aquecimento terminal após embalamento, ou mesmo quando preparados em casa.

Frente à imensa variedade de espécies de plantas e animais aquáticos, a análise de risco focada em um perigo específico, como um patógeno ou um contaminante, requer uma quantidade substancial de conhecimento científico e informações técnicas. Cada espécie tem diferentes atributos de qualidade e segurança relacionados às condições locais e métodos de produção, além do tipo de *commodity*, que também tem exigências específicas de processamento e preservação.

Assim, quando se avaliam as opções de gestão de risco para os perigos associados ao pescado, os reguladores devem fornecer o máximo de flexibilidade possível nas normas regulamentares para a indústria implementá-las, logicamente, desde que o resultado em termos de proteção do consumidor seja alcançado. O sistema APPCC se encaixa muito bem nessa abordagem flexível e de orientação dos resultados. Entretanto, a eficácia de qualquer sistema APPCC dependerá do conhecimento e qualificação do gestor e demais trabalhadores, bem como da formação contínua em todos os níveis de trabalho e gestores.

Agronegócio do pescado: perspectivas e tendências

Diante de um panorama mundial de estagnação da pesca, a aquicultura vem se desenvolvendo e disponibilizando produtos de alta qualidade no mercado, bem como auxiliando nas estratégias de conservação a serem implementadas no setor, com vistas ao desenvolvimento sustentável desse agronegócio.

O aumento do consumo e da popularidade do pescado na última década, associado aos benefícios à saúde pela inclusão do pescado na dieta, principalmente peixes marinhos gordos, reconhecida fonte de ácidos poliinsaturados de cadeia longa, tem sido particularmente importante para o crescimento da indústria de pescado.

No entanto, o crescimento populacional ainda é o principal responsável pelo aumento na demanda de pescado, e esta é uma realidade crescente e positiva para o setor, desde que alguns aspectos para a utilização, comércio e produção do pescado sejam levadas em consideração: a sustentabilidade, a acessibilidade e a inocuidade dos produtos de pescado.

No Brasil, a reduzida variedade de produtos de pescado ofertada é ainda uma realidade, frente à enormidade de espécies nativas potencialmente passíveis de serem exploradas, mas para a mudança do atual cenário faltam estudos, maior integração do setor e investimento.

Outro ponto crucial para o desenvolvimento do setor pesqueiro no país é o treinamento do pessoal envolvido, especialmente na pesca, visando à melhoria da qualidade do pescado capturado e seu aproveitamento integral, com consequente redução nas perdas durante as operações de pesca e a valoração do produto.

Considerações finais

A grande competitividade do mercado atual evidencia a necessidade do desenvolvimento de vantagens competitivas para diferenciação dos demais concorrentes. No que diz respeito ao setor pesqueiro, a oferta de produtos que se identifiquem pela sua elevada qualidade.

A excelência na qualidade do pescado nacional só será possível dando-se maior ênfase à prevenção de riscos e com a integração de toda a cadeia produtiva, da captura/colheita ao prato do consumidor; com o desenvolvimento e a disseminação das boas práticas de produção/pesca, das boas práticas de fabricação e com implantação de sistemas de garantia de qualidade e inocuidade, ou seja, do APPCC; com vistas à almejada rastreabilidade.

Referências

ABBAS, K.A.; MOHAMED, A.; JAMILAH, B.; EBRAHIMIAN, M. A review on correlations between fish freshness an pH during cold storage. *American journal of biochemistry and biotechnology*, v.4, n.4, p.416-21, 2008.

[ADA] AMERICAN DIETETIC ASSOCIATION. *Surveys Says Labels Have Impact on Consumers Food Purchases*, 1997. Disponível em: http://www.eatright.com/pr/press090397c.html. Acessado em: 15 abril 2011.

ALASALVAR, C.; SHAHIDI, F.; MIYASHITA, K.; WANASUNDARA, U. *Handbook of Seafood Quality, Safety and Health Applications*. Canadá: Wiley Blackwell, 2011. 548p.

BLANCO, S.L.; GONZALEZ, J.C.; VIEITES, J.M.; Mercury, cadmium and lead levels in samples of the main traded fish and shellfish species in Galicia, Spain. *Food additives and contaminants: part B surveillance*, v.1, n.1, p.15-21, 2008.

BORDERIAS, A.J.; SANCHEZ-ALONSO, I. First Processing Steps and the Quality of Wild and Farmed Fish. *Journal of Food Science*, v.76, n.1, p.R1-R5, 2011.

BORRESEN, T.; FREDERIKSEN, M. Technical possibilities for introdutiong tracebility in the seafood industry. In: SHAHIDI, F.; SIMPSON, B. K. *Seafood Quality and Safety*. Advances in the New Millennium. St John's: ScienceTech Publishing Company, 2004, p.31-7.

BRASIL. *Decreto n. 30.691 de 29 de março de 1952*. Regulamento de Inspeção Industrial e Sanitária de Produtos de Origem Animal (Riispoa) do Ministério da Agricultura, Diário Oficial da União, Brasília, 07 jul.1952. Seção 1, Capítulo 7 – Pescados e Derivados, p.71-3.

_____. Ministério da Saúde. Agência Nacional da Vigilância Sanitária. Anvisa. *Portaria n. 1.428, de 26 de novembro de 1993*. Regulamento técnico para o estabelecimento de padrão de identidade e qualidade para serviços e produtos na área de alimentos. 2ª Parte. Disponível em: http://www.sebrae-sc.com.br/Leis/produto.asp?vcdtexto=672&%5E%5E. Acessado em: 20 mar. 2004.

_____. *Resolução Comissão Nacional de Normas e Padrões para Alimentos – CNNPA n.14 do Ministério da Saúde*, Agência Nacional da Vigilância Sanitária, Brasília, 15 de julho 1977.

_____. Ministério da Agricultura, Pecuária e Abastecimento. *Regulamentos técnicos de identidade e qualidade de pescado e produtos de pesca*. Brasília, 1997. 77p. (Série Regulamentação Técnica de Identidade e Qualidade de Produtos de Origem Animal, 2).

_____. Ministério da Agricultura, Pecuária e Abastecimento. *Instrução normativa n. 42, de 20 de dezembro de 1999*. 56p.

_____. Ministério da Saúde. Agência Nacional da Vigilância Sanitária. *Resolução RDC n. 12, de 2 de janeiro de 2001*. Regulamento técnico sobre padrões microbiológicos em alimentos.

_____. *Resolução – RDC n. 40, de 21 de março de 2001*. Rotulagem nutricional obrigatória de alimentos e bebidas. Diário Oficial da União, 21 de março de 2001.

_____. Ministério da Agricultura, Pecuária e Abastecimento. *Instrução Normativa n. 22, de 24 de novembro de 2005*. Regulamento técnico para rotulagem de produto de origem animal embalado.

_____. Ministério do Meio Ambiente. Conselho Nacional do Meio Ambiente – Conama. *Qualidade da água*. Resolução 357, de 17 de março de 2005.

BURKHARDT, W.; CALCI, K.R. Selective Accumulation May Account for Shellfish-Associated Viral Illness. *Applied and Environmental Microbiology*, v.66, n.4, p.1375-8, 2000.

CHAI, J.Y.; MURRELL, K.D.; LYMBERY, A.J. Fish-borne parasitic zoonoses: Status and issues. *International Journal for Parasitology*, v.35, p.1233-54, 2005.

CODEX ALIMENTARIUS COMMISSION. *Code of practice for fish and fishery products*. CAC/RCP 52-2003. 123p.

_____. *Código de práticas internacionais recomendadas princípios gerais de higiene alimentar*. CAC/RCP 1-1969, Rev. 4-2003. 27p.

_____. *Princípios para a rastreabilidade/produtos rastreados como ferramenta dentro da inspeção de alimentos e sistemas de certificação*. CAC/ GL 60-2006. 2p.

EUA. National Advisory Committee on Microbial Criteria for Foods–NACMCF. Hazard analysis critical control point system. *International Journal of Food Microbiology*. n.16, p.1-23, 1992.

_____. Hazard analysis critical control point system. *International Journal of Food Microbiology*. n.16, p.1-23, 1992.

[FAO] FOOD AND AGRICULTURE ORGANIZATION OF THE UNITED NATIONS. *The state of world fisheries and aquaculture – SOFIA*. Roma: Fisheries and Aquaculture Department, 2008.

FERMAM, R.K.S. *Ponto focal de barreiras técnicas às exportações: HACCP e as barreiras técnicas*. Disponível em: http://www.inmetro.gov.br/barreirastecnicas. Acessado em: 15 mar. 2004.

FRANCO, F.B.; QUADROS, D.G. *Rastreabilidade, qualidade e rotulagem na segurança alimentar*. Parte da Monografia de Pós-Graduação (Especialização) do primeiro autor em Gestão Agroindustrial na Universidade Federal de Lavras. Disponível em: www.neppa.uneb.br/textos/publicacoes/artigos.../rastreabilidade.pdf. Acessado em: 19 maio 2011.

FRANCO, F.B.; GUSMÃO, D. *Rastreabilidade, qualidade e rotulagem na segurança alimentar*. Parte da Monografia (Especialização) em Gestão Agroindustrial, Universidade Federal de Lavras. 7p. Disponível em: http://www.neppa.uneb.br/textos/publicacoes/artigos_tecnicos/rastreabilidade.pdf. Acessado em: 13 jun. 2011.

FURLAN, É.F.; TORRES, E.A.F.S. *Segurança alimentar na cadeia produtiva do camarão sete-barbas (*Xiphopenaeus kroyeri*)*. Congresso do Instituto Nacional de frutos tropicais, 1. Simpósio em ciência e tecnologia de alimentos, 2. Centro de Convenções de Aracajú. Avanços em tecnologia de alimentos: anais. Aracaju: Universidade Federal de Sergipe, 2010. (CD-ROM).

FURLAN, É.F. Valoração da qualidade do camarão sete-barbas (*Xiphopenaeus kroyeri*) desembarcado no litoral de São Paulo, Brasil. *Bol. Inst. Pesca*, v.37, n.3, p.317 – 26, São Paulo, 2011.

GALVÃO, J.A.; OETTERER, M.; BITTENCOURT-OLIVEIRA, M.C.; GOUVEIA-BARROS, S.; HILLER, S.; ERLER, K. et al. Saxitoxins accumulation by freshwater tilapia (*Oreochromis niloticus*) for human consumption. (Short communication). *Toxicon.* v.54, p.891-4, 2009.

GERMANO, PM.L.; GERMANO, M.I.S.; OLIVEIRA, C.A.F. Aspectos da qualidade do pescado de relevância em saúde pública. *Revista Higiene Alimentar.* n.53, 1998.

_____. Qualidade do pescado. In: GERMANO, PM.L.; GERMANO, M.I.S. *Higiene e vigilância sanitária dos alimentos.* 4.ed. Barueri: Manole, 2011.

GRAM, L.; DALGAARD, P. Fish spoilage bacteria – problems and solutions *Environmental biotechnology,* v.13, n.3, p.262-6, 2002.

HACKNEY, C.R.; PIERSON, M.D. *Environmental indicators and shellfish safety.* New York: Chapman & Hall, 1994. 523p.

HUIDOBRO, A.; LÓPEZ-CABALLERO, M.E.; MENDES, R.. Onboard processing of deepwater pink shrimp (Parapenaeus longirostris) with liquid ice: Effect on quality. *European Food Research and Technology.* Heidelberg, v.214, n.6, p.469-75, 2002.

HUSS, H.H. *Assurance of seafood quality.* Roma: FAO, 1993. 169p. (FAO Fisheries Technical Paper 334).

_____. *Quality and quality changes in fresh fish.* Roma: FAO, 1995. 195p. (FAO Fisheries Technical Paper 348).

_____. *Garantia da qualidade dos produtos da pesca.* Roma: FAO, 1997. 176p. (FAO Documento Técnico Sobre as Pescas 334).

HUSS, H.H.; ABABOUCH, L.; GRAM, L. *Assessment and management of seafood safety and quality.* Roma: FAO, 2004. 266p. (FAO Fisheries Techical Paper 444).

HYLDIG, G.; NIELSEN, J. QIM a tool for determination of fish freshness. In: SHAHIDI, F.; SIMPSON, B. K. *Seafood Quality and Safety.* Advances in the New Millennium. St John's: ScienceTech Publishing Company, 2004, p.81-9.

[ICMSF] INTERNATIONAL COMMISSION ON MICROBIAL SPECIFICATIONS FOR FOODS. *Microorganisms in foods. 4. Application of the Hazard Analysis Critical Control Point (HACCP) system to ensure microbiological safety and quality.* Blackwell Scientific Publications, 1988.

JOSUPEIT, H.; LEM, A.; LUPIN, H. Aquaculture products: quality, safety. Marketing and trade. In: SUBASINGHE, R.P.; BUENO, P.B. et al. (eds.). *Aquaculture in the third millennium.* Roma: FAO, 2001, p.249-57.

LAPA-GUIMARÃES, J. *Aminas biogênicas, aminas voláteis, triptofano livre e ureia como índices químicos de qualidade e frescor do pescado.* Campinas, 2005. 114p. Tese (Doutorado em Tecnologia de Alimentos). Faculdade de Engenharia de Alimentos, Universidade de Campinas.

LIMA DOS SANTOS, C.A.M. . Hacia adonde va la inspección de pescado? *Infopesca Internacional.* n.19, p.33-7, 2004.

_____. Doenças transmitidas por pescado no Brasil. *Revista Brasileira de Medicina Veterinaria.* v.32, p.234-41, 2010.

_____. Qualidade do Pescado. In: GONÇALVES, A.A. *Tecnologia do Pescado.* São Paulo: Editora Atheneu, 2011. p.95-106.

LOMBARDI, M.C. *Sistema de rotulagem com garantia de rastreabilidade.* Disponível em: http://www.abcz.org.br/eventos/anais/1998/90-94.doc>. Acessado em: 25 nov. 2003.

LYHS, U. Microbiological methods. In: REHBEIN, H.; OEHLENSCHLÄGER, J. (eds.) *Fishery Products: Quality, Safety and Authenticity.* Oxford: Wiley-Blackwell, 2009, p.318-48.

MACHADO, R.M.D.; TOLEDO, M.C.F.; VICENTE, E. Sulfito em Alimentos. *Brazilian Journal of Food Technology.* v.9, n.4, p.265-75, 2006.

MARTINSDÓTTIR, E. et al. Development of QIM – past and future. In: LUTEN, J.; OEHLENSCHLÄGER, J.; OLAFSDOTTIR, G. *Quality of fish from catch to consumer: labelling, Monitoring and Traceability.* The Netherlands: Wageningen Academic Publ., v.1, 2003.

NUNES, A.M.N. Qualidade do pescado é fator primordial para o prestígio do setor. *Revista Higiene Alimentar*. v.8, n.32, p.6-7, 1994.

NUNES, M.L.; BATISTA, I. *Aplicação do índice de qualidade (QIM) na avaliação da frescura do pescado*. Divulgação IPIMAR, n.20, 2004. Disponível em: http://ipimar-iniap.ipimar.pt/servicos/biblioteca/edicoes/ipimar-divulgacao/Folheto29.pdf. Acessado em: 20 out. 2009.

OETTERER, M. *Alimento: Leis, Definições e Composição*. ESALQ/USP. (Aula on-line). Disponível em: http://www.esalq.usp.br/departamentos/lan/pdf/Legislacao%20Alimentos.pdf. Acessado em: 05 jun. 2011.

OGAWA, M.; MAIA, E.L. *Manual da pesca*. São Paulo: Varela, v.1, 1999, p.464.

OGAWA, N.B.P.; ARAÚJO, I.W.F.; LUCENA, L.H.L.; MAIA, E.L.; OGAWA, M. Teor residual de SO2 em camarões congelados exportados pelo estado do Ceará. *Boletim Técnico do CPNOR*. Belém, v.3, n.1, p.191-6, 2003.

ÓLAFSDOTTIR, G.; MARTINSDOTTIR, E.; OEHLENSCHLÄGER, J.; DALGAARD, P.; JENSEN, B.; UNDELAND, I.et al. Methods to evaluate fish freshness in research and industry. *Trends in Food Science & Technology*. v.81, p.258-65, 1997.

OTWELL, W.S.; FLICK, Jr.G.J. *A HACCP program for raw, cultured Penaeid shrimp*. USA: Florida Sea Grant College Program, 1995. p.218-26. (FLSGP-R-95-001 C3).

PÁDUA, H.B. de. *Informações sobre os coliformes totais/fecais e alguns outros organismos indicadores em sistemas aquáticos – Aquicultura*. 20p. 2003. Disponível em: http:// www.setorpesqueiro.com.br. Acessado em: 12 ago. 2009.

PEDROSA-MENABRITO, A.; REGENSTEIN, J.M. Shelf-life extension of fresh fish – a review. Part III – fish quality and methods of assessment. *Journal of Food Quality*. Westport, v.13, p.209-23, 1990.

RIPPEY, S. Infectious Diseases Associated with Molluscan Shellfish Consumption. *Clinical Microbiology Reviews*, v.7, n.4 ,p.419-25, 1994.

SHAHIDI, F. Seafood Quality and Safety: an overview. In: SHAHIDI, F.; SIMPSON, B.K. (ed.) *Seafood Quality Safety: Advances in the New Millennium*. Canadá: Science Tech Publishing Company. 2004, p.1-5.

SCHRAMM, M.A; PROENÇA, L.A.O. Biotoxinas marinhas em pescado. In: GONÇALVES, A.A. *Tecnologia do Pescado*. São Paulo: Editora Atheneu, 2011, p.75-84.

SHRÖDER, U. Challenges in traceability of seafood. *Journal für Verbraucherschutz und Lebensmittelsicherheit*. v.3, n.1, p.45-8, 2008.

SIMPSON, B.K. Innovative strategies for controlling fresh fish texture degradation during postharvest handling and storage. In: SHAHIDI, F.; JONES, Y.; KITTS, D.D. (eds). *Seafoods safety, processing and biotechnology*. Lancaster: Technomic Publishing Co, Inc., 1997. cap.17, p.161-80.

[UE] UNIÃO EUROPEIA. Regulamento (CE) n.o 178/2002 do parlamento europeu e do conselho de 28 de Janeiro de 2002. *Jornal Oficial das Comunidades Europeias*. 1.2.2002.

[WHO] WORLD HEALTH ORGANIZATION; [FAO] FOOD AND AGRICULTURE ORGANIZATION OF THE UNITED NATIONS. *Food safety risk analysis. A guide for national food safety authorities*, Roma: FAO, 2006. 87p.

[WHO] WORLD HEALTH ORGANIZATION. Food safety. Chemical risks in food. Disponível em: http:// www.who.int/foodsafety/chem/en/. Acessado em: 10 jul. 2011.

YOKOYAMA, V.A. *Qualidade do camarão da espécie* Xyphopenaeus kroyeri *mediante a ação dos agentes antimelanóticos*. Piracicaba, 2007. 124p. Dissertação (Mestrado em Ciência e Tecnologia de Alimentos). Departamento de Agroindústria, Alimentos e Nutrição, Escola Superior de Agricultura Luiz de Queiroz, Universidade de São Paulo.

VALDIMARSSON, G.; CORMIER, R.; ABABOUCH, L. Fish Safety and Quality from the Perspective of Globalization. *Journal of Aquatic Food Product Technology*, v.13, n.3, 2004.

VAZ-PIRES, P. *Tecnologia do Pescado*, 2006. 211 p. (Apostila da disciplina de Tecnologia do Pescado) Instituto de Ciências Biomédicas Abel Salazar, Universidade do Porto.

VIEIRA, R.H.S.F. Microbiologia do Pescado. In: GONÇALVES, A.A. *Tecnologia do Pescado: ciência, tecnologia, inovação e legislação*. São Paulo: Editora Atheneu, 2011, p.33-41.

7

Mel e produtos da colmeia

Georgiana Sávia Brito Aires

Introdução e histórico

As abelhas existem há cerca de 120 milhões de anos, e o homem começou a criá-las há 6.000 anos, entretanto, somente no século XVII os cientistas passaram a estudar esses insetos. Tem-se registro de tentativas de criação das abelhas na Antiguidade, na qual os filósofos Aristóteles e Virgílio desenvolveram suas primeiras teorias sobre elas.

O interesse ao longo do tempo pode ser verificado, ainda por volta de 1610 a 1660, quando Swammerdam deu início ao estudo microscópico das abelhas, com o objetivo de estudar a biologia desses insetos, descobrindo os órgãos reprodutores femininos.

Por centenas de anos, as pessoas desenvolveram muitos tipos de colmeias artificiais que ofereciam abrigo e espaço para as abelhas e, ao mesmo tempo, facilitavam a colheita do mel. No entanto, foi no século XVIII que Lorenzo Lorraine Langstroth descobriu o espaço abelha, que consiste no espaço de 6 a 9 mm, necessário à locomoção das abelhas dentro da colmeia, criando assim a Colmeia Langstroth, um modelo de colmeia que, ainda hoje, é o mais difundido no mundo e padronizado internacionalmente. O espaço abelha é denominado como o tamanho mínimo e máximo onde a abelha circula livremente na colmeia. Dentro dela, em todos os espaços menores que 6 mm, as abelhas depositam própolis, e em todos os espaços maiores que 9 mm elas constroem favos, dessa forma Langstroth baseou sua colmeia, onde todos os espaços internos favorecem racionalmente a construção de favos em grande quantidade.

No Brasil, a história da apicultura pode ser classificada em cinco fases distintas, sendo a primeira anterior a 1839, em que só se cultivavam meliponídeos. A segunda fase começa com a introdução de *Apis mellifera mellifera*, pelo padre Antônio Carneiro Aureliano, em 1839, com a colaboração secundária de Paulo Barbosa e Sebastião Clodovil de Siqueira e Mello, trazendo algumas raças de abelhas provenientes do Porto, em Portugal, que se tornaram a abelha-europa ou abelha-do-reino. De 1845 a 1880, com a migração dos alemães, várias colônias de *Apis mellifera mellifera* foram trazidas da Alemanha, dando início à apicultura nos estados do Rio Grande do Sul, Santa Catarina, Paraná e São Paulo (Limeira, Piracicaba e São Carlos). Uma terceira fase teve início por volta de 1940, com os primeiros movimentos associativos, em que a comercialização começou a fazer sentir, entretanto, apenas ultimamente é que ela se tornou bem organizada. A quarta fase vai de 1950 até 1970, quando, nesses 20 anos, um grupo de pesquisadores das regiões sul e sudeste colocou o Brasil no mapa mundial das investigações científicas apícolas. Nessa fase, foi introduzida a abelha africana, *Apis mellifera adansonii*, com objetivos de cruzamentos, segregações de linhagens para aliar as boas características desta com as características das melhores linhagens italianas. Porém, nessa época, um acidente na manipulação das abelhas africanas provocou a enxameação de 26 colmeias, dando início à africanização da apicultura brasileira, que produziu um efeito drástico, entre 1963 a 1967. Esse problema só se resolveu entre 1965 e 1970, por meio da colaboração de grupos de pesquisas e apicultores, com o retorno da produção. A quinta fase na apicultura foi inaugurada pelo problema da abelha africana e a aliança entre apicultores e cientistas, tendo início em 1970 até os dias de hoje, caracterizando-se pela união de cientistas, apicultores e governo em prol da apicultura brasileira.

Importância econômica e ambiental da apicultura

Apicultura é a criação de abelhas em confinamento sob controle do homem, utilizando métodos e equipamentos criados para melhor explorar as capacidades naturais desses insetos. Além do mel, outros produtos são obtidos da apicultura, como a cera, a geleia real, o pólen, a própolis e a apitoxina.

A apicultura brasileira é uma atividade difundida por todo o país e caracteriza-se pela predominância de pequenos produtores que têm na comercialização de seus produtos uma importante, se não a principal, fonte de renda. No Brasil, nos últimos anos, a apicultura tem mostrado grande desenvolvimento entre as outras atividades agropecuárias, consolidando-se como uma importante fonte de renda, no meio rural, para os pequenos produtores. As características de clima e flora do país lhe conferem competitividade frente aos grandes produtores mundiais de mel.

A apicultura é considerada, hoje, uma das opções para a agricultura familiar, por proporcionar aumento de renda, por meio da oportunidade de aproveitamento da potencialidade natural do meio ambiente e sua cadeia produtiva.

A ampla área territorial do Brasil, com uma diversificada vegetação e um clima tropical favorável à exploração apícola, oferece condições de uma elevada produção, apesar da apicultura ainda ser pouco explorada.

Uma das alternativas para o aumento da produção nacional de mel é a parceria entre a apicultura, a fruticultura e a silvicultura. Alguns estados brasileiros, como Rio Grande do Sul, Espírito Santo e Minas Gerais têm projetos em andamento nesse sentido e, com isso, têm conseguido um aumento no faturamento da associação de produtores e na produção de mel. Algumas colmeias registraram uma produtividade média de 55 a 60 kg/colmeia/ano, valores estes maiores que a média nacional que é de 25 kg/colmeia/ano.

Do ponto de vista ambiental, a polinização feita pelas abelhas é a mais importante contribuição para a economia humana. O valor do mel e dos outros produtos da colmeia tornam-se menos expressivos quando comparados ao valor de frutas, legumes, sementes, óleos e fibras, cuja produção é otimizada pela polinização feita pelas abelhas. Estima-se que cerca de 73% das espécies vegetais cultivadas no mundo sejam polinizadas por abelhas, 19% por moscas, 6,5% por morcegos, 5% por vespas, 5% por besouros, 4% por pássaros e 4% por borboletas e mariposas.

A *Apis mellifera* é classificada como espécie generalista porque coleta néctar e pólen de muitas espécies vegetais, sendo, portanto, um eficiente agente polinizador. A atividade polinizadora entomófila é realizada por insetos e, entre eles, a *A. mellifera*. Nas plantas que necessitam de polinização cruzada ela acontece há mais de 80 milhões de anos.

Nos Estados Unidos da América (EUA), cerca de 130 plantas agrícolas são polinizadas pelas abelhas, aumentando a produção entre 5 e 500%, dependendo da espécie vegetal, variedade e condições de cultivo. Estima-se que o valor econômico da polinização realizada por inseto nos EUA esteja entre 10 e 14,6 bilhões de dólares e, no mundo, de 100 bilhões de dólares. No Canadá, os benefícios da polinização feita pelas abelhas são estimados em 443 milhões de dólares canadenses. No Reino Unido, pelo menos 39 culturas cultivadas por frutos ou sementes são polinizadas por insetos. Analisando treze das grandes principais culturas de campo e duas culturas cultivadas em estufa, estimou-se que o valor anual da polinização por insetos, no Reino Unido, é de 202 milhões de libras, sendo que, desse total, 137,8 milhões de libras são atribuídos à polinização feita pelas abelhas melíferas.

No Brasil, duas culturas de expressão econômica, como a macieira (*Malus domestica*) na região sul e o meloeiro (*Cumunis melo*) no nordeste vêm recorrendo ao uso de colônias de *A. mellifera* como agente polinizador, com pagamento de aluguel aos apicultores. A laranjeira (*Citrus sinensis*) utiliza a abelha africanizada para realizar a polinização. No caso da laranjeira, o fruticultor cobra aluguel dos apicultores, que competem entre si para instalarem suas colmeias nessa cultura que produz mel de excelente qualidade. O cafeeiro (*Coffea arabica*) também é beneficiado pela polinização entomófila, porém, nem sempre utiliza *A. mellifera*.

Em Santa Catarina, as perdas por falta de insetos polinizadores, principalmente *A. mellifera*, variaram de 20 a 80%, representando um prejuízo em torno de 85 milhões de dólares, em virtude das características das culturas e das diferentes condições climáticas.

Em termos globais, a contribuição dos polinizadores às principais culturas dependentes destes alcança 54 bilhões de dólares por ano.

Principais raças de abelhas melíferas

Entre as diversas raças de abelhas existentes no mundo, um grande número é de abelhas do gênero *Apis*. Estas não são nativas do continente americano. Descrevem-se, a seguir, as principais raças europeias adotadas pela maioria dos apicultores, além das atuais abelhas africanizadas que dominam a apicultura brasileira.

Apis mellifera

Essa raça é conhecida vulgarmente pelos apicultores como abelha-do--reino, abelha-europa ou, simplesmente, abelha-preta. Junto da abelha-italiana, foi a primeira a começar o povoamento pelos estados do sul do país. Origina-se do norte e oeste dos Alpes europeus e em uma pequena parte da Rússia Central. Constituía a raça predominante junto das abelhas cárnicas, antes da introdução das abelhas africanas, em 1956, dada sua fácil adaptação às condições da região sul do Brasil.

As principais características dessas abelhas são seu grande porte, com abdome largo, quitina escura e com bastante pelo e com a língua medindo de 5,7 a 6,4 mm. Quando puras, são mansas, ligeiramente nervosas e pouco enxameadeiras. Resistem bem ao inverno e se reproduzem facilmente no verão, constituindo famílias fortes e de boa qualidade. Quando cruzadas com abelhas italianas, geram indivíduos com grande vigor híbrido e produtividade, porém mais agressivas e pilhadoras.

Apis mellifera ligustica

Originária da Itália, é conhecida como abelha italiana, sendo a raça mais conhecida e criada no mundo. Possuem tamanho um pouco menor que as abelhas-do-reino, com abdome mais fino, corpo coberto de pelos compridos, amarelados e acentuados nos primeiros três anéis do abdome e comprimento de língua entre 6,2 a 6,8 mm. São abelhas bastante mansas, quietas nos favos e de pouca enxameação, o que facilita uma melhor manipulação pelo apicultor. Sua entrada no Brasil se deu por volta de 1879 a 1880 pelo apicultor alemão Frederico A. Hanneman de Rio Pardo, RS. Do ponto de vista biológico, essas abelhas não conseguiram dominar as abelhas-pretas existentes no Brasil, explicando, dessa maneira, os fracassos das tentativas de italianização da apicultura brasileira.

Apis mellifera carnica

São abelhas originárias dos Alpes austríacos e conhecidas pelos apicultores como abelhas cárnicas, sendo, hoje, quase extintas no Brasil. Foram dominadas pelas abelhas africanizadas, mais resistentes, enxameadeiras e rústicas. Possuem porte grande como as abelhas-pretas, mas, na coloração, possuem anéis cinza claros que as diferenciam das pretas. Os pelos são mais curtos e densos que nas outras raças europeias e o comprimento da língua varia entre 6,2 a 6,8 mm.

Apis mellifera caucasica

Também conhecidas como abelhas caucasianas, sua origem vem dos altos vales do Cáucaso central da Rússia. Possuem tamanho igual às cárnicas, entretanto, a coloração cinza é mais clara que nas cárnicas. A língua é uma das mais compridas, chegando a medir até 7,1 mm. São abelhas pouco enxameadeiras e grandes produtoras de própolis. Quando puras não são boas produtoras, porém, quando cruzadas com abelhas africanas ou italianas, tornam-se grandes produtoras nos primeiros cruzamentos. No Brasil, são abelhas pouco difundidas.

Apis mellifera adansonii

Também chamadas de abelhas africanas, foram trazidas para o Brasil em 1956, pelo pesquisador apícola Prof. Dr. Warwick Estevam Kerr, com o objetivo de pesquisar uma nova e produtiva raça de abelhas em um programa de melhoramento genético. As abelhas vieram da região de Pretória na África do Sul e foram trazidas para a região de Rio Claro, SP. Em função de uma manipulação descuidada de um apicultor, em visita ao apiário, onde as rainhas africanas estavam sob controle, aconteceu a fuga de 26 enxames, que deu início a um processo de cruzamentos naturais com abelhas europeias existentes, levando à formação de um híbrido, que passou a ser chamado de abelha africanizada.

As abelhas africanizadas são menores no tamanho, com características de alta produtividade, são altamente pilhadoras ou saqueadoras de mel, são mais produtoras de própolis e altamente agressivas em virtude de seu instinto defensivo e são, também, altamente migratórias, abandonando com facilidade a colmeia por falta de alimento, presença de predadores ou outras condições anormais na colmeia. Possuem capacidade de adaptação ao clima tropical e à vegetação, com reprodução rápida e alta taxa de enxameagem. Essas características favoreceram a rápida dispersão dessas abelhas no Brasil, na América do Sul, na América Central e, em 1990, alcançaram o sul da América do Norte.

A africanização das abelhas foi um período difícil, em que muitos abandonaram a atividade apícola e no qual foram registradas muitas mortes de animais e pessoas. Nessa época chegou a faltar mel no mercado consumidor, incentivando a falsificação do mel em todo o país. Foram necessários cerca de dez anos, para que, lentamente, novas técnicas fossem desenvolvidas para estabelecer o controle sobre as abelhas africanizadas. E, embora essas abelhas possuam uma boa produção de mel, a apicultura é, hoje, uma atividade de custo mais elevado e que exige maior cuidado com a segurança.

Instalações e equipamentos

Instalações

As abelhas podem ser criadas em pequenas ou grandes propriedades, dependendo da existência de flores melíferas e poliníferas. Na prática, não importa o tamanho da propriedade e sim a distância de voo das abelhas em busca de alimento, que em terreno plano é de 1.500 metros a partir do apiário. O pasto apícola pode ser natural, formado a partir de espécies nativas ou provenientes de culturas agrícolas ou de reflorestamento da indústria de madeira e de papel. A diversidade do pasto apícola é uma situação que deve ser buscada. O apicultor pode introduzir, no pasto apícola, espécies apícolas que sejam adaptadas à região, com períodos de floração diferenciados, disponibilizando recursos florais ao longo de todo o ano.

Colmeia

É a morada ou a casa das abelhas, habitada por uma colônia ou família, é construída sob medida em madeira, com base no espaço abelha (6 a 9 mm), que corresponde ao espaço necessário para permitir o livre tráfego e o trabalho das operárias. Entre os vários modelos, a colmeia Langstroth ou americana é a mais usada em todo o mundo e, no Brasil, é considerada padrão, sendo indicada pelo Ministério da Agricultura, Pecuária e Abastecimento (Mapa) e pela Confederação Brasileira de Apicultura (CBA).

220 | Sistema de gestão: qualidade e segurança dos alimentos

A colmeia Langstroth pode ser comprada em lojas de material apícola ou mesmo ser construída pelo apicultor. É composta de várias partes, entre elas, o fundo, o ninho com os quadros de ninho, as melgueiras ou sobreninhos com dez quadros em cada compartimento e a tampa ou cobertura.

A madeira recomendada para a confecção das colmeias deve ser leve, de boa durabilidade, seca, aceitar prego e não apresentar cheiro forte, sendo recomendado o uso do cedro. Para aumentar a vida útil das colmeias, elas devem ser pintadas externamente com tinta a óleo ou esmalte sintético em cores claras: branco, gelo, azul-claro, amarelo-claro ou verde-claro.

Apiário

O apiário é a instalação constituída por um conjunto de colmeias que estão distribuídas de maneira a facilitar o seu manejo, existindo dois tipos, os fixos e os móveis. Alguns fatores devem ser levados em consideração na instalação dos apiários, entre eles:

- Ter acesso facilitado, permitindo o transporte de materiais para instalar e povoar o apiário, e escoar a produção, preferencialmente com comodidade para o apicultor.
- Dar preferência a um terreno plano, com frente limpa, evitando a ação negativa dos ventos, bem como regiões descampadas que prejudicam o voo das abelhas.
- Identificar, por meio do uso de placas com aviso, a presença de abelhas na área.
- Localizar-se a uma distância mínima de 400 metros de currais, casas, escolas, estradas movimentadas e aviários, bem como manter uma distância de 3 km em relação a engenhos, sorveterias, fábricas de doces (evitar a atração das abelhas), além de aterros sanitários, matadouros e depósitos de lixo, para evitar a contaminação do mel por produtos indesejáveis.
- Fornecer água para a manutenção dos enxames, devendo esta ser pura, a uma distância mínima de cem metros, para evitar a contaminação com os dejetos das abelhas e, no máximo, quinhentos metros, para evitar o gasto de energia. A água é necessária para equilibrar a umidade relativa dentro da colônia, regular a temperatura

interna e atender ao consumo das abelhas. Em caso de não haver fonte natural de água (rios, nascentes), deve-se instalar um bebedouro artificial, que deve ser colocado à sombra e higienizado periodicamente para evitar a contaminação das abelhas.

- Ser instalado em área sombreada, porém não úmida, para evitar os efeitos nocivos das altas temperaturas em relação à qualidade do mel, propiciando também o desenvolvimento das crias. O sombreamento pode ser natural, por meio das sombras das árvores, ou artificial, feito com coberturas artificiais.
- Colocar as colmeias sobre cavaletes de madeira ou metal, a uma altura de 50 cm do solo, para evitar o contato com a umidade e o ataque de predadores, como formigas e cupins. Recomenda-se manter o local limpo e o uso de protetores especiais nos pés dos cavaletes. As colmeias devem estar dispostas com o alvado (porta de entrada da colmeia) voltado para o sol nascente e a uma distância mínima de dois metros entre elas.

APIÁRIO FIXO

O apiário fixo é mantido sempre em um mesmo local e tem como principal fator determinante de produção a duração das floradas e a variedade da vegetação, com sua fonte de pólen e néctar presente à sua volta. Dessa forma, quanto mais variadas e duradouras forem as floradas, maior será a produção.

No Brasil, a produção de mel nos apiários fixos está concentrada na primavera e no verão, período compreendido entre setembro e março. A produção de mel pode se estender por mais tempo em algumas regiões, em razão da presença de várias espécies de plantas que produzem flores e néctar em meses subsequentes.

O apiário é composto, normalmente, por colmeias do tipo Langstroth, dispostas em suportes de madeira tipo cavaletes e cobertas com telha de amianto. A área em volta das colmeias deve ser mantida limpa, sem mato, para facilitar o trânsito das abelhas e para assegurar as condições de visualização e manejo para o apicultor.

Em condições normais de florada, na maior parte do Brasil, uma colmeia fixa pode produzir entre 18 e 20 kg de mel por ano, podendo chegar a produzir 25 kg quando bem manejada e em locais com floradas mais intensas.

Apiário móvel ou migratório

O apiário móvel ou migratório tem a característica de poder ser deslocado para as regiões onde estão ocorrendo as floradas. As colmeias são semelhantes às do apiário fixo, porém, com uma estrutura mais reforçada para resistirem mais às operações de carregamento e descarregamento e às vibrações da carroceria do caminhão de transporte. Em virtude dessa mobilidade, há uma maior produção, pelo maior número de colheitas, que chegam a ocorrer duas, três ou até mais vezes por ano. Em média, na apicultura migratória, as colmeias produzem por ano cerca de 80 a 100 kg de mel por colmeia.

Casa do mel

É o estabelecimento destinado à produção, com recepção dos quadros para classificação, desoperculação, centrifugação, filtragem, decantação, estocagem e embalagem do mel, sendo limitada à produção das colmeias do seu proprietário.

Entreposto de mel e cera de abelhas

É o estabelecimento destinado ao recebimento do mel já centrifugado ou não, para classificação e industrialização, além da cera e demais produtos das abelhas, como própolis, pólen e geleia real. É o estabelecimento para a industrialização dos produtos apícolas, podendo, como tal, comprar mel e produtos apícolas de qualquer apicultor, não ficando condicionado à produção própria. Suas instalações são mais amplas e complementadas com laboratórios.

Os equipamentos

Para se trabalhar na apicultura, todo apicultor, como qualquer profissional, deve usar equipamentos de proteção individual (EPI) e equipamentos que possibilitem o seu trabalho com segurança e tranquilidade.

Equipamentos de proteção individual

- Macacão/jaleco: é a vestimenta para o apicultor se proteger das ferroadas das abelhas. Deve ser largo, de cor branca (evita atrair as abelhas), com mangas compridas, com punhos providos de elástico e fechamento com zíper no lugar de botões. Pode ser confeccionado com ou sem máscara. O jaleco tem sido utilizado por muitos apicultores por ser mais fácil de vestir e mais barato, sendo constituído de um blusão com máscara acoplada que é usado com calça grossa tipo *jeans*. Sendo uma peça única, blusa e máscara, oferece proteção garantida ao rosto.

- Máscara: tem a finalidade de proteger o rosto do apicultor contra as ferroadas das abelhas. Deve ser confeccionada em tecido de cor branca, com visor em tela com malha de 1 mm em cor preta, para facilitar a visibilidade. A máscara deve ser complementada com um chapéu de aba rígida e ter uma extensão em tecido ou tela para fixá-la ao corpo, protegendo-o das abelhas.
- Luvas: devem ser fabricadas em material grosso, que dificulte as ferroadas, como a vaqueta ou tecido branco reforçado.
- Botas: o par de botas brancas de meio cano ou cano longo completa a vestimenta do apicultor.

Equipamentos para o manejo

- Fumegador: equipamento que varia em forma e tamanho, sendo constituído de um fole, que tem a finalidade de produzir vento para ativar a combustão e dirigir a fumaça para o local desejado na colmeia, e uma fornalha, que é destinada a armazenar o material de combustão para produção de fumaça. É o equipamento mais importante na lida com as abelhas.
- Formão: também conhecido como espátula, constitui-se de uma lâmina de 20 cm de comprimento por 2 a 2,5 cm de largura. É uma ferramenta indispensável no manejo das colmeias para desgrudar e levantar a tampa, soltar os quadros, raspar a própolis e auxiliar na limpeza da colmeia.
- Pegador e levantador de quadros: é constituído de uma espátula com garras para levantar os quadros.

Equipamentos para colheita

- Mesa desoperculadora: mesa construída em aço inoxidável, de formato retangular, com espaço correto para os quadros de mel serem encaixados e reservatório para receber os opérculos e deixar escorrer o mel. Os formatos e tamanhos diferem de acordo com o volume da produção.

- Desoperculadores: são ferramentas ou máquinas que servem para desopercular os alvéolos dos favos, ou remover os opérculos, que é uma espécie de tampa do favo. Existem os garfos desoperculadores; as facas desoperculadoras, que podem ser a frio, a vapor ou elétricas; a desoperculadora semiautomática com lâmina de aço vibratória e os desoperculadores automáticos, que fazem a desoperculação automaticamente nos dois lados do favo, por meio de corrente, rolos dentados ou facas vibratórias aquecidas.
- Centrífuga: também chamada de extrator de mel, serve para retirar o mel dos alvéolos dos favos pela força centrífuga, sem destruí-los, podendo estes ser reaproveitados na colmeia. Existem vários modelos e tamanhos no mercado, entre eles, a centrífuga facial, a radial e a horizontal e vertical. As centrífugas podem ser automáticas com controle eletrônico, elétricas ou manuais.
- Filtros para mel: servem para completar a retirada das impurezas do mel. Podem ser simples, por gravidade ou por pressão e o elemento filtrante pode ser de náilon ou aço inoxidável.
- Tanques decantadores: construídos em aço inoxidável, podem ser verticais ou horizontais e servem para decantar o mel recém-centrifugado.
- Tanques envasadores: são tanques de aço inoxidável, de posição vertical, providos de uma torneira tipo faca para envase, com capacidade variando de cem a mil litros, dependendo do volume de produção.

Produção de mel

A Instrução Normativa n. 11, de 20 de outubro de 2000, do Mapa, que aprovou o Regulamento Técnico de Identidade e Qualidade do Mel, define o mel como:

Produto alimentício produzido pelas abelhas melíferas, a partir do néctar das flores ou das secreções procedentes de partes vivas das plantas ou de excreções de insetos sugadores de plantas que ficam sobre partes vivas de plantas, que as abelhas recolhem, transformam, combinam com substâncias específicas próprias, armazenam e deixam madurar nos favos da colmeia.

O mel é um fluido viscoso, aromático, doce e é produzido pelas abelhas por meio da invertase com o néctar e/ou exsudatos das plantas, na maioria das vezes florais, os quais, depois de levados para a colmeia pelas abelhas, são amadurecidos e armazenados nos favos. Trata-se de uma substância complexa, que pode sofrer interferência de vários fatores ambientais, como clima, florada e presença de insetos sugadores, o que influencia na sua composição em açúcares, minerais, proteínas e vitaminas, bem como em sua cor, aroma e sabor.

Extração e processamento

O melhor momento para fazer a revisão das colmeias para realizar a extração dos favos de mel maduro, ou seja, com alvéolos operculados ou fechados com cera, é ao final de uma boa florada. Para realizar esse trabalho, alguns equipamentos e indumentárias são necessários, entre eles:

- Fumegador de fole e material de combustão.
- Espátula para soltar e desgrudar os quadros e raspar.
- Espanador para varrer as abelhas dos favos.
- Pegador de quadros.
- Par de botas brancas.
- Macacão branco.
- Chapéu com máscara ou viseira.
- Par de luvas.

Para manter a qualidade, deve-se extrair somente o mel dos quadros que não contenham cria madura, ovos ou larvas, quadros que não apresentem excesso de pólen e que contenham apenas mel maduro.

Desoperculação dos favos

A desoperculação é a operação de abertura dos alvéolos fechados dos favos ou a remoção dos opérculos (selo ou tampa de cera) feita na mesa desoperculadora por meio do uso de garfo ou faca desoperculadora, ou ainda pela máquina desoperculadora. Essa operação consiste em abrir os favos, permitindo, assim, a saída do mel pelo ato da centrifugação. Os opérculos, ou seja, as tampas de cera, são colocados no reservatório da mesa desoperculadora ou da máquina desoperculadora para posterior aproveitamento da cera e retirada dos restos de mel ainda existentes.

Centrifugação dos favos

Centrifugar ou extrair o mel dos favos é o próximo passo, após a realização da desoperculação. Para dar início à centrifugação, os favos desoperculados devem ser colocados na centrífuga até o seu completo preenchimento. Após completada a carga da centrífuga, inicia-se lentamente o processo de centrifugação, aumentando-se a velocidade à medida que o mel vai saindo do favo, chegando ao máximo de rotação quando cerca de metade do mel já tiver sido retirada do favo. Nesse momento, deve-se ter cuidado para evitar a quebra dos favos. O mel extraído pela ação da força centrífuga escorre pelas paredes da centrífuga e se deposita no fundo desta para posterior etapa de filtragem.

Para uma extração mais eficiente do mel, durante a centrifugação, os favos devem estar em temperatura de 25 a 30ºC, ou seja, suficientemente líquido para fluir pelos favos.

Filtragem do mel

Para filtragem do mel, coloca-se uma peneira com malha de 2 a 3 mm ao final da saída na centrífuga, que serve para a retirada das impurezas maiores, como os pedaços de favos, abelhas mortas, larvas, pedaços de própolis e outros detritos. Para melhorar a filtragem, pode-se utilizar uma segunda tela com malha de 1x1 mm, que conseguirá separar as impurezas que passaram pela primeira peneira.

Decantação do mel

Após centrifugado e filtrado, o mel deve passar por um período de repouso de 48 horas em tanque de decantação, devendo este ser de preferência constituído de material de aço inoxidável, com tampa, mais alto do que largo, para que o mel, que é mais denso que as impurezas, se deposite no fundo do tanque, ocorrendo a separação das impurezas que, eventualmente, tenham ficado após a etapa de filtragem, e que podem ser retiradas.

Envasamento

Considerada a última etapa do processamento, deve ser cercada não apenas de cuidados higiênicos, mas também mercadológicos. Seja o envase feito a partir do tanque de decantação ou de um tanque envasador, é indispensável que este esteja instalado a uma altura suficiente para que o trabalho possa ser feito com facilidade pelo operador e contribua com a higiene do processo. Em grandes indústrias, os sistemas de envasamento automatizado são os mais utilizados.

Tipos de embalagem

No momento do envase podem ser utilizadas embalagens para armazenamento e venda no atacado, ou para a comercialização no varejo. Para armazenamento e venda no atacado, os principais tipos de embalagem utilizados são os baldes de plástico atóxico de 25 kg; as latas de alumínio revestidas internamente com verniz sanitário, com capacidade para 18 litros e os tambores metálicos revestidos internamente com verniz sanitário para estoque de mel em grande quantidade, aproximadamente 300 kg. Para a embalagem e venda no varejo, as mais utilizadas são os potes de vidro ou de plástico, com capacidade de volume variando de 280 g, 460 g, 800 g até 1 kg; as bisnagas plásticas com tampa e bico dosador e os sachês, que são pequenas embalagens para consumo individual, contendo 4 g de mel e que podem ser comercializados em fitas, colocadas em sacolas plásticas contendo 250 ou 500 g de mel.

Recomenda-se que o mel seja embalado em recipientes de boca larga para que o consumidor possa consumi-lo mesmo após a cristalização.

Armazenamento

Ao longo do período de armazenamento o mel pode cristalizar, sendo essa cristalização um processo natural, que ocorre em função da proporção entre o conteúdo de glicose e o conteúdo de água de cada mel. O primeiro açúcar da solução a cristalizar é a glicose. Méis com menos de 17% de água são mais prováveis de cristalizar que aqueles com 18%. Já aqueles que apresentam mais de 19% de água podem estar mais propensos à fermentação. Os com menos de 30% de glicose raramente ou nunca cristalizam. Além da composição de açúcar no mel, o processo de cristalização depende amplamente da presença ou ausência de partículas diminutas em suspensão, que podem servir como núcleos para o crescimento de cristais. Estes núcleos existem normalmente, mesmo em mel líquido claro, embora sejam invisíveis a olho nu, como cristais diminutos, bolhas de ar, partículas de cera das abelhas, grãos de pólen, sujidades do ar ou do recipiente do mel.

A descristalização do mel deve ser feita em pasteurizador, com cuidado e técnica para não comprometer as suas qualidades, respeitando-se os binômios de tempo e temperatura, recomendados pela legislação, que variam desde 52°C, durante 470 minutos, até 71,1°C, por 24 segundos.

Depois de acondicionado em embalagens higienizadas, se o mel for armazenado em local fresco e protegido da luz, seu prazo para consumo será de dois anos após sua extração.

Classificação

O mel pode ser classificado quanto à sua origem, quanto à sua obtenção e quanto à sua apresentação e/ou processamento.

Quanto à origem, o mel pode ser classificado da seguinte forma:

- Mel floral: mel obtido dos néctares das flores.
- Mel unifloral ou monofloral: quando o produto procede, principalmente, da origem de flores de uma mesma família, gênero ou espécie e possui características sensoriais, físico-químicas e microscópicas próprias.
- Mel multifloral ou polifloral: é o mel obtido a partir de diferentes origens florais.
- Melato ou mel de melato: é o mel obtido, principalmente, a partir de secreções de partes vivas das plantas ou excreções de insetos sugadores de plantas que se encontram sobre elas.

Quanto ao procedimento de obtenção, o mel se classifica da seguinte forma:

- Mel escorrido: é o mel obtido pelo escorrimento dos favos desoperculados, sem larvas.
- Mel prensado: é o mel obtido por prensagem dos favos, sem larvas.
- Mel centrifugado: é o mel obtido pela centrifugação dos favos desoperculados, sem larvas.

Quanto à sua apresentação e/ou processamento, o mel se classifica da seguinte forma:

- Mel: é o em estado líquido, cristalizado ou parcialmente cristalizado.
- Mel em favos ou mel em secções: é o armazenado pelas abelhas em células operculadas de favos novos, construídos por elas mesmas, que não contenha larvas e comercializados em favos inteiros ou em secções de tais favos.
- Mel com pedaços de favos: é o que contém um ou mais pedaços de favo com mel, isentos de larvas.
- Mel cristalizado ou granulado: é o que sofreu um processo natural de solidificação, como consequência da cristalização dos açúcares.
- Mel cremoso: é o que tem uma estrutura cristalina fina e que pode ter sido submetido a um processo físico, que lhe confira esta estrutura e que o torne fácil de untar.
- Mel filtrado: é o que foi submetido a um processo de filtração, sem alterar seu valor nutritivo.

Composição e aspectos de qualidade

Composição do mel

O mel é uma solução concentrada de açúcares com predominância de glicose e frutose. Contém, ainda, uma mistura complexa de outros hidratos de carbono, enzimas, aminoácidos, ácidos orgânicos, minerais, substâncias aromáticas, pigmentos e grãos de pólen, podendo conter cera de abelhas procedente do processo de extração. Não pode ser adicionado de açúcares e/ou outras substâncias que alterem a sua composição original.

Dos constituintes do mel, os açúcares representam os principais, dos quais os monossacarídeos frutose e glicose, juntos, totalizam cerca de 70%; dissacarídeos, incluindo a sacarose, somam cerca de 10%, e a água na qual estão dissolvidos, 17 a 20%. Entretanto, muitas das características pelas quais o mel é bem conhecido, como seu sabor, aroma e cor, são determinadas por outros componentes que estão presentes em quantidades bastante pequenas. Cerca de 181 substâncias diferentes foram identificadas no mel.

As enzimas presentes em quantidades diminutas são conhecidas e identificadas, mas sua ação ainda não foi completamente detalhada. Há três importantes enzimas no mel: invertase, diastase (amilase) e glicose-oxidase. Outras enzimas como catalase e fosfatase ácida podem estar presentes também no mel.

O mel contém ácidos (pH médio em torno de 3,9) que contribuem para sua resistência à ação dos micro-organismos. A acidez também realça o seu sabor. O mel contém muito mais ácido glicônico do que qualquer outro ácido e este é produzido pela ação, sobre a glicose-oxidase, da enzima glicose-oxidase proveniente das glândulas hipofaringeanas das abelhas. Todos os outros ácidos estão presentes em quantidades menores e suas fontes não são conhecidas, alguns podem estar presentes no néctar. O ácido fórmico é somente um dentre os inúmeros ácidos que foram identificados com certeza no mel. Outros ácidos encontrados no mel são o ácido acético, benzoico, butírico, cítrico, isovalérico, láctico, maleico, málico, oxálico, fenilacético, propiônico, piroglutâmico, succínico e valérico.

Assim como os ácidos, o mel contém, também, aminoácidos, sendo a prolina, de longe, o mais importantes destes; vindo depois a lisina, o ácido glutâmico e o ácido aspártico; incluindo ainda a alanina, arginina, cistina, glicina, histidina, isoleucina, leucina, metionina, fenilalanina, serina, treonina, triptofano, tirosina e valina. De forma geral, a maior importância dos aminoácidos é que eles podem fornecer características que distinguem um tipo de mel de outros, e diferenciar substâncias sintéticas disfarçadas em mel.

O mel apresenta, ainda, em sua composição, quantidades mínimas de muitos minerais diferentes que se originam nas plantas e, por isso, variam em méis de diferentes floradas. Os minerais estão entre os muitos componentes que afetam a cor do mel, sendo que méis de cor clara, frequentemente, contêm pouca matéria mineral e méis escuros podem conter muito mais, embora não necessariamente, pois a cor depende, também, de outros fatores. O peso total dos elementos minerais (cinza total) varia de 0,02 a 1% do mel, encontrando-se comumente de 0,1 a 0,3%. O mel de melato está incluído entre os méis escuros que apresentam altos índices de minerais, sendo que um conteúdo mineral muito alto (1%) é, de fato, provavelmente só encontrado em mel de melato, e pode então ser usado como um indicador desses méis.

As seguintes vitaminas foram identificadas no mel: vitamina B1 (tiamina), complexo vitamínico B2 (riboflavina e ácido nicotínico), vitamina B6 (piridoxina), ácido pantotênico e vitamina C (ácido ascórbico). Sua presença no mel é muito pequena para ter importância nutricional.

Dos constituintes secundários do mel, talvez o hidroximetilfurfural (HMF) seja o mais discutido. Esse composto é resultado da quebra de açúcares hexoses, como glicose e frutose, na presença de um ácido, e tem assumido importância no controle de qualidade do mel, porque sua quantidade em uma amostra de mel é usada como um indicador direto de qualidade. A quantidade de HMF aumenta em méis submetidos a altas temperaturas. Cada 10°C extras aumentam a velocidade de produção de HMF em cerca de 4,5 vezes.

Outros constituintes microscópicos em suspensão podem ser encontrados, como os fermentos em grãos de pólen em mel de flores e algas, e fungos em mel de melato.

Aspectos ou requisitos de qualidade do mel

- Características sensoriais:
  - Cor: é variável de quase incolor a parda escura.
  - Sabor e aroma: deve ter sabor e aroma característicos de acordo com sua origem.
  - Consistência: variável de acordo com o estado físico em que o mel se apresenta.

- Características físico-químicas:
  - Maturidade:
    - Açúcares redutores (calculados como açúcar invertido):
      - Mel floral: mínimo 65 g/100 g.

- Melato ou mel de melato e sua mistura com mel floral: mínimo 60 g/100 g.
- Umidade: máximo 20 g/100 g.
- Sacarose aparente:
- Mel floral: máximo 6 g/100 g.
- Melato ou mel de melato e sua mistura com mel floral: máximo 15 g/100 g.

- Pureza:
  - Sólidos insolúveis em água: máximo 0,1 g/100 g, exceto no mel prensado, que se tolera até 0,5 g/100 g, unicamente em produtos acondicionados para venda direta ao público.
  - Minerais (cinzas): máximo 0,6 g/100 g. No melato ou mel de melato e suas misturas com mel floral, tolera-se até 1,2 g/ 100 g.
  - Pólen: o mel deve, necessariamente, apresentar grãos de pólen.

- Deterioração:
  - Fermentação: o mel não deve ter indícios de fermentação.
  - Acidez: máxima de 50 mil equivalentes por kg.
  - Atividade diastásica: como mínimo 8 na escala de Gothe.
  - Os méis com baixo conteúdo enzimático devem ter, como mínimo, uma atividade diastásica correspondente a 3 na escala Gothe, sempre que o conteúdo de hidroximetilfurfural não exceda 15mg/kg.
  - Hidroximetilfurfural: máximo de 60 mg/kg.

- Acondicionamento:
  - O mel pode apresentar-se a granel ou fracionado. Deve ser acondicionado em embalagem apta para alimento, adequada para as condições previstas de armazenamento e que confira uma proteção adequada contra contaminação. O mel em favos e o mel com pedaços de favos só devem ser acondicionados em embalagens destinadas para sua venda direta ao público.

Mel e saúde pública

Como em outras atividades agropecuárias, a apicultura também está sujeita ao ataque de pragas e doenças que podem prejudicar a produtividade do apiário, bem como a lucratividade do apicultor. Diversas enfermidades de origem bacteriana podem acometer as colmeias, entre elas, a cria pútrida europeia e a cria pútrida americana. E para combatê-las, o apicultor utiliza técnicas de manejo das colmeias e antimicrobianos, sendo a oxitetraciclina, o cloranfenicol e o sulfatiazol as drogas mais utilizadas. Em virtude disso, o mel pode apresentar resíduos desses medicamentos e, consequentemente, expor os consumidores aos perigos inerentes à ingestão e uso indiscriminado de antimicrobianos.

Na tentativa de controlar e monitorar o uso desses medicamentos, a Agência Nacional de Vigilância Sanitária (Anvisa), órgão que regula o setor de alimentos no Brasil, criou, em 2003, o Programa Nacional de Análise de Resíduos de Medicamentos Veterinários em Alimentos (PAMVet). O Mapa instituiu, em 1986, o Plano Nacional de Controle de Resíduos em Produtos de Origem Animal (PNCR) e, em 1999, o programa foi ampliado por meio da Instrução Normativa n. 42, de 20 de dezembro de 1999, com a inclusão de programas setoriais para outras matrizes além da carne, como o Programa de Controle de Resíduos em Mel (PCRM).

O monitoramento dos níveis de resíduos no mel comercializado no país e no que é exportado, é de fundamental importância para proteger a saúde do consumidor e, também, evitar barreiras à comercialização do produto em âmbito global, o que proporciona melhor desenvolvimento da apicultura no Brasil, que já apresenta um grande potencial de desenvolvimento.

Outro aspecto relevante relacionado ao consumo de mel diz respeito à sua contaminação por bactérias. Apesar da composição e das propriedades físicas do mel, como baixo valor de pH e alta pressão osmótica, o tornarem extremamente resistente às bactérias, existe uma exceção notável no que diz respeito às bactérias esporuladas, como o *Clostridium botulinum*, causadora do botulismo. Essa bactéria pode formar esporos protetores, que a isolam das propriedades antibacterianas do mel. Como são bactérias que se encontram naturalmente no solo e na natureza, alguns esporos podem contaminar as abelhas, bem como os equipamentos utilizados no manejo da colmeia e de colheita, e contaminarem o mel. O mel contaminado com o esporo do *Clostridium*, geralmente, não representa risco para adultos, mas pode ser mortal para crianças com menos de um ano de idade, cujos sistemas digestório e imunológico não se encontram totalmente desenvolvidos,

234 | Sistema de gestão: qualidade e segurança dos alimentos

fornecendo as condições ideais de umidade e temperatura para a transformação desse esporo em célula vegetativa, que produzirá a toxina neurotóxica e causará o botulismo.

Para evitar esse perigo, faz-se necessária a implantação de técnicas para as boas práticas apícolas, desde a colheita do mel no apiário até o seu processamento final. Outra medida que pode ser adotada é colocar como observação, no rótulo do produto, a frase: "não recomendado o consumo para crianças com menos de um ano de idade" ou, até mesmo: "proibido o consumo para crianças até um ano de idade".

Comercialização

Até os anos de 1990, o Brasil era um dos maiores importadores de mel e, hoje, possui uma posição de destaque entre os maiores exportadores mundiais. Isso se deve, entre outros fatores, às restrições impostas anos atrás aos dois maiores produtores mundiais, a China e a Argentina. Esses fatos causaram uma importante redução da oferta e tiveram, como consequência, um desequilíbrio na relação oferta/demanda, o que causou o aumento do preço do mel.

Ocupando a 11ª posição no *ranking* dos produtores mundiais, a produção brasileira de mel cresceu cerca de 30%. Das 38 mil toneladas produzidas no ano de 2009, saltou para 50 mil toneladas em 2010. O Brasil é o quinto maior exportador mundial do produto. De acordo com o Mapa, os programas de incentivo à produção apícola e a capacitação de agricultores envolvidos com a cadeia produtiva são os grandes responsáveis pelo destaque do setor nos últimos anos.

Os estados do Rio Grande do Sul, Paraná e Ceará são os maiores produtores de mel, mantendo, respectivamente, 18,5%, 12,5% e 12,2% do total nacional. Limoeiro do Norte, CE é o maior produtor nacional, seguido por Araripina, PE e Apodi, RN.

A participação brasileira no mercado internacional de mel de abelha tem se modificado ao longo do tempo, passando de uma posição demandante, no início da década passada, para uma posição ofertante na presente década, exportando mel para Europa e para os EUA.

Nos primeiros meses de 2011, 18 países importaram mel do Brasil. O principal destino das exportações brasileiras foram os EUA, que responderam por mais da metade, ou seja, 65,7% do total comercializado. Na Europa, o principal mercado foi a Alemanha, que importou 18,73% do volume comercializado, seguido do Reino Unido.

Com relação ao consumo, países da Europa chegam a consumir 1,5 kg de mel por pessoa/ano. Na Alemanha, o maior consumidor mundial de mel, este consumo chega a 2,4 kg por pessoa. No Brasil, o consumo *per capita* de mel é de apenas 117 gramas e, mesmo sendo apontado como o maior mercado em potencial de mel para o mundo, o brasileiro não possui o hábito de consumi-lo. Para estimular o consumo entre a população, a Confederação Brasileira de Mel e o Serviço Brasileiro de Apoio às Pequenas e Médias Empresas (Sebrae) estão desenvolvendo uma campanha que envolve *marketing*, capacitação e educação, com o objetivo de disseminar o mel como alimento.

Fatores como hábito alimentar e falta de informação do consumidor são listados como causas para esse baixo consumo. A falta de informação provoca desconhecimento das propriedades nutritivas do mel, que passa a ser consumido exclusivamente como remédio e não como alimento, não fazendo parte da dieta normal do brasileiro.

Outro fator aventado para o baixo consumo está relacionado à qualidade, uma vez que, frequentemente, o mel chega à mesa do consumidor adulterado pela adição de xaropes de sacarose, méis artificiais ou água.

Fraudes em mel

Como a produção de mel no Brasil ainda não é suficiente para atender à demanda, isso acaba levando a uma maior valorização do produto e faz que este seja alvo de adulterações. O mel pode sofrer alterações naturais ou provocadas. Estas podem ser desencadeadas por desconhecimento dos produtores ou por adulteração propositada, principalmente nos entrepostos de venda. No decorrer do tempo, o mel vem sofrendo adulterações pela mistura com açúcar de cana ou glicose comercial, por falsificadores que, à procura de lucro fácil, comprometem a qualidade do produto e a saúde do consumidor.

As alterações naturais podem ser provocadas pelo excesso de umidade, calor ou envelhecimento. O excesso de umidade no mel pode levar à fermentação pela ação de vários micro-organismos, entre eles, os *Zigosaccha-romyces, Saccharomyces rouxii, S. mellis, Leuconostoc dextranicum* e *Aero-bacter aerogenes* que estão presentes nas flores e no solo e que conseguem desenvolver altos teores de açúcar. A fermentação mucínica é mais comum e resulta na produção de glicose, gás carbônico (CO_2) e substância mucilaginosa. A alteração sofrida pelo mel é avaliada pelo excesso de ácido láctico produzido. Méis colonizados por esses micro-organismos tendem a fermentar mais rapidamente.

Muitas adulterações em mel podem ser feitas utilizando o xarope de milho ou de beterraba e, também, pelo uso do xarope invertido, que é originado pela hidrólise ácida do xarope de milho que contém teores elevados de hidroximetilfurfural. O mel de abelha apresenta uma pequena quantidade de hidroximetilfurfural, entretanto, quando o armazenamento é prolongado e se faz à elevada temperatura ambiente, o teor de HMF pode se elevar, levando a uma alteração no valor nutricional do mel. Dessa forma, a determinação do teor de HMF serve como um indicador de qualidade do produto, pois quando ocorre a formação dessa substância, normalmente algumas perdas de enzimas, como a glicose-oxidase, poderão ter ocorrido.

Outra análise qualitativa para detecção de méis artificiais pode ser feita pela reação de Lund, que indica a presença de substâncias albuminoides, substâncias estas normais em mel e que se precipitam pelo ácido tânico quando adicionado à amostra. Quando o mel é natural, esse precipitado forma um depósito de 0,6 a 3,0 mL no fundo da proveta. Entretanto, em caso de mel artificial ou mel adulterado, essa reação não ocorre e o volume do precipitado aparece em menor quantidade.

A determinação quantitativa do índice diastásico pode indicar a adulteração por aquecimento ou incorporação de compostos estranhos e a presença de altos índices de minerais como zinco, alumínio ou ferro são características de armazenamento inadequado do mel em recipientes que desprendem esses elementos.

Outros produtos da colmeia

Além da produção de mel e da polinização, as abelhas são responsáveis ainda pelo fornecimento de vários outros produtos, como cera, própolis, geleia real, pólen e apitoxina. Todos esses produtos ajudam a incrementar a renda do apicultor.

Cera

A cera é um produto de secreção glandular produzido pelas abelhas operárias, entre catorze e dezoito dias de vida adulta, por meio de quatro pares de glândulas gordurosas ou cerígenas, localizadas na parte inferior do abdome. A cera é um produto que tem aplicações na indústria, porém, a grande importância está na própria apicultura, pois os apicultores são os maiores consumidores, uma vez que as abelhas a utilizam para a construção dos favos.

Na sua composição entram diversas substâncias, todas obtidas do mel. Para a produção de 1 kg de cera as abelhas necessitam consumir, aproximadamente, 7 kg de mel e a média da produção de cera é de 2% da produção normal de mel.

A cera é quebradiça quando fria, mas é bastante fusível, com ponto de fusão entre 60 e 65°C. Sua densidade é de 0,960 a 0,972. A coloração varia do branco ao amarelo esverdeado por sua contaminação com pólen encontrado no mel, além de partículas de própolis. Apresenta aroma floral, dependendo da florada que a originou, e o sabor é insípido.

Na sua composição química a cera apresenta 70 a 72% de ésteres, 14 a 15% de ácidos céricos livres, 12% de hidrocarbonetos predominantemente saturados e 1% de alcoóis. Mesmo com uma composição complexa, a cera possui características físicas estáveis, sendo fácil a detecção de fraudes.

Apesar da maior parte da cera ter como destino a produção de placas alveoladas para as colmeias, é possível, ainda, vendê-la para uso na indústria como impermeabilizante e matéria-prima para fabricação de vela, produção de cosméticos e produtos farmacêuticos. No mercado a cera alcança bons preços e a venda é garantida.

Própolis

Entende-se por própolis o produto oriundo de substâncias resinosas, gomosas e balsâmicas, coletadas pelas abelhas, de brotos, flores e exsudatos de plantas, nas quais as abelhas acrescentam secreções salivares, cera e pólen para elaboração do produto final. As abelhas coletam esse material com o uso de suas mandíbulas, com as quais raspam e tornam maleável, manipulando-o com as patas, até fixarem a própolis em suas corbículas (depressão nas patas traseiras), transportando-a até a colmeia.

Na colmeia, as abelhas utilizam a própolis como material de construção, para impermeabilizar as paredes dos favos; para revestir inimigos invasores mortos pelas próprias abelhas e que não possam ser retirados, embalsamando-os; para fechar frestas e reduzir o alvado durante o frio e até para defesa contra inimigos; para isolar tudo que possa comprometer a sobrevivência da colmeia e para servir como desinfetante, eliminando fungos.

A própolis é composta de 55% de resinas e produtos balsâmicos, 30% de cera, 10% de óleos essenciais e 0,5% de pólen e microelementos. À temperatura ambiente possui consistência de maleável a rígida, dependendo da origem botânica. A granulometria é heterogênea. Em relação às suas características sensoriais, possui aroma balsâmico e resinoso, dependendo da origem botânica. Sua cor varia desde amarelada, parda, esverdeada até marrom, conforme a origem botânica. O sabor é característico, de suave a balsâmico ou forte e picante, também dependendo da origem botânica.

Na classificação visual, a própolis pode ser classificada da seguinte forma:

- De primeira qualidade: é a própolis granulada ou solta, em escamas ou, ainda, em cavacos, livre de qualquer impureza e com aroma característico e agradável.
- De segunda qualidade: é a própolis granulada, coletada no alvado, na tampa e/ou nas paredes da colmeia, livre de impurezas e também possui aroma característico e agradável.
- De terceira qualidade: é a própolis oriunda de raspagem dos quadros, tampa, paredes das colmeias, normalmente apresentando excesso de poeira, pedaços de madeira, sem grânulos uniformes e com resíduos de cera de abelhas.

A conservação da própolis ainda fresca deve ser feita em sacos plásticos e armazenada em *freezer* para evitar a proliferação de insetos. Outra forma de apresentação e conservação da própolis é por meio do extrato de própolis concentrado, extraído pela infusão da própolis em álcool grau alimentício.

O preço da própolis varia de acordo com a sua classificação, baseado em sua limpeza e origem botânica, alcançando também bons preços no mercado.

Geleia real

É um produto de secreção das glândulas cefálicas hipofaringeanas e mandibulares das abelhas jovens, com três a doze dias de vida adulta. É o alimento exclusivo da abelha rainha, em toda a sua vida, e de suas crias, até três dias de idade.

A composição da geleia real consiste de 66% de água, 13% de carboidratos, 12% de proteínas, 5% de lipídios, 3% de vitaminas, 1% de minerais, além de hormônios, esteroides, ácidos orgânicos essenciais e compostos proteicos ativos. Dada a sua composição rica em nutrientes, alguns cuidados devem ser tomados para sua conservação, entre eles, armazenar em frasco escuro e manter sob refrigeração, mantendo-a distante da luz, calor excessivo e oxigênio. A melhor técnica empregada para sua conservação é a liofilização.

De acordo com o procedimento de obtenção, pode ser classificada como geleia real fresca, que é o produto coletado por processo mecânico a partir da célula real, retirada a larva e filtrada, e geleia real *in natura*, que é o produto mantido e comercializado diretamente na célula real, após a remoção da larva.

Quanto às características sensoriais, seu aspecto deve ser cremoso e peculiar, com cor variando de branco ao marfim, aroma característico e sabor ligeiramente ácido e picante.

Quando a geleia real for misturada ao mel, este deve ser mantido à temperatura ambiente e não pode ser aquecido, mesmo se estiver cristalizado, evitando assim as perdas nutricionais provocadas pelo aquecimento.

Pólen

Pólen apícola é o resultado da aglutinação do pólen das flores, efetuada pelas abelhas operárias, mediante néctar e suas substâncias salivares, o qual é recolhido no ingresso da colmeia. É transportado pelas abelhas na corbícula.

Os minúsculos grãos de pólen variam de forma, tamanho e cor entre as espécies vegetais, servindo para identificar a planta e a origem do mel. Na colmeia, têm a função de alimentar as abelhas, sendo a principal fonte de proteína.

De acordo com o teor de umidade, o pólen pode ser classificado em:

- Pólen apícola: produto coletado em sua forma original, contendo no máximo 30% de umidade.
- Pólen apícola desidratado: é o produto submetido ao processo de desidratação em temperatura não superior a 42°C, e com teor de umidade não superior a 4%.

A composição do pólen é bastante variada, sendo muito influenciada pela espécie vegetal que o produziu; pelas condições climáticas; e pelo tipo de solo, considerando umidade e fertilidade. O pólen é composto de 10 a 33% de proteínas, 30 a 40% de carboidratos, 1 a 14% de lipídios, 1 a 7% de minerais, além de fibras, aminoácidos e vitaminas.

Quanto às características sensoriais de aroma, sabor e cor, apresentam-se de acordo com a origem floral. Possui aspecto de grãos heterogêneos, de forma e tamanho variados, tendendo a esféricos.

Apitoxina

Entende-se por apitoxina o produto da secreção das glândulas abdominais (glândulas de veneno) das abelhas operárias e armazenado no interior da bolsa de veneno.

De acordo com a sua apresentação, a apitoxina pode ser classificada em apitoxina na forma de pó amorfo e apitoxina na forma cristalizada.

A apitoxina é formada por várias substâncias biológicas, responsáveis pelos efeitos no organismo do homem e dos animais, entre elas, água e substâncias ativas como apamina, melitina, fosfolipase, hialuronidase e aminoácidos. Possui um teor proteico de 50 a 85%; umidade máxima de 3%; e, de 17 a 19 U/mg de proteína de fosfolipase A. Sensorialmente, é um líquido transparente, com sabor amargo e acre e odor ácido.

A extração do veneno é uma forma de proporcionar uma outra fonte de renda ao apicultor. O produto não tem venda direta ao consumidor, precisa ser filtrado e manipulado em laboratório. O apicultor deve investir, antes, na compra do coletor e outros equipamentos e deve garantir um comprador certo (laboratório) para seu produto.

Legislação específica

Os Requisitos Técnicos de Identidade e Qualidade do Mel e Produtos Apícolas foram estabelecidos pelo Mapa, pela Instrução Normativa n. 11, de 20 de outubro de 2000, na qual constam os Regulamentos de Identidade e Qualidade que devem cumprir o mel e os demais produtos da colmeia e seus anexos, considerando a necessidade de padronizar o processamento dos produtos de origem animal, visando assegurar condições igualitárias e total transparência na elaboração e comercialização destes.

Por sua vez, a Instrução Normativa n. 3, de 19 de janeiro de 2001, aprovou os Regulamentos Técnicos de Identidade e Qualidade de Apitoxina, Cera de Abelha, Geleia Real, Geleia Real Liofilizada, Pólen Apícola, Própolis e Extrato de Própolis, conforme constam de seus Anexos.

Considerações finais

O mel apresenta como característica ser o único produto doce que contém proteínas, além de sais minerais e vitaminas essenciais à saúde. Deve ser destacado que além do alto valor energético, possui propriedades medicinais conhecidas há séculos, principalmente, pela comprovada ação bactericida.

Por sua vez, a apicultura constitui a criação racional de abelhas objetivando a produção de inúmeros produtos, destacando-se entre eles mel, própolis, geleia real, pólen e cera de abelha. Vale destacar, também, que as abelhas por si só são agentes polinizadores.

A produção de mel no Brasil é favorecida pelas condições climáticas em quase todo o seu território, além da extensa cobertura vegetal natural diversificada, ou por culturas agrícolas que auxiliam a diversificar e a melhorar substancialmente sua qualidade. O mel, contudo, ainda não é visto como alimento, mas sim como um complemento medicamentoso, muito utilizado nas épocas mais frias do ano, para diminuir a incidência de afecções pulmonares. Em outras palavras, o consumo de mel no Brasil, ainda é muito baixo.

Referências

ALENCAR, S.M. *Estudo fitoquímico da origem botânica da própolis e avaliação da composição química de mel de Apis mellifera africanizada de diferentes regiões do Brasil.* Campinas, 2001. Tese (Doutorado em Ciência de Alimentos). Faculdade de Engenharia de Alimentos, Universidade Estadual de Campinas.

BERTOLDI, F.C.; GONZAGA, L.; DOS REIS, V.D.A. Características físico-químicas do mel de abelhas africanizadas (*Apis mellifera scutellata*) em florada predominante de hortelã-do-campo (*Hyptis crenata*) produzido no Pantanal. In: *IV Simpósio sobre recursos Naturais e Sócio-econômicos do Pantanal.* Corumbá, 2004.

BRANDÃO, M. Como promover a sustentabilidade com a criação de abelhas. *A lavoura,* ano 114, n.684, p.34, 2011.

BRASIL. Ministério da Agricultura, Pecuária e Abastecimento. INSTRUÇÃO NORMATIVA NÚMERO 11, DE 20 DE OUTUBRO DE 2000. REGULAMENTO TÉCNICO DE IDENTIDADE E QUALIDADE DO MEL. Disponível em: http://www.agricultura.gov.br/sda/dipoa/anexo (30 de janeiro de 2001). D.O.U., Seção I, p. 16-17. Acessado em: 12 jul. 2011.

_____. *Instrução Normativa número 3, de 19 de janeiro de 2001.* Regulamento Técnico de Identidade e Qualidade de Apitoxina, Cera de Abelhas, Geleia Real, Geleia Real Liofilizada, Pólen Apícola, Própolis e Extrato de Própolis. Disponível em: http://www.agricultura.gov.br/sda/dipoa/anexo (23 de janeiro de 2001). D.O.U., Seção I, p. 18-23. Acessado em: 12 jul. 2011.

CANAL DO CAMPO. *Mel em alta em 2010.* Disponível em: http://www.canaldocampo.com/índex. Acessado em: 03 jul. 2011.

CAMARGO, J.M.F. *Manual de apicultura.* São Paulo: Ceres, 1972. 252p.

CIA DA ABELHA. *História da apicultura do Brasil e do mundo.* Disponível em: http://www.ciadaabelha.com.br/historiadaapicultura.htm Acessado em: 03 jul. 2011.

COSTA, P.S.C.; OLIVEIRA, J.S. *Manual prático de criação de abelhas.* Viçosa: Aprenda Fácil, 2005. 424p.

CRANE, E. *O livro do mel.* 2.ed. São Paulo: Nobel, 1987. 226 p.

DELAPLANE, K. S; MAYER, D. F. *Crop Pollination by Bees.* Cambridge: CABI Publishing, 2005. 344p.

[EMBRAPA] EMPRESA BRASILEIRA DE PESQUISA AGROPECUÁRIA. *Sistema de Produção 3: Produção de mel.* 2003. Disponível em: http://www.sistemasdeproducao.cnptia.embrapa.br/FontesHTML/Mel?SPMel/índex.htm Acessado em: 10 jul. 2011.

[IBGE] INSTITUTO BRASILEIRO DE GEOGRAFIA E ESTATÍSTICA. *Produção da Pecuária Municipal,* v. 37, 2009. Disponível em: http://www.ibge.gov.br. Acessado em:10 jul. 2011.

[ETENE] ESCRITÓRIO TÉCNICO DE ESTUDOS ECONÔMICOS DO NORDESTE. *Informe rural: produção e venda dos produtos da apicultura no nordeste.* Ano 4, n. 10, 2010.

KERR, W.E. *História parcial da ciência apícola no Brasil.* Disponível em: http://www.ufv.br/dbg/bee/introd.htm. Acessado em: 03 jul. 2011

MARDEGAN, C.M. et al. *Apicultura.* 3.ed. revisada e atualizada. Campinas: Coordenadoria de Assistência Técnica Integral – CATI, 2009. 121p.

NOGUEIRA NETO, P. Notas sobre a história da apicultura no Brasil. In: Camargo, J.M.F. (org.). *Manual de apicultura.* São Paulo: Ceres, 1972, p.17-32.

PEGORARO, A. *Técnicas para as boas práticas apícolas.* 1.ed. Curitiba: Layer Studio Gráfico e Editora Ltda, 2007. 130p.

PERES, G.T. *Desenvolvimento de métodos analíticos para determinação de resíduos de tetraciclinas, sulfonamidas e cloranfenicol em mel utilizando técnicas cromatográficas.* Campinas, 2009. Tese (Doutorado em Tecnologia de Alimentos). Faculdade de Engenharia de Alimentos, Universidade Estadual de Campinas.

PEROSA, J.M.Y.; ARAUCO, E.M.R.; SANTOS, M.L.A.; ALBARRACIN, V.N. Parâmetros de competitividade do mel brasileiro. *Informações Econômicas.* São Paulo, v.34, n.3, 2004.

PINTO FILHO, R. *Criação de abelhas.* 2.ed. Cuiabá: Sebrae/MT, 1998. 85 p.

[SEBRAE] SERVIÇO BRASILEIRO DE APOIO ÀS MICRO E PEQUENAS EMPRESAS. *Informações de mercado sobre o mel e derivados da colmeia.* Disponível em: http://www.sebrae.com.br. Acessado em: 11 jul. 2011.

TORREZAN, M.A. *Minerais essenciais em méis.* Campinas, 2008. Dissertação (Mestrado em Ciência de Alimentos). Faculdade de Engenharia de Alimentos, Universidade Estadual de Campinas.

WIESE, H. *Apicultura: novos tempos.* Guaíba: Agropecuária, 2000. 424p.

_____. *Novo manual de apicultura.* Guaíba: Agropecuária, 1995. 292p.

_____. *Apicultura.* Campinas: Instituto Campineiro de Ensino Agrícola, 1982.

WILSON, T. *Como funcionam as abelhas.* Trad. HowStuffWorks Brasil. Disponível em: http://ciência.hsw.uol.com.br/abelha.htm. Acessado em: 03 jul. 2011.

8

Qualidade das matérias-primas: vegetal

Priscilla Rocha Silva Fagundes

Introdução

O Brasil é um país de dimensões continentais, com produção agrícola pulverizada por todo o território nacional, com regiões especializadas na produção de determinados vegetais e responsáveis por abastecer todo o país, como o melão no Rio Grande do Norte, o mamão no Espírito Santo, a laranja em São Paulo, a mandioquinha no Paraná, entre tantos outros. Portanto, a questão da qualidade e segurança dos vegetais não pode ser tratada regionalmente, mas sim em instância federal.

Foram grandes os avanços da agricultura brasileira nos últimos dez anos, sendo realizados grandes investimentos em tecnologia de produção visando não só ao crescimento do volume ofertado, como também ao aumento da qualidade para atender tanto às exigências do mercado internacional quanto à população brasileira, que vem se mostrando mais exigente quanto à qualidade e segurança dos alimentos que são consumidos.

O significado de qualidade do alimento vegetal também sofreu influência ao longo do tempo, antes se consideravam apenas as características físico-químicas e organolépticas; agora, leva-se em conta a inocuidade do alimento e suas características nutricionais, principalmente com o crescente apelo por uma alimentação mais saudável, e a preocupação com sua segurança.

Segundo o relatório do Instituto Ipsos, descrito por Choudhury e Costa (2002), os consumidores da América Latina são os líderes em falta de confiança nos seus suprimentos alimentícios, mas o pessimismo se estende por vários países na Europa, Ásia, Oriente Médio e África.

Nesse cenário surgiu, nos últimos anos, um grande número de certificados de produtos vegetais, muitas vezes confundindo o consumidor. Alguns garantem inocuidade ou segurança do alimento, outros o sistema de produção, e há aqueles que têm como foco questões sociais e ambientais envolvidas no sistema de produção.

O fato é que toda a cadeia produtiva é responsável pela qualidade e segurança dos produtos de origem vegetal, pois a contaminação pode ocorrer em qualquer elo: do produtor até o consumidor.

A inocuidade alimentar é a garantia de que o alimento oferecido ao consumo está isento de contaminantes de origem física, química ou biológica, que possam colocar em risco a saúde do consumidor. Entende-se por contaminação química aquela por metais pesados, defensivos agrícolas ou produtos tóxicos; contaminação física por sujidades ou insetos; e biológica a contaminação por parasitos, toxinas, micro-organismos patogênicos.

Contaminação biológica

Existe uma crescente preocupação, não apenas da população como também do governo, quanto às doenças transmitidas por alimentos (DTAs). Segundo a Organização Mundial da Saúde (OMS), a cada ano, mais de dois milhões de pessoas morrem por doenças diarreicas, muitas das quais adquiridas ao ingerir alimentos contaminados.

Estima-se que as DTAs causem anualmente, nos Estados Unidos da América (EUA), aproximadamente 76 milhões de casos, 325 mil hospitalizações e 5 mil mortes. No Brasil, segundo a Secretaria de Vigilância em Saúde (SVS), faz-se a vigilância epidemiológica de surtos de DTA e não casos individuais, com exceção da cólera, febre tifoide e botulismo. Cabe ressaltar que, segundo o Center for Disease Control and Prevention (CDC), surto de DTA é o episódio em que duas ou mais pessoas apresentam doença semelhante, após ingerirem alimentos de origem comum.

Segundo a Vigilância Epidemiológica das Doenças Transmitidas por Alimentos (VE-DTA), no Brasil há, em média, 665 surtos por ano, com 13 mil doentes.

Ainda segundo o relatório VE-DTA da Secretaria de Vigilância em Saúde, entre 1999 e 2008 foram registrados 114 surtos originários de legumes e verduras, 17 de frutas e 1 de produtos químicos, de um total de 6.349 surtos registrados. Destes, 41,1% tiveram bactérias como agente relacionado; 6,4% vírus; 0,5% parasitas; e 0,1% agentes químicos, enquanto desconhece-se o agente de 51,3% dos surtos.

Segundo Germano e Germano (2011), em saúde pública, grande parte dos agentes etiológicos de enfermidades entéricas são veiculados por hortaliças, legumes e frutas contaminadas, destacando-se entre eles helmintos, protozoários, bactérias, fungos e vírus.

A contaminação fecal de produtos vegetais, notadamente daqueles que são ingeridos *in natura*, constitui o fator de maior relevância na epidemiologia das enteroparasitoses. Isso se deve, sobretudo, ao elevado grau de resistência das diferentes formas dos organismos às condições ambientais, os quais podem persistir por longos períodos na água, no solo e mesmo nas próprias culturas (Germano e Germano, 2011).

As DTAs podem ser classificadas em infecciosas, quando a doença é causada pela ação direta do micro-organismo nocivo; e intoxicantes, quando há presença de toxina no alimento produzida pelo micro-organismo nocivo.

Como exemplos de algumas das contaminações registradas em produtos de origem vegetal: *Salmonella* em manga, mamão e pimenta do reino; toxina botulínica em palmito; *Ochratoxina A* (OTA) em café; parasitos em hortaliças; aflatoxina em castanha-do-brasil, também conhecida como castanha-do-pará, e cacau; ovos de *Taenia solium* em frutas e hortaliças; *Cyclospora cayetanensis* em framboesa; *Salmonella* e *Shigella* em inhames, brotos, tomate, mamão, melão e melancia; *Listeria monocytogenes* em alfaces, aspargos, brócolis, couve-flor e batatas.

As doenças veiculadas por esses alimentos causam impacto econômico, não apenas ao indivíduo como também para a sociedade.

Quadro 8.1 – Custos das doenças causadas por alimentos

Custo individual	Custo para a sociedade
Perda do salário por ausência no trabalho	Falta de produtividade
Locomoção para obter tratamento	Custos de investigação das doenças
Despesas com enfermagem/medicamentos	Perda de renda em razão do fechamento de estabelecimentos comerciais e a rejeição do produto
Doenças crônicas	Doenças crônicas

Fonte: Choudhury e Costa (2002).

A estrutura da cadeia produtiva de vegetais colabora, muitas vezes, para a contaminação dos produtos vegetais no campo e durante a comercialização. Alguns pontos são considerados de maior risco:

- Solo.
- Água de irrigação.
- Presença de animais domésticos e selvagens, insetos, aves e roedores.
- Manipulação.
- Água utilizada em processos de pós-colheita.
- Embalagens.
- Transporte.
- Armazenamento.
- Conservação.

O sistema de produção tem como principal característica o contato do alimento que será consumido, muitas vezes *in natura,* diretamente com o solo.

Um indicador para boa fertilidade de solo, que é de grande importância para o meio ambiente e para o cultivo, é a presença de micro-organismos, mas o ponto é que, dentre os micro-organismos presentes no solo, frequentemente estão incluídos os patógenos que podem vir a ser uma fonte de contaminação.

Para garantir a fertilidade do solo, produtores rurais lançam mão da adubação que, quando não utilizada de maneira adequada, pode ser um problema de contaminação do alimento.

Outra prática agrícola que pode apresentar risco é a utilização de água de irrigação contaminada. A contaminação da água pode ocorrer de várias formas: pela adubação do solo, aplicação de defensivos, entre outros, que podem contaminar o lençol freático e os rios, assim como reservatórios de água que não tenham manutenção adequada.

A presença nas regiões de cultivos de animais domésticos, aves e animais selvagens, também é considerada fonte de contaminação.

Os processos de manipulação dos vegetais, durante a colheita e pós-colheita, também podem oferecer perigo, tanto pela falta de higienização adequada dos manipuladores quanto das ferramentas e maquinários, podendo, ainda, haver contaminação da água utilizada para lavagem desses produtos, dentro do próprio *packing house*, ou durante o processo de comercialização no atacado ou mesmo no varejo.

As embalagens, igualmente, podem apresentar problemas. São vários os estudos que demonstram que as caixas de madeira retornáveis, assim como as plásticas que não passam por processo adequado de higienização, são fontes de inóculos, podendo causar contaminação. Esses mesmos estudos apontam níveis elevados de coliformes fecais nas embalagens.

Como forma de prevenção desses perigos, o setor público, juntamente da iniciativa privada, estabeleceram políticas públicas para garantir o alimento seguro para a população, duas ferramentas importantes nesses casos são a rastreabilidade e o uso de embalagens adequadas, que devem ser exigidas pela população.

A Instrução Normativa Conjunta Sarc/Anvisa/Inmetro n. 09, de 12 de novembro de 2002, dispõe sobre as embalagens destinadas ao acondicionamento de produtos hortícolas *in natura*. Segundo a legislação, as embalagens podem ser descartáveis ou retornáveis; quando retornáveis, devem ser higienizadas a cada uso. Se descartáveis, devem permitir a reciclagem ou incinerabilidade limpa. Suas medidas devem ser paletizáveis (submúltiplo de 1,00 m x 1,20 m) e devem apresentar a identificação e garantia do fabricante.

A rastreabilidade é garantida pela rotulagem do produto, a qual também é tema de lei federal, e os produtos vegetais devem apresentar em seu rótulo o nome do produtor ou embalador, endereço, classificação do produto e, no caso dos produtos *in natura*, data do embalamento.

Outro ponto a que se deve dar atenção, para evitar a contaminação dos vegetais, é o manuseio adequado do produto, tanto na hora do consumo quanto nas práticas pré e pós-colheita; para tanto, o treinamento dos indivíduos envolvidos nesses processos é fundamental.

O cumprimento dessas legislações é de grande importância e são ferramentas necessárias para a garantia de um produto seguro pelos seus responsáveis.

Contaminação química

A contaminação química em vegetais pode ocorrer durante a fase de produção e manuseio pós-colheita, por resíduos de produtos químicos ou pela presença natural de toxinas produzidas por micro-organismos, ou mesmo por algum componente tóxico ou alergênico natural do alimento em alguns vegetais.

Práticas agrícolas como manejo, armazenamento e secagem inadequados de grãos podem facilitar a contaminação e, em especial, a produção de micotoxinas.

Quadro 8.2 – Principais agentes tóxicos, direta ou indiretamente encontrados em alimentos

Agente tóxico	Alimentos envolvidos
Naturalmente presentes	
Glicosídeos cianogênicos	Mandioca, sorgo, amêndoas, cerejas
Glicosinolatos	Nabo, repolho, brócolis, couve-de-bruxelas, couve, couve-flor, mostarda
Glicoalcaloides	Diversas variedades de batatas
Oxalatos	Espinafre, ruibarbo, beterraba, cenoura, feijão, alface, amendoim, cacau, chá
Nitratos	Hortaliças frescas
Produtores de flatulência (rafinose e estaquinose)	Leguminosas
Carcinógenos (substâncias alcaloídicas, glicosídicas e fenólicas)	Plantas (confrei e pimenta-preta)
Contaminantes diretos	
Aflatoxinas	Amendoim, cereais, amêndoas, castanhas, coco, sementes de algodão, leite

(continua)

Qualidade das matérias-primas: vegetal | **251**

Quadro 8.2 – Principais agentes tóxicos, direta ou indiretamente encontrados em alimentos *(continuação)*

Agente tóxico	Alimentos envolvidos
Zearalenona	Milho
Patulina	Maçã, frutas em geral, trigo
Tricotecenos	Cereais (grãos em geral)
Ochratoxina A	Cereais
Ácido penicílico	Cereais
Esterigmatocistina	Cereais
Rubratoxina A e B	Cereais
Citreoviridina	Arroz
Fumonisinas	Milho, arroz
Compostos N-nitrosos – nitratos e nitritos	Alimentos de origem vegetal, água e alguns produtos de origem animal (peixes e frutos do mar, e leite e produtos derivados)
Metais tóxicos não essenciais (arsênico, cádmio, chumbo e mercúrio)	Produtos de origem vegetal e animal
Aditivos intencionais	Produtos industrializados
Contaminantes indiretos	
Promotores do crescimento animal	Produtos de origem animal
Antibióticos	Produtos de origem animal
Praguicidas	Produtos de origem vegetal e, em menor quantidade, nos de origem animal
Migrantes de embalagens plásticas	Produtos alimentícios industrializados e *in natura* embalados
Carcinógenos químicos	Produtos alimentícios industrializados e *in natura*

Fonte: Germano e Germano (2005).

Tidos como um dos principais fatores de contaminação química, os agrotóxicos são um dos pontos de preocupação quando o assunto é a segurança de alimentos vegetais.

De acordo com a legislação vigente, agrotóxicos são produtos e agentes de processos físicos, químicos ou biológicos para uso no cultivo, armazenamento e beneficiamento de produtos agrícolas, para alterar a composição da flora e da fauna, a fim de preservá-las da ação de seres vivos nocivos.

A lei de agrotóxicos e afins estabelece que os agrotóxicos somente podem ser utilizados se forem registrados em órgão federal competente, de acordo com as diretrizes e exigências dos órgãos responsáveis pelos setores da saúde (Anvisa/Ministério da Saúde), meio ambiente (Ibama/Ministério do Meio Ambiente) e agricultura (Mapa). Entre outras atribuições, cabe ao Ibama verificar a toxicidade em organismos não alvos, o comportamento do solo e a toxicidade em animais superiores; ao Mapa cabe analisar a eficácia e a praticabilidade agronômica; à Anvisa cabe, entre outras competências, a avaliação e a classificação toxicológica de agrotóxicos; e, junto ao Mapa, no âmbito de suas respectivas áreas de competência, o monitoramento dos resíduos de agrotóxicos e afins em produtos de origem vegetal.

A Anvisa estabelece o Limite Máximo de Resíduos (LMR) e o intervalo de segurança de cada ingrediente ativo de agrotóxico para cada cultura agrícola (Para, 2009).

Segundo o *Codex Alimentarius,* resíduos são quaisquer substâncias específicas em alimentos, *commodities* agrícolas ou em ração animal resultante do uso de defensivos agrícolas. O termo inclui qualquer derivado de agrotóxico, como produtos de conversões, metabólitos, produtos de reação e impurezas com significado toxicológico relevante.

O LMR é a concentração máxima de um agrotóxico (expressa em miligrama por quilo), legalmente permitida em alimentos e rações.

Classificação dos agrotóxicos quanto a sua ação e o grupo químico a que pertencem

- Inseticidas: possuem ação de combate a insetos, larvas e formigas. Pertencem a quatro grupos químicos distintos:
  - Organofosforados: são compostos orgânicos derivados do ácido fosfórico, do tiofosfórico ou ácido ditofosfórico.
  - Carbamatos: são derivados do ácido carbâmico.
  - Organoclorados: são compostos à base de carbono, com radicais de cloro. São derivados de clorobenzeno, do ciclohexano ou do ciclodieno. Seu emprego tem sido progressivamente restrito ou mesmo proibido.
  - Piretroides: são compostos sintéticos que possuem estruturas semelhantes à piretrina, substância existente nas flores do *Crysanthemum.*

- Fungicidas. Combatem fungos:
  - Etileno-bis-ditiocarbamatos.
  - Trifenil estânico.
  - CH
  - Hexaclorobenzeno.
- Herbicidas. Combatem ervas daninhas:
  - Paraquat.
  - Glifosato.
  - Pentaclorofenol.
  - Derivados do ácido fenoxiacético: 2,4 D diclorofenoxiacético e 2,4,5 T.
  - Dinitrofenóis.

Outros grupos importantes: raticidas (combate a roedores); acaricidas (combate a ácaros), nematicidas (combate a nematoides), molusquicidas (combate a moluscos), fumigantes (brometo de metila e fosfetos metálicos: combate a insetos e bactérias).

Segundo a Secretaria de Vigilância em Saúde do Ministério da Saúde, alguns dos efeitos dos agrotóxicos são: neurotoxicidade retardada, lesões no sistema nervoso central (SNC), redução de fertilidade, reações alérgicas, formação de catarata, evidências de mutagenicidade, lesões no fígado, efeitos teratogênicos, entre outros.

Dada a grande diversidade de produtos – existem cerca de 300 princípios ativos em 2.000 formulações comerciais diferentes no Brasil –, cabe ressaltar que, segundo alguns estudos, existem no mundo princípios ativos mais modernos que causam menos impacto ambiental, são menos nocivos à saúde e mais eficazes para a agricultura, mas que, ainda, não são utilizados no Brasil. A substituição dos princípios ativos utilizados na agricultura brasileira pelos mais modernos existentes é de suma importância.

A substituição gradativa do uso de defensivos químicos por biológicos vem sendo vista com bons olhos e a utilização, cada vez maior, na produção do manejo integrado de pragas, também é positiva para que se possa obter, como produto final, um alimento seguro.

Apesar de nos últimos anos serem poucos os óbitos provocados por defensivos, o uso desses produtos constitui problema grave de política pública.

Grande parte dos produtos hortícolas consumidos no Brasil não possui defensivos registrados para a cultura, em virtude destes produtos serem considerados de baixo interesse econômico para as indústrias químicas responsáveis.

Sistemas de produção agrícola e alimentos seguros

Na última década houve uma grande transformação no perfil do consumidor mundial, além do aumento da preocupação em ter uma alimentação mais saudável, rica em fibras e vegetais, houve um sério movimento para o consumo de alimento seguro (*food safety*).

A inocuidade dos vegetais está intimamente ligada ao seu sistema de produção e à cadeia produtiva na qual está inserida. A qualidade e a sanidade do produto agrícola não são de responsabilidade apenas do agricultor, mas de todos os agentes envolvidos até que ele chegue ao consumidor. Não se pode afirmar que esse ou aquele sistema de produção seja melhor ou pior, a decisão deve ser do consumidor. Todos os sistemas têm seus prós e contras, portanto, o que se deve exigir é que a informação sobre eles seja acessível, para que possa embasar a decisão de escolha do consumidor. Na atualidade, a única ferramenta disponível e a mais eficaz é a rotulagem dos alimentos.

Problemas alimentares decorrentes da síndrome da vaca louca, contaminação por *Escherichia coli*, alimentos originários de organismos geneticamente modificados (OGMs/transgênicos), aliados à falta de informação, desencadearam a desconfiança por parte do consumidor quanto aos sistemas de produção existentes.

Convencionais

O sistema de produção convencional tem sido utilizado ao longo dos anos e tem como base o uso intensivo do solo, adubação química e uso de agrotóxicos. Os alimentos provenientes deste sistema de produção não necessariamente apresentam contaminação química ou biológica.

Orgânicos

Considera-se sistema orgânico de produção agropecuária, segundo a Lei n. 10.831, de 23 de dezembro de 2003, todo aquele em que se adotam técnicas específicas, mediante otimização do uso de recursos naturais e socioeconômicos disponíveis, e o respeito à integridade cultural das comunidades rurais, tendo por objetivo a sustentabilidade econômica e ecológica; a maximização dos benefícios sociais; a minimização da dependência de energias não renováveis; empregando, sempre que possível, métodos culturais, biológicos e mecânicos, em contraposição ao uso de materiais sintéticos; a eliminação do uso de organismos geneticamente modificados (OGMs/transgênicos); e radiação ionizante em qualquer fase do processo de produção, armazenamento, distribuição e comercialização, e a proteção do meio ambiente.

Organismos geneticamente modificados e transgênicos

Segundo os dados da International Service for the Acquisition of Agribiotech Applications (ISAAA), o crescimento da área cultivada, no mundo, com grãos geneticamente modificados tem sido expressivo, e o Brasil ocupa o segundo lugar com 25,4 milhões de hectares, atrás apenas dos Estados Unidos (com 66,8 milhões de hectares).

Entende-se por OGM todo o organismo cujo material genético foi manipulado de modo a favorecer alguma característica desejada. Os transgênicos possuem um ou mais genes de outro organismo no seu material. Os OGMs não são necessariamente transgênicos, mas os transgênicos são necessariamente OGMs.

Os principais produtos transgênicos cultivados são: soja, milho, algodão, canola, batata, beterraba, alfafa, mamão papaia e abóbora.

São apontadas como vantagens o desenvolvimento de plantas tolerantes às condições edafoclimáticas como seca, frio, calor, salinidade e acidez do solo, fertilidade do solo, e também com resistência a pragas, doenças e agrotóxicos, ou ainda o enriquecimento nutricional das plantas com maior teor de vitamina ou retirando substâncias alergênicas, como o arroz dourado enriquecido com vitamina A.

Os principais argumentos contrários a esses produtos estão relacionados com os temores quanto aos riscos à saúde humana e animal e ao meio ambiente, bem como possíveis impactos econômicos negativos decorrentes de sua liberação.

Os OGMs e os transgênicos são alvo de muita discussão e não há consenso na comunidade científica. Sendo assim, cabe ao consumidor o direito de escolha quanto ao consumo de produtos transgênicos ou que os contenham em sua formulação, portanto, a rotulagem dos alimentos é a única ferramenta disponível para garantir o poder de escolha.

Em 2003, foi publicado o decreto de rotulagem (4.680/2003) que obrigou empresas da área de alimentação, produtores e todos que trabalham com a venda de alimentos a identificarem, com um T preto, sobre um triângulo amarelo, o alimento com mais de 1% de matéria-prima transgênica.

Boas práticas agrícolas, APPCC e produção integrada

Em decorrência de divulgações constantes da mídia, quanto à contaminação química, física e biológica dos vegetais, os atributos exigidos pelos consumidores no ato da compra não são apenas cor, aparência e sabor, mas procuram garantias de segurança dos alimentos. As frutas e as hortaliças causam uma preocupação especial, porque, provavelmente, serão consumidas sem qualquer tratamento a fim de eliminar ou reduzir a quantidade de micro-organismos presentes.

Para atender essa demanda de mercado, redes varejistas da Europa adotaram protocolos internacionais para aquisição de alimentos. Nestes protocolos foram contemplados, além de outras exigências, a utilização de Boas Práticas Agrícolas (BPA) e Análise de Perigos e Pontos Críticos de Controle (APPCC).

As grandes redes de varejo do Brasil também adotaram programas de garantia da qualidade e sanidade de seus vegetais, assim como o Sistema Agropecuário de Produção Integrada (Sapi) foi adotado por produtores para garantir a qualidade e sanidade de seus produtos.

As boas práticas agrícolas são pré-requisito, tanto para o Sapi como para o sistema APPCC e todos os demais protocolos.

As BPAs se referem às práticas e procedimentos estabelecidos para a produção primária que objetiva o controle de perigos, a produtividade e a qualidade.

Segundo a Food and Agriculture Organization (FAO), é um conjunto de princípios, normas e recomendações técnicas aplicadas para produção, processamento e transporte de alimentos, orientado a cuidar da saúde humana, proteger o meio ambiente e melhorar as condições dos trabalhadores e suas famílias. As BPAs têm como objetivo a saúde do consumidor, garantir que o produto agrícola seja adequado para o consumo humano, manter a confiança dos produtos agrícolas no mercado nacional e internacional.

Os princípios gerais de higiene alimentar do *Codex Alimentarius* aplicam-se a toda a cadeia alimentar, desde a produção primária até o consumidor final, estabelecendo as condições higiênicas necessárias para produzir alimentos inócuos e saudáveis para consumo. A aplicação dos princípios gerais de higiene alimentar recomenda práticas de higiene referentes à manipulação (incluindo produção e colheita, preparo, processamento, embalagem, armazenamento, transporte, distribuição e comercialização) de alimentos para consumo humano.

O objetivo do sistema APPCC é identificar os perigos relacionados à segurança do consumidor que podem ocorrer em uma linha de produção, estabelecendo os processos de controle para garantir a inocuidade do alimento, portanto, sua utilização na produção de vegetais, principalmente nas etapas pós-colheita, se apresenta como ferramenta importante para a garantia da sanidade dos vegetais.

Esse sistema está designado para controle durante a produção e tem por base princípios e conceitos preventivos. Identificando-se os pontos ou etapas nos quais os perigos podem ser controlados (prevenção de acesso, eliminação, diminuição etc.) pode-se aplicar medidas que garantam a efetividade do controle. Os perigos considerados são os de natureza física, química e biológica.

O Sapi permite harmonizar a rentabilidade do agronegócio com a proteção ao meio ambiente. Desse modo, o sistema deve ser capaz de produzir boa rentabilidade econômica, ótima qualidade e baixos níveis de resíduos nos produtos, respeitando a saúde e o meio ambiente. Na comercialização, viabilizando a obtenção de produtos com garantia de origem, poderá ser incrementado o valor agregado das frutas e/ou direcionado seu consumo para um amplo setor da população, especialmente conscientizada quanto à sanidade dos alimentos e com respeito aos recursos naturais.

As providências recomendadas pela FAO para a implantação de um programa de qualidade na comercialização de alimentos são: desenvolvimento de estratégias de controle da qualidade; estabelecimento e fortalecimento de sistemas integrados de controle de alimentos; desenvolvimento de sistemas de garantia de qualidade para produção de alimentos (certificação); processamento e *marketing*; programas de controle e monitoramento de contaminação em alimentos; desenvolvimento de infraestruturas para a implementação em termos de legislação de alimentos, laboratórios, inspeção, serviços de extensão e treinamento, bem como o melhoramento das técnicas de manejo, particularmente de alimentos comercializados em ambientes domésticos e públicos.

Considerações finais

O consumo de vegetais tem sido cada vez mais recomendado por profissionais da área de saúde, os perigos de contaminação existem, mas também há esforços do setor no sentido de oferecer um produto saudável para os consumidores.

A rotulagem dos alimentos é um direito do consumidor e sua garantia de rastreabilidade do produto, assim como a correta higienização dos vegetais deve ser realizada antes do consumo.

Legislação pertinente

Lei n. 6.894, de 16 de dezembro de 1980 – Dispõe sobre a inspeção e fiscalização da produção de fertilizantes, corretivos inoculantes, estimulantes ou biofertilizantes, destinados à agricultura e dá outras providências.

Lei n. 7.802, de 11 de julho de 1989, regulamentada pelo Decreto n. 98.816 de 11 de janeiro de 1990 – Legislação Federal de Agrotóxicos e Afins – Dispõe sobre a pesquisa, a experimentação, a produção, a embalagem e rotulagem, o transporte, o armazenamento, a comercialização, a propaganda comercial, a utilização, a importação, a exportação, o destino final dos resíduos e embalagens, o registro, a classificação, o controle, a inspeção e a fiscalização dos agrotóxicos, seus componentes e afins e dá outras providências.

Portaria n. 518 do Ministério da Saúde de 25 de março de 2004 – Estabelece os procedimentos e responsabilidades relativos ao controle de vigilância de qualidade da água para consumo humano e seu padrão de potabilidade e dá outras providências.

Decreto n. 4.680 de 24 de abril de 2003 – Regulamenta o direito à informação, assegurado pela Lei n. 8.078 de 11 de setembro de 1990, quanto aos alimentos e ingredientes alimentares destinados ao consumo humano ou animal que contenham, ou seja, produzidos a partir de organismos geneticamente modificados, sem prejuízos de cumprimento das demais normas aplicáveis.

Lei n. 10.831 de 23 de dezembro de 2003 – Dispõe sobre agricultura orgânica e dá outras providências.

Lei n. 9972 de 25 de maio de 2000 – Institui a classificação de produtos vegetais, seus subprodutos e resíduos de valor econômico, e dá outras providências.

Instrução Normativa Conjunta (Sarc/Anvisa/Inmetro) n. 009 de 12 de novembro de 2002 – Dispõe sobre as embalagens destinadas ao acondicionamento de produtos hortícolas *in natura*.

Instrução Normativa n. 20 de 27 de setembro de 2001 – Aprova as Diretrizes Gerais para Produção Integrada de Frutas – DGPIF e as Normas Técnicas Gerais para a Produção Integrada de Frutas.

Instrução Normativa n. 27 de 30 de agosto de 2010 – Estabelece as diretrizes gerais com vistas a fixar preceitos e orientações para os programas e projetos que fomentem e desenvolvam a Produção Integrada Agropecuária (PI-Brasil).

Referências

BRASIL. Ministério da Saúde, Secretaria de Vigilância em Saúde, Diretoria de Saúde Ambiental e Saúde do Trabalhador, Programa Nacional de Vigilância Ambiental em Saúde Relacionado a Substâncias Químicas, 2009. 158 p. Disponível em: portal.saude.gov.br/portal/.../pdf/programa_nacional_vigiquim_2009.pd. Acessado em: abr. 2011.

BRASIL. Ministério da Saúde. Secretaria da Vigilância Sanitária. Resolução RE n. 326 de 01 de agosto de 1997. Aprova o regulamento técnico sobre "Condições Higiênico-Sanitárias e de Boas Práticas de Fabricação para Estabelecimentos Produtores/Industrializadores de Alimentos". *Diário Oficial da República Federativa do Brasil*. Poder Executivo, Brasília, D.F, jul. 1997, Seção 1.

_____. Ministério da Agricultura, Pecuária e Abastecimento. Lei n. 9972 de 25 de maio de 2000. Institui a classificação de produtos vegetais, seus subprodutos e resíduos de valor econômico e dá outras providências. *Diário Oficial da República Federativa do Brasil*. Poder Executivo, Brasília, 26 de maio de 2000. Seção 1.

_____. Ministério da Agricultura Pecuária e Abastecimento. Decreto n. 3664 de 17 de novembro de 2000. Institui a classificação de produtos vegetais seus subprodutos e resíduos de valor econômico e dá outras providências. Regulamenta a Lei n. 9972, de 25 de maio de 2000. *Diário Oficial da República Federativa do Brasil*. Poder Executivo, Brasília; 20 de novembro de 2000, Seção 1.

_____. Agência Nacional de Vigilância Sanitária (Anvisa). Resolução n. 12 de 02 de janeiro de 2001. Aprova os padrões microbiológicos sanitários de diferentes grupos de produtos alimentícios para fins de registro e fiscalização. *Diário Oficial da República Federativa do Brasil*. Poder Executivo, Brasília, n.7, jan. 2001. Seção 1. p.45-53.

_____. Ministério da Agricultura, Pecuária e Abastecimento. Instrução Normativa nº 20 de 27 de setembro de 2001. Aprova as Diretrizes Gerais para Produção Integrada de Frutas – DGPIF e as Normas Técnicas Gerais para a Produção Integrada de Frutas – NTGPIF. *Diário Oficial da República Federativa do Brasil*. Poder Executivo, Brasília, 15 de outubro de 2001, Seção 1. p.40.

_____. Ministério da Agricultura, Pecuária e Abastecimento. Instrução Normativa Conjunta n. 009 de 20 de novembro de 2002. Dispõe sobre as embalagens destinadas ao acondicionamento de produtos hortícolas *in natura*. *Diário Oficial da República Federativa do Brasil*. Poder Executivo, Brasília, 18 de novembro de 2002. Seção 1. p.30.

_____. Ministério da Saúde. Agência Nacional de Vigilância Sanitária (Anvisa). Resolução RDC nº 259 de 20 de setembro de 2002. Aprova o regulamento técnico sobre rotulagem de alimentos embalados. *Diário Oficial. da República Federativa do Brasil*. Poder executivo. Brasília. 23 de setembro de 2002. Seção 1.

_____. Ministério da Agricultura, Pecuária e Abastecimento. Lei n. 10.831 de 23 de dezembro de 2003. Dispõe sobre agricultura orgânica e dá outras providências. *Diário Oficial da República Federativa do Brasil*. Poder Executivo, Brasília, 23 de dezembro de 2003. Seção 1.

_____. Presidência da República. Decreto n. 4.680 de 24 de abril de 2003. Regulamenta o direito à informação, assegurado pela Lei n. 8.078 de 11 de setembro de 1990, quanto aos alimentos e ingredientes alimentares destinados ao consumo humano ou animal que contenham, ou seja, produzidos a partir de organismos geneticamente modificados, sem prejuízos de cumprimento das demais normas aplicáveis. *Diário Oficial da República Federativa do Brasil*. Poder Executivo, Brasília, 25 de abril de 2003. Seção 1.

_____. Ministério da Saúde. Secretaria da Vigilância Sanitária. Resolução RE n. 326.

CHOUDHURY, M.M.; COSTA, T.S. *A segurança de produtos hortifrutícolas frescos*. Petrolina: Embrapa, 2002. 36p. (Documento 181).

CLAYPOOL, L. Aspectos físicos del deterioro. In: LIZANA, A. PRIMER SIMPOSIO SOBRE MANEJO, CALIDAD, COSECHA Y POST-COSECHA DE FRUTAS Y HORTALIZAS. Santiago: Universidad de Chile, 1975, p. 29-37. (Publicaciones Misceláneas nº 9).

CODEX ALIMENTARIUS. *Hazard análisis and critical control point (HACCP) system and guidelines for its application*. 1997. Disponível em: http://www.fao.org/documents/show_cdr.asp?url_file=/docrep/005/y1579e/y1579e00HTM. Acessado em: maio 2011.

[FAO] FOOD AND AGRICULTURE ORGANIZATION. *Food and nutrition division*. 2001. Disponível em: http://www.fao.org/esp/dept/es96003.html. Acessado em: jul. 2011.

_____. *Boas Práticas Agrícolas*. Disponível em: http://www.rlc.fao.org/pr/agricultura/bpa/. Acessado em: jun. 2011.

[FDA] FOOD AND DRUG ADMINISTRATION. *The bioterrorism act of 2002.* Disponível em: http://www. fda.org/oc.bioterrorism/bioact.html. Acessado em: maio 2011.

GERMANO, P.M.L.; GERMANO, M.I.S. *Higiene e vigilância sanitária de alimentos.* 4ª ed. Barueri: Manole, 2011.

GERMANO, P.M.L.; GERMANO, M.I.S. Alimentos e suas relações com a educação ambiental. In: PHILIPPI JR, A.; PELICIONI, M.C.F. *Educação ambiental e sustentabilidade.* Barueri: Manole, 2005.

[GAP] GOOD AGRICULTURE PRACTICES. *A self-audit for growers and handlers.* Davis: University of California, s.d. 54 p. Disponível em: http://ucgaps.ucdavis.edu/. Acessado em: maio 2011.

GORENSTEIN, O. *Rotulagem a identidade do alimento.* Centro de Qualidade em Horticultura. Disponível em: <http://www.hortibrasil.org.br/rotulagem/rotul3.htm>. Acessado em: jun. 2011.

[ISAAA] INTERNATIONAL SERVICE FOR THE ACQUISITION OF AGRI-BIOTECH APPLICATIONS. James, Clive. 2010. Situação Global da Comercialização Biotech/GM Crops: 2010. *ISAAA Brief* n. 42. ISAAA: Ithaca, NY.

NOGUEIRA JUNIOR, S. O potencial dos organismos geneticamente não modificados. *Revista Análises e Indicadores de Mercados.* v.6, n.5, maio 2011. Disponível em: ftp://ftp.sp.gov.br/ftpiea/AIA/AIA-20-2011. pdf. Acessado em: jun. 2011.

ORGANIZAÇÃO PAN AMERICANA DA SAÚDE-OPAS. *HACCP: Instrumento Essencial Para a Inocuidade de Alimentos.* Buenos Aires, Argentina: INPPAZ, 2001. 333 p.

PENTEADO, A.L.P. *Incidência e desenvolvimento de* Salmonella spp. *e* Listeria spp *em frutas de baixa acidez.* São Paulo, 2003. 117 p. Tese (Doutorado). Universidade Estadual de Campinas.

[PARA] PROGRAMA DE ANÁLISES DE RESÍDUOS DE AGROTÓXICOS EM ALIMENTOS. Ministério da Saúde. Agência nacional de Vigilância Sanitária. *Relatório de Atividades 2009.* Junho de 2010. Brasília. Disponível em: http://portal.anvisa.gov.br/. Acessado em: maio 2011.

SILVA, P. R. *Diagnóstico da logística de caqui "rama forte e fuyu, Boas Práticas Agrícolas e Análise dos Perigos e Pontos Críticos de Controle.* Botucatu, 2005. Dissertação (Mestrado em Agronomia Horticultura). Universidade Estadual Paulista "Julio de Mesquita Filho", Faculdade de Ciências Agronômicas.

SPERS, E.E.A segurança ao longo da cadeia agroalimentar. *Conjuntura Alimentos.* São Paulo, v.5, n.1, p.18-26, fev.1993.

9

Gestão do agronegócio e micotoxinas em alimentos

Pedro Manuel Leal Germano

Introdução

O Brasil é o país com maior possibilidade de crescimento agrícola do mundo, visto ser dotado de extensas áreas agricultáveis, com relevo e topografia favoráveis; densidade pluviométrica ideal ao cultivo; e clima e estações do ano favorecedoras da maior parte das atividades concernentes ao agronegócio.

Contudo, como qualquer outro país que depende da atividade agrícola para manter o equilíbrio de sua balança comercial, está exposto a perdas imprevisíveis de grande monta, por efeito de eventuais calamidades meteorológicas, como secas, inundações, precipitações de granizo, entre outras, como também as de natureza biológica.

Desse modo, faz-se cada vez maior a necessidade de esforços, não só por parte dos próprios produtores rurais, como também dos profissionais e dos pesquisadores que integram o conjunto das ciências agropecuárias, no sentido de desenvolver o campo da gestão rural.

Por outro lado, a crescente competitividade exigida pelo mercado agrícola, aliada à reduzida rentabilidade do setor, torna fundamental a adoção de métodos de gestão, visto que esta, dentre outros objetivos, deverá elevar os lucros, diminuindo desperdícios, sobretudo os decorrentes de pragas e doenças, desde a lavoura até a fase final de armazenamento dos produtos. Por esses motivos, uma boa gestão, na maioria das vezes, pode ser determinante no sucesso de qualquer empreendimento rural.

Merece particular atenção a necessidade crescente da adoção de boas práticas agrícolas, as quais devem ser seguidas em todas as etapas de produção de cereais, desde a lavoura, considerando as variáveis: preparo do solo; adubação; controle de pragas e doenças; e, irrigação até a pós-colheita, que inclui a separação dos grãos, secagem, armazenamento e, por fim, sua comercialização.

Vale lembrar que a adoção de técnicas especiais, voltadas para o controle de qualidade, sobretudo, a aplicação dos princípios do sistema de Análise de Perigos e Pontos Críticos de Controle (APPCC) que, quando empregado corretamente, possibilitará, entre outros, minimizar o desenvolvimento fúngico e, consequentemente, a produção de micotoxinas em produtos alimentícios.

À luz da gestão do agronegócio e considerando o grande problema decorrente da associação de fungos e suas micotoxinas, principalmente, em grãos de cereais contaminados, está inserido este capítulo.

O mundo dos fungos

Os reinos de evolução da natureza tiveram origem há 4 bilhões de anos, de acordo com a escala geológica do tempo, com o surgimento das primeiras células, dando origem ao Reino *Procaryotae*. Após 2 bilhões de anos, com a evolução das primeiras células, originou-se o Reino *Protista*, agrupando protozoários e algas. Mas, somente 600 milhões de anos depois é que surgiram os primeiros organismos multicelulares, dando origem aos Reinos *Mycetae*, *Plantae* e *Animalia*, os quais perduram até hoje.

De acordo com esta escala, conclui-se que o homem e os animais convivem entre si e com micro-organismos há milhões de anos, aí compreendidos os diversos componentes do reino *Mycetae*, que abriga os fungos, as leveduras e os bolores, bem como os cogumelos, nome comum dado a sua particular estrutura de reprodução sexuada, a qual é revelada por uma ampla variedade de formas e cores, sendo muitos deles comestíveis em condições naturais, embora alguns tenham propriedades alucinógenas e outros sejam tóxicos, podendo em alguns casos levar à morte.

Estima-se que o número de espécies de fungos na natureza possa ser superior a 2,5 milhões, dos quais 600 mil puderam ser identificados até o presente. Por suas características de fácil adaptação ao meio ambiente, acredita-se que um quarto da massa biológica do planeta possa estar ocupada por fungos.

A maior parte das espécies fúngicas, contudo, é microscópica e suas relações na natureza, com seres vegetais ou animais, pode ser de caráter simbiótico, o qual é mutuamente vantajoso entre uma determinada espécie de fungo e os diferentes tipos de hospedeiros; ou parasítico, no qual existe unilateralidade de benefícios, em que apenas o hospedeiro parasitado é prejudicado, tal como sucede nas micoses e nas micotoxicoses.

As micoses, tanto no homem quanto nos animais, podem provocar desde manifestações cutâneas – como alergias –, até as de caráter sistêmico, caracterizadas por infecções que podem, em grau máximo, provocar o óbito dos infectados. Por outro lado, grande número de gêneros de fungos produz compostos biologicamente ativos, as denominadas micotoxinas, tóxicas para seres humanos, animais e vegetais, responsáveis pelas micotoxicoses.

Definição e consequências

As micotoxinas são produtos do metabolismo secundário dos fungos, substâncias por eles utilizadas para inibir ou prevenir o desenvolvimento de outros organismos. Estas substâncias constituem importantes contaminantes de alimentos, tanto de origem animal quanto de origem vegetal, em particular de rações animais, e causam, após ingestão ou inalação, efeitos tóxicos agudos ou crônicos, no homem e nos animais, e também comprometem, de modo expressivo, a qualidade das lavouras, sobretudo as destinadas à produção de grãos, como milho, amendoim, nozes e castanhas, entre muitos outros.

Os quadros agudos de micotoxicoses estão diretamente relacionados com a dose tóxica ingerida, bem como o grau de suscetibilidade dos hospedeiros, sejam humanos ou animais vertebrados. Os efeitos crônicos são os mais frequentes por causa do efeito cumulativo da toxina no organismo dos hospedeiros, ao longo do tempo, e de seus hábitos alimentares.

Deve-se considerar que os problemas gerados pelas micotoxinas são antigos e até bem documentados, como o ergotismo provocado pelo consumo de cogumelos venenosos, observado por séculos em seres humanos, assim como surtos associados com a ingestão de alimentos e grãos mofados, no homem e em animais, ocorridos no século XX.

Outro exemplo digno de registro diz respeito ao ocorrido ao final da Segunda Guerra Mundial, na ex-União Soviética, quando grande número de pessoas foram vítimas de uma micotoxina produzida por fungos. Os grãos contaminados haviam sido deixados em repouso durante o inverno, mas expostos às intempéries do clima chuvoso da região. Este fato favoreceu o desenvolvimento de fungos tricotecenos, propiciando a produção de sua micotoxina, a qual causou a denominada aleukia tóxica alimentar, responsável por 5.000 óbitos humanos.

As micotoxicoses, porém, só ganharam notoriedade a partir dos anos 1960, quando se descobriu o elevado potencial carcinogênico do *Aspergillus flavus* e do *A. parasiticus*. Esta constatação gerou muitos estudos, nos mais diversos centros de pesquisa, revelando inúmeros outros fungos produtores de micotoxinas, os quais chamaram a atenção, sobretudo de pesquisadores e profissionais da área de saúde, não só por causa de suas associações com alimentos disponíveis para seres humanos, como em forragens destinadas à alimentação de animais, mas principalmente, pelos seus diversos efeitos tóxicos. Desde então, passou a ser reconhecida a importância dos fungos e suas toxinas, uma vez que estas substâncias tóxicas podem ser prejudiciais, tanto para a saúde pública quanto para a animal.

Distribuição geográfica

Os componentes do grande grupo dos fungos são ubiquitários, ou seja, encontram-se disseminados por todos os continentes do globo, com prevalência variável de acordo com as regiões consideradas, não sendo afetados por variações climáticas, mesmo que extremas, de calor ou de frio.

De acordo com as variações climáticas mais favoráveis à formação de micotoxinas, poder-se-ia apontar, nos climas mais quentes, a aflatoxina, a mais importante e tóxica, e a fumonisina; enquanto nas áreas frias e com umidade elevada, a ocratoxina, a zearalenona e o grupo dos tricotecenos, dentre os quais podem ser mencionados o desoxinivalenol (DON) ou vomitoxina e a toxina T2.

É importante destacar que qualquer uma delas pode causar sérios problemas de ordem econômica, sobretudo enormes prejuízos às produções agrícolas, passíveis de ser encontradas nas pastagens, nas águas estagnadas e até em matérias orgânicas em decomposição.

Assim, as principais micotoxinas encontradas na América do Norte são a aflatoxina, a ocratoxina, a zearalenona e a vomitoxina; e, nas Américas Central e do Sul, tem-se, além das três primeiras mencionadas, a fumonisina e a toxicina T2; na Europa, são as três primeiras que constituem as maiores fontes de preocupação, enquanto nos países da antiga União Soviética são a zearalenona e a vomitoxina; na Ásia, até onde se conhece, identificam-se as aflatoxinas; o mesmo na África, onde além das aflatoxinas ocorrem, também, fumonisinas e zearalenona; e, na Oceania prevalecem as aflatoxinas e as fumonisinas.

Alimentos passíveis de conter bolores toxigênicos e suas toxinas

Em termos de comportamento, nem todos os fungos são toxigênicos e apenas alguns deles são considerados fontes de um único tipo de micotoxina, tal como sucede com o gênero *Aspergillus*, cujas duas espécies (*A. flavus* e *A. parasiticus*) dão origem às aflatoxinas, sobretudo as identificadas como B1, B2, G1, G2, encontradas nos grãos de milho, amêndoas, certos tipos de castanhas, nozes e amendoim, bem como de seus subprodutos, além de alimentos para consumo humano. Do mesmo modo, soja, rações de crescimento para aves e suínos e frutas secas também podem ser contaminadas com as mesmas espécies de *Aspergillus*; contudo, as aflatoxinas identificadas como M1 encontram-se no leite, em produtos lácteos e em alimentos infantis.

Por outro lado, uma mesma micotoxina pode ter a diferentes fontes, como sucede no caso particular da ocratoxina A, produzida tanto pelo *A. ochraceus*, quanto pelo *Penicillium verrucosum*, ambos encontrados nos grãos de cevada, trigo, arroz, café e milho. Por sua vez, o *P. expansum* e *P. crustosum*, também, podem dar origem, respectivamente, à patulina em maçãs e peras; e ao penitrem A, em pão e forragens.

Outras espécies, no entanto, podem produzir mais de uma micotoxina, como se observa no gênero *Fusarium*, cujas espécies podem dar origem à fumonisina B1 (*F. moniliforme*), no milho; à zearalenona no milho, cevada e no trigo; ao desoxinivalenol/nivalenol (*F. graminiarum, F. culmorum* e *F. crookwellense*) no trigo, milho, cevada e arroz; e, ainda, à micotoxina T2 (tri) (*F. sporotrichioides*) no centeio e na cevada.

Efeitos prejudicais à saúde

No conjunto dos efeitos prejudiciais à saúde, provocados pela ação das micotoxinas, em seres humanos e animais, podem ser apontados: citotoxicidade responsável por lesões celulares nos principais órgãos dos vertebrados; carcinogenicidade traduzida pela indução de tumores malignos, sobretudo no homem; teratogenicidade observada em fetos, com más formações, após o consumo de produtos alimentícios contaminados com micotoxinas por suas progenitoras, durante a gestação; fitotoxicidade provocada pela ação tóxica, principalmente, das micotoxinas em plantas, prejudicando seu desenvolvimento; e mutagenicidade, a qual provoca modificação das características fenotípicas de um organismo animal ou vegetal.

Em saúde pública, por exemplo, as aflatoxinas $B1_1$, $B2_2$, $G1_1$, $G2_2$ produzidas por *A. flavus* e *A. parasiticus* provocam lesões cancerosas ao fígado; a ocratoxina A, originada do *A. ochraceus* e do *P. verrucosum,* compromete os rins; enquanto os tricotecenos afetam as mucosas; os alcaloides do ergot atacam o sistema vascular periférico; e a zearalenona lesiona o trato urogenital.

Os seres humanos podem se infectar, diretamente, por meio da ingestão de alimentos contaminados, ou, indiretamente, por consumo de produtos de origem animal, como leite, carne e ovos.

Em saúde animal, os prejuízos de ordem econômica estão relacionados, principalmente, à diminuição de produtividade pecuária, por doenças consequentes aos efeitos deletérios causados pela ingestão de micotoxinas, pelo consumo de rações industrializadas ou de plantas forrageiras contaminadas, em áreas de pastagem cultivadas ou nativas. Estes efeitos caracterizam-se pela recusa sistemática dos animais aos alimentos oferecidos como dieta, aumentando a suscetibilidade às infecções e diminuindo a atividade reprodutora.

Como exemplos comuns, que podem ser atribuídos aos efeitos prejudiciais causados pelas micotoxinas nas criações animais, tem-se: bovinos com lesões de fotossensibilização, por ingestão de forrageiras contaminadas, as quais facilitam o acúmulo de substâncias fotodinâmicas na circulação periférica que, sob a incidência dos raios solares, causam lesões cutâneas de grande extensão; ou suínos jovens com cegueira consequente à ingestão de rações contaminadas; ou criações intensivas de aves sobre pisos mal conservados ou cobertos com camas de vegetais contaminados, a qual propicia infecções das extremidades, que dificultam o deslocamento da ave na busca de ração e água, comprometendo sua qualidade no momento do abate.

Assim, os prejuízos maiores são observados nas produções de leite ou de carne, bovina ou suína, bem como nos plantéis de aves, prejudicando, não só a qualidade das aves de corte, mas, sobretudo das poedeiras, por comprometer a postura de ovos.

Perdas econômicas nas produções agropecuárias

A ocorrência de micotoxinas em produtos vegetais, notadamente, grãos de cereais, produzida por fungos contaminantes, é responsável por elevadas perdas econômicas, consequentes aos seguintes fatos:

- Maior aplicação de agrotóxicos, com o objetivo de combater, principalmente, a carga de insetos e ácaros predadores de grãos, responsáveis por lesões estruturais, ou por rompimento de suas películas envolventes (casca), ou mesmo, por perfuração dos grãos, as quais facilitarão a entrada de fungos na intimidade dos produtos colhidos ou armazenados.
- Diversificação de tratamentos de sementes, essenciais para garantir a qualidade dos produtos semeados e proteger as plantas contra fitopatógenos, de modo a promover o seu crescimento, garantindo sua germinação para obtenção de grãos e frutos.
- Aumento dos custos de armazenagem de grãos, de modo a permitir a determinação do momento exato de comercialização do produto, para diminuir despesas com transporte e assegurar maior lucratividade.
- Despesas com melhoria dos métodos mecanizados de colheita, sobretudo, a regulagem dos equipamentos e controle da velocidade das operações, e dos meios de transporte utilizados, para conduzir

os produtos do campo aos silos, e destes até as fábricas de ração ou outros produtos industrializados.

- Prejuízo gerado pela rejeição de produtos pelo mercado importador, uma vez que o comércio internacional mantém parâmetros rigorosos, para rejeitar produtos que não os cumpram, fundamentalmente, grãos parasitados e ou contaminados por micotoxinas, devolvendo a carga ao responsável por sua exportação.
- Dificuldades de comercialização no próprio mercado interno, uma vez que produtos impedidos de exportação, por más condições higiênico-sanitárias, passam a ser objeto de intensa fiscalização das autoridades de saúde e passam a figurar negativamente na mídia.
- Gastos na remoção da toxina para recuperar o produto rejeitado, os quais, além de serem altamente dispendiosos, nem sempre são bem-sucedidos, dada a complexidade técnica das substâncias utilizadas, principalmente os níveis de adsorventes e as próprias características intrínsecas das micotoxinas.
- Custos indiretos em sistemas de controle, os quais exigem boas práticas agrícolas, culminando com o treinamento de todo o pessoal encarregado das diferentes fases de produção, desde o plantio até a colheita e posterior obediência às técnicas de armazenamento, assegurando condições apropriadas, de modo a garantir a segurança sanitária dos produtos estocados.

De acordo com a Food and Agriculture Organization (FAO), 25% dos grãos estão contaminados com micotoxinas conhecidas, em decorrência de práticas agrícolas inapropriadas, complementadas por incorreções de manuseio e armazenamento, portanto, quaisquer que sejam as situações abordadas, faz-se necessário atentar para o seguinte fato: a carcinogenicidade, aspecto mais grave para a segurança/inocuidade dos alimentos, ocorre em razão da exposição crônica, seja por elevada frequência de ingestão de alimentos contaminados com baixos teores de micotoxinas, seja pela inalação continuada de partículas contaminantes, em ambientes com ar viciado, como depósitos de grãos.

No Brasil, particularmente, pode ser mencionada a grande quantidade de aflaxatoxina encontrada em amendoins mofados e deteriorados por fungos. Todavia, cereais como grãos de trigo podem estar contaminados com fungos produtores de micotoxinas como *Fusarium* spp., *A. ochraceus* e *P. verrucosum*. Por outro lado, espigas de milho, ainda na fase de desenvolvimento em lavouras, podem ser infectadas por *Fusarium* spp., responsável por uma das mais importantes doenças registradas nos milharais, sobretudo em regiões quentes.

Aspectos que podem comprometer a segurança dos cereais

As técnicas de cultivo são primordiais para garantir uma safra de boa qualidade e garantir a segurança alimentar, tal como é expressa na legislação: em quantidade e disponibilidade suficientes para nutrir populações e com boa qualidade higiênico-sanitária, de modo a não oferecer riscos à saúde destas populações.

Para a importação de sementes, com o objetivo de incrementar a produção local, por via da geração de novas mudas, também é necessária a adoção de critérios rigorosos, para não receber novos patógenos que possam mesclar-se com a flora fúngica autóctone e provocar novas patologias, produzindo outros tipos de micotoxinas, até então desconhecidas na região importadora.

Uma vez a safra de grãos ter sido bem-sucedida, o produto deve ser encaminhado para armazenamento em diferentes tipos de silos ou tulhas, aéreos, superficiais ou subterrâneos, para posterior envio aos moinhos, onde será transformado em farinhas, sejam destinadas ao consumo humano ou para compor as rações fornecidas.

Vale destacar que, em relação aos produtos perecíveis, o armazém torna-se, no sentido figurado da palavra, o "cofre das oferendas" do lavrador, onde estão guardados os produtos a serem comercializados, de acordo com os melhores preços, como acontece, na maioria das vezes, com as safras de grãos ou qualquer produto de baixa durabilidade. Na realidade, armazenar significa não perder o produto, destacando que as técnicas disponíveis para garantir a eficiência do armazenamento são, em geral, simples e não muito dispendiosas.

Nessas circunstâncias, os veículos utilizados para o transporte merecem atenção especial, a fim de evitar contaminações prejudiciais aos grãos, e particularmente fungos aos animais.

A higiene no transporte constitui barreira importante, pois evita o aumento das eventuais cargas bacterianas e fúngicas, ambas prejudiciais à qualidade higiênico-sanitária do produto a ser armazenado, geralmente em ambientes fechados, onde temperatura e umidade são propícias ao desenvolvimento da maioria dos micro-organismos carreados pelos grãos, desde o cultivo até sua armazenagem.

Na armazenagem, silos, tulhas e celeiros, somente devem ser preenchidos com novos grãos após o esvaziamento total e higienização rigorosa das superfícies, a fim de evitar que sobras contaminadas da última carga armazenada entrem em contato direto com a nova partida de grãos, aumentando ainda mais a contaminação. Técnicas de conservação e de tratamento dos grãos devem ser adotadas, de modo a evitar que haja proliferação livre de cepas fúngicas, com a consequente produção de micotoxinas. Sob condições adequadas, o grão pode ser armazenado por muitos anos com taxa mínima de deterioração, contudo, acúmulos localizados de umidade podem proporcionar condições favoráveis para o desenvolvimento de organismos responsáveis por deterioração, comprometendo seriamente a qualidade do produto armazenado.

Consequências da contaminação fúngica

A exposição às micotoxinas, tanto no homem quanto nas espécies animais, sobretudo a herbívora, pode ocorrer mediante a ingestão de produtos de origem vegetal contaminados, como milho e cereais; ou por ingestão indireta de produtos de origem animal, como carne, leite e ovos, sendo esta última mais comum entre animais carnívoros e no próprio homem, na dependência de seus hábitos alimentares. É possível também a exposição ocupacional, como manipuladores de cereais, particularmente de amendoim e castanhas-do-brasil, seja no campo, durante as inúmeras fases de colheita, ou mesmo na indústria de rações, por meio da inalação de partículas em suspensão no ar ambiente, contaminado nas diferentes fases de moagem dos grãos de cereais. Por último, podem ser destacados os pesquisadores, que também podem contrair infecções, principalmente de caráter respiratório, a partir da manipulação de amostras contaminadas, por meio de suas próprias mãos insuficientemente higienizadas ou da permanência em ambientes com aeração precária. Outro tipo de exposição é a acidental, que pode ocorrer em locais de venda, e origina-se da manipulação para pesar ou embalar grãos vendidos a granel, podendo afetar tanto funcionários dos estabelecimentos, quanto os próprios consumidores.

Grandes quantidades de micotoxinas, principalmente aflatoxina em cereais mofados e estragados, têm sido encontradas no país, como resultado de práticas inapropriadas de manuseio e armazenamento. Por esta razão, a secagem, em pátios sob luz do sol ou em depósitos climatizados, é a melhor maneira de evitar crescimento de fungos e produção de micotoxinas em grãos após a colheita.

Os quadros clínicos observados com maior frequência dizem respeito à hepatogenecidade das micotoxinas, notadamente de qualquer uma das aflatoxinas conhecidas, as quais provocam, sobretudo, carcinoma no fígado, cirrose em crianças e degeneração da gordura circundante de vísceras.

Síntese sobre fungos e suas micotoxinas

As aflatoxinas são os principais metabólitos produzidos por fungos do gênero *Aspergillus*, encontradas em alimentos e rações contaminadas, primariamente produzidas por *A. flavus* e *A. parasiticus*, distribuídas mundialmente com predomínio nas regiões de clima tropical e subtropical, aí compreendido o Brasil.

Produtos agrícolas como amendoim, milho e sementes de algodão, feijão, arroz e trigo, entre outros, podem ser contaminados na fase de cultivo, a partir do solo, e durante as etapas de colheita e secagem mal conduzidas. Do mesmo modo, o armazenamento em locais com excesso de umidade e sem ventilação favorece a contaminação e desenvolvimento dos fungos nos grãos contaminados.

Essa toxina fluoresce, igualmente, sob luz ultravioleta, nas tonalidades azuis ou verdes, o que permite distingui-las como toxinas tipos B ou G. Assim, a aflatoxina B1 (AFB1) é a mais tóxica do grupo e um dos mais potentes carcinógenos de ocorrência natural; o grau de toxicidade destes tipos de toxinas decresce na seguinte ordem: B1, G1, B2 e G2.

O efeito deletério predominante da aflatoxicose no homem é o hepatocarcinoma; e os alimentos mais comumente envolvidos são aqueles constituídos por milho, amendoim e seus derivados, arroz, nozes, amêndoas, sementes de abóboras e de outros grãos oleaginosos, além de condimentos e frutas secas, sobretudo figos e uvas passas.

274 | Sistema de gestão: qualidade e segurança dos alimentos

Nos animais, incluem-se lesões hepáticas generalizadas e hepatomas, sendo que o grau de suscetibilidade varia conforme a espécie acometida. Por outro lado, o consumo de AFB1 em rações destinadas ao gado leiteiro, ao ser ingerida por fêmeas em lactação, sofre um processo de hidroxilação ao nível do sistema enzimático microssomal hepático, transformando-se na aflatoxina M1 que, posteriormente, é excretada no leite, a qual é, aproximadamente, dez vezes menos tóxica que a AFB1.

Tendo em vista que a AFM1 é, aparentemente, resistente aos processos usuais de beneficiamento do leite e produção de derivados, seu controle objetiva a prevenção da contaminação fúngica das rações.

Por causa de sua presença em alimentos, bem como das fortes evidências de sua associação com carcinógenos em seres humanos, as aflatoxinas continuam sendo consideradas como fator de risco quando se considera a saúde pública. Assim, muitas agências regulatórias, entre elas as dos Estados Unidos da América (EUA), de diversos membros da Comunidade Europeia e do Mercosul, representados pela Argentina, Brasil e Uruguai, incluíram em suas legislações, concernentes aos riscos de aflatoxinas, níveis de tolerância variando de zero a 50 ppb, embora 20 ppb seja o limite mais adotado, pela grande maioria de países, para alimentos.

Mais uma vez, deve-se destacar que o incentivo às boas práticas agrícolas é fundamental para minimizar a contaminação e o desenvolvimento dos fungos, aliás, qualquer que seja seu gênero.

As ocratoxinas são um grupo de micotoxinas produzidas por inúmeros fungos dos gêneros *Aspegillus* e *Penicillium*, sendo o *A. ochraceus* e o *P. verrucosum* as primeiras espécies relatadas; ambas ocorrem com frequência na natureza.

As toxinas são, na sua maioria, produzidas nos grãos durante o armazenamento nas regiões de clima temperado, ou seja, não dependem de práticas rigorosas de cultivo para prevenir a contaminação fúngica.

São encontradas por todo o globo e ocorrem, primariamente, em grãos de cereais, como cevada, aveia, centeio, milho e trigo, bem como em pastagens. As ocratoxinas foram, também, encontradas em outros tipos de *commodities,* como feijão, café, nozes, azeitonas, queijo, peixes, suínos, leite em pó, vinho, cerveja e pães.

A ocratoxina é uma potente nefrotoxina, provocando lesões renais, incluindo degeneração do túbulo proximal em muitas espécies animais, nas quais também pode provocar enterite e necrose hepática, além de possíveis efeitos imunossupressores e até teratogênicos. Sua presença em resíduos de produtos animais é preocupante, uma vez que se liga fortemente à albumina sérica e apresenta uma meia-vida longa nos tecidos animais e nos fluidos corpóreos, o que lhe permite sua disseminação na cadeia alimentar. Por isso, a ocorrência natural de ocratoxina nos rins, no soro sanguíneo, nos produtos embutidos de origem suína, como linguiças e, em especial, as preparadas com sangue, é motivo de séria preocupação em saúde pública.

As lesões patológicas observadas nos seres humanos são similares às registradas nas nefropatias dos suínos, decorrentes do consumo de rações contaminadas com ocratoxina. Nas regiões consideradas como endêmicas, como Península Balcânica, Tunísia e alguns países do Leste Europeu, além da Alemanha, os níveis de ocratoxina em alimentos e no soro de seres humanos são muito mais elevados dos que os resultados obtidos a partir de áreas não endêmicas. Vale destacar que a ocratoxina pode ser encontrada no leite materno e nos rins de pessoas das áreas endêmicas.

As fumonisinas (Fms) constituem um grupo de metabólitos produzidos primariamente por fungos do gênero *Fusarium*, um dos mais comuns encontrados nos cultivos de milho em todo o mundo. Desde a descoberta da fumonisina B1, muitas outras toxinas, com as mesmas estruturas, foram encontradas como metabolitos produzidos por diferentes espécies do mesmo gênero de fungos, no entanto, é a mais comum em amostras naturalmente contaminadas.

Os níveis da contaminação das fumonisinas variam consideravelmente com o tipo de região, contudo, apesar da contaminação ocorrer no campo, a produção da toxina continua com intensidade durante a fase de estocagem e contribui para os altos níveis da micotoxina.

As fumonisinas são altamente estáveis ao calor e muito resistentes à maioria dos procedimentos de destoxificação dos grãos. O maior grau de sua produção é obtido nos grãos de milho, enquanto as culturas de arroz, amendoim e soja não fornecem substrato adequado para produzir grandes níveis de fumonisina.

Essa micotoxina, presente em alimentos à base de milho e sementes contaminadas, foi estudada com rigor, em experimentos com ratos e clinicamente observada em equinos e suínos. Esses estudos permitiram observar que os efeitos da micotoxina traduzem-se, principalmente, por carcinogenicidade e hepatotoxicidade. Observaram-se, também, alguns animais, equinos e suínos, com complicações pulmonares e/ou renais, sendo o óbito provocado, na maior parte dos casos, pela neurotoxidade da micotoxina.

Em saúde pública, desconhece-se a ação deletéria da toxina para os seres humanos, ao contrário do que ocorre em saúde animal; contudo, na ausência de resultados práticos da possível ação da micotoxina no organismo do homem, as agências reguladoras de saúde preconizam limites máximos, em partes por milhão (ppm), que poderiam ser permitidos para comercialização de grãos, sobretudo o milho.

Esses cuidados são relevantes, pois não se sabe até que ponto a interação de grãos com diferentes níveis de toxicidade, contaminados conjuntamente por micotoxinas de diferentes origens, poderia provocar os denominados efeitos somatórios, expondo a população a danos de maior monta.

Os tricotecenos constituem um grupo de sesquiterpenoides tetracíclicos tóxicos produzidos por muitos gêneros de fungos, dentre os quais destacam-se o *Fusarium*, secundado por *Myrothecium*, *Trichoderma*, *Trichothecium*, *Cephalosporium*, *Verticimonosporium* e *Stachybotrys*. O primeiro composto a ser isolado deste grupo foi a tricotecina, que deu origem ao termo TCTC.

A diversidade estrutural da TCTC provoca grande variedade de efeitos tóxicos, seja em saúde pública ou animal, e atinge inúmeros órgãos, como trato digestivo e sistemas hepatobiliar, hematopoiético, nervoso, cardiovascular e imunológico. Assim, a ingestão de alimentos ou forragem contaminados por micotoxinas TCTC pode provocar alguns dos seguintes distúrbios: toxicose do milho mofado, sarna tóxica do trigo, síndrome emética de suínos, fusaritoxicoses, síndrome hemorrágica e aleukia tóxica alimentar (ATA).

Do ponto de vista da complexidade desse grande grupo de toxinas, deve-se considerar a seguinte classificação baseada na presença de um éster macrocíclico, sendo as TCTC classificadas como não macrocíclicas e macrocíclicas. Por sua vez, os não macrocíclicos foram divididos em dois tipos: tipo A TCTC, onde se incluíram as toxinas T2 e HT2, o neosolaniol (NESO), a diacetoxiscirpenol (DAS) e a T2 tetraol (T-4ol); tipo B TCTC, com as toxinas DON, nivalenol (NIV) e fusarenona-X (FS-X, ou 4-acetil-niv); e tipo C TCTC, contendo um anel macrocíclico, o qual inclui roridinas e verrucarinas.

Apesar de um número muito grande de TCTC já terem sido identificadas em condições laboratoriais, apenas umas poucas toxinas foram isoladas a partir de alimentos, sendo as mais estudadas apresentadas a seguir:

- Toxina T-2, altamente tóxica, sobretudo para animais, produzida por inúmeras cepas de *Fusarium*, encontrada em grãos de cereais, como cevada, talos de milho, aveia, trigo e mistura de forragens. Causa efeitos citotóxicos caracterizados por hemorragia, edema e necrose de tecidos cutâneos. E disfunções neurológicas, como êmese, taquicardia, diarreia, rejeição ao pasto, anorexia e depressão. Tanto em mamíferos quanto no próprio homem, pode determinar um efeito devastador no sistema hematopoiético.
- O deoxynivalenol (DON) constitui o tipo principal de micotoxina TCTC B, produzida igualmente por fungos do gênero *Fusarium*, ocorre com frequência em associação com a zearalenona, produzida por *F. graminiarum*. O DON caracteriza-se por determinar, em suínos, o quadro clínico de rejeição sistemática a rações e a síndrome emética, razão de sua denominação como vomitoxina. Apesar de menos tóxica que as demais TCTC, ela é encontrada em altos níveis no milho e no trigo, embora seja relatada em cevada, aveia, centeio, sorgo, em diferentes países do globo. Os suínos são mais suscetíveis a rações contaminadas com a micotoxina.

Em razão da frequente ocorrência de surtos, como ATA e a sarna tóxica do trigo, as quais têm sido demonstradas em populações humanas em diferentes partes do globo e por causa dos altos níveis de contaminantes encontrados no trigo e no milho, assim como, a constância e elevado número de casos surgidos em saúde pública, repentinamente, após consumo de cereais contaminados com DON, tanto agências governamentais de saúde quanto as indústrias de alimentos e de rações para animais aumentaram seus níveis de preocupação com a atual situação. A primeira das doenças apontadas foi e pode continuar sendo muito grave e responsável por inúmeros óbitos entre as populações atingidas. A segunda doença incomoda e causa desconforto nos portadores, mas raramente provoca óbitos entre suas vítimas.

Legislação no Brasil e no Mercosul

No Brasil, no âmbito do Ministério da Saúde, tem-se a Resolução RDC nº 274, da Anvisa, de 15 de outubro de 2002, publicada no Diário Oficial da União, de 16/10/2002, que fornece as seguintes instruções:

- Amendoim (com casca, descascado, cru ou tostado) e pasta de amendoim (pasta de amendoim ou manteiga de amendoim): aflatoxinas B1+B2+G1+G2 = 20 µg/kg (ppb).
- Milho em grão (inteiro, partido, amassado, moído, farinhas e sêmolas): aflatoxinas B1+B2+G1+G2 = 20 µg/kg (ppb).
- Leite fluido: aflatoxina M1 = 0,5 µg/L (ppb).
- Leite em pó: aflatoxina M1 = 5,0 µg/L (ppb).

Ainda no âmbito da Anvisa, tem-se, complementarmente, a RDC n. 7, de 18 de fevereiro de 2011, publicada no Diário Oficial da União, a qual dispõe sobre os limites máximos tolerados (LMT) para micotoxinas em alimentos. Na realidade estabelece em detalhes os valores dos LMT para aflatoxinas (AFB1+AFB2+AFG1+AFG2 e AFM1), ocratoxina A (OTA), desoxinivalenol (DON), fumonisinas (FB1 + FB2), patulina (PAT) e zearalenona (ZON) admissíveis em alimentos prontos para oferta ao consumidor e em matérias-primas, conforme os Anexos I, II, III e IV desta Resolução.

No que concerne ao Ministério da Agricultura, Pecuária e Abastecimento (Mapa), tem-se a Portaria MA/SNAD/SFA n. 07, de 09 de novembro de 1988 – Seção I, página 21.968, 1988, que refere como limite para qualquer matéria-prima a ser utilizada, diretamente ou como ingrediente para rações destinadas ao consumo animal, os seguintes valores:

- Aflatoxinas (máximo) = 50 µg/kg.

Deve-se observar que não são especificados quais metabólitos, mas depreende-se que seja a somatória de B1+B2+G1+G2. O limite é válido para todo e qualquer produto, seja para alimentação direta ou como ingrediente para rações.

Por outro lado, a Portaria Maara n. 183, de 21 de março de 1996, publicada no Diário Oficial da União, de 25 de março de 1996, Seção I, página 4.929, a qual internalizou as normas do Mercosul GMC/RES. n. 56/94, que dispõe sobre alimentos para consumo animal: matérias-primas e rações, especifica os produtos nela enquadrados:

- Aflatoxinas B1+B2+G1+G2 = 20 µg/kg µg/kg.

A legislação argentina, por sua vez, detalha os principais produtos passíveis de veicular micotoxinas de origem fúngica e refere seus limites, a saber:

- Alimentos infantis: AFB1 = zero.
- Amendoim, milho e subprodutos: B1 = 5 ppb; B1B2G1G2 = 20 µg/kg.
- Farelo de soja = B1 = 30 µg/kg.
- Leite fluido e em pó: M1 = 0,05 µg/kg.
- Produtos lácteos: M1 = 0,5 µg/kg.

A legislação do Uruguai estipula valores de tolerância para as aflatoxinas B1,B2,G1,G2, zearalenona, patulina e ocratoxina, como apresentado a seguir:

- Alimentos e especiarias = 20 µg/kg.
- Produtos de soja, amendoim, frutas secas = 30 µg/kg.
- Cacau em grão = 10 µg/kg.
- Alimentos infantis, industrializados = 3 µg/kg.
- Leite e produtos lácteos: aflatoxina M1 = 0,5 µg/kg.
- Zearalenona: milho e cevada: = 200 µg/kg.
- Patulina: sucos de frutas: = 50 µg/kg.
- Ocratoxina A: arroz, cevada, feijão verde (*porotos*) café e milho = 50 µg/kg.

Defensivos agrícolas

O controle das pragas da lavoura é indispensável para assegurar a integridade e a qualidade das colheitas, sobretudo de grãos de cereais. Contudo, convém lembrar que os defensivos agrícolas são substâncias químicas, misturas – naturais ou sintéticas – cuja utilização incorreta, em virtude de diluição, concentração, doses, local de aplicação, aplicador, modo de aspersão ou distribuição, suscetibilidade das populações humana e animal das circunvizinhanças, pode agredir, não só o ambiente, como todas as formas de vida, consideradas dentro de seu perímetro de ação. Por outro lado, sua má utilização, sobretudo a repetitiva, com doses cada vez maiores ou mais potentes, geralmente torna as pragas refratárias ao produto empregado. Entretanto, a necessidade de seu uso exige investimento dos produtores e planejamento rigoroso dos responsáveis pela gestão agrícola da propriedade, para minimizar as eventuais perdas quantitativas e qualitativas que possam ocorrer no campo.

A seletividade dos defensivos agrícolas são processos em que organismos, em particular os fungos, desenvolvem tolerância a estes compostos, seja por causa das vias metabólicas alternativas ou reações enzimáticas insensíveis à inibição por estas drogas químicas. Porém, nem sempre os efeitos deletérios causados por estes produtos podem ser limitados aos entorno da área visada, portanto, devem-se seguir com rigor as instruções da indústria química responsável por sua produção e comercialização.

Portanto, ao considerar as técnicas de gestão agrícola, obrigatoriamente, deve-se levar em consideração que a utilização de defensivos agrícolas ou agrotóxicos nas lavouras, nas diversas fases de plantio, pré-colheita até o armazenamento, deve ser realizada de acordo com técnicas preconizadas por profissionais da área, baseados em pesquisas científicas, de modo a não causar maiores problemas que as próprias pragas e doenças geradas por seu descontrole, tanto no plano ambiental, quanto nos de saúde pública, animal e vegetal.

Considerações finais

Como ficou claro ao longo do presente texto, as centenas de milhares de fungos existentes fazem parte da natureza e acompanham o homem, os animais e os seres vegetais nas mais diversas regiões do globo. E embora nem todos os gêneros produzam micotoxinas, aqueles que o fazem são responsáveis por graves consequências, tanto à saúde pública, quanto à saúde animal, bem como causam sérios prejuízos econômicos.

Quando essas micotoxinas se desenvolvem em grãos de cereais, pode-se tentar sua eliminação, por meio de procedimentos técnicos dispendiosos e, por vezes, ineficazes. Assim, um adsorvente ideal de micotoxinas deve ser capaz de adsorver qualquer tipo de micotoxina; exigir baixa concentração na ração; poder ser homogeneizado durante a mistura, rapidamente, e de modo uniforme na ração; ter estabilidade térmica, durante as diferentes fases de processamento e armazenamento; não prejudicar a composição nutricional das rações no que se refere aos teores de vitaminas, minerais ou outros nutrientes; ter elevada estabilidade frente a variações de pH, além de ser biodegradável após excreção.

Na atualidade, a gestão do agronegócio enfatiza a necessidade da aplicação contínua de boas práticas agrícolas, pois a correta adoção de seus princípios dificulta a ação de pragas indesejáveis, que, de um lado afetam a qualidade da safra de grãos, e do outro favorecem a contaminação fúngica.

Assim, uma vez obedecidas as práticas agrícolas convenientes, sobretudo no que se refere ao plantio e à colheita, bem como ao transporte para beneficiamento e armazenagem, deve-se atentar para o modo correto de secagem dos grãos, seja mecânica, seja por exposição ao sol, que constitui a melhor maneira de evitar o crescimento de fungos e sua consequente produção de micotoxinas.

As micotoxicoses são condições graves e merecem todos os recursos disponíveis das agências de saúde, qualquer que seja o país considerado, para garantir a qualidade dos produtos e a segurança das populações, humana, animal e vegetal, preservando os produtos agrícolas.

Em saúde pública, a prevenção das micotoxicoses apoia-se na vigilância da comercialização de grãos ou de produtos alimentícios de origem desconhecida, destinados a todos os tipos de indivíduos, independentemente de sexo e idade. Por outro lado, as pessoas devem evitar hábitos alimentares reprováveis que aumentam o risco de exposição aos efeitos deletérios destes produtos, principalmente a monotonia alimentar. Deve-se, ainda, substituir o excesso de ingestão de alimentos industrializados, responsáveis por: distúrbios digestivos de intensidade variável, de acordo com a quantidade ingerida; fenômenos alérgicos, sobretudo em crianças; e consequentes carências nutricionais, além de interferirem na formação e ação de hormônios, enzimas, neurotransmissores e no próprio sistema imunológico.

Referências

ALMEIDA, A.P.; ALABURDA, J.; SHUNDO, L.; RUVIERI, V.; NAVAS, S.A.; LAMARDO, L.C.A. et al. Ochratoxin A in Brazilian Instant Coffee. *Brazilian Journal of Microbiology*. v.38, p.300-3, 2007.

ALMEIDA, A.P.; SABINO, M.; FONSECA, H.; CORRÊA, B. Potencial toxigênico das cepas de *Aspergillus flavus* e *Fusarium verticillioides* isoladas de grãos de milho, da semeadura à colheita provenientes das regiões de Capão Bonito/SP e Ribeirão Preto/SP. *Revista do Instituto Adolfo Lutz*. São Paulo, v.64, n.1, p.79-84, 2005.

BRAGHINI, R.; SUCUPIRA, M.; ROCHA, L.O.; REIS, T.A.; AQUINO, S.; CORREA, B. Effects of gamma radiation on the growth of Alternaria alternata and on the production of alternariol and alternariol monomethyl rther in sunflower seeds. *Food Microbiology (Print)*. v.26, p.927-31, 2009.

BITTENCOURT, A.B.F.; OLIVEIRA, C.A.F.; PAULO, D.; DILKIN, P.; CORREA, B. Mycotoxin occurrence in corn meal and flour trated in São Paulo, Brazil. *Food Control*. v.16, p.117-20, 2005.

BRAGHINI, R.; SUCUPIRA, M.; Rocha, L.O.; REIS, T.A.; AQUINO, S; CORREA, B. Effects of gamma radiation on the growth of Alternaria alternata and on the production of alternariol and alternariol monomethyl rther in sunflower seeds. *Food Microbiology (Print)*. v.26, p.927-31, 2009.

CHU, F.S. *Mycotoxins and alimentary mycotoxicoses, Foodborne Infections and Intoxications*. 3.ed. Nova York: Elsevier, 2006.

CLIVER, D.O.; RIEMMNANN, H.P. *Food Borne diseases*. 2.ed. Amsterdan: Academic Press, 2002.

CALDAS, E.D., SILVA, S.C., OLIVEIRA, J.N. Aflatoxinas e octatoxina A em alimentos e riscos para a saúde humana. *Rev. Saúde Pública*. n.36, v.3, p.319-23, 2002.

FREIRE, F. Das C.O.; VIEIRA, I.G.P.; GUEDES, M.I.F.; MENDES, F.N.P. *Micotoxinas: importância na alimentação e na saúde humana e animal*. Fortaleza, Embrapa Agroindústria Tropical, 2007. 48p. (Embrapa Agroindústria Tropical. Documentos, 110).

HERMANNS, G., PINTO, F.T., KITAZAWA, S.E., NOLL, I.B. Fungos e fumonisinas no período pré-colheita do milho. *Ciênc. Tecnol. Aliment*. Campinas, n.26, v.1, p.7-10, jan.-mar. 2006.

IHA, M.H.; SABINO, M. Determination of Patulin in Apple Juice by Liquid Chromatography. *Journal of AOAC International*. Estados Unidos, v.89, n.1, p.139-43, 2006.

LAMARDO, L.C.A.; NAVAS, S.A.; SABINO, M. Desoxinivalenol (DON) em trigo e farinha de trigo comercializados na cidade de São Paulo. *Revista do Instituto Adolfo Lutz*. v.65, p.32-5, 2006.

MOURÃO, S.A.; VILELA, E.F.; ZANUNCIO, J.C.; ZAMBOLIM, L.; TUELHER, E.S. Seletividade de defensivos agrícolas ao fungo entomopatogênico *Beauveria bassiana*. *Neotrop entomol*. n.32, v.1, 103-6, 2003.

NAKAI, V.K.; ROCHA, L.O.; GONÇALEZ, E.; FONSECA, H.; ORTEGA, E.M.; CORREA, B. Distribution of fungi and aflatoxins in a stored peanut variety. *Food Chemistry*. v.106, p.285-90, 2008.

OLIVEIRA, C.A.F.; SEBASTIÃO, L.S.; FAGUNDES, H.; ROSIM, R.E.; FERNANDES, A.M. Determinação de aflatoxina B1 em rações e aflatoxina M1 no leite de propriedades do estado de São Paulo. *Ciência e Tecnologia de Alimentos* (Impresso). v.30, p.221-5, 2010.

OLIVEIRA, C.A.F.; FRANCO, R.C.; ROSIM, R.E.; FERNANDES, A.M. Survey of aflatoxin M1 in cheese from the North-east region of Sao Paulo, Brazil. *Food Additives and Contaminants: Part B*. p.1-4, 2011.

OLIVEIRA, C.A.F.; GONÇALVES, N.B.; ROSIM, R.E.; FERNANDES, A.M. Determination of Aflatoxins in Peanut Products in the Northeast Region of São Paulo, Brazil. *International Journal of Molecular Sciences (Online)*. v.10, p.174-83, 2009.

OETTERER, M.; REGITANO-DíARCE, M.A.B.; SPOTO, M.H.F. *Fundamentos de Ciência e Tecnologia de Alimentos*. Barueri: Editora Manole, 2006. 612p.

OLIVEIRA, C.A.F.; GERMANO, P.M.L. Aflatoxina M1 em leite e derivados. In: GERMANO, P.M.L.; GERMANO, M.I.S. (org.). *Higiene e vigilância sanitária de alimentos*. 4.ed. Barueri: Editora Manole, 2011, v.1, p.137-45.

REIS, T.A.; ZORZETE, P.; POZZI, C.R.; SILVA, V.N.; ORTEGA, E.M.; CORREA, B. Mycoflora and Fumonisin contamination in Brazilian sorghum from sowing to harvest. *Journal of the Science of Food and Agriculture.* v.90, p.1445-51, 2010.

ROCHA, L.O.; NAKAI, V.K.; BRAGHINI, R.; REIS, T.A.; KOBASHIGAWA, E.; CORREA, B. Mycoflora and co-occurrence of fumonisins and aflatoxins in freshly harvested corn in different regions of Brazil. *International Journal of Molecular Sciences (Online).* v.10, p.5090-103, 2009.

ROCHA, L.O.; REIS, G.M.; SILVA, V.N.; BRAGHINI, R.; TEIXEIRA, M.M.G.; CORREA, B. Molecular characterization and fumonisin productio by Fusarium verticillioides isolated from corn grains of different geographic origins ina Brazil. *International Journal of Food Microbiology.* v.145, p.9-21, 2011.

RODOVALHO, M.B. *Gestão Agrícola.* Mineiros, 2006. 44 p. Monografia. Curso de Administração, Instituto de Ciências Administrativas e de Informática, Faculdades Integradas de Mineiros, Goiás, Brasil.

RUPOLLO, G; GUTKOSKI, L.C.; MARTINS, I.R.; ELIAS, M.C. Efeito da umidade e do período de armazenamento hermético na contaminação natural por fungos e a produção de micotoxinas em grãos de aveia. *Ciênc agrotec.* Lavras, v.30, n.1, p.118-25, jan./fev. 2006.

SABINO, M.; RODRIGUEZ-AMAYA, D. Mycotoxin Research in Brazil: The Last decade in Review. *Brazilian Journal of Microbiology.* São Paulo, v.33, p.1-11, 2002.

SHUNDO, L.; NAVAS, S.A.; RUVIERI, V.; ALABURDA, J.; LAMARDO, L.C.A.; SABINO, M. Aflatoxinas em amendoim: melhoria da qualidade e programas de controle. *Revista do Instituto Adolfo Lutz (Impresso).* v.69, p.567-70, 2010.

SHUNDO, L.; NAVAS, S.A.; LAMARDO, L.C.A.; RUVIERI, V.; SABINO, M. Estimate of aflatoxin M1 exposure in milk and occurrence in Brazil. *Food Control.* v.20, p.655-7, 2009.

SHUNDO, L.; ALMEIDA, A.P.; ALABURDA, J.; LAMARDO, L.C.A.; RUVIERI, V.; SABINO, M. Aflatoxins and Ochratoxin A in Brazilian paprika. *Food Control.* v.20, p.1099-102, 2009.

SILVA, L.C. *Fungos e micotoxinas em grãos armazenados.* Disponível em: http://www.agais.com/fungos.htm. Acessado em: 3 ago. 2011.

VIEIRA, A.P.; BADIALE-FURLONG, E.; OLIVEIRA, M.L.M. Ocorrência de micotoxinas e características físico-químicas em farinhas comerciais. *Ciênc Tecnol.* 200.189.113.123. 1999.

ZORZETE, P.; REIS, T.A.; FELÍCIO, J.D.; BAQUIAO, A.C.; MOKIMOTO, P.; CORREA, B. Fungi, mycotoxins and phytoalexin in peanut varieties, during plant growth in the field. *Food Chemistry.* v.129, p.957-64, 2011.

BLOG DE ANA VALÉRIA, *Monotonia alimentar e baixo consumo de frutas, verduras e legumes levando a um processo inflamatório.* Disponível em: http://anavalerianutricionista.blogspot.com/2011/07/monotonia-alimentar-e-baixo-consumo-de.html. Acessado em: 16 ago. 2011.

PARTE III

Gestão ambiental e sustentabilidade

10

Gestão ambiental e sua interação com a saúde

Gillian Alonso Arruda
Pedro Manuel Leal Germano

Cada dia a natureza produz o suficiente para nossa carência.
Se cada um tomasse o que lhe fosse necessário,
não havia pobreza no mundo e ninguém morreria de fome.
(Mahatma Gandhi)

Introdução

A saúde humana é um dos principais indicadores de desenvolvimento sustentável, uma vez que uma sociedade saudável é decorrente de um ambiente também saudável e natural.

No século XVII, Louis Pasteur descobriu que existia uma correlação entre os micro-organismos e as doenças, o que gerou um grande desenvolvimento da medicina. Aliado a outras conquistas da ciência e da tecnologia, esse avanço permitiu que a expectativa de vida das pessoas praticamente dobrasse, daquela época para os dias de hoje. Entretanto, por muito tempo, houve a crença de que para se evitar o surgimento de doenças, seria suficiente controlar a presença do agente infeccioso. Atualmente, é reconhecido que o organismo humano se comporta como um ecossistema em equilíbrio e, consequentemente, a saúde deve ser entendida como decorrência deste equilíbrio.

O enfoque da gestão na área da saúde e, particularmente, as considerações pertinentes aos campos da alimentação e da nutrição, constituem o objetivo maior deste capítulo, no qual se propõe abordar a inter-relação entre a saúde e o meio ambiente, bem como complexidades, perspectivas futuras e limitações. Na mesma linha de raciocínio, serão apresentados comentários sobre as possibilidades de estender os conceitos de sustentabilidade ambiental para as próprias Unidades de Alimentação e Nutrição (UANs); e a visão sistêmica da gestão da qualidade complementarmente analisada sob a ótica do profissional de saúde.

Inter-relação entre saúde e meio ambiente

Diversas espécies animais e vegetais sempre foram importantes fontes de combustível, alimento, medicamento, vestuário, construção e constituem diversos outros produtos usados pelas populações humanas. A utilização desordenada de recursos naturais ameaça o equilíbrio ecológico, como se constata nos casos de desmatamento de florestas, poluição de rios e contaminação química do solo, dentre outros.

É importante ressaltar que essa questão extrapola o conceito do denominado politicamente correto e reconhecido como "movimento verde", no qual a defesa da preservação do meio ambiente permanece limitada ao universo dos ambientalistas. Na atualidade, corre-se o risco de extinção da própria espécie humana, a qual poderá se concretizar a partir do desequilíbrio global dos recursos ambientais. Desta forma, pode-se deduzir que a gestão inadequada dos recursos naturais provocará o comprometimento da qualidade do ar, do solo, da água, dos alimentos e de praticamente tudo o que entra em contato com os seres vivos, aí compreendidos os seres humanos. As mudanças climáticas, o surgimento de novas doenças infecciosas e o aquecimento global, decorrente do comprometimento da camada de ozônio, são alguns dos sinais de que a gestão ambiental deve estabelecer ou rever a agenda de prioridades governamentais de todos os países.

Gestão ambiental e saúde pública

Algumas consequências de grande magnitude que comprometem a saúde pública são decorrentes do desequilíbrio ambiental, mas nem sempre são muito evidentes ou previsíveis. É o caso do surgimento de micro-organismos emergentes, responsáveis por novos tipos de infecção, muitas vezes de difícil diagnóstico e controle. Por outro lado, a identificação de doenças reemergentes, ou seja, patologias que reapareceram ou ressurgiram, nas últimas duas décadas, anos após o declínio de sua incidência, em geral como consequência do colapso das ações de saúde pública, é preocupante.

Da mesma forma, podem ser observadas mutações genéticas entre várias espécies animais e vegetais, que proporcionam aos micro-organismos maiores condições de adaptação às ações antimicrobianas, como no caso do emprego de antibióticos ou dos sanitizantes de ambientes. Estes fenômenos dificultam o combate às contaminações de origem biológica, nos vários segmentos da economia, exigindo que novas estratégias sejam desenvolvidas para a eficiência no controle da presença, multiplicação ou sobrevivência dos micro-organismos patogênicos. No segmento industrial de alimentos ou medicamentos, a eficácia dos processos de sanitização pode ser comprometida em função da maior capacidade de resistência dos organismos contaminantes à ação dos processos antimicrobianos.

Segundo informe da Organização Mundial da Saúde (OMS), estima-se que mais de 200 milhões de pacientes sejam submetidos a cirurgias, anualmente, em todo o mundo. Destes, acredita-se que um milhão morra em decorrência de infecções hospitalares e outros sete milhões apresentem complicações na fase pós-operatória. No Brasil, em particular, estima-se que a taxa de infecções hospitalares atinja 14% das internações, número expressivo e preocupante, considerando os prejuízos financeiros para o país, sem levar em consideração custos sociais e o impacto humanitário.

Segundo dados da Associação Brasileira das Empresas de Refeições Coletivas (Aberc), em 2010, foram oferecidas cerca de 17 milhões de refeições diárias pelo segmento de refeições coletivas, representado por empresas prestadoras de serviços de alimentação, serviços autogeridos e refeições comerciais fornecidas mediante o sistema de vale cupom. Este índice representa um aumento de quase o dobro de refeições, nos últimos oito anos. Segundo a mesma entidade, o potencial teórico das refeições está estimado em 24 milhões de refeições diárias para empregados de empresas e 17 milhões para escolas, hospitais e forças armadas.

A indústria do turismo que mobiliza, entre outros setores, hotéis, restaurantes, cruzeiros marítimos, *catering* de companhias aéreas e de eventos, representa importante segmento da economia, o qual depende diretamente do equilíbrio ambiental, não apenas em relação aos possíveis impactos provocados por fenômenos climáticos sobre os locais de maior atração turística, mas por danos ao ecossistema, provocados pela total inexistência ou descumprimento dos princípios mínimos que norteiam a gestão ambiental.

No campo das adversidades de origem microbiológica, pode-se referir, a título de exemplo, a "diarreia dos viajantes", nome dado a diversos tipos de toxinfecções alimentares adquiridos durante viagens, causa frequente de despesas com hospitalizações, consultas médicas e aquisição de medicamentos, por parte dos turistas, sem levar em consideração a possibilidade de ocorrência de sequelas e mesmo óbitos.

Os cruzeiros marítimos constituem outro setor em franca ascensão que está sendo afetado pela infecção causada por norovírus, transmitido por meio das águas armazenadas nos depósitos dos navios e facilmente disseminada entre os passageiros, pelo contato com pessoas infectadas ou da utilização de água contaminada, seja por simples ingestão ou mesmo durante alguns procedimentos de higiene, como escovar os dentes ou banhar-se.

A poluição dos rios e mares provocada por essas atividades também causa grande preocupação, sobretudo pelas dificuldades de serem encontradas alternativas capazes de controlar e prevenir o descarte direto de dejetos dos navios nas águas de navegação.

Por seu lado, para alguns segmentos específicos, como o da aviação comercial e o da área hospitalar, existem normas internacionais que certificam a qualidade e a inocuidade dos alimentos produzidos para estes setores em particular.

Destaca-se que, para a garantia da qualidade e da inocuidade de refeições produzidas, qualquer que seja o setor considerado, são exigidos investimentos em sistemas de gestão da qualidade por parte dos estabelecimentos produtores de refeições coletivas, sejam de natureza pública ou privada, conforme mencionado no transcorrer desta obra.

O Manual de Boas Práticas (MBP) e os Procedimentos Operacionais Padronizados (POPs) são algumas das ferramentas mais comumente utilizadas para a garantia da qualidade da refeição servida. Para garantir a inocuidade do alimento produzido, muitos estabelecimentos lançam mão do sistema de Análise de Perigos e Pontos Críticos de Controle (APPCC), que permite identificar e controlar situações que envolvem risco de ocorrência de perigos veiculados pelos alimentos, causadores de danos à saúde.

Para atender a todas essas circunstâncias, é de vital importância a existência de equipes multidisciplinares, destinadas à gestão da qualidade dos produtos e serviços destinados à população, cujas competências são estabelecidas de acordo com as características do estabelecimento e seus respectivos produtos e serviços.

Gestão ambiental e nutrição

A capacidade do ecossistema de atender às necessidades futuras de sobrevivência humana vem sendo debatida há alguns anos, desafiando os governos a buscarem alternativas viáveis para o abastecimento das gerações futuras. Esta preocupação é justificável, especialmente quando se considera o crescimento populacional, que para as próximas quatro décadas está estimado em cerca de 40%. Contudo, apesar das recentes conquistas alcançadas no âmbito de desenvolvimento mundial, ainda se encontram enormes problemas relacionados, notadamente, ao elevado número de pessoas subnutridas, as quais desafiam as nações a buscarem soluções viáveis para o combate àquilo que se considera a maior tragédia da humanidade: a fome.

Segundo dados da Food and Agriculture Organization (FAO), cerca de um terço da população mundial é atingida pela carência de micronutrientes, também conhecida como fome oculta.

É consenso entre os especialistas que a simplificação da dieta contemporânea, decorrente de políticas agrícolas que favorecem a oferta de *commodities* baratas, representa o principal determinante na ocorrência da fome oculta, uma vez que a ingestão de alimentos com teores proteicos mínimos promovem, de um lado, o deficiente consumo de nutrientes essenciais e, do outro, favorecem a ocorrência dos casos de obesidade, como consequência da elevada concentração calórica encontrada nos alimentos mais consumidos atualmente, entre eles os denominados salgadinhos, produzidos pelas indústrias alimentícias.

Muitas perdas de variedade de espécies nativas de áreas agrícolas poderiam ter sido evitadas, caso as políticas agropecuárias houvessem sido focadas no conceito de sustentabilidade ambiental, preservando, assim, o direito humano a uma alimentação variada, em quantidade suficiente e nutricionalmente equilibrada, conforme definido no conceito de segurança alimentar e nutricional.

Corroborando com o fato de que a variabilidade da dieta é decisiva para o equilíbrio nutricional, há evidencias científicas de que uma boa saúde depende não apenas do consumo de nutrientes essenciais, mas também da ingestão mínima necessária de compostos dotados de propriedades funcionais capazes de atuar nos processos vitais, como o controle glicêmico, o estresse oxidativo e a imunoestimulação, além de retardar o envelhecimento das células e tecidos, dentre outros. Esta visão altera o paradigma contemporâneo, que entende a boa saúde como o resultado, tão somente, de um equilíbrio químico advindo do consumo de nutrientes essenciais. Contudo, este fato é decorrente da garantia da oferta constante de diversos compostos com propriedades funcionais como, por exemplo, derivados de carotenoides, encontrados em vegetais fontes de betacaroteno, como a pitanga e o pequi; entre outros fatores.

Entre os benefícios à saúde evidenciados pelos compostos de propriedades funcionais, pode-se destacar o papel da prevenção da ocorrência de doenças não transmissíveis, como vários tipos de câncer e cardiopatias em geral.

A partir desse entendimento, parece lícito afirmar que a variabilidade de alimentos que compõem a dieta constitui a melhor forma de garantir o atendimento aos requerimentos diários de todos os macro e micronutrientes, bem como dos compostos com propriedades funcionais, condição esta necessária à boa saúde.

Partindo do pressuposto de que a biodiversidade é a base para a sustentação da vida no planeta, sua perda representa um grande risco à sobrevivência humana, especialmente quando analisada sob a ótica da segurança alimentar e nutricional. Tal constatação determina que a biodiversidade seja entendida como um elemento sinérgico no contexto da saúde e nutrição, pois ocupa um papel preponderante no desenvolvimento sustentável de determinados grupos populacionais, tanto rurais quanto urbanos e, em especial, naquelas comunidades economicamente menos favorecidas.

Sustentabilidade ambiental inserida nos contextos socioeconômico e político

Nos últimos cinquenta anos, o desenvolvimento industrial e tecnológico trouxe inúmeros benefícios à humanidade, especialmente no que tange a conforto, segurança e saúde. Por outro lado, os efeitos nefastos do processo, como a degradação ambiental e a perda da diversidade biológica, são colhidos por todas as pessoas, seja por meio de drásticas mudanças climáticas, exposição à poluição de várias origens, ou pelo surgimento de novas infecções que afetam o ser humano e animais, entre outros exemplos.

A perda da biodiversidade provocada pelo desequilíbrio ambiental tem sido objeto de inúmeras pesquisas que, entretanto, somente trarão benefícios práticos quando analisadas de forma sistêmica, por meio de uma abordagem completa e abrangente. Com base neste entendimento, é fundamental que haja uma perfeita conciliação entre as necessidades humanas e o conceito de gestão ambiental.

Muito embora as iniciativas transnacionais demonstrem ser capazes de atrair capitais sustentáveis, fomentados por governos e grupos empresariais, muitas das decisões políticas de diversos países são pautadas, ainda, no paradigma anterior de usufruto sem limites dos recursos naturais.

Por essas e outras razões, a agenda de prioridades de um governo deve orientar a criação de programas da proteção da biodiversidade, os quais devem ser elaborados de acordo com uma ótica interdisciplinar e transetorial, sob o risco de que a extinção de espécies venha a comprometer a subsistência humana.

No caso particular do Brasil, vários determinantes históricos e sociais podem ser responsabilizados pela degradação da biodiversidade. Apresenta-se a seguir, de forma breve, alguns fatores supostamente causais da perda da biodiversidade brasileira, a saber: as políticas agrícolas implementadas desde o descobrimento priorizaram a monocultura e foram responsáveis pelo desgaste do solo e mudança dos hábitos alimentares originariamente indígenas; a permissividade da prática de queimadas dilapidou grande parte da flora natural brasileira; o desmatamento criminoso, em busca de madeiras raras, já destruiu grande percentual das florestas; a exploração não sustentável de recursos minerais e vegetais foi responsável pela extinção de diversas espécies nativas da fauna e da flora.

Embora seja difícil a alteração das atuais políticas agropecuárias brasileiras, predominantemente baseadas na monocultura, as quais pressionam para baixo os preços pagos aos produtores, existem iniciativas por parte de alguns setores governamentais e não governamentais brasileiros, ligados à segurança alimentar e nutricional, para alterar este tipo de comportamento, prejudicial a todos os setores da economia, sobretudo à balança comercial do país.

Uma dessas iniciativas bem-sucedidas, promovidas pelo governo, foi sediar no Rio de Janeiro, em 1992, a criação da Convenção sobre a Diversidade Biológica (CDB), organização pertencente à Organização das Nações Unidas (ONU), da qual o país é signatário. A CDB é responsável pela articulação entre entidades supranacionais e os países membros da ONU, cujo objetivo principal é propor políticas públicas direcionadas à proteção das riquezas de fauna e flora. A CDB, com fomento do Global Environment Facility (GEF), recentemente, articulou projeto que prevê a criação de programas voltados à preservação de espécies nativas utilizadas na alimentação. Sri Lanka, Quênia, Turquia e Brasil, representado pelo Ministério do Meio Ambiente (MMA), participam, conjuntamente, da ação.

O Fundo Nacional de Desenvolvimento da Educação (FNDE), órgão vinculado ao Ministério da Educação e Cultura (MEC), fornece repasse de verba federal aos municípios responsáveis por alimentar cerca de cinquenta milhões de escolares, por meio do Programa Nacional de Alimentação Escolar (PNAE). Em articulação com o Ministério de Desenvolvimento Social, o PNAE promulgou a determinação de que no mínimo 30% do orçamento federal repassado ao município seja utilizado na aquisição de produtos da agricultura familiar. Por sua vez, havendo um incentivo governamental para o cultivo de espécies nativas regionais, a agricultura familiar poderá representar um importante papel na preservação da biodiversidade, além dos ganhos promovidos ao estado nutricional de crianças e adolescentes atendidos pelo PNAE.

Segundo Brizolla et al. (2010), reconhecer a biodiversidade nativa do ambiente em que está inserido é um valor cultural básico para a valorização do debate das questões ambientais.

Em trabalho desenvolvido na região do litoral paranaense e Vale do Ribeira, em 2010, 79 universitários matriculados nos diferentes cursos oferecidos pelo *campus* Litoral, da Universidade Federal do Paraná, foram avaliados em sua capacidade de identificação da flora regional, por meio da confecção de desenhos representativos da floresta tropical, na qual o *campus* universitário está sediado. Apenas três alunos representaram elementos típicos do local pesquisado; e nove representaram corretamente a diversidade da flora arbórea pesquisada, o que revelou um grande desconhecimento da biota na qual os alunos estão inseridos.

Os autores sugeriram vários fatores que podem ser responsabilizados pelos resultados de inexistência de uma consciência ecologicamente sustentável no grupo pesquisado. O primeiro refere-se à constatação do desconhecimento, do conhecimento equivocado, ou ainda, do conhecimento "indevidamente ensinado", fazendo uma forte crítica ao sistema de ensino brasileiro, pelo despreparo dos professores frente ao debate das questões ambientais. Segundo, mas não menos importante, a falta de contato com a natureza, decorrente da urbanização, não permite que os jovens identifiquem as características de biodiversidade compreendidas em um ecossistema específico. A ONU, em 2007, constatou que cerca de 50% da população mundial vive em cidades, o que ressalta a importância de políticas públicas que aproximem o cidadão da natureza, ainda que por meio de campanhas educativas.

Considerações finais

A relação entre o meio ambiente e a saúde passa por uma análise sistêmica e interdisciplinar, em que os aspectos ligados a vários fatores exercem sinergia entre si, como a cultura, a geografia, a economia, a disponibilidade de nutrientes, os cenários epidemiológicos de infecções e de doenças não transmissíveis, apenas para citar alguns exemplos.

Considerando que a biodisponibilidade é a base para a sustentação da vida, o risco real da extinção da humanidade passa a determinar o caráter de urgência na adoção de estratégias de proteção ao meio ambiente por parte de todas as nações.

Por estar intimamente ligado a fatores como a diversidade cultural, o sistema do conhecimento e as práticas culinárias da região em questão, o estudo sobre a biodiversidade prescinde de uma visão sistêmica e interdisciplinar para que garanta resultados práticos e viáveis. A problematização do conhecimento da biodiversidade, curiosamente, quando analisada sob a ótica da alimentação e nutrição, leva a casuísticas extremamente bizarras, como o entendimento de que o leite se produz na caixinha, que a casca dos ovos é uma embalagem industrializada e que o surgimento da vida animal não exerce qualquer relação com estes produtos.

Nas últimas décadas houve uma perda recorde de diversidade biológica, o que representa uma ameaça à sustentabilidade econômica e social de todo o planeta, tendo em vista que quase a metade da economia mundial depende da disponibilidade de recursos naturais.

A educação ambiental, quando fornecida incondicionalmente, desde os primeiros anos de estudo, se propõe a ser uma importante aliada para a obtenção de resultados decorrentes das políticas públicas de incentivo e valorização da sustentabilidade ambiental. Pequenas iniciativas podem trazer grande sensibilização por parte da população, para a valorização da sustentabilidade ambiental, como o cultivo de vegetais em hortas domésticas, ainda que apenas sob a forma de temperos. Outra ação de grande relevância diz respeito ao combate aos tabus alimentares, que restringem alimentos a condição secundária, ou atribuem a estes fatores, equivocadamente, relacionados a doenças, mortes, modismos e preconceitos de toda natureza.

Algumas outras ações lideradas por organizações supranacionais vêm demonstrando resultados positivos, como o projeto International Plant Genetic Resourses, promovido pelo Institute's Global Nutrition Strategy, na África do Sul. Outra iniciativa de grande relevância é o projeto Metas de Desenvolvimento para o Milênio, no qual é prevista a erradicação da fome no mundo até o ano de 2020.

A OMS estima que 60% dos índices de morbidade e mortalidade mundiais são decorrentes de doenças associadas à má alimentação, ao sedentarismo e ao tabagismo. A Estratégia Global para a Alimentação Saudável e Atividade Física, promovida pela OMS, vem se caracterizando como uma iniciativa de grande relevância nos dias atuais, a qual tem motivado os países a proporem novas regulamentações, lançarem campanhas educativas e aumentarem a fiscalização de setores ligados ao tema.

Considerando que o país possui, atualmente, vários programas de governo voltados à segurança alimentar e nutricional, poder-se-ia imaginar uma articulação entre vários ministérios, com o intuito de ser criada uma sinergia entre as ações governamentais existentes.

Os benefícios de saúde proporcionados pela visão da sustentabilidade ambiental ainda não são completamente conhecidos, o que enseja o investimento em pesquisas sobre o tema. O fortalecimento da relação entre biodiversidade, nutrição e saúde merece maiores estudos.

Dessa forma, em uma abordagem sistêmica, o significado da biodiversidade e da sustentabilidade ambiental envolve muito mais do que questões relativas à saúde e segurança, mas contempla o desenvolvimento econômico e social das populações.

Para concluir, de forma otimista, é possível imaginar que ainda haverá o despertar do inconsciente coletivo voltado à sustentabilidade ambiental. Para alcançar este objetivo, contudo, é necessário haver políticas públicas que não apenas contemplem a conservação da biodiversidade, mas invistam na formação continuada do professor e na revisão de currículos interdisciplinares, a fim de que favoreçam a formação emancipatória do cidadão, em todos os âmbitos de ensino, desde a pré-escola até o nível superior.

Referências

ARRUDA, G.A. *Manual de Boas Práticas. Hotéis e Restaurantes.* vol.I, São Paulo: Ponto Crítico, 2006.

BRIZOLLA, F. et al. Ousadia Emancipatória no ensino Superior: relato de uma experiência didática no Campus Litoral da Universidade Federal do Paraná. *R Bras Est Pedag.* Brasília, v.91, n.229, p.584-603, set. dez. 2010.

DEPOORTERE E, TAKKINEN J, ECDC Norovirus expert group. Coordinated European actions to prevent and control norovirus outbreaks on cruise ships. *Euro Surveill.* 2006, v.11, n.42. Disponível em: http://www.eurosurveillance.org/ViewArticle.aspx?ArticleId=3066. Acessado em 1 fev. 2012.

[FAO] Food and Agriculture Organization of the United Nations. *Food-based approaches for improving diets and raised levels of nutrition. Concept Note.* Roma: FAO, Dec. 2010.

GERMANO, P.M.L.; GERMANO, M.I.S. Alimentos e suas Relações com a Educação Ambiental. *In* ARLINDO PHILIPPI JR.; PELICIONI, M.C.F. *Educação Ambiental e Sustentabilidade.* Manole, 2005. p. 771-812.

GERMANO, M.I.S.; GERMANO, P.M.L. Water and health in the tropics and subtropics ñ a challenge for the survival of the human species. In: BILIBIO, CAROLINA; HENSEL, OLIVER; SELBACH, JEFERSON FRANCISCO. *Sustainable water management in tropics and subtropics and case studies in Brasil.* Vl 3. Jaguarão/RS: Fundação Universidade Federal do Pampa, UNIKASSEL, PGCult-UFMA, 2012. 1.183p.

JOHNS, T. and cols. *Understanding the Link Between Agricultural and Health Agrobiodiversty, Nutrition and Health.* Washington: International Policy Food Research Institute. Focus 13, Breef 12 of 16; may, 2006.

JOHNS, T.; EYZAGUIRRE, P. Biofortification, Biodiversity and Diet: A search for complementary applications against poverty and malnutrition. *Food Policy.* v.32, issue 1, p.1-24, 2007.

_____. Linking Bioversity, Diet and Health in Police and Practice. *Proceedings of the Nutrition Society.* v.65, n.2, p.182-9, 2006.

JOHNS, T. Plant Genetic Diversity and Malnutrition. *African Journal of Food and Nutritional Sciences.* Online version ISSN 1681 – 9608. vol. 2, n. 2, 2002.

[ONU] ORGANIZATION OF THE UNITED NATIONS. Convention on Biological Diversity. *Report of consultation on the cross cutting initiative on biodiversity for food and nutrition.* Brasília, 12-13, march 2005.

RAMALHO A. *Fome oculta: diagnóstico, tratamento e prevenção.* Rio de Janeiro: Atheneu, 2008.

[OMS] ORGANIZAÇÃO MUNDIAL DA SAÚDE, Intergovernmental Working Group on Revision of the International Health Regulations. *International Health Regulations, working paper for regional consultations.* IGWG/IHR/Working paper/12.2003, 12th January 2004.

_____. *Review and approval of proposed amendments to the International Health Regulations: draft revision.* Agenda item 3 (A/IHR/IGWG/3), 30th September 2004.

11

Manejo integrado de pragas em ambientes urbanos

Luiz Eduardo Leite Chaves

Introdução

A conceituação de pragas pode ser apresentada de diversas formas e sob diferentes óticas, porém, mantendo sempre um alto grau de convergência. Pragas são organismos que reduzem a viabilidade de algum recurso humano como, entre outros, produção, saúde e lazer; ou, simplesmente, praga é tudo aquilo que está onde não deveria estar, consequentemente, acarretando problemas ou riscos. Contudo, o enfoque de praga para o ambiente urbano recai, principalmente, sobre animais que podem prejudicar a qualidade de vida dos seres humanos, causando-lhes desconforto e asco, transmitindo enfermidades, consumindo ou inviabilizando fontes de alimento, seja por sua própria presença, seja pela veiculação de micro-organismos responsáveis por sua contaminação.

Mesmo assim, deve-se considerar que a definição de praga é totalmente orientada pelo homem, pois, do ponto de vista ecológico, o direito de uma formiga ou de um ser humano habitar o planeta são iguais. Ambos são seres vivos e fazem parte de uma cadeia alimentar, sem deixar de considerar que apenas a comunidade de insetos representa 75% do mundo animal, o que deveria, ao menos, permitir a reflexão sobre qual organismo é realmente uma praga.

Quando se fala de pragas, porém, é importante conhecer a origem desse conceito. Em épocas primitivas, quando o homem era nômade e extrativista, esses hábitos faziam com que esse predador não causasse danos severos ao meio ambiente, porque quando escasseavam os recursos locais de fauna e flora, ele migrava para novas fontes promissoras. Com o passar do tempo, o homem mudou seu hábito, tornando-se social e sedentário, passando a escolher locais aprazíveis e neles habitar, criar e cultivar suas necessidades alimentares. Com esse novo comportamento, originou toda a concepção moderna de sociedade e, com isso, impactou severamente o ecossistema das regiões escolhidas como moradia. Nelas, a devastação das matas e a seleção de cultivares de interesse humano desestabilizou toda a população de insetos e demais animais. Grandes monoculturas fizeram que animais anteriormente adaptados ao consumo desses vegetais encontrassem grande estímulo para crescimento populacional e, em um primeiro momento, reduz-se o espectro de inimigos naturais, passando, então, a consumir de forma muito mais impactante os cultivares disponíveis e, com isso, competindo diretamente com o homem pelo recurso. Criava-se, assim, um novo conceito que até hoje é mundialmente conhecido: a praga.

Da mesma forma que as pragas surgiram no campo, as primeiras povoações, vilas ou feudos passaram a originar grande quantidade de resíduos e dejetos, também selecionando espécies adaptadas a se abrigarem e consumirem tais recursos, como roedores, baratas, moscas, entre outras.

Instalada a figura da praga, o homem, por força da necessidade e por motivos de competição, foi obrigado a desenvolver mecanismos que viessem a afugentar ou eliminar as populações concorrentes.

Os métodos de controle de pragas, inicialmente, eram rudimentares e decorrentes da observação do cotidiano, como descritos a seguir.

- Espantalhos: bonecos que simulavam a figura humana em campos ou fachadas de celeiros para afugentar pássaros.
- Coleta manual: pela fartura de mão de obra a baixo custo, a catação manual de lagartas em campos ou de roedores com alçapões em cidades eram viáveis.

- Controle biológico: este método, embora bastante valorizado nos tempos atuais e com ares de modernidade, na realidade, teve sua origem dois mil anos antes de Cristo, quando chineses observaram que um grupo de formigas predava lagartas que consumiam folhas de laranjeiras. Frente a isso, fez-se a interligação das copas de laranjeiras com varas de bambu, de forma a aumentar a velocidade de deslocamento das formigas, permitindo-lhes maior produtividade em sua ação e, com isso, mais resultado sobre a espécie-alvo.

- Armadilhas: ao colocar resina de pinheiro no tronco de árvores ou na base de portas o homem limitava, parcialmente, o acesso de formigas; ao empurrar tábuas ou chapas de madeira, devidamente pinceladas com gordura animal, sobre plantações de baixo porte, estas desalojavam gafanhotos e cigarrinhas, os quais ficariam aderidos ao sistema; ou então, executava o mesmo tipo de procedimento ao embeber um pedaço de pão com cerveja e colocá-lo sob um funil que terminava em uma estrutura telada. A fermentação da mistura pão/cerveja gera compostos voláteis que atraem pequenas moscas, as quais, após se aproximarem da massa, tenderiam a voar verticalmente por força de seu comportamento e ficariam presas na "armadilha telada". Outro exemplo curioso de armadilha foi usado na Idade Média para o controle de pulgas.

  Esse inseto hematófago, na época, foi responsável pela morte de porcentagem significativa da população europeia, pela transmissão cruzada, via roedores, da peste bubônica, também conhecida como peste negra. Com isso, mulheres da sociedade local usavam pingentes de prata pendurados no pescoço, os quais eram compostos de dois corpos bastante perfurados e acoplados em sua porção mediana, tendo em seu interior uma espécie de visgo. Mantendo tal estrutura próxima das regiões mais quentes do corpo, faziam que as pulgas, na procura por abrigo após sua alimentação, adentrassem no sistema e fossem capturadas. Foi também nessa época que surgiram as ratoeiras, até hoje úteis alternativas para a captura de roedores.

- Inseticidas naturais: extratos de plantas como o piretro, originário dos crisântemos, e a nicotina do fumo, entre outros, quando diluídos em água e aplicados sobre insetos, causavam enorme irritação neles, rápida dispersão e alta mortalidade. Outras substâncias de natureza química com ação inseticida, como venenos tradicionais, com elevada toxicidade, por exemplo enxofre, relatados como de uso pelos sumérios em 2500 a.C, ácidos, fluoretos, arsênio, compostos mercuriais, entre outros, passaram a ser alternativas. Os riscos envolvidos na sua utilização, embora com eficácia satisfatória, também eram muito grandes, com milhares de casos de intoxicações entre homens e, principalmente, crianças.

- Alteração de ambientes: item merecedor de extensas referências na literatura de ciências, algumas delas com criativas citações, como o exemplo de Heródoto em 450 a.C. que desenvolveu o conceito de torre dormitório como de utilidade, observando que o deslocamento dos aposentos, para posições mais altas das edificações, permitia aos moradores maior proteção contra os ataques noturnos de mosquitos.

Mesmo com habilidade e uma parcela considerável de criatividade, os métodos existentes caracterizavam-se por eficácia sazonal ou muito reduzida, fato esse que, ano após ano, demonstrava que a problemática existente na relação homem/pragas estava sempre aumentando.

Somente em meados do século XX essa disputa milenar, aparentemente, tendeu para o lado humano. Pesquisando compostos químicos para a indústria Geigy Chemical Company, na Basileia, Suíça, o cientista Paul Muller, em 1939, elaborou o primeiro inseticida sintético, o DDT (dicloro--difenil-tricloroetano). Frente à sua eficácia e aparente segurança, inúmeros outros compostos foram sintetizados, alguns seguindo o mesmo grupo químico do DDT, conhecidos como organoclorados ou hidrocarbonetos clorados, dentre os quais se destacavam BHC, aldrin e lindane, além de outros derivados de um novo grupo químico, desenvolvido pelos alemães para a utilização durante a Segunda Guerra, os organofosforados, dentre os quais merecem citação o malathion e o parathion.

O surgimento dos primeiros inseticidas não poderia ter ocorrido em melhor momento. Com as frentes da Segunda Grande Guerra expandindo-

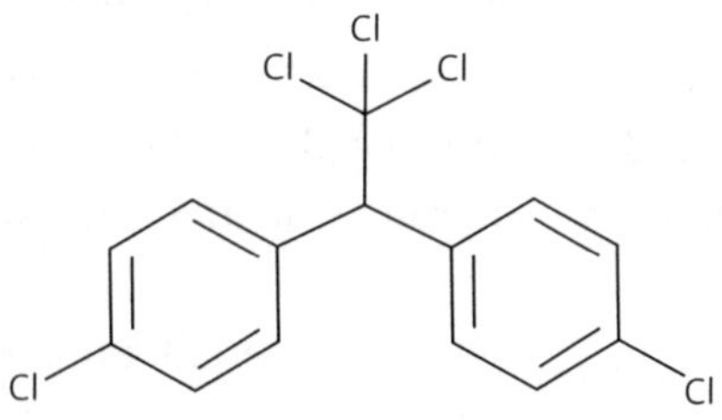

Figura 11.1 Configuração molecular do DDT.

Fonte: Johnson (1986).

-se do "palco" europeu e migrando para o norte da África e sudeste asiático, a necessidade de controlar insetos vetores de moléstias tropicais como febre amarela, dengue, malária passou a ser tão importante como manter as tropas alimentadas e municiadas.

A partir de então, o homem passou a viver um momento de enorme otimismo, pois com a presença dos pesticidas, que rapidamente se multiplicavam e, em consequência, se tornavam menos dispendiosos e acessíveis, a disputa contra as pragas parecia vencida. Tamanho entusiasmo e confiança fizeram que os volumes e dosagens destes produtos aumentassem substancialmente, pois a ausência das pragas gerava uma nítida miopia do meio científico sobre suas consequências ao meio ambiente. Como exemplo dessa moda, na década de 1950, 70% dos arquivos publicados no *Journal of Economic Entomology* eram sobre pesticidas ou suas formas de aplicação.

Décadas se passaram para que o conhecimento do efeito residual desses compostos fosse compreendido, sua ação sobre toda a cadeia trófica, real permanência na água, solo e alimentos. Tal contaminação, indiretamente, foi transferida ao ser humano, que passou a colher os dividendos negativos de anos de abuso e negligência quanto ao uso indiscriminado de pesticidas. Como exemplo clássico pode-se citar os compostos organoclorados. Por permanecerem por mais de trinta anos ativos na natureza e terem efeito cumulativo no organismo de mamíferos, basicamente em tecidos gordurosos, atuaram isoladamente ou como sinergizantes de milhares de casos de câncer, antes atribuídos a fatores desconhecidos.

Com isso, iniciou-se no final dos anos de 1950 o que se denominou Fase da Dúvida, na qual os pesticidas eram percebidos como uma necessidade incorporada ao modelo moderno de produção e ao estilo de vida da época, mas cujos riscos de sua utilização necessitavam de um controle iminente.

A escritora americana Rachel Carson publicou, em 1962, um livro que representou um verdadeiro marco e aumentou a reflexão sobre os reais benefícios do uso dos pesticidas: *Silent Spring*. Nele, a autora, por meio de um relato crítico e pessimista, mostrava que resíduos de DDT já eram encontrados nos pinguins da Antártida, nos sapos boreais, nos peixes abissais e até no leite materno. Ao se manter o uso de pesticidas, nesse momento, as futuras primaveras não seriam mais percebidas pelo surgimento da fauna alegre e barulhenta que sempre as caracterizou nas regiões mais setentrionais.

Aliados aos pontos já mencionados, muitas espécies de insetos começaram a apresentar resistência à ação de diversos inseticidas (o primeiro relato de resistência ao DDT, comprovado pelo meio científico, foi com moscas domésticas na Suécia, em 1946), sendo necessário, para o mesmo efeito de anos anteriores, dosagens muito mais altas ou novas moléculas com mecanismos de ação diferentes dos já existentes.

Como resolver essa nova equação: pragas não eram mais toleradas, a agricultura e a saúde pública não conseguiriam mais atingir níveis de produtividade e eficácia sem os pesticidas, contudo, o meio ambiente não mais suportaria conviver com os volumes de químicos diariamente lançados nas lavouras e cidades. Na realidade, a sociedade cobrava da ciência a ausência das pragas mas, também, dos pesticidas.

Surgiu, então, o conceito de Controle Integrado de Pragas, que compreendia a junção de todas as técnicas de controle passíveis de utilização para manter as populações de pragas em níveis economicamente suportáveis, a qual, em breve espaço de tempo, evoluiu para Manejo Integrado de Pragas (MIP), o qual, se valendo das estratégias já existentes, incorporou fatores ecológicos, fazendo com que o uso dos pesticidas não fosse banido, mas tornando-o a última alternativa a ser considerada dentro de uma estratégia.

Sem dúvida, tanto a indústria fabricante dos pesticidas, como os grandes produtores, ávidos por lucros, se mostraram céticos a um conceito que aparentemente poderia ser um retrocesso ou, pior, ineficaz. Por outro lado, erguia-se a voz dos naturalistas que, também obstinados por suas convicções, entendiam que os pesticidas deveriam se transformar em integrantes de um museu químico.

Ambos os lados, obviamente, tinham suas verdades e suas razões, mas a incorporação do MIP passou a ser o modelo mais aceitável. Obviamente, era possível viver sem pesticidas, pois, em 1865, Solomon Rose já trabalhava profissionalmente como controlador de pragas nos Estados Unidos da América (EUA) sem o emprego dessas substâncias; o Canal do Panamá fora construído, em 1915, graças, principalmente, à vitória sobre as populações de mosquitos, que impediram que ele fosse anteriormente erguido, no final do século XIX; ou mesmo Osvaldo Cruz não teria erradicado a febre amarela, na cidade do Rio de Janeiro, no início do século XX. Contudo, não teria sido possível manter as populações de roedores e as produtividades agrícolas atuais sem tais recursos.

Olhando para o futuro, percebe-se uma clara tendência para que o uso de pesticidas venha a ser ainda mais restrito. Desde a proibição do DDT nos EUA, em 1972, muitas outras moléculas foram proibidas, outras foram descontinuadas, ou, o custo da renovação de suas licenças passou a ser economicamente inviável. A busca por produtos orgânicos cresce a cada dia, nas mais distintas culturas e nos mais distantes pontos do planeta, e o uso de inseticidas passou a ser proibido em escolas primárias de alguns condados americanos e países europeus, pelo receio de que houvesse alguma interferência sobre o sistema imunológico das crianças, fato esse ainda não tecnicamente comprovado.

Deve-se estudar e criar, particularmente, mais e mais técnicas alternativas que permitam a manutenção dos avanços conquistados, tanto na sociedade como na agricultura, e o uso de pesticidas será, ano a ano, limitado a casos mais e mais excepcionais. Contudo, nunca o radicalismo deve prevalecer. Práticas sustentáveis, baseadas principalmente em educação e comportamento, serão a melhor alternativa, não apenas para eliminar pragas, mas basicamente para entender como conviver em harmonia com tantas outras espécies, que antes de serem entendidas, foram classificadas, de maneira incorreta, como pragas.

Como desenvolver um programa de Manejo Integrado de Pragas (MIP) em ambientes urbanos

Considerando-se pragmaticamente um programa MIP, este preconizaria redução das populações de organismos praga com a mínima utilização de produtos químicos. Para tal, se faz necessário maior envolvimento técnico, na figura de um gestor ou daquele que elabore uma estratégia, além da grande participação da população envolvida com seus resultados, os quais o farão com informações, direcionamentos e atitudes.

Muito mais jovens e simples que os enfoques agrícolas, os programas MIP em ambientes urbanos passaram a ser desenvolvidos somente em meados da década de 1980, assim, em 1994, o congresso anual da National Pest Control Association (NPCA) – associação americana que congrega as empresas profissionais de eliminação de pragas urbanas – tinha como seu slogan: IPM (MIP) *a bridge to the future!* Tal tendência se consumou a tal ponto, que alguns anos depois a própria NPCA mudou seu nome para National Pest Management Association (NPMA).

Há dezenas de relatos na literatura sobre como organizar um programa MIP em ambientes urbanos. Todos seguem, basicamente, uma linha organizacional parecida. No Brasil, em 2008, um grupo de profissionais do setor, em conjunto com a Associação Paulista dos Controladores de Pragas (Aprag), membros da indústria e da pesquisa, trabalharam em parceria com a Associação Brasileira de Normas Técnicas (ABNT) e, como fruto, foram publicadas três normas.

- ABNT NBR15584-1, Controle de vetores e pragas urbanas – Parte 1: Terminologia.
- ABNT NBR15584-2, Controle de vetores e pragas urbanas – Parte 2: Manejo integrado.
- ABNT NBR15584-3, Controle de vetores e pragas urbanas – Parte 3: Sistema de gestão da qualidade – Requisitos particulares para aplicação da ABNT NBR ISO 9001:2000 para empresas controladoras de pragas.

Conforme a orientação da ABNT NBR 15584-2, os passos para a elaboração de um programa de MIP em ambientes urbanos seguem o fluxograma a seguir:

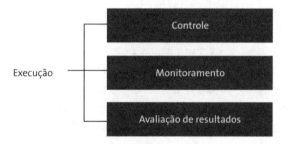

Figura 11.2 Fluxograma de um programa de Manejo Integrado de Pragas em ambientes urbanos.

Fonte: Elaborada segundo conceitos da ABNT (2008).

Planejamento

Refere-se a todas as atividades envolvidas previamente a qualquer ato de controle. Dentro de um programa MIP, a importância de um planejamento adequado é fundamental para que se consigam os resultados esperados.

Conhecer o local

Antes da existência dos programas de Controle Integrado de Pragas, conhecer o local significava apenas ter a metragem quadrada da edificação. Com ela se calculava, pelo rótulo do pesticida escolhido, o volume de produto a ser diluído e, posteriormente, pulverizado no ambiente.

Hoje, conhecer o local é um profundo diagnóstico, onde é fundamental que sejam conhecidos os itens abaixo.

- Vizinhança: sabe-se que uma edificação urbana não é uma ilha. Ela faz parte de um grande conglomerado, seja ele urbano ou mesmo rural. Conhecer se nas proximidades são fabricados produtos de origem animal é um aspecto muito importante para a atratividade de moscas, ávidas por voláteis oriundos de fermentações de compostos orgânicos.
- Direção dos ventos: os quais podem potencializar a chegada de insetos de quilômetros de distância, que, por energia própria, não conseguiriam migrar nem 10% desta distância.
- Arquitetura do local a ser manejado: o tipo de telhado, se há acesso de ventilação ou não, se existem exaustores e, com isso, liberação de aromas atrativos ao ambiente externo. Como são as portas, janelas e respiros, entre outros; se são telados, se possuem molas. Como chegam as fiações elétricas, se diretamente da rua, onde podem representar verdadeiros "ratodutos" ou se há subestações locais. Tipo do piso, frestas nas paredes, azulejos antigos e outros tipos de danos.
- Jardins: como estão organizados; existência de plantas altas ou baixas, que florescem ou não, e se produzem frutos. Compreender se há irrigação e consequente aumento da umidade localizada, poças de água. Se há adubação orgânica e se com isso o esterco acaba atuando como atrativo para populações de insetos.
- Produção: o que é produzido, qual tipo de matéria-prima chega à edificação, com que intervalos de tempo, com que tipo de embalagem – sabe-se que papelão corrugado é um excelente substrato para a colonização de baratas. Além do abrigo para a deposição das ootecas, ninfas de baratas, por possuírem simbiontes em seu trato digestivo, conseguem transformar carboidratos em proteína. Com isso, a celulose do papelão, adicionada à glucose de milho utilizada como cola na fabricação do papelão, são uma dieta nutricionalmente suficiente para manter baratas por muito tempo escondidas, junto a caixas manufaturadas com esses materiais.

É importante, também, conhecer as etapas de produção, no caso de uma indústria ou serviços de alimentação coletiva, como hotéis, hospitais, *catering* de companhias aéreas e restaurantes comerciais, ou como funciona a organização e transporte de mercadorias. Que tipos de equipamentos estão instalados em uma cozinha, em um centro cirúrgico ou em um salão de convenções. Saber se para o transporte de mercadorias são utilizados *pallets* de madeira ou carrinhos de aço inox que mantêm os alimentos aquecidos. Se estes circulam por todos os setores internos, facilmente podem assumir enorme potencial na dispersão de insetos.

Quais matérias-primas existem nos setores: verduras, frutas, caixas plásticas, cobertores, fraldas, seringas etc. Com isso, é possível mapear, sobretudo, materiais de maior risco, que merecem maior atenção, cuidados no armazenamento e inspeções.

- Lixo: como é feita a coleta, armazenagem e retirada. Como exemplo: economicamente uma caçamba de lixo grande, cuja retirada é a cada três dias é mais vantajosa do que uma pequena que necessita de remoção diária. Contudo, dependendo dos materiais coletados, o período de três dias é tempo suficiente para que resíduos líquidos escorram pelo piso, acabem fermentando e atraiam insetos e roedores.
- Limpeza: limpezas utilizando substâncias líquidas provêm fontes de água para insetos, em contrapartida retiram resíduos de inseticidas mais rapidamente, sobretudo, se associadas a detergentes alcalinos, e ainda mais, se associadas a alta pressão e elevadas temperaturas. Limpezas secas preservam melhor os inseticidas, mas podem ser menos eficazes na retirada de larvas e ovos de insetos associadas a poeiras ou matérias em pó como, notadamente, farinhas e amidos.
- Transporte: saber como chegam e como saem os produtos necessários para a plena atividade do estabelecimento. Contêineres, vagões de trem e, principalmente, no Brasil, carrocerias de caminhões, por não sofrerem processos higiênicos severos, acabam acumulando grande quantidade de matérias em suas estruturas. Somam-se a isso as elevadas temperaturas que, normalmente, são atingidas no inte-

rior destas estruturas, gera-se uma condição de verdadeira incubadora de insetos. Pequenos insetos como piolhos de livro – *Liposcelis* spp. – e ácaros de produtos armazenados são populações frequentes nestes ambientes.

Identificação das espécies

Um programa de MIP necessita de estratégias assertivas e, para isso, não pode trabalhar com práticas generalistas.

Quando um leigo diz que visualizou uma barata, é uma informação importante. Contudo, para o gestor de um programa MIP, é fundamental tentar conhecer o tipo de barata. Apenas como exemplificação, no mundo há centenas de espécies de baratas, mas duas são as mais cosmopolitas e frequentes: *Blattella germanica* e *Periplaneta americana*. Se não se quiser atentar para nomenclaturas taxonômicas, com suas organizações latinas, pode-se chamá-las, respectivamente: baratas alemãs, baratinhas ou de cozinhas; e as outras de baratas americanas, cascudas ou de esgotos. Enquanto as baratas alemãs são pequenas, não voam, habitam preferencialmente locais quentes, com disponibilidade de água e abrigo, as americanas podem voar e estão intimamente relacionadas com tubulações subterrâneas, como esgotos, fiações elétricas, aterramento e mesmo fibras ópticas. Se a informação chega ao gestor do programa MIP com tais características, este poderá direcionar sua inspeção para locais com maior probabilidade de observação, ganhando tempo e eficácia.

A presença de baratas em um estabelecimento pode representar muito mais que o asco inicial e a impressão de baixa higiene local. Baratas estão intimamente ligadas à transmissão de inúmeras bactérias, entre elas: *Alcaligenes faecalis, Bacillus subtilis, Bacillus cereus, Campylobacter jejuni, Clostridium perfringens, Clostridium novyi, Enterobacter aerogenes, Escherichia coli, Klebsiella pneumoniae, Mycobacterium leprae, Nocardia* spp., *Proteus morganii, Proteus rettgeri, Proteus vulgaris, Proteus mirabilis, Pseudomonas aeruginosa, Salmonella bredeney, Salmonella newport, Salmonella oranienburg, Salmonella panama, Salmonella paratyphi-B, Salmonella typhi, Salmonella typhimurium, Salmonella bovis-morbificans, Salmonella bareilly, Serra-*

tia marcescens, Shigella dysenteriae, Staphylococcus aureus, Streptococcus faecalis, Streptococcus pyogenes, Vibrio spp. *e Yersinia pestis,* sem contar outros micro-organismos.

O fato de se abrigarem em locais seguros e, consequentemente, onde a limpeza não é frequente e eficaz, faz que as baratas possam carregar, nos espinhos existentes em suas pernas, porções dos substratos existentes em seus abrigos, os quais possuem alta carga microbiana e elevado potencial de contaminação.

O mesmo exemplo das baratas pode ser estendido para outra centena de insetos que, frequentemente, são encontrados em edificações urbanas. Nas formigas, há espécies tipicamente de ambientes externos e outras de ambientes internos, há aquelas que preferem substratos proteicos ou açucarados e que mudam de cardápio, conforme muda seu comportamento reprodutivo. Há moscas intimamente ligadas a ralos, outras com forte atração pelo etileno liberado por frutas maduras; há aquelas que voam muito e outras cujo raio de ação, sem efeito do vento, se restringe a poucos metros. Com isso, é possível estabelecer probabilidades de criadouros.

Para roedores, a mesma necessidade de maior conhecimento sobre as espécies é fundamental para uma correta estratégia de controle. Nas cidades, três são as espécies de roedores mais comuns: *Rattus rattus* ou ratazanas, os quais vivem em ambientes externos, são predadores e apreciam substratos proteicos, podem nadar e cavar; *Rattus norvegicus* ou rato preto que prefere substratos túrgidos como frutas, ovos, derivados de leite e doces, cujo comportamento tem predileção por habitar os locais mais elevados das edificações, herança ancestral daqueles que viviam sobre árvores; e *Mus musculus* ou camundongos – pequenos roedores intimamente dependentes da atividade humana, que vivem sempre no interior de prédios e têm nas ratazanas e nos pássaros seus principais inimigos, muito mais que os "temidos" gatos e o próprio homem.

Por serem animais de hábito noturno, é muito importante para o gestor de um programa MIP conhecer os vestígios gerados por cada espécie de roedores, como fezes, tocas em jardins (ratazanas), manchas negras e gordura nas paredes (rato preto) etc.

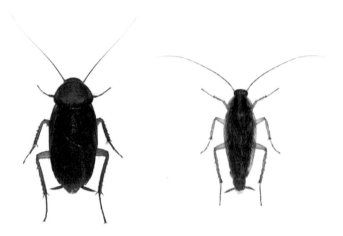

Figura 11.3 *Periplaneta americana e Blattella germanica.*
Fonte: Acervo do autor.

Determinação de objetivos

Dentro do conceito de nível de dano, seja econômico, à saúde ou ao ambiente, podem-se estabelecer objetivos, metas e práticas a serem seguidos.

Determinar que o objetivo a ser alcançado é ausência absoluta da presença de pragas, é algo absolutamente desejável em uma Unidade de Terapia Intensiva (UTI) de um hospital. Contudo, o mesmo rigor não pode ser atribuído a um armazém de café em grãos, previamente à sua torrefação. Por saber que os grãos passarão por processos de limpeza, torrefação e moagem, não seria necessário ter ausência absoluta de insetos nos armazéns pré-processo, pois isso poderia encarecer o produto final e até ser ecologicamente incorreto. O limite sobre o nível populacional tolerado é absolutamente variável de espécie para espécie e, também, de gestor para gestor. Isso depende da legislação de cada país. No Brasil, por exemplo, por enquanto, há tolerância zero, de acordo com a RDC n. 175 de 8 de julho de 2003.

Muitos autores entendem que, independentemente do tamanho do estabelecimento a ser manejado, os diferentes setores que o compõem podem ser divididos em três níveis: A, B e C, conforme o risco da presença de praga e, até mesmo, do indesejável resíduo do pesticida.

Figura 11.4 Detalhes do potencial de contaminação de baratas por meio de substratos agregados aos espinhos de suas pernas, depois de caminhar sobre uma placa de Petri com meio de cultura.
Fonte: Acervo do autor.

- Setores nível A: aqueles onde não seria admitida a presença das pragas nem dos pesticidas. Seriam áreas extremamente críticas, como ambientes hospitalares, de manipulação de alimentos e creches.
- Setores nível B: aqueles onde não seria permitida a presença de pragas, mas que seria tolerável a presença de resíduos de pesticidas. Como exemplo desses setores: alguns armazéns de matérias-primas, corredores de hotéis e hospitais e refeitórios.
- Setores nível C: aqueles que, desde que não caracterizada uma infestação, seria tolerada a presença de algumas pragas e do resíduo de pesticidas. Exemplo: parte externa de edificações, alguns tipos de armazéns de produtos terminados ou a serem processados.

A fase de planejamento somente pode ser considerada totalmente finalizada quando todas as informações necessárias para a composição de um plano de trabalho consistente estejam presentes. A partir deste momento, inicia-se a fase de execução.

Execução

Compreende medidas preventivas e curativas, desenvolvidas em conformidade com os objetivos previamente estabelecidos e do conhecimento do local. Em resumo, são ações que visam evitar que as pragas sejam

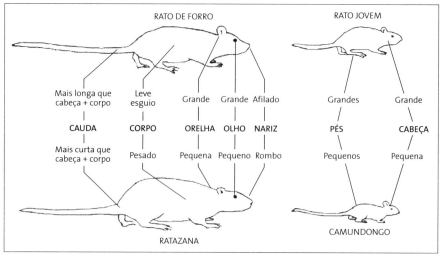

Figura 11.5 Diferenciações morfológicas entre as três principais espécies de roedores

Fonte: Adaptada de Bennet et al. (1997).

atraídas ao local, ou, se o forem, não adentrem por ele. Por último, caso o façam, que sejam eliminadas da forma mais rápida e sustentável.

Controle

Conforme discutido anteriormente, controlar pragas, na ótica de um programa de MIP, vai muito além de aplicar pesticidas. O diagrama a seguir representa, de uma forma teórica e didática, as diferentes ações que podem ser tomadas dentro das estratégias de controle.

Redução

São todas as estratégias e ações tomadas para evitar que pragas sejam atraídas para a edificação a ser manejada.

- Iluminação: insetos, em sua grande maioria, são atraídos por fontes luminosas compostas, total ou parcialmente, por raios ultravioleta. Nesse sentido, lâmpadas de mercúrio ou luz do dia são bastante atrativas, principalmente para aqueles com comportamento crepuscular ou noturno. Para evitar que tais insetos venham a se aproximar das edificações, aumentando assim sua pressão populacional e, consequentemente, probabilidade de penetração, sugere-se a substituição da iluminação externa, como ruas e coberturas dos pontos de carregamento e descarregamento, por lâmpadas de vapor de sódio. A justificativa para isso é que a coloração amarela apresenta ausência ou baixa proporção de raios ultravioleta em sua composição. Nesse sentido, pontos de atração hoje existentes passarão a representar corpos negros, sem qualquer possibilidade de visualização por parte da grande maioria dos insetos. Outra sugestão seria a instalação das mesmas lâmpadas de vapor de sódio no interior de antecâmaras, no interior de armazéns e depósitos. Tais procedimentos tenderão a evitar que prédios que estejam iluminados externamente por vapor de sódio não tenham suas aberturas periféricas com lâmpadas brancas, fato este que possibilitaria grande direcionamento atrativo para os insetos. Nesse sentido, deve-se evitar, também, que iluminação proveniente do meio interno, seja de luminárias ou armadilhas, possa ser observada do meio externo. Para isso, a instalação de insulfilme sobre os vidros pode ser de grande valia. Para avaliar a existência de pontos atrativos, é recomendado fotografar externamente o prédio a ser estudado, à noite, e com uma câmera que possua elevado ISO e ausência de *flash*, e analisar a presença de pontos brancos. Estes representarão uma fonte de luz visível para um inseto.

Ainda, em relação à iluminação, atenção deve ser despendida para corpos ou equipamentos que, por causa do aquecimento inerente de seu funcionamento, acabam gerando energia, e irradiando infravermelho. Insetos como mosquitos, que são hematófagos, possuem como característica comportamental a atração por objetos que irradiam infravermelho, assim como os corpos dos mamíferos. Nesse sentido, alguns equipamentos poderão atrair mosquitos e possibilitar contaminação dos produtos ali fabricados ou maior desconforto aos seus operadores. Neste caso, tais objetos devem ser mapeados e seu posicionamento e rotinas estudados. O mesmo se atribui ao CO_2, que, da mesma forma que o infravermelho, também atrai mosquitos para corpos ou equipamentos que liberem gradientes significativos deste gás.

Figura 11.6 Esquematização das ações a serem tomadas dentro da etapa controle de um programa MIP.
Fonte: Elaborada segundo conceitos da ABNT (2008).

- Gerenciar resíduos, evitando sua exposição ao calor em horários mais quentes do dia e, também, o contato com a água.
- Estudar o posicionamento das estações de tratamento de efluentes.
- Manejar jardins.
- Instalar filtros em exaustores, de forma a minimizar a liberação de aromas para o ambiente externo.

Exclusão

As ações de exclusão impedem ou evitam que as pragas, mesmo atraídas ou que estejam habitando regiões próximas, atinjam setores de nível A ou B. Há centenas de exemplos que poderiam ser citados, mas serão ilustrados os de efeito mais amplo e importante.

- Portas automáticas: são sistemas de barreiras físicas indicados para entradas onde não existe grande fluxo de pessoas, como as portas de entrada de armazéns ou de hotéis. Sugere-se que para sua abertura sejam estudados sistemas como sensores de piso ou presença. Outras alternativas: acionamento por controle remoto, que ficaria junto aos empilhadeiristas; acionamento automático junto das portas por ação manual, ou a combinação entre os diferentes sistemas citados.

Para fábricas, não seriam recomendados sistemas de acionamento por presença, pois qualquer pessoa, empilhadeira ou mesmo *pallets* com materiais, que venham a ficar no raio de ação do sensor, permitirão que a porta permaneça continuamente aberta, prejudicando sua eficiência.

Para a instalação de portas automáticas, recomenda-se a integração de sistemas adicionais, como lâmpadas de vapor de sódio no interior dos ambientes protegidos e a instalação de armadilhas luminosas. Ajustes em suas laterais, como franjas, vassouras ou borrachas deverão existir para eliminar pontos de penetração, junto ao piso ou paredes. Tais ajustes, certamente, deverão ser estudados caso a caso.

- Cortinas de ar: as cortinas de ar foram, inicialmente, projetadas para manutenção de ar frio dentro de câmaras frias e, posteriormente, adaptadas para a proteção de entradas contra insetos.

  Sua instalação é recomendada para aberturas relativamente baixas, não acima de três metros, sendo assim ideal para acesso de pessoas. O importante para o bom funcionamento de uma cortina de ar são os ajustes de pressão, devendo estar suficientemente fortes junto ao piso, e seu ângulo de ataque, sempre ligeiramente inclinado para o lado externo da abertura, evitando que insetos que estejam no turbilhão, ao entrarem em contato com o piso, acabem sendo empurrados para o interior do ambiente que se deseja proteger.

  Outra sugestão a ser adotada junto à instalação de cortinas de ar refere-se à sua integração com portas e, preferencialmente, seguidas por uma antecâmara. Isso se justifica pelo fato de que, mesmo com uma pressão bastante forte, determinados insetos com maior massa corporal e relativa energia cinética poderão vencê-la e adentrar nos ambientes que se pretende proteger. O mesmo ocorre para ambientes com pressão positiva de ar.

- Ralos: sempre que possível, o ideal seria a retirada de ralos de setores internos, principalmente produtivos ou de maior risco. Quando isso for inviável, sugere-se a instalação de grades protetoras com sistemas abre-fecha, evitando-se, assim, que em momentos que não seja necessária sua utilização para a captação de água, esses permaneçam tampados, evitando o acesso de populações provenientes de tubulações subterrâneas.

- Janelas: preferencialmente, devem ser fixas, com vedação de material flexível como silicone ou massa de vulcanização junto da alvenaria, evitando-se, assim, frestas resultantes de dilatações. Quando for necessário que as janelas venham a ter abertura, recomendam-se telas de 2 mm, em toda a superfície exposta.

Conforme citado anteriormente, o ideal seria que as janelas não permitissem a visualização da iluminação interna, evitando a atração por parte de insetos noturnos ou crepusculares. A instalação de insulfilme nos vidros reduz em muito este potencial atrativo.

- Calçadas externas: as calçadas externas, junto às paredes limítrofes dos prédios, apresentam duas desvantagens. A primeira seria a facilidade da criação de frestas e fendas junto das paredes por problema de infiltrações e dilatações. Tais frestas não permitem que insetos, como formigas e besouros, adentrem nos ambientes internos pela profundidade dos alicerces, mas facilitam seu abrigo e colonização, na qual a entrada poderá ocorrer de outras formas, como, por exemplo, por *pallets* ou pelas portas e janelas.

  A segunda seria que tais calçadas, normalmente construídas de concreto, acabam reduzindo a vida útil dos inseticidas utilizados em tratamentos periféricos, visto que a grande maioria das moléculas tem sua degradação acelerada em superfícies alcalinas.

  Nesse sentido, a sugestão seria a troca das calçadas ou a construção de uma faixa anteriormente às calçadas com pedras britadas. As pedras normalmente não apresentam alcalinidade em suas superfícies e, além disso, aumentam a superfície de contato de inseticidas ali aplicados para insetos que venham a caminhar sobre elas, potencializando, desta forma, a ação das barreiras químicas externas.

- Dutos: tanto os dutos que adentram nos prédios produtivos de forma subterrânea, como de forma suspensa, podem caracterizar verdadeiras passarelas para a entrada de pragas; seja dentro dos próprios condutores, como no caso de cabos telefônicos, como pelos espaços existentes entre suas laterais e a alvenaria.

  Para tais situações, o ideal seria o estudo de cada caso em particular, pois o uso de poliuretano expandido, telas metálicas, massa de calafetar, cimento, ou mesmo inseticidas em pó podem servir de barreiras para que o acesso das pragas provenientes do meio externo seja evitado.

- Portas abre-fecha ou cortinas de tiras de acetato: as portas abre-fecha (acetato) e as cortinas de tiras verticais de acetato sobrepostas são sistemas mais indicados para a proteção de portas em ambientes internos, delimitando setores com níveis críticos diferentes. Não se recomenda seu uso limitando acessos para o ambiente externo, pois o vento ou o fluxo operacional acabam prejudicando sua eficácia.

  Mesmo em sistemas internos, sugere-se, sempre, a instalação de vassouras nas laterais e bases das portas, assim como, no mínimo, 40% de sobreposição entre as tiras de acetato e 15 a 20 cm entre as portas abre-fecha.

- Proteção de beirais contra pássaros: o uso de espículas ou molas instaladas nos beirais, onde pássaros preferencialmente pousam, serve para inibir tais hábitos. A instalação de telas, horizontalmente, em superfícies metálicas, também evitam que pássaros passem a colonizar estruturas de telhados.

  O uso de ultrassom, por causar acomodação das células auditivas dos pássaros; corujas e grandes olhos plásticos, por serem fixos e imóveis, tenderão a configurar como mais um item de decoração; e gel repelente, por agregar pó e rapidamente perder adesividade, são sistemas reconhecidos como de baixa eficácia no controle de pássaros urbanos em edificações.

DESTRUIÇÃO

Quando as estratégias de redução e exclusão são ineficazes ou quando alguma delas é falha ou inexistente, resta ao gestor do programa MIP lançar mão de procedimentos que eliminem as pragas dos setores em questão. Nesse momento, caberá ao gestor avaliar o real risco existente e se as ações de destruição trarão maiores benefícios que os custos econômicos e ambientais consequentes dessa tomada de decisão.

Deve-se destacar que, mesmo sendo inevitáveis os procedimentos de destruição, técnicas físicas, químicas e biológicas podem ser escolhidas.

FÍSICAS

Há uma centena de modelos de armadilhas, capazes de capturar ou matar pragas, desde uma antiga ratoeira até modernos sistemas de captura que eletrocutam roedores e enviam informações pela internet ao gestor, indicando o número da armadilha instalada, seu posicionamento no site e o consequente êxito.

Dentre os modelos mais comumente empregados, encontram-se as placas adesivas para a captura de roedores. Instaladas em ambientes internos e sempre junto às paredes – os roedores, frente a sua baixa acuidade visual, utilizam seus bigodes, que em contato com as paredes das edificações ajudam no seu direcionamento – capturam com relativo sucesso roedores, com ação inversamente proporcional ao peso do animal. Este sistema, embora não tenha a presença de pesticidas, tem sido questionado em alguns países, como na Nova Zelândia, pelo fato de causarem uma morte lenta e sofrida ao mamífero. Como alternativa surgiram sistemas apenas de captura, onde posteriormente seja possível sacrificar os animais de forma imediata. Cabe lembrar que, quando se opta pelo sistema adesivo, a escolha da cola é algo extremamente importante. Ela deve ser fabricada com ausência de solventes orgânicos, possibilitando alto período de adesão.

Em ambientes em que a presença de poeira é frequente, deve-se optar por sistemas de captura isentos de cola, como por exemplo, alçapões.

Outra alternativa de controle físico bastante empregada são as armadilhas luminosas. São equipamentos que, por possuírem lâmpadas com alto teor de emissão de ultravioleta, tendem a atrair insetos para sua proximidade, matando-os por descarga elétrica ou mantendo-os aderidos a superfícies adesivas.

Para seu perfeito funcionamento, necessitam estar adequadamente instaladas. Para isso sugere-se:

- Nunca instalar em pontos que possam ser observados do meio externo.
- Preferencialmente, instalar junto das paredes perimetrais das edificações e não no centro de ambientes.
- Deve-se dar preferência pela utilização de armadilhas luminosas com placas adesivas, pelo fato de capturarem o inseto integralmente. Armadilhas de eletrocussão permitem que insetos com massa corporal e velocidade suficientemente altas possam, ao serem eletrocutados, não cair na bandeja coletora instalada na base do equipamento, mas sim no ambiente em questão, podendo contaminar

materiais. Outro fator de risco diz respeito ao *spray* de conteúdo abdominal que é espalhado na atmosfera do ambiente, quando da eletrocussão dos insetos, gerando elevado potencial de risco microbiológico.

- A altura ideal de instalação de armadilhas luminosas é a mais baixa possível, desde que se respeitem limites de segurança e praticidade operacional, como fluxo de empilhadeiras, pessoas, entre outros. Isso se explica pelo fato de muitos insetos, como os dípteros (moscas), terem sua altura de voo preferencial em torno de 1,5 metro.
- Evitar instalar próximo de lâmpadas de coloração branca, para impedir competição e consequente perda de eficiência.
- Armadilhas luminosas instaladas em ambientes externos representam um erro, pois atrairão e capturarão, indiscriminadamente, insetos com potencial para serem pragas e outros que não causam quaisquer riscos ao sistema em questão.

QUÍMICAS

Nunca é demasiado relembrar que, embora o programa MIP objetive a mínima utilização de produtos químicos, sua adequação a determinadas situações, sejam elas periódicas ou momentâneas, é de grande importância como estratégia de controle.

A escolha da molécula a ser utilizada (piretroide, organofosforado, carbamato, anticoagulante, pirazol ou similares), sua formulação, concentrado emulsionável (CE), pó molhável (PM), suspensão concentrada (SC), microencapsulado (CS), granulados, parafinados, gel, fumigante, reguladores de crescimento, sempre obedecendo a dosagem e mistura. Deve-se lembrar, todavia, que misturas podem determinar quadros potencializados, quando se leem os dados fornecidos pela literatura de cada um dos compostos e quando empregados de modo isolado, uma vez que raramente são pesquisadas, o que determina a necessidade de maiores cuidados. Outros modos de utilização referem-se à forma inerte ou ao agente solúvel (água, querosene, óleo mineral), ao atrativo e à tecnologia de aplicação, como pulverização, atomização, ultrabaixo volume, termonebulização, polvilhamento ou iscagem. Qualquer que seja o procedimento, este é de absoluta responsabilidade do gestor do programa MIP, pois, conhecendo a área, as pragas existentes e com potencial de existência, bem como os objetivos do estabelecimento, precisam combinar as características necessárias visando à maior eficiência e ao máximo em sustentabilidade.

Biológicas

Embora com baixíssimo potencial de utilização em ambientes urbanos, compostos biológicos merecem citação. Parece bucólico o emprego de sapos para reduzir a presença de moscas em um determinado ambiente, desde que este ambiente não seja a cozinha de seu restaurante favorito ou o berçário da maternidade de seu afilhado. A limitação das estratégias biológicas diz respeito aos agentes de controle que, em muitos casos, podem passar de organismos benéficos para pragas, desde que dentro de setores onde sua presença seja indesejada. Talvez o único exemplo cabível seja a utilização de *Bacillus thuringiensis* para o controle de larvas de mosquitos em ambientes aquáticos não demasiadamente poluídos.

Monitoramento

Indivíduos bem treinados na observação de pragas, seus vestígios e danos potenciais, assim como conhecedores das estratégias elaboradas na fase de planejamento, devem percorrer as edificações e seus arredores, procurando observar a presença ou evidência de pragas. Neste monitoramento ou inspeção, que segue um sistema casual, o inspetor deve, também, perguntar aos moradores, frequentadores ou funcionários do ambiente em questão, sobre recentes visualizações.

Para que o sucesso do monitoramento seja maior, é de extrema importância que os usuários de ambiente manejado sejam treinados sobre a importância da realização do programa MIP, quais os objetivos em questão e como podem participar com o repasse de informações importantes – vide o caso das baratas, citado anteriormente – e como colaboradores na manutenção das estratégias de exclusão e redução, devidamente ativas e organizadas.

Constituem, também, estratégias de monitoramento a visualização de inúmeros tipos de armadilhas que, embora sejam técnicas de destruição, podem ser instaladas preventivamente e ter suas capturas avaliadas, dentro de modelos matemáticos, indicando se as pragas capturadas estão dentro de níveis aceitáveis ou merecem que estratégias diferentes de destruição sejam imediatamente empregadas.

Como exemplo de armadilhas que servem como agentes de monitoramento podem-se citar estações de iscagem para roedores, placas adesivas, armadilhas luminosas e armadilhas de feromônio. De todos os exemplos, estas últimas são as mais eficazes, pois os feromônios, por serem hormônios sexuais sintéticos, possuem elevado poder de atração de um dos sexos da praga-alvo e, com isso, se consegue dimensionar o potencial populacional existente no ambiente. Como ponto negativo desta armadilha, pode-se citar: reduzido número de alternativas de feromônios sintéticos disponíveis no mercado para utilização, sua rápida degradação e seu custo elevado.

Avaliação de resultados

Dados obtidos das ações de destruição e das técnicas de monitoramento empregadas no programa MIP devem ser cuidadosamente compilados de forma a organizar um histórico do ambiente manejado. Análises da sazonalidade das pragas e rastreio de suas ocorrências propiciam ajustes ao programa, adequações aos objetivos e, principalmente, a escolha de técnicas mais assertivas aos propósitos filosóficos do MIP.

Observando-se o exemplo hipotético do gráfico a seguir, é possível, com facilidade, compreender um dos benefícios da avaliação de resultados. Verifica-se que sazonalmente, todo mês de outubro, há uma elevação no número de ocorrências de um determinado inseto, com *status* de praga, em uma fábrica de macarrão. Com tal informação, o gestor do programa pode lançar técnicas preventivas todo mês de setembro, seja ela educativa, reforçando junto aos empregados a importância da manutenção de portas e janelas fechadas; aumentar a vigilância na chegada de matérias-primas, a frequência de inspeções ou reduzir o intervalo de pulverizações com inseticidas. Passada a fase historicamente crítica, e com os parâmetros populacionais voltando ao normal, poderá o gestor flexibilizar e reduzir a intensidade das estratégias com muito mais segurança.

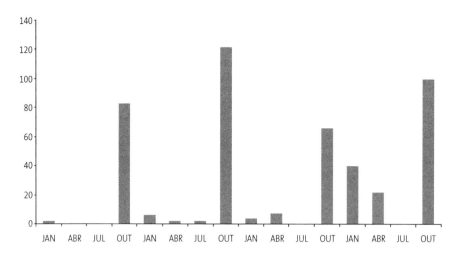

Figura 11.7 Exemplo hipotético de captura do inseto praga X em uma fábrica de macarrão.

Fonte: Acervo do autor.

Considerações finais

A tríade composta por alimento, qualquer que seja sua origem – orgânica ou inorgânica; água, independentemente de sua composição: insalubre; obtida a partir de margens de rios, lagos, córregos ou, até mesmo, da chuva acumulada em poças nas calçadas ou em buracos; e, por último, esconderijo ou lugar de refúgio, encontrado em tocas, vãos de muros, bueiros, sarjetas, condutos de esgotos ou de fios de eletricidade, além dos túneis de metrô e garagens de grandes edifícios, é altamente significante e resume, na prática, tudo aquilo que foi discutido ao longo deste capítulo.

No meio urbano, assim como no campo, as pragas citadas – sejam vertebrados como os ratos, ou invertebrados como os integrantes do reino *Insecta* – encontram com fartura e facilidade os três componentes acima referidos, na maioria das vezes associados, garantindo sua sobrevivência e provocando, no mínimo, sérios contratempos às populações de seu entorno.

Assim, o MIP é extremamente útil, sobretudo do ponto de vista da saúde pública, para prevenir as doenças veiculadas por pragas, além de evitar sérios danos de ordem econômica.

Referências

[ABNT] Associação Brasileira de Normas Técnicas NBR15584-2. *Controle de vetores e pragas urbanas – Parte 2: Manejo integrado*, 2008. 5p.

BARCAY, S.J. Cockroaches (Chapter 2). In: MALLIS, A. *Handbook of Pest Control.* 9.ed. Cleveland: Franzak & Foster, 2004. p.121-215.

BAUER, F. *Insect management for food storage and processing.* 2.ed Minneapolis: American Association of Cereal Chemists, 1985. 384p.

BENETT, G.H.; OWENS, J.M.; CORRIGAN, R.M. *Trumanís scientific guide of Pest Control Operations.* 5.ed. Duluth: Advanstar Communications, 1997. 520p.

BRASIL. Ministério da Saúde. Agência Nacional de Vigilância Sanitária. *RDC n. 20, de 12 de maio de 2010*, dá nova redação ao disposto no Art. 9º da RDC Nº 52 de 22 de outubro de 2009, que dispõe sobre o funcionamento de empresas especializadas na prestação de serviço de controle de vetores e pragas urbanas e dá outras providências.

BRITTON, E.B.; BROWN, W.L.; CALABY, J.H. et al. *The Insects of Australia.* 2.ed. Camberra: Melboune University Press, 1973. 494p.

CHAVES, L.E.L.; BERTI FILHO, E. Artrópodos presentes em caminhões que transportam matérias-primas e produtos terminados da indústria alimentícia: identificação e perspectivas de controle. *Arquivos do Instituto Biológico*, v.65, n.2, p.69-77, 1998.

CORNWELL, P.B. *The coackroach.* London: Associated Business Programmes, 1982. 324p.

FLINT, M.L.; van den BOSCH, R. *A source book on Integrated Pest Management.* Berkeley (Apostila), 1977. 321p.

JOHNSON, E.L. *Pesticide Resistence Management.* Washington: National Academy Press, 1986. 402p.

GERMANO, P.M.L. *Combate aos roedores.* (apostila do Departamento de Prática de Saúde Pública da Faculdade de Saúde Pública da Universidade de São Paulo). 1997. 14p.

GERMANO, P.M.L.; GERMANO, M.I.S. *Higiene e vigilância sanitária dos alimentos.* 4.ed. Barueri: Manole, 2011. 1038p.

GORHAM, J.R. *Ecology and Management of Food-Industry Pests.* Arlinton: Association of Official Analytical Chemists, 1991. 595p.

GALLO, D. et.al. (eds) *Entomologia Agrícola.* Piracicaba: Fealq, 2002. 920p.

HICHIN, N.E. *Household Insect Pests.* London: Associated Business Programmes London, 1974. 176p.

HILL, D.S. *Pests of Stored Products and their Control.* Boston: CRC Press, 1990. 272p.

LORINI, I.; MIIKE, L.H.; SCUSSEL, V.M. *Armazenagem de grãos.* Campinas: Instituto Bio Geneziz, 2002. 983p.

KRAMER, R. Integrated Pest Management (Chapter 24). In: MALLIS, A. *Handbook of Pest Control.* 9.ed. Cleveland: Franzak & Foster, 2004. p.1310-39.

MALLIS, A. *Handbook of Pest Control.* 9.ed. Cleveland: Franzak & Foster, 2004.1339 p.

METCALF, R.L.; LUCKMANN, W.H. *Introduction to Insect Pest Management.* New York. John Wiley, 1975. 585p.

MUNRO, J.W. *Pests of Stored Products.* London: The Rentokil Library, 1966. 234p.

PACHECO, I.A.; PAULA, D.C. *Insetos de grãos armazenados – identificação e biologia.* Campinas: Fundação Cargill, 1995. 229p.

RYAN, L. *Post-harvest Tabacco Infestation Control.* 2.ed. London: Chapman & Hall, 1996. 122p.

ROBINSON, W.H. *Urban Entomology.* London: Chapman & Hall, 1996. 430p.

SMITH, E.H.; WHITMAN, R.C. *National Pest Control Association Field Guide to Structural Pests.* Dunn Loring: NPAC, 1992. 551p.

TROLLER, J.A. *Sanitation in Food Processing.* New York: Academic Press, 1983. 456p.

PARTE IV

Gestão da segurança dos alimentos

12

Boas práticas de fabricação (BPF)[1]

Stela Scaglione Quarentei

Introdução

O embasamento conceitual e os primeiros códigos de Boas Práticas de Fabricação (BPF) foram desenvolvidos nos Estados Unidos. Em 1906, o congresso americano aprovou o *Pure Food and Drug Act* (Lei dos Alimentos e Medicamentos Puros), proibindo o comércio interestadual de alimentos, bebidas e medicamentos adulterados ou com marcas errôneas. Mais tarde, em 1930, com a criação do *Food and Drug Administration* (FDA), as regulamentações legais passaram a ser elaboradas e publicadas por essa agência.

Em 1949, o FDA publicou sua primeira regulamentação para o segmento de alimentos, uma orientação para a indústria alimentícia, sob o título *Procedures for the Appraisal of the Toxicity of Chemicals in Food* (Procedimentos para avaliar a toxicidade dos produtos químicos em alimentos).

No ano de 1969, a referida agência publicou a versão do *Good Manufacturing Practices* (GMP) – Boas Práticas de Fabricação (BPF) – para as indústrias de alimentos como parte do seu código federal de regulamentações, seguindo os passos da indústria farmacêutica, que teve a primeira versão do seu GMP publicada em 1968 em decorrência de problemas, como o da droga talidomida. Nessa época, o conceito de BPF como pro-

---

1. Good manufacturing practices – GMP

cedimentos e padrões a serem adotados pelos produtores, a fim de diminuir ou eliminar contaminações e garantir que seus produtos eram seguros, puros e eficientes, protegendo o consumidor, foi difundido.

Vale a pena citar que, no ano de 1963, a comissão *Codex Alimentarius* foi criada, sendo a primeira versão do Código Internacional de Princípios de Higiene dos Alimentos publicada em 1969. Nos anos 1980, mais precisamente em 1986, o FDA publicou a primeira revisão do seu código de BPF de alimentos para as indústrias.

Outro importante marco na área de códigos de práticas adequadas para a produção e manipulação de alimentos, agora no segmento de serviços de alimentação, aconteceu em 1993, quando o FDA publicou o *Food Code* (Código de Alimentos) como modelo para os órgãos estaduais e locais dos Estados Unidos regulamentarem o fornecimento de alimentos preparados e os locais de venda de alimentos no varejo. Neste mesmo ano, o *Codex Alimentarius* publicou o seu código de práticas de higiene para serviços de alimentação para coletividade, o *Code of Hygienic Practice for Precooked and Cooked Foods in Mass Catering* (Código de práticas de higiene para alimentos pré-cozidos e cozidos em concessionárias de alimentação). A versão atual do *Food Code* foi publicada em 2009.

Nas últimas décadas, o conceito de segurança de alimentos e as novas exigências técnicas estimularam a elaboração e a adoção de códigos de Boas Práticas em todos os elos da cadeia produtiva de alimentos, uma vez que, somente por meio de corretos e adequados processos de produção e de manuseio de alimentos – do produtor primário até o ponto de consumo –, é possível produzir, manipular e oferecer produtos alimentícios livres de contaminação para os consumidores, protegendo-os contra danos à sua saúde. Desta forma, O *Codex Alimentarius* vem publicando uma série de códigos de práticas de higiene para os diversos componentes da cadeia de alimentos, como alimentação animal, alimentos para usos especiais ou com processos específicos, ingredientes para alimentos, frutas e vegetais, carne, leite, ovos, peixe e seus respectivos derivados, águas, transporte, varejo, uso de drogas veterinárias, entre outros.

Mais recentemente, em 2002, o FDA formou um grupo de estudo para avaliar as necessidades e possibilidades de modernização das BPF para o setor industrial. Esse trabalho foi realizado com base em análise de risco, resultando, em 2004, na publicação de sete subpartes para essa regulamentação, o chamado CGMP – *Current GMP* (Atualização das Boas Práticas de Fabricação). Nesse novo código foram reforçadas e destacadas as medidas de controle para garantir a eficácia das BPF, entre elas: treinamentos específicos (p. ex., manuseio de alergênicos, higienização de superfícies), avaliação de eficácia dos treinamentos, auditorias, documentação e validações (p. ex. por procedimentos de higienização por meio de *swabs*, avaliações organolépticas e testes de bioluminescência, entre outros).

Ainda, há que se considerar as preocupações com responsabilidade social e meio ambiente, que já refletem na abrangência e até mesmo na definição das Boas Práticas. Como exemplo, é possível citar a definição da *Food and Agriculture Organization* (FAO, 2011) para as Boas Práticas Agrícolas (BPA): estas

> consistem na aplicação do conhecimento disponível e na utilização sustentável dos recursos naturais básicos para a produção, em forma benévola, de produtos agrícolas alimentares e não alimentares, inócuos e saudáveis, uma vez que procuram a viabilidade econômica e estabilidade social.

E, também, das Boas Práticas Veterinárias (BPV), que, segundo a Federação dos Veterinários da Europa, englobam bem-estar animal; uso adequado de medicação veterinária; saúde ocupacional; medidas para minimizar os riscos de exposição a agentes zoonóticos, a patógenos alimentares e resíduos químicos; questões ambientais e gestão.

Este capítulo irá tratar das Boas Práticas de Fabricação e de Manipulação de Alimentos, considerando, de um modo geral, o segmento industrial e o de serviços de alimentação.

As bases das BPF

As Boas Práticas de Fabricação ou de Manipulação de Alimentos podem ser definidas como: regras ou princípios básicos para o manuseio higiênico dos alimentos, adotados com a finalidade de controlar – prevenir, eliminar ou reduzir a níveis aceitáveis – as contaminações físicas, químicas ou biológicas, aplicados desde as matérias-primas até o produto final, assegurando não só a oferta de alimentos adequados ao consumo humano, mas, principalmente, a saúde do consumidor.

Avaliando tecnicamente as regras de BPF, é possível perceber que a maioria destas estão voltadas ao controle das contaminações biológicas, mais especificamente, dos micro-organismos patogênicos. Esse tipo de agente contaminante, diferentemente dos físicos e químicos, podem facilmente se disseminar, se multiplicar e/ou ainda produzir toxinas, quando em condições favoráveis, como em um ambiente de produção e manipulação de alimentos. Por esse motivo, diz-se a respeito das BPF que seu principal objetivo é o controle da proliferação de micro-organismos e da produção de toxinas por parte destes.

Outro aspecto importante que corrobora a preocupação e foco das BPF em atuar sobre os micro-organismos está relacionado às Doenças Transmitidas por Alimentos (DTAs). Segundo dados da Organização Mundial da Saúde (OMS) e do *Center for Disease Control and Prevention* (CDC), mais de 60% das DTAs são ocasionadas por micro-organismos e, em 70% dos casos, as bactérias patogênicas são as responsáveis. No Brasil, dados da Agência Nacional de Vigilância Sanitária (Anvisa), do período de 1999 a 2008, confirmam esta tendência: dos 2.974 surtos notificados, 84% foram ocasionados por bactérias, 13,6% por vírus e 1% por parasitas. Vale a pena ressaltar que em todos os países, nos industrializados e nos em desenvolvimento, existe o problema da subnotificação. Considera-se que somente de 1 a 10% dos casos são contabilizados pelos órgãos de saúde, e o mais preocupante, a ocorrência das DTAs está aumentando, tanto as provocadas por micro-organismos como as ocasionadas pela contaminação de alimentos por agentes químicos.

Para alcançar o nível de controle desejado sobre os micro-organismos, as BPF foram estipuladas dentro do conceito de barreiras, minimizando ao máximo as possibilidades de contaminação de um alimento. Primeiramente, o que se pretende é evitar a entrada e a permanência destes contaminantes no ambiente, depois impedir que atinjam o alimento e, por fim, criar obstáculos para que sobrevivam e/ou se multipliquem. Isso é conseguido com a aplicação concomitante de cuidados como: controle da saúde dos colaboradores; uso de insumos, matérias-primas e ingredientes com qualidade higiênico-sanitária; higienização dos ambientes, equipamentos e utensílios; controle de pragas, uso de água potável, utilização de métodos de conservação de alimentos (tratamento térmico, controle de pH, redução de atividade da água etc.) durante o processo produtivo e/ou manipulação; acondicionamento sob condições higiênicas; armazenamento de produto acabado em condições seguras; transporte, exposição e oferta de alimentos de forma adequada para preservar suas características e sua inocuidade. É evidente que muitas dessas barreiras também atuam sobre o controle dos contaminantes físicos e químicos.

Este caráter abrangente, de controle geral de contaminantes (agentes físicos, químicos e biológicos, estranhos ao alimento, independentemente de ocasionar ou não dano à saúde do consumidor), confere às BPF o *status* de pré-requisito, ou seja, são fundamentais ao gerarem as condições mínimas e necessárias para a manutenção de um ambiente sanitário e saudável, indispensáveis para todo e qualquer processo produtivo e/ou manipulação de alimentos seguros e apropriados ao consumo. Tanto que, ao possibilitarem a prevenção e a redução de prováveis contaminantes e/ou perigos durante a produção de alimentos, as BPF são essenciais e indispensáveis para a efetiva e adequada implementação do sistema APPCC (ver capítulo 14), e compõem as bases de um sistema de gestão de segurança de alimentos.

A importância das BPF reflete-se na publicação dos vários códigos setoriais do *Codex Alimentarius*, nas normas de certificação – nacionais e internacionais –, e nos regulamentos legais. No Brasil, a aplicação das Boas Práticas dentro do segmento alimentício é uma exigência legal.

Para garantir o resultado das BPF, não basta que as regras estipuladas por uma empresa sejam adequadas e aplicáveis para a sua situação (planta, processo e produto) e estejam em conformidade com a legislação vigente e/ou códigos de práticas, é preciso avaliar e considerar sua eficácia. Isso significa que as BPF devem estar inseridas num sistema de gestão de segurança de alimentos ou que, no mínimo, os elementos deste sejam incorporados às BPF, como comprometimento da alta direção e provisão de recursos; existência de um responsável para coordenar todas as atividades; planejamento; documentação – manual, procedimentos e registros –; treinamentos; implementação; acompanhamento/monitoramento e verificação; correções; avaliação e análise dos dados gerados/obtidos e adoção de medidas de melhoria. Ou seja, as Boas Práticas de Fabricação e Manipulação de Alimentos devem ser estabelecidas, estruturadas, operadas e atualizadas dentro de um sistema de gestão.

Para complementar as BPF e para garantir a eficácia de algumas regras consideradas cruciais, uma vez que, ao falharem, o risco de contaminação direta dos alimentos aumenta consideravelmente, as empresas devem adotar os Procedimentos Padrão de Higiene Operacional (PPHOs), e os Procedimentos Operacionais Padronizados (POPs), previstos na legislação. Esse tema será abordado no Capítulo 13 desta obra.

Legislação e normas

A estrutura legal do Brasil, no que diz respeito às BPF, é extensa e abrangente, existindo legislação pertinente tanto no âmbito da saúde pública quanto da produção primária, nas três esferas do poder público. As principais legislações são:

- Portaria n. 1.428, do Ministério da Saúde, de 26 de novembro de 1993, COD-100 A 002.0001, fornece as diretrizes para o estabelecimento de boas práticas de produção e prestação de serviços na área de alimentos, sendo a primeira legislação brasileira a se referir às BPF.
- Portaria n. 326, do Ministério da Saúde, de 30 de julho de 1997 e Portaria nº 368, do Ministério da Agricultura, Pecuária e Abastecimento (Mapa), de 04 de setembro de 1997. Ambas são regulamentos técnicos sobre condições higiênico-sanitárias e de BPF para estabelecimentos industrializadores de alimentos. Fornecem os requisitos necessários para a implementação das BPF.
- Resolução RDC n. 216, da Anvisa, de 15 de setembro de 2004. É um regulamento técnico sobre BPF, específico para serviços de alimentação. Sua publicação foi importante para a harmonização no segmento de serviços de alimentação no território nacional.
- Portaria CVS n. 6/99, do Centro de Vigilância Sanitária do estado de São Paulo, de 10 de março de 1999. É um regulamento técnico que estipula os parâmetros e critérios para o controle higiênico-sanitário em estabelecimentos de alimentos. Apesar de ser aplicável em indústrias e pontos de consumo de alimentos, os requisitos descritos estão voltados muito mais para os serviços de alimentação do que para as indústrias[2].

---

2. A portaria CVS6/99, em 2012, provavelmente, terá seu texto revogado e outro regulamento técnico será publicado em substituição a ela.

Boas práticas de fabricação (BPF) | **335**

- Portaria SMS n. 2.619, da Secretaria Municipal de Saúde da cidade de São Paulo, de 06 de dezembro de 2011. É um regulamento técnico de Boas Práticas e controle de condições sanitárias e técnicas das atividades relacionadas à importação, exportação, extração, produção, manipulação, beneficiamento, acondicionamento, transporte, armazenamento, distribuição, embalagem e reembalagem, fracionamento, comercialização e uso de alimentos – incluindo águas minerais, águas de fontes e bebidas – aditivos e embalagens para alimentos. Foi publicada em substituição à portaria n. 1.210 SMS/2006 e se mantém como a mais completa e restritiva de todas.

Considerando a especificidade de processos produtivos, alguns dos regulamentos técnicos legais existentes são:

- Sal para consumo humano: Resolução RDC n. 28, Anvisa, de 2000.
- Amendoins processados e derivados: Resolução RDC n. 172, Anvisa, de 2003.
- Frutas e hortaliças em conservas: Resolução RDC n. 352, Anvisa, de 2003.
- Gelados comestíveis: Resolução RDC n. 267, Anvisa, de 2003.
- Palmito em conserva: Resolução RDC n. 18, Anvisa, de 1999 e Resolução RDC n. 81, Anvisa, de 2003.
- Alimentação animal: Instrução Normativa Sarc n. 001, Mapa, de 2003.
- Produtos de origem animal: Circular n. 175, Mapa, de 2005[3].
- Água mineral natural: Resolução RDC n. 173, Anvisa, de 2006.
- Bebidas preparadas com vegetais e comércio de alimentos na rua: Resolução RDC n. 218, Anvisa, de 2005.
- Hortifrutícolas minimamente processados e frescos cortados: Resolução n. 42, da SAA – Secretaria da Agricultura e Abastecimento do Estado de São Paulo, de 2009.

---

3. Esta circular é destinada às fiscalizações do Mapa, mas indiretamente fornece subsídios para a implementação das BPF nos estabelecimentos que manipulam produtos de origem animal dentro da produção primária de alimentos.

Além da legislação específica sobre BPF para área de alimentos, existem aquelas que são complementares, novamente nas esferas federais, estaduais e municipais, mas nem por isso menos importantes. Exemplificando: potabilidade de água; uso de fontes alternativas de água – uso de poço artesiano; saneantes domissanitários para a higienização de superfícies; antissépticos; controle integrado de pragas; rotulagem; aditivos alimentares; alimentos para fins especiais; código de defesa do consumidor, entre outras. Em verdade, é todo esse conjunto de regulamentos que fornece subsídios e dá suporte para a determinação das regras de BPF adequadas a cada tipo de empresa/processo e produto. Os profissionais que atuam na área de alimentos devem ter conhecimento de todo esse material e, assim, adotar os requisitos legais pertinentes para a produção de alimentos seguros. Na existência de mais de um regulamento legal sobre o mesmo assunto, orienta-se que a empresa adote aquele que for mais restritivo.

Atualmente, as normas internacionais mais utilizadas e que abordam as BPF (pré-requisitos) são as normas do *Codex Alimentarius,* a BRC *Food Safety,* a IFS *Food,* a GlobalGAP, a PAS 220:2008 e a ISO 22000:2005, todas apresentadas no Capítulo 1 deste livro, mas vale ressaltar que em todas é citada a necessidade do cumprimento da legislação vigente.

Requisitos de BPF

Como já foi dito anteriormente, a legislação brasileira sobre BPF é bastante completa e determina os requisitos mínimos de BPF para as empresas alimentícias, devendo ser conhecida pelos profissionais da área. Sendo assim, aqui serão discutidos seus aspectos mais relevantes.

Inicialmente, algumas considerações são importantes.

- Além de seguir a legislação vigente, é preciso entender e aplicar o conceito de higiene – controle de contaminações, de maneira generalizada e ao mesmo tempo detalhada, englobando toda área e/ou atividade que tenha impacto direto ou indireto sobre a produção, a manipulação e a oferta de alimentos seguros. Isso equivale a dizer que, para a escolha das medidas adequadas, é preciso conhecer todas as prováveis fontes de contaminação dentro de cada empresa, em função da sua planta, processo e produto.

- Em muitos casos, uma avaliação de risco ajuda a definir o grau de exigência dos níveis de controle necessários para o adequado controle das contaminações. Nessas situações deve-se levar em conta o tipo de processo (automático, manual etc.), o tipo de produto (perecível ou alimento seco), o público para o qual o alimento se destina (alimento para bebês, refeições hospitalares etc.). Também é preciso considerar qual a atividade a ser realizada e quem vai executá-la – manipulação do alimento, coleta de amostra, inspeção, auditoria, manutenção etc.
- Segundo levantamentos realizados pelo FDA e CDC, os principais problemas de BPF estão relacionados com o não cumprimento de requisitos referentes ao controle de temperaturas (de conservação ou de tratamento térmico), higienização (de mãos e de superfícies), controle de contaminação cruzada (mistura de itens – alimentos crus com prontos para consumo, mistura de alergênicos com não alergênicos etc.) e falta de controle de fornecedores, somados à falta de ações que garantam a eficácia das regras de BPF adotadas, ou seja, falta de gestão. Estas deficiências vão desde problemas estruturais até a baixa capacitação da mão de obra empregada, passando por lacunas nos procedimentos realizados, bem como nos registros das atividades.

Para efeito didático, os requisitos serão discutidos dentro de três grandes blocos: higiene pessoal, higiene ambiental e higiene da operação.

Higiene pessoal

De acordo com o *Codex Alimentarius*, as regras de higiene pessoal têm como objetivo garantir que toda e qualquer pessoa que entre em contato direto ou indireto com os alimentos não irá provocar a contaminação destes. Portanto, exige-se apropriado grau de higiene, saúde e cuidados pessoais, bem como comportamento e atuação adequados de todos os que manipulam alimentos, operam equipamentos, e/ou adentram em um ambiente de produção e estocagem de matérias-primas/alimentos e embalagens, produtos intermediários e produtos finais, sejam eles profissionais da própria empresa, visitantes (colaboradores de outras áreas e pessoas externas à empresa), terceiros ou subcontratados.

Para tal, são requeridos: controle da saúde dos colaboradores (pessoas portadoras ou com doenças infecciosas, com lesões na pele, com sintomas de afecções gastrintestinais, respiratórias e odontológicas não podem entrar em contato com os alimentos), hábitos higiênicos e asseio pessoal, uniformização, higienização das mãos e uso adequado de luvas – quando necessário. Os visitantes, terceiros e subcontratados devem seguir as mesmas regras, portanto, devem ser informados, no mínimo, e/ou treinados quanto aos procedimentos de higiene pessoal e outras práticas necessárias para evitar contaminações.

Dentro desse conjunto de padrões, a higienização das mãos merece destaque, pois, de acordo com o CDC e o FDA, para os serviços de alimentação, falhas neste requisito são o segundo fator de risco que pode ocasionar a contaminação de um alimento e, consequentemente, provocar uma DTA, porém, para as indústrias, esta questão também é absolutamente prioritária. A empresa deve disponibilizar todos os recursos necessários para garantir a adequada higienização de mãos, tanto na área fabril quanto nos vestiários e sanitários, o que inclui: pias exclusivas em número suficiente e em posição estratégica – com água quente e/ou fria, preferencialmente com acionamento automático, abastecidas com sabonete líquido inodoro antisséptico ou sabonete líquido inodoro e mais um produto antisséptico –, toalhas de papel não reciclado ou outro sistema higiênico e seguro para a secagem de mãos, e cestos coletores de papel com pedal. Adicionalmente, deve garantir a informação, o treinamento e acompanhamento da higienização correta das mãos.

A organização deve elaborar um procedimento por escrito instruindo como e quando higienizar as mãos, bem como com a descrição do sabonete e/ou agente antisséptico utilizados. E afixar cartazes em locais apropriados ilustrando a forma correta para a higienização das mãos. Lembrando-se que os produtos químicos utilizados devem estar de acordo com a legislação vigente e serem registrados na divisão de cosméticos/produtos de higiene da Anvisa. Segundo a Resolução RDC 42/2010, não é permitido, para fins de higienização das mãos, o uso de álcool etílico líquido regularizado na Anvisa como saneante domissanitário, exigência, agora, reforçada pela portaria SMS n. 2619/2011. Não se pode deixar de comentar que a legislação brasileira exige POPs/PPHOs para o controle de higiene e saúde dos colaboradores, conforme Capítulo 13 deste livro.

Como o atendimento aos requisitos de higiene pessoal está diretamente relacionado ao comportamento e aos hábitos básicos de higiene, muitos deles adquiridos por meio de educação e conscientização, um dos pilares para se atingir o nível adequado destes é a capacitação dos colaboradores. Isso demanda investimentos em treinamento e supervisão, e a organização deve se preparar para tal, uma vez que a produção de alimentos seguros é sua responsabilidade. Mudanças comportamentais levam tempo e exigem persistência, sendo o treinamento tão relevante ao ponto de ser um requisito específico dentro das normas e da legislação.

Higiene ambiental

Neste item são consideradas todas as condições ambientais e de infraestrutura adequadas para a produção de alimentos inócuos, como edificações e seu estado de conservação, *layout* e fluxo das operações, controle das utilidades (ar comprimido, disponibilização de água, vapor, gelo, ventilação ambiente etc.), controle de acesso às áreas, equipamentos e utensílios, manutenção e higienização destes, descarte/manejo de resíduos, e ainda o controle de pragas. O ambiente e a infraestrutura devem proteger os alimentos e possibilitar uma operação segura, impedindo que agentes contaminantes atinjam estes.

O atendimento a esses requisitos tem como objetivos permitir o fluxo adequado de pessoas e de materiais, evitar contaminações cruzadas, evitar a entrada de poeiras, insetos, pássaros, roedores e demais pragas ou contaminantes, facilitar e assegurar as operações, possibilitar a adequada higienização e manutenção/conservação do ambiente e dos equipamentos/utensílios.

Um excelente exemplo da importância e da inter-relação desses requisitos pode ser observado no estudo realizado, entre 2008 e 2009, pelas autoridades sanitárias norte-americanas, em função da suspeita de mortes ocasionadas por *Salmonella* decorrentes da ingestão de pasta de amendoim e outros alimentos correlacionados. As investigações levaram até a unidade da empresa *Peanut Corporation of America* localizada no estado do Texas, na qual foi constatada presença de fezes de roedores e penas de pássaros em espaços mortos do sistema de ventilação, cujo fluxo de ar era direcionado para a produção. Programas de manutenção preventiva de equipamentos (de produção e os auxiliares) e de conservação predial, englobando a execu-

340 | Sistema de gestão: qualidade e segurança dos alimentos

ção e a gestão das atividades, são indispensáveis para a produção de alimentos seguros, por garantirem o perfeito funcionamento dos equipamentos e evitarem as contaminações. Considerações sobre controle integrado de pragas são apresentadas no Capítulo 11, sobre manejo integrado de pragas em ambientes urbanos.

Para os equipamentos que realizam medições, seu bom funcionamento está associado à qualidade dos dados gerados, portanto é imprescindível a calibração dos seus dispositivos de medição (termômetros, pHmetros, torquímetros, balanças, estufas, manômetros, *timers*, entre outros), cuja principal função é garantir e atestar a confiabilidade destes dados. A calibração deve ser realizada a intervalos regulares, cuja periodicidade vai depender das condições de utilização, das características dos instrumentos, recomendações (normas, fabricantes e especialistas), do histórico de calibrações anteriores e das condições ambientais.

As calibrações devem ser realizadas, preferencialmente, em laboratório externo de metrologia credenciado pela Rede Brasileira de Calibração (RBC), que avalia os laboratórios dentro dos requisitos da norma ISO/IEC 17025. Caso a empresa opte pela calibração interna, os recursos como laboratório, equipamentos apropriados e pessoal devidamente capacitado devem ser disponibilizados, lembrando que os certificados, tanto os internos como os externos, devem ser mantidos, no mínimo, durante sua validade ou vigência.

Os profissionais da área de alimentos e/ou os colaboradores das organizações que são responsáveis pela gestão dos equipamentos devem conhecer as condições adequadas de uso destes em função do seu processo, ou seja, a tolerância estabelecida. Com base neste conhecimento, devem, então, avaliar as informações contidas nos certificados – erros identificados e incertezas declaradas, concluindo se o instrumento continua apto ao uso e/ou quais as correções cabíveis.

É importante esclarecer que calibração pode ser definida como o conjunto de operações que estabelece, sob condições específicas, a relação entre os valores de um instrumento e os valores correspondentes a um padrão rastreável. Por outro lado, a verificação metrológica é a atividade de controle de equipamentos realizada pelo Inmetro, regulamentada por legislação específica (metrologia legal), que visa a proteger o consumidor de produtos ou serviços contra fraudes e danos econômicos ou, até mesmo, danos à sua saúde (p. ex., medição de pressão arterial). A calibração não isenta o equipamento da verificação metrológica.

Outro aspecto importante a ser comentado refere-se aos procedimentos de higienização de superfícies. Conforme dados do FDA e do CDC, falhas nestes figuram entre os cinco principais fatores de risco que levam à ocorrência de DTAs e, geralmente, estão associadas à escolha inadequada de produtos, à execução incorreta, ao não estabelecimento de um procedimento escrito, a treinamentos insuficientes e à falta de gestão. As higienizações inadequadas do ambiente, dos equipamentos e dos utensílios podem contaminar diretamente as superfícies e/ou os alimentos (contaminação cruzada), além de deixar o ambiente impróprio para a produção/manipulação de alimentos.

Conceitualmente, a higienização divide-se em duas etapas, a limpeza e a desinfecção, e seu principal objetivo é o controle de micro-organismos, sendo, portanto, indispensável para a qualidade e a segurança de alimentos. A limpeza visa remover resíduos orgânicos, minerais, entre outros tipos de sujidades. Por outro lado, a desinfecção pretende eliminar micro-organismos patogênicos (segurança) e reduzir os deteriorantes a níveis seguros (qualidade). Para o bom resultado da higienização, primeiro é preciso remover adequadamente as sujidades, ou seja, limpar; em seguida deve-se realizar a desinfecção, para assim alcançar a redução da carga microbiana ao nível de segurança desejado e necessário. Resíduos de sujidade podem inativar a ação antimicrobiana dos princípios ativos dos desinfetantes, portanto, é possível dizer que a eficácia da desinfecção está diretamente relacionada com a qualidade e o resultado da limpeza.

É interessante observar que, ao se negligenciar qualquer uma das variáveis determinantes de um procedimento de higienização adequado, o resultado deste fica comprometido, uma vez que todas são interdependentes. As empresas devem se aprofundar nestes pontos para conseguir atender eficazmente aos seus requisitos.

Um procedimento de higienização de superfícies adequado deve considerar a sujidade a ser removida, a superfície a ser limpa, os contaminantes microbiológicos a serem controlados, o tipo de processo e de produto alimentício e a qualidade da água, determinando, desta forma, a escolha dos produtos químicos de limpeza e desinfecção (devidamente regularizados pela Anvisa) e as condições de aplicação destes – concentração, tempo de contato, frequência, temperatura etc. –, sendo a orientação dos fabricantes destes necessária, decisiva e citada em legislação. Adicionalmente, é preciso garantir que o procedimento é realizado conforme o estipulado e que sua eficácia é avaliada, com a capacitação dos seus executores, monitoramentos, correções e ações corretivas, verificações e validações. Estas últimas são requisitos normativos e ainda não configuram como requisitos legais, exceto para a Portaria n. 2619 SMS/201, que no item 7.12 permite a utilização de métodos de higienização de alimentos diferentes do preconizado no regulamento, somente após estudos de validação.

Como complementação aos requisitos de higiene ambiental, a legislação brasileira determina a elaboração de procedimentos escritos – POPs/PPHOs – para garantir a execução e a eficácia da higienização das superfícies e de controle integrado de pragas; POPs de manejo de resíduos e de manutenção preventiva de equipamentos e calibração de equipamentos.

Higiene da operação

Todas as etapas do processo produtivo – do recebimento de matérias-primas até o produto final –, dentro de uma indústria ou de um serviço de alimentação, devem acontecer de tal forma a garantir alimentos com qualidade e adequados ao consumo humano, seguros à saúde do consumidor. Faz-se necessário um rigoroso acompanhamento dos critérios de processamento/manipulação do alimento, para não só evitar as contaminações, mas, principalmente, impedir a proliferação de micro-organismos e/ou produção de toxinas.

Conforme o *Codex Alimentarius,* é nesse momento que a empresa vai planejar, implementar, monitorar, corrigir e avaliar todas as variáveis de seu processo: critérios e especificações das matérias-primas, temperaturas de conservação, tratamentos térmicos, pressão, umidade, atividade de água, pH, tempos de exposição de alimentos, uso e concentração de aditivos, irradiação, atmosfera modificada etc., adotando todas as medidas necessárias para seu controle eficaz.

São considerados os requisitos para: seleção e avaliação de fornecedores; armazenamento de matérias-primas, ingredientes e embalagens; processamento/manipulação (p. ex., corte/porcionamento, misturas/homogeneizações, congelamento/descongelamento, cocção/resfriamento, higienização de alimentos, reprocesso/reaproveitamento de alimentos, armazenamento de produtos intermediários, entre outros); armazenamento de produto acabado; transporte; exposição e oferta; identificação; rastreabilidade e *recall*; potabilidade de água; controle de qualidade; treinamento, rotulagem e informação ao consumidor.

Alimentos perecíveis e/ou com potencial de proliferação de micro-organismos, que fazem uso de temperaturas frias como método de conservação, devem ser mantidos em baixas temperaturas (congelamento ou refrigeração) por toda cadeia produtiva, até que sejam consumidos, do contrário, tornam-se alimentos prejudiciais à saúde. Conforme levantamentos do FDA e do CDC, dentro do segmento de serviços de alimentação, a quebra da cadeia de frio é o primeiro fator de risco para a ocorrência de DTAs, mas também, para as indústrias de alimentos, é um dos pontos mais importantes no controle de contaminações microbiológicas.

Muitos são os fatores que afetam a conservação a frio dos alimentos, por exemplo: técnicas de congelamento ou resfriamento inadequadas, transporte em condições abusivas, recebimento de itens em temperaturas fora dos critérios da empresa ou dos padrões legais, espera excessiva à temperatura ambiente até o armazenamento, armazenamento em condições inadequadas – portas de câmaras frias constantemente abertas, falta de antecâmara, equipamentos de conservação danificados, excesso de produtos estocados, manipulação à temperatura ambiente por tempo elevado, equipamentos de exposição mal dimensionados, entre outros. Cabe à organização fazer uma avaliação das condições de todo o seu fluxo produtivo e garantir o controle da conservação dos alimentos, obedecendo aos seus requisitos de processo e aos requisitos regulamentares e, assim, preservar a parte da cadeia de frio que está sob sua responsabilidade.

O terceiro fator de risco de ocorrência de DTAs, observado pelo FDA e pelo CDC dentro dos serviços de alimentação, é o tratamento térmico inadequado e, mais uma vez é possível fazer correlação com as indústrias, visto que, em muitos casos, esta é a base do processo produtivo – por exemplo a pasteurização do leite. A exposição de alimentos a temperaturas elevadas, como forma de eliminação ou redução de carga microbiana a níveis seguros, implica na determinação do chamado binômio tempo *versus* temperatura. Para a eficácia do tratamento, a temperatura adotada *versus* o tempo de exposição devem ser dimensionados e controlados de forma consistente, considerando, por exemplo, a natureza do alimento, a atividade da água, o pH, a carga inicial de micro-organismos, a vida útil pretendida, a embalagem e a forma de uso – alimento para ser cozido, alimento pronto para consumo etc. Outro ponto a ser considerado é a distribuição do calor, pois a temperatura deve atingir, de forma mais homogênea possível, todo o alimento, além do que, esses sistemas de controle devem, também, especificar os limites toleráveis para as variações de tempo e temperatura. É importante destacar que temperaturas quentes também são utilizadas como conservação de alimentos (evitam a germinação de esporos) nos casos de exposição a quente, por exemplo, em restaurantes e até mesmo em situações de transporte de refeições. Mais uma vez, as disposições legais e as características do processo devem ser obedecidas.

Para finalizar os cinco fatores de risco de DTAs, apresentados pelo FDA e pelo CDC para os serviços de alimentação, falta comentar o uso de matérias-primas de fornecedores não seguros, e que está na quarta posição. É válido acrescentar que, para as indústrias alimentícias, a escolha e o monitoramento de fornecedores adequados para garantir a qualidade e a segurança de suas matérias-primas e ingredientes é um dos pilares dos seus sistemas de gestão de segurança de alimentos.

Nenhuma matéria-prima ou ingrediente com algum tipo de contaminação/perigo, ou com potencial de (presença de micro-organismos indesejáveis, pesticidas, drogas veterinárias, micotoxinas, presença de partículas metálicas, entre outras) que não possam ser reduzidas aos níveis aceitáveis e seguros, pelo processo produtivo, seja dentro de uma indústria ou num serviço de alimentação, não devem ser aceitos e/ou utilizados.

Entretanto, isso não é uma tarefa fácil, há que se estipular critérios para as matérias-primas, critérios de aceitação para o recebimento, critérios de escolha e de avaliação (monitoramento) dos fornecedores, além de adotar uma sistemática que garanta o cumprimento do que fora estabelecido. O ponto de partida é analisar o processo e o produto para determinar o nível de impacto de cada matéria-prima e ingrediente na segurança de alimentos (embalagem secundária, principal ingrediente etc.) e, então, definir o nível de exigência para os fornecedores. Geralmente, para a escolha destes são utilizadas visitas técnicas ou auditorias de segunda parte, realizadas com maior ou menor frequência em função da criticidade do insumo adquirido, exigência de certificações, declarações e questionários de auto-avaliação e análises laboratoriais.

Acompanhar o recebimento, além de garantir a entrada de itens em conformidade, fornece dados e subsídios para o monitoramento do desempenho do fornecedor, pois, nos casos de incidência de não conformidades, este fornecedor pode ser desqualificado ou desabilitado. É de substancial importância que sejam determinadas as variáveis e as situações nas quais os fornecedores são reavaliados e/ou cortados, pois é desta forma que se garante o controle das prováveis contaminações provenientes do elo anterior da cadeia produtiva de alimentos. É bastante comum adotar o Índice de Qualidade do Fornecedor (IQF), no qual são consideradas qualidade, incluindo a segurança de alimentos, quantidade, pontualidade e preço.

Sejam quais forem os critérios adotados, os fornecedores devem ser informados e esclarecidos, além do que, o desenvolvimento de uma relação pautada na parceria, confiabilidade, crescimento técnico e econômico mútuo, entre clientes e fornecedores é, indiscutivelmente, um ganho para a cadeia produtiva de alimentos e para a proteção da saúde do consumidor.

Além dos itens discutidos, vale acrescentar a importância da qualidade da água. Tanto para as indústrias como para os serviços de alimentação, a água é uma matéria-prima e, portanto, como critério de qualidade, o que se exige é que esta seja potável, e que a condição de potabilidade seja mantida dentro das instalações. Muitas empresas acham que a análise microbiológica e mais alguns itens físico-químicos são suficientes para atestar a potabilidade da água, porém, segundo a Portaria MS n. 2.914/2011, esta condição depende, também, de outros parâmetros, como o controle de presença de substâncias químicas que representam risco à saúde e radioatividade. As organizações devem atentar a outros regulamentos técnicos legais que determinam a forma e a condição para a utilização de fontes alternativas, por exemplo, água de poço, lembrando que nesse caso o tratamento da água deve ser realizado pela empresa. É conveniente que seja providenciado, em intervalos regulares, um laudo de potabilidade da água utilizada para o processo produtivo, abrangendo todos os itens requeridos na Portaria n. 2.914/2011, o que pode ser solicitado às concessionárias de abastecimento público, quando a água não for de uma fonte alternativa, ou realizado em laboratório externo.

Ainda dentro da higiene das operações, o correto armazenamento das matérias-primas, ingredientes, produtos intermediários e finais é substancial para evitar a contaminação cruzada entre itens/alimentos crus e cozidos ou semipreparados, entre alergênicos e não alergênicos, com produtos químicos etc. A estocagem dos alimentos tem por objetivo preservar suas condições, não comprometendo suas características originais. A estrutura e os procedimentos de armazenamento devem evitar: alterações decorrentes da ação de micro-organismos, pragas, contato com substâncias químicas – tóxicas ou não –, e possibilidades de contaminações físicas. Ou seja, as temperaturas corretas devem ser obedecidas (evitar excesso de produtos dentro das áreas de estocagem, a rotatividade de estoques e a adequada circulação de ar contribuem para a manutenção das temperaturas), os alimentos devem ser segregados, protegidos e identificados e as áreas devem ser higienizadas a contento.

Complementado os requisitos de higiene da operação, a legislação brasileira estipula a elaboração de procedimentos escritos – POPs/PPHOs para controle de potabilidade de água; POPs para seleção e recebimento de matérias-primas.

Três outros pontos têm sido amplamente discutidos: a rastreabilidade, o recolhimento e o *recall* de alimentos. A completa e adequada identificação de matérias-primas, ingredientes, insumos, embalagens, produtos semi-acabados, retrabalhos/reprocessos, produtos finais e até mesmo clientes (rastreabilidade), permite que, caso haja a suspeita, ou confirmação, de um dano à saúde do consumidor, o produto possa ser retirado do mercado (*recall*) ou do ponto na cadeia na qual este se localiza – armazém ou distribuidor (recolhimento), além de ser devidamente analisado e tratado. Desta forma é possível proteger o consumidor, atender a requisitos legais e/ou normativos e, ainda, salvaguardar a imagem da empresa.

É de fundamental importância que as empresas elaborem sistemáticas que permitam tal nível de identificação e de atuação, compatível com o seu tamanho e complexidade, considerando, por exemplo, os danos ao consumidor, os estoques, a logística, quais os profissionais com autoridade e responsabilidade para iniciar o processo de recolhimento/*recall*, a sequência das ações, como notificar as partes interessadas – clientes, consumidores e autoridades sanitárias –, o destino e o tratamento dos produtos retirados. É importante que no mínimo uma vez ao ano seja realizado um teste para avaliar a eficácia da sistemática e que os registros deste teste sejam mantidos. Há que se destacar a relevância desse item no que diz respeito à proteção da saúde pública, pois é retirando do mercado e tratando adequadamente o produto inseguro que a empresa impede o acometimento da população. Afora esse benefício, a rastreabilidade auxilia no levantamento da origem ou foco do problema, uma vez que permite relacionar materiais utilizados, processo e produto final, e também, minimamente, o primeiro elo da cadeia de distribuição ou o cliente direto.

Os regulamentos técnicos de BPF mais recentes exigem a elaboração de um POP sobre recolhimento de alimentos.

Implementação

Manual de BPF

De acordo com os regulamentos técnicos vigentes, o Manual de Boas Práticas de Fabricação (MBPF) descreve as operações realizadas em um estabelecimento, constando, no mínimo:

- Os requisitos higiênico-sanitários da edificação.
- A manutenção e higienização das instalações, dos equipamentos e dos utensílios.
- O controle da água utilizada.
- O controle integrado de vetores e pragas urbanas.
- A capacitação e treinamento dos profissionais.
- O controle da higiene e saúde dos manipuladores.
- O manejo de resíduos.
- O controle e garantia de qualidade do alimento preparado.

Esse manual é um dos principais documentos exigidos pela legislação BPF, e até mesmo pelas normas já referidas, independentemente do tamanho, complexidade de operação e porte da empresa alimentícia. De maneira semelhante ao Manual da Qualidade, demonstra a estrutura da gestão, fornecendo as diretrizes da empresa para o cumprimento dos requisitos, no caso, requisitos de BPF para a gestão/controle das contaminações. É nesse manual que a organização descreve quais são as regras e critérios adotados, podendo incluir a implementação, o acompanhamento e a gestão destes ou, ainda, referenciar os procedimentos e/ou instruções de trabalho que o complementam – procedimentos e/ou instruções de trabalho que especificam o atendimento a um determinado requisito, por exemplo, procedimento para higienização ambiental, para seleção e avaliação de fornecedores, e até um cronograma para as adequações, caso seja aplicável.

O MBPF é exclusivo da empresa e direcionado para as suas operações, o que significa dizer que a empresa pode escolher a forma, estrutura e apresentação que lhe convém e, assim, atender suas necessidades. Seu conteúdo constitui um reflexo do que a organização faz para, não só cumprir os requisitos regulamentares, ou legais, mas também, e principalmente, para garantir o controle das prováveis contaminações e produzir alimentos seguros.

Mesmo com liberdade para adotar um MBPF que mantenha a identidade da empresa, existem algumas informações que são básicas e importantes, portanto, de preferência devem constar neste documento, como: título do documento, elaborador, aprovador, vigência ou número de revisão, índice, abrangência e objetivo, e referências utilizadas como apoio para sua elaboração (normas, legislação, publicação científica etc.).

Como documentação, os principais benefícios do MBPF são: formalizar e padronizar as regras e critérios adotados, evitar erros e falhas nos processos, uma vez que pode ser consultado para dirimir dúvidas, facilitar o acompanhamento e avaliação do que foi estipulado e demonstrar o cumprimento de requisitos legais e/ou normativos.

Vale ressaltar que o MBPF não é um documento estático, ao contrário, deve acompanhar todas as mudanças que ocorrerem nos processos da organização e na legislação, e mesmo quando estas não ocorrerem, é interessante revisá-lo em intervalos de tempo preestabelecidos, para promover a melhoria contínua. Como este é um documento com forte cunho técnico, é conveniente que seja elaborado por profissionais com conhecimento pertinente (sobre processos, critérios, legislação etc.) e que estejam envolvidos com a área da qualidade e/ou segurança de alimentos. Além disso, de preferência, deve ser assinado e aprovado pela alta direção/administração como forma de demonstrar o seu compromisso em atender aos requisitos necessários para a produção, manipulação e/ou oferta de alimentos seguros.

Auditoria

A auditoria é o principal instrumento de avaliação de conformidades de requisitos e, portanto, é uma das melhores opções para verificação da implementação e manutenção das BPF. Por causa dessa importância, a auditoria é colocada como um elemento obrigatório nos sistemas de gestão da qualidade e da segurança de alimentos, em todas as normas internacionais, mencionadas no Capítulo 13 desta obra. Por outro lado, mesmo com a publicação de uma lista de verificação (*check-list*) como ferramenta de avaliação nos vários regulamentos técnicos de BPF, a auditoria em si não aparece de forma explícita como uma exigência na legislação nacional. Exceção para essa situação é a Portaria n. 2619/2011, que cita no parágrafo 14.2.1: "A empresa deve executar, periodicamente, auditorias internas de Boas Práticas e Sistemas de Qualidade utilizando roteiro ou lista de verificação e elaborar planos de ações corretivos com prazo e responsáveis definidos", indo ao encontro dos conceitos de sistema de gestão.

A empresa deve elaborar um programa de auditoria interna, determinando as áreas a serem auditadas, em que período, com base em qual critério – legislação, diretriz interna etc., e escolhendo os profissionais que irão compor a sua equipe de auditores. Estas auditorias também podem ser realizadas por auditores contratados.

Somente profissionais devidamente capacitados devem realizar auditorias. No caso de auditoria interna de BPF, além dos conhecimentos técnicos pertinentes à área de alimentos, estes precisam ter sua capacitação em práticas e técnicas de auditoria devidamente comprovada. Os auditores, mesmo os internos da própria organização, devem estar aptos a: planejar, preparar e executar uma auditoria, bem como a elaborar o relatório da auditoria e realizar o acompanhamento das ações para solucionar as não conformidades e/ou as oportunidades de melhorias encontradas. Como a auditoria é uma atividade independente e imparcial, um colaborador não deve auditar seu próprio trabalho, e, portanto, não deve auditar seu departamento ou área.

As auditorias podem ser realizadas com ou sem um roteiro específico – lista de verificação ou *check-list*, porém, a adoção deste não só facilita a realização da auditoria, como também auxilia na elaboração do relatório. Existem vários formatos de lista de verificação e sistemas de pontuação para as situações constatadas durante uma auditoria, a empresa deve escolher aquele que se adeque às suas necessidades de gestão das BPF. Como ponto de partida, é possível utilizar uma das listas de verificações dos regulamentos técnicos vigentes, fazendo adaptações para as situações particulares da organização. Os *check-lists* dos regulamentos técnicos nacionais são um exemplo de *check-list* qualitativo, no qual as situações são avaliadas como conforme ou não conforme, mas também existem as chamadas avaliações quantitativas, nas quais os requisitos recebem valores, ou pesos, para indicar o seu grau de criticidade.

Geralmente, são utilizados quatro níveis de criticidade: conforme, não conforme sem afetar de forma significativa a segurança do alimento (sem risco direto de contaminação), não conforme podendo comprometer a segurança do produto (com risco potencial de contaminação) e não conforme com impacto significativo na segurança do alimento (risco iminente de contaminação) (Quadros 12.1 e 12.2), que podem ser aplicados de forma crescente ou decrescente e a empresa ganhar ou perder pontos, dependendo da sistemática adotada. A pontuação ajuda na identificação das necessidades, fornece subsídios para a tomada de decisões, priorização das correções e das ações de melhoria e disponibilização de recursos.

Quadro 12.1. Exemplo 1 de pontuação.

Valor	Criticidade
0	Conforme
1	Não conforme – sem afetar significativamente a segurança de alimentos
2	Não conforme – com potencial de causar dano à segurança de alimentos
3	Não conforme – afeta significativamente a segurança de alimentos

Fonte: Adaptado de Food Design (2011).

Quadro 12.2. Exemplo 2 de pontuação.

Valor	Criticidade
5	Conforme
3	Não conforme – sem afetar significativamente a segurança de alimentos
1	Não conforme – com potencial de causar dano à segurança de alimentos
0	Não conforme – afeta significativamente a segurança de alimentos

Fonte: Adaptado de Food Design (2011).

Como a auditoria é uma verificação de conformidade, o relatório deve apresentar uma descrição das situações encontradas – conformidades e/ou não conformidades. É conveniente que este também aponte o grau de atendimento aos requisitos ou critérios auditados, ou seja, a porcentagem de conformidades encontradas, e facilitando, assim, a gestão. Quanto mais claro e objetivo for o relatório, melhor a empresa visualiza seus pontos fracos e elabora um plano de ação mais consistente, sendo a utilização de gráficos uma excelente ferramenta. Para tal, pode-se, por exemplo, agrupar os requisitos em blocos e sub-blocos e, ainda, adotar um valor mínimo de conformidades como o aceitável e estipular outros valores, mais restritivos, como meta para a sua melhoria contínua (Figura 12.1). Uma referência para tal pode ser encontrada na Resolução RDC n. 275/2002, que apresenta as seguintes estratificações de atendimento aos requisitos: 0 a 50%, 51 a 75%, 76 a 100%.

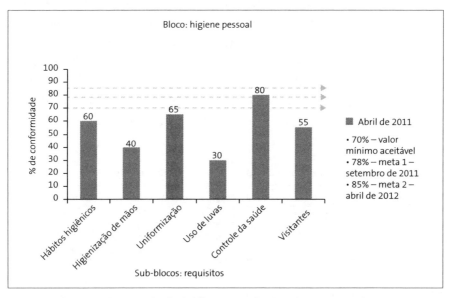

Figura 12.1 Exemplo de gráfico para relatório da auditoria de BPF.

Com o relatório da auditoria em mãos, o responsável pela segurança de alimentos e pelas BPF, juntamente dos responsáveis pelas áreas onde as não conformidades foram detectadas, deve elaborar um plano de ação. Neste plano, para cada não conformidade evidenciada deve ser planejada uma ação para a sua correção e até mesmo para evitar sua reincidência, sendo que a execução e o resultado destas devem ser devidamente acompanhados, garantindo a sua implementação e sua eficácia.

Primeiramente, para garantir a devida correção/solução é preciso conseguir identificar o que realmente acarretou uma não conformidade, ou determinar a sua "causa raiz", que, por vezes, envolve uma investigação com a participação de mais de uma área. Nestes casos, é importante que a empresa registre tais levantamentos, o que pode ser feito através dos Relatórios de Não Conformidades (RNCs) e Relatórios de Ação Corretiva (RAC). Nestes relatórios são descritos os fluxos das atividades/ações tomadas, seus responsáveis, bem como a conclusão destas, para demonstrar que a não conformidade foi tratada e solucionada.

A partir desse estudo das não conformidades, deve-se, então, elaborar o plano de ação. Um dos modelos mais utilizados é o 5W2H: *What, Why, When, Where, Who, How, How much* (O quê, Por quê, Quando, Onde, Quem, Como, Quanto custa), uma das ferramentas de gestão desenvolvidas no período pós-guerra. Também existem outros modelos mais simplificados e adaptados (Quadro 12.3), o importante é facilitar o entendimento, identificar claramente o que precisa ser feito e agilizar a execução.

Quadro 12.3. Exemplo de plano de ação simplificado/adaptado

Não conformidade	Correção/ação corretiva	Responsável	Prazo	*Status*/observação
	O quê	Quem	Quando	Finalizado ou não finalizado
1.				
2.				
3.				
4.				
5.				

Fonte: Adaptado de Food Design (2011).

Treinamento

Este é um dos requisitos mais importantes, pois somente com a capacitação dos colaboradores é que as organizações conseguem implementar seus procedimentos e/ou seus sistemas. Por melhor ou mais bem elaborados que estes sejam, é a atitude, a consciência e o comportamento dos colaboradores que põem em prática tudo o que foi estabelecido.

As organizações devem estipular programas de treinamentos abrangentes, considerando todas as suas necessidades, por exemplo, execução de um procedimento, técnicas de auditoria, legislações, práticas higiênicas, noções de microbiologia, DTAs, segurança de alimentos e gestão das BPF, devendo adotar métodos ou sistemáticas para avaliar a sua eficácia. Para assegurar que seus colaboradores realmente absorveram as informações, adquiriram o conhecimento suficiente, desenvolveram as habilidades necessárias e conseguem aplicar no seu dia a dia, nas avaliações de eficácia podem ser utilizados questionários tipo prova, acompanhamento do superior imediato por um determinado período de tempo, entrevistas e observações durante as auditorias, e, até mesmo, uma combinação destes. O importante é adotar um critério mínimo e, caso este não seja atingido, por exemplo, o colaborador deve receber um treinamento de reforço. A base é a melhoria contínua do desempenho dos colaboradores. Vale ressaltar que supervisão periódica dos colaboradores quanto a aplicação dos princípios de segurança de alimentos, além de contribuir para a sua capacitação, é requisito de normas e de legislação.

Outro ponto importante para assegurar a eficácia do treinamento é a disponibilização de recursos, principalmente de instrutores capacitados com conhecimento e didática adequados para o público-alvo; caso a organização não os possua, deve buscar este recurso fora. A empresa pode adotar treinamentos *on the job* – dentro da atividade/processo – e treinamentos *in company* – dentro da empresa –, ou enviar seus colaboradores para treinamentos externos. É interessante que os responsáveis pela elaboração do programa de treinamento estudem cada situação e escolham as melhores opções para que os resultados esperados sejam atingidos.

Os treinamentos devem ser registrados, o que é um requisito legal. Espera-se encontrar nesses registros, no mínimo, informações como: assunto, conteúdo, nome do instrutor, data, carga horária e assinatura de todos os participantes, mas também podem ser anexadas cópias do material didático e/ou dos *slides*. Convém que também façam parte da documentação dos treinamentos os dados que comprovam a competência dos instrutores, externos ou internos – como certificados ou currículo.

Considerações finais

É imprescindível destacar que as BPF são uma obrigação legal para todas as organizações do segmento de alimentos, não importando o seu tamanho, produto ou atividade (produção, industrialização, manipulação, fracionamento, estocagem, transporte, distribuição, exposição, venda e entrega de alimentos preparados para o consumo). O não atendimento à legislação, bem como a alegação do desconhecimento desta, configura uma infração sanitária, passível de penalização dentro dos termos dos instrumentos legais em vigor.

Cabe a cada empresa avaliar a legislação pertinente e a sua condição, adotar e implementar de maneira eficaz um conjunto de regras e princípios de higiene adequados para a sua realidade e, assim, garantir que as prováveis contaminações físicas, químicas e/ou biológicas estejam sob controle, e que o seu produto é apropriado e seguro à saúde do consumidor.

Referências

[ABERC] ASSOCIAÇÃO BRASILEIRA DAS EMPRESAS DE REFEIÇÕES COLETIVAS. *Manual Aberc de práticas de elaboração e serviço de refeições para coletividade*. São Paulo: Aberc, 8.ed., 2003.

[ABNT] ASSOCIAÇÃO BRASILEIRA DE NORMAS TÉCNICAS. *NBR ISO 19011:2002*. Diretrizes para auditorias de sistema de gestão da qualidade e/ou ambiental. Rio de Janeiro, 2002.

_____. *NBR ISO 22000:2006*. Sistemas de gestão da segurança de alimentos – requisitos para qualquer organização na cadeia produtiva de alimentos. Rio de Janeiro, 2006.

BRASIL. [MS] MINISTÉRIO DA SAÚDE. *Resolução RDC n. 18 de 19 de novembro de 1999*. Aprova regulamento técnico sobre condições higiênico-sanitárias e de boas práticas de fabricação para estabelecimentos produtores de palmito em conserva.

BRASIL. [MAA] MINISTÉRIO DA AGRICULTURA E DO ABASTECIMENTO. *Portaria n. 368, de 04 de setembro de 1997*. Aprova regulamento técnico sobre as condições higiênico-sanitárias e de boas práticas de elaboração para estabelecimentos elaboradores/industrializadores de alimentos.

BRASIL. [MAPA] MINISTÉRIO DA AGRICULTURA, PECUÁRIA E ABASTECIMENTO. *Circular n. 175 de 16 de maio de 2005*. Estabelece os procedimentos de verificação dos programas de autocontrole para os produtos de origem animal.

BRASIL. [MS] MINISTÉRIO DA SAÚDE; [ANVISA] AGÊNCIA NACIONAL DE VIGILÂNCIA SANITÁRIA. *Cartilha sobre boas práticas para serviços de alimentação. Resolução – RDC n. 216/2004.* 3.ed. Brasília, DF, s/d. Disponível em: http://www.Anvisa.gov.br/divulga/public/alimentos/cartilha_gicra_final.pdf. Acessado em: 24 maio 2009.

_____. *Resolução RDC n. 216, de 15 de setembro de 2004.* Dispõe sobre o regulamento técnico de boas práticas para serviços de alimentação.

_____. Agência Nacional de Vigilância Sanitária. *Resolução RDC n. 218, de 29 de julho de 2005.* Dispõe sobre o regulamento técnico de procedimentos higiênico-sanitários para manipulação de alimentos e bebidas preparados com vegetais.

_____. *Portaria n. 1428, de 26 de novembro de 1993.* Aprova, na forma de anexos, o regulamento técnico para inspeção sanitária de alimentos; as diretrizes para o estabelecimento de boas práticas de produção e prestação de serviços na área de alimentos; o regulamento técnico para estabelecimento de Padrões de Identidade e Qualidade (PIQ's) para produtos na área de alimentos.

_____. *Portaria n. 326, de 30 de julho de 1997.* Aprova regulamento técnico sobre condições higiênico-sanitárias e de boas práticas de fabricação para estabelecimentos produtores e industrializadores de alimentos.

_____. *Portaria n. 2914, de 12 de dezembro de 2011.* Dispõe sobre os procedimentos de controle e de vigilância da qualidade da água para consumo humano e seu padrão de potabilidade.

_____. *Resolução RDC n. 172, de 04 de julho de 2003.* Aprova regulamento técnico sobre condições higiênico-sanitárias e de boas práticas de fabricação para o processamento de amendoim.

_____. *Resolução RDC n. 267, de 13 de setembro de 2006.* Aprova regulamento técnico sobre condições higiênico-sanitárias e de boas práticas de fabricação para industrialização e comercialização de água mineral natural e água natural.

_____. *Resolução RDC n. 267, de 25 de setembro de 2003.* Aprova regulamento técnico sobre condições higiênico-sanitárias e de boas práticas de fabricação para estabelecimentos produtores de gelados comestíveis.

_____. *Resolução RDC n. 28, de 28 de março de 2000.* Aprova regulamento técnico sobre condições higiênico-sanitárias e de boas práticas de fabricação para o beneficiamento de sal para o consumo humano.

_____. *Resolução RDC n. 352, de 23 de dezembro de 2002.* Aprova regulamento técnico sobre condições higiênico-sanitárias e de boas práticas de fabricação para estabelecimentos produtores de frutas e hortaliças em conservas.

_____. *Resolução RDC n. 42, de 25 de outubro de 2010.* Dispõe sobre a obrigatoriedade de disponibilização de preparação alcoólica para fricção antisséptica das mãos, pelos serviços de saúde.

BRASIL. [MS] MINISTÉRIO DA SAÚDE. Resolução RDC n. 81, de 14 de abril de 2003. Aprova regulamento técnico sobre a implementação de Procedimentos Operacionais Padronizados nas etapas de acidificação e do tratamento térmico para as empresas de palmito em conserva.

BRASIL. [MS] MINISTÉRIO DA SAÚDE; [ANVISA] Agência Nacional de Vigilância Sanitária. Resolução *RDC n. 275, de 21 de outubro de 2002.* Dispõe sobre o regulamento técnico de procedimentos operacionais padronizados aplicados aos estabelecimentos produtores e industrializadores de alimentos e a lista de verificação de boas práticas de fabricação em estabelecimentos produtores e industrializadores de alimentos.

[BRC] BRITISH RETAIL CONSORTION. *Global Standard for Food Safety – Issue 5.* London, 2008.

BRITISH STANDARDS INSTITUTION. PAS 220:2008. Prerequisite programmes on food safety for food manufacturing. BSI, 2008.

CERQUEIRA, J.P. *Sistemas de Gestão Integrados: ISO 9001, ISO 14001, OHSAS 18001, AS 8000 e NBR 16001 – conceitos e aplicações.* Rio de Janeiro: Qualitymark, 2010.

CODEX ALIMENTARIUS COMMISSION. *Recommended international code of practice: general principles of food hygiene*. Roma: FAO: WHO, 2003. (CAC/RPP1-1969, Rev.4-2003).

_____. *Código de Prácticas de Higiene para los Alimentos Precocinados y Cocinados Utilizados en Servicios de Comida para Coletividades*. Roma: FAO/OMS. 2.ed. 1993 (CAC/RCP 39 -1993).

DIAS, J.; HEREDIA, L.; UBARANA, F.; LOPES, E. *Implementação de sistemas de gestão da qualidade e segurança de alimentos*. São Paulo: SBCTA, 2010. v.1.

[FAO] FOOD AND AGRICULTURE ORGANIZATION. *Boas Práticas Agrícolas*. Escritório Regional para América Latina e Caribe. Disponível em: http://www.rlc.fao.org/pr/agricultura/bpa/. Acessado em: 09 jul. 2011.

[FDA] FOOD AND DRUG ADMINISTRATION. Center for Food Safety and Applied Nutrition. Retail Food Program Steering Committee. *Report of FDA Retaill Food Program Database of Foodborne Illness Risk Factors*. Washington, DC, 2000. Disponível em: http://vm.cfsan.fda.gov/~dms/retrsk.html. Acessado em: 22 jan. 2003.

_____. *Food Code 2009: recommendations of United States Health Service*. Washington, DC, US Department of Health and Human Services. Disponível em: 202009http://www.fda.gov/Food/FoodSafety/RetailFoodProtection/FoodCode/FoodCode2009/default.htm. Acessado em: 20 maio 2010.

FEDERAÇÃO DOS VETERINÁRIOS DA EUROPA. *Código de Boas Práticas Veterinárias*. Bruxelas, 2006. Disponível em: http://www.fve.org/news/publications/pdf/gvp.pt.pdf. Acessado em: 09 jul. 2011.

FOOD DESIGN CONSULTORIA E PLANEJAMENTO ALIM. *Treinamento BPF/GMP para gestores – teoria e exercício prático de auditoria*. São Paulo, 2011. Apostila do curso para o desenvolvimento e implementação de um programa de auditoria interna de BPF/GMP – Food Design Consultoria.

FORSYTHE, S.J. *Microbiologia da segurança alimentar*. Porto Alegre: ARTMED, 2002.

GERMANO, M.I.S. *Treinamento de manipuladores de alimentos: fator de segurança e promoção da saúde*. São Paulo: Varela/Higiene Alimentar, 2003.

GERMANO, P.M.L.; GERMANO, M.I.S. *Higiene e vigilância sanitária de alimentos*. 4.ed. Barueri: Manole, 2011.

QUARENTEI, S.S. *Avaliação dos procedimentos de limpeza e desinfecção de superfícies realizados em restaurantes comerciais* self-service *do município de São Paulo*. São Paulo, 2009. Dissertação (Mestrado em Saúde Pública). Faculdade de Saúde Pública da Universidade de São Paulo.

SÃO PAULO. [SES/SP] SECRETARIA DE ESTADO DA SAÚDE DE SÃO PAULO. Centro de Vigilância Sanitária. *Portaria CVS-6, de 10 de março de 1999*. Aprova regulamento técnico sobre parâmetros e critérios para o controle higiênico-sanitário em estabelecimentos de alimentos, constante no anexo único.

SÃO PAULO. [SMS-SP] SECRETARIA MUNICIPAL DE SAÚDE-SÃO PAULO. *Manual de boas práticas de manipulação de alimentos*. São Paulo, 2006b. Disponível em: http://ww2.prefeitura.sp.gov.br/arquivos/secretarias/saude/vigilancia_saude/alimentos/0001/Manual_Alimentos_Seguros.pdf. Acessado em: 16 mar. 2009.

SÃO PAULO. [SMS-SP] SECRETARIA MUNICIPAL DE SAÚDE-SÃO PAULO. *Portaria n. SMS n. 2619, de 06 de dezembro de 2011*. Aprova regulamento técnico regulamento técnico de boas práticas e controle de condições sanitárias e técnicas das atividades relacionadas à importação, exportação, extração, produção, manipulação, beneficiamento, acondicionamento, transporte, armazenamento, distribuição, embalagem e reembalagem, fracionamento, comercialização e uso de alimentos – incluindo águas minerais, águas de fontes e bebidas – aditivos e embalagens para alimentos.

Sites consultados

Agência Nacional de Vigilância Sanitária: http://www.anvisa.gov.br

British Retail Consortium: www.brcglobalstandards.com

Codex Alimentarius: http://www.codexalimentarius.net
Center for Disease Control and Prevention: http://cdc.gov
Food and Agriculture Organization: http://www.fao.org
Food and Drug Administration: http://www.fda.org
GlobalGAP: http://www.globalgap.org
Inmetro: www.inmetro.gov.br
International Feature Standard: http://www.ifs-certification.com
Ipen/PR: www.ipem.pr.gov.br
Ministério da Agricultura, Pecuária e Abastecimento: http://www.agricultura.gov.br
World Health Organization: http://www.who.int

13

Procedimento operacional padronizado (POP)

Débora Flosi

Introdução

O perfil dos consumidores tem mudado ao longo do tempo, por razões como novos hábitos alimentares, estilo de vida, modismos, busca por alimentos mais saudáveis, seguros de qualidade, entre outros. A qualidade, atualmente, é uma vantagem competitiva que diferencia uma empresa de outra, uma vez que o consumidor se tornou mais exigente ao adquirir um produto.

Tal mudança no comportamento do consumidor colaborou para o desenvolvimento do comércio de refeições e trouxe uma preocupação para o setor de segurança alimentar, a garantia da qualidade higiênico-sanitária dessas refeições (Germano e Germano, 2011). Por outro lado, o mercado de alimentos de diversos segmentos ficou mais competitivo, buscando minimizar perdas e garantir uma produção mais segura destes.

A segurança dos alimentos tem como objetivo principal garantir que o consumo de determinado produto não cause qualquer prejuízo ao consumidor. E, para tal, é necessário implantar, entre outros sistemas, as Boas Práticas de Fabricação (BPF) e os Procedimentos Operacionais Padronizados (POPs), ferramentas básicas no controle de gestão da qualidade, no sentido de garantir os resultados esperados em relação às condições higiênico-sanitárias visando à inocuidade dos alimentos.

A legislação está mais rigorosa e atendê-la não é uma tarefa fácil, exige disciplina, responsabilidade e persistência. Todavia, é uma poderosa aliada dos empresários para prevenir danos que poderiam ser irreparáveis ao consumidor. Pode-se dizer que qualidade e segurança dos alimentos deverão ser partes de um programa de gestão bem implantado e significam a sobrevivência de qualquer empresa doravante.

De forma simples e clara, este capítulo tem como objetivo descrever todas as etapas fundamentais para a confecção e implantação dos POPs e auxiliar os usuários de Unidades de Alimentação e Nutrição (UANs), Hotéis, Bares, Restaurantes e afins a utilizarem essa ferramenta poderosa, que é capaz de minimizar riscos, quanto às contaminações diretas, cruzadas e adulteração do produto.

Abrangência

Os POPs englobam os procedimentos de segurança para realizar a atividade, a seleção e o uso adequado de recursos e ferramentas, bem como as condições para assegurar a repetição do desempenho dentro das variações previstas ao longo do tempo. Embora mencionados pela legislação para controle de algumas etapas, podem ser implantados em todas elas, do fluxo ou caminho que o alimento percorre no estabelecimento, resguardando sua segurança e padronizando qualquer atividade dentro de uma UAN, Hotéis, Bares, Restaurantes e afins. Cabe mencionar a relevância do responsável por esses procedimentos, a importância de sua frequência, a periodicidade de realização, a revisão constante dos procedimentos e o seu monitoramento.

Conceito de POP

Os POPs, ou *Standard Operating Procedures,* são documentos em que são registrados procedimentos para o controle dos itens de maior criticidade para a segurança dos alimentos. Eles são uma ferramenta de gestão da qualidade, por meio da qual se procura alcançar a excelência na prestação do serviço, procurando minimizar os erros nas ações rotineiras, além de ser um utilitário dinâmico, passível de evolução, que busca profundas transformações culturais na instituição, nos aspectos técnicos e político-institucionais. São peças fundamentais para a empresa, visando à efetivação e à eficácia dos procedimentos adotados, devendo estar ao alcance dos gerentes, empresários, colaboradores, fiscalização e de todos aqueles que participam efetivamente do programa de controle de qualidade da empresa.

O POP é uma descrição detalhada de todas as operações necessárias para a realização de uma atividade, sendo assim um roteiro padronizado para realizar uma tarefa. De acordo com as Resoluções de Diretoria Colegiada (RDCs) 275/02 e 216/04, é definido como: "procedimento escrito de forma objetiva que estabelece instruções sequenciais para a realização de operações rotineiras e específicas na produção, armazenamento e transporte de alimentos" (Brasil, 2002 e 2004).

É como uma receita de bolo, na qual há a lista de ingredientes, o modo de fazer e o monitoramento para não deixar o bolo queimar e, sendo seguidos de forma prudente, o resultado será muito satisfatório.

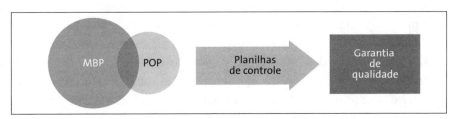

Figura 13.1: Diagrama da relação entre o processo MBP (Manual de Boas Práticas) e POPs (Procedimentos Operacionais Padronizados) e garantia de qualidade.
Fonte: Adaptado de Brasil (2002).

Não existe POP sem o Manual de Boas Práticas (MBP), que é um documento mais abrangente, no qual são contempladas todas as formas de como o estabelecimento procede às boas práticas. Os POPs detalham especificamente como, quando e quem será responsável por determinada etapa.

Objetivo do POP

Um POP tem o objetivo de padronizar e minimizar a ocorrência de desvios na execução de tarefas fundamentais para o funcionamento correto do processo. Ou seja, quando coerente, ele garante ao usuário que, a qualquer momento que ele se dirija ao estabelecimento, as ações tomadas para garantir a qualidade sejam as mesmas, de um turno para outro, de um dia para outro, aumentando, dessa forma, a previsibilidade de seus resultados e minimizando as variações causadas por imperícia e adaptações aleatórias, independentemente de falta, ausência parcial, férias de um colaborador e admissão de novos.

Uma vez que a função é de padronizar os procedimentos, acaba por garantir também a padronização do produto final, contribuindo para a melhoria da qualidade, do ponto de vista de produtividade (diminuindo o desperdício) e, como resultado, garante a fidelidade do consumidor.

Em suma, o POP assegura a uniformidade na execução dos diversos processos, facilitando o monitoramento e as ações corretivas, desde o recebimento até a distribuição do alimento, colaborando para melhorar as condições higiênico-sanitárias dos estabelecimentos.

Porém, de nada adianta ter o documento planejado se as respectivas planilhas de controle não estão sendo devidamente preenchidas. O processo como um todo inclui identificação dos procedimentos necessários a serem elaborados, acompanhamento quando atual, visando melhorá-lo ou alterá-lo; elaboração descritiva deste e respectivas planilhas de controle; e implantação desse novo procedimento. Portanto, ressaltando o que foi afirmado anteriormente, as planilhas fazem parte do processo final, pois é através delas que se podem identificar as falhas do processo e corrigi-las, caso seja necessário.

"Para que os procedimentos sejam efetivos, é necessário que os funcionários estejam devidamente capacitados para execução de cada procedimento de sua responsabilidade" (Germano e Germano, 2011).

Procedimentos operacionais padronizados exigidos de acordo com as legislações vigentes

RDC n. 275, de 21 de outubro de 2002

Dispõe sobre o Regulamento Técnico de Procedimentos Operacionais Padronizados, aplicados aos estabelecimentos produtores/industrializadores de alimentos, e a lista de verificação das Boas Práticas de Fabricação, em estabelecimentos produtores/industrializadores de alimentos.

a) Higienização das instalações, equipamentos, móveis e utensílios.
b) Controle da potabilidade da água.
c) Higiene e saúde dos manipuladores.
d) Manejo dos resíduos.
e) Manutenção preventiva e calibração de equipamentos.
f) Controle integrado de vetores e pragas urbanas.
g) Seleção das matérias-primas, ingredientes e embalagens.
h) Programa de recolhimento de alimentos.

RDC n. 216, de 15 de setembro de 2004

Dispõe sobre o Regulamento Técnico de Boas Práticas para Serviços de Alimentação.

a) Higienização de instalações, equipamentos e móveis.
b) Controle integrado de vetores e pragas urbanas.
c) Higienização do reservatório de água.
d) Capacitação, higiene e saúde dos manipuladores.

Como disposto nos campos de aplicação das respectivas RDCs, os POPs da RDC 275/02 são exigidos nas indústrias de alimentos, enquanto os da RDC 216/04 são para o comércio de alimentos de maneira geral.

De acordo com a RDC 216/04, os POPs devem conter as seguintes informações:

- POP 1 – Higienização de instalações, equipamentos e móveis: natureza da superfície a ser higienizada, método de higienização, princípio ativo selecionado e sua concentração, tempo de contato dos agentes químicos e/ou físicos utilizados na operação de higienização, temperatura e outras informações que se fizerem necessárias. Quando aplicável, o POP deve contemplar a operação de desmonte dos equipamentos.
- POP 2 – Controle integrado de vetores e pragas urbanas: devem contemplar as medidas preventivas e corretivas destinadas a impedir a atração, o abrigo, o acesso e/ou a proliferação de vetores e pragas urbanas. No caso da adoção de controle químico, o estabelecimento deve apresentar comprovante de execução de serviço fornecido pela empresa especializada contratada, contendo as informações estabelecidas em legislação sanitária específica.

364 | Sistema de gestão: qualidade e segurança dos alimentos

- POP 3 - Higienização do reservatório de água: natureza da superfície a ser higienizada, método de higienização, princípio ativo selecionado e sua concentração, tempo de contato dos agentes químicos e/ou físicos utilizados na operação de higienização, temperatura e outras informações que se fizerem necessárias, mesmo quando realizada por empresa terceirizada e, nesse caso, deve ser apresentado o certificado de execução do serviço.

- POP 4 - Higiene e saúde dos manipuladores: deve contemplar as etapas, a frequência e os princípios ativos usados na lavagem e antissepsia das mãos dos manipuladores, assim como as medidas adotadas nos casos em que os manipuladores apresentem lesão nas mãos, sintomas de enfermidade ou suspeita de problema de saúde que possa comprometer a qualidade higiênico-sanitária dos alimentos. Devem-se especificar os exames aos quais os manipuladores de alimentos são submetidos, bem como a periodicidade de sua execução. O programa de capacitação dos manipuladores em higiene deve ser descrito, sendo determinada a carga horária, o conteúdo programático e a frequência de sua realização, mantendo-se em arquivo os registros da participação nominal dos funcionários.

Especificamente para o município de São Paulo, a Portaria n. 2619/11 contempla os critérios de higiene, as boas práticas de fabricação e procedimentos operacionais padronizados para alimentos, visando proteger a saúde do consumidor e trabalhador.

Lembra-se, ainda, que os POPs mencionados pelas legislações não impedem o responsável pelo serviço de alimentação de elaborar procedimentos operacionais padronizados para outras atividades que ele julgue necessárias. Portanto, é preciso avaliar a importância e prioridade da atividade envolvida na decisão da implantação do procedimento.

Documentos e registros

Documento: no documento relativo ao POP deve constar a descrição detalhada de todas as operações necessárias para a realização de uma atividade, servindo como um roteiro padronizado para sua realização.

Registros: são ferramentas para monitoramento dos POPS. Para cada um desses implantados, deve haver uma planilha de controle e verificação de sua aplicação.

Quadro 13.1: Correlação – documentos e registros.

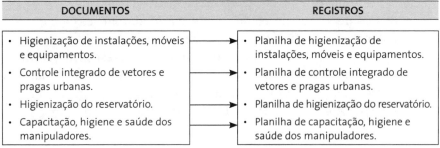

Fonte: Adaptado de Brasil (2002).

Informações imprescindíveis na elaboração dos POPs

- Devem ser aprovados, datados e assinados pelo responsável do estabelecimento.
- Os registros devem ser mantidos por período mínimo de noventa dias, contados a partir da data de preparação dos alimentos. Exceto para limpeza de caixa d'água, que no caso é semestral, recomenda-se arquivar por, no mínimo, dois anos.
- Devem estar ao alcance de todos aqueles que fazem parte do estabelecimento, bem como da autoridade sanitária.
- Os POPs devem ser específicos para cada empresa e deverão descrever a frequência dos procedimentos, o responsável pela realização, o tipo de monitoramento e a ação corretiva.
- A pessoa que executa a tarefa é quem deve colaborar com o desenvolvimento do procedimento, pois ela é a encarregada do processo.
- Transcrever as tarefas rotineiras, mas nunca copiar procedimentos de livros ou de outras organizações. O POP deve ser específico à realidade de sua empresa.
- O colaborador deve ser treinado, habilitado e qualificado para a execução de sua tarefa.
- A linguagem utilizada no POP deverá estar em consonância com o grau de instrução das pessoas envolvidas nas tarefas, pois pode ha-

ver dificuldade em ler um documento e, nesse caso, o procedimento pode ser elaborado com o auxílio de fotos. A visualização para o colaborador pode ser muito melhor e o resultado, potencializado.

- É importante realizar revisões constantes no POP, visto que ele pode ser alterado a qualquer momento. Deve-se lembrar que a descrição sob a forma de POP deve retratar fielmente a realidade.
- Seu conteúdo, assim como sua aplicação, deverá ser de completo entendimento e familiarização por parte dos colaboradores que tenham participação direta e/ou indireta na sua execução. Normalmente, a falta do gerenciamento de supervisores e coordenadores nesse ponto é umas das causas de ineficiência na implantação de um sistema de qualidade. Cabe a esses responsáveis a coordenação, revisão e aprovação dos POPs.

Desenvolvimento e implantação: pré-requisitos

Comprometimento da direção (política de segurança de alimentos)

A política da qualidade deve ser definida pela alta administração e deve contar com o seu comprometimento. De nada adianta formalizar um documento e, na prática, a alta direção não atribuir importância e relevância à política da qualidade da empresa.

Por meio da definição desse documento, a organização passa a ter uma estrutura para melhor entendimento da qualidade, para analisar de forma crítica os seus objetivos. "É fundamental que a direção da empresa adote uma política de produção de alimentos com ênfase na segurança e integridade dos produtos, disponibilizando, para isso, recursos financeiros e pessoal para realizar as atividades" (Lopes, 2007).

A política da qualidade deve estar alinhada com a política geral da organização, para que as visões também estejam alinhadas.

Definir o coordenador

É imprescindível que haja um coordenador técnico encarregado de supervisionar a implantação dos POPs. Esse profissional deve conhecer a empresa, seus processos, sua estrutura física e ter conhecimentos técnicos suficientes nos seguintes tópicos: microbiologia, química dos alimentos, controle de pragas e controle de qualidade. "Na maioria dos casos, esse coordenador é o próprio Responsável Técnico da empresa que, também, se responsabiliza pela capacitação do pessoal, aprovação e rejeição de matérias-primas, insumos, produtos semielaborados, e outros procedimentos" (Lopes, 2007).

Formar a equipe de implantação (capacitar equipe)

"É importante que todos os colaboradores envolvidos com o processo – gerência, supervisores e colaboradores – recebam um treinamento inicial de forma clara e objetiva" (Lopes, 2007).

Nas empresas de alimentos, a dificuldade é o baixo grau de escolaridade formal dos funcionários. Portanto, a experiência, afinidade com a equipe de treinados, metodologia e comunicação é um desafio para os profissionais que ministram os treinamentos (Germano e Germano, 2011).

Em muitos casos, o estabelecimento não possui nenhum nível de controle de qualidade implantado e há dificuldade em conscientizar a equipe que deverá entender e executar os procedimentos. É claro que, como já foi dito, quando há comprometimento da diretoria, a equipe de colaboradores mostra-se mais disposta a atender às solicitações.

Em todas as fases, mas principalmente na fase inicial de elaboração e implantação da padronização dos procedimentos, é importante envolver a equipe, mostrando que o seu conhecimento é imprescindível para que o procedimento descrito seja eficaz e que retrate, exatamente, o que é executado no setor/etapa. Assim, não apenas o treinamento, mas também as ações de monitoramento constante, devem fazer parte do programa de capacitação dos funcionários responsáveis pela execução dos POPs.

"O treinamento dos manipuladores é um procedimento de maior relevância para a prevenção da contaminação de alimentos durante as diferentes fases de preparo, nas quais são incluídas todas as medidas de higiene pessoal, utensílios e instalações" (Germano e Germano, 2011). Sendo assim, capacitar a equipe é fundamental para atingir os objetivos propostos. Lembre-se: seu colaborador é parte integrante da equipe. Valorize-o.

Descrever/acompanhar/orientar/avaliar a implantação

O sucesso da implantação do POP está diretamente ligado ao planejamento, ou seja, o que será realizado, de que forma e por quem, não deixando de contemplar prazos para sua aplicação.

Esses passos incluem desenvolvimento, implantação e verificação.

Recomenda-se que os procedimentos sejam periodicamente revisados para assegurar sua validade e utilização adequada.

Figura 13.2: Diagrama envolvendo todas as etapas do processo de elaboração do POP.

Fonte: Adaptado de Brasil (2002).

Para elaborar um programa de capacitação efetivo é necessário adaptá-lo à realidade da empresa.

Estrutura geral dos procedimentos operacionais padronizados

Da mesma maneira que o MBP, os POPs devem estar escritos de forma clara, objetiva e sucinta.

A intenção deve ser a de evidenciar, facilmente, a maneira que a empresa executa o procedimento. Os seguintes itens devem constar em cada procedimento operacional padronizado.

- **Objetivo:** descrever os objetivos do documento, por exemplo, estabelecer procedimentos a serem adotados para manter a segurança da água que entra em contato direto ou indireto com os alimentos ou que é usada na fabricação de gelo (p. ex., POP1 – potabilidade da água).
- **Documentos de referência:** citar normas técnicas e legais que servem como base para o documento.
- **Campo de aplicação:** descrever para quais setores/áreas da empresa o procedimento se aplica.
- **Definições:** definir termos usados, citar conceitos.
- **Responsabilidades:** citar quem serão os responsáveis pela execução do procedimento, pelo seu monitoramento, verificação e pelas ações corretivas.
- **Descrição:** nessa etapa, devem ser descritos os procedimentos, passo a passo.
- **Monitoramento:** citar como será feito o monitoramento do procedimento. Se o uso de tabelas e planilhas for necessário, devem ser anexados os modelos.
- **Ação corretiva:** descrever quais serão as ações corretivas para cada situação de não conformidade possível.
- **Verificação:** descrever o que, como, quando e quem executará os procedimentos.
- **Anexos:** anexar as planilhas de controle do procedimento.

Monitoramento, avaliação e registro dos POPs

Os POPs são programas complementares às BPF e devem ser monitorados, avaliados e registrados de forma efetiva.

Monitorar: avaliar periodicamente os processos e resultados, confrontando-os com o planejado, objetivos, especificações e estado desejado, consolidando as informações e, eventualmente, confeccionando relatórios. É, também, analisar o progresso das atividades do projeto, ou seja, uma observação sistemática e com propósitos (SCN, 2011).

Avaliar: avaliação é importante para identificar (e implementar) limitações ou bloqueios que impedem o projeto de atingir seus objetivos. A avaliação também permite que os planejadores e implementadores do projeto avaliem os benefícios e custos que os beneficiados, de maneira direta e indireta, adquiriram com o projeto (SCN, 2011).

Registro: as planilhas de controle são formas de comprovação das atividades desenvolvidas.

De acordo com a RDC 275/2002:

- A implantação dos POPs deve ser monitorada periodicamente, de forma a garantir a finalidade pretendida, sendo adotadas medidas corretivas em casos de desvios dos procedimentos. Essas medidas corretivas devem contemplar o destino do produto, a restauração das condições sanitárias e a reavaliação dos POPs.
- Devem-se prever registros periódicos suficientes para documentar a execução e o monitoramento dos POPs, bem como a adoção de medidas corretivas.
- Esses registros consistem de anotação em planilhas e ou documentos e devem ser datados, assinados pelo responsável da execução da operação e mantidos por um período superior ao tempo de vida de prateleira do produto com validade mais longa.
- Deve-se avaliar, regularmente, a efetividade dos POPs implementados pelo estabelecimento, e, de acordo com os resultados, devem-se fazer os ajustes necessários.
- Os POPs devem ser revistos em caso de modificação que implique em alterações nas operações documentadas.

Falhas no controle

Falta de termômetro

O termômetro digital ou a *laser* é um instrumento fundamental para o monitoramento de temperaturas de equipamentos e alimentos. Na falta desse instrumento, não há como monitorar a temperatura ideal de equipamentos e alimentos, ou, eventualmente, realizar ações preventivas e corretivas.

Documentos com contador

É muito comum a empresa não manter seus documentos e registros no estabelecimento. A vigilância sanitária exige a comprovação desses documentos, que devem estar disponíveis a qualquer autoridade sanitária. Deve-se manter na unidade uma pasta contendo todos os documentos exigidos por lei. Essa pasta deve estar em poder de um responsável.

Falta de comprometimento do colaborador no procedimento

A falta de comprometimento do colaborador, muitas vezes, ocorre por falta de treinamento adequado, desmotivação ou falta de tempo e estrutura para a realização do procedimento. É importante que o coordenador consiga identificar as causas da falta de comprometimento e procure as soluções possíveis, caso contrário, o POP não será efetivo.

Falta de compromisso no controle

Da mesma forma, a falta de compromisso no controle pode ocorrer por motivos variados e que devem ser identificados. É imprescindível que haja cobrança, não apenas sobre a execução do procedimento, mas também sobre o preenchimento das planilhas.

Isso porque, como já foi mencionado, o registro é a forma de comprovar o controle e, também, ajuda a identificar o momento em que uma não conformidade aconteceu, permitindo que a ação corretiva seja executada de forma imediata.

Quanto mais tempo uma medida corretiva demora a ser aplicada, mais tempo o alimento fica em risco, deixando vulneráveis a integridade e idoneidade deste e, consequentemente, da empresa, prejudicando de forma direta o consumidor final.

Benefícios para a empresa

- Maior segurança e qualidade dos produtos: a implantação dos procedimentos, desde o recebimento até o produto final, assegura a diminuição das possíveis doenças transmitidas por alimentos (DTA).
- Conquista de clientes: a partir do momento que o cliente sabe que o estabelecimento tem o cuidado de manter a higiene do local, bem como dos alimentos ali preparados, mesmo que de forma inconsciente, ele se tornará fidelizado por ter a segurança de que está num local idôneo. Além de tornar o estabelecimento mais competitivo, uma vez que, com essa fidelização do cliente, ele acaba tornando-se mais visado, os funcionários tornam-se mais motivados, desde que haja reconhecimento por parte dos empresários, aumentando sua produtividade e, consequentemente, diminuindo desperdícios concernentes aos processos.
- Quando o estabelecimento mostra-se interessado em seguir as exigências da legislação e consegue elaborar, implantar e seguir os POPs, os riscos de existirem problemas com a fiscalização sanitária são menores. Daí a importância de seguir o procedimento como um todo com eficácia, monitorando sempre seu colaborador.

Em suma:

Os colaboradores somente serão verdadeiros aliados se estiverem convencidos das vantagens e, muito antes disso, entenderem o real significado da higiene e segurança alimentar, ou seja, da real importância do processo como um todo. Nada melhor que a educação, por meio do treinamento, e o investimento no capital humano.

Priorizar a qualidade de alimentos e bebidas que são oferecidos ao consumidor, mediante a implantação do processo de BPF, bem como dos procedimentos operacionais padronizados, é uma tarefa árdua, mas o empresário terá como resultado a preservação da segurança, em todo o processo de produção de seu estabelecimento, bem como a fidelização do consumidor.

Atualmente, implantar regras e se adequar à legislação, possibilitando a melhoria contínua e previnindo danos à saúde pública, constitui uma obrigação de qualquer estabelecimento, visando à saúde do consumidor e de seus colaboradores.

Fluxograma de produção de uma cozinha industrial

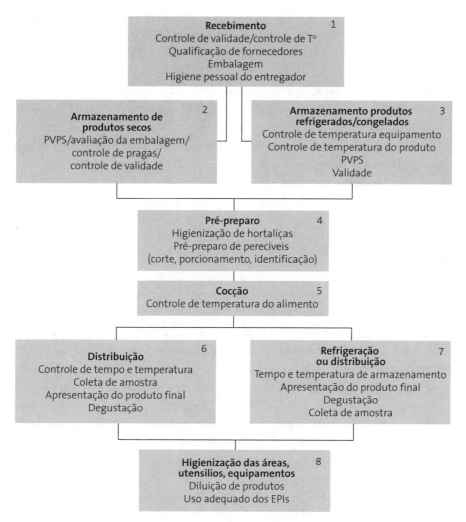

Figura 13.3: Fluxograma operacional que representa o caminho do alimento dentro de um estabelecimento comercial destinado a alimentação e seus respectivos controles e monitoramento.

Legenda: PVPS: primeiro que vence, primeiro que sai; T°: temperatura; EPIs: equipamentos de proteção individual.

Fonte: Adaptado de São Paulo (1999).

Notas da Figura 13.3:

1: nessa etapa, é possível estabelecer procedimentos e requisitos para assegurar um controle íntegro de temperatura no recebimento de alimentos perecíveis, prevenindo problemas na saúde do consumidor e mantendo a segurança e a qualidade desse alimento quando recebido.

2: designar procedimentos e requisitos para assegurar um controle íntegro de armazenamento de alimentos secos, bem como a integridade das embalagens, prevenindo problemas no preparo dos alimentos.

3: estabelecimento de procedimentos e requisitos para garantir e controlar a qualidade dos produtos alimentícios do local, por meio da verificação diária da temperatura dos equipamentos de refrigeração.

4: nessa etapa, buscar procedimentos e requisitos para assegurar um controle íntegro de higienização de frutas e hortaliças, por meio de um rigoroso controle quanto à diluição do produto químico utilizado e seu processo, prevenindo problemas no preparo e ao consumidor final.

5: estabelecer procedimentos e requisitos para assegurar um controle íntegro de temperatura no controle de cocção, prevenindo problemas na saúde do consumidor, mantendo a segurança e a qualidade do alimento.

6: garantir e controlar a qualidade dos produtos alimentícios do estabelecimento, por meio da verificação diária da temperatura dos equipamentos de refrigeração e distribuição quente e fria dos alimentos.

7: a colheita de amostra dos alimentos distribuídos deve ser realizada para permitir o esclarecimento de ocorrência de possíveis falhas de qualidade e/ou suspeita de toxinfecção alimentar. Para tanto, torna-se necessário estabelecer procedimentos que garantam o cumprimento dos requisitos dessa colheita de amostras de preparações.

8: esse procedimento estabelece a sistemática de limpeza e desinfecção do ambiente em geral, dos equipamentos, móveis e utensílios ao longo do processo, mantendo condições satisfatórias de higienização e garantindo a qualidade do produto final e dos serviços.

Considerações finais

É importante ressaltar que cada estabelecimento tem seu próprio fluxo, sendo assim, o responsável da área de alimentos pode e deve estabelecer o seu próprio, bem como seus controles e monitoramento. Cada ambiente tem as suas dificuldades, e é diante delas que se determinam seus critérios na elaboração do MBP e dos POPs.

Referências

BRASIL. MINISTÉRIO DA SAÚDE. Anvisa-Agência Nacional de Vigilância Sanitária. Resolução RDC n. 275, de 21 de outubro de 2002. Dispõe sobre o regulamento técnico de procedimentos operacionais padronizados aplicados aos estabelecimentos produtores/industrializadores de alimentos e a lista de verificação das boas práticas de fabricação em estabelecimentos produtores/industrializadores de alimentos. Diário Oficial da República Federativa do Brasil, Brasília, 06 de nov. de 2002, Seção 1, p. 4-21. Disponível em: http://anvisa.gov.br. Acessado em: 15 jun. 2011.

_____. Resolução RDC n. 216, de 15 de setembro de 2004. Dispõe sobre o regulamento técnico de boas práticas para serviços de alimentação. Diário Oficial da República Federativa do Brasil, Brasília, 16 de set. de 2004, Seção 1, p. 25. Disponível em: http://anvisa.gov.br. Acessado em: 15 jun. 2011.

BRASIL. MINISTÉRIO DO TRABALHO. Secretaria de Segurança e Saúde no Trabalho. Portaria n. 24, de 29 de dezembro de 1994. Aprova o texto da norma regulamentadora – NR 7: Programa de Controle Médico de Saúde Ocupacional. Diário [da] República Federativa do Brasil, Brasília, DF, 30 dez. 1994, Seção 1, p.21.278 e 21.280.

GERMANO, P.M.L.; GERMANO, M.I.S. *Higiene e vigilância sanitária de alimentos*. Barueri: Manole, 2011.

GERMANO, M.I.S. *Treinamento de manipuladores de alimentos: fator de segurança alimentar e promoção da saúde*. São Paulo: Livraria Varela, 2003, p. 165.

LOPES, R.L.T. *Programa de Boas Práticas de Fabricação e Procedimentos Operacionais Padronizados*. Belo Horizonte: SBRt/Cetec, 2007. 22p. (Buscar pelo Código Dossiê: 279)

SÃO PAULO. SECRETARIA DE ESTADO DA SAÚDE. Portaria CVS-6, de 3 março de 1999. Centro de Vigilância Sanitária da Secretaria de Estado da Saúde. Regulamento Técnico Sobre os Parâmetros e Critérios para o Controle Higiênico-Sanitário em Estabelecimentos de Alimentos. Março, 1999.

SÃO PAULO. SECRETARIA MUNICIPAL DA SAÚDE. Portaria n. 1210, de 03 de agosto de 2006, aprova o Regulamento Técnico de Boas Práticas na Produção de Alimentos. Disponível em: http://www.prefeitura.sp.gov.br/cidade/secretarias/saude/vigilancia. Acessado em: 05 jun. 2011.

[SBRT] SERVIÇO BRASILEIRO DE RESPOSTAS TÉCNICAS. *Programa de Boas Práticas de Fabricação e Procedimentos Operacionais Padronizados*. Dossiê elaborado por: Regina Lúcia Tinoco Lopes. Belo Horizonte: Cetec, 2007. (Código do dossiê: 279). Disponível em: www.cdt.unb.br/telecentros/appcc/dossie _bpf.pdf. Acessado em: 01 jun. 2011.

[SCN] SEATTLE COMMUNITY NETWORK. *Monitoramento e avaliação*. Disponível em: http://www.scn.org/mpfc/modules/mon-whtp.htm. Acessado em: 30 jun. 2011.

SILVA JR., E. A. *Manual de controle higiênico-sanitário em serviços de alimentação*. 6.ed. São Paulo: Varella, 2005, p. 214.

Anexos

Modelos dos seguintes POPs (documento e registro-planilhas):

POP 1: Higienização de ambientes, equipamentos, móveis e utensílios.

POP 2: Controle integrado de pragas urbanas.

POP 3: Controle de potabilidade da água.

POP 4: Capacitação, higiene e saúde dos manipuladores.

376 | Sistema de gestão: qualidade e segurança dos alimentos

> ## POP 1
> ## Higienização de ambientes, equipamentos, móveis e utensílios

---

1. Objetivo

Estabelecer o fluxo de operações para controle dos procedimentos aplicados, de forma a garantir a adequada higienização dos ambientes de manipulação e afins, e dos equipamentos, móveis e utensílios utilizados no processamento de alimentos.

2. Referências

Resolução – RDC n. 216, de 15 de setembro de 2004.
Portaria Municipal n. 2619, de 06 de dezembro de 2011.
CVS – 6/99, de 10 de março de 1999.

3. Campo de aplicação

Este documento se aplica a todas as áreas de produção do estabelecimento.

4. Definições

EPI: equipamento de proteção individual.

Higienização: operação que se divide em duas etapas: limpeza e desinfecção.

Limpeza: operação de remoção de terra, resíduos de alimentos, sujidades e/ou outras substâncias indesejáveis.

Desinfecção: operação de redução, por método físico e/ou químico, do número de micro-organismos a um nível que não comprometa a segurança do alimento.

Higiênico-sanitárias: meios de conservar e promover a saúde por meio de príncipios ou regras de higiene que reduzam os micro-organismos a um número que não comprometa a segurança do alimento.

Micro-organismos são seres muito pequenos que, geralmente, podem ser vistos somente com microscópios; podem se multiplicar e produzir toxinas.

Registro: consiste de anotação em planilha e/ou documento, apresentando data e identificação do funcionário responsável pelo seu preenchimento.

Ação corretiva: plano de ação para corrigir desvios dos procedimentos estabelecidos.

5. Responsabilidades

Todos os membros do estabelecimento são responsáveis por organizar e limpar utensílios e equipamentos.

6. Resultados esperados

Espera-se que, com a realização das atividades previstas neste procedimento, toda higienização seja realizada adequadamente, de forma a favorecer a elaboração segura dos alimentos.

7. Materiais necessários

Equipamentos de Proteção Individual (EPI's): botas de borracha, avental, luvas nitrílicas, óculos de segurança, conforme aplicável.

Utensílios de higienização: baldes, mangueiras, escovas de fibra de *nylon*, vassouras, rodos, esponjas, fibras, geradores de espuma, borrifadores, toalhas/panos descartáveis, entre outros que se fizerem necessários.

8. Principais cuidados

Atenção para o risco de quedas, sinalizar sempre todas as áreas que estiverem sob processo de higienização;

Proceder corretamente todas as etapas descritas nos procedimentos, a fim de eliminar o risco de contaminações por resíduos químicos nas superfícies e/ou nos alimentos manipulados;

Manter todos os produtos químicos devidamente armazenados e identificados, com as respectivas fichas técnicas sempre disponíveis;

Orientar os funcionários responsáveis pela higienização sobre os possíveis danos à saúde.

9. Descritivo dos procedimentos

Todos os procedimentos são realizados de acordo com os Planos de Higienização Setorial;

Para cada item constante no Plano de Higienização Setorial as atividades serão realizadas de acordo com as informações constantes nos Procedimentos de Higienização (aplicação, produtos utilizados e as devidas diluições, tipo de material a ser higienizado, frequência, entre outras);

378 | Sistema de gestão: qualidade e segurança dos alimentos

Os produtos devem ser disponibilizados aos manipuladores nas concentrações corretas;

Após cada procedimento realizado deve-se proceder a verificação de sua conformidade.

10. Registros necessários
Registros de higienização.

11. Anexos
Anexo 1 – Plano de higienização setorial
Anexo 2 – Planilha de registro da higienização

12. Aprovação

1. FUNÇÃO	2. NOME	3. ASSINATURA	4. DATA
Responsável técnico			___/___/_____

Anexo 1: planos de higienização setorial
Armários e superfícies em geral

IDENTIFICAÇÃO DO PROCEDIMENTO	
Procedimento/aplicação	Higienização de armários, bancadas, estantes, mesas, prateleiras.
Tipos de material	Metal, fórmica, plástico, entre outros
Tipos de sujidades	Sujidades orgânicas e inorgânicas
Concentração dos produtos utilizados na higienização	Detergente neutro (5% a 10%) Hipoclorito de sódio (1%) ou Álcool (70%)
Cuidados necessários	Não utilizar produtos de limpeza abrasivos.
Frequência	Diária ou conforme planilha ( ) após o uso (x) ao final do turno
EPIs necessários	Luva nitrílica ou luva de PVC ou luva de látex; avental de PVC; calçado de segurança
ATIVIDADES ANTERIORES À HIGIENIZAÇÃO	
Etapa	Descrição
1	Retirar os resíduos de alimentos.
2	Se necessário, utilizar um utensílio auxiliar (escova, fibra, esponja, espátula, entre outros) para retirar os resíduos de alimentos.

3	Preparar a solução detergente: 50 a 100 ml de detergente (5 a 10 colheres de sopa) para 1 L de água.		
DESCRIÇÃO DO PROCEDIMENTO			
Etapa	Descrição	Agente	Procedimento
1	Pré-enxágue	Água	Molhar todas as superfícies.
2	Lavagem	Detergente neutro	Aplicar solução de detergente em todas as superfícies, por meio do uso de uma fibra macia ou esponja.
3	Tempo de contato	Detergente neutro	Conforme fabricante
4	Esfregação	Fibra macia	Esfregar todas as superfícies de forma a eliminar todas as sujidades.
5	Enxágue	Água	Enxaguar todas as superfícies para eliminar todos os resíduos de detergente, com jato dirigido de água (torneira ou mangueira).
6	Drenagem	Pano semidescartável	Quando não for possível o enxágue com jato dirigido de água, eliminar o excesso de detergente com pano semidescartável umedecido.
7	Secagem	Pano semidescartável	Secar as superfícies e partes móveis com pano semidescartável.
8	Desinfecção	Hipoclorito de sódio 1% ou álcool 70%	Aplicar a solução sobre as superfícies
9	Secagem	Ambiente	Deixar secar naturalmente.

Paredes

IDENTIFICAÇÃO DO PROCEDIMENTO	
Procedimento/aplicação	Higienização de paredes
Tipos de material	Alvenaria, azulejo, entre outros
Tipos de sujidades	Sujidades orgânicas e inorgânicas
Concentração dos produtos utilizados na higienização	Detergente neutro (puro) Hipoclorito de sódio (1%)
Cuidados necessários	Atenção à limpeza dos rejuntes
Frequência	Quinzenal ou conforme planilha ( ) após o uso (x) ao final do turno
EPIs necessários	Luva nitrílica ou luva de PVC ou luva de látex; avental de PVC; calçado de segurança

ATIVIDADES ANTERIORES À HIGIENIZAÇÃO	
Etapa	Descrição
1	Sinalizar a área durante a higienização.

DESCRIÇÃO DO PROCEDIMENTO			
Etapa	Descrição	Agente	Procedimento
1	Pré-enxágue	Água	Molhar todas as superfícies.
2	Lavagem	Detergente neutro	Aplicar em todas as superfícies e partes móveis, por meio do uso de uma fibra macia, escova ou similares.
3	Tempo de contato	Detergente neutro	Conforme fabricante
4	Esfregação	Fibra macia, escova ou similares	Esfregar todas as superfícies de forma a eliminar todas as sujidades.
5	Enxágue	Água	Enxaguar todas as superfícies para eliminar todos os resíduos de detergente, com jato dirigido de água (hidrojateadora ou mangueira).

6	Drenagem	Rodo	Drenar o excesso de água com o auxílio de rodo.
7	Desinfecção	Hipoclorito de sódio 1%	Aplicar a solução sobre as superfícies.
8	Secagem	Ambiente	Deixar secar naturalmente.

Interruptores, luminárias e tomadas

IDENTIFICAÇÃO DO PROCEDIMENTO	
Procedimento/aplicação	Higienização de interruptores, luminárias e tomadas
Tipos de material	Plástico, acrílico, entre outros
Tipos de sujidades	Sujidades orgânicas e inorgânicas
Concentração dos produtos utilizados na higienização	Hipoclorito de sódio (1%)
Cuidados necessários	Atenção durante a execução do procedimento em virtude da proximidade de contato entre o tecido umedecido e as partes elétricas
Frequência	Mensal ( ) após o uso (x) ao final do turno
EPIs necessários	Luva nitrílica ou luva de PVC ou luva de látex; avental de PVC; calçado de segurança; óculos de segurança.

ATIVIDADES ANTERIORES À HIGIENIZAÇÃO	
Etapa	Descrição
1	Apagar as lâmpadas.
2	Se possível, desligar o disjuntor.

DESCRIÇÃO DO PROCEDIMENTO			
Etapa	Descrição	Agente	Procedimento
1	Preparo da solução desinfetante	Hipoclorito de sódio 1%	Diluir 10 ml (1 colher de sopa) de hipoclorito ou água sanitária em 1 L de água.
2	Desinfecção	*Cross hatch* umedecido	Umedecer o *Cross hatch* na solução clorada 1% e passá-lo sobre todas as superfícies.
3	Tempo de contato	-	Conforme fabricante ou mínimo de 15 minutos
4	Secagem	Ambiente	Deixar secar naturalmente.

ATIVIDADES POSTERIORES À HIGIENIZAÇÃO	
Etapa	Descrição
1	Religar o disjuntor.

Anexo 2: Planilha de registro de higienização

Setor: Cozinha				Mês:					Responsável:					
Diária	1	2	3	4	5	6	7	8	9	10	11	12	13	14	15
Mesas e bancadas															
Piso															
Tábuas															
Lixeiras															
Semanal															
Paredes															
Janelas															
Portas															
Freezer															
Mensal															
Interruptores															
Tomadas															
Luminárias															
Teto															

Observação: a planilha acima está para 15 dias. Favor realizá-la para 30 dias. Guardar a planilha por 3 meses devidamente datada e assinada.

Observações:

Ação corretiva caso não tenha sido cumprida a higienização de algum item, citar abaixo quais foram as providências tomadas.

POP 2
Controle integrado de pragas urbanas

---

1. Objetivo

Estabelecer o fluxo de operações para Controle Integrado de Vetores e Pragas Urbanas, assegurando a tomada de medidas preventivas, o registro da ocorrência de pragas e a tomada de ações corretivas, junto à empresa responsável contratada para a realização deste controle.

2. Referências

Resolução – RDC n. 216, de 15 de setembro de 2004.
Portaria Municipal n. 2619, de 06 de dezembro de 2011.
CVS – 6/99, de 10 de março de 1999.

3. Definições

Pragas urbanas – animais que infestam ambientes urbanos podendo causar agravos à saúde e/ou prejuízos econômicos.

Vetores – artrópodes ou outros invertebrados que transmitem infecções, através do carreamento externo (transmissão passiva ou mecânica) ou interno (transmissão biológica) de microrganismos.

Controle integrado de pragas – sistema que incorpora ações preventivas e corretivas destinadas a impedir que vetores e pragas ambientais possam gerar problemas significativos. É uma seleção de métodos de controle e desenvolvimento de critérios que garantam resultados favoráveis sob o ponto de vista higiênico.

Medidas preventivas – compreendem as Boas Práticas de Fabricação/Operação e os trabalhos de educação e treinamento, visando evitar infestações.

Medidas corretivas – compreendem a implementação de barreiras físicas e armadilhas, sendo que tais medidas são complementadas pelo controle químico.

Controle químico – é aquele que visa eliminar as pragas a partir da utilização de praguicidas (desinsetização e desratização). O controle químico, apesar da ênfase maior em ações preventivas, também está presente, mas tem papel coadjuvante, complementar às orientações de limpeza e higiene.

Certificado ou comprovante de execução do serviço – documento que as empresas são obrigadas a fornecer ao final de cada serviço executado

4. Resultados esperados

Espera-se que, com a realização das atividades previstas neste procedimento e, conforme os termos contratuais estabelecidos em comum acordo entre o estabelecimento e a empresa contratada, todo o controle de pragas seja realizado adequadamente, de forma a favorecer a manutenção das condições de higiene de todo o espaço físico do clube e a elaboração segura dos alimentos.

5. Principais cuidados

Somente permitir a manipulação dos produtos químicos aplicados por técnico devidamente habilitado, designado pela empresa contratada para a realização do serviço;

Assegurar que os produtos químicos sejam aplicados de forma direcionada e somente quando sua realização se fizer extremamente necessária;

Assegurar que todos os produtos aplicados são devidamente registrados no órgão competente;

Assegurar que todos os alimentos estejam protegidos e devidamente acondicionados, a fim de evitar possíveis contaminações químicas;

Orientar os funcionários em relação aos riscos e a toxicidade dos produtos aplicados, bem como o tempo necessário para a retomada das atividades no setor dedetizado.

6. Descritivos dos procedimentos

Os procedimentos realizados devem ser definidos em conjunto pela empresa controladora de pragas contratada e o estabelecimento;

Solicitar aos responsáveis por cada setor que acompanhem o procedimento;

Orientar os funcionários a preencherem a planilha de ocorrência de pragas sempre que constatarem a presença ou indício de pragas;

As ações corretivas serão tomadas em caso de proliferação de pragas ou quando o controle realizado mostrar-se insuficiente ou ineficiente;

Cabe ao estabelecimento, por sua vez, adotar medidas preventivas contra o acesso e/ou abrigo de pragas, procedendo a constante verificação das condições das instalações, realizando os procedimentos de higienização e manuseio correto de resíduos, além da orientação aos funcionários sobre o correto acondicionamento de produtos alimentícios.

7. Tomada de ações corretivas

Ao detectar a presença ou vestígios de pragas, dependendo do risco oferecido à área de ocorrência, deve-se proceder às ações corretivas de forma a eliminar as fontes de acesso, abrigo ou proliferação de pragas:

Interrupção imediata do processo;

Higienização da área;

Inspeção das instalações até a identificação do foco que permite o acesso, abrigo ou proliferação das pragas;

Contatar imediatamente a empresa responsável pelo controle de pragas para proceder a ação corretiva.

8. Frequência da realização do procedimento

Conforme o acordado entre as partes, o procedimento é realizado 2 vezes ao mês, sendo:

Primeira visita – realização do controle efetivo de todas as áreas;

Segunda visita – monitoramento.

Caso seja necessário, em caso de ocorrência de pragas, a empresa realizará a visita para correção da não conformidade.

9. Frequência da realização do procedimento

Certificados de Execução dos Serviços de Controle de Pragas, onde conste: identificação da contratante, identificação da empresa prestadora de serviço, descrição dos serviços executados, saneantes utilizados (ingrediente ativo, formulação, quantidades, concentração e número de registro na Vigilância Sanitária), procedimentos a serem adotados antes e depois da aplicação dos produtos, informações de uso médico e telefone do centro de informação toxicológica, identificação do responsável técnico.

10. Anexos

Anexo 1 - Planilha de ocorrência de pragas;
Mapa das iscas deixadas pela empresa contratada (solicitar este documento junto à empresa).

11. Identificação da empresa contratada

Razão social	CNPJ	CEVS

12. Aprovação

1. Função	2. Nome	3. Assinatura	4. Data
Responsável técnico			__/__/____

Anexo 1: Planilha de ocorrência de pragas

Setor:					Mês:				Responsável:					
Pragas	1	2	3	4	5	6	7	8	9	10	11	12	13	14	15
Abelhas															
Aranhas															
Baratas															
Besouros															
Carunchos															
Escorpiões															
Formigas															
Mariposas															
Moscas															
Pernilongos															
Roedores															
Tesourinhas															
Traças															
Vespas															
Outros (descrever)															
Empresa responsável pelo Cipu								Endereço							

Observação: a planilha anterior está para 15 dias. Favor realizá-la para 30 dias. Guardar a planilha por 3 meses devidamente datada e assinada.

Observações:

Ação corretiva caso não tenha sido cumprida a higienização de algum item, citar abaixo quais foram as providências tomadas.

Anexo 2: Mapas de iscas

Cliente:
Programa: desratização – combate e controle de roedores

Estação	Tipo de estação	Localização da estação	Ocorreu troca de isca?	
			Sim	Não

Observações:

_____
Assinatura biólogo

388 | Sistema de gestão: qualidade e segurança dos alimentos

POP 3
Controle de potabilidade da água

---

1. Objetivo

Estabelecer os procedimentos de higienização dos reservatórios que abastecem o estabelecimento

2. Referências

Resolução – RDC n. 216, de 15 de setembro de 2004.
Portaria Municipal n. 2619, de 06 de dezembro de 2011.
CVS – 6/99, de 10 de março de 1999.

3. Campo de aplicação

Este documento se aplica ao suprimento de água do estabelecimento.

4. Definições

Procedimento Operacional Padronizado (POP): procedimento escrito de forma objetiva que estabelece instruções sequenciais para a realização de operações rotineiras e específicas a produção, armazenamento e transporte dos alimentos.
Higienização: procedimentos de limpeza e desinfecção.
Limpeza: remoção de sujidades (terra, restos de alimentos, pó ou outras matérias indesejáveis) de uma superfície.
Desinfecção: operação de redução, por método físico ou agente químico, do número de microrganismos a um nível que não comprometa a segurança do alimento.
Não conformidade: não atendimento de um requisito especificado.

5. Responsabilidade

A empresa   responsável pela higienização do reservatório de água é a xxxxxxxxxx.
O Laboratório xxxxxxx é a empresa responsável pela análise físico-química e microbiológica da água.

A nutricionista e o gerente são responsáveis pela implementação e monitoramento dos procedimentos no restaurante

6. Resultados esperados
Espera-se que, com a realização das atividades previstas neste procedimento, toda higienização seja realizada adequadamente, a qual será evidenciada por meio da ausência de resíduos de matéria orgânica, iodo ou sujidades.

7. Principais cuidados
Atenção especial ao risco de quebras das tampas e paredes do reservatório durante a execução do procedimento;
Proceder a verificação das condições dos reservatórios a cada 2 meses (ausência de trincas, frestas, rachaduras, vazamentos, entre outros);
Somente permitir a manipulação dos produtos químicos aplicados por técnico devidamente habilitado, designado pela empresa contratada para a realização do serviço.

8. Descritivo dos procedimentos (pós-higienização)
Verificar a eficácia da higienização realizada, se todas as partes do reservatório apresentam-se isentas de resíduos orgânicos ou sujidades e desprovidas de resquícios de iodo;
Somente após a verificação autorizar a utilização da água proveniente do reservatório.

9. Tomada de ações corretivas
Ao detectar vestígios de sujidades ou resíduos deve-se proceder às ações corretivas, a fim de eliminá-las:
Reiniciar todo o procedimento de higienização;
Solicitar à empresa responsável outro funcionário, devidamente capacitado, para a realização do procedimento.

10. Frequência da realização do procedimento
Conforme o exigido pelas legislações vigentes, a higienização dos reservatórios é realizada semestralmente, por meio de empresa especializada.

11. Registros necessários
Certificados de Execução dos Serviços de Higienização.

11. Anexos

Anexo 1 - Planilha de verificação da higienização dos reservatórios.

12. Identificação da empresa contratada

Razão social	CNPJ

13. Aprovação

1. Função	2. Nome	3. Assinatura	4. Data
Responsável técnico			__/__/___

Anexo 1: Planilha de verificação da higienização dos reservatórios

Reservatório	1 ( )	2 ( )	3 ( )	4 ( )	5 ( )

Higienização semestral		
Data	Próxima higienização	Observações

Monitoramento a cada dois meses				
Data	Observações		Vazamentos	Responsável
			Sim	Não	

Empresa responsável pela higienização dos reservatórios	Endereço	Telefone

Procedimento operacional padronizado (POP) | **391**

POP 4
Capacitação, higiene e saúde dos manipuladores

---

1. Objetivo
Estabelecer os procedimentos para higienização pessoal, as medidas adotadas para prevenir a contaminação dos alimentos por problemas de saúde dos manipuladores, incluindo os exames médicos aos quais são submetidos e o programa de capacitação dos manipuladores em higiene.

2. Referências
Resolução Federal RDC n. 275 de 21/10/2002 (ANVISA/MS). Dispõe sobre regulamento técnico de Procedimentos Operacionais Padronizados.
Resolução Federal RDC n. 216, de 15 de setembro de 2004.
Portaria Municipal n. 2619 de 06 de dezembro de 2011.
NR-7 PCMSO: Ministério do Trabalho

3. Campo de aplicação
Este POP aplica-se a todos os colaboradores do estabelecimento, envolvidos na manipulação dos alimentos.

4. Definições
Manipulador de alimentos: colaborador é a pessoa que entra em contato com os alimentos, em todas as suas fases, desde a produção até a distribuição.
Higiene: conjunto de princípios aplicados à conservação da saúde, tais como: limpeza no local de trabalho, cuidados pessoais, asseio etc.

5. Responsabilidade
O acompanhamento e implantação permanente deste POP são de responsabilidade do responsável técnico do estabelecimento e também dos chefes de setores de manipulação. O departamento de recursos humanos (RH) deve solicitar a realização dos exames clínicos e laboratoriais previsto em legislação, sempre que necessário.

392 | Sistema de gestão: qualidade e segurança dos alimentos

6. Resultados esperados

Espera-se que, com a execução correta das orientações acerca da higiene pessoal previstas neste procedimento, bem como a realização dos exames médicos e treinamentos periódicos, seja garantida a saúde dos funcionários a fim de evitar possíveis riscos de contaminação biológica dos alimentos manipulados.

7. Materiais necessários

- Para a garantia da realização dos métodos básicos de higiene pessoal, manter sempre as saboneteiras abastecidas com o sabonete líquido antisséptico geralmente utilizado e toalhas de papel não reciclado sempre à disposição para secagem das mãos;
- Sinalizadores/cartazes, orientando a correta higienização das mãos, localizados sempre próximos às pias destinadas para este fim, e outros que se fizerem necessários;
- Manter à disposição outros meios de desinfecção das mãos nas áreas que não possuírem pias exclusivas para este fim, como álcool em gel;
- Manter sempre à disposição dos funcionários EPIs que se fizerem necessários em caso de doença não contagiosa ou lesões nas mãos, como máscaras e luvas de látex.

8. Principais cuidados

- Estabelecer a verificação constante da higiene pessoal de cada funcionário;
- Atenção aos prazos de realização de exames médicos e treinamentos;
- Encaminhar para outras funções ou afastar temporariamente, conforme ordem médica, todo funcionário portador de doença infectocontagiosa.

9. Descritivo dos procedimentos

- Controle de higiene: os funcionários são orientados a manter as boas condições de higiene pessoal, a procederem à constante lavagem das mãos, a manter uniformes em condições adequadas, e as restrições aos maus hábitos nas áreas de manipulação (proibição de adornos, assobios, fumo, portar objetos estranhos etc.), tanto por meio de treinamentos quanto por meio de sinalizadores/cartazes orientativos dispostos nas áreas de manipulação;

- Controle de saúde: os exames realizados seguem as exigências do PCMSO (Programa de Controle Médico da Saúde Ocupacional) elaborado conforme a NR-7 do Ministério do Trabalho e do Emprego, assim como também atende à exigência da Portaria n. 2619/11 da Secretaria de Saúde do Município de São Paulo.
- Exames médicos e laboratoriais: realizados semestralmente, por meio de empresa especializada.

10. Registros necessários

Atestados médicos (ASO);
Exames médicos;
Exames laboratoriais.

11. Anexos

Anexo 1 – Planilha de verificação da higiene dos manipuladores.

12. Identificação da empresa contratada

Razão social	CNPJ

13. Aprovação

1. Função	2. Nome	3. Assinatura	4. Data
Responsável técnico			__/__/____

Anexo 1: Planilha de verificação da higiene dos manipuladores

Nome do funcionário	Setor:					Responsável do setor:					
	Data	Higiene				Responsável	Observações	Higiene			
		( )	S	( )	I			( )	S	( )	I

Legenda: S = satisfatória; I = insatisfatória.

14

Análise de perigos e pontos críticos de controle (APPCC)[1]

Elisabete Aparecida Martins
Maria Izabel Simões Germano
Pedro Manuel Leal Germano

Introdução

De acordo com a Food and Agriculture Organization (FAO, 1998), o sistema Análise de Perigos e Pontos Críticos de Controle (APPCC) ou *Hazard Analysis and Critical Control Points* (HACCP) constitui "uma abordagem preventiva e sistemática direcionada a perigos biológicos ou microbiológicos, químicos e físicos, através de antecipação e prevenção, em vez de inspeção e testes em produtos finais".

Por orientação da comissão do *Codex Alimentarius*, independentemente de traduções, adota-se a sigla HACCP em qualquer dos idiomas oficiais das Nações Unidas, a fim de facilitar e padronizar sua utilização. Apesar desta orientação, no Brasil, as autoridades sanitárias optaram por adotar a sigla APPCC, no uso corrente e em todos os documentos oficiais. Neste texto, porém, escolheu-se, para melhor entendimento, utilizar ambas as siglas separadas por uma barra, como a seguir: APPCC/HACCP.

---

1. Hazard analysis and critical control points (HACCP)

Na verdade, a palavra inglesa *hazard* significa perigo e, portanto, circunstância que prenuncia um mal; estado ou situação que inspira cuidado. Por sua vez, a palavra risco, habitualmente empregada como sinônimo de perigo, corresponde à possibilidade ou probabilidade de ocorrência do perigo. Por exemplo, comer um alimento deteriorado é perigoso e quem o comer terá a probabilidade (risco) de adquirir uma intoxicação. Risco é ainda definido como a combinação da probabilidade da ocorrência de um efeito adverso à saúde e à severidade desse efeito.

O sistema APPCC/HACCP fundamenta-se em critérios científicos para identificar os perigos potenciais à segurança do alimento, bem como medidas para o controle das condições que favoreçam o desenvolvimento dos perigos.

Desse modo, o APPCC/HACCP tem como objetivos fundamentais prevenir, reduzir ou eliminar os perigos potenciais associados a todos os estágios da cadeia de produção do alimento, desde plantio, cultivo, colheita, criação animal, processamento, fabricação, distribuição e comercialização, até o consumo. Essas assertivas deixam claro que a inocuidade dos alimentos constitui uma responsabilidade que se inicia nas atividades básicas da pecuária e da agricultura.

Assim sendo, muitas doenças de caráter zoonótico, por exemplo, brucelose bovina e cisticercose suína, podem e devem ser combatidas durante a fase de criação dos animais. O mesmo princípio se aplica aos produtos hortifrutigranjeiros, notadamente, no que se refere à qualidade da água de irrigação e à natureza do adubo utilizado, evitando, sobretudo, as contaminações por helmintos e protozoários, entre outras. A adoção deste sistema garante a qualidade higiênico-sanitária dos produtos *in natura*, assim como dos alimentos processados que serão consumidos pela população. Quanto maior o grau de inocuidade das matérias-primas, maior o nível de segurança dos produtos finais.

Aspectos gerais

O sistema APPCC/HACCP utiliza conceitos baseados em dados históricos das causas das enfermidades e deterioração dos alimentos. Assim, no caso particular da teníase no homem, a infecção é provocada pela *Taenia solium*, mediante o consumo de produtos cárneos de origem suína, contaminados com cistos, formas larvares do parasito; enquanto a neurocisticercose humana é causada pela ingestão de ovos do agente, aderidos às folhas de verduras consumidas cruas, mal higienizadas e previamente irrigadas com água proveniente de esgoto doméstico. Nesse exemplo, têm-se dois aspectos importantes, de um lado, o manejo inadequado da criação de suínos, permitindo que fezes contaminadas com ovos de *Taenia solium*, provenientes de seres humanos, sejam consumidas livremente pelos animais; e, do outro, a produção de vegetais em condições precárias de higiene, adubados com matéria orgânica oriunda de esgotos domésticos.

No que concerne à deterioração dos alimentos, o maior perigo diz respeito à produção de substâncias tóxicas que, na dependência da idade e do estado de saúde dos consumidores, podem causar efeitos nocivos à saúde.

Vale considerar que a maioria dos estudos sobre deterioração de produtos cárneos aponta sempre as mesmas causas, quer se trate de ruminantes, suínos ou aves, as quais são o resultado da ação deletéria de agentes bacterianos. Neste contexto, destacam-se, sobretudo, as bactérias do gênero *Pseudomonas*, cujas proteases são responsáveis pela degradação das proteínas (proteólise) dos tecidos, favorecendo o processo de deterioração. Nas carnes armazenadas nestas circunstâncias pode ocorrer a produção de grandes quantidades de compostos voláteis, dentre os quais se destacam: metanol, acetona, dimetildisulfeto, amoníaco, algumas aminas – como a metilamina, além do sulfeto de hidrogênio, um dos mais comuns.

O sistema APPCC/HACCP, complementarmente, também enfatiza a atenção às operações críticas, em que o controle é essencial, como acontece na pasteurização do leite, processo em que o binômio tempo-temperatura deve ser respeitado, de modo a assegurar a inocuidade do produto *in natura*, seja para consumo, seja para a produção de queijos e demais produtos lácteos.

Os ingredientes, notadamente as especiarias, merecem atenção particular, pois muitos destes compostos apresentam níveis de contaminação preocupantes, conforme se observou em grãos de mostarda, em diferentes tipos de pimentas, na páprica, no *curry*, no açafrão e no coentro, entre muitos outros.

A análise do processo em si e os usos subsequentes dos produtos são fundamentais, uma vez que, na dependência de suas destinações exigirão diferentes tipos de aditivos e até de embalagens. Os alimentos envasados têm regras especiais, que dependem, principalmente, de sua natureza e de certos parâmetros intrínsecos, como pH, teor de umidade, potencial de oxidorredução, conteúdo em nutrientes, constituintes antimicrobianos e estrutura biológica. Por outro lado, há necessidade de se estipular o prazo de validade entre a fabricação e o consumo (vida de prateleira), ou seja, por quanto tempo o produto poderá permanecer estocado ou em exposição, bem como a determinação da temperatura de conservação, em condições de ambiente ou sob refrigeração.

No contexto da fiscalização exercida por órgãos públicos, por mais operante e rigorosa que seja, não tem condições suficientes para avaliar se práticas perigosas à segurança dos alimentos estão sendo empregadas, em ações pontuais e esporádicas. Às vezes, o próprio pessoal da empresa, gerente ou supervisor, não é capaz de identificar falhas operacionais discretas, sobretudo se não houver controle do processo de fabricação, devidamente documentado, que permita realizar uma análise crítica dos resultados obtidos.

Vantagens e aplicações

As maiores vantagens do sistema APPCC/HACCP são: ser contínuo, ou seja, todas as operações são exaustivamente documentadas e os problemas são detectados no momento em que ocorrem ou, imediatamente após; e, sistemático, pois há um plano completo que abrange, passo a passo, cada operação, procedimento e medida de controle. Esta prática permite que qualquer funcionário da empresa possa acompanhar e/ou conferir, com relativa facilidade, cada etapa sob sua responsabilidade, ou até mesmo de outro setor.

A adoção do sistema APPCC/HACCP, no âmbito das indústrias de alimentos e das Unidades de Alimentação e Nutrição (UANs), reduz, substancialmente, a ocorrência das Doenças Transmitidas por Alimentos (DTAs), uma vez que as técnicas de produção seguem todas as regras estabelecidas para garantir a inocuidade dos alimentos, com a finalidade de eliminar perigos biológicos, físicos e químicos.

O aumento da eficiência operacional, obtido principalmente mediante a sistematização dos procedimentos, diminui o descarte de produtos e, como consequência direta, propicia melhor rendimento econômico, aumentando o lucro da empresa.

Em consequência, esse conjunto de bons resultados eleva a moral dos funcionários, os quais passam a ver a empresa com maior consideração, no mínimo conscientes de que os produtos que auxiliam a produzir não causam danos à saúde dos consumidores.

Vale ressaltar que todo estabelecimento – uma propriedade, uma indústria alimentícia, uma UAN e até mesmo aqueles que elaboram os chamados "alimentos artesanais" – terá, inegavelmente, sua credibilidade e confiança do consumidor aumentadas caso jamais seja acusado de estar envolvido em episódios de DTAs ou fraudes de seus produtos.

Histórico

O sistema APPCC/HACCP teve origem no *Failure, Mode and Effect Analysis* (FMEA), ou Análise do Modo e Efeito de Falha, utilizado pelos engenheiros em seus projetos de construção e está associado a W. E. Deming, cujas teorias de gerenciamento da qualidade foram fundamentais para o salto qualitativo da indústria japonesa, a partir de 1950.

Em 1959, nos Estados Unidos da América (EUA), a Companhia Pillsbury, em cooperação com o exército americano, a pedido da National Aeronautics and Space Administration (Nasa), desenvolveu o sistema APPCC/HACCP para que se obtivessem alimentos seguros, ou seja, com "defeito zero", destinados aos astronautas dos voos espaciais. Na época, o sucesso do sistema garantiu que quase 100% dos alimentos embarcados fossem seguros, ou seja, não apresentavam contaminação biológica, química ou física. O sistema, complementarmente, assegurou substancial economia ao programa espacial americano, substituindo as exaustivas análises laboratoriais e o consequente desperdício de alimentos produzidos destinados para amostragem.

Em 1971, a Pillsbury apresentou o sistema APPCC/HACCP publicamente, nos EUA, durante uma conferência (National Conference of Food Protection) sobre inocuidade dos alimentos, na qual recomendou que se estendesse sua aplicação. No entanto, a indústria alimentícia americana só adotou este sistema quando, em 1973, o Food and Drug Administration (FDA) promulgou normas de controle específicas, incluindo os princípios do APPCC/HACCP, para solucionar os problemas microbiológicos dos alimentos enlatados de baixa acidez, particularmente cogumelos.

Nesse mesmo ano, a Pillsbury publicou o primeiro documento detalhando a técnica do sistema APPCC/HACCP, intitulado *Food Safety through the Hazard Analysis and Critical Control Point System*, o qual passou a ser adotado como referência para o treinamento de inspetores do FDA.

Em 1985, a National Academy of Sciences (NAS), dos EUA, recomendou que o sistema APPCC/HACCP fosse adotado por todas as agências reguladoras e obrigatório para os estabelecimentos processadores de alimentos, como integrante dos programas de inocuidade.

Em 1988, com base na recomendação da NAS, foi constituído o National Advisory Committee on Microbiological Criteria for Foods (NACMCF), responsável pela padronização dos princípios do APPCC/ HACCP, utilizados pela indústria alimentícia e pelas agências reguladoras. No mesmo ano, foi publicado um documento, sob forma de livro, pela International Commission on Microbiological Specifications for Foods (ICMSF), no qual sugere-se que o sistema APPCC/HACCP deva ser adotado como base para o controle de qualidade, tanto higiênica quanto microbiológica dos alimentos.

Em 1991, o *Codex Alimentarius* (FAO/WHO[2]) criou um grupo de trabalho para desenvolver normas internacionais para aplicações do APPCC/ HACCP. É importante destacar que este sistema tem sido mundialmente endossado pelo *Codex*, União Europeia e por vários países, destacando-se entre eles Canadá, Austrália, Nova Zelândia, Japão, Coreia e Argentina. No ano de 1993, a comissão do *Codex Alimentarius* incorporou as diretrizes para aplicação do sistema APPCC/HACCP.

Em 1997, o NACMCF revisou os sete princípios do APPCC/HACCP. Neste mesmo ano, o Código de Práticas Internacionais Recomendadas – Princípios Gerais de Higiene Alimentar, revisado, foi adotado pela comissão do *Codex Alimentarius*.

No Brasil, em particular, a história oficial do sistema APPCC/ HACCP iniciou-se com a Portaria n. 1.428 do Ministério da Saúde, de 26 de novembro de 1993, e seu regulamento técnico para inspeção sanitária de alimentos; diretrizes para o estabelecimento de Boas Práticas de Fabricação (BPF) e de prestação de serviços na área de alimentos; e, regulamento técnico para o estabelecimento de Padrão de Identidade e Qualidade (PIQs) para produtos e serviços da área de alimentos. Esse documento contém as diretrizes bási-

---

2.   WHO – World Health Organization.

cas para a implantação do sistema. Em 1998, a Portaria n. 46 do Ministério da Agricultura, de 10 de fevereiro de 1998, instituiu o sistema de APPCC a ser implantado gradativamente nas indústrias de produtos de origem animal (POA) sob o regime do Serviço de Inspeção Federal (SIF), de acordo com o Manual Genérico de Procedimentos e incumbiu a Secretaria de Defesa Agropecuária de instituir Comitês Técnicos (CT) para coordenar e orientar a implantação do APPCC nos estabelecimentos de carne, leite, ovos, mel e produtos derivados, mais os CT intersetoriais do pescado e derivados.

Vale destacar, ainda, que com todas essas recomendações, normas e regulamentos, exarados por agências reguladoras, instituições científicas, órgãos internacionais e até por atos ministeriais, o sistema APPCC/HACCP não é a única resposta para a segurança dos alimentos. Este sistema deve ter por base os programas de pré-requisitos, essencialmente as BPF, os Procedimentos Operacionais Padrão (POP) e os Procedimentos Padrão de Higiene Operacional (PPHO), além de intervenções educativas direcionadas aos manipuladores de alimentos, entendidos como todos os indivíduos que entram em contato com os alimentos, de sua fonte de produção até o consumidor.

Inspeção x APPCC/HACCP

A inspeção sanitária dos produtos de origem animal, aí compreendidas todas as espécies de abate, baseia-se nos sentidos da visão, olfato e tato para detectar perigos.

O inspetor busca, de modo geral, lesões orgânicas, degenerescências ou tumefações patológicas, presença de infestações parasitárias e sinais de decomposição, muitos dos quais podem ser consequência de doenças de caráter zoonótico ou fruto de moléstias que, no mínimo, depreciam a qualidade da matéria-prima. É o caso das lesões caseosas no fígado de bovinos, provocadas pelo *Mycobacterium bovis*, a presença de cistos nas carcaças e vísceras de bovinos e de suínos, contaminadas, respectivamente, com as formas larvares da *Taenia saginata* e da *T. solium*, além de abscessos em órgãos internos ou mesmo formações cancerosas.

Na verdade, a inspeção foi concebida quando os perigos eram os animais doentes e a contaminação mais facilmente detectável era a macroscópica. Com a evolução dos conhecimentos e o aprimoramento das ciências médicas, tem-se certeza de que não basta apenas a técnica de inspeção, nos estabelecimentos de abate, para assegurar a inocuidade das matérias-primas de origem animal. Sabe-se, de longa data, que o inspetor, por mais experiente que seja, não tem a menor condição de detectar micro-organismos e agentes químicos nos órgãos dos animais. Todavia, sua atuação continua a ser indispensável, pois a inspeção sanitária ainda constitui uma barreira intransponível para inúmeros agentes patogênicos atingirem o homem, via alimentos cárneos e seus derivados, além do leite e demais subprodutos.

Franz Fishler, durante a reunião da Comissão da Agricultura da União Europeia, no ano de 1997, em Bruxelas, fez o seguinte comentário:

> Estou convencido que [...] os atuais métodos de inspeção não são satisfatórios [...] concebidos para [...] problemas [...] das décadas passadas, mas que, na atualidade deixaram de ser os perigos mais sérios relacionados com os alimentos [...] É chegada a hora de os pecuaristas começarem a tomar medidas concretas para eliminar os micro-organismos patogênicos da cadeia alimentar.

De fato, a responsabilidade dos criadores é muito grande, pois não se trata, simplesmente, de produzir cada vez mais, para aumentar o lucro, mas sim de melhorar o manejo dos rebanhos, para obter uma produção com maior nível de qualidade higiênico-sanitária. Por outro lado, os serviços de inspeção oficiais também têm procurado aprimorar suas técnicas de trabalho, criando ou reformando seus laboratórios, para ampliar as atividades diagnósticas. Complementarmente, têm adotado a estratégia de auditar propriedades, para averiguar *in loco* as condições da produção animal, estabelecendo programas de informação para os criadores e de intercâmbio com outros laboratórios da rede pública e, até mesmo, com unidades de ensino superior.

A ausência de serviços oficiais de inspeção favorece e incentiva o comércio clandestino de produtos de origem animal, principalmente com o intuito de sonegar impostos. Sua consequência direta para a sociedade está ligada, entre outros fatores: à procedência duvidosa das matérias-primas, o que impede a rastreabilidade dos produtos nocivos à saúde; à quase impossibilidade de apurar responsáveis por fraudes, por falta de registros oficiais (economia informal); à permanente utilização de drogas químicas proibidas, destinadas, por exemplo, à engorda dos rebanhos, como antibióticos e hormônios; e, ao fato de que nas indústrias continuem sendo empregados livremente aditivos condenados pelos órgãos da saúde para uso em alimentos.

Pré-requisitos do sistema APPCC/HACCP

Para que o sistema APPCC/HACCP possa ser implantado corretamente em uma indústria de alimentos ou UAN é necessário que o estabelecimento tenha definidos os programas de pré-requisitos[3] (PPRs). Para estabelecer os PPRs a organização deve utilizar informações apropriadas, por exemplo, códigos de boas práticas de higiene do *Codex*, normas nacionais, internacionais ou do setor, diretrizes reconhecidas e requisitos regulamentares e de clientes. Os componentes do programa de pré-requisitos serão estabelecidos em função da etapa da cadeia (tipo de operação) em que a norma está sendo aplicada. Como exemplos podem ser citados:

- Os manuais de Boas Práticas de Fabricação (BPF) ou *Good Manufacturing Practices* (GMP), os quais constituem documentos onde estão registrados os procedimentos para evitar a contaminação microbiológica, química ou física dos produtos. Proveem os fundamentos em segurança de alimentos e abrangem aspectos relacionados à higiene desde instalações e áreas adjacentes, equipamentos e instrumentos até utilização de ingredientes e materiais de limpeza e desinfecção, além das condições de saúde do pessoal.

- Os Procedimentos Operacionais Padronizados (POPs) ou *Standard Operating Procedures* (SOP), os quais constituem o conjunto de tarefas específicas, estabelecidas para serem seguidas, rotineiramente, na *performance* de operações ou situações designadas, que podem ou não relacionar-se com a segurança de um produto alimentar. Por

---

3. O programa de pré-requisitos tem como característica assegurar as condições para que o ambiente e as práticas tenham um padrão higiênico adequado o suficiente para contribuir na redução da possibilidade da introdução de perigos à segurança dos alimentos, por meio do ambiente de trabalho, das atividades, dos funcionários, da contaminação cruzada e das utilidades, entre outros.

exemplo, operacionalização de um pasteurizador, regulagem de um forno combinado, aferição de balanças, entre outros. No Brasil, o termo POP é definido pela Agência Nacional de Vigilância Sanitária (Anvisa), na Resolução n. 275/2002, como procedimento escrito de forma objetiva que estabelece instruções sequenciais para a realização de operações rotineiras e específicas na produção, armazenamento e transporte de alimentos. No mesmo documento são definidos os POPs a serem elaborados e o procedimento para elaboração destes.

- O Procedimento Padrão de Higiene Operacional (PPHO) ou *Sanitation Standard Operating Procedures* (SSOP), definido a partir da Circular 245/1996 do Ministério da Agricultura, a qual estabelece que devem constar do referido procedimento as tarefas rotineiras de limpeza e sanitização, executadas todos os dias, antes e durante as operações, para prevenir adulteração ou contaminação direta do produto, entre as quais se pode mencionar: a inspeção sanitária pré-operacional e testes microbiológicos; as práticas de higiene e procedimentos de limpeza; o uso de saneantes e suas concentrações, tempo de contato, medidas de segurança e descarte de soluções usadas; e as instruções e ferramentas para tarefas não relacionadas e manutenção, saneamento e armazenamento de ferramentas.

No que tange ao estabelecimento propriamente dito, é importante que a localização física de sua planta seja em área com saneamento, aí compreendidos abastecimento de água, rede de esgoto e destinação de lixo, além de rede elétrica.

Complementarmente, deverá ser de fácil acesso e próximo às malhas rodoviária, ferroviária ou até mesmo fluvial ou marítima. Estas facilidades permitirão o acesso de funcionários e pessoal administrativo; facilitarão a entrega de matérias-primas a serem processadas; e possibilitarão a drenagem de sua produção para os diferentes mercados aos quais se destina.

Como pré-requisito essencial, é ainda importante que as condições de higiene e de desinfecção das instalações e equipamentos sejam adequadas, aí incluídas sua manutenção preventiva, bem como o controle integrado de pragas.

O treinamento dos funcionários também se reveste de grande importância, pois é a eles que compete a execução das rotinas diárias de recebimento e identificação de matérias-primas, bem como sua estocagem; produção; codificação das unidades produzidas; conservação; armazenamento dos alimentos preparados; transporte; rastreabilidade; e, por último, o procedimento de *recall*.

Ressalta-se que, ao estabelecer os PPRs, a organização deve utilizar informações apropriadas, por exemplo, os princípios gerais de higiene dos alimentos e os códigos de práticas pertinentes do *Codex Alimentarius*, normas nacionais, internacionais ou do setor, diretrizes reconhecidas e requisitos regulamentares e de clientes.

Outro aspecto a ser considerado é o fato de que o sistema APPCC/HACCP opera em conjunto com sistemas de gestão da garantia de qualidade e da segurança dos alimentos, conforme apresentado no Capítulo 1, que trata dos sistemas de gestão e padrões normativos aplicáveis a este segmento.

Etapas preliminares à implantação do sistema APPCC/HACCP

Comprometimento da direção

Para o sucesso do sistema APPCC/HACCP, é fundamental que haja o compromisso da direção da empresa, como forma de incentivar a adesão dos demais membros da organização, principalmente dos funcionários a quem compete a função de lidar diretamente com os alimentos em todas as etapas de seu processamento, além do fato de que cabe à direção prever em orçamento os recursos necessários para a implantação do sistema. A direção também deve nomear um coordenador para a equipe de APPCC/HACCP que, além de coordenar os trabalhos, ficará responsável por acompanhar e sinalizar o andamento da implantação do sistema.

Formação da equipe APPCC/HACCP

Como passo seguinte, deve-se proceder à identificação e convocação da equipe APPCC/HACCP, a qual ficará responsável por sua gestão, no âmbito da empresa, e pelo treinamento dos funcionários. Esta equipe poderá congregar diferentes profissionais do estabelecimento, por exemplo, engenheiro de alimentos, químico, nutricionista, cozinheiro, operadores, pessoal da manutenção e os gerentes, entre outros. Ou seja, um grupo multiprofissional, em que cada qual tem uma atividade específica, inserida no sistema, e que, deste modo, poderá opinar com propriedade nas estratégias e dificuldades de seu setor de trabalho.

Essa equipe será responsável pela elaboração do plano APPCC/ HACCP, documento formal com todas as informações-chave, provenientes do estudo sobre APPCC/HACCP, o qual conterá a identificação de todos os perigos, medidas de controle e demais ações necessárias para a produção de alimentos seguros naquela organização.

O treinamento em APPCC/HACCP é prioritário, na medida em que será adotada uma sistemática completamente diferente da que era empregada na rotina, e há necessidade não só de explicar como deverá ser feito, mas também porque deve-se adotar os novos procedimentos. Há que sensibilizar a todos sobre a importância do novo sistema, tanto para garantir a inocuidade dos alimentos produzidos, quanto contribuir para a sobrevivência da empresa e manutenção dos postos de trabalho. A segurança dos alimentos confere idoneidade ao produto e garante a continuidade da produção, principalmente em um mercado competitivo.

Assim, todos os funcionários deverão identificar os conceitos básicos sobre o sistema, como estes deverão integrar-se em seu posto de trabalho e, mais importante ainda, por que a vigilância dos pontos críticos de controle (PCCs) é fundamental.

Quando não for possível dispor de tal competência técnica na própria empresa, pode-se obter assessoria especializada a partir de outras fontes, como associações comerciais e industriais, especialistas independentes, literatura científica e recomendações para aplicação do sistema APPCC/HACCP.

O âmbito de aplicação do plano APPCC/HACCP deve ser determinado e deve ser descrito qual o segmento da cadeia de alimentos envolvido e as classes de perigos a serem abordadas.

Descrição do produto e uso pretendido

Deve ser elaborada uma descrição, o mais completa possível, do produto, incluindo informações relevantes sobre segurança, como composição físico-química (incluindo A_w, pH etc.), tratamentos aplicados no processo, como tratamento térmico, congelamento, salmoura, defumação, entre outros, tipo de embalagem, vida útil e condições de armazenamento, de controle durante a distribuição e instruções de preparo e uso. Nas empresas que processam vários tipos de produtos e nas UANs, o agrupamento de produtos com características ou etapas de processamento similares pode ser efetivo para elaboração do plano APPCC/HACCP. No Quadro 14.1 é demonstrado um exemplo de formulário de descrição do produto e uso pretendido.

O uso pretendido do produto deve ser baseado nos usos esperados e possíveis deste, por parte do usuário ou do consumidor final. Devem-se identificar grupos vulneráveis, como crianças e aqueles que se alimentam em instituições de saúde.

Quadro 14.1 Exemplo de descrição do produto.

DESCRIÇÃO DO PRODUTO E USO ESPERADO
Nome do produto: aperitivo de camarão
Composição: camarão, alface e maionese
Características importantes (pH, a_w, aditivos): pH= 6 a 7; a_w= 0,8 a 1
Consumidores: passageiros de voo internacional
Como será usado: consumido frio
Processo: camarão cozido, alface crua e maionese
Embalagem: plástico revestido com filme de PVC
Vida útil (duração sanitária): 48 horas
Condições de distribuição: refrigeração permanente e transporte isotérmico até a aeronave
Rotulagem e instruções: data da fabricação
Controle especial durante a distribuição: controle tempo/temperatura

Fonte: Germano e Germano (2006).

Elaboração do fluxograma e confirmação no local

O fluxograma deve ser elaborado pela equipe APPCC/HACCP e deve cobrir todas as etapas da operação relativas ao produto. Pode ser utilizado o mesmo fluxograma para vários produtos, desde que a sua fabricação contemple etapas de processamento semelhantes. Um exemplo de fluxograma do processo, no qual se detalham todas as etapas da preparação, é apresentado na Figura 14.1.

Deve ser avaliada a coerência entre o fluxograma e o processamento durante todas as etapas e momentos da operação, em diferentes turnos, se for o caso. O fluxograma deve ser revisado, se necessário. A confirmação do fluxograma deve estar sob a responsabilidade de pessoas que detenham conhecimento suficiente do processo, para que, de fato, a confirmação apresente todos os aspectos relevantes.

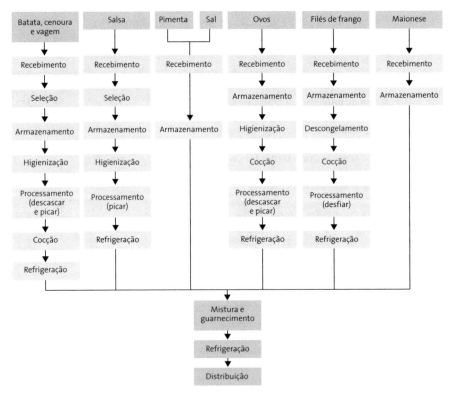

Figura 14.1 Exemplo de fluxograma.

Fonte: Germano e Germano (2006).

Atendimento ao programa de pré-requisitos (PPR)

Deve ser avaliado o atendimento aos PPRs, visto serem estes a base do sistema de APPCC/HACCP. Portanto, falhas sistêmicas na aplicação dos PPRs invalidam a implementação do sistema.

É imprescindível que todos compreendam a relação existente entre o APPCC/HACCP e os programas de pré-requisitos, como BPF, POPs e PPHOs, os quais, como atividades de rotina, são imprescindíveis para a gestão integral da segurança dos alimentos.

É muito importante ressaltar que a segurança dos alimentos não é garantida somente pelo sistema APPCC/HACCP, e sim pela combinação do sistema com o programa de pré-requisitos. Embora o APPCC/HACCP venha sendo adotado em larga escala pelas empresas, ainda são observados muitos surtos de DTAs, e, quando são realizadas avaliações para identificação da causa destes, geralmente as falhas estão no programa de pré-requisitos. É necessário que haja a conscientização que o sistema, obrigatoriamente, deve ter o suporte de um programa de pré-requisitos consistente e que tenha uma gestão efetiva.

Conhecendo os perigos

Por definição, na área de alimentos, perigo é uma propriedade biológica, química ou física que pode afetar a inocuidade do alimento. De fato, refere-se às condições ou contaminantes que possam provocar doenças ou agressão à saúde do consumidor.

A decomposição que possa resultar em ameaça à inocuidade dos alimentos deve ser tratada como perigo microbiológico e tem de ser controlada por um programa APPCC/HACCP.

De acordo com dados da Organização Mundial da Saúde (OMS), os perigos biológicos ocupam lugar de destaque nas estatísticas de saúde, como os causadores mais frequentes de DTAs, nos mais distintos grupos sociais do planeta, não poupando pobres nem ricos, seja em países industrializados ou em vias de desenvolvimento.

Todo e qualquer alimento úmido, com alto teor proteico, no qual os micro-organismos encontrem ambiente favorável para o seu desenvolvimento, é considerado potencialmente perigoso.

Assim, entre os produtos de origem animal destacam-se: leite e laticínios, ovos inteiros e todos os tipos de carnes. Do mesmo modo, dentre os produtos de origem vegetal incluem-se: batatas, assadas ou cozidas; *tofu* ou derivados de proteína de soja; alho e misturas oleosas; proteínas vegetais cozidas; sementes e brotos crus; melões fatiados; e condimentos naturais.

Ainda é necessário considerar que os perigos apresentam diferentes graus de severidade. Ressalta-se que a severidade está associada às consequências da exposição ao perigo, que pode ser desde uma hospitalização até a morte. Neste contexto, usualmente a severidade é classificada em alta, média e baixa.

Os perigos biológicos de severidade alta estão associados aos seguintes agentes: *Clostridium botulinum, Shigella dysenteriae, Salmonella typhi, S. paratyphi* A e B, *Escherichia coli* O157:H7, hepatites A e E, *Brucella abortus, B. suis, Vibrio cholerae* O1, *V. vulnificus, Taenia solium* e *Trichinella spiralis*, entre outros.

Em outra categoria, situam-se os perigos biológicos de severidade moderada, mas com potencial de disseminação elevado, destacando-se: *Listeria monocytogenes, Salmonella* spp., *Shigella* spp., *Escherichia coli* enteropatogênica, *Streptococcus pyogenes,* rotavírus, Norwalk vírus, *Entamoeba histolytica, Diphyllobothrium latum* e *Cryptosporidium parvum*.

Outros agentes estão distribuídos pelo grupo de perigos biológicos com potencial de disseminação limitado, entre eles: *Bacillus cereus, Campylobacter jejuni, Clostridium perfringens, Staphylococcus aureus, Vibrio cholerae* não O1, *V. parahaemolyticus, Yersinia enterocolitica, Giardia lamblia* e *Taenia saginata*.

A seguir, em termos de importância, vêm os perigos químicos que têm menor frequência de notificação, por causa da exiguidade de ocorrências de quadros agudos, passíveis de notificação, os quais se tornam públicos, apenas, quando a manifestação clínica tiver sido muito grave e tiver envolvido muitas vítimas. Na verdade, a maioria das intoxicações decorrentes da ação dos perigos químicos é de caráter crônico, em decorrência do efeito cumulativo de certos compostos, por exemplo, os metais pesados.

Dentre os perigos químicos mais frequentes e que ocorrem naturalmente, têm-se: micotoxinas, sendo a aflatoxina a mais comum; escombrotoxinas, das quais a histamina é a mais conhecida; ciguatoxina; toxinas dos cogumelos; e toxinas dos moluscos bivalves.

Existem, ainda, os perigos químicos que estão associados à contaminação industrial e/ou ambiental. As bifenilas policloradas (PCBs) fazem parte de um grupo de compostos utilizados em indústrias que, em função de sua toxicidade, são utilizados apenas em sistemas fechados e têm seu uso proibido em alguns países. As PCBs podem contaminar o ambiente e, consequentemente, os alimentos. As dioxinas e os furanos são subprodutos não intencionais de vários processos envolvendo o cloro ou substâncias e/ou materiais que o contenham, por exemplo, a produção dos pesticidas, branqueamento de papel e celulose, incineração de resíduos, incêndios, incineração de resíduos de serviços de saúde, incineração de lixo urbano, incineração de resíduos industriais, veículos automotores, entre outros. Como são contaminantes ambientais, também podem estar presentes nos alimentos. Os hidrocarbonetos policíclicos aromáticos (HPAs) são compostos orgânicos formados, principalmente, em processos de combustão incompleta de matéria orgânica e encontram-se distribuídos na natureza, sendo considerados os carcinogênicos ambientais mais importantes. Dentre os HPAs, destaca-se o benzopireno, classificado pela agência internacional de pesquisa em câncer[4] como carcinogênico para humanos, e que tem sido utilizado por diversos pesquisadores como indicador da presença desses compostos em alimentos. A contaminação dos alimentos por benzopirenos pode ocorrer principalmente por: processos industriais como defumação, secagem direta com madeira, torrefação e poluição ambiental, como tráfego, sistemas de aquecimento e vazamentos de óleo. No Brasil, existem limites em legislação para a presença de benzopirenos em água de consumo e em aroma de fumaça, respectivamente abordados na Portaria n. 2914/2011 e na RDC n. 02/2007.

Outros perigos químicos que devem ser apontados são os compostos que ocorrem intencionalmente, ou seja, são adicionados com propósitos definidos, como acontece com os aditivos alimentares, entre os quais podem-se mencionar: os corantes, os estabilizantes como os polifosfatos, os conservantes como os nitritos e os nitratos, e os flavorizantes, destacando-se o glutamato monossódico. Esses princípios químicos, considerados inócuos quando utilizados nas concentrações recomendadas para alimentos, podem ser nocivos à saúde de pessoas hipersensíveis, sendo responsá-

---

4. International Agency on Research on Cancer (IARC).

veis, na maioria das vezes, por manifestações alérgicas de origem alimentar. Ainda há que se considerar que a utilização dessas substâncias em concentrações acima dos limites estabelecidos, por falhas no controle durante o processamento, pode representar riscos à saúde.

Tem-se, ainda, outro grande grupo de perigos químicos representado por compostos que ocorrem incidentalmente, ou seja, são utilizados nas lavouras ou nas criações animais com vários propósitos, por exemplo, para eliminar ervas daninhas, para controlar carrapatos nos rebanhos, promover ganho de peso precoce ou tratar os animais preventivamente contra agentes infecciosos. Dentre estes destacam se: pesticidas, fungicidas, herbicidas, antibióticos, hormônios, metais e produtos utilizados para higiene e manutenção de máquinas.

O risco de migração de compostos, aditivos, pigmentos e corantes das superfícies de contato, embalagens e equipamentos, também deve ser avaliado. A migração depende da interação do tipo de substância utilizada nas embalagens e equipamentos e do tipo de alimento. A composição dos materiais que entram em contato com os alimentos é regulamentada quanto aos constituintes permitidos e limites máximos de migração. No Brasil, a RDC n. 91/2001 estabelece os critérios gerais e classificação de materiais para embalagens e equipamentos em contato com alimentos, e existe, ainda, legislação específica para cada tipo de material de contato: materiais plásticos, incluindo vernizes e revestimentos, celulose regenerada, elastômeros e borrachas, vidro, metais e suas ligas, madeira (incluindo a cortiça), produtos têxteis, ceras de parafinas e microcristalinas.

O último grupo de perigos químicos é constituído por compostos adicionados, ou com o intuito de fraudar os alimentos produzidos (p. ex., metanol ou sulfato de cobre em bebidas alcoólicas), ou com o objetivo de exaltar características do produto que não poderiam ser obtidas em condições naturais, tornando-os tóxicos para o consumo humano (p. ex., aditivos em doses excessivas), ou mesmo criminosamente, com o propósito deliberado de sabotagem, para causar dano a determinada pessoa ou instituição.

Na maioria das vezes, para o controle dos perigos químicos, as ações estão associadas ao produtor primário e/ou fornecedor de ingredientes e embalagens e, também, ao estabelecimento de critérios para o recebimento de matérias-primas, ingredientes e embalagens.

Os perigos físicos, por sua vez, são representados por qualquer material estranho que constitua ameaça à saúde, não importando se incorporados acidental ou intencionalmente. O perigo físico caracteriza-se como risco à segurança do alimento: quando os objetos estranhos são pontiagudos, podendo causar cortes ou perfurações; são duros, levando à possibilidade de quebra de dentes; e/ou são capazes de obstruir as vias respiratórias e causar asfixia. Este caso inspira mais cuidado quando crianças são os consumidores do produto. Assim, têm-se cacos de vidro, farpas de madeira, fragmentos plásticos, pedaços de metal, parafusos e porcas, ossos e espinhas, pedras, cabelos e objetos pessoais, como adornos e próteses dentárias.

Entretanto, alguns desses perigos têm mais conotação higiênico-sanitária do que propriamente oferecimento de risco à saúde, como acontece, por exemplo, nas farinhas, nas quais sujidades podem ser encontradas com relativa facilidade, como insetos mortos, asas de insetos e pelos de rato. Para coibir falha na produção destes produtos a Anvisa, por meio da RDC n. 175, de 8 de julho de 2003, aprovou o Regulamento Técnico de Avaliação de Matérias Macroscópicas e Microscópicas Prejudiciais à Saúde Humana em Alimentos Embalados, o qual compreende também bebidas e águas envasadas.

É importante ressaltar que, independentemente do tipo de perigo, estes deverão ser identificados face ao tipo de produto e processo com o qual está se implantando o sistema APPCC/HACCP, portanto, não existe uma análise de perigos padronizada. Há que se analisar caso a caso.

Os princípios do sistema APPCC/HACCP

O sistema APPCC/HACCP compõe-se, originalmente, de sete princípios, os quais abrangem todas as etapas envolvidas no processo de fabricação ou preparação de um produto alimentício, prevendo todas as circunstâncias que podem afetar a inocuidade alimentar. Assim, têm-se:

- Primeiro princípio: efetuar a análise de perigos, avaliando os tipos de perigos, severidade e probabilidade de ocorrência, e identificando as respectivas medidas de controle.

- Segundo princípio: identificar os Pontos Críticos de Controle – PCCs.
- Terceiro princípio: estabelecer limites críticos para as medidas de controle associadas com cada PCC.
- Quarto princípio: estabelecer procedimentos de monitoramento.
- Quinto princípio: estabelecer ações corretivas para quando o monitoramento indicar que o limite crítico não foi atendido.
- Sexto princípio: estabelecer procedimentos de verificação.
- Sétimo princípio: manter o registro de todas as etapas do desenvolvimento do sistema, dos procedimentos e dos resultados obtidos ao longo do monitoramento e da verificação.

Primeiro princípio

O passo inicial para o desenvolvimento do plano APPCC/HACCP consiste em efetuar a análise de perigos, etapa a partir da qual dependem todos os demais princípios. Portanto, a análise de perigos constitui a base do plano e por isso deve ser conduzida de maneira criteriosa.

Devem ser considerados os perigos potenciais, biológicos, químicos ou físicos, que podem ser introduzidos pelas matérias-primas, ingredientes e embalagens e ainda em cada etapa do processo.

Complementarmente, avalia-se a severidade do perigo e a probabilidade da sua ocorrência, classificando-as em baixa, média e alta. A combinação destas duas variáveis resulta na classificação do risco[5] (baixo, médio ou alto), conforme Figura 14.2. Esta classificação provê a informação do quão significativo é o perigo. Por fim, são referidas as medidas que podem ser aplicadas para o controle dos perigos. Por definição, medida de controle é uma ação ou atividade que pode ser usada para prevenir ou eliminar um perigo à segurança de alimentos ou para reduzi-lo a um nível aceitável.

Em termos de perigos biológicos, consideram-se como inaceitáveis todos aqueles em que há probabilidade de sua ocorrência, e nos quais é possível que o consumidor seja exposto, o que requer o efetivo controle destes. Pode-se citar, como exemplo, o perigo oferecido pela contaminação

---

5. A ISO 22000 classifica como risco, entretanto, também é definida como significância do perigo.

de carcaças de frangos por *Salmonella* spp., durante os vários procedimentos técnicos nos abatedouros avícolas ou do risco de botulismo provocado por conservas vegetais embaladas em frascos com pH superior ao limite crítico de segurança da ordem de 4,6.

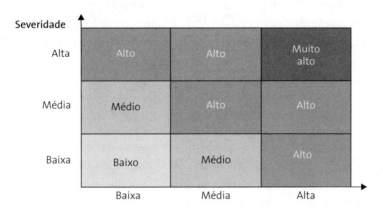

Figura 14.2 Classificação do risco.
Fonte: Adaptado de Mortimore e Wallace (2001).

Dentre as medidas de controle aplicadas aos perigos biológicos, podem ser apontadas: controle de tempo e temperatura, fermentação, controle de pH, adição de sal e ou conservantes, desidratação, inativação pelo frio e remoção de parasitas.

No que concerne aos perigos químicos, o controle de fornecedores assume papel de destaque na sua prevenção, pois as condições de produção são fundamentais para garantir a qualidade higiênico-sanitária das matérias-primas. No caso particular dos produtos de origem vegetal, a importância maior refere-se às boas práticas agrícolas, sobretudo, no que diz respeito ao emprego apenas de fertilizantes e praguicidas aprovados pelo Ministério da Agricultura e pela Anvisa, no âmbito do Ministério da Saúde. Outras medidas de controle são relativas: ao uso exclusivo de substâncias químicas de grau alimentar, no processo de fabricação de alimentos; ao atendimento às BPF, em relação à utilização de equipamentos; à exigência do emprego de água potável para todas as operações; e à qualidade das embalagens destinadas às diferentes etapas da produção de alimentos.

Quanto às medidas de controle relacionadas aos perigos físicos, destaca-se, também, a necessidade de controle sobre os fornecedores, os quais devem ser submetidos a auditorias periódicas, para avaliar as condições de produção, sobretudo no que se refere aos detectores de metais, aos protetores de lâmpadas, às peneiras e às telas, bem como à estratégia adotada para executar a inspeção visual das operações. As mesmas medidas aplicadas aos fornecedores são válidas para o processador, se houver a possibilidade de introdução de perigos físicos também durante o processamento.

Segundo princípio

A identificação dos PCCs constitui fase essencial para o sucesso do plano APPCC/HACCP. Por definição, um PCC corresponde a uma etapa ou procedimento em que é possível aplicar medidas de controle para prevenir ou reduzir o perigo ao nível aceitável ou, ainda, eliminá-lo.

Nas indústrias ou nas UANs, a maior parte dos procedimentos necessita de controle, são os denominados pontos de controle (PCs), porém, devem ser diferenciados os pontos de controle dos pontos críticos de controle, conforme Figura 14.3.

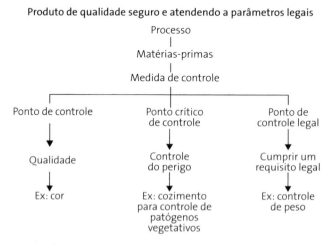

Figura 14.3 Entendendo os pontos de controle.

Fonte: Mortimore e Wallace (2001).

Assim, os pontos identificados como PCCs, onde os perigos podem ser controlados, dizem respeito, por exemplo: ao recebimento de matéria-prima, com declaração do fornecedor, a fim de evitar micro-organismos patogênicos ou resíduos de drogas, aplicado, sobretudo, para alimentos a serem consumidos crus; ao controle na etapa de formulação e/ou adição de ingredientes, para evitar perigos químicos, não afetados por nenhum procedimento subsequente; à adição de conservadores e/ou ajuste de pH, objetivando evitar contaminação por micro-organismos ao final do procedimento; e à refrigeração do produto final, até sua distribuição, para evitar desenvolvimento de micro-organismos patogênicos.

Outro conjunto de PCCs, da máxima relevância, diz respeito aos procedimentos capazes de eliminar perigos, destacando-se entre eles, sobretudo: a cocção que propicia a destruição de micro-organismos patogênicos; o detector de metais que permite revelar a presença de fragmentos metálicos, possibilitando sua remoção; e o congelamento que contribui para a destruição de larvas de parasitas, como *Cysticercus cellulosae*, *Trichinella spiralis* e *Anisakis* spp.

Quanto aos procedimentos aplicados com o objetivo de reduzir perigos, dentre outros, podem ser apontados como PCCs: a catação manual e/ou coletores automáticos, objetivando a redução da presença de objetos estranhos – perigos físicos, e a obtenção de matérias-primas em fornecedores selecionados, para diminuir a ocorrência de alguns perigos biológicos e químicos consequentes, sobretudo, a práticas agropecuárias deficientes, a falhas na estocagem e transporte dos produtos.

Na avaliação de um processo, para determinar os PCCs, deve-se atentar para a possibilidade de determinado procedimento poder controlar mais de um perigo, tal como sucede com a refrigeração de atum, a qual, além de evitar o desenvolvimento de micro-organismos, impede a produção de histamina – substância química tóxica para consumo humano. Por outro lado, um mesmo perigo pode requerer mais de um PCC, para controle efetivo de sua inocuidade, é o caso particular do risco da sobrevivência de micro-organismos patogênicos em hambúrguer, perigo biológico significativo em que o controle abrange, simultaneamente, a espessura da massa da carne e a temperatura interna da fritura.

É importante destacar que os PCCs são específicos para um produto e um processo e que, portanto, inúmeros fatores podem afetar sua eficiência. A substituição de um equipamento, por exemplo, um forno convencional por outro forno combinado ou de uma nova mesa de vapor, para atender à distribuição de refeições. Isso também se aplica quando se fazem alterações na receita ou formulação do produto, notadamente se forem incluídos novos ingredientes. Mudanças no fluxograma operacional são muito importantes e, mesmo que propiciem maior funcionalidade e segurança ao produto final, obrigam à reavaliação do plano original, para evitar redundâncias de PCCs. O tamanho da embalagem, por si só, pode afetar diretamente o prazo de validade do produto, bem como requerer novas técnicas para conservação.

Modificações no tipo de atmosfera interna da embalagem, as quais podem favorecer micro-organismos aeróbios, microaerófilos ou anaeróbios, exigem profundas alterações no plano inicialmente proposto. As mudanças nas BPFs e/ou POPs com a finalidade de aprimorar os processos da empresa, contudo, quando implementados, provocam a necessária revisão dos planos, para cada produto ou processo.

Os principais exemplos de PCCs, em relação aos equipamentos, são: pasteurizadores; estufas de secagem; tanques de fritura; fornos convencional, combinado ou de micro-ondas; câmaras de congelamento; refrigeradores; e mesas de vapor.

Para a determinação dos PCCs, pode-se utilizar a árvore decisória, a qual possibilita obter respostas para cada perigo previamente considerado, em cada etapa do processo, incluindo a recepção e a manipulação das matérias-primas. Na Figura 14.4, de forma esquemática, é apresentada a árvore decisória, com as perguntas e a direção a ser seguida, caso a resposta seja positiva ou negativa, até a confirmação ou não de um PCC.

No esquema simplificado do Quadro 14.2, a título de exemplo, têm-se os PCCs determinados pela aplicação da árvore de decisões, para um prato de salada de alface com camarão. Complementarmente, na mesma figura, para cada etapa, são apresentados os perigos identificados e a respectiva resposta a cada uma das perguntas propostas.

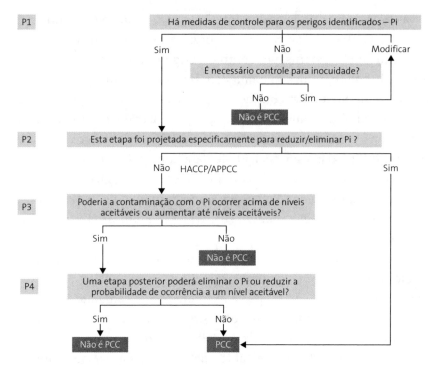

Figura 14.4 Determinação de um PCC mediante o emprego da árvore decisória.
Fonte: Adaptado de Codex Alimentarius Commission (2001).

Quadro 14.2 Determinação dos PCCs para salada de alface com camarão, com o emprego da árvore decisória.

Etapa	Perigos	P1	P2	P3	P4	PCC?
Recebimento camarão	B: Micro-organismos patogênicos	S	N	S	S	N
	Q: Sulfito, metais pesados etc.					
Cozimento camarão	B: Não descontaminação	S	S	–	N	S
Resfriamento camarão	B: Recontaminação	S	S	–	N	S
Recebimento alface	B: Micro-organismos patogênicos	S	N	S	S	N
	Q: Pesticidas					
	F: Terra, pedras etc.					
Lavagem alface	B: Não eliminação	S	S	–	N	S

Fonte: Germano e Germano (2006).

Na etapa de recebimento do camarão, o perigo biológico identificado referiu-se à contaminação com micro-organismos patogênicos, sobretudo bactérias e enterovírus, enquanto o perigo químico relacionava-se à presença de sulfito, utilizado como conservante, e metais pesados, contaminantes ambientais encontrados em certas bacias pesqueiras. Para esse tipo de matéria-prima, deve-se exigir, por parte do fornecedor, laudo de laboratório credenciado, confirmando a ausência de perigos químicos, sobretudo sulfito, dada sua toxicidade para consumo humano. Essa etapa, contudo, não é considerada como PCC, pois a certificação do fornecedor garante a inocuidade quanto ao perigo químico e, na fase subsequente, o perigo biológico poderá ser reduzido a um nível aceitável ou mesmo eliminado.

A segunda etapa refere-se ao cozimento do camarão, última parte do procedimento capaz de reduzir ou eliminar o perigo biológico, portanto, é considerada como PCC. Na etapa de resfriamento do camarão, a temperatura tem de ser controlada e seguida com rigor, para que micro-organismos não afetados pela cocção, na sua totalidade, não possam iniciar seu desenvolvimento e atingir doses infectantes deletérias para os consumidores, portanto, é também considerada como PCC, até porque, é a partir deste momento que será oferecido para consumo.

Quanto à alface, tem-se inicialmente o recebimento, que obriga conhecer a origem do produto e o fornecedor, principalmente em relação às suas práticas agrícolas, transporte, armazenamento e distribuição. Os perigos que podem ser identificados nessa etapa são: os biológicos, que dizem respeito à contaminação microbiológica originada a partir do solo, de adubos e da água de irrigação; os químicos, relacionados aos resíduos de agrotóxicos, provenientes de praguicidas, herbicidas e fungicidas; e os físicos, representados principalmente por pedras, entre outros. Nessas circunstâncias, por se tratar de um produto vegetal, que deverá ser servido *in natura*, a etapa de recebimento é considerada um PCC, porque objetiva-se um produto com o menor nível de contaminação possível, uma vez que a próxima etapa, a de lavagem, servirá para reduzir a contaminação até níveis aceitáveis e que, por isso, também é considerada PCC, pois o próximo passo é sua distribuição, junto com o camarão cozido.

Vale destacar que, para o caso de produtos de origem vegetal, cujo processamento inclui uma etapa de cocção, o recebimento não é considerado PCC, embora as exigências com o fornecedor continuem com o mesmo nível de rigor já mencionado. O mesmo raciocínio se aplica para o procedimento de lavagem, o qual deverá seguir as técnicas preconizadas no manual de BPF, não sendo, portanto, necessário ser considerado como PCC.

O exemplo de árvore decisória pode não ser aplicável a todas as situações, outras abordagens lógicas podem ser utilizadas, entretanto, devem ser fundamentadas.

Terceiro princípio

Corresponde à fase em que se estabelecem limites críticos (LCs) para as medidas de controle associadas com cada PCC. Por definição, limite crítico é um critério que deve ser cumprido para garantir a inocuidade do produto.

Dentre os principais parâmetros que devem ser considerados como limites críticos, associados à prevenção ou destruição de micro-organismos patogênicos, constam: o binômio tempo-temperatura de pasteurização do leite, a temperatura do forno, a espessura do produto, o pH, a umidade, A_w (*water activity* ou A_a atividade de água) e a concentração de sal. Contudo, quando se analisam estes parâmetros, é necessário respeitar os limites operacionais ou níveis objetivos, critérios mais rigorosos utilizados pelos operadores de equipamentos, para atualizar ou reduzir os riscos que desvios dos limites críticos possam provocar (Quadro 14.3). Isso permite o ajuste de processo, que é a ação tomada pelo estabelecimento, comercial ou industrial, para que o processo retorne aos limites operacionais. Na etapa de pasteurização de sorvetes, por exemplo, os limites críticos para a destruição de células vegetativas são 79,4°C, durante 15 segundos, contudo, para que não haja algum desvio inesperado destes valores, pode-se redefinir a temperatura como 82°C por 15 segundos, como limites operacionais ou níveis objetivos; nessas condições tem-se uma margem de segurança de 2,6°C.

422 | Sistema de gestão: qualidade e segurança dos alimentos

Quadro 14.3 – Algumas etapas de processo e respectivos limites críticos, operacionais e margem de segurança.

Etapa	Limite crítico	Limite operacional	Margem de segurança
Cocção (°C)	70,0	72,5	2,5
Refrigeração (°C)	4,0	2,0	2,0
Acidificação (pH)	4,6	4,3	0,3
Congelamento (°C)	15,0	17,0	2,0
Envase (°C)	80,0	85,0	5,0
Espessura de corte	2,0	2,5	0,5

Fonte: Adaptado de OPAS/INPPAZ (2001).

Para o estabelecimento dos LCs devem-se associar, além dos conhecimentos práticos de especialistas nas áreas de produção e tecnologia de alimentos e equipamentos, as informações fornecidas em publicações científicas e os resultados obtidos em estudos experimentais, as normas da empresa, bem como deter amplo conhecimento da legislação vigente, sobretudo no que concerne aos padrões legais e comerciais exigidos para o produto.

Quarto princípio

Consiste no estabelecimento de procedimentos de monitoramento, ou seja, na sequência de observações ou medidas planejadas, para avaliar se um PCC está sob controle. Esta ação gera um registro adequado para verificação futura.

O monitoramento, basicamente, objetiva: rastrear as operações do processamento, para identificar se os limites críticos estão sendo atendidos e permitir a realização de ajustes; identificar quando há perda de controle de um PCC; e propiciar documentação escrita sobre o sistema. Na Quadro 14.4 apresenta-se o esboço de uma planilha de monitoramento, onde se consideram as diferentes etapas do processo de preparação de camarão para uso em salada, são referidas as medidas de controle e incluídas as informações sobre como serão efetuados os procedimentos.

A planilha do monitoramento deve conter respostas às seguintes questões:

- O quê (será monitorado)?
- Como (serão monitorados os limites críticos e as medidas de controle)?
- Quando (qual a frequência)?

- Quem (será o responsável pelo monitoramento)?

Salienta-se que o responsável pelo monitoramento deve ser treinado na realização da operação. Muitas vezes o "como será monitorado" exige que seja elaborado um procedimento operacional específico e detalhado, e o treinamento será dado com base nesse procedimento, para que se assegure que as ações sejam realizadas de forma correta.

A primeira questão diz respeito ao que será monitorado, se a medida de uma característica do produto ou do processo, como as avaliações da temperatura de armazenamento a frio, para confirmar se estão dentro dos limites críticos, ou a observação se uma medida de controle, estabelecida para um PCC, está sendo implementada, por exemplo, a temperatura de cocção ou resfriamento de um produto e a verificação dos certificados de análise do fornecedor de matérias-primas vegetais ou animais, comprovando a ausência de substâncias químicas ou de resíduos de agrotóxicos.

Quadro 14.4 Exemplo de monitoramento da preparação do camarão para uso em salada.

Etapa do processo	Medidas de controle (o quê)	Limites críticos	Monitoramento			
			Como	Quem	Quando	Ação corretiva
Cocção	Temperatura de água de cozimento	Mínimo 80°C	Medir a temperatura da água de cozimento por meio da colocação do sensor do termômetro no centro do recipiente de cozimento	Cozinheiro	A cada lote	Ajustar a temperatura da água
	Temperatura do produto no final do cozimento	Mínimo 70°C	Medir a temperatura do produto por meio da introdução do sensor do termômetro no produto ao final do cozimento	Cozinheiro	A cada lote	Manter o cozimento até atingir a temperatura de 70°C
Resfriamento	Temperatura do equipamento de resfriamento	Máximo 0°C	Verificar a temperatura do equipamento de resfriamento no visor	Cozinheiro	A cada lote	Ajustar a temperatura para o máximo de 0°C
	Altura do produto na bandeja de resfriamento	Máximo 5 cm	Utilizar somente bandeja padrão para resfriamento de altura de 5 cm	Cozinheiro	A cada lote	Ajustar a camada do produto para altura máxima de 5 cm
	Temperatura do produto no final do resfriamento	Máximo 4°C	Medir a temperatura do produto por meio da introdução do sensor do termômetro no produto ao final do resfriamento	Cozinheiro	A cada lote	Manter em cozimento até atingir a temperatura de 70°C

Fonte: Germano e Germano (2006).

A segunda questão refere-se ao modo como serão monitorados os limites críticos e as medidas de controle. Esses procedimentos devem ser realizados em tempo real conforme os fatos ocorrem, mediante a simples observação (avaliação sensorial ou inspeção da recravação de latas de conservas), ou pelo emprego de medidas físicas (temperatura interna de produtos cozidos) e químicas (pH), para permitir a pronta intervenção corretiva. As análises microbiológicas, em decorrência da demora para obtenção de resultados e da necessidade de colher grande quantidade de amostras para aumentar a probabilidade de isolamento de micro-organismos contaminantes, não são recomendadas para efeito de monitoramento.

Assim, a frequência de monitoramento deverá ser contínua, sempre que possível, utilizando, por exemplo: termógrafos, para controlar e registrar as temperaturas de cocção ou de resfriamento; e detectores de metal, para evitar que partículas metálicas, provenientes de equipamentos, sejam incorporadas aos produtos. Todavia, se a frequência de monitoramento, por motivos operacionais, tiver de ser descontínua, o intervalo entre as medidas deverá ser especificado, se por lotes do produto ou por períodos programados de tempo. Os critérios para definir estes intervalos devem considerar as características do produto e do processo, as margens de segurança entre os limites críticos e os operacionais e as estratégias do estabelecimento, previstas para corrigir eventuais desvios.

As principais medidas de monitoramento estão relacionadas: à temperatura das câmaras frias, geladeiras e congeladores; ao nível de calor dos fornos, das mesas de vapor e das estufas de exposição; ao tempo de processamento; ao pH de produtos acidificados; à velocidade das linhas de produção; aos níveis de umidade; e ao controle dos certificados de origem da matéria-prima. Dentre os instrumentos de monitoramento têm-se: termômetros e termógrafos; relógios e *timers*; balanças; medidores de pH e A_w; e refratômetros.

A responsabilidade por conduzir as ações de monitoramento deverá ser definida pela equipe APPCC/HACCP e poderá ser atribuída a: funcionários da linha de produção, operadores de equipamento, supervisores, operários de manutenção, ou pessoal do controle ou, ainda, da garantia de qualidade.

Os dados obtidos durante o monitoramento devem ser registrados à medida que se realizam as observações, nas fichas apropriadas. Anotar provisoriamente em qualquer tipo de papel ou confiar na memória, para proceder ao registro em outra oportunidade, são atitudes que provocam erros de preenchimento, dando origem a registros falsos ou incorretos, o que gera descrédito do sistema. Por outro lado, quando se adotam registros computadorizados, há necessidade absoluta de incluir sistemas de segurança, para evitar adulteração de registros com os mais diversos objetivos.

Os resultados do monitoramento devem ser avaliados, criticamente, por pessoa com conhecimento e autoridade para identificar tendências e, quando necessário, adotar ações corretivas adicionais.

Todos os registros devem ser assinados e datados pela pessoa que realizou o monitoramento e pelo responsável da revisão.

Quinto princípio

Baseia-se nas ações corretivas que devem ser tomadas, quando o monitoramento indicar que o limite crítico estabelecido para um determinado PCC não foi atingido, ou que houve perda do seu controle. Por definição de ação corretiva, entende-se o procedimento efetuado imediatamente após a ocorrência de desvio ou falha no cumprimento de um limite crítico. Em outras palavras, consiste em uma ação destinada a eliminar uma não conformidade detectada.

As ações corretivas significam: corrigir ou eliminar a causa de desvio, para restaurar o controle do processo; identificar o produto elaborado durante o desvio do processo; determinar seu destino; e documentar as ações corretivas.

A determinação do destino de um produto, que tenha registrado desvio de limites críticos ou operacionais, deverá ser apreciada pela equipe APPCC/HACCP, considerando a avaliação de especialistas e resultados de análises químicas e/ou microbiológicas. Se o produto não apresentar risco para a saúde, ele poderá ser liberado para consumo ou continuar seguindo o processo industrial. Contudo, se a avaliação indicar risco para a saúde, poder-se-á submeter o produto ao reprocessamento ou, até mesmo, ao desvio para outro uso. Em circunstâncias mais graves, em que não for possível adotar qualquer das alternativas anteriores, o alimento deverá ser destruído, o que consiste na opção mais cara e que só deverá ser utilizada em último caso. Ressalta-se a necessidade de manter todos os registros envolvidos na análise, decisão e destinação do produto.

Sexto princípio

Define os procedimentos de verificação, o que por definição significa a aplicação de métodos, testes e auditorias, além do monitoramento, para avaliar e determinar se o plano APPCC/HACCP está de acordo com os requisitos teóricos e/ou se necessita ser modificado ou revalidado.

A verificação tem por objetivo obter elementos para que se possa ter confiança e segurança que o plano APPCC/HACCP é sólido e que o seu processo está sendo executado de maneira correta.

Esta verificação pode ser executada por auditorias internas ou externas e por agências oficiais de regulação, podendo até incluir análises microbiológicas do produto final. Envolve, para sua correta execução:

- O conhecimento do processo científico e disponibilidade de funcionário técnico para verificar que os limites críticos estabelecidos nos PCC são satisfatórios.
- A verificação de que o plano APPCC/HACCP da instalação está funcionando com eficiência.
- A verificação compreensiva periódica do sistema por consultoria imparcial e independente.
- A responsabilidade regulatória do governo para garantir que o sistema esteja funcionando satisfatoriamente.

A verificação para os PCCs abrange a calibração dos instrumentos, a revisão dos registros de calibração e a de monitoramento dos PCCs. No que concerne à amostragem e às análises dirigidas, sobretudo as laboratoriais, sua recomendação se aplica na etapa de verificação.

Assim, de modo geral, aos auditores do sistema APPCC/HACCP compete verificar: a exatidão da descrição do produto e o diagrama de fluxo do processo; se o monitoramento dos PCCs está sendo executado conforme especificado no plano; se os diversos processos estão operando dentro dos limites críticos estabelecidos; e se os registros foram feitos com precisão e nos intervalos de tempo estabelecidos. Ainda deve ser avaliado se ocorreram casos de não atendimento dos limites críticos, com qual frequência, se as ações corretivas foram adotadas e qual foi a destinação dos produtos envolvidos.

As auditorias executadas pelas agências de regulação, normalmente, prendem-se à revisão: do plano APPCC/HACCP e suas modificações, dos registros de monitoramento dos PCCs, dos registros de ações corretivas e dos registros de verificação. Complementarmente, deverão efetivar a inspeção das operações para determinar se o plano APPCC/HACCP está sendo seguido, se os registros se efetuam de modo adequado e, quando necessário, colher amostras para análise laboratorial, para confirmar se o produto final é absolutamente seguro.

Sétimo princípio

Preconiza a manutenção de toda a documentação envolvida no sistema APPCC/HACCP, incluindo os registros dos procedimentos e dos resultados obtidos ao longo do monitoramento e verificação, a fim de determinar a validade do plano e garantir que o sistema está funcionando de acordo com o plano. Assim, devem ser arquivados: o plano APPCC/HACCP e sua documentação básica, os registros de monitoramento dos PCCs, os registros das ações corretivas adotadas e os registros das atividades de verificação, seja interna ou externa.

Os registros podem ser utilizados para realização de análises de tendências e, assim, promoção de melhorias no sistema, e, também, na investigação de qualquer incidente envolvendo a segurança do alimento.

Deve ser estabelecido o prazo para a manutenção dos registros que, como regra geral, são mantidos por, no mínimo, a vida útil do produto mais 50%. Deve ser avaliado se, por requisitos legais ou de certificação, devem ser mantidos por tempo maior.

É importante que o sistema de documentação seja simples e esteja integrado aos já existentes, para que haja um melhor entendimento e não seja criada duplicidade de documentos.

Validação das medidas de controle e do sistema APPCC/HACCP

A validação consiste na obtenção de evidências de que os elementos do plano APPCC/HACCP são eficazes. Esse processo deve ser realizado antes da implementação do plano e serve para avaliar se os elementos indispensáveis têm embasamento científico e são suficientes para controlar os perigos associados com o produto ou processo. A validação compete à equipe APPCC/HACCP, composta por indivíduos qualificados, com treinamento e experiência, pois as bases técnicas e científicas são requisitos essenciais.

A validação ou revalidação deve ser executada sempre que necessário, quando, por exemplo, há substituição de matérias-primas, mudanças no produto ou processo, resultados desfavoráveis de auditoria, desvios frequentes nos PCCs, novos fatos sobre perigos ou medidas de controle, observações rotineiras, ou mesmo novas práticas de distribuição ou manipulação.

A validação do plano APPCC/HACCP não consta como um dos princípios da implantação. É abordada no princípio 6, no qual se estabelecem os procedimentos de verificação. Nesta etapa, pode ser considerada a validação de toda a implantação do plano APPCC/HACCP. Por outro lado, anteriormente à validação do plano, existe a necessidade de validar as medidas de controle[6] com seus respectivos limites críticos, estabelecidos nos PCCs, pois, se estes não atuarem de forma efetiva, não haverá a garantia do controle dos perigos identificados.

Além da definição apresentada anteriormente, o *Codex Alimentarius* define validação como o processo de assegurar que um determinado conjunto de medidas é capaz de atingir o controle apropriado de um perigo específico em um alimento. A validação das medidas requer que sua eficácia seja mensurada em comparação com um resultado esperado ou preestabelecido, pois existe a necessidade de comprovar que as medidas atuam no controle do perigo específico.

Anteriormente ao processo de validação das medidas de controle associadas aos PCCs, é necessário definir o resultado esperado do controle dos perigos e, também, todas as medidas de controle a serem utilizadas devem estar claramente definidas, com seus respectivos limites críticos.

Em princípio, todas as medidas utilizadas para o controle de um perigo específico deveriam ser validadas, porém, podem existir limitações

---

6. A ISO 22000 preconiza que a validação deve ser conduzida antes da implementação das medidas de controle serem incluídas no plano APPCC e que depois de qualquer alteração, estas devem ser revalidadas. A validação deve ser conclusiva quanto ao efetivo controle dos perigos, caso contrário, as medidas de controle devem ser modificadas e submetidas à validação novamente.

para validá-las em sua totalidade. Nesse caso, alguns critérios de prioriza-ção podem ser considerados: maior potencial de risco à saúde ocasiona-do por um determinado perigo e inexistência de dados históricos com relação ao controle do perigo. Outro aspecto é se uma medida de contro-le é determinante para garantir a segurança do produto, assim, a valida-ção pode ser focada nesta medida. Por validação focada entende-se que a medida de controle confere, estatisticamente, à maior contribuição na segurança do produto. Deve ser observado que o inverso é verdadeiro, ou seja, se existem múltiplas medidas no controle de um perigo, que atuam na mesma intensidade, todas estas terão igual importância para a valida-ção.

A técnica utilizada para validar um conjunto de medidas dependerá da natureza do perigo, do tipo de produto e das medidas de controle se-lecionadas para controlar o perigo. Por exemplo, na validação de uma medida de controle relacionada ao controle de um perigo microbiológico (patógeno), não é recomendada a utilização de testes para a pesquisa de agentes patogênicos como forma de validação da medida de controle, visto que a ocorrência destes em um produto, cujo processo de manufa-tura tenha o plano APPCC/HACCP implantado, é muito remota. Neste caso, é sugerida a utilização de micro-organismos indicadores quantificá-veis para validação das medidas de controle. Os indicadores a serem uti-lizados devem ser estabelecidos em função dos tipos de patógenos iden-tificados como perigos.

Para a determinação do micro-organismo indicador da segurança dos ali-mentos, deve-se observar se ele atende às seguintes características:

- Ser detectável de forma fácil e rápida.
- Ser facilmente distinguível de outros membros da flora do alimento.
- Possuir um histórico de associações constantes com o patógeno cuja presença visa indicar.
- Estar sempre presente quando o patógeno de interesse estiver pre-sente.
- Ser um micro-organismo cujos números tenham correlação às quantidades do patógeno de interesse.
- Possuir características equivalentes ao patógeno de interesse.

Os micro-organismos indicadores (MIs) em um alimento não representam um perigo direto à saúde, porém podem ser utilizados para indicar a presença de um perigo potencial para esta. Alguns indicadores, como as enterobactérias, podem demonstrar a possibilidade da presença de patógenos no ambiente e/ou no produto final e, quanto maior o número de MIs, maior a probabilidade da presença de patógenos no produto. Sendo assim, os MIs podem ser utilizados para a validação de medidas de controle associadas aos perigos microbiológicos, ou seja, presença de agentes patogênicos.

Esses micro-organismos devem ser analisados antes e após a aplicação da medida de controle, a fim de se avaliar seu comportamento nos PCCs estabelecidos. Por esta razão, para a análise dos indicadores, deve ser estabelecido o número de amostras a serem coletadas, e a ICMSF estabelece planos de amostragens específicos para análises microbiológicas.

Especial atenção também deve ser dada à metodologia utilizada para análise dos indicadores. Existem vários métodos rápidos para determinação do número de micro-organismos e para detecção da presença destes, porém, no procedimento de validação, devem ser utilizados métodos aprovados e reconhecidos, a fim de assegurar a confiabilidade dos resultados.

Deve-se observar que, em função dos tipos de medidas de controle, os indicadores podem evidenciar que estas mantêm o perigo sob controle ou, então, atuam reduzindo-os. Para se conduzir esse tipo de avaliação, os resultados esperados para o controle dos perigos devem ter sido previamente definidos.

Para a análise dos dados para validação das medidas de controle, sugere-se o uso de ferramentas estatísticas, a fim de comprovar, ou não, a efetividade das medidas e seus respectivos limites críticos no controle dos perigos identificados.

No que diz respeito à validação do plano APPCC/HACCP como um todo, esta envolve a análise do seu desenvolvimento, desde a formação da equipe, a aplicação dos sete princípios e, consequentemente, a validação das medidas de controle, condução dos procedimentos de monitoramento e verificação.

Legislação pertinente

Assim como para traçar a estratégia de desenvolvimento do sistema APPCC/HACCP, é necessário todo um aporte de documentos técnicos e científicos, a equipe multiprofissional deve arrolar todos os documentos de

Análise de perigos e pontos críticos de controle (APPCC) **431**

ordem legal, que digam respeito, direta ou indiretamente, a todos os aspectos relacionados à implantação e manutenção do plano.

Desse modo, no que concerne às BPF, pré-requisito importante, os documentos legais disponíveis são:

- Portaria n. 1428, de 26 de novembro de 1993, do Ministério da Saúde, aprovando, o Regulamento Técnico para inspeção sanitária de alimentos – COD-100 a 001.0001, as diretrizes para o estabelecimento de Boas Práticas de Produção e de prestação de serviços na área de alimentos – COD-100 a 002.0001, e o Regulamento Técnico para o estabelecimento de Padrão de Identidade e Qualidade (PIQs) para serviços e produtos na área de alimentos – COD-100 a 003.001 e COD-100 a 004.0004.

- Portaria n. 368, de 04 de setembro de 1997, do Ministério da Agricultura, Pecuária e Abastecimento, que aprova o Regulamento Técnico sobre as condições higiênico-sanitárias e de Boas Práticas de Fabricação para estabelecimentos elaboradores/industrializadores de alimentos.

- Portaria n. 326, de 30 de julho de 1997, da Secretaria de Vigilância Sanitária do Ministério da Saúde, aprovando o Regulamento Técnico "Considerações higiênico-sanitárias e de Boas Práticas de Fabricação para estabelecimentos produtores/industrializadores de alimentos".

- Portaria CVS n. 6, de 10 de março de 1999, da Diretora Técnica do Centro de Vigilância Sanitária da Secretaria de Estado da Saúde de São Paulo.

- Resolução Anvisa – RDC n. 91, de 11 de maio de 2001, aprova o Regulamento Técnico – critérios gerais e classificação de materiais para embalagens e equipamentos em contato com alimentos.

- Portaria n. 2.535, de 24 de outubro de 2003, da Secretaria Municipal da Saúde de São Paulo, aprova o Regulamento Técnico para o controle higiênico-sanitário em empresas de alimentos, estabelecendo critérios e parâmetros para a produção de alimentos e bebidas, aplicados às empresas de alimentos.

- Resolução Anvisa – RDC n. 216, de 15 de setembro de 2004, que dispõe sobre regulamento técnico de boas práticas para serviços de alimentação.

432 | Sistema de gestão: qualidade e segurança dos alimentos

Em termos de higienização de instalações, outra etapa fundamental para o sucesso do plano e, sobretudo, para a segurança dos alimentos produzidos, têm-se os seguintes documentos de ordem legal:

- Portaria n. 15, de 23 de agosto de 1988, do diretor da Divisão Nacional de Vigilância Sanitária de Produtos Saneantes Domissanitários, faz revisão e atualização do Regulamento para o registro de produtos saneantes domissanitários com ação antimicrobiana.
- Resolução Anvisa – RDC n. 211, de 18 de junho de 1999, que altera a Portaria n. 15, de 23 de agosto de 1988, subitem 3 do item IV, dando a seguinte redação

desinfetantes para indústrias em superfícies onde se dá o preparo, consumo e estocagem dos gêneros alimentícios, podendo utilizar, exclusivamente, os princípios ativos dos grupos C, D, E, F e H do subanexo 1 e, também, a substância peróxido de hidrogênio.

O controle de pragas, em qualquer estabelecimento da área de alimentos, é sempre uma tarefa importante e de alto risco, pois envolve, em muitas oportunidades, a necessidade de trabalhar com substâncias tóxicas de diferentes graus, e que podem constituir perigos químicos para os alimentos e para todo o pessoal da empresa; tem também sua própria legislação.

- Resolução Anvisa – RDC n. 18, de 29 de fevereiro de 2000, que dispõe sobre normas gerais para funcionamento de empresas especializadas na prestação de serviços de controle de vetores e pragas urbanas.
- Portaria n. 9, do Centro de Vigilância Sanitária do Estado de São Paulo, de 16 de novembro de 2000, aprova a norma técnica para empresas prestadoras de serviço em controle de vetores e pragas urbanas.

Ainda, no concernente aos pré-requisitos do sistema APPCC/ HACCP, para uma abordagem mais específica sobre os Procedimentos Operacionais Padronizados (POPs), a Anvisa elaborou o seguinte documento:

- Resolução Anvisa – RDC n. 275, de 21 de Outubro de 2002, que dispõe sobre o Regulamento Técnico de Procedimentos Operacionais

Padronizados aplicados aos estabelecimentos produtores/industrializadores de alimentos e a lista de verificação das Boas Práticas de Fabricação em estabelecimentos produtores/industrializadores de alimentos.

Com objetivo semelhante, o Ministério da Agricultura, Pecuária e Abastecimento elaborou e aprovou uma resolução sobre os PPHOs, apresentada a seguir:

- Resolução Dipoa/SDA n. 10, de 22 de maio de 2003, do Diretor do Departamento de Inspeção de Produtos de Origem Animal, da Secretaria de Defesa Agropecuária, do Ministério da Agricultura, Pecuária e Abastecimento, que institui o Programa Genérico de Procedimentos – Padrão de Higiene Operacional – PPHO, a ser utilizado nos estabelecimentos de leite e derivados que funcionam sob o regime de inspeção federal, como etapa preliminar e essencial dos programas de segurança dos alimentos do tipo APPCC (Análise de Perigos e Pontos Críticos de Controle).

Para definir os critérios e padrões microbiológicos para alimentos, indispensáveis para a avaliação das Boas Práticas de Produção de Alimentos e Prestação de Serviços, da aplicação do sistema APPCC/ HACCP e da qualidade microbiológica dos produtos alimentícios, incluindo a elucidação de DTAs, foi adotada a seguinte resolução:

- Resolução Anvisa – RDC n. 12, de 2 de janeiro de 2001, que aprova o Regulamento Técnico sobre padrões microbiológicos para alimentos.

Sobre potabilidade da água, complementarmente, dispõe-se de:

- Resolução SS n. 4, de 10 de janeiro de 2003, da Secretaria de Estado da Saúde de São Paulo, que estabelece os procedimentos e responsabilidades relativos ao controle e vigilância da qualidade da água para consumo humano no estado de São Paulo.
- Portaria n. 518, de 25 de março de 2004, do Ministério da Saúde, que estabelece os procedimentos e responsabilidades relativos ao controle e vigilância da qualidade da água para consumo humano e seu padrão de potabilidade.

Para a implantação do programa de PPHO e do sistema APPCC/ HACCP foram publicados:

- Portaria n. 40, de 20 de janeiro de 1997, do Ministério da Agricultura, Pecuária e Abastecimento, que aprova o Manual de Procedimentos no Controle da Produção de Bebidas e Vinagres, em anexo, baseados nos princípios do sistema de Análise de Perigo e Pontos Críticos de Controle – APPCC.

- Circular n. 272/Dipoa, de 22 de dezembro de 1997, Secretaria de Defesa Agropecuária – DAS, Departamento de Inspeção de Produtos de Origem Animal – Dipoa, Ministério da Agricultura e do Abastecimento – MAA, para implantação do programa de Procedimentos Padrão de Higiene Operacional (PPHO) e do sistema de Análise de Risco e Controle de Pontos Críticos (ARCPC) em estabelecimentos envolvidos com o comércio internacional de carnes e produtos cárneos, leite e produtos lácteos e mel e produtos apícolas.

- Portaria n. 46, de 10 de Fevereiro de 1998, do Ministério da Agricultura, Pecuária e Abastecimento, institui o sistema de Análise de Perigos e Pontos Críticos de Controle – APPCC a ser implantado, gradativamente, nas indústrias de produtos de origem animal, sob o regime do Serviço de Inspeção Federal – SIF, de acordo com o Manual Genérico de Procedimentos, anexo à presente Portaria.

- Circular n. 369 DCI/Dipoa, de 2 de Junho de 2003, da Divisão de Controle do Comércio Internacional – DCI, do Departamento de Inspeção de Produtos de Origem Animal – Dipoa, com instruções para elaboração e implantação dos sistemas PPHO e APPCC nos estabelecimentos habilitados à exportação de carnes.

Considerações finais

O sistema APPCC/HACCP, seja no âmbito das indústrias ou no das UANs, garante a produção de alimentos inócuos. Do mesmo modo, quando aplicado nas diferentes etapas da cadeia produtiva de alimentos, contribui para a obtenção de matérias-primas com alto nível de segurança, reduzindo os perigos biológicos, químicos e físicos.

Observa-se que a adoção do sistema, tanto pelas indústrias como pelos governos, ocorre em um grande número de países, e que o aumento da utilização do sistema tem levado a uma padronização das práticas que visam à segurança dos alimentos. Tal fato propicia que as melhorias sejam multiplicadas em diferentes regiões, o que favorece a garantia da segurança dos alimentos para a população local e para o comércio internacional.

Embora o sistema não tenha por objetivo precípuo a qualidade dos produtos, sua correta utilização contribui, decisivamente, para a obtenção de elevados padrões de excelência, garantindo, além de inocuidade, um padrão de desempenho qualitativo de alto nível, colaborando para o aumento da produtividade e consequente rentabilidade da produção.

Para qualquer empresa, notadamente as prestadoras de serviços, bem como para a maioria das UANs, a adoção do sistema – embora exija inúmeras adaptações, algumas até de média complexidade, e a quebra de muitos paradigmas, enraizados no comportamento dos recursos humanos disponíveis –, constitui uma garantia de sucesso, pois os benefícios colhidos, em curto prazo, caracterizados pela segurança dos alimentos, e serão amplamente compensados, no médio e longo prazo, pela qualidade dos produtos servidos.

Ao considerar o atual nível de informação dos consumidores e a amplitude das comunicações, no âmbito global, uma empresa do segmento de alimentação, qualquer que seja seu porte, depende fundamentalmente do binômio segurança-qualidade.

Referências

ASSUNÇÃO, J.V.; PESQUERO, C.L. Dioxinas e furanos: origens e riscos. *Revista de Saúde Pública*. 33, n. 5, 1999.

BRASHEARS, M.M.; DORMEDY, E.S.; MANN, J.E.; BURSON, D.E. Validation and optimization of chilling and holding temperature parameters as critical control points in raw meat and poultry processing establishments. *Diary, Food and Environmental Sanitation*. n.22, v.4, p.246-251, 2002.

_____. *Regulamento Técnico sobre Aditivos Aromatizantes*. Resolução-RDC 02, de 15 de janeiro de 2007.

BRASIL. Ministério da Saúde. Regulamento Técnico para Inspeção Sanitária de Alimentos. Portaria n. 1.428, de 26 de novembro de 1993. Diário Oficial da União n. 229. Seção 1; Brasília 2 de dezembro de 1993.

_____. Ministério da Agricultura, Pecuária e Abastecimento. Departamento de Inspeção de Produtos de Origem Animal. *Implantação do Programa de Procedimentos Padrão de Higiene Operacional*. Circular n. 245 de 25 de novembro de 1996.

436 | Sistema de gestão: qualidade e segurança dos alimentos

_____. Secretaria da Defesa Agropecuária. Departamento de Inspeção de Produtos de Origem Animal. Implantação do Programa de Procedimentos Padrão de Higiene Operacional (PPHO) e do Sistema de Análise de Riscos e Controle de Pontos Críticos (ARCPC) em estabelecimentos envolvidos com o comércio internacional de carnes e produtos cárneos, leite e produtos lácteos e mel e produtos apícolas. *Circular n. 272/97/DIPOA*. Brasília, 22 de dezembro de 1997.

_____. Ministério da Saúde. Secretaria de Vigilância Sanitária. Condições Higiênico-Sanitárias e de Boas Práticas de Fabricação para Estabelecimentos Produtores/Industrializadores de Alimentos. Portaria n. 326 de 30 de julho de 1997. Diário Oficial da União. Brasília, agosto de 1997. Seção 1, p.16560-3.

_____. Secretaria de Defesa Agropecuária. Instituir o Sistema de APPCC (APPCC) a ser implantado gradativamente nas indústrias de produtos de origem animal. *Portaria n. 46 de 10 de fevereiro de 1998*. Diário Oficial da União, p.24-8, de 16 de março de 1998.

BRASIL. Agência Nacional de Vigilância Sanitária (Anvisa). *Regulamento Técnico sobre Padrões Microbiológicos para Alimentos*. Resolução-RDC 12, de 2 de janeiro de 2001. *Diário Oficial da União*, Brasília, 10 de janeiro de 2001. Seção 1, p.45-53.

_____. Ministério da Agricultura, Pecuária e Abastecimento. Secretaria de Defesa Agropecuária. Encaminha esclarecimentos quanto aos procedimentos de Verificação e Validação do Plano APPCC. *Circular n. 115/2002/DCI/Dipoa*. Brasília, 13 de março de 2002.

_____. Ministério da Agricultura, Pecuária e Abastecimento. Secretaria de Defesa Agropecuária. Instruções para elaboração e implantação dos sistemas PPHO e HACCP nos estabelecimentos habilitados a exportação de carne. Circular n. 369/2003/DCI/Dipoa. Brasília, 02 de junho de 2003 (b).

_____. Ministério da Saúde. Estabelece os procedimentos e responsabilidades relativos ao controle e vigilância da qualidade da água para consumo humano e seu padrão de potabilidade, e dá outras providências. Portaria n. 518, de 25 de março de 2004. *Diário Oficial da União n. 59*. Seção 1; p.266-70. Brasília, 26 de março de 2004.

CODEX ALIMENTARIUS COMMISSION. Joint FAO/WHO Food Standard Programme. Codex Committee on Food Hygiene. Discussion Paper on Proposed Draft Guidelines for de Validation of Food Hygiene Control Measures. 34th Session. Bankok, Thailand, 8-13 October, 2001.

DIRETIVA 93/43/CEE do Conselho, de 14 de junho de 1993, relativa a Higiene de Alimentos. Jornal Oficial n. L 175 de 19/07/1993 p.0001-11.

[FAO] FOOD AND AGRICULTURE ORGANIZATION OF THE UNITED NATIONS. Food Quality and Safety Systems - A Training Manual on Food Hygiene and the Hazard Analysis and Critical Control Point (HACCP) System. Roma: FAO Information Division, 1998.

FORSYTE, S.J. *Microbiologia da Segurança Alimentar.* Porto Alegre: Artmed, 2002.

GERMANO, P.M.L.; GERMANO, M.I.S. *Análise de Perigos e Pontos Críticos de Controle*. Apostila do Curso de Vigilância Sanitária de Alimentos, Faculdade de Saúde Pública, Universidade de São Paulo, 2006. 30 p.

_____. *Higiene e Vigilância Sanitária de alimentos*. 4.ed. Barueri: Manole, 2011.

GONZALEZ-MIRET, M.L.; COELLO, M.T.; ALONSO, S.; HEREDIA, F.J. Validation of parameters in HACCP verification using univariate and multivariate statistics. Application to the final phases of poultry meat production. *Food Control.* 12:261-8, 2001.

HANSEN, T.B.; KNOSCHEL, S. Quantitative considerations used in HACCP applied for a hot-fill production line. *Food Control.*10:149-59, 1999.

[IARC] INTERNATIONAL AGENCY FOR RESEARCH ON CANCER. *Agents Classified by the IARC Monographs*, Volumes 1–102. Disponível em: <URL: http://monographs.iarc.fr/ENG/Classification/ClassificationsAlphaOrder.pdf>. Acessado em: jun. 2011.

[ICMSF] INTERNATIONAL COMMISSION ON MICROBIOLOGICAL SPECIFICATIONS FOR FOODS. MICRO-ORGANISMS IN FOODS 2. *Sampling for microbiological analisys: principles and specific applications*. Toronto: University of Toronto Press, 1974.

Análise de perigos e pontos críticos de controle (APPCC) **437**

KEENER, L. The Total Plant Food Safety Audit: Rating Your Overall System. *Food Safety Magazine*; Dezembro 2002/Janeiro2003. Disponível em: http://www.foodsafetymagazine.com/issues/0212/feat0212-1.htm. Acessado em: 10 jun. 2003.

KORNACKI, J.L.; JOHNSON, J.L. Enterobacteriaceae, Coliforms and Escheria coli as Quality and Safety Indicators. In: Downes FP, Ito K (editors). *Compendium of Methods for the Microbiological Examination of Foods*. 4.ed. Washington: American Public Health Association (APHA). p.69-82, 2001.

KVENBERG, J.E.; SCHWALM, D.J. Use of Microbial Data for Hazard Analysis and Critical Control Point Verification – Food and Drug Administration Perspective. *Journal of Food Protection*. n.63, p.810-14, 2000;

MARTINS, E.A.; GERMANO, P.M.L. Microbiological indicators for the assessment of performance in the hazard analysis and critical control points (HACCP) system in meat lasagna production. *Food Control*. n.19, p.764-71, 2008.

McNAB, B.W. A General Framework Illustrating an Approach to Quantitative Microbial Food Safety Risk Assessment. *Journal of Food Protection*. n.61, p.1216-28, 1998.

MOTARJEMI, Y.; KÄFERSTEIN, F.; MOY, G.; MIYAGAWA, S.; MIYASGISHIMA, K. Importance of HACCP for public health and development. The role of the World Health Organization. *Food Control*. n.7, p.77-85, 1996.

MOTARJEMI, Y.; KÄFERTEIN, F. Food safety, Hazard Analysis and Critical Control Point and the increase in foodborne diseases: a paradox? *Food Control*. n.10, p.325-33, 1999.

MORTLOCK, M.P.; PETERS, A.C.; GRIFFITH, C.J. Food Hygiene and Hazard Analysis Critical Control Point in the United Kingdom Food Industry: Practices, Perceptions and Attitudes. *Journal of Food Protection*. n.62, p.786-92, 1999.

MORTIMORE, S.; WALLACE, C. *HACCP: Enfoque práctico*. 2.ed. Zaragoza: Acribia, 2001.

MYES, T. How can the principles of validation and verification be applied to hazard analysis? *Food Control*. n.10, p.277-9, 1999.

NATIONAL ADVISORY COMMITTEE ON MICROBIOLOGICAL CRITERIA FOR FOODS. Hazard Analysis Critical Control Point Principles and Application Guidelines. *Journal of Food Protection*. n.61, p.1246-59, 1998.

[OPAS] ORGANIZAÇÃO PAN AMERICANA DA SAÚDE. *APPCC: Instrumento Essencial para a Inocuidade de Alimentos*. Buenos Aires: OPAS/INPPAZ, 2001.

PANISELLO, J.P.; QUANTICK, P.C. Technical barriers do Hazard Analysis Critical Control Point (HACCP). *Food Control*. n.12, p.165-73, 2001.

SCHILPZAND, R.A. Shifts in Food Safety Perception by Consumers and Consumer Organizations. In: HEIJDEN, K.; YOUNES, M.; FISHBEIN, L.; MILLER, S. *International Food Safety Handbook*. New York: Marcel Dekker, 1999, p.661-71.

SCHOTHORST, M. Microbiological and Hygienic Aspects of Food Safety. In: HEIJDEN, K.; YOUNES, M.; FISHBEIN, L.; MILLER, S. *International Food Safety Handbook*. New York: Marcel Dekker, 1999. p.27-46.

SOUZA, M.M.; NASCIMENTO, V.L.V. Benzo(a)Pireno em alimentos. *Acta Tecnológica*. v.5, n.1, 2010. Disponível em: http://www.*portaldeperiodicos.ifma.edu.br/index.php/actatecnologica/article/.../27/24.*. Acessado em: jun. 2011.

SPERBER, W.H. HACCP does not work from farm to table. *Food Control*. n.16, p.511-4, 2005.

ROPKINS, K.; BECK, A.J. Evaluation of worldwide approaches to the use of HACCP to control food safety. *Trends in Food Science & Technology*. n.11, p.10-21, 2000.

SRIKAEO, K.; HOURIGAN, A.J. The use of statistical process control (SPC) to enhance the validation of critical of critical control points (CCPs) in shell egg washing. *Food Control*. n.13, p.263-73, 2002.

STEVENSON, K.E.; BERNARD, D.T. *Establishing Hazard Analysis Critical Control Points*. 2.ed. Washington, D.C.: National Food Processors Association, 1995.

_____. *APPCC A Systematic Approach to Food Safety*. 3.ed. Washington, D.C.: National Food Processors Association, 1999.

SWANSON, K.M.J.; ANDERSON, J.E. Industry perspectives on the use of microbial data for Hazard Analysis and Critical Control Point validation and verification. *Journal of Food Protection*. n.63, p.815-8, 2000.

[OMS] ORGANIZAÇÃO MUNDIAL DE SAÚDE. Guidance on Regulatory Assessment of HACCP. Report of a Join FAO/WHO. *Consultation on the Role of Government Agencies in Assessing HACCP*. Geneve, 1998.

_____. *The role of food safety in health and development*. Genebra, 1984. [WHO, Technical Report Series, 705].

PARTE V

Segurança dos alimentos no segmento comercial

15

Orientações gerais para estabelecimentos que comercializam alimentos

Andréa Barbosa Boanova

Introdução

Segundo o Serviço Brasileiro de Apoio às Micro e Pequenas Empresas (Sebrae), o setor de alimentação é um dos que mais cresce no Brasil, a exemplo das lanchonetes, pela necessidade de consumo de refeições rápidas e de boa qualidade (Sebrae, 2011).

Apesar de existirem muitos estabelecimentos especializados em serviços de alimentação, poucos são os que se profissionalizam, o que leva ao amadorismo e à falência. Para definir a atividade é fundamental um criterioso estudo da viabilidade, com pesquisa de mercado e escolha do melhor local para o empreendimento (Sebrae, 2011). Porém, é preciso salientar que constitui uma atividade que envolve responsabilidades e riscos, requerendo para seu exercício: pessoal capacitado, matéria-prima de qualidade e uma boa administração, como em qualquer atividade comercial.

A atividade pode ser desenvolvida em estabelecimentos de pequeno (açougues e mercearias), médio (supermercados e padarias) e grande porte (hipermercados). Quanto ao tipo de alimentação, a atividade pode ser realizada por meio da comercialização de produtos industrializados (supermercados), produtos preparados no local (restaurantes, lanchonetes) ou atividades mistas (padarias).

Dentro de cada atividade, o empresário poderá optar por diferentes tipos de serviços, como no caso de restaurantes, que podem comercializar alimentos no sistema *self-service*, cobrando pelo peso do alimento, ou definindo o valor do consumo por pessoa. Há, ainda, a opção de sistema *à la carte* e o de rodízio.

Quanto ao tipo de alimento a ser comercializado, há uma infinidade de atividades que incluem o preparo de comidas típicas, de saladas, de doces, de sorvetes, de sucos e lanches naturais, de cardápios internacionais ou, simplesmente, a atividade de intermediação entre a indústria de alimentos e os consumidores.

Em relação ao ambiente, o empresário poderá optar por um local simples e aconchegante ou caro e sofisticado, com música ambiente ou ao vivo. O serviço poderá ser, ainda, desenvolvido com a presença de mesas para consumação ou no sistema de *delivery*.

Independentemente de todas as considerações anteriores, deve-se ressaltar que os serviços de alimentação ou de comercialização de alimentos são atividades de interesse da saúde, estando sujeitas à vigilância sanitária e a outros tipos de fiscalizações, exercidas por autoridades competentes sobre: a qualidade dos alimentos, a edificação do estabelecimento, a geração de resíduos, a emissão de ruídos e fumaça para o meio ambiente, a saúde dos trabalhadores, o uso das calçadas, o trânsito de veículos no local, entre outras.

Lembra-se, ainda, que no município de São Paulo há obrigatoriedade de cardápio em braile para deficientes visuais.

A comercialização de alimentos deteriorados ou vencidos poderá ensejar a instauração de inquérito policial e processo judicial por danos materiais e morais. Reflexos da atividade que possam causar incômodo à vizinhança, a exemplo de ruídos, fumaça, gordura e odor, presença de lixo mal acondicionado, podem, também, comprometer o exercício da atividade e levar até mesmo à sua extinção.

Para tanto, há necessidade de se observar alguns requisitos, antes, durante e depois de se iniciar a atividade no ramo de alimentação; a seguir discriminados.

Autorização para funcionar

Após definido o imóvel onde se pretende realizar o empreendimento, é necessário verificar quais são as normas de licença para a atividade no

Orientações gerais para estabelecimentos que comercializam alimentos | **443**

município. Os municípios possuem legislações próprias que regulamentam a instalação de atividades comerciais. Por ser atividade de interesse da saúde, o empresário deve informar-se com a Secretaria de Saúde Municipal, sobre as normas da vigilância sanitária e sobre a obrigatoriedade de registro da atividade. Da mesma forma, o município poderá, por meio de outra secretaria de governo local, exigir que o empresário obtenha uma licença de funcionamento.

Normalmente, a expedição de licença de funcionamento requer a verificação da viabilidade do exercício da atividade no local, levando-se em conta a legislação de zoneamento, o porte da atividade, a regularidade do imóvel e a capacidade de albergar a atividade pleiteada. O empresário deverá procurar a prefeitura para saber qual serviço é responsável pela emissão e fiscalização da licença.

Em alguns municípios, a exemplo de São Paulo, as licenças concedidas diferem quanto ao órgão emissor, de acordo com a lotação do estabelecimento, sendo o critério determinado pelo risco que envolve a atividade e as adequações necessárias da edificação nas questões de segurança.

A escolha do local

É necessário que o empresário tenha em mente que a atividade que envolve a produção local de alimentos pode trazer alguns transtornos para a vizinhança, sendo motivo de denúncias aos órgãos de fiscalização.

Antes de escolher o local, o empresário deve verificar seu entorno, a área que terá disponível para disposição de lixo, a instalação adequada de coifas, de modo a não causar incômodo, e a facilidade para recebimento de mercadorias. As instalações hidráulicas e elétricas devem ser investigadas, pois poderão ser limitantes e causar muitos problemas depois de iniciada a atividade.

O acesso e a disponibilidade de estacionamento para clientes hão de ser estudados, especialmente em cidades grandes e com problemas de falta de vagas, assim como a disponibilidade de espaço para veículos de carga e descarga de mercadorias.

A acessibilidade é obrigatória e deverá ser implantada para permitir a livre circulação de pessoas com deficiências. Algumas adequações necessitam de grandes e dispendiosas intervenções na edificação. Vale ressaltar que existem parâmetros técnicos que envolvem distâncias e ângulos de inclinação, que devem ser respeitados para permitir a mobilidade de cadeirantes.

A localização do estabelecimento próxima a centros comerciais, aos meios de transporte coletivo, a aglomerações humanas, bem como em locais com facilidade de acesso para permitir entrega de mercadorias, garantem a fidelidade da clientela, o abastecimento e a diminuição das faltas de funcionários ao trabalho.

A estrutura da edificação

A atividade de manipulação, comercialização e distribuição de alimentos está sujeita ao controle de diversos órgãos que, por meio de normas, determinam as condições mínimas necessárias para que os alimentos sejam produzidos com segurança.

A Portaria Municipal n. 1.210, de 2 de agosto de 2006, dispõe sobre o regulamento de Boas Práticas na Manipulação de Alimentos e tem validade apenas no município de São Paulo, porém, muitos outros municípios utilizam esta legislação como parâmetro. Algumas considerações, mencionadas a seguir, são fundamentadas na Portaria Municipal n. 1.210/06.

A configuração da área de preparo deve garantir um fluxo linear, sem cruzamento de atividades, entre as várias categorias e níveis de preparo de alimentos. O projeto pode contemplar separações físicas por paredes inteiras ou meias paredes, especialmente nas áreas consideradas sujas. Verificar, também, que a circulação seja feita sempre da área limpa para a suja e a destinação do lixo seja realizada, preferencialmente, sem passar pelas áreas de manipulação.

Por se tratar de área na qual a higienização das mãos, antes do preparo dos alimentos, é fundamental, a instalação de lavatórios exclusivos, dispostos em locais de fácil acesso e em posição estratégica, de forma que o funcionário não ignore a presença do equipamento e se habitue ao processo de higienização prévia, é muito importante.

A vigilância sanitária determina que as dependências dos estabelecimentos onde serão produzidos e armazenados os alimentos sejam adequadas para a atividade, definindo em normas o tipo de material de revestimento do piso e das paredes, a iluminação necessária para permitir a manipulação adequada sem ofuscamento de áreas, a instalação de ralos e grelhas escamoteáveis e a proteção de aberturas e janelas, com telas para evitar o acesso de pragas. A portaria municipal da Secretaria Municipal da Saúde do município de São Paulo define como material sanitário:

> Material sanitário: material inerte que não favorece a migração de elementos para o alimento. Deve ser liso, não poroso, desenhado de forma a não permitir o refúgio de pragas, terras e micro-organismos e outras contaminações devendo, ainda, facilitar a sua limpeza e desinfecção. (São Paulo, 2006)

Conforme a descrição, existem no mercado inúmeros materiais que atendem à especificação da norma sem, no entanto, apresentarem a resistência adequada. A prática da vigilância tem mostrado que o granito, o mármore e a fórmica, que são considerados materiais sanitários, podem, com o uso contínuo e inadequado, apresentar irregularidades na superfície que acumulam sujidades e servem de abrigo para vetores.

Existem, no mercado atual, revestimentos de alta resistência indicados para paredes e pisos em locais com muita movimentação de pessoas e equipamentos, umidade e gordura, como é o caso das cozinhas.

O projeto de construção deve ser supervisionado, especialmente no que se refere à localização de caixas de gordura e ralos, dispostos em pisos com declives adequados para evitar acúmulo de água durante a higienização.

O local deve permitir a ventilação adequada e o conforto térmico aos funcionários. O dimensionamento da área deve levar em conta o volume e o tipo de alimentos a serem produzidos, bem como o número de funcionários que trabalham no local.

O inox é tido como material de eleição para mobiliário e equipamentos de maneira geral, mas requer cuidados e manutenção, uma vez que as irregularidades provocadas por amassamento ou riscos podem facilitar a formação de biofilmes, promovendo a adesão de agentes microbianos ou fúngicos, favorecendo a contaminação dos alimentos preparados nessas superfícies.

As luminárias que são utilizadas em área de manipulação devem ser protegidas, para evitar queda acidental de fragmentos de vidro sobre os alimentos, em caso de explosão.

Janelas e portas devem ser bem ajustadas e protegidas, para evitar acesso de pragas, e revestidas ou pintadas com material de fácil higienização. As instalações e os mobiliários em cores claras facilitam o controle da limpeza, pois permitem a visualização mais fácil de sujidades. A tinta utilizada deve ser resistente à limpeza, portanto, as do tipo acrílica, epóxi e verniz são as mais indicadas.

A área destinada aos resíduos deve ser construída e idealizada com materiais de revestimento resistente ao ataque de ácido e gorduras, com superfície lisa e não porosa, com ponto de água disponível para facilitar a higienização constante. Em caso de grande quantidade de geração de resíduos, há que se considerar a necessidade de recolhimento em caçambas, sendo requerido espaço suficiente para a movimentação do equipamento e o uso de piso de alta resistência à movimentação da caçamba.

Alguns estabelecimentos optam pela instalação de câmaras refrigeradas, exclusivas para resíduo, o que diminui satisfatoriamente os incômodos causados com mau cheiro e moscas.

A escolha de coifas e chaminés deve ser criteriosa e adequada à produção. Há no mercado equipamentos que filtram a fumaça emitida em água, retendo as partículas de gorduras e, consequentemente, o odor dos alimentos. A instalação de chaminés deve ser pensada de modo a não causar transtornos aos vizinhos. No município de São Paulo, a Companhia Ambiental do Estado de São Paulo (Cetesb), executa a fiscalização de emissão de poluentes no meio ambiente e, constatando alguma irregularidade, o estabelecimento é penalizado com multas de valores elevados (Cetesb, 2011).

Outro fator importante é o dimensionamento da rede elétrica, de acordo com a potência e o número de equipamentos a serem instalados, considerando que estes podem ser acionados ao mesmo tempo, e a possibilidade de sobrecarga. Toda a fiação deve ser embutida, de forma a facilitar a higienização e evitar o abrigo de pragas.

O mobiliário, equipamentos e utensílios

Os móveis e equipamentos deverão ser de fácil higienização, manutenção e reposição, além de ergonômicos, ou seja, adaptados às dimensões corporais dos manipuladores. Instalação de móveis, cujas alturas não respeitem estes parâmetros, pode levar a esforços desnecessários e resultar em lesões, causando doenças e acidentes de trabalho.

Os equipamentos devem ser construídos com material sanitário atóxico, possuindo cantos arredondados, com parafusos, porcas e arrebites bem ajustados para facilitar a higienização, evitar acidentes e acúmulo de sujidades (São Paulo, 2006).

A aquisição de equipamentos e utensílios deve estar relacionada com o tipo e volume de produção de alimentos. Existe no mercado uma infinidade de produtos para uso em cozinhas comerciais, com materiais, tamanhos e formas diferenciadas.

Os utensílios utilizados para servir alimentos, além de garfos, colheres e facas, devem ser totalmente constituídos de inox, sendo que os talheres com cabos de madeira e de plástico não permitem a higienização correta e carecem de resistência ao uso e lavagens constantes.

Para utensílios usados no preparo dos alimentos, o polietileno tem sido o material de eleição pela facilidade de higienização e resistência, podendo ter contato direto com os alimentos em substituição à madeira, de uso proibido. O material é utilizado para a fabricação de tábuas de corte, espátulas, socadores e colheres.

Ao dimensionar o número de utensílios a ser adquirido, deve-se lembrar que será necessário um número suficiente de talheres e panelas, de forma a permitir a perfeita rotatividade entre higienização e disponibilização para uso. O mesmo se aplica a copos, pratos e todas as louças e baixelas utilizadas para servir os alimentos à mesa, e às toalhas e guardanapos de pano.

Existem empresas especializadas na higienização de uniformes, toalhas e guardanapos, sendo indicada a terceirização do serviço.

A manutenção dos equipamentos e utensílios pode ser realizada pela própria empresa ou ser terceirizada, com a finalidade de mantê-los em perfeitas condições de uso, evitando, assim, acidentes e interrupção do serviço. As manutenções e as correções devem ser anotadas, bem como a aferição de temperaturas.

Equipamentos que ofereçam risco de acidentes devem ser adquiridos com dispositivos de segurança instalados, refratários ao uso indevido dos funcionários. São inúmeras as notificações de acidentes do trabalho pelo mau uso dos equipamentos ou por equipamentos sem manutenção, podendo levar à amputação de membros e à incapacidade motora.

Os funcionários

A manipulação de alimentos envolve risco, pela possibilidade de transmissão de doenças decorrente da contaminação do alimento de forma acidental.

448 | Sistema de gestão: qualidade e segurança dos alimentos

Para tanto, é necessário que os funcionários possuam capacitação para a atividade, com conhecimento de cuidados básicos na manipulação dos alimentos, na sua conservação, armazenamento e distribuição.

O treinamento dos funcionários deve ser focado nas boas práticas de manipulação, podendo ser realizado pela própria empresa ou por terceirizadas, sendo que hoje, no mercado, existem inúmeras empresas que prestam serviços de assessoria ou consultoria. Os treinamentos devem ser periódicos, documentados e realizados por pessoas capacitadas com conhecimento da rotina, dificuldades e riscos da atividade.

O perfil do funcionário deve estar relacionado com a atividade a ser desenvolvida. A legislação sanitária do município de São Paulo não permite o uso de barba, mas permite o uso de bigodes. A prática tem demonstrado que a contratação de funcionários do sexo masculino sem barba e bigode é preferencial neste segmento. A presença de pelos nos braços e mãos pode levar à contaminação física dos alimentos, sendo necessária atenção redobrada no momento da manipulação. Existem mangas descartáveis disponíveis no mercado para a proteção dos braços, porém são de difícil adaptação e adesão por parte dos funcionários.

As funcionárias de sexo feminino devem ser orientadas quanto ao uso de adornos e maquiagem, inclusive esmaltes, que podem causar contaminação física nos alimentos.

Em ambos os casos, a proteção dos cabelos deve ser feita por meio de toucas com elástico, de forma que todo o cabelo seja ajustado para dentro da touca. É comum o uso incorreto de toucas, com partes dos cabelos expostas, com risco de queda nos alimentos.

Pessoas portadoras de sintomas de doenças ou lesões devem ser afastadas da atividade de manipulação. A presença de contaminação bacteriana nos ferimentos ou nas secreções, assim como o acometimento de diarreias, pode atingir os alimentos e resultar em casos de doença nos consumidores. Problemas dentários e acne são exemplos de focos de contaminação que passam, muitas vezes, despercebidos pelos empresários.

Nesses casos, reforça-se a responsabilidade do empresário no afastamento do manipulador e na contratação de empresa que faça o controle regular do estado de saúde dos funcionários. Os exames admissional, periódico e demissional protegem a saúde dos manipuladores e a adequação da empresa à legislação vigente. A ausência desse controle pode resultar em demandas judiciais contra a empresa, bem como na contratação de pessoas enfermas ou não habilitadas para a função.

O risco da atividade também pode ser avaliado por empresas especializadas em prevenção de risco ambiental, cujo programa inclui um levantamento sobre as questões ergonômicas, temperatura, iluminação e qualidade do ar do ambiente de trabalho. As recomendações feitas pela empresa devem constar do laudo elaborado, recomendando prazo para as adequações que devem ser atendidas prontamente pelos empresários.

A fiscalização sobre a atividade

A Constituição Federal de 1988 (CF/88) consagra em seu artigo 196 que:

> A saúde é direito de todos e dever do Estado, garantindo mediante políticas sociais e econômicas que visem à redução do risco de doença e de outros agravos e ao acesso universal e igualitário às ações e serviços para sua promoção, proteção e recuperação.

O artigo 197, do mesmo diploma, assevera que: "são de relevância pública as ações e serviços de saúde, cabendo ao Poder Público dispor, nos termos da lei, sobre sua regulamentação, fiscalização e controle".

O artigo 198 refere a criação do Sistema Único de Saúde (SUS) e expressa: "as ações e serviços públicos de saúde integram uma rede regionalizada e hierarquizada e constituem um sistema único".

Para Fernandes Neto (2001), estados e municípios estão obrigados a "cuidar da saúde", competência comum também da União. Esses cuidados abrangem várias atividades de vigilância sanitária, tendentes a eliminar, diminuir e prevenir riscos ao bem-estar da população, com oportunas e prontas intervenções nos problemas sanitários – quer decorrentes do meio ambiente, da produção e circulação de bens, quer da prestação de serviços, sempre no interesse da saúde pública.

Em 4 de fevereiro de 2010, entrou em vigor a Emenda Constitucional n. 64, que modificou o artigo 6° da CF/88 para incluir o direito à alimentação no rol dos direitos sociais:

São direitos sociais a educação, a saúde, a <u>alimentação</u>, o trabalho, a moradia, o lazer, a segurança, a previdência social, a proteção à maternidade e à infância, a assistência aos desamparados, na forma desta Constituição. (grifo do autor)

No mesmo sentido, Cartana (2000) informa que o controle de bens de consumo envolve todas as etapas de produção e consumo e o controle de prestação de serviços, sendo de competência da vigilância sanitária a permissão ou a proibição da produção e comercialização de alimentos, cosméticos ou saneantes e de determinados serviços que possam envolver risco à saúde humana.

Outros diplomas legais assinalam a proteção jurídica à saúde, no Brasil, como a Lei Federal n. 8.080, Lei do SUS, de 19 de setembro de 1990, que dispõe sobre o SUS e invoca a competência da vigilância sanitária no controle de bens de consumo, envolvendo todas as etapas de produção e consumo, assim como do controle de prestação de serviços, incluindo a competência para fiscalizar e inspecionar alimentos, bebidas e água para consumo humano (Brasil, 1988).

A Lei Federal n. 9.782, de 26 de janeiro de 1999 define o Sistema Nacional de Vigilância Sanitária (SNVS) e cria a Agência Nacional de Vigilância Sanitária (Anvisa), que tem por finalidade a promoção da saúde da população, por intermédio do controle sanitário da produção e da comercialização de produtos e serviços submetidos à vigilância sanitária, inclusive dos ambientes, dos processos, dos insumos e das tecnologias a eles relacionados, bem como o controle de portos, aeroportos e de fronteiras. Conforme artigo 7° da referida Lei, compete à Anvisa coordenar o SNVS, estabelecer normas, propostas e acompanhar e executar as políticas, as diretrizes e as ações de vigilância sanitária, podendo assessorar, complementar ou suplementar as ações estaduais e municipais de controle sanitário.

As ações estaduais e municipais estão estabelecidas pela CF/88, sendo que estados e municípios possuem Constituições e Códigos de Saúde próprios, além de vasta legislação esparsa sobre normas de caráter sanitário, todas com fundamento na CF/88 e na Lei do SUS.

Outra lei que não está incluída no sistema de saúde, mas que exerce importante papel no controle e fiscalização de produtos e serviços é o Código de Defesa do Consumidor (CDC), Lei federal n. 8.078, de 11 de setembro de 1990 (Brasil, 1990c), que reconhece o direito básico de proteção à saúde e à segurança, contra riscos decorrentes do consumo, incluindo o direito a uma informação clara sobre produtos e serviços (Bruyn, 2002).

Segundo esses preceitos, estados e municípios têm a função de estabelecer normas, propor, acompanhar e executar as políticas, as diretrizes e as ações de vigilância sanitária, impondo normas e padrões sanitários e limitando condutas.

O controle é feito pelos serviços de fiscalização de diversos órgãos, cada um em sua área de competência, sendo os agentes nomeados pela administração por meio de concurso público ou por contratação.

Os cargos dos agentes de fiscalização recebem diferentes denominações, sendo que no município de São Paulo são denominados "autoridade sanitária" e no município de Sorocaba, por exemplo, de "fiscal de controle sanitário".

O poder de fiscalizar, exigir o cumprimento da legislação, limitar a atividade por meio de interdições e aplicar penalidades de multa é dado pelo chamado poder de polícia.

A definição de poder de polícia está disposta no artigo 78 do Código Tributário Nacional (Brasil, 1966) e é definida como a delimitação e disciplina do direito, interesse e liberdade individual na prática ou abstenção de fato que envolve a segurança, higiene, ordem, costumes, produção, tranquilidade pública, propriedade e direitos individuais ou coletivos.

No processo de fiscalização, a autoridade sanitária realiza observação cuidadosa, verifica processos, aplica lista de verificação (*check-list*) na produção e circulação de mercadorias, na prestação de serviços e no meio ambiente (inclusive o de trabalho) e, identificando riscos à saúde e violação da legislação sanitária, age lavrando termos e autos que tipificam a infração. Também estes termos e autos recebem diferentes denominações, de acordo com o município e estado, sendo denominados em São Paulo de auto de infração (São Paulo, 2004). Outros autos e termos podem ser utilizados em caso de interdição do estabelecimento, apreensão, coleta e inutilização de produtos.

A lavratura dos autos e termos enseja a instauração de Processo Administrativo Sanitário (PAS), que será administrado pela autoridade sanitária, até que o estabelecimento infrator elimine a situação de risco e promova as adequações à legislação sanitária.

Portanto, a atividade empresarial não pode ferir o direito dos cidadãos, desrespeitar a legislação e prejudicar o trabalhador e o meio ambiente. No entanto, é frequente a ocorrência de condutas indevidas em estabelecimentos, por exemplo: acondicionamento incorreto dos detritos gerados em sua atividade para a coleta pública; a ausência de tratamento de seus efluentes, provocando entupimento em redes de esgoto; a omissão no controle da emissão de ruídos incomodativos provenientes de equipamentos e de eventos com músicas; o uso de fornos a lenha e fogões, sem o devido tratamento do ar expelido, promovendo a poluição ambiental com gordura e fumaça; a inobservância de rigorosa higiene das instalações e as boas práticas de manipulação; a desconsideração com a saúde e o bem-estar de seus funcionários ou, de forma mais grave, a prática de atividades ilegais.

Para tanto, estados e municípios possuem órgãos especializados, com fiscais especialistas em cada área de atuação, para agir, em nome do governo, punindo os infratores, conforme determina a legislação local. Estes órgãos assumem, também, denominações diversas de acordo com a região.

Existem órgãos que são competentes para fiscalizar produtos e serviços de interesse da saúde, meio ambiente e saúde do trabalhador, que podem fazer parte das Secretarias de Saúde e Secretarias de Agricultura. Outros são competentes para fiscalizar fumaça, ruído, água, segurança, construções irregulares e falta de acessibilidade, sendo a competência dada pelo estado ou pelo município.

É importante que o empresário esteja informado sobre a legislação vigente, sobre os órgãos de fiscalização de sua cidade e sobre quais atividades estão sujeitas ao cumprimento de normas. Desta forma, ao receber uma equipe de fiscalização, sentir-se-á mais seguro e confiante.

O empresário não pode alegar o desconhecimento da lei, conforme dito anteriormente, e deve sempre procurar fazer o máximo para manter seu estabelecimento adequado à legislação.

Algumas situações podem configurar casos fortuitos ou momentâneos, resultantes de ações imprevisíveis ou acidentais. Outras denotam total descaso com a legislação e com o compromisso de não causar riscos ou dano aos consumidores.

As autoridades sanitárias, genericamente denominadas, estão capacitadas para identificar e avaliar essas situações. Portanto, o empresário não deve subestimar a competência dos técnicos.

Os estabelecimentos devem manter sempre à disposição, de forma organizada, identificada e atualizada, toda a documentação necessária (CNPJ da empresa, atestados de saúde, certificados e comprovantes de controle de água e de pragas, planilhas, comprovantes de manutenção e calibração etc.) e exigida pela fiscalização, de preferência em arquivos e pastas, acessíveis de forma permanente para consulta e verificação, independentemente da presença ou não do responsável pelo estabelecimento. A simples impossibilidade de acesso aos documentos pode configurar infração. Muitas fiscalizações podem ocorrer fora do horário comercial, em alguns municípios, a exemplo da fiscalização do tabaco e de ruído no município de São Paulo.

Recebendo a fiscalização

O empresário que não estiver à frente de seu comércio deverá destacar uma pessoa responsável para receber os serviços de fiscalização, com conhecimento suficiente sobre a atividade desenvolvida e a documentação disponível. No município de São Paulo, empresas de pequeno porte (EPP) e microempresas (ME), são dispensadas da presença de um responsável técnico. Empresas com outras formas de organização, a exemplo das limitadas (Ltda), necessitam do responsável técnico (RT), que é definido como: "responsável técnico: é o profissional legalmente habilitado, responsável pela qualidade e segurança do produto perante o órgão de vigilância sanitária" (São Paulo, 2004).

A formação do RT poderá ser diversa e adequada à atividade, sendo necessário o domínio do conhecimento dos processos, cuidados e das normas em vigor. É comum, na área de alimentos, a presença de técnicos formados em Nutrição, Medicina Veterinária, Química, Engenharia de Alimentos, entre outras.

A assunção dessa responsabilidade pode estar vinculada a cadastro e aprovação nos órgãos competentes (do governo ou nos conselhos profissionais).

Durante a fiscalização, o empresário ou pessoa indicada, deverá acompanhar os técnicos e ouvir atentamente as orientações e críticas, anotando cuidadosamente, respondendo aos questionamentos e disponibilizando o acesso a todas as dependências e a toda documentação.

Para certificar-se de que a autoridade que ali se encontra é realmente pessoa competente para o exercício da fiscalização, deve-se solicitar a identificação por meio de crachás ou no *site* do órgão (São Paulo, 2011a). É importante manter uma agenda com os telefones dos órgãos e, em caso de dúvidas, ligar e certificar-se, antes de permitir a entrada no estabelecimento.

A identificação é um direito do empresário e um dever da autoridade fiscalizadora. Em grandes municípios, é possível a ocorrência de "falsos fiscais" que se aproveitam da falta de informação e do temor dos empresários para obter vantagens e praticar estelionato.

Ao final da fiscalização, o empresário deve informar-se sobre os eventuais autos lavrados e sobre a defesa a ser apresentada. Deve verificar o prazo, para qual órgão, endereço e autoridade a referida defesa deve ser protocolada. No caso de São Paulo, e nos procedimentos administrativos e judiciários de maneira geral, defesa fora do prazo não é aceita nem avaliada, podendo levar à penalidade de multa ou perda de direitos.

A defesa deve ser redigida identificando o estabelecimento, o número do auto recebido e a autoridade sanitária responsável e, a seguir, elaborar proposta de adequação para as irregularidades apontadas, bem como estipular prazos para conclusão de pequenas reformas, anexando inclusive orçamentos, fotos, notas fiscais e cronogramas de adequação.

É importante salientar que situações de falta de higiene e desorganização devem ser sanadas de imediato.

Órgãos de fiscalização e suas competências

Órgãos da saúde

Os produtos e serviços de interesse da saúde envolvem um grande número de setores especializados em vigilância sanitária, vigilância epidemiológica, vigilância em saúde ambiental e vigilância em saúde do trabalhador.

No município de São Paulo, a fiscalização e controle desses setores é exercida pela Coordenação de Vigilância em Saúde (São Paulo, 2011b), da Secretaria Municipal da Saúde; no âmbito estadual são responsáveis o Centro de Vigilância Sanitária e o Centro de Vigilância Epidemiológica que executam ações de vigilância em saúde nas atividades de maior complexidade, como serviços de hemoterapia, hemodiálise, entre outros.

Esses órgãos possuem poder de fiscalização, que é desempenhado pelas autoridades sanitárias. Colaborando com a fiscalização existem outros órgãos de apoio e diagnóstico que realizam as análises laboratoriais necessárias para identificação de contaminantes e fraudes em alimentos, auxiliando a fiscalização, por exemplo, o Instituto Adolfo Lutz.

Além das análises bromatológicas, químicas, biológica médica e patológica, o instituto produz conhecimentos relevantes para a saúde coletiva, desenvolve pesquisas aplicadas, promove e divulga trabalhos científicos, colabora na elaboração de normas técnicas, padroniza métodos diagnósticos e analíticos e organiza cursos de formação técnica, de aperfeiçoamento e estágios de aprimoramento, em âmbito nacional e internacional.

Outros laboratórios que compõem o sistema nacional de vigilância, denominados de Laboratórios Centrais de Saúde Pública (Lacen), estão distribuídos pelo Brasil em 27 Unidades da Federação.

Órgãos que fiscalizam produtos de origem animal e vegetal

Ministério da Agricultura, Pecuária e Abastecimento (Mapa)

O Mapa atua no controle e fiscalização dos produtos de origem animal e vegetal que dependem do cumprimento de boas práticas de fabricação. Na produção vegetal, inspeciona e fiscaliza a produção, o registro e a classificação do comércio de bebidas e da produção de uvas, vinho e derivados. Também fiscaliza a importação e exportação de vegetais e produtos nos portos, aeroportos e fronteiras do país.

A fiscalização do Mapa é exercida em indústrias com linhas de abate, usinas com grande produção de leite e fábricas de conservas, produtores de mel, entrepostos frigoríficos, fábricas de laticínios, produção de pescados, entre outros.

O comércio varejista de alimentos não é fiscalizado pelo Mapa, porém, os produtos de origem animal vendidos em açougues e supermercados devem possuir os selos de inspeção que comprovam a origem e o controle sanitário sobre eles.

Secretarias de Agricultura

As Secretarias de Agricultura possuem diversos órgãos, sendo a Defesa Agropecuária responsável por garantir a sanidade e a qualidade nas cadeias produtivas do setor agropecuário e contribuir para a proteção do meio ambiente, da saúde pública e do desenvolvimento econômico e social. Possuem como competência a fiscalização da saúde dos rebanhos animais e das culturas vegetais, bem como a intervenção nos problemas sanitários decorrentes do meio ambiente, da produção e circulação de bens e da prestação de serviços.

No estado de São Paulo, cabe à defesa agropecuária o cadastramento, registro e fiscalização de produtos e serviços dentro do estado, sendo importante ao comércio de alimentos a identificação do selo de inspeção estadual, em produtos de origem animal, como garantia de fiscalização oficial. Neste caso, os estabelecimentos que manipulam e ou industrializam produtos desta origem necessitam de registro junto ao Serviço de Inspeção de São Paulo (Sisp) da Secretaria de Agricultura e Abastecimento do estado de São Paulo. O Sisp registra estabelecimentos industriais, enquanto os estabelecimentos varejistas e atacadistas devem ser registrados na vigilância sanitária do município.

É importante o conhecimento sobre os chamados produtos de origem animal artesanal, pois no estado de São Paulo, possuem legislação específica que determina que a elaboração de produtos comestíveis de origem animal é autorizada, exclusivamente, aos produtores rurais que utilizarem matéria-prima de produção própria, limitando a aquisição desta proveniente de terceiros em 50%, desde que esta tenha comprovação de inspeção higiênico-sanitária por órgão oficial. São passíveis de elaboração sob a forma artesanal: carnes, leite, ovos, produtos apícolas, peixes, crustáceos e moluscos.

O empresário ou RT deve certificar-se, junto à vigilância sanitária federal, estadual e municipal pertinente, sobre a origem do produto e a autorização para comercialização e utilização na produção de alimentos do estabelecimento.

Órgãos que fiscalizam o meio ambiente

São inúmeros os órgãos que fiscalizam a água, o ar, o solo e o gerenciamento de resíduos, no Brasil. A competência é dada pela CF/88 e por leis federais, estaduais e municipais. O empresário ou RT deverá informar-se sobre os órgãos em seu município ou estado que são responsáveis por esta fiscalização, promovendo sempre a adequação do estabelecimento às normas em vigor.

No estado de São Paulo a função é exercida pela Cetesb. No nível municipal atua a Vigilância Sanitária Ambiental da prefeitura do município de São Paulo. Em ambos os sites, o empresário ou RT poderá obter informações importantes sobre o alcance da fiscalização e sobre as exigências da legislação.

FISCALIZAÇÃO DO AR

Segundo definição da Cetesb, é considerada poluente atmosférica toda e qualquer forma de matéria ou energia em desacordo com os níveis estabelecidos em legislação – sejam eles: intensidade, quantidade, concentração, tempo ou demais características – e que tornem ou possam tornar o ar impróprio, nocivo ou ofensivo à saúde, inconveniente ao bem-estar público, danoso aos materiais, à fauna e à flora ou prejudicial à segurança, ao uso e gozo da propriedade e às atividades normais da comunidade.

Doenças respiratórias e cardiovasculares podem estar relacionadas à poluição do ar, sendo as fontes de emissão de poluentes o objeto de fiscalização pela vigilância sanitária ambiental, como no caso do município de São Paulo.

Para a área de comércio de alimentos, é de suma importância a fiscalização exercida sobre a emissão de fumaças e poeiras geradas por processos industriais ou não (p. ex., atividade diária de uma padaria ou restaurante), contendo material particulado, que possa conter gases e compostos orgânicos voláteis, com potencial para causar problemas à saúde e incômodo à vizinhança.

É fundamental que o empresário ou RT procure verificar se a empresa emite algum tipo de fumaça ou partículas e, em caso afirmativo, que providencie a instalação de equipamentos que garantam a limpeza e a despoluição do ar. Em muitos estabelecimentos, a simples instalação de coifas e chaminés garante apenas a exaustão do local de manipulação, mas não a ausência de poluição ambiental e perturbação da vizinhança com odores e gorduras.

A experiência tem demonstrado que os equipamentos que utilizam a tecnologia de lavagem da fumaça emitida são mais eficientes no controle da poluição. A fumaça, antes de ser eliminada para o meio ambiente, passa por um tanque de água que retém a gordura e as partículas.

A manutenção e a limpeza periódicas dos sistemas de exaustão, conforme a determinação do fabricante, garante o perfeito funcionamento do equipamento, evitando problemas com a fiscalização. A Catesb desenvolve, no município de São Paulo, a fiscalização de atividades poluidoras.

Fiscalização da água

A água utilizada pelo estabelecimento pode ser da rede pública ou de fontes alternativas (poço artesiano e caminhão pipa), desde que sejam respeitadas as legislações em vigor (federal, estadual e municipal).

A emissão de água servida para ruas não é autorizada, na maioria dos municípios. Águas com resíduos, resultantes de limpeza, devem ser destinadas para a rede de esgoto, por meio de ralos e grelhas cujas instalações são de responsabilidade do empresário.

A existência de caixas de esgoto deve permitir a decantação e o recolhimento de resíduos evitando, assim, entupimentos.

Os reservatórios de água devem ser constituídos de material permitido pela legislação (as caixas de amianto estão proibidas) e devem ser higienizados periodicamente. Conforme a Portaria n. 1.210/06, a periodicidade é semestral ou imediata em casos de acidentes (quebra e perda de tampa, presença de contaminação física e química).

A fiscalização de água, no município de São Paulo, é realizada pela vigilância ambiental e tem por objetivo garantir a qualidade da água para consumo humano e detectar situações de risco determinadas pelo seu consumo. Poços artesianos e o controle da água de abastecimento público são alvos de controle e cadastramento pela vigilância ambiental.

A Companhia de Saneamento Básico do Estado de São Paulo (Sabesp) é responsável pelo abastecimento de água, coleta e tratamento de esgotos, no município de São Paulo, entre outros; e, em caso de suspeita sobre a qualidade da água utilizada pelos estabelecimentos e sobre problemas com a rede de esgotos, pode formular denúncias aos órgãos de fiscalização.

O controle da qualidade da água envolvida no processo de fabricação de alimentos é obrigatório e deve ser garantido por análises periódicas, conforme determina a legislação. Do ponto de vista de preservação dos recursos hídricos, o empresário deverá verificar a existência de vazamentos, vazão de torneiras e descargas e uso racional da água nos processos de higienização em geral (limpeza do estabelecimento, higienização de alimentos).

A instalação de filtros centrais garante a distribuição de água potável em todas as dependências do estabelecimento. Filtros comuns devem ser instalados nas dependências de cozinhas, área de venda e área destinada aos funcionários. Ambos dependem de manutenção e troca de filtros periodicamente.

Fiscalização do solo

A fiscalização do solo é realizada, em São Paulo, pela vigilância ambiental da Secretaria de Saúde municipal, para verificação de existência de áreas contaminadas pelo acentuado processo de industrialização, com potencial de causar risco à saúde da população.

O empresário deve certificar-se de que sua atividade comercial ou industrial não causa nenhum tipo de poluição ao solo.

Fiscalização de resíduos

A produção de resíduos sólidos, gerados pelo crescimento populacional e pelas indústrias, deve ser gerenciada como forma de prevenção à poluição do meio ambiente e à disseminação de doenças. No município de São Paulo, a Cetesb desempenha esta função, analisando os projetos de sistemas de tratamento, disposição de resíduos domiciliares, industriais e de serviços de saúde.

Os resíduos gerados pelos estabelecimentos comerciais, como o varejo de alimentos, são fiscalizados, em São Paulo, pela Secretaria de Limpeza Urbana.

O empresário deverá informar-se sobre a legislação em vigor no seu município que normatiza a disposição dos resíduos, para evitar problemas com a legislação. Estabelecimentos com grande geração de lixo devem contratar empresas especializadas em coleta de lixo, regulares e cadastradas nos órgãos competentes, para realizar a coleta e o encaminhamento aos aterros sanitários. Os resíduos de óleo de frituras e de preparos de alimentos devem ter, também, a destinação para empresas idôneas cadastradas.

A disposição de câmara refrigerada de lixo é indicada em caso de grandes volumes de lixo. Lixeiras e contêineres devem ser instalados em locais autorizados pela prefeitura local.

O empresário deverá verificar se o acúmulo de lixo, que é inevitável, pode ser reduzido de alguma forma, com a separação do lixo orgânico e reciclável; e se, no local onde fica armazenado o lixo, não há extravasamento de líquidos, moscas, roedores, mau cheiro e possibilidade de acesso por pessoas estranhas.

O local destinado para o lixo deve ser protegido e abrigado de calor e chuva, além de ser revestido de material de fácil higienização, com declive adequado para escoamento de água de lavagem.

A orientação e o treinamento para os funcionários responsáveis pela destinação do lixo devem ser constantes, e o trabalho deles deve ser supervisionado. Deve-se exigir de empresas terceirizadas o compromisso com a limpeza, com fornecimentos de equipamentos em boas condições (sem vazamento e com tampa adequada) e com respeito à vizinhança.

O empresário deverá impedir o acesso de moscas e roedores aos resíduos por meio de barreiras físicas, como portas, tampas e telas. Deve, ainda, evitar que pessoas possam se alimentar ou aproveitar alimentos que foram inutilizados, podendo valer-se do uso de detergentes, sabão em pó e produtos com perfume.

Embalagens de produtos de origem animal que contenham sangue ou restos de materiais orgânicos (peixe, pele, vísceras) devem receber atenção especial na destinação final, pois costumam atrair moscas e provocar forte odor pútrido.

Os sacos plásticos que acondicionam os resíduos devem ser resistentes, evitando, assim, que se rompam durante a coleta, trazendo transtornos para a empresa coletora, vizinhos e fiscalização.

A frequência de coleta deverá ser adequada ao volume produzido, evitando assim, que os resíduos ultrapassem a capacidade máxima de acondicionamento nas câmaras, contêineres e lixeiras.

Fiscalização de uso e ocupação de áreas públicas

As calçadas e praças são consideradas espaços públicos e o uso dessas áreas para colocação de mesas e cadeiras depende de autorização da prefeitura, e está sujeito à arrecadação de taxas pelo uso do espaço público.

Passeios mal conservados poderão resultar em multas pela fiscalização, pois é de responsabilidade do empresário a sua manutenção.

A obstrução do passeio público com mesas, cadeiras e equipamentos (churrasqueiras, vitrines de doces e máquinas de assar), colocação de toldos e lonas pode acarretar multa.

Em algumas situações, é possível obter a licença para o uso desses espaços, desde que seja feita uma solicitação aos órgãos de fiscalização e a instalação pretendida não prejudique a circulação de pedestres e nem lhes cause risco.

Ambulantes devem, também, requerer autorização junto à prefeitura. Em São Paulo, o documento que autoriza o exercício da atividade de ambulante denomina-se termo de permissão de uso.

FISCALIZAÇÃO DE PROPAGANDAS

No município de São Paulo vigora uma legislação que normatiza a dimensão de placas e *banners* de propagandas, de acordo com o tamanho da fachada do estabelecimento, tendo limites predefinidos. O empresário deve informar-se sobre a legislação em vigor e levar sempre em consideração que a propaganda não deve causar poluição visual, distração de motoristas, ruídos e obstrução do passeio público. A distribuição de folhetos de propaganda a pessoas é proibida em alguns municípios, sujeitando o infrator a multas.

FISCALIZAÇÃO DE RUÍDOS

O exercício de uma atividade comercial não deve trazer perturbações à ordem e ao sossego público. No município de São Paulo, existe o Programa de Silêncio Urbano (Psiu) que tem a missão de combater a poluição sonora na cidade, tornando mais pacífica a convivência entre os estabelecimentos comerciais e os moradores da vizinhança.

Estabelecimentos como bares e restaurantes devem ter isolamento acústico, para não permitir o extravasamento do som. Algumas empresas no mercado são especializadas no tratamento do ambiente com revestimentos acústicos e colocação de barreiras físicas, como portas de vidro e janelas antirruídos.

O ruído não é gerado apenas pela presença de entretenimento com música. Pode, também, ser gerado por bater de panelas, quebra de vidros, lavagem de utensílios, conversas e risos entre funcionários, e pela presença de clientes, bem como pela movimentação de carros nas ruas. O empresário deve educar seus clientes e funcionários, por meio de avisos escritos e treinamentos, além de solicitar a intervenção de pessoas responsáveis pela segurança do comércio.

No município de São Paulo, a reincidência na emissão de ruídos pode levar ao encerramento da atividade.

Fiscalização do fumo

No estado de São Paulo e em outros estados, vigoram leis que regulamentam o uso de produtos fumígeros em estabelecimentos públicos e privados. O ônus de pagamento de uma eventual multa recai sobre o estabelecimento e não sobre a pessoa que estava fumando em local proibido.

Os estabelecimentos deverão manter as placas de aviso de proibição de consumo de produtos fumígeros de modo ostensivo, em todas as dependências fechadas do estabelecimento e até mesmo em áreas abertas que possam permitir a passagem de fumaça para dentro, a exemplo de sacadas e fachadas com mesas e cadeiras. O isolamento deve ser feito com portas de vidro e janelas totalmente fechadas.

Ao pensar no projeto de instalação de barreiras físicas, o empresário deve conciliar as barreiras acústicas e de fumaça para tornar a instalação mais eficiente e menos onerosa.

Fiscalização de segurança e acessibilidade

No município de São Paulo, a Secretaria de Controle Urbano, por meio do Controle Urbano (Contru), é responsável pela verificação das edificações, prevenção e fiscalização de sistemas de segurança, entre outras.

De interesse para a área de comércio de alimentos são os sistemas de proteção à segurança que envolvem: localização e disposição de rotas de fuga, sistema de iluminação de emergência, sistema de detecção e alarmes de advertência em geral, equipamentos de combate a incêndio, sinalização de segurança, existência de brigada de combate a incêndio, proteção de espaços de circulação, instalações elétricas, adaptação de edificação para acesso de pessoas portadoras de deficiências físicas e necessidades especiais, fiscalização de elevadores e alvarás de funcionamento para eventos temporários abertos ao público, entre outros.

Orientações gerais para estabelecimentos que comercializam alimentos | **463**

No caso de São Paulo, os locais de reunião que possuam lotação superior a cem pessoas estão sujeitos ao alvará de funcionamento emitido pelo Contru, após a apresentação de projetos e documentações pertinentes. Estabelecimentos de menor porte recebem a licença de funcionamento emitida pela subprefeitura, pelo setor responsável pelo uso e ocupação do solo, desde que sejam atendidos todos os requisitos da legislação em vigor.

A aprovação dos sistemas de prevenção e combate a incêndios pelo Contru depende da vistoria e aprovação do corpo de bombeiros do estado de São Paulo.

O empresário e o RT deverão se informar sobre qual órgão exerce essa importante função de controle da segurança, no município onde o estabelecimento está situado, evitando situações de risco para clientes e funcionários.

FISCALIZAÇÃO DO TRABALHO

Os funcionários que trabalham em estabelecimentos da área de alimentos deverão ser contratados e manter jornada de trabalho conforme a legislação em vigor. O ambiente de trabalho deve ser seguro e não deve provocar doenças ocupacionais.

No município de São Paulo existem os Centros de Referência em Saúde do Trabalhador (CRSTs) e o setor especializado na Covisa, que prestam atendimento especializado aos portadores de doenças resultantes de atividade profissional, e realizam avaliação sanitária dos locais de trabalho, para estabelecer propostas, com a finalidade de eliminar ou reduzir situações de risco à saúde no ambiente de trabalho.

Outros órgãos federais e estaduais também fiscalizam o ambiente de trabalho, como o Ministério Público Federal do Trabalho e as Delegacias Regionais do Trabalho.

Qualquer situação que configure risco à saúde e à integridade dos trabalhadores, gerado pelo ambiente do trabalho, será alvo de intervenção desses órgãos, evitando a ocorrência de acidentes ou adoecimento dos trabalhadores.

Órgãos que fiscalizam a segurança pública

O art. 144 da CF/88 determina que a segurança pública é um dever do Estado e um direito de todo cidadão, sendo que a atividade de policiamento deve ser exercida para a preservação da ordem pública e da incolumidade das pessoas e do patrimônio, pelas polícias federal, civil e militar, entre outros.

O parágrafo 4° do artigo 144 prevê que à polícia civil incumbem as funções de polícia judiciária e tem por competência a apuração de infrações penais. No parágrafo 5° há a previsão da competência das polícias militares, que exercem o policiamento ostensivo e a preservação da ordem pública.

É considerado crime vender, ter em depósito para vender, expor à venda ou, de qualquer forma, entregar matéria-prima ou mercadoria, em condições impróprias ao consumo conforme o artigo 7°, IX, da Lei Federal n. 8.137, de 27 de dezembro de 1990, lei dos crimes contra as relações de consumo. A definição de produtos impróprios para consumo é dada pelo Código do Consumidor, Lei Federal n. 8.078, de 11 de setembro de 1990, que dispõe no artigo 18, parágrafo 6°:

> § 6° São impróprios ao uso e consumo:
>
> I - os produtos cujos prazos de validade estejam vencidos;
>
> II - os produtos deteriorados, alterados, adulterados, avariados, falsificados, corrompidos, fraudados, nocivos à vida ou à saúde, perigosos ou, ainda, aqueles em desacordo com as normas regulamentares de fabricação, distribuição ou apresentação;
>
> III - os produtos que, por qualquer motivo, se revelem inadequados ao fim a que se destinam.

No estado de São Paulo e em outros estados existe um departamento especializado na investigação de crimes contra as relações de consumo, denominado Departamento de Polícia de Proteção à Cidadania (DPPC).

Criado pelo Decreto n. 54.359, de 20 de maio de 2009, tem por finalidade atender aos reclamos da população, preenchendo uma lacuna de investigação nos crimes contra as relações de consumo, liberando os outros órgãos da polícia civil para investigarem as demais modalidades criminosas, sobretudo os crimes contra a vida e o patrimônio.

O DPPC desempenha a atividade administrativa, de policiamento preventivo especializado e judiciário no campo do Direito Penal Econômico, além de atuar com exclusividade na prevenção e repressão às infrações penais que envolvam as relações de consumo, a saúde pública e o meio ambiente.

Está previsto no artigo 7º que o DPPC tem por atribuições o registro e a apuração das infrações penais contra o consumidor e contra a saúde pública. Segundo o artigo 9º, as atividades compreendem diligências policiais e atos de investigação de infrações penais, bem como de seus autores e coautores; a instauração de inquéritos; a lavratura de auto de prisão em flagrante delito e de boletins de ocorrência; o cumprimento de mandados judiciais de prisão, de busca, de apreensão e demais ordens das autoridades competentes.

Exerce, ainda, as ações de polícia administrativa e de polícia preventiva especializada.

Dessa forma, os comerciantes que praticam quaisquer dos atos acima descritos cometem crime, cabendo à polícia civil investigar a ocorrência, fazer diligências, coletar provas ou outros atos que visem a preservar a incolumidade das pessoas, conforme determina a CF/88.

A polícia militar e a municipal poderão ser acionadas pelas autoridades de fiscalização como apoio em situações de risco ou de desobediência, podendo conduzir o infrator até a delegacia de polícia civil para que a situação seja apreciada pelo delegado.

Comete crime contra a administração pública quem viola a interdição de estabelecimento ou equipamento ou quem oferece propina.

Órgãos que fiscalizam as relações de consumo

Segundo o artigo 6º e incisos, são direitos básicos do consumidor a proteção da vida, saúde e segurança contra os riscos provocados por práticas no fornecimento de produtos e serviços considerados perigosos ou nocivos; a informação adequada e clara sobre os diferentes produtos e serviços, com especificação correta de quantidade, características, composição, qualidade e preço, bem como sobre os riscos que apresentam; e a proteção contra a publicidade enganosa e abusiva no fornecimento de produtos e serviços.

O comércio de alimentos pode ser alvo da fiscalização dos órgãos responsáveis pela preservação desses direitos, uma vez que a atividade apresenta relação direta com todas essas áreas de abrangência.

Procon

A Fundação de Proteção e Defesa do Consumidor (Procon) é um órgão público da Secretaria da Justiça e da Defesa da Cidadania, do governo do estado de São Paulo.

Está constituído sob a forma de fundação de direito público com autonomia técnica, administrativa e financeira. Conta com o apoio de um grupo técnico multidisciplinar que analisa e encaminha reclamações de consumidores, de forma individual ou coletiva, bem como fornece orientação aos consumidores sobre seus direitos. Além do atendimento direto, o Procon-SP mantém fiscalizações permanentes, com o objetivo de fazer cumprir as determinações da legislação relativas à defesa do consumidor, e oferece subsídios e acompanhamento de ações judiciais coletivas.

O Procon-SP desenvolve, ainda, programas educativos, estudos e pesquisas na área de defesa do consumidor e promove intercâmbio com entidades oficiais, organizações privadas e outros órgãos envolvidos com a defesa do consumidor, inclusive internacionais.

Um exemplo de ação conjunta do Procon com a Secretaria de Agricultura e Abastecimento, na fiscalização da qualidade do leite longa vida comercializado em São Paulo, ocorreu na ocasião em que foi detectada a fraude com a adição de soda cáustica e água oxigenada, com a finalidade de aumentar o prazo de validade e elevar a quantidade de produto final.

Ipem

O Instituto de Pesos e Medidas do Estado de São Paulo (Ipem-SP) é também uma autarquia estadual vinculada à Secretaria de Estado da Justiça e da Defesa da Cidadania que representa o Instituto Nacional de Metrologia, Normalização e Qualidade Industrial (Inmetro) no estado de São Paulo.

Executa serviços de proteção ao cidadão nas relações de consumo e exerce a fiscalização e a verificação de instrumentos de medir e produtos embalados sem a presença do consumidor.

Um exemplo da atuação do Ipem foi a fiscalização exercida em produtos alimentícios pré-medidos, para verificar a fidelidade de informações entre o peso declarado na embalagem e o peso aferido pela fiscalização. Também realizaram a fiscalização da calibração de instrumentos de medição em restaurantes, supermercados e padarias, para verificar se o peso do alimento indicado na balança correspondia, de fato, ao montante de alimento presente no prato, chegando a constatar diferenças de até 50 gramas em prejuízo do consumidor, sendo o estabelecimento multado e notificado.

Órgãos que colaboram com a fiscalização

Muitos municípios contam com a existência de diversos órgãos públicos e associações, representadas pela sociedade civil organizada, que fiscalizam ou auxiliam o governo na fiscalização de determinadas atividades.

O Instituto Brasileiro de Defesa do Consumidor (Idec) é uma associação de consumidores cuja missão é promover a educação, a conscientização e a defesa dos direitos do consumidor e a ética nas relações de consumo.

O órgão tem por objetivo o acompanhamento da legislação, a realização de pesquisas e avaliações, manifestações junto aos órgãos do governo, produção de material de informação e educação, e propositura de ações coletivas de direito do consumidor.

Pro Teste

A Pro Teste é uma entidade civil, sem fins lucrativos, que tem como objetivo a defesa do consumidor, no Brasil, comparando preços de produtos, verificando a qualidade de alimentos disponíveis para consumo e encaminhando para empresas e governos as reivindicações e propostas pertinentes.

A Pro Teste realizou um teste em marcas de sucos de laranja conhecidos no mercado, comparando-os aos caseiros, para verificar a quantidade de nutrientes, concluindo que os produtos testados continham teores de nutrientes semelhantes à bebida natural. Também testou algumas marcas de almôndegas industrializadas, verificando que, embora tenham qualidade satisfatória, são deficientes do ponto de vista nutricional.

Uma importante prestação de serviços dessa entidade é a publicação de artigos na internet e na revista da própria entidade. Como destaque, é possível acessar os esclarecimentos a respeito das diferenças entre os variados produtos lácteos do mercado, bem como a ação conjunta da associação com a vigilância municipal de São Paulo para determinar a qualidade do cachorro-quente (*hot dog*) de rua, na qual se verificou que 26,6% dos sanduíches apresentavam contaminação.

ASSOCIAÇÕES E ENTIDADES

A população de uma determinada região pode se organizar em forma de associações e entidades, com a finalidade de promover benfeitorias para o local, aquisição de bens, acesso e melhoria dos serviços prestados pelo governo e, inclusive, para proteção dos direitos previstos na CF/88 e em outras leis. Desta forma, podem intermediar o relacionamento e as denúncias aos órgãos de fiscalização, pela representatividade.

A atividade e a comunidade. O respeito às leis

A CF/88, inciso XIII dispõe que é livre o exercício de qualquer trabalho, ofício ou profissão, atendidas as qualificações profissionais que a lei estabelecer. Também, no artigo 5°, inciso XXII, é garantido o direito de propriedade.

Porém, ao se estabelecer em uma atividade, o empresário deve garantir que sua atividade não cause incômodo à comunidade, aos trabalhadores e ao meio ambiente. Existem inúmeras legislações que garantem a proteção da saúde e o sossego.

A existência de uma licença ou alvará de funcionamento não garante o funcionamento do estabelecimento por se tratar de documento precário, sujeito ao cumprimento das legislações em vigor. Desta forma, um estabelecimento infrator poderá ter sua licença cassada, em caso de descumprimento das determinações legais. Da mesma forma, um cadastro na vigilância sanitária poderá ser indeferido ou cancelado em determinadas condições.

Os crimes contra a saúde pública, a perturbação do sossego e o risco à saúde do trabalhador são infrações sujeitas a denúncia pela população e uma ação fiscal poderá ser acompanhada pela imprensa em geral, manchando a imagem da empresa, às vezes de modo desastroso.

A denúncia pode ser realizada por um funcionário insatisfeito, por alguém da própria administração, por um cliente mal atendido e pela comunidade do entorno. As boas relações, o convívio saudável e o cumprimento da legislação podem não impedir o ato de denunciar, mas evitam maiores problemas com a fiscalização e a divulgação de imagem negativa da empresa.

Orientações gerais para estabelecimentos que comercializam alimentos | **469**

O compromisso com a limpeza e a organização, de maneira geral, o respeito aos funcionários e aos clientes e o cuidado com o meio ambiente devem ser condições imprescindíveis da empresa. Esta é uma das principais funções do RT no processo de consultoria em estabelecimentos.

Considerações finais

Há, como em toda atividade, empresários negligentes, omissos e descompromissados com a legalidade. Nestes casos, cabe ao RT alertá-los com responsabilidade, assegurando-se de que as orientações e instruções sejam feitas por escrito com a anuência do responsável, evitando, assim, a responsabilização solidária.

Segundo o Sebrae, o simples exercício de uma atividade empresarial sem planejamento e sem clareza de sua finalidade pode levar ao seu fechamento, em menos de dois anos.

A atividade de comércio de alimentos, em qualquer modalidade, envolve responsabilidade. Um quadro de intoxicação alimentar pode levar crianças, idosos e pessoas debilitadas ao óbito.

Portanto, o conhecimento dos riscos que envolvem o exercício da atividade, bem como das normas em vigor, é obrigatório e pode garantir o sucesso do empreendimento, além de evitar problemas com os órgãos de fiscalização.

Referências

BRASIL. Agência Nacional de Vigilância Sanitária. Disponível em: http://www.anvisa.gov.br/institucional/snvs/index.htm. Acessado em: 15 maio 2011.

_____. Código Tributário Nacional. *Lei Federal n. 5.172, de 25 de outubro de 1966*. Disponível em: http://www.receita.fazenda.gov.br/legislacao/codtributnaci/ctn.htm. Acessado em: 16 jun. 2011.

_____. Constituição (1988). Constituição da República Federativa do Brasil. Brasília. DF: Senado, 1988.

_____. *Lei Federal n. 54.359, de 20 de maio de 2009*. Cria e organiza, na Polícia Civil do Estado de São Paulo, da Secretaria da Segurança Pública, o Departamento de Polícia de Proteção à Cidadania – DPPC. Disponível em: http://www.al.sp.gov.br/legislacao/norma.do?id=156080. Acessado em: 20 jun. 2011.

_____. *Lei Federal n. 8.080, de 19 de setembro de 1990*. Disponível em: http://portal.saude.gov.br/portal/arquivos/pdf/lei8080.pdf. Acessado em: 11 maio 2011.

_____. *Lei Federal n. 8.137, de 27 de dezembro de 1990*. Dispõe sobre crimes contra a ordem tributária, econômica e contra as relações de consumo. Disponível em: http://www.planalto.gov.br/ccivil_03/leis/L8137.htm. Acessado em: 19 jun. 2011.

470 | Sistema de gestão: qualidade e segurança dos alimentos

_____. *Lei Federal n. 9.782, de 26 de janeiro de 1990.* Define o Sistema Nacional de Vigilância Sanitária e cria a Agência Nacional de Vigilância Sanitária. Disponível em: http://www.planalto.gov.br/ccivil_03/leis/l9782.htm. Acessado em: 11 maio 2011.

_____. Ministério da Agricultura, Pecuária e Abastecimento. Mapa. Disponível em: http://www.agricultura.gov.br/ministerio. Acessado em: 20 jun. 2011.

_____. Ministério do Meio Ambiente. Ibama. Disponível em: http://ibama.gov.br. Acessado em: 29 ago. 2011.

_____. *Lei federal n. 8.078, de 11 de setembro de 1990.* Dispõe sobre a proteção do consumidor. Disponível em: http://www.planalto.gov.br/ccivil_03/leis/l9782.htm. Acessado em: 11 maio 2011.

BRUYN JR., H.C.P. de. A proteção da liberdade e o controle sanitário. *Revista de Direito Sanitário.* São Paulo. v.3, n.2, jul. p.79-89, 2002.

CARTANA, A.P. *Processo Administrativo Sanitário: teoria e prática.* Porto Alegre: Alcance, 2000.

CASALINI, J. *Biofilmes micorbianos na indústria de alimentos.* Trabalho acadêmico apresentado ao Curso de Bacharelado em Química de Alimentos da Universidade Federal de Pelotas como requisito parcial da Disciplina de Seminários em Alimentos. Disponível em: http://quimicadealimentos.files.wordpress.com/2009/08/biofilmes-microbianos-na-industria-de-alimentos.pdf. Acessado em: 8 dez 2011.

[CETESB]. *Companhia de Tecnologia de Saneamento Ambiental.* Disponível em: http://www.cetesb.sp.gov.br/institucional/institucional/52-Histórico. Acessado em: 15 jul. 2011.

FERNANDES NETO, A.J. Da competência de estados e municípios em matéria de segurança sanitária. Aspectos Tecnológicos. *Revista de Direito Sanitário.* São Paulo. v.2, n.1, p.89-101, março 2001.

[IDEC] Instituto de Defesa do Consumidor. Disponível em: http://www.idec.org.br/missao.asp. Acessado em: 18 jun. 2011.

PROTESTE. Disponível em: http://www.proteste.org.br/alimentos/as-diferencas-entre-produtos-lacteos-s545441.htm. Acessado em: 18 jun. 2011.

[SABESP] COMPANHIA DE SANEAMENTO BÁSICO DO ESTADO DE SÃO PAULO. Disponível em: http://site.sabesp.com.br/site/interna/Default.aspx?secaoId=3. Acessado em: 9 jun. 2011.

SÃO PAULO. Estado. Centro de Vigilância Sanitária. Disponível em: http://www.planalto.gov.br/ccivil_03/leis/l9782.htm. Acessado em: 2 jun. 2011.

_____. Estado. [CETESB] COMPANHIA AMBIENTAL DO ESTADO DE SÃO PAULO. Disponível em: http://www.cetesb.sp.gov.br/institucional/institucional/54-Missão-e-Visão. Acessado em: 20 jun. 2011.

_____. Estado. [CVE] CENTRO DE VIGILÂNCIA EPIDEMIOLÓGICA. Disponível em: http://cve.saude.sp.gov.br. Acessado em: 2 jun. 2011.

_____. Estado. [DPPC] DEPARTAMENTO DE POLÍCIA PROTEÇÃO À CIDADANIA. Disponível em: http://www2.policiacivil.sp.gov.br/x2016/modules/mastop_publish/?tac=DPPC. Acessado em: 19 jun. 2011.

_____. Estado. Instituto Adolfo Lutz. Disponível em: http://www.ial.sp.gov.br/. Acessado em: 3 jun. 2011.

_____. Estado. Secretaria da Justiça e da Defesa da Cidadania. [PROCON] FUNDAÇÃO DE PROTEÇÃO E DEFESA DO CONSUMIDOR DO ESTADO DE SÃO PAULO. [IPEM] INSTITUTO DE PESOS E MEDIDAS. Disponível em: http://www.ipem.sp.gov.br/6ai/2008/rel8-3.asp?vpro=diaconsumidor. Acessado em: 18 jun. 2011.

_____. Estado. Secretaria da Justiça e da Defesa da Cidadania. [PROCON] FUNDAÇÃO DE PROTEÇÃO E DEFESA DO CONSUMIDOR DO ESTADO DE SÃO PAULO. Disponível em: http://www.justica.sp.gov.br/novo_site/modulo.asp?modulo=50&Cod=50. Acessado em: 18 jun. 2011.

Orientações gerais para estabelecimentos que comercializam alimentos | **471**

_____. Estado. Secretaria de Agricultura do Estado. [EDA]. Escritório de Defesa Agropecuária. Disponível em: http://agricultura.sp.gov.br/quem-somos/cda-defesa-agropecuaria. Acessado em: 17 jun. 2011.

_____. Município. Coordenação de Vigilância em Saúde. Vigilância Ambiental. Disponível em: http://www.prefeitura.sp.gov.br/cidade/secretarias/saude/vigilancia_em_saude/saude_ambiental/solo/index.php?p=6970. Acessado em: 14 jun. 2011.

_____. Município. Coordenação de Vigilância em Saúde. Covisa. Autoridades Sanitárias.Disponível em:< http://www.prefeitura.sp.gov.br/cidade/secretarias/saude/vigilancia_em_saude/autoridade_sanitaria/index.php?p=3406>. Acessado em 8 dez 2011a.

_____. Município. Coordenação de Vigilância em Saúde. Covisa. Disponível em: http://www.prefeitura.sp.gov.br/cidade/secretarias/saude/vigilancia_em_saude/organizacao/index.php?p=3363. Acessado em: 15 maio 2011b.

_____. Município. Lei Municipal n. 13.725, de 9 de janeiro de 2004. Institui o Código Sanitário do Município de São Paulo. Disponível em: http://www.prefeitura.sp.gov.br/cidade/secretarias/upload/LeiMunicipal_2004_13725_1254336159.pdf. Acessado em: 15 maio 2011.

_____. Município. Secretaria Municipal da Saúde. Coordenação de Vigilância em Saúde. Vigilância Ambiental. Vigilância em Saúde do Trabalhador. Disponível em: http://www.prefeitura.sp.gov.br/cidade/secretarias/saude/vigilancia_em_saude/saude_do_trabalhador/index.php?p=6982. Acessado em: 17 jun. 2011.

_____. Município. Secretaria Municipal de Coordenação das Subprefeituras. [PSIU] Programa de Silêncio Urbano. Disponível em: http://www.prefeitura.sp.gov.br/cidade/secretarias/subprefeituras/zeladoria/psiu/index.php?p=8831. Acessado em:15 jun. 2011.

_____. Município. [CONTRU]. Secretaria de Controle Urbano. Disponível em: http://www.prefeitura.sp.gov.br/cidade/secretarias/controle_urbano/contru/index.php?p=4284. Acessado em: 16 jun. 2011.

_____. *Portaria Municipal n. 1.210, de 2 de agosto de 2006*. Disponível em: http://www.prefeitura.sp.gov.br/cidade/secretarias/saude/vigilancia_em_saude/legislacao/index.php?p=6525. Acessado em: 6 jun. 2011.

[SEBRAE] SERVIÇO BRASILEIRO DE APOIO ÀS MICRO E PEQUENAS EMPRESAS. Cartilha do Empreendedor. Disponível em: http://www.biblioteca.sebrae.com.br/bds/BDS.nsf/F896176A3D895B71832575510075D2DB/$File/NT0003DCB6.pdf. Acessado em: 06 jun. 2011.

_____. Disponível em: http://www.sebrae.com.br/momento/quero-abrir-um-negocio/que-negocio-abrir/ideias/integra_ideia?rs=Lanchonete&id=E158A5EDED1AB1CA83257279004E3AF1&campo=impNeg. Acessado em: 10 jul. 2011.

PARTE VI

Gestão de pessoas

16

Gestão de pessoas para qualidade e segurança dos alimentos

Maria Izabel Simões Germano

Introdução

Mudar é complicado, sem dúvida, mas
acomodar é perecer. (Cortella, 2011)

O presente texto tem como objetivo abordar a gestão de pessoas nas organizações; para tal, faz-se necessário entender o contexto atual, a chamada sociedade da informação, nova era, na qual apenas aqueles que forem competentes e as organizações que tiverem competitividade irão sobreviver. A abordagem escolhida diz respeito à visão humanista que respeita o outro como o outro e não como um estranho, e que permite edificar em conjunto um sentido (como significado e direção) que honre a vida. Segundo Mussak (2010, s/p), na Apresentação de seu livro: "foi-se o tempo em que trabalhávamos com a força dos músculos. Agora vale a força do conhecimento, da inteligência e do caráter." A gestão de pessoas tornou-se fator essencial para o sucesso, pois essa nova era torna obrigatório rever, permanentemente, conhecimentos, hábitos e comportamentos. Entretanto, as mudanças culturais são difíceis de serem produzidas no interior das organizações e nas pessoas. Assim, um novo modelo se impõe, no qual a aprendizagem deve ser pensada como um processo contínuo de aperfeiçoamento e responsabilidade de todos. Para se inserir nesse novo paradigma – mudanças contínuas e aceleradas – faz-se necessário estar preparado para as mudanças. É preciso estar à frente, pensar nas exigências do futuro.

As pessoas não fazem somente parte da vida produtiva das organizações, elas constituem o princípio essencial de sua dinâmica, conferem vitalidade às atividades e processos, inovam, criam, recriam contextos e situações que podem levar a organização a se posicionar de maneira competitiva, cooperativa e diferenciada com clientes, outras organizações e no ambiente de negócios em geral. As pessoas constituem o maior capital das empresas, instrumento de geração de riqueza e de prosperidade. Assim, todos os procedimentos para captação, educação e manutenção desses recursos humanos devem ser planejados cuidadosamente. Particularmente, no contexto dessa obra, desenvolver "competências profissionais" nos manipuladores de alimentos (todos aqueles que, de alguma maneira, entram em contato com o alimento), visando garantir a saúde dos consumidores, inclusive dos próprios manipuladores, constitui uma das metas a ser alcançada pelas empresas da área de alimentos.

Com base em Germano (2003), entende-se por competência profissional a capacidade da pessoa articular conhecimentos, habilidades, atitudes e, de acordo com Chiavenatto (2010), também julgamentos, utilizando-os para participar na consecução dos resultados esperados por uma determinada organização, em um determinado período.

A qualidade dos alimentos distribui-se por uma extensa rede, desde as áreas de produção agropecuária, passando pela indústria, até o comércio, lembrando que cada um desses segmentos possui grande diversidade; da pequena propriedade familiar às grandes cooperativas; as indústrias de todos os portes; e, sobretudo, no comércio varejista, a imensa variedade e porte dos estabelecimentos: restaurantes, lanchonetes, bares, hiper e supermercados, hotéis, mercearias, padarias e assim por diante. Falar da gestão de pessoas, de forma abrangente, para todo esse segmento, constitui tarefa praticamente impossível. Dessa maneira, neste capítulo pretende-se abordar os temas de maior relevância com a consciência de que cada local poderá aplicar as informações de forma particular.

No presente texto, optou-se por abordar a gestão de pessoas em três grandes sistemas: captação, educação e manutenção de colaboradores. Na captação serão analisados os procedimentos de recrutamento e seleção; em educação serão abordadas as intervenções voltadas para a capacitação de pessoas; e, em manutenção, as questões de remuneração, motivação, qualidade de vida no trabalho, saúde ocupacional, estresse e avaliação de desempenho. Este último item foi incluído em manutenção, pensando na avaliação de desempenho como um fator motivador, tanto para aqueles que obtiveram algum tipo de promoção, quanto para aqueles que necessitam de investimento para melhorar sua *performance*.

Breve histórico sobre o trabalho

O termo trabalho origina-se do vocábulo *tripalium*, que era um instrumento de tortura. A civilização ocidental teve como base o mundo greco-romano, no qual o trabalho estava relacionado aos escravos, ou seja, alguém que estava sendo punido. Na Idade Média, as relações passaram a ser entre senhor e servo, sendo que persistiu a ideia de dependência. No mundo capitalista europeu, o trabalho escravo na Europa foi substituído pelo trabalho escravo fora da Europa, assim, no Brasil, a lógica da exploração do outro foi a predominante, e certamente, em algumas regiões, continua sendo, bem como a associação entre trabalho manual e tarefa de seres inferiores.

Além do aspecto econômico, do ponto de vista da religião, também o trabalho associou-se ao castigo, tanto no judaísmo quanto nos primórdios do cristianismo. Apenas com o advento do protestantismo, no século XVI, o trabalho passou a ser visto como a continuidade da obra divina, portanto, valorizado. Esse fato provocou diferenças significativas entre os países que adotaram o credo protestante e os demais.

O conceito atual de trabalho formou-se a partir da Revolução Industrial (séc. XIX), com o aparecimento das indústrias que necessitavam uma grande massa de trabalhadores. A organização desses locais era burocrática, centralizadora e conservadora (prezava-se o *status quo*); e as pessoas eram consideradas como meros recursos de produção, da mesma forma que as máquinas, equipamentos e o capital.

Depois da Segunda Guerra, na década de 1950, iniciou-se um processo de mudanças, uma maior competição entre as empresas; surgiram novos modelos de estruturação para incentivar a inovação e a preocupação com a qualidade, com a introdução de metodologias voltadas para a Qualidade Total, passou a haver maior participação dos colaboradores nos processos decisórios.

A partir dos anos de 1990, o ambiente de trabalho sofreu um processo de mudanças aceleradas, turbulentas e inesperadas, em função da globalização econômica, das novas tecnologias, do reequilíbrio geopolítico (crescimento dos países do Sudeste asiático), da substituição das multinacionais por empresas menores, da competitividade, das preocupações ecológicas, entre outros fatores. Nessa era pós-industrial, os recursos humanos tornaram-se o mais importante recurso da organização, o emprego migrou para o setor terciário (serviços) e passou-se a valorizar o conhecimento humano.

Segundo Drucker e Maciariello (2010), essa nova sociedade modificou até mesmo o conceito de pessoa instruída que, anteriormente, era um ornamento social e, agora, é uma pessoa treinada em percepção e análise, familiarizada com conhecimentos em múltiplas disciplinas, capaz de compreender as culturas, religiões e tradições de diferentes povos. As pessoas, assim como as empresas, precisam possuir algum diferencial competitivo – o talento humano.

Ao falar sobre a constituição do talento humano, Chiavenatto (2010) aborda quatro aspectos essenciais às competências, assim caracterizados:

- Conhecimento (C) – saber, aprender a aprender, aprender continuamente.
- Habilidade (H) – saber fazer (resolver problemas, criar, inovar), transformar conhecimento em resultado.
- Atitude (A) – saber fazer acontecer (atitude empreendedora), assumir riscos e focar em resultados.
- Julgamento (J) – saber analisar a situação e o contexto (espírito crítico, definir prioridades).

É importante destacar a inclusão desse quarto elemento (julgamento) pelo autor, pois ele dá a dimensão do valor atribuído às pessoas dentro da organização, como verdadeiros parceiros do negócio.

Conceito de gestão de pessoas

Ter dúvida é o motor da mudança.
(Cortella, 2011)

A gestão de pessoas caracteriza-se pela atuação de especialistas de recursos humanos, atualmente mais conhecidos como consultores internos, e dos gestores de pessoas (gerentes, supervisores e outros) na organização, para "captar, educar e manter" pessoas, proporcionando competência e competitividade à empresa. A mudança do foco da administração dos recursos humanos para a gestão de pessoas é o reflexo de um novo paradigma em que as pessoas são consideradas o principal ativo das empresas, seu capital humano.

Planejamento estratégico de gestão de pessoas

As organizações existem com uma finalidade, a missão representa a razão da existência da organização e responde a três perguntas básicas:

- Quem somos?
- O que fazemos?
- Por que fazemos o que fazemos?

Essas premissas constituem o propósito orientador para as atividades da organização. Dessa forma, todos devem identificar seu papel e como contribuir para o sucesso da organização. Por outro lado, visão representa a imagem que a empresa tem de si mesma e de seu futuro.

O planejamento estratégico refere-se a um processo de mudança organizada, envolvendo os gestores de todos os níveis da organização (alta direção, gerentes e supervisores), que diz respeito à formulação de objetivos para a seleção de programas de ação e para sua execução, levando em conta as condições internas e externas à empresa e sua evolução esperada (Figura 16.1).

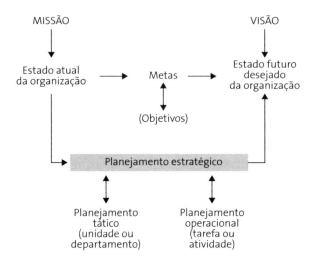

Figura 16.1 Representação do planejamento estratégico.

Fonte: Adaptado de Chiavenatto (2010).

A seguir, apresenta-se uma fábula que demonstra a importância do planejamento.

Fábula do cavalo-marinho

Mager, Robert F.

Era uma vez um cavalo-marinho que juntou suas economias (sete moedas) e saiu em busca de fortuna. Ainda não havia andado muito quando encontrou uma enguia que lhe disse:

– Psiu... Ei, amigo! Aonde vai você?

– Estou indo procurar minha fortuna – respondeu o cavalo-marinho, orgulhosamente.

– Você está com sorte! – disse a enguia – Por quatro moedas pode adquirir estas velozes nadadeiras e, assim, será capaz de chegar lá mais rápido!

– Oba, isto é ótimo! – disse o cavalo-marinho e pagou o dinheiro, colocou as nadadeiras e saiu deslizando numa velocidade duas vezes maior. Em seguida, encontrou uma esponja que lhe disse:

– Psiu... Ei, amigo! Aonde vai você?

> – Estou indo procurar minha fortuna – respondeu o cavalo-marinho.
>
> – Você está com sorte! – disse a esponja – Por uma pequena recompensa deixarei você ficar com esta tábua de propulsão a jato, para que possa viajar muito mais rápido.
>
> Então o cavalo-marinho comprou a tábua de propulsão a jato com o restante de suas moedas e foi zunindo pelo mar, numa velocidade cinco vezes maior. Logo, logo encontrou um tubarão que disse:
>
> – Psiu... Ei, amigo! Aonde vai você?
>
> – Estou indo procurar minha fortuna – respondeu o cavalo-marinho.
>
> – Você está com sorte! Se tomar este atalho – e o tubarão apontou para sua bocarra – vai economizar muito tempo.
>
> – Oba, obrigado – disse o cavalo-marinho e saiu zunindo para dentro do tubarão. Nunca mais se ouviu falar nada do cavalo-marinho.

Para não incorrer no mesmo erro do cavalo-marinho, é importante estabelecer objetivos que estejam alinhados aos resultados que se pretende alcançar, em um período. Portanto, as principais características destes objetivos dizem respeito a:

- Focalizar um resultado.
- Estar coerente com as metas da organização.
- Ser específico (bem definido).
- Ser mensurável.
- Estar relacionado a um período (dia, mês, ano ou outro).
- Ser possível.

No planejamento estratégico dos recursos humanos de uma empresa, três questões devem ser levadas em consideração:

- Absenteísmo: faltas ou atrasos dos colaboradores, que têm múltiplas causas, desde a falta de motivação, o ambiente de trabalho, as relações com a chefia, os acidentes de trabalho, os problemas de ordem pessoal do colaborador (dificuldade de transporte, questões familiares, entre outros).

- Rotatividade de colaboradores: fluxo de entrada e saída de pessoas em razão do desligamento de funcionários (tanto que se demitiram quanto demitidos pela empresa. Lembrando que, no caso de demissão, deve-se identificar as causas para servir de subsídio às políticas de gestão de pessoas, particularmente, no que concerne ao recrutamento e à remuneração). Tem causas variadas, desde questões relacionadas ao mercado de trabalho (oferta e procura de vagas) até a política de gestão de pessoas da organização (remuneração, estilo de liderança, oportunidades de crescimento, condições físicas e psicológicas do trabalho etc.).
- Mudança nos requisitos do trabalho: para atender às mudanças pelas quais a sociedade vem passando, tendo como fator coadjuvante o despreparo das pessoas em termos de competências para preencher essas novas expectativas.

O diagnóstico estratégico constitui base para o planejamento e realiza-se com base em aspectos dos colaboradores e da própria organização, que têm um reflexo no desempenho dos primeiros:

- Pontos fracos (falta de foco, precariedade de instalações, despreparo de supervisores e gerentes etc.).
- Problemas operacionais (falta de comunicação, baixa qualificação dos colaboradores, falta de recursos materiais etc.).
- Pontos fortes (competências dos colaboradores, imagem de qualidade no mercado, instalações, tecnologia etc.).
- Ameaças (concorrentes, mudança na legislação, mudanças nos consumidores, redução de poder aquisitivo da população etc.).
- Oportunidades (novos mercados, novas necessidades dos consumidores, parcerias, novas tecnologias etc.).

Os principais objetivos das organizações dizem respeito a: sobrevivência, produtividade, lucratividade, qualidade de produtos/serviços, competitividade, redução de custos, participação no mercado, abertura de novos mercados, imagem no mercado, novos clientes e crescimento sustentado. Os colaboradores são essenciais para a consecução de todos estes objetivos. Assim, o quadro a seguir apresenta os parceiros da organização.

Gestão de pessoas para qualidade e segurança dos alimentos | **483**

Quadro 16.1 Parceiros da organização, suas contribuições e expectativas

Parceiros da organização	Contribuem com	Esperam retorno de
Acionistas e investidores	Capital de risco, investimento	Lucros e dividendos Valor agregado
Colaboradores	Trabalho, esforço, competências	Remuneração e satisfação no trabalho
Fornecedores	Matérias-primas, serviços, insumos básicos, tecnologias	Lucros e novos negócios
Clientes/consumidores	Aquisição e uso de bens e serviços	Qualidade, segurança, preço, satisfação, valor agregado

Fonte: Chiavenatto (2010).

Sistemas de gestão de pessoas

Captação de pessoas

> *"Pessoas, definitivamente, não são coisas, não reagem como tal e não negociam sua dignidade." (Mussak, 2010)*

Captar colaboradores constitui um processo contínuo, na maioria das organizações, no qual influenciam as pessoas – futuros colaboradores – na medida em que variam em termos de competências a oferecer para a empresa; e a própria empresa, em termos de remuneração (salário + benefícios + incentivos) oferecida e imagem que desfruta no mercado. A captação de pessoas é influenciada pela política de gestão de pessoas adotada pela organização, entendida como a maneira de administrar o capital humano da organização.

Antes de iniciar qualquer procedimento, é importante planejar as ações em termos de número de pessoas necessárias e áreas em que irão atuar na organização. Em empresas de grande porte, particularmente, vale a pena verificar todas as áreas que estejam precisando de recursos humanos, e analisar a possibilidade de realizar um único processo de captação, minimizando custos, pessoal e tempo. Deve-se, ainda, solicitar a colaboração das chefias mediatas para auxiliarem no processo.

Inicialmente, procede-se ao recrutamento, que tem por finalidade atrair candidatos potencialmente qualificados; a seguir, tem-se a seleção, que representa a escolha da pessoa certa para a função.

Para que o processo de capacitação seja bem-sucedido é importante possuir informações claras sobre os requisitos para o bom desempenho das funções. A descrição de normas de competência é de grande utilidade para essa finalidade.

Normas de competência

Segundo Germano (2003), normas de competência compreendem conhecimentos, habilidades, destrezas, compreensão e atitudes identificadas na análise funcional (a respeito, ver item sobre remuneração, adiante), para um desempenho competente de uma função produtiva, e incluem:

- O que uma pessoa deve ser capaz de fazer.
- A forma como julgar se o que foi feito está bem feito.
- As condições em que a pessoa deve demonstrar sua competência.
- As evidências necessárias e suficientes para assegurar que o que se fez realizou-se de maneira consistente com base em um conhecimento efetivo.

Expressam mais que o simples desempenho, sob a forma de resultados, permitem descrever as capacidades de:

- Obter resultados de qualidade com o desempenho eficiente e seguro de uma atividade.
- Resolver os problemas emergentes no exercício da função.
- Transferir conhecimentos, habilidades e destrezas que o trabalhador possui para outros contextos de trabalho.

O nível de competência encontra-se associado a fatores como complexidade do desempenho, conhecimentos, habilidades, atitudes e julgamentos que requerem a ocupação, a autonomia, o grau de supervisão recebida, a responsabilidade em verificar o trabalho de outros, a capacidade de decisão sobre materiais e processos.

Podem-se propor cinco níveis de realização das funções:

1. Atividades de rotina, predizíveis: constituem as atividades mais operacionais, que exigem pouca capacitação.
2. Atividades não rotineiras, desenvolvidas em diferentes contextos, com certa autonomia e responsabilidade individual, que podem requerer trabalho em equipe e colaboração com outras pessoas: representam atividades de supervisão de pessoas, exigem nível intermediário de capacitação.
3. Atividades complexas, com grande variedade de contextos, com responsabilidade e autonomia pessoal, com controle e orientação de outras pessoas: caracterizam funções gerenciais intermediárias, exigem escolaridade, experiência profissional e boa capacitação.
4. Atividades técnicas complexas, com grande variedade de contextos, com responsabilidade e autonomia pessoal, responsabilizando-se pelo trabalho de outras pessoas e distribuição de recursos: constituem atividades gerenciais, exigem graduação em curso universitário, experiência profissional e boa capacitação.
5. Atividades que requerem aplicação de princípios fundamentais e técnicas com grande variedade de contextos, exigindo grande autonomia pessoal, grande responsabilidade em relação ao trabalho de outros e à distribuição de recursos substanciais. Requerem, também, responsabilidade pessoal em termos de análise e diagnóstico, planificação, execução e avaliação: representam atividades de direção, exigem graduação em curso universitário ou estudos de pós-graduação, experiência profissional e boa capacitação.

COMPONENTES ESSENCIAIS PARA TRAÇAR UMA NORMA DE COMPETÊNCIA[1]

Unidade de competência: representada por um agrupamento de funções produtivas, identificadas na análise funcional, no nível mínimo em que a função pode ser realizada por uma pessoa. Comporta vários elementos de competência.

---

1. De acordo com Germano (2003).

Elemento de competência: constitui a descrição de uma realização que deve ser alcançada por uma pessoa em sua ocupação. Refere-se a uma ação, um comportamento ou um resultado que o colaborador deve demonstrar e constitui, ainda, uma função realizada por um indivíduo. Redige-se sob a forma de uma oração, seguindo a regra de iniciar com um verbo no infinitivo, descrever seu objeto e, a seguir, a condição. O elemento de competência deve completar-se com os critérios de desempenho, as evidências de desempenho, as evidências de conhecimento e o campo de aplicação.

Campo de aplicação: é a descrição de circunstâncias, ambiente, materiais, equipamentos e instrumentos/utensílios com os quais se desenvolve o desempenho descrito no elemento de competência.

Evidência de desempenho: descreve as variáveis ou condições que permitem inferir se o desempenho foi ou não alcançado. As de desempenho direto referem-se às técnicas utilizadas no exercício de uma competência e verificam-se mediante observação. As por produto são provas reais, observáveis e tangíveis das consequências do desempenho.

Evidência de conhecimento: consiste no conhecimento e compreensão necessários para alcançar o desempenho competente. Pode referir-se aos conhecimentos teóricos e de princípios de base científica que o colaborador deve dominar, assim como às suas habilidades cognitivas em relação ao elemento de competência.

Critério de desempenho: estabelece-se uma vez definidos os elementos da competência, deve ser descrito em termos da qualidade que deve ser obtida, evidências de que foram obtidas, campo de aplicação e conhecimentos requeridos. O critério de desempenho refere-se aos resultados esperados com a competência e a qualidade que este resultado deve apresentar. É um dos aspectos essenciais da competência. Permite precisar o que foi feito e a qualidade com que foi realizado.

Exemplos:

- Realizar o armazenamento de materiais, segundo os requisitos de segurança, nos lugares adequados.
- Operar e controlar equipamentos de produção de acordo com as especificações.
- Manter a ordem, a segurança e a higiene, segundo as normas legais vigentes.

Recrutamento de pessoas

Cada processo de recrutamento possui características particulares, em função da quantidade de pessoas que se tem a intenção/necessidade de contratar e das qualificações que os candidatos devem preencher. Outro dado de destaque refere-se ao custo do processo. Portanto, planejar as ações que serão desenvolvidas é imprescindível.

Salienta-se que, para o exercício de determinadas funções, podem existir exigências específicas, como para as profissões regulamentadas por lei (certificado obtido em curso reconhecido pelo Ministério da Educação, filiação a determinados Conselhos Regionais ou registro profissional na Delegacia Regional do Trabalho). Outras ocupações exigem a realização de provas práticas, como motoristas, mecânicos, cozinheiros, confeiteiros, entre outros.

Uma decisão importante concerne à escolha entre recrutamento interno ou externo. O primeiro oferece oportunidade de crescimento para os colaboradores e funciona como motivação para os demais (exceto no caso de mais de uma pessoa haver se candidatado à vaga e ter sido preterida), além de ser mais rápido e barato. Entretanto, traz como desvantagens: acomodação dos colaboradores que não possuem condições para promoção, impede a renovação do capital humano da organização e a absorção de *know-how* de empresas concorrentes, frequentemente disponíveis no mercado de trabalho.

O recrutamento externo, por outro lado, envolve despesas com: anúncios, honorários de agências de recrutamento; é mais inseguro, pois o(s) profissional(is) selecionado(s) pode(m) optar por não aceitar a vaga. O quadro a seguir detalha as fontes de recrutamento.

Quadro 16.2 Fontes de recrutamento

Fonte	Características
Cadastro de currículos	Compõe-se dos currículos de candidatos de outras seleções, ou daqueles que, espontaneamente, encaminharam currículo para a organização Baixo custo
Anúncio de jornal	Atinge uma grande massa de candidatos de uma só vez. Pode ser aberto (identifica a empresa, o endereço e a pessoa para contato); fechado (fornece uma caixa postal ou o próprio jornal para contato), misto (identifica a empresa, mas informa que deseja receber cartas ou currículos dos candidatos)

(continua)

488 | Sistema de gestão: qualidade e segurança dos alimentos

Quadro 16.2 Fontes de recrutamento *(continuação)*

Fonte	Características
Anúncio de jornal	Deve-se selecionar o veículo mais adequado – jornal de grande circulação, revistas técnicas ou outro Entre os itens que devem compor o anúncio, lembram-se: logomarca, título do cargo, localização da empresa (ou da unidade que está contratando), sumário do cargo, remuneração (lembrando que o salário, se estiver abaixo do de mercado, pode esvaziar a seleção e, se for muito acima do de mercado, pode provocar uma procura muito grande que tornará o processo mais caro e mais demorado), forma de contato Custo médio, relacionado à mídia escolhida e ao número de vezes que o anúncio for publicado
Cartazes e panfletos	Podem ser afixados em locais de grande movimentação, como associações, sindicatos, cooperativas, clubes, entre outros. Funcionam bem em comunidades pequenas. Em cidades grandes têm poder reduzido Baixo custo
Apresentação de colaboradores	O colaborador recomenda amigo ou parente. Pode ser nociva se o candidato for preterido Baixo custo
Agências de emprego	Têm como vantagem a rapidez e o fato do atendimento e da triagem inicial serem feitos pela agência que mantém sigilo sobre o empregador Podem-se utilizar agências operadas por órgãos públicos (nos três níveis de governo); agências associadas a organizações não lucrativas, como o Centro de Integração Empresa-Escola (CIEE); e, por agências particulares, as quais requerem análise da empresa a ser contratada (referência de outros clientes; possuírem instalações para receber e atender aos candidatos; pessoal qualificado; experiência com o tipo de colaborador que se busca; garantia de reposição do candidato em caso de desligamento; documentação – alvará de funcionamento, registro no Ministério do Trabalho, certidão negativa do INSS, estar regularizada junto ao FGTS, certidão alusiva à Dívida Ativa da União, entre outros; e conduta ética) Custo elevado
Estagiários	Aproveitamento de estagiários como colaboradores, após término do estágio. Garante que o colaborador conhece a empresa e está familiarizado com as funções que irá desempenhar Baixo custo
Contatos com outras empresas	Intercâmbio de candidatos que foram aprovados na seleção, mas não foram aproveitados Baixo custo
Bolsa de empregos	Organismo governamental que transmite informações sobre vagas aos candidatos desempregados cadastrados. No Brasil, essa atividade é reservada ao Ministério do Trabalho, por intermédio do Sistema Nacional de Emprego (Sine) Baixo custo

(continua)

Gestão de pessoas para qualidade e segurança dos alimentos | **489**

Quadro 16.2 Fontes de recrutamento *(continuação)*

Fonte	Características
Outras entidades da comunidade	Aproveitamento de pessoas mediante contato com escolas técnicas, guardas-mirins e outros aparelhos comunitários Baixo custo
Internet	Pode-se disponibilizar uma ficha de inscrição e um roteiro de currículo no site da empresa para cadastro de interessados Baixo custo, porém requer tempo para ler vários cadastros

Lembra-se, também, que para algumas atividades transitórias, em determinado período do ano, pode ser necessária contratação de colaboradores temporários. Por exemplo: épocas de safra, promoção de vendas, obras, entre outras. Nesse caso, é importante manter um cadastro das pessoas que colaboraram com a empresa, anteriormente, pois esse tipo de contratação exige agilidade. Essas pessoas podem, ainda, ser aproveitadas, caso venha a surgir alguma vaga fixa.

Destaca-se que, na área de alimentos, sobretudo nos pequenos estabelecimentos do comércio varejista, muito frequentemente, o recrutamento de pessoas é feito mediante indicação de conhecidos ou cartazes na porta do próprio local, além de muitas empresas trabalharem em âmbito familiar – o mesmo ocorre com pequenas propriedades rurais. Em geral, não existe disponibilidade de tempo e recurso financeiro para lançar mão de agências e outras fontes de recrutamento. Esse fato amplifica o risco dos consumidores, pois, certamente, esses colaboradores emergenciais não passam por nenhum processo seletivo, nem tampouco de capacitação, vão direto para o trabalho e podem, inadvertidamente, comprometer a segurança dos alimentos produzidos.

Seleção de pessoas

Em geral, após analisar os currículos e escolher os melhores candidatos, realiza-se uma entrevista para conhecer, pessoalmente, cada candidato e esclarecer dúvidas pendentes.

No Capítulo 17, "Metodologia para análise e diagnóstico de situações na gestão de pessoas", estão apresentadas maiores informações para a elaboração e desenvolvimento de entrevistas. Destaca-se a importância de incluir

490 | Sistema de gestão: qualidade e segurança dos alimentos

perguntas que permitam detectar se o candidato pode desempenhar as funções para as quais está se candidatando, em termos de formação, experiência e aptidões para o trabalho; se efetivamente fará o trabalho, isto é, se existe compatibilidade entre a experiência do candidato e suas realizações profissionais; e se o candidato pretende permanecer na empresa, ou seja, se tem maturidade, estabilidade e interesse compatíveis com a organização.

Deve-se lembrar que todas as entrevistas devem ser registradas por escrito, para que se tenha uma documentação de cada candidato, um parecer técnico que servirá para comparar os diferentes candidatos e selecionar os que tiverem melhores condições de se adaptar à empresa. A entrevista constitui, também, um momento para se observar o candidato, seu comportamento e suas reações.

Muitas empresas, além da entrevista, buscam informações sobre os candidatos mediante referências profissionais e consulta ao serviço de proteção ao crédito. Esse tipo de consulta deve ser bastante cuidadoso e deve-se garantir que a pessoa pesquisada é, realmente, o candidato, em função de homônimos, por exemplo. As referências profissionais também devem ser bem analisadas; uma boa opção, se viável, é conversar com o ex-chefe do funcionário e comparar suas informações com aquelas prestadas pelo próprio candidato.

Existem organizações que realizam, igualmente, entrevistas específicas com psicólogo e com o superior mediato e imediato da função para a qual a pessoa está se candidatando. A adoção dessa estratégia torna o processo mais longo, mais demorado e mais caro, todavia, para cargos de confiança, são bastante indicadas.

Outras fases de destaque no processo de seleção de pessoas encontram-se no quadro a seguir.

Quadro 16.3 Fases complementares no processo de seleção

Atividade	Características
Testes psicológicos	Devem ser realizados por especialista (psicólogo) e medem: grau de conhecimento e habilidades, inteligência (espacial, abstrata e verbal), traços de personalidade Em algumas localidades existem gabinetes especializados que oferecem este serviço, mas, de qualquer maneira, devem ser realizados em local apropriado, segundo padrões, e com o acompanhamento de psicólogo

(continua)

Quadro 16.3 Fases complementares no processo de seleção *(continuação)*

Atividade	Características
Exame médico	Identifica o estado de saúde do candidato. No caso do exame admissional, deve levar em consideração a função que o candidato irá desempenhar na organização, pois há diferença significativa entre uma pessoa que terá uma atividade burocrática e outra que ocupará função operacional
Dinâmica de grupo	São técnicas que auxiliam a detectar se o candidato possui características particulares desejáveis que não podem ser verificadas mediante avaliação teórica ou entrevista, como iniciativa, liderança, capacidade de negociação, comunicação, capacidade de trabalhar em equipe, relacionamento interpessoal, criatividade, tomada de decisão, gerenciamento de conflitos, julgamento, entre outras. Geralmente são aplicadas para grupos de candidatos. Podem ser filmadas (com a permissão dos candidatos). De qualquer modo, deve-se efetuar algum tipo de registro da atuação dos candidatos
Provas de conhecimento	Medem o conhecimento geral e específico para as funções que a pessoa está se candidatando, podem incluir testes de língua estrangeira

O custo da seleção varia em função do número de candidatos, assim como das fases necessárias para identificar o(s) melhor(es) candidato(s). Ao final do processo, deve-se realizar uma análise de custo-benefício para servir de referencial para outras seleções.

Um bom processo de captação de pessoas tem como resultado menores lacunas entre as competências dos colaboradores contratados e as necessidades da organização, ou seja, aquilo que se espera do trabalho destes colaboradores, reduzindo custos com processos de educação de pessoas.

Finalmente, após escolher o(s) candidato(s) em conjunto com o(s) responsável(eis) pela(s) área(s) que solicitou(aram) colaborador(es), deve-se comunicar o resultado do processo ao(s) escolhido(s), assim como àqueles que, no momento, não obtiveram vaga, sobretudo, para preservar a boa imagem da empresa. É válido lembrar que, até que os candidatos escolhidos tenham entrado no exercício de suas funções, não se deve dispensar os demais candidatos.

Educação de pessoas

"Se você não acredita que educação é um bom investimento, tente investir em ignorância." (Cortella, 2011)

Germano (2011) conceitua educação como o processo contínuo de desenvolvimento das competências das pessoas por meio de experiências informais, mediante contato nos diferentes grupos sociais que elas frequentam (família, igreja, clube e outros), assim como em situações formais planejadas (escola, trabalho e outras instituições), que propiciam condições para o acúmulo de conhecimentos científicos, tecnológicos e práticos, para que as pessoas transformem sua realidade, transformando-se a si mesmas. Em síntese, considera-se educação todas as formas de capacitar pessoas para a vida, ou para uma atividade particular, que ela tenha necessidade de desempenhar.

Outro conceito decorrente da concepção de educação refere-se à aprendizagem entendida como mudança no comportamento das pessoas, mediante a incorporação de novos hábitos, atitudes, conhecimentos, competências e destrezas.

Nas organizações, o papel do sistema de educação dos colaboradores vem se tornando cada vez mais importante e tem adquirido múltiplas atribuições: ambientar ou integrar funcionários à empresa; fornecer-lhes novos conhecimentos e habilidades para desempenharem suas atividades atuais ou futuras, necessários para que a empresa alcance os resultados esperados; preparar para mudanças tecnológicas e dos serviços prestados; e, na atualidade, o que se considera educação continuada, ou seja, conscientizar os colaboradores da importância de se autodesenvolverem e buscarem o aperfeiçoamento permanentemente.

Conforme mencionado anteriormente, as organizações têm necessidade de mudanças constantes, sobretudo pela pressão do ambiente externo à empresa. A adaptação às novas necessidades cria um círculo virtuoso entre mudanças organizacionais e mudanças promovidas mediante processos educativos, pois estes processos constituem investimento nos recursos humanos. Os programas educativos não constituem despesa, mas um precioso investimento, seja na própria organização, seja nas pessoas que nela trabalham, e traz benefícios diretos para os clientes. O apoio dos gerentes e da cúpula da organização é essencial ao sucesso dos programas educativos nas organizações.

Assim, os responsáveis pela gestão de pessoas devem adotar atitude proativa, antecipando-se às necessidades. Devem possuir visão a longo prazo. Cada vez mais, a gestão de pessoas constitui um processo integrado e holístico, abrangendo todas as áreas e pessoas, sendo o profissional de educação o catalisador do processo. O conhecimento é fundamental, todavia a produtividade do conhecimento é que constitui a chave do desenvolvimento organizacional, que hoje é uma responsabilidade gerencial. Lembrando que o desenvolvimento organizacional refere-se ao processo como as organizações aprendem e se desenvolvem por meio de mudança e inovação.

O capital humano da empresa, desde o mais simples operário até o principal executivo da organização, é responsável pelo sucesso do negócio, portanto, deve se preparar para os desafios e a concorrência, pois pessoas fazem as coisas acontecerem. Essa última assertiva contém um importante corolário referente à questão da potencialidade do ser humano: todos são capazes de aprender e de aprender a aprender, independentemente da escolaridade.

Quando se aborda a educação nas empresas, dois conceitos devem ser detalhados: treinamento, entendido como meio de desenvolver as competências das pessoas, nas funções que ocupam na organização, para que se tornem mais produtivas, criativas e inovadoras, a fim de contribuir melhor para os objetivos organizacionais e se tornarem cada vez mais valiosas – orientado para o presente–; e desenvolvimento, com foco na preparação para funções de maior complexidade, novas habilidades e competências – orientado para o futuro.

Particularmente, na área de alimentos, o treinamento constitui um esforço contínuo para melhorar as competências e, consequentemente, o desempenho organizacional, e é essencial à implantação de todos os sistemas de segurança dos produtos oferecidos ao consumo (Boas Práticas de Fabricação/Produção ou Manipulação, Procedimentos Operacionais Padronizados, Análise de Perigos e Pontos Críticos de Controle, entre outros). O treinamento dos manipuladores constitui, inclusive, obrigação legal, sendo mencionado na legislação nos três níveis de poder (federal, estadual e municipal).

Na prática, todavia, as ações educativas no segmento de alimentos ainda estão muito aquém do desejável, particularmente no agronegócio e no comércio varejista. Existe prática comum, para atender aos requisitos legais e às autoridades sanitárias, de utilizar pacotes prontos de treinamento, ignorando que o programa de treinamento deve estar associado às necessidades estratégicas da organização. Dessa forma, a aquisição destes pacotes, que não foram feitos sob medida, nem sempre soluciona as necessidades da organização. Esse fato apresenta outras consequências indesejáveis: oferece a falsa impressão de que os programas de educação não obtêm resultado e considera que o treinamento é apenas um custo adicional, em termos de tempo e dinheiro.

Por outro lado, nem sempre os responsáveis técnicos (RTs) ou proprietários, sobretudo nos estabelecimentos de menor porte, têm qualquer preparo para atuarem como educadores. Mesmo aqueles que possuem formação universitária, frequentemente, não cursaram disciplinas que os auxiliassem a planejar, desenvolver e avaliar treinamentos. Assim, as empresas ficam na dependência da boa vontade e do empenho dos RTs, ou proprietários, para superar as dificuldades do local, dos colaboradores e pessoais no desenvolvimento de intervenções educativas para garantir a segurança dos alimentos e a saúde dos consumidores. Segundo Germano (2003), os efeitos de um treinamento fraco ou com baixa qualidade são mais prejudiciais do que não treinar os colaboradores.

A preocupação com a capacitação dos colaboradores influencia diretamente o clima organizacional, pois a pessoa que sabe o que fazer, como fazer e o porquê de fazer – é competente – age com confiança, interage com seus colegas e superiores, respeita fornecedores e clientes, está comprometida com a qualidade de produtos e serviços e, em se tratando da área de alimentos, tem como principal objetivo promover a inocuidade dos alimentos.

Diagnóstico de necessidades de capacitação

Antes de qualquer programa educativo, os responsáveis pela gestão de pessoas devem verificar as necessidades dos colaboradores que justificam essas atividades. Nesse processo, as chefias mediatas têm uma contribuição importante, pois conhecem seus colaboradores e estão inteiradas de suas carências em relação às competências necessárias para a organização

Gestão de pessoas para qualidade e segurança dos alimentos | **495**

atingir resultados, bem como de prováveis mudanças em processos, tecnologia e serviços. Outras fontes que podem ser pesquisadas dizem respeito aos processos de seleção de colaboradores, aos relatórios das auditorias internas ou externas à empresa, às avaliações de desempenho, aos resultados de treinamentos realizados no passado, entre outros. Para a elaboração de instrumentos de diagnóstico, sugere-se a leitura do Capítulo 17, "Metodologia para análise e diagnóstico de situações na gestão de pessoas", desta obra.

Um diagnóstico bem feito propicia elementos importantes – documentação – para confirmar os resultados dos programas educativos e, dessa maneira, justificar os custos com as atividades de educação.

Fases do planejamento educativo[2]

A partir do momento em que se identificam as necessidades, os responsáveis pela gestão de pessoas deverão elaborar um planejamento, constando de três fases: preparação, desenvolvimento e aperfeiçoamento.

Na primeira fase haverá: determinação dos objetivos do programa, seleção dos conteúdos a serem abordados; organização de uma estratégia metodológica (técnicas de ensino-aprendizagem, recursos multissensoriais e tecnologias) para o alcance dos objetivos propostos; e seleção dos procedimentos de avaliação para confirmar se o colaborador atingiu os objetivos (avaliação de aprendizagem) e a opinião do participante a respeito do próprio treinamento (avaliação de reação). Após decidir sobre esses elementos, deve-se elaborar um documento que constitui o plano que será posto em prática. Este documento é imprescindível para futuros diagnósticos.

A fase seguinte diz respeito ao desenvolvimento do programa propriamente dito, ou seja, coloca-se o plano em ação.

A terceira fase, conhecida como de aperfeiçoamento, propicia a identificação dos resultados do treinamento e permite o replanejamento – caso o programa seja aplicado mais de uma vez. Esta fase deve prever o monitoramento dos colaboradores para garantir a efetividade do programa e os

---

2. Para as pessoas interessadas em aprofundar seus conhecimentos sobre educação, existem no mercado muitas obras. A autora deste capítulo escreveu, também, o capítulo sobre Treinamento de Recursos Humanos, do livro *Higiene e vigilância sanitária de alimentos* (Germano, 2011).

procedimentos de manutenção para evitar que, após um tempo, o colaborador deixe de adotar os procedimentos aprendidos no treinamento e volte a um patamar anterior. Envolve a avaliação de desempenho que avalia o impacto das novas competências no trabalho, a avaliação de resultado que mede o impacto do treinamento nos negócios e a avaliação de retorno do investimento, ou seja, o valor que o treinamento agregou à organização (retorno sobre o investimento realizado).

Ressalta-se a importância do planejamento e a consolidação de um plano claro e objetivo, que possa servir de guia para o treinamento propriamente dito. Muitas pessoas acreditam que, para treinar os colaboradores, basta reuni-los e "passar sua experiência". Esse tipo de atuação não constitui procedimento educativo digno desse nome.

Atualmente, novas tecnologias têm sido incorporadas às atividades educativas, principalmente pelas empresas que têm condições de fazer grandes investimentos. Assim, vêm sendo utilizados muitos recursos relacionados à internet e outras tecnologias de telecomunicação (teleconferências, multimídia, treinamento à distância ou *e-learning*, entre outros). Existem, ainda, organizações que estão investindo em educação corporativa, ou seja, incentivam a educação contínua com foco nos negócios a longo prazo. Essas empresas criaram até mesmo universidades corporativas, com a finalidade de superar as deficiências de seus colaboradores, e chegam a trazer fornecedores e clientes para participarem de seus programas.

Resultados das ações educativas

Os programas de educação voltados aos colaboradores propiciam: qualidade dos produtos, eficiência dos serviços, resultados eficazes, inovação em termos de produtos e serviços, motivação, qualidade de vida no trabalho, melhor atendimento aos clientes internos e externos, competitividade para a empresa e melhora da imagem da empresa na sociedade.

Na atualidade, empresas orgânicas e flexíveis; redução dos níveis hierárquicos; descentralização; autocontrole e autodireção do desempenho pelas próprias pessoas; funções constantemente redefinidas; tarefas cada vez mais complexas e diferenciadas, não mais individuais, mas de equipes multifuncionais; e busca da eficácia são as características predominantes nas empresas. Os ativos tangíveis (capital financeiro, instalações, máquinas e equipamentos) podem ser comprados em qualquer lugar do mundo como *commodities* e perderam espaço para os ativos intangíveis (conhecimentos, habilidades e competências) que devem ser construídos sob medida para a empresa.

O investimento em educação constitui medida privilegiada para a retenção de talentos nas organizações, e a disponibilidade do colaborador em aprender representa fator essencial à sua empregabilidade.

Manutenção de pessoas

> *"Cada homem e cada mulher tem o mesmo nível de dignidade, de possibilidade de ação." (Cortella, 2011)*

Remuneração

A maioria dos autores define remuneração como a somatória de três componentes: salário (mensal ou por hora), incentivos (bônus, participação nos resultados etc.) e benefícios (refeições subsidiadas, seguro de vida, plano médico-odontológico etc.). Essas recompensas influenciam a satisfação dos colaboradores com seu trabalho e, como consequência, podem aumentar seu comprometimento com a organização.

Chiavenatto (2010, p. 283), citando Wallace e Fay (1983), afirma que "a remuneração afeta as pessoas sob o ponto de vista econômico, sociológico e psicológico". Assim, a permanência em uma organização não é condicionada unicamente pelo salário, mas, também, pela capacidade de enxergar a finalidade positiva do que se faz, do reconhecimento que se obtém, do bem-estar que se sente quando seu trabalho é valorizado e se percebe ali possibilidade de futuro conjunto.

Do ponto de vista das organizações, pode-se considerar o sistema de remuneração, ao mesmo tempo, um custo, pois afeta o preço final dos produtos ou serviços prestados, da mesma forma que os insumos utilizados na produção, os equipamentos e a tecnologia utilizados; e um investimento, porque representa aplicação de dinheiro em um fator de produção que agrega valor ao produto ou serviço e confere um retorno a curto ou médio prazo.

498 | Sistema de gestão: qualidade e segurança dos alimentos

É importante salientar a importância de todas as recompensas que a empresa oferece aos seus colaboradores.

Quadro 16.4 Recompensas mais frequentemente oferecidas pelas empresas

Recompensas	Financeiras	Diretas: • Salário • Prêmios • Comissões • Outras
		Indiretas: • Descanso semanal remunerado (horistas) • Férias • 13º • Horas extras • Gorjetas • Vantagens relacionadas a outros benefícios • Outras
	Não financeiras	• Oportunidade de desenvolvimento • Reconhecimento • Promoções • Segurança no emprego (estabilidade) • Qualidade de vida no trabalho • Autonomia no trabalho • Orgulho do trabalho e da empresa • Outras

Fonte: Adaptado de Chiavenatto (2010).

As organizações vêm passando por muitas mudanças e, cada vez mais, vêm sendo utilizados programas de remuneração flexível, capazes de incentivar e motivar os trabalhadores, como planos de bonificação, distribuição de ações para os colaboradores, opção e compra de ações da empresa, participação nos resultados obtidos, remuneração por competência e distribuição do lucro aos colaboradores.

Destaca-se a remuneração por competências, relacionada ao grau de informação e ao nível de capacitação de cada pessoa. Nesse sistema, o colaborador polivalente recebe mais vantagens, todavia, esse sistema pode gerar descontentamento, na medida em que colaboradores no mesmo cargo podem receber salários diferentes.

Toda organização necessita de uma política salarial ou de uma remuneração que propicie, ao mesmo tempo, o alcance de seus objetivos estratégicos e que esteja adaptada às suas características e às do ambiente externo à empresa. Esse sistema deve propiciar a viabilidade da organização, mas, igualmente, satisfazer os colaboradores em relação a seus pares, dentro e fora da empresa. A área responsável pela administração financeira deve levar em conta as seguintes necessidades:

- Atrair e reter talentos na organização.
- Favorecer o alcance dos objetivos da organização.
- Motivar os colaboradores visando ao maior comprometimento.
- Produtividade e qualidade do trabalho. No segmento dos alimentos, o objetivo é manter a inocuidade dos produtos oferecidos para o consumo.
- Cumprimento da legislação trabalhista vigente.
- Colaborar com o clima organizacional.

A remuneração de grande parte das pessoas que atuam na área de alimentos é pequena, sobretudo nas empresas em que as exigências para contratação de um colaborador são quase inexistentes. A oferta de benefícios e incentivos, frequentemente, resume-se às obrigações legais. Esses fatos podem ter uma influência negativa sobre o desempenho dos colaboradores, provocando alta rotatividade (diante da menor possibilidade de aumento de salário, o colaborador muda de empresa), absenteísmo, desmotivação e falta de comprometimento com a segurança dos alimentos. Outro fator negativo, não diretamente relacionado à remuneração, mas que diz respeito à economia com os recursos humanos, refere-se à terceirização de funções, muitas vezes relacionada às atividades de limpeza e higienização. Essa atitude representa um risco aos consumidores na medida em que nem sempre os colaboradores da empresa terceirizada receberam capacitação específica para atuar com alimentos.

Estabelecer a remuneração adequada para cada função na organização constitui um grande desafio. Quanto maior a complexidade da organização maior o grau de dificuldade. Atualmente, a melhor forma de realizar essa tarefa é mediante a identificação de competências.

Identificação de competências[3]

A identificação de competências refere-se ao método ou processo que se utiliza para estabelecer, a partir de uma atividade de trabalho, as competências que se põem em foco para desempenhar tal atividade satisfatoriamente. Baseia-se na realidade do trabalho e tem como pressuposto a participação dos colaboradores, desde a análise do posto de trabalho até a área ocupacional ou âmbito do trabalho propriamente dito. Em síntese, identifica as competências-chave de cada função.

Antigamente, realizava-se a identificação dos conteúdos das ocupações em decorrência da classificação dos trabalhos para estabelecer diferentes remunerações (operador/manipulador, supervisor, gerente), considerava-se o fazer diferente do pensar. Posteriormente, essa atividade tornou-se mais complexa em virtude de sua importância nas negociações salariais. Atualmente, esse conceito foi substituído pelo de competência, que exige maior participação e polivalência, talvez como decorrência das equipes de trabalho autônomo e da diminuição dos níveis ou escalões intermediários, principalmente nas organizações que passaram por reengenharia.

Para proceder à identificação de competências, realiza-se a análise funcional, mediante observação, entrevista e estudo das atividades e requisitos dos colaboradores, bem como dos fatores técnicos e ambientais da ocupação. Essa atividade compreende a identificação das tarefas da ocupação e das habilidades, conhecimentos, atitudes, julgamentos/responsabilidades que se requerem do colaborador para a execução satisfatória da ocupação e que permitem distingui-la das demais.

A análise funcional centra-se na revisão de diferentes fontes e desenvolve-se em duas fases: estabelecimento da estrutura ocupacional da família profissional e determinação de perfis profissionais das ocupações, entendendo-se por perfil profissional a descrição de competências e capacidades requeridas para o desempenho de uma ocupação, assim como condição para desenvolvimento profissional.

Em resumo, entende-se análise funcional como a ação de identificar, mediante observação e estudo, as atividades e fatores técnicos que constituem uma função/ocupação, compreendendo a descrição das tarefas co-

---

3.   De acordo com Germano (2003).

nhecidas e qualificações requeridas para desempenhar com eficácia e êxito uma função/ocupação determinada.

O PROCESSO DE ANÁLISE FUNCIONAL[4]

Entende-se por análise funcional as técnicas para identificar as competências inerentes a uma função produtiva. Compreende o propósito principal da função, ou seja, o que a(s) pessoas(s) que exerce(m) a função deve(m) efetivamente realizar; e, a seguir, pergunta-se: "que funções devem ser efetuadas para que a anterior se alicerce?". Identificam-se as funções essenciais para o alcance do objetivo principal ou propósito-chave. Realiza-se a desagregação sucessiva das funções produtivas até encontrar as realizáveis por uma pessoa que constituem os elementos de competência. Pergunta-se: "o que deve ser feito para atingir o objetivo?", até que a função a ser desempenhada possa ser executada por uma única pessoa.

Define-se função principal ou propósito-chave como a razão de ser da atividade produtiva, empresa, ou setor, segundo o nível de análise, o mais concretamente possível. Normalmente, redige-se utilizando um verbo que descreva uma atuação sobre um produto e finaliza-se com uma condição sobre a qualidade ou intenção de atender ao mercado ou aos clientes. Em síntese, o propósito-chave descreve o resultado da atividade produtiva.

VERBO + OBJETO + CONDIÇÃO = PROPÓSITO-CHAVE

Exemplos de propósito-chave:

- Produzir e comercializar produtos lácteos de acordo com as necessidades dos clientes.
- Buscar, processar e vender carne vermelha e branca e seus derivados para satisfazer às necessidades dos clientes.

MÉTODO PARA REALIZAR A ANÁLISE FUNCIONAL

Um método para se realizar esse trabalho é a formação de grupos de cinco a doze participantes/colaboradores (grupo focal) que, orientados por um facilitador, que utiliza instrumento próprio, descrevem o que se deve

---

4. De acordo com Germano (2003).

saber e saber fazer no posto de trabalho, de maneira clara e objetiva. Para maiores detalhes em relação a esses instrumentos, recomenda-se a leitura do Capítulo 17 relativo à Metodologia para análise e diagnóstico de situações na gestão de pessoas.

Por exemplo:

Competência A: preparar pratos de alimento (salada).

Subcompetência A1: comprar os alimentos (folhosas+temperos/condimentos)

Subcompetência A2: receber e armazenar adequadamente os produtos

Subcompetência A3: lavar os alimentos

Subcompetência A4: cortar os alimentos

Subcompetência A5: dispor os alimentos para consumo

Podem-se incluir os conhecimentos necessários, comportamentos, condutas, equipamentos, ferramentas, utensílios, materiais a serem utilizados e, opcionalmente, o desenvolvimento futuro.

Para facilitar ações de capacitação/treinamento, pode-se aprofundar e utilizar outras metodologias, como a consulta a especialistas e entrevistas com colaboradores. Devem-se elaborar critérios e evidências de desempenho que, posteriormente, facilitarão a avaliação. As tarefas são detalhadas em passos; padrão de execução; equipamentos, ferramentas/utensílios e materiais necessários; normas de segurança a serem observadas; decisões que o colaborador deve adotar; informações que utiliza para decidir; e descrição das consequências, se decidir erradamente, sobretudo em termos da segurança dos alimentos produzidos e possíveis riscos para a saúde dos consumidores.

Pode-se, assim, construir um mapa funcional (Figura 16.2), isto é, a representação gráfica dos resultados da análise funcional. Salienta-se que, a partir do mapeamento das competências individuais, alinhadas às funcionais (de cada área) e organizacionais, define-se uma hierarquia de competências e pode-se, então, estabelecer as competências gerenciais necessárias para a gestão de pessoas na organização.

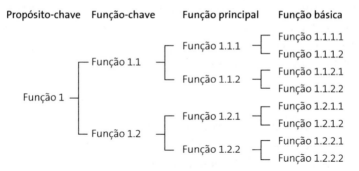

Figura 16.2 Mapa funcional de competências.
Fonte: Adaptado de Germano (2003).

Salário

Pode-se definir salário como a quantia em dinheiro que o indivíduo recebe em troca do trabalho que desempenha para um empregador ou empresa, em um determinado período (horas ou mês). Os incentivos, em geral, são programas implantados com a finalidade de recompensar o bom desempenho dos colaboradores. E os benefícios são vantagens que visam ao seu bem-estar.

No que concerne ao salário, deve-se mencionar que salário real, que representa a quantidade de bens que o colaborador pode adquirir com o dinheiro que recebe (mensal ou semanalmente), corresponde ao seu poder aquisitivo (o que pode ser comprado com o salário percebido). Assim, reposição do valor real não significa aumento salarial, daí a diferença entre reajustamento salarial (recomposição do salário real) e aumento real do salário (acréscimo do salário real).

Lembra-se, ainda, que o salário mínimo refere-se à menor remuneração permitida por lei para os trabalhadores de um país ou ramo de atividade econômica. Este pode resultar, como no caso do Brasil, de uma intervenção do Estado no mercado de trabalho, ou ser o resultado de uma negociação coletiva entre empregados e empregadores.

Outra decorrência do salário, que deve entrar no cômputo do custo com os colaboradores, diz respeito aos encargos sociais: conjunto de obrigações trabalhistas que devem ser pagas pela organização, além do salário do colaborador, como Fundo de Garantia do Tempo de Serviço (FGTS), Instituto de Administração Financeira da Previdência e Assistência Social (Iapas), seguro de vida, 13º salário, taxas de contribuição (Sesi/Senai, Sesc/Senac, Sebrae, Incra, salário-educação etc.) e outras.

INCENTIVOS

Os incentivos, em geral, são programas implantados com a finalidade de recompensar o bom desempenho dos colaboradores. Pagar os colaboradores é essencial, mas é preciso, também, incentivá-los para darem o melhor de si mesmos, a fim de que se alcancem as metas propostas e outros desafios no futuro.

É primordial que o plano de incentivos seja comunicado aos colaboradores e que seja compreensível e fácil de calcular, a fim de evitar o sentimento de injustiça.

BENEFÍCIOS

Benefícios constituem vantagens que as empresas oferecem a seus colaboradores para poupar-lhes esforços e preocupações, contribuem para a retenção de talentos e para o bem-estar dos colaboradores. São igualmente conhecidos como remuneração indireta, ou recompensas não financeiras, que são oferecidas a todos os colaboradores que pertencem a determinada empresa, independentemente do cargo que ocupam.

Alguns benefícios constituem uma exigência da legislação trabalhista ou previdenciária, ou ainda, devem-se à convenção coletiva entre sindicatos:

- Férias.
- 13º salário.
- Aposentadoria.
- Seguro de acidentes de trabalho.
- Auxílio-doença.
- Salário-família.
- Salário-maternidade.
- Outros.

Enquanto outros, concedidos pelas empresas, podem ser considerados como benefícios voluntários:

- Gratificações.
- Refeições subsidiadas.
- Transporte subsidiado.
- Seguro de vida em grupo.
- Empréstimos aos colaboradores.
- Assistência médico-hospitalar e odontológica mediante convênio.
- Planos complementares de aposentadoria.
- Outros.

Por outro lado, podem-se classificar os benefícios, segundo Chiavenatto (2010), como monetários (concedidos mediante folha de pagamento e gerando encargos sociais) e não monetários (oferecidos sob a forma de serviços ou vantagens), conforme quadro a seguir.

Quadro 16.5 Benefícios segundo sua natureza

Natureza do beneficio	
Benefícios monetários	• Férias • 13º salário • Gratificações • Complementação do salário nos afastamentos prolongados por doença • Outros
Benefícios não monetários	• Refeitório • Assistência médico-hospitalar e odontológica • Transporte • Clube ou grêmio • Outros

Outros benefícios, que nem sempre são considerados como tal pelos colaboradores, incluem: estacionamento privativo, horário flexível de trabalho, cooperativa de gêneros alimentícios ou convênio com supermercados, agência bancária no local de trabalho, restaurante no local de trabalho, entre outros.

Cada empresa especifica seu plano de benefícios, seguindo critérios próprios, lembrando que o salário está relacionado ao cargo que a pessoa ocupa na empresa, enquanto os benefícios relacionam-se ao fato das pessoas serem colaboradoras de uma determinada organização.

Lembra-se, ainda, que alguns benefícios são integralmente responsabilidade da organização, em geral atendendo às exigências legais (13º salário, férias etc.); e outros contam com a participação do colaborador (creche, plano de saúde e odontológico, vale-refeição, vale-alimentação, seguro de vida em grupo etc.).

É importante que a organização, ao fixar os benefícios que irá disponibilizar, pense nos custos, mas, também, nos objetivos que pretende atingir com o plano de benefícios. Outro aspecto relevante diz respeito à comunicação deste plano a todos os colaboradores, utilizando os mais diversos meios de comunicação: boletins internos, relatórios anuais, relatórios de custos, rede intranet, entrevistas de seleção de colaboradores, treinamento introdutório, entre outros.

No que concerne à administração dos benefícios, deve-se fazer um acompanhamento constante, monitorando o custo mensal e anual, custo por colaborador, porcentagem que esses custos representam na folha de pagamentos da empresa, participação do colaborador e da empresa no custo do programa e o retorno para a organização e para o colaborador. Destaca-se a relevância de se comunicar aos colaboradores os custos dos benefícios concedidos, com o intuito de conscientizá-los de sua importância e do volume de dinheiro aplicado.

Motivação

Existe divergência de opiniões sobre a motivação humana, para uns apenas o aspecto financeiro é importante, para outros, a autoestima e a satisfação no trabalho devem ser consideradas. A partir da segunda metade do século XX houve grande preocupação dos autores em estudar esse assunto.

Bergamini (2002) afirma que a busca de explicação para a maneira das pessoas agirem não é uma tarefa fácil, pois cada um procura atingir objetivos diferentes dos demais e estes têm um significado particular.

No que concerne à satisfação no trabalho, sabe-se que o colaborador mais satisfeito falta menos, apresenta melhor saúde e não adota posturas destrutivas no trabalho (desperdício, quebra de equipamentos e utensílios, demora ou mau atendimento aos clientes etc.).

Vários autores estudaram a motivação humana, assim, Maslow estabeleceu uma hierarquia das necessidades humanas, ordenadas sob a forma de uma pirâmide, em cuja base se encontram as necessidades fisiológicas (alimentação, abrigo, água, vestuário, sono e satisfação sexual); a seguir, as necessidades de segurança (habitação, emprego, saúde); depois, as necessidades sociais (pertencer ao grupo, amizade, amor); na sequência, as necessidades de estima (confiança, respeito, aprovação); e, por fim, as necessidades de autorrealização (autossatisfação, conhecimento, moralidade, criatividade, crescimento pessoal). Salienta-se que estas últimas necessidades são insaciáveis. Para Maslow, não obrigatoriamente deve-se satisfazer um nível para que o nível seguinte seja dominante; e ele aponta o padrão de vida e o nível educacional como fatores importantes na caracterização dos níveis de satisfação.

Herzberg também estudou o assunto. Ele admitiu que a satisfação é gerada pelo trabalho em si, enquanto a insatisfação é gerada pelo ambiente de trabalho, classificando-os em fatores motivacionais (realização, reconhecimento, trabalho em si, responsabilidade, possibilidade de progresso) e higiênicos (política da empresa, supervisão, relações interpessoais, condições de trabalho, salário), respectivamente. Dessa forma, o autor admitiu que não é suficiente satisfazer os aspectos higiênicos, pois estes não motivam, apenas neutralizam a insatisfação e garantem o bem-estar físico das pessoas; para motivar deve-se dar destaque à realização, ao reconhecimento, à responsabilidade e à possibilidade de crescimento.

McGregor apresentou as Teorias X e Y, para a quais existem duas posturas frente aos trabalhadores: para a Teoria X, a pessoa não gosta de trabalhar e necessita ser controlada e ameaçada para atingir as metas; para a Teoria Y, o trabalhador busca responsabilidade, sente-se bem no trabalho e procura atingir os objetivos que lhe são propostos. Dessa maneira, os supervisores/gerentes que adotam a Teoria Y possibilitam aos colaboradores obter, no ambiente de trabalho, a satisfação das necessidades nos níveis mais elevados: sociais, de estima e de autorrealização.

Mais recentemente, destacam-se:

- Teoria de Expectativa de Vroom, para a qual as pessoas serão motivadas a fazer coisas para alcançar metas, se esperarem que certas ações de sua parte as ajudarão a alcançá-las.

Assim, para que uma pessoa esteja "motivada" a fazer alguma coisa é preciso que ela simultaneamente atribua valor à compensação advinda de desempenhar uma função, acredite que exercendo esta função ela receberá a compensação esperada e acredite que tem condições de desempenhar a função.

Para este autor, a motivação não é um processo que varia de indivíduo para indivíduo, em função de seus objetivos pessoais.

- Teoria de necessidades de McClelland destacou aquilo a que ele chamou de necessidades adquiridas, isto é, as necessidades que as pessoas desenvolvem com sua experiência ao longo de sua vida, à medida que interagem com os outros e com o seu ambiente. Sendo de especial importância:

  - A necessidade de realização, que traduz o desejo da pessoa em atingir objetivos que representem desafios, em fazer melhor e de maneira mais eficiente.

  - A necessidade de poder, isto é, o desejo de controlar, decidir e de influenciar ou ser responsável pelo desempenho dos outros.

  - A necessidade de afiliação, que representa o desejo de manter relações pessoais estreitas e de amizade.

  Segundo McClelland, apesar de em graus diferentes, todas as pessoas possuem esses três tipos de necessidades. Contudo, apenas uma delas prevalecerá e definirá a sua forma de atuação.

- Teoria ERC (existência, relacionamento, crescimento) de Alderfer, segundo a qual o indivíduo pode ter mais de uma necessidade ao mesmo tempo. Afirmou, ainda, que quando o indivíduo não conseguia satisfazer-se com um nível de necessidade, ele procurava elevar uma necessidade de nível mais baixo. Assim, se o colaborador não consegue respeito, busca obter mais dinheiro ou melhores condições de trabalho.

- Teoria da avaliação cognitiva, na qual se destacam dois autores: Deci, que contrariou as demais teorias, na medida em que afirmou que quando um indivíduo recebe recompensas extrínsecas (p. ex., salário) tende a diminuir seu interesse intrínseco na tarefa que está executando; e Locke, que propôs que a principal fonte motivacional é a intenção de trabalhar em direção a uma meta. Para esta teoria, os funcionários trabalham melhor quando recebem *feedback* da chefia e podem identificar a diferença entre o que fizeram e o que desejam fazer.

- Teoria da equidade, também chamada de Teoria do Equilíbrio, tem por base a crença de que as recompensas devem ser proporcionais ao esforço e iguais para todos. Se duas pessoas realizam o mesmo esforço, a recompensa de uma deve ser igual à da outra. De acordo com esta teoria, o estado de injustiça proporciona ao indivíduo motivação para fazer algo a fim de corrigi-lo.

Considera-se que para haver motivação devem-se conciliar os interesses de ambas as partes (colaboradores e empresa) e utilizar métodos que tendam para a cooperação humana. Pode-se falar de "empoderamento" (*empowerment*) das pessoas, no sentido de transmitir responsabilidade e recursos para todos os colaboradores, a fim de obter suas energias – criativa e intelectual – de modo a que possam se desenvolver, dentro de suas esferas de competência, e ajudar a empresa a conseguir os resultados esperados. O que se espera é uma verdadeira parceria.

Saúde ocupacional

A Norma Regulamentadora n. 7 (NR-7), do Ministério do Trabalho, é o sétimo capítulo contido na Portaria n. 3.214, de 8 de junho de 1978 – cuja última versão está contida na Portaria SSST n. 19, de 9 de abril de 1998. Atualmente, esta norma recebe o nome de Programa de Controle Médico de Saúde Ocupacional (PCMSO), a qual exige que sejam realizados os seguintes exames médicos: pré-admissional, periódico, de retorno ao trabalho (em afastamentos de mais de trinta dias), de mudança de função, antes de transferência e demissional (nos quinze dias que antecedem o desligamento definitivo do colaborador).

O programa de saúde ocupacional, além dos exames médicos exigidos pela legislação, desenvolve outras atividades cujo objetivo é a saúde do colaborador, como palestras sobre prevenção; elaboração do mapa de riscos ambientais e relatórios anuais; organização dos arquivos de exames (clínicos e complementares) dos colaboradores.

Os programas de saúde ocupacional são importantes para a gestão da qualidade das empresas, na medida em que auxiliam a qualidade de vida dos colaboradores, assim como os custos de produção, pois evitam ou minimizam: pagamento de indenizações, custos com seguros, aumento do absenteísmo, rotatividade dos colaboradores, pressões sindicais, entre outros.

Qualidade de vida

A Organização Mundial da Saúde (OMS) definiu saúde como "o completo bem-estar físico, mental e social, e não meramente a ausência de doença ou enfermidade". Em 1978, a OMS/Europa, reunida em Copenhagen, conceituou saúde como um processo dinâmico que depende da capacidade do indivíduo adaptar-se ao meio ambiente; ser saudável, portanto, significa manter uma atividade intelectual e social, apesar da presença de doença ou deficiências.

Atualmente, considera-se que a saúde resulta de um conjunto de fatores individuais e coletivos, sociais, econômicos, políticos, étnicos, religiosos, culturais, psicológicos, laborais, biológicos e ambientais, entre outros, interagindo em um processo dinâmico, sendo sinônimo de qualidade de vida. Dessa maneira, talvez, seja mais realista afirmar que o indivíduo passa por diferentes estados de saúde e doença, podendo ora encontrar-se mais saudável, ora menos, em relação a cada um dos aspectos mencionados.

Sabe-se como prevenir muitas doenças e como melhorar a saúde dos indivíduos e da comunidade, apesar dessas informações não estarem equitativamente distribuídas pela humanidade. Todavia, a consecução do objetivo de saúde para todos está comprometida por inúmeros fatores, entre os quais destacam-se: falta de vontade política, condições socioeconômicas desfavoráveis (pobreza, ausência de saneamento básico, habitações precárias, entre outros), falta de educação e de informação para que os indivíduos tomem decisões acertadas no que tange à própria saúde, à de sua família e à de sua comunidade.

Em relação à saúde podem-se adotar, no mínimo, três posturas: curativa, preventiva e promotora. Esta, a partir das duas últimas décadas do século XX, vem tendo maior destaque.

Entende-se promoção da saúde, segundo Germano (2003) como o conjunto de ações voltadas ao "empoderamento" (*empowerment*) das pessoas para exercerem seus direitos e responsabilidades, modelando ambientes, sistemas e políticas que conduzam à saúde e ao bem-estar. Na área de alimentos, em particular, pode ser entendida como as intervenções dos setores público e privado, de indivíduos e grupos, que tenham por finalidade garantir a segurança alimentar e, consequentemente, melhorar a saúde da população, pelo acesso a produtos em quantidade suficiente (para evitar a fome e fornecer os nutrientes necessários à sobrevivência) e com qualidade (que não causem doença).

A Lei federal n. 11.346, de 15 de setembro de 2006, conceitua:

> A segurança alimentar e nutricional consiste na realização do direito de todos ao acesso regular e permanente a alimentos de qualidade, em quantidade suficiente, sem comprometer o acesso a outras necessidades essenciais, tendo como base práticas alimentares promotoras da saúde que respeitem a diversidade cultural e que sejam ambiental, cultural, econômica e socialmente sustentáveis. (Art. 3º)

E o Conselho Nacional de Segurança Alimentar e Nutricional (Consea) define que:

> Situações de insegurança alimentar e nutricional podem ser detectadas a partir de diferentes tipos de problemas, tais como: fome, obesidade, doenças associadas à má alimentação, consumo de alimentos de qualidade duvidosa ou prejudiciais à saúde, estrutura de produção de alimentos predatória em relação ao ambiente e bens essenciais com preços abusivos e imposição de padrões alimentares que não respeitem a diversidade cultural.

No ambiente das empresas, emprega-se a expressão qualidade de vida no trabalho para se referir à preocupação com o bem-estar e a saúde dos colaboradores no desempenho do trabalho, englobando aspectos físicos, ambientais e psicossociais das organizações. Sabe-se que estes aspectos influenciam diretamente na satisfação dos colaboradores com o trabalho, no comprometimento com a segurança dos alimentos e também em sua produtividade.

Alguns aspectos que influenciam a qualidade de vida dos colaboradores dizem respeito a:

- Satisfação com o trabalho que exercem.
- Consciência da finalidade da atividade que exercem – saber o porquê.
- Possibilidade de desenvolvimento na organização.
- Responsabilidade pelo trabalho.
- Reconhecimento pelo seu desempenho.
- Remuneração recebida (salário + incentivos + benefícios).
- Estabilidade no emprego.
- Segurança no trabalho.
- Relacionamento humano na equipe.
- Liderança liberal.
- Orgulho da organização.
- Ambiente físico e psicológico.

Estresse no trabalho

> *"O estresse se instala quando, aquilo que você faz lhe exige bastante, mas você não vê a razão de fazê-lo. Estresse é diferente de cansaço." (Cortella, 2011)*

Cada vez mais ouve-se o termo estresse e a maioria das pessoas não sabe exatamente a que se refere. Segundo o dicionário Aurélio, é o "conjunto de reações do organismo a agressões de ordem física, psíquica, infecciosa e outras capazes de perturbar sua homeostase (tendência à estabilidade do meio interno do organismo)". No ambiente de trabalho, existem duas fontes principais de estresse: causas ambientais e causas pessoais. As primeiras dizem respeito a: excesso de trabalho, falta de tranquilidade, insegurança no trabalho, exigências de clientes internos ou externos a serem atendidas, prazos muito curtos, além de causas ambientais propriamente ditas (ruído de máquinas ou pessoas conversando, telefones tocando, entre outros). As causas pessoais variam de indivíduo para indivíduo e envolvem: ambiguidade, baixa autoestima, saúde precária, falta de exercícios físicos, maus hábitos de alimentação e sono, problemas familiares, conjugais, financeiros e legais.

O estresse pode levar a sérias consequências para o colaborador (ansiedade, depressão, angústia, nervosismo e sintomas físicos – distúrbios gástricos e cardiovasculares, dores de cabeça – assim como abuso de drogas, alienação, redução das relações interpessoais e acidentes). Na organização, interfere na quantidade e qualidade do trabalho (com destaque para a falta de adesão aos procedimentos que podem garantir a saúde dos consumidores), no absenteísmo, na rotatividade, na predisposição a queixas e reclamações podendo, até mesmo, conduzir a greves.

A maneira como os indivíduos lidam com o estresse varia, desde aqueles que se sentem estimulados – mais criativos –, com certo nível de pressão que possa conduzir a um resultado positivo, até aqueles que, a menor pressão, entram em crise. Assim, os gestores de pessoas precisam conhecer as características de seus colaboradores para terem um comportamento equitativo, isto é, agirem com cada um de acordo com suas necessidades.

Segurança no trabalho e prevenção de acidentes

Segundo Ribeiro (2005, p. 205),

> Entende-se por segurança do trabalho o conjunto de medidas técnicas, administrativas, educacionais, médicas e psicológicas, empregadas para prevenir acidentes, seja pela eliminação de condições inseguras, seja pela instrução ou pelo convencimento das pessoas para a implementação de práticas preventivas.

A missão da segurança do trabalho refere-se, portanto, a preservar a saúde do colaborador e proteger os equipamentos, as instalações e o patrimônio da empresa.

Define-se acidente como uma ocorrência em uma série de fatos que, sem intenção, produz lesão corporal, morte ou dano material (NSC, 1990). Em geral, o que gera um acidente de trabalho é um ato inseguro somado a uma condição insegura, conforme o Quadro 16.6.

514 | Sistema de gestão: qualidade e segurança dos alimentos

Quadro 16.6 Atos inseguros e condições inseguras que predispõem a um acidente de trabalho

Atos inseguros	Condições inseguras
• Ausência de EPI (equipamento de proteção individual)	• Falta de proteção em máquinas e equipamentos
• Uso de EPI mal-conservado	• Proteção inadequada ou defeituosa das máquinas e equipamentos
• Utilizar máquina ou equipamento não autorizado	• Máquinas ou equipamentos com defeito
• Limpar ou lubrificar máquinas ligadas ou em andamento	• Falta de manutenção
• Improvisar utensílios ou ferramentas	• Espaço físico mal-organizado
• Utilizar máquina ou equipamento com sobrecarga ou velocidade inadequada	• Falta de espaço para realizar as operações
• Correr no ambiente de trabalho	• Instalações elétricas com defeito, improvisadas ou fraudulentas (gambiarra)
• Expor parte do corpo em local perigoso	• Escadas sem corrimão
• Deixar utensílios, equipamentos ou ferramentas jogados ou fora do lugar	• Pisos escorregadios, sujos e com detritos
• Retirar dispositivos de proteção de máquinas ou equipamentos	• Ventilação imprópria ou fonte de ar impuro
• Ignorar avisos	• Falta de EPIs
• Ficar sob carga suspensa	• Iluminação insuficiente
• Fumar ou provocar chamas ou faíscas em local indevido	• Falta de avisos
• Distrair-se	• Temperatura muito elevada ou muito baixa no local de trabalho
• Conversar durante o serviço	• Armazenamento inseguro, congestionado ou sobrecarregado

Fonte: Adaptado de Chiavenatto (2010) e Ribeiro (2005).

Outros fatores coadjuvantes que concorrem para a ocorrência de acidentes são: a falta de treinamento, o desconhecimento dos riscos, o despreparo para atuar em determinada função, o excesso de confiança, as deficiências físicas (daltonismo, visão prejudicada, surdez etc.), e as condições físicas (cansaço, sono, embriaguez, drogadição etc.).

A ocorrência de acidentes no ambiente de trabalho traz consequências em diversos âmbitos:

Gestão de pessoas para qualidade e segurança dos alimentos | **515**

- Para o colaborador que se acidentou, por ter ficado incapacitado, total ou parcialmente, temporária ou definitivamente, para o trabalho.

- Para a organização, em função da perda do colaborador, de materiais e da produção, quebra de equipamentos e outros danos patrimoniais, influenciando o custo de seus produtos e sua imagem frente aos demais colaboradores, clientes, fornecedores e a própria sociedade.

- Para a sociedade, em razão dos custos médicos com internações hospitalares, pelo aumento do número de inválidos e custos previdenciários consequentes.

Algumas medidas, relativamente simples, podem colaborar para diminuir os acidentes de trabalho:

- Utilizar sinalização adequada em todas as instalações da empresa.
- Manter uma Comissão Interna de Prevenção de Acidentes (Cipa) atuante na organização.
- Realizar, periodicamente, campanhas de prevenção de acidentes, inclusive a Semana Interna de Prevenção de Acidentes do Trabalho (Sipat).
- Treinar a brigada de incêndio.
- Revisar constantemente os extintores de incêndio.
- Incluir o tema prevenção de acidentes de trabalho no treinamento de integração/ambientação dos colaboradores.
- Contar com o apoio da direção, chefia e supervisores para as medidas preventivas.

Equipamentos de proteção individual (EPIs)

Os EPIs são todos os meios ou dispositivos de uso pessoal, destinados a preservar a integridade do colaborador no trabalho, neutralizando ou atenuando a ação do agente agressivo contra o corpo da pessoa que os utiliza. As áreas do corpo mais atingidas nos acidentes de trabalho dizem respeito a cabeça, olhos, mãos e pés. A legislação determina que esses equipamentos sejam fornecidos aos colaboradores, que devem fazer uso deles, obrigatoriamente.

516 | Sistema de gestão: qualidade e segurança dos alimentos

Os EPIs de uso mais frequente são:

- Calçados ou botas.
- Perneiras.
- Luvas.
- Capacete.
- Óculos.
- Avental.
- Protetor auricular.
- Cinto de segurança.
- Protetor facial.
- Máscaras.
- Filtros.
- Jaquetas térmicas.

Avaliação de desempenho

> *"Erro é para ser corrigido, não para ser punido. O que se pune é negligência, desatenção e descuido. A gente não aprende com os erros. A gente aprende com a correção dos erros." (Cortella, 2011)*

No dia a dia, todas as pessoas avaliam o mundo que as rodeia, inclusive, quando se pede ou se tem a obrigação de avaliar o outro, surge um bloqueio, um receio, uma dificuldade. Entretanto, nas organizações, a avaliação dos colaboradores reveste-se de grande importância para a boa gestão da própria empresa e para a satisfação dos colaboradores, que poderão identificar sua contribuição para o sucesso da organização.

O apoio integral da alta direção é essencial para a efetividade da avaliação de desempenho, sobretudo no estabelecimento de uma relação entre a avaliação e o reconhecimento funcional ou salarial do colaborador, a fim de elevar a moral da equipe e melhorar os resultados da organização.

Para atender a essa dupla demanda (benefícios para a organização e para os colaboradores), ela deve basear-se em uma análise objetiva do desempenho e não, simplesmente, em uma avaliação subjetiva dos hábitos pessoais dos colaboradores. Ela deve ser entendida e utilizada como uma maneira de melhorar a *performance* dos colaboradores e da própria empresa, fornecendo observações em lugar de julgamentos, fatos e não percepções.

Entende-se avaliação de desempenho como a apreciação sistemática da *performance* de cada colaborador, em função de suas competências, das metas e resultados alcançados, e do seu potencial de desenvolvimento. Esse processo fornece subsídios importantes para os seguintes sistemas de gestão de pessoas nas empresas:

- Captação (recrutamento e seleção), pois indica as características desejáveis (conhecimentos, habilidades, atitudes e julgamentos) para novos colaboradores.

- Educação (treinamento, capacitação etc.), ao detectar os processos educativos que se fazem necessários para suprir as necessidades dos colaboradores, assim como o resultado dos processos educativos que foram realizados no período.

- Manutenção (em seus diversos subsistemas):
  - Remuneração, auxiliando a decidir quem deve receber aumento salarial ou promoção (mudança de cargo), provendo subsídios sobre motivação e recompensas aos colaboradores. Em última instância, detecta os colaboradores que devem ser desligados.
  - Monitoramento (*feedback*) explicitando o desempenho demonstrado e as potencialidades futuras, tanto entre gerentes e seus colaboradores como em relação aos clientes internos e externos e à área de recursos humanos da empresa.

Existem várias técnicas para se realizar a avaliação de desempenho nas organizações, desde a autoavaliação – realizada pelos próprios colaboradores, até a avaliação dos gerentes, a da pessoa e de seu gerente, entre equipes de trabalho, dos parceiros, da área de recursos humanos, ou por uma comissão de avaliação.

A melhor avaliação é a imediata, todavia, muitos instrumentos podem ser empregados para o acompanhamento do colaborador, no transcorrer de um período. Os métodos e instrumentos que podem ser utilizados estão descritos no Capítulo 17 desta obra. Destaca-se a importância de uma entrevista com cada colaborador, a fim de fornecer o *feedback* individualizado e poder discutir com o colaborador os resultados obtidos e as expectativas futuras.

As dificuldades mais frequentes dos avaliadores, nos processos de avaliação de desempenho, dizem respeito a:

- Tender à média, avaliando todos os colaboradores na média, desprezando as diferenças individuais no alcance dos resultados.

- Efeito de Halo, quando o avaliador permite que a avaliação de um item interfira no julgamento de outros fatores, contaminando o resultado final. Em geral, atribui-se características positivas a quem tem resultados positivos e vice-versa.

- Medo da reação, quando o avaliador julga que o colaborador não está preparado para receber o *feedback*, especialmente se este for negativo, e que poderá tornar-se agressivo ou ficar afetado psicologicamente.

- Falta de conhecimento do colaborador, quando o avaliador não tem um claro domínio das competências de seu colaborador. Nesse caso, deve permitir que outra pessoa, que conheça melhor o colaborador, realize a avaliação.

O profissional que está na posição de avaliador da *performance* de seu colaborador pode ser considerado líder. Muito já se falou a respeito de liderança, e neste texto chama-se a atenção para o caráter circunstancial da liderança, ou seja, ninguém é líder em todas as situações. O melhor conselho que se pode oferecer a qualquer líder é que ele seja humilde e reconheça que não é dono da verdade. Como afirmou Sócrates: "a única coisa que sei é que nada sei". Lembrando que ser humilde é diferente de ser subserviente.

Além de fornecer *feedback* aos colaboradores, o líder deve estar envolvido com as ações de desenvolvimento das competências dos colaboradores e seu crescimento profissional.

Em síntese, a avaliação de desempenho representa uma contribuição para o colaborador, no sentido de motivá-lo; e, para a organização, uma forma de otimizar as competências para obter melhores resultados e ser mais competitiva.

Considerações finais

> *"Num mundo competitivo, para caminhar para a excelência é preciso fazer o melhor, no lugar de, vez ou outra, contentar-se com o possível."*
>
> *(Cortella, 2011)*

O capital humano pode ter seu valor aumentado ou depreciado. No primeiro caso, quando as pessoas aperfeiçoam suas competências e, consequentemente, sua capacidade de contribuir para a consecução de resultados. No segundo, quando os colaboradores não têm suas competências desenvolvidas, quando as aplicam apenas parcialmente ou quando o ambiente de trabalho leva a uma desmotivação generalizada.

É essencial que as organizações considerem os colaboradores como seu maior capital, pois elas não existem sem as pessoas. Empresa e pessoas têm expectativas. Os responsáveis pela gestão de pessoas na empresa têm a missão de mediar essas expectativas para que coincidam. Atualmente, quando se contrata um colaborador, pretende-se que ele apresente o resultado do trabalho para o qual foi contratado, mas não apenas isso, espera-se que ele agregue algum valor, como: ideias, inovações, entre outros. Para tanto, faz-se necessário que o colaborador esteja comprometido com a empresa.

Por outro lado, o colaborador tem suas expectativas, em termos de: reconhecimento pelo trabalho realizado, mediante remuneração justa e outros tipos de atenção que demonstrem seu valor; oportunidade de desenvolvimento de suas competências (educação); e crescimento (promoções e melhores salários); além do sentimento de pertencer.

O descaso em relação ao colaborador, assim como no que diz respeito à sua segurança e à sua saúde, constituem os motivos mais frequentes de demissão, mesmo quando comparados aos desligamentos em função da questão salarial.

No que concerne à área de alimentos, o que se espera é a segurança dos produtos para os consumidores, portanto, é essencial que o colaborador adote uma postura promotora da saúde, evitando todo tipo de contaminação que possa causar dano aos usuários dos alimentos e a si mesmo, com o respaldo de todos os níveis da empresa. Em todos os estabelecimentos, independentemente de seu porte ou ramo de atividade (agronegócio, indústria ou comércio), a gestão de pessoas deve ir ao encontro desse paradigma.

A consciência de sua importância, na preservação da saúde da população, pode e deve funcionar como fator motivacional para todos os que atuam no segmento de alimentos.

Referências

AGUILAR, M.A. *Era do conhecimento ou da competência?* Disponível em: http://www.pedagogia.pro.br/conhecimento competencia.htm. Acessado em: 19 set. 2002.

Anais da III Conferência Regional Latino-Americana de Promoção da Saúde e Educação para a Saúde. São Paulo, 10 a 13 nov. 2002.

ANTUNES, R. *Adeus ao trabalho? Ensaio sobre as metamorfoses e a centralidade do mundo do trabalho.* São Paulo/Campinas: Cortez/Editora da Universidade Estadual de Campinas, 1995.

BARBOSA, A.C.Q.; RODRIGUES, M.A. Alternativas metodológicas para a identificação de competências. *Boletim Técnico Senac.* Rio de Janeiro, v.32, n.2, p.20-9, 2006.

BERGAMINI, C.W. Motivação: mitos, crenças e mal-entendidos. *Revista de Administração de Empresas.* São Paulo, v.30, n.2, p.23-34, 1990a.

_____. *Psicologia aplicada à administração de empresas.* 3.ed. São Paulo: Atlas, 1990b.

BORDENAVE, J.D.; PEREIRA, A.M. *Estratégias de ensino-aprendizagem.* Petrópolis: Vozes, 1980.

BUSS, P.M. Promoção da saúde e qualidade de vida. *Ciência & Saúde Coletiva.* n.5, p.163-77, 2000.

CANDEIAS, N.M.F. Conceitos de educação e de promoção em saúde: mudanças individuais e mudanças organizacionais. *Revista de Saúde Pública.* v.31, p.209-13, 1997.

CHIAVENATTO, I. *Gestão de pessoas: o novo papel dos recursos humanos nas organizações.* 3.ed. Rio de Janeiro: Elsevier, 2010.

CINTERFOR. *Competencia laboral: las 40 preguntas más frecuentes sobre competencia laboral.* Disponível em: http://www.ilo.org/public/spanish/region/ampro/cintrfor/temas/complab/banco/for_cer/cona/index.htm. Acessado em: 23 set. 2002.

CORTELLA, M.S. *Qual é a sua obra?: inquietações propositivas sobre gestão, liderança e ética.* 13.ed. Petrópolis: Vozes, 2011.

DEFFUNE, D.; DEPRESBITERES, L. *Competências, habilidades e currículos de educação profissional: crônicas e reflexões.* São Paulo: Editora Senac, 2000.

DELUIZ, N. Qualificação, competências e certificação: visão do mundo do trabalho. In: Ministério da Saúde. *Projeto de profissionalização dos trabalhadores na área de enfermagem. Humanizar cuidados de saúde: uma questão de competência.* Brasília: Ministério da Saúde, 2001 (Formação v.1, n.2).

DEMO, P. Habilidades do século XXI. *Boletim Técnico Senac.* Rio de Janeiro, v.34, n.2, p.4-15, 2008.

DEPRESBITERES, L. Certificação de competências: a necessidade de avançar numa perspectiva formativa. In: Ministério da Saúde. *Projeto de profissionalização dos trabalhadores na área de enfermagem. Humanizar cuidados de saúde: uma questão de competência.* Brasília: Ministério da Saúde, 2001 (Formação v.1, n.2).

Gestão de pessoas para qualidade e segurança dos alimentos | **521**

DHILLON, H.S.; PHILIP, L. *Health promotion and community action for health in developing countries.* Geneva: WHO. s/d.

DRUCKER, P.F.; MACIARIELLO, J.A. *Gestão.* Rio de Janeiro: Agir, 2010.

GARAY, A.B.S. As difierentes faces do processo de qualificação: algumas dimensões esquecidas. *Revista de Administração,* v.3, p.52-61, 1998.

GASPARINI, A.C.L.F. Programas de qualidade de vida no trabalho. *Compensações & Benefícios,* p.30-2, s/d.

_____. Qualidade de vida. *Proteção.* v.41, p.91-2, 1992.

GERMANO, M.I.S. Treinamento de recursos humanos. In: GERMANO, P.M.L.; GERMANO, M.I.S. *Higiene e vigilância sanitária de alimentos.* 4.ed. Barueri: Manole, 2011.

_____. Segurança alimentar: a arma pode estar nas suas mãos. Higiene das mãos: um trabalho de construção e desconstrução. *Higiene Alimentar.* v.21, maio/junho 2007.

_____. *Treinamento de manipuladores de alimentos: fator de segurança alimentar e promoção da saúde.* São Paulo: Higiene Alimentar e Varela, 2003.

GERMANO, M.I.S.; GERMANO, P.M.L.; KAMEI, C.A.K.; ABREU, E.S. de; RIBEIRO, E.R.; SILVA, K.C. et al. Manipuladores de alimentos: capacitar? é preciso. Regulamentar? ...será preciso? *Higiene Alimentar.* v.14, p.18-22, 2000.

GERMANO, P.M.L.; GERMANO, M.I.S. A vigilância sanitária de alimentos como fator de promoção da saúde. *O Mundo da Saúde.* n.24, p.59-66, 2000.

JENKINS, C.D. Health for all by the year 2000: a challenge to behavioural sciences and health education. *Hygie.* v.9, p.8-12, 1990.

LOBO, A. Sistemas de certificação de pessoal como instrumento de valorização profissional. In: Ministério da Saúde. *Projeto de profissionalização dos trabalhadores na área de enfermagem. Humanizar cuidados de saúde: uma questão de competência.* Brasília: Ministério da Saúde, 2001 (Formação v.1, n.2).

MAGER, R.F. *A formulação de objetivos de ensino.* Porto Alegre: Globo, 1976.

MARQUES, C.M. da S. Certificação de competências profissionais: o que o Profae está pensando e fazendo. In: Ministério da Saúde. *Projeto de profissionalização dos trabalhadores na área de enfermagem. Humanizar cuidados de saúde: uma questão de competência.* Brasília: Ministério da Saúde, 2001 (Formação v.1, n.2).

MEHEDEFF, N. Certificação ocupacional: aproximando formação e trabalho. In: Ministério da Saúde. *Projeto de profissionalização dos trabalhadores na área de enfermagem. Humanizar cuidados de saúde: uma questão de competência.* Brasília: Ministério da Saúde, 2001 (Formação v1, n2).

MUSSAK, E. *Gestão humanista de pessoas: o fator humano como diferencial competitivo.* Rio de Janeiro: Elsevier, 2010.

[NSC] NATIONAL SAFETY COUNCIL. *Accident Facts 1990.* Disponível em www.librarything.com/work/2754613. Acessado em 20. jul. 2011.

NERI, A.A. Competências para a maturidade profissional. In: NERI, A.A. *Gestão de RH por competências e a empregabilidade.* Campinas: Papirus, 1999. p 89-127.

PACHECO, L. et al. *Capacitação e desenvolvimento de pessoas.* Rio de Janeiro: Ed. FGV, 2006.

PELICIONI, M.C.F. As inter-relações entre a educação, saúde e meio ambiente. *Biológico.* n.1, p.75-8, 1999.

PEREIRA, I.M.T.B.; PENTEADO, R.Z.; MARCELO, V.C. Promoção da saúde e educação em saúde: uma parceria saudável. *O Mundo da saúde,* n.24, p.39-43, 2000.

PODER, V. *Diagnósticos & Soluções em RH: fazendo o que precisa ser feito.* Rio de Janeiro: Qualitymark, 2006.

RAMOS, M.N. Qualificação, competências e certificação: visão educacional. In: Ministério da Saúde. *Projeto de profissionalização dos trabalhadores na área de enfermagem. Humanizar cuidados de saúde: uma questão de competência.* Brasília: Ministério da Saúde, 2001 (Formação v.1, n.2).

RIBEIRO, A. de L. *Gestão de pessoas*. São Paulo: Saraiva, 2005.

RODD, W.; JAMES, H. *12 elementos da gestão de excelência*. Rio de Janeiro: Sextante, 2009.

RUZZARIN, R.; SIMIONOVSCHI, M. *Competências: uma base para a governança corporativa*. Porto Alegre: AGE, 2010.

SENGE, P. et al. *Escolas que aprendem: um guia da quinta disciplina para educadores, pais, e todos que se interessam pela educação*. Porto Alegre: Artmed, 2005.

SHARP, A. *A empresa na era do ser*. Rio de Janeiro: Rocco, 2000.

SILVEIRA JÚNIOR, A.; VIVACQUA, G. *Planejamento estratégico como instrumento de mudança organizacional*. 2.ed. São Paulo: Atlas, 1999.

SOUZA, R.R. de; GERMANO, P.M.L.; GERMANO, M.I.S. Técnica da simulação aplicada ao treinamento de manipuladores de alimentos como recurso para a segurança alimentar de refeições transportadas. *Higiene Alimentar,* n.18, p.21-5, 2004.

TRASATTI, S.R. Administração de recursos humanos por competências: a gestão do novo contrato entre pessoas e empresas do terceiro milênio. In: NERI, A.A. (org.). *Gestão de RH por competências e a empregabilidade*. Campinas: Papirus, 1999, p.13-39.

_____. Treinamento de competências funcionais: moldando o futuro organizacional pelas pessoas. In: NERI, A.A. (org.). *Gestão de RH por competências e a empregabilidade*. Campinas: Papirus, 1999, p.31-58.

TREVISAN, L. *Educação & trabalho: as receitas inglesas na área da instabilidade*. São Paulo: Editora Senac, 2001.

TURRA, C.M.G. et al. *Planejamento de ensino e avaliação*. 10.ed. Porto Alegre: Sagra, 1985.

UNGAR, M.L.; GERMANO, M.I.S.; GERMANO, P.M.L. Riscos e consequências da manipulação de alimentos para a Saúde Pública. *Higiene Alimentar*. n.6, p.14-7, 1992.

WEARE, K. The contribution of education to health promotion. In: BUNTON, R.; MACDONALD, G. *Health promotion: disciplines and diversity*. London: Routledge, 1992, p.66-85.

[WHO] World Health Organization. *Education for health. A manual on health education in primary health care*. Geneva, 1988.

_____. *Food borne desease: focus for health education*. Geneva, 2000.

17

Metodologia para análise e diagnóstico de situações na gestão de pessoas

Maria Izabel Simões Germano

Introdução

O presente texto tem por objetivo servir de subsídio para todos aqueles que pretendem realizar diagnóstico de situações no processo de gestão de pessoas, utilizando instrumentos de metodologia de pesquisa. Métodos para realizar o diagnóstico situacional são importantes na medida em que conferem credibilidade aos fatos, documentam e propiciam indícios que possam servir de base para a avaliação dos resultados alcançados, tanto para sanar inadequações quanto para aperfeiçoar as condições preexistentes. Ressalta-se que diferentes métodos podem ser utilizados para análise e avaliação de situações, assim como são variados os instrumentos que se pode lançar mão. Visando esclarecer os significados de método, são feitas as considerações a seguir.

Todas as ciências atuais originaram-se da filosofia – da física à psicologia. Entretanto, nas ciências chamadas humanas, ainda não existe consenso sobre muitos conceitos, bem como muitas áreas não foram bem delimitadas. Assim, na busca de esclarecer o que se entende por método ou metodologia, foram procurados, inicialmente, tais termos no dicionário Aurélio:

Método, do grego ë*methodos*í, caminho para chegar a um fim; caminho pelo qual se atinge um objetivo; programa que regula previamente uma série de operações que se devem realizar, apontando erros evitáveis, em vista de um resultado determinado; processo ou técnica de ensino; modo de proceder; maneira de agir; meio.

Metodologia: arte de dirigir o espírito na investigação da verdade.

Por outro lado, segundo o *Pequeno vocabulário da língua filosófica,* de Armand Cuvillier:

Método, no sentido abstrato, arte de bem dispor uma sequência de diversos pensamentos, ou para descobrir a verdade quando a ignoramos, ou para prová-la aos outros quando já a conhecemos (Port Royal); e, no sentido concreto, processo especial, por exemplo o método das variações concomitantes.

Metodologia: estudo dos métodos próprios às diferentes ciências.

Gênese dos métodos

Historicamente, a partir de Sócrates (séc. V a.C.), cujas ideias chegaram até os dias atuais mediante os escritos de Platão, busca-se a evolução de diferentes métodos. Todavia, atribui-se, ao primeiro, duas frases que são de grande interesse para todos aqueles que pretendem desenvolver qualquer atividade de diagnóstico ou de pesquisa: "Minha sabedoria consiste em saber que nada sei." – que significa a tomada de consciência da própria ignorância, também conhecida como ignorância esclarecida, pois expressa a ideia de que não se pode saber absolutamente tudo; e "Conhece-te a ti mesmo." – lema tirado do oráculo de Delfos, com o qual o filósofo buscava fazer com que a pessoa conhecesse suas deficiências ou limitações, e tem um forte conteúdo moral (ético).

Sócrates não se considerava professor, seus seguidores reuniam-se com ele e discutiam suas ideias, por meio da argumentação, partindo dos fatos chegavam a generalizações. Seu método ficou conhecido como maiêutica ou método de interrogação, constitui um método construtivo, no qual o indivíduo, pela indução, elabora uma definição a partir dos elementos comuns tirados de vários exemplos. Ainda hoje, emprega-se este método em muitas das atividades de diagnóstico.

Platão, fundador da academia, preconizava o diálogo (método dialético), em que a noção de ideia constitui a base do conhecimento (idealismo) – a partir do mundo das sensações atinge-se o mundo das ideias, que, para ele, é a base do conhecimento.

Aristóteles, fundador da lógica formal, procurava as constantes no pensamento verdadeiro. Considerava que o homem nascia como uma *tabula rasa* (folha em branco) e que o conhecimento surgia do contato com o mundo exterior. Também utilizou o método dialético.

Na Idade Média, Galileu Galilei buscou um método para a ciência física (uma das primeiras a se desmembrar da filosofia) – o método hipotético-dedutivo ou experimental. Considerava método como a organização do trabalho a ser feito, um processo para estudar alguma coisa.

Nos tempos modernos (século XVI), destacaram-se duas correntes, de um lado o empirismo – que valorizava a indução, considerando que o conhecimento surge depois da experiência; como representantes, podem ser citados os pensadores ingleses Francis Bacon, Thomas Hobbes e John Locke; e, de outro lado, o racionalismo, que valorizava a dedução, cujo maior representante foi René Descartes.

Dentre os primeiros, Bacon afirmava que o saber é prático e o conhecimento ocorre *a posteriori*, isto é, depois da experiência, valorizava a observação dos fatos e a experimentação (provocar um fenômeno para estudar as suas causas). Locke negava as ideias inatas e tornou sua a afirmação de Aristóteles "Nada existe no intelecto que não haja primeiro passado pelos sentidos". Afirmava ele que as ideias derivavam ou da sensação (conhecimento que se passa no exterior) ou da reflexão (conhecimento que se passa no interior). Para Hobbes não havia separação entre matéria e espírito (empirismo materialista).

Descartes, que escreveu o *Discurso do Método* (*Discours de la méthode pour bien conduire sa raison et chercher la vérité dans les sciences*), considerava o método como matemático por excelência, para ele, o verdadeiro conhecimento era aquele que conseguia, nas coisas complexas, aprender as simples e nas relativas, o absoluto. Descartes não aceitava nada como verdadeiro a não ser depois de provar ser verdadeiro. A famosa afirmação *Cogito ergo sum* é o que se chama prova ontológica (evidência racional), ou seja, parte da essência e conclui essência pela existência – pelo fato de ser, existe.

526 | Sistema de gestão: qualidade e segurança dos alimentos

O método de Descartes baseava-se em quatro preceitos:

- Evitar a precipitação e a prevenção, aceitar somente o que se mostrar de modo claro e distinto à mente, de maneira que não subsista razão alguma de dúvida.
- Dividir cada dificuldade em tantas partes quanto possível e necessário para resolvê-la.
- Pôr ordem nos pensamentos, começando pelos assuntos mais simples e mais fáceis de serem conhecidos para atingir, paulatinamente, o conhecimento dos mais complexos – não é suficiente apreender as coisas simples, é necessário relacioná-las.
- Fazer sempre enumerações exatas e revisões gerais para estar certo de não ter esquecido nada.

Salienta-se que o pensamento de Descartes tem uma grande influência até a atualidade.

Gottfried Wilhelm Leibnitz (1646 -1716) foi o primeiro a sugerir a ideia de relatividade da essência, com a noção de "mônada" – ponto de partida para a realidade. Considerava a realidade como algo dinâmico e que existia uma harmonia preestabelecida derivada da influência de Deus. Buscou conciliar o método de Descartes com a lógica formal de Aristóteles – ecletismo. Completa a noção de Locke, de que nada existe no intelecto que não tenha antes passado pelos sentidos, com a frase: "a não ser o próprio intelecto", assim, para Leibnitz existem razões que o espírito se sente obrigado a aceitar como verdadeiras, sem necessidade da experiência.

Christian Wolff (1679 -1754), precursor do Iluminismo, partiu da afirmação da ação do homem sobre a natureza de forma organizada, histórica e cultural.

Dois outros representantes do idealismo, Immanuel Kant (1724 -1804) e Georg Wilhelm Friedrich Hegel (1770 - 1831) são importantes. Entende-se por idealismo, em filosofia, como os diversos sistemas que reduzem o ser ao pensamento e as coisas ao espírito; contrário de realismo. O primeiro buscou superar o racionalismo e o empirismo pela afirmação da filosofia como teoria do conhecimento – idealismo conhecido como transcendental (ou relativismo kantiano) –, crítica da razão pura e da prática, sendo influenciado por Leibnitz, por meio de Wolff e de Hume. O segundo opôs ao materialismo clássico o caráter ativo e histórico do homem, o que influenciou Marx – método dialético antropológico – estudo do ser. Para Hegel, tese = ser; antítese = nada; e síntese = devir (vir a ser).

Wilhelm Von Humboldt (1767-1835) trouxe uma contribuição importante para a história do pensamento ao introduzir, pela primeira vez, considerações sobre a historicidade do homem. Posteriormente, influenciou filósofos do século XX, como Croce e Chomsky.

No século XIX, duas outras correntes são importantes: o positivismo de Augusto Comte, criador da sociologia, e o materialismo histórico de Karl Marx.

Marx fez a crítica da filosofia alemã, da política francesa e da economia inglesa do século XIX. Seu método dialético, decorrente do materialismo histórico (tese e antítese = luta de classes; e síntese = coletivismo) entendia que a realidade não podia ser diretamente apreendida, devendo ser mediatizada pelo pensamento.

Comte tomou como ponto de partida o desejo de resolver o problema da sociedade, influenciado pela época em que viveu, acreditava que a causa da anarquia fosse a desorganização intelectual dos vários setores sociais. Adotou o ponto de vista positivo, daí o nome de positivismo, segundo o qual tentou modificar a sociedade por meio do conhecimento das leis que regem os fenômenos sociais em contrapartida ao ponto de vista normativo (ideal = deve ser assim). Como método, propôs o cálculo para os conhecimentos dedutivos e a experiência na indução, no conhecimento dos fatos. Para ele todo conhecimento era relativo. O positivo, por exemplo, buscava "ver para prever, a fim de prover" – ou seja: conhecer a realidade para saber o que acontecerá a partir de nossas ações, para que o ser humano possa melhorar sua realidade. Desta forma, a previsão científica caracteriza o pensamento positivo.

Das teorias explanadas, tem-se atualmente:

Indutivismo

John Stuart Mill (1806 -1873) afirmou "... o que é verdadeiro sobre a parte é verdadeiro sobre o todo, o que é verdade em certos momentos será verdadeiro em circunstâncias semelhantes o tempo todo".

Indução é o processo cognitivo que, a partir de certo número de casos, chega à formulação de uma lei geral, cujo alcance se estende para além dos casos considerados. Caracteriza-se por uma atitude empírica e por procedimentos metódicos rigorosos, que levam à descoberta de relações constantes entre objetos de uma mesma classe ou diferentes.

Para o indutivismo, as teorias científicas devem valer em todos os tempos (passado, presente e futuro) e lugares; desta forma, devem basear-se naquilo que podem observar para justificar suas afirmações. Um exemplo seria supor que o sol nascerá todos os dias, no futuro, porque assim aconteceu no passado. A indução representa uma previsão sobre o que acontecerá, com base no passado. Assim, como eu sempre carrego um determinado peso em uma sacola, suponho que a sacola sempre aguentará este peso, todavia, alguma variável pode fazer com que ela venha a se romper. Da mesma forma que eu vejo um cisne branco, dois e assim por diante, e suponho que todos os cisnes são brancos, o que pode constituir uma falácia, sendo esta a maior crítica ao indutivismo.

Estruturalismo

O estruturalismo é um método de análise, que consiste em construir modelos explicativos da realidade, chamados estruturas. É uma abordagem que veio a se tornar um dos métodos mais extensamente utilizados para analisar a língua, a cultura, a filosofia da matemática e a sociedade, na segunda metade do século XX. Entretanto, estruturalismo não se refere a uma escola claramente definida de autores, embora o trabalho de Ferdinand de Saussure (1857-1913) seja, geralmente, considerado um ponto de partida, é visto como uma abordagem geral com muitas variações diferentes. Como em qualquer movimento cultural, as influências e os desenvolvimentos são complexos. De modo geral, o estruturalismo procura explorar as inter-relações (as estruturas) por meio das quais o significado é produzido dentro de uma cultura. Assim, o comportamento humano é determinado por estruturas culturais, sociais e psicológicas.

Por estrutura entende-se um sistema abstrato em que seus elementos são interdependentes e que permite, observando-se os fatos e relacionando diferenças, descrevê-los em sua ordenação e dinamismo. É um método que contraria o empirismo, o qual vê a realidade como sendo constituída de fatos isolados. Para o estruturalismo, ao contrário, não existem fatos isolados, mas partes de um todo maior. Assim, compreende-se que:

- Alguns fenômenos podem ser explicados não pelo que deixam à mostra, mas por uma estrutura subjacente.
- Os fatos possuem uma relação interna, de tal forma que não podem ser entendidos isoladamente, mas apenas em relação aos seus pares antagônicos.

Para entender como esse método funciona, é preciso estudar suas origens, na linguística e na antropologia.

O estruturalismo não é uma corrente exclusiva dos estudos literários: pode ser encontrado na psicologia, na sociologia, na antropologia, na filosofia, na psicanálise e na linguística. Na psicologia, a noção de estrutura (*Gestalt*) apareceu no princípio do século XX e Jean Piaget (1896-1980) publicou, em 1968, um livro fundamental nesta área *Le Struturalisme*; na sociologia, Talcott Parsons (1902-1979), em *Structure and Process in Modern Sciences* (1960), apresentou uma visão ontológica da estrutura social; na antropologia social, a primeira referência é Claude Lévi-Strauss (1908-2009), cuja *Antropologia Estrutural* (1958) foi decisiva para o nascimento da teoria estruturalista na literatura; na filosofia, Louis Althusser (1918-1990) tentou uma interpretação estrutural da obra de Marx, em *Lire le Capital* (1965); na psicanálise, os trabalhos de Jacques Lacan (1901-1981) partiram do pressuposto de que o inconsciente está "estruturado como uma linguagem" (*Écrits*, 2 volumes: 1966-1971); na linguística, os estruturalistas consideraram a língua como um sistema de relações ou, mais precisamente, como um conjunto de sistemas ligados uns aos outros, cujos elementos (fonemas, morfemas, palavras etc.) não têm nenhum valor independentemente das relações de equivalência e de oposição que os ligam. Algirdas Julius Greimas (1917-1992) publicou, em 1966, um dos mais radicais livros programáticos do estruturalismo linguístico, *Sémantique structurale*, colocou assim a questão:

> O paradoxo desta linguística não linguística continua: o seu chefe de fila, em França, Claude Lévi-Strauss, não é um linguista e a teoria da linguagem, conhecida pelo nome de estruturalismo, tem aí o seu lugar, reservado, até pouco, à metodologia dialética; nada de estranho, portanto, que na revisão dilacerante de hoje, Saussure seja invocado como um grande filósofo da história (Merleau-Ponty) ou que se considere Marx como o precursor do estruturalismo. (*Du sens*, 1970, p.20 apud Ceia, 2011)

No decorrer das décadas de 1960 e 1970, surgiram aplicações do método estruturalista em áreas como crítica literária, cinema, estudos culturais e publicidade, entre outros, o que provocou críticas de abusos. Alguns dos mais renomados intelectuais e pensadores franceses empregaram o método em suas obras, como Jacques Lacan (1901-1981), que concebeu o inconsciente como estruturado sob a forma de linguagem; Michel Foucault (1926-1984), que estudou estruturas discursivas que condicionavam o pensamento do homem em determinadas épocas; Roland Barthes (1915-1980), que examinou os mitos modernos, a moda e a literatura.

Fenomenologia

É o estudo descritivo de um fenômeno ou de um conjunto destes em que se definem, quer por oposição às leis abstratas e fixas que os ordenam, quer por oposição às realidades das quais seriam a manifestação.

A fenomenologia, nascida na segunda metade do século XIX, a partir das análises de Franz Brentano (1838-1917) sobre a intencionalidade da consciência humana, trata de descrever, compreender e interpretar os fenômenos que se apresentam à percepção. Propõe a extinção da separação entre sujeito e objeto (opondo-se ao pensamento positivista do século XIX) e examina a realidade a partir da perspectiva de primeira pessoa.

Edmund Husserl (1859-1938), Martin Heidegger (1889-1976), Jean-Paul Sartre (1908-1980) e Maurice Merleau-Ponty (1908-1961) foram alguns dos principais filósofos fenomenologistas do século XX. O método fenomenológico se define como uma "volta às coisas mesmas", isto é, aos fenômenos, aquilo que aparece à consciência, que se dá como objeto intencional. Seu objetivo é chegar à intuição das essências, ou seja, ao conteúdo inteligível e ideal destes, captado de forma imediata. Toda consciência é consciência de alguma coisa, sendo assim, não é uma substância, mas uma atividade constituída por atos (percepção, imaginação, especulação, volição, paixão etc.), com os quais visa algo. As essências ou significações (noema) são elementos objetivados de certa maneira pelos atos intencionais da consciência (noese). A fim de que a investigação se ocupe apenas das operações realizadas pela consciência, é necessário que se faça uma redução fenomenológica ou *epoché*, isto é, coloque-se entre parênteses toda a existência efetiva do mundo exterior.

Na prática desse estudo efetua-se o processo de redução fenomenológica, o qual permite atingir a essência do fenômeno. As coisas, segundo Husserl, caracterizam-se pela sua não finalização devida, pela possibilidade de sempre serem visadas por noeses novas que as enriquecem e as modificam. Kant dizia que, fenômeno que o é de fato, deve possuir duas propriedades elementares: caracterizar-se no tempo e no espaço. No tempo, por meio da aplicação das categorias do entendimento *a priori* (uma dedução lógica da coisa) e, em seguida, *a posteriori* (o que pode ser identificado positivamente quanto a este objeto). Por outro lado, espaço é considerado como algo que não é tempo, situando-se "fora" do ser. Com a coisa inserida em um contexto temporal e espacial, está apta a receber todos os componentes da ciência, a fim de estudá-la. E, para a aplicação dos diversos juízos da ciência (sintético/*a priori*; analítico/*a posteriori*), deve existir o ser que transcenda a ciência, o objeto e a terra.

Neopositivismo

Positivismo é um conceito que possui distintos significados, muitos deles opostos ou contraditórios entre si. Do seu início, com Augusto Comte, na primeira metade do século XIX, até o seu apogeu e crise no século XX, o sentido da palavra mudou radicalmente, incorporando diferentes sentidos. Dessa forma, há correntes de outras disciplinas que se consideram positivistas, sem guardar nenhuma relação com a obra de Comte. Como exemplos paradigmáticos podem-se mencionar: o positivismo jurídico, do austríaco Hans Kelsen (1881-1973) e o positivismo lógico (ou Círculo de Viena), de Rudolf Carnap (1891-1970), Otto Neurath (1882-1945) e seus associados.

Para Comte, o positivismo era uma doutrina filosófica, sociológica e política. Surgiu como desenvolvimento sociológico do Iluminismo, das crises – social e moral – do fim da Idade Média e do nascimento da sociedade industrial – processos que tiveram como grande marco a Revolução Francesa (1789-1799). Em linhas gerais, ele propõe à existência humana valores completamente humanos, afastando radicalmente a teologia e a metafísica (embora as incorporando em uma filosofia da história). Assim, associa uma interpretação das ciências e uma classificação do conhecimento a uma ética humana radical, desenvolvida na segunda fase da carreira de Comte.

O positivismo pretende que a natureza humana baseie-se puramente na experiência, negando, assim, os aspectos teológicos e metafísicos, que serão incorporados em uma filosofia da história. Fundamenta o conhecimento em dados empíricos, cujo teor subjetivo acaba por ser privilegiado; desenvolve a análise lógica da linguagem científica, associando o enfoque empirístico do positivismo ao formalismo lógico-matemático.

O neopositivismo, também denominado de positivismo lógico, filosofia analítica, normativismo, empirismo lógico ou científico foi um "movimento doutrinário do chamado Círculo de Viena" que desenvolveu "a análise lógica da linguagem científica, associando o enfoque empirístico do positivismo ao formalismo lógico-matemático" (Disponível em: http://www.infopedia.pt/$neopositivismo). Constitui movimento doutrinário de pensadores da língua inglesa, entre outros, dos filósofos ingleses Alfred Jules Ayer (1910-1989), George Edward Moore (1873-1958) e Gilbert Ryle (1900-1976); e, do matemático e filósofo norte-americano Willard van Orman Quine (1908-2000), caracterizando-se, principalmente, pelo fisicismo, pela crítica da linguagem e pela adoção do método axiomático. Propõe a formulação de modelos operacionais, enfoque sistêmico e operacionalismo, entendendo ciência como axiomatização. Axioma, em filosofia, refere-se à premissa imediatamente evidente que se admite como universalmente verdadeira, sem exigência de demonstração. E, em lógica, toda proposição que se admite como verdadeira porque dela se podem deduzir as proposições de uma teoria ou de um sistema lógico ou matemático.

Dialética

Hegel chamou dialética a marcha da história. Segundo este autor, a lógica desta, um movimento da tese para sua antítese e depois para a síntese, aplica-se ao desenvolvimento da história social, econômica e política e, também, ao desenvolvimento das ideias religiosas e filosóficas. Na filosofia, refere-se à arte do diálogo ou da discussão, quer num sentido laudativo, como força de argumentação, quer num sentido pejorativo, como excessivo emprego de sutilezas.

Conforme Hegel, a natureza verdadeira e única da razão e do ser, que são identificados um ao outro, se define segundo o processo racional que procede pela união incessante de contrários – tese e antítese – em uma categoria superior, a síntese. E, de acordo com Marx, o processo de descrição exata do real:

Indução + dedução = ciência
Teoria + prática = práxis
Síncrese + análise = síntese
Quantidade + qualidade = real dinâmico

Aos poucos, passou a ser a arte de, no diálogo, demonstrar uma tese, por meio de uma argumentação capaz de definir e distinguir claramente os conceitos envolvidos na discussão. Aristóteles considerava Zenão de Eleia (aproximadamente 490-430 a.C.) o fundador da dialética, outros consideraram Sócrates. Um dos métodos diáleticos mais conhecidos é o desenvolvido pelo filósofo alemão Georg Hegel (1770-1831).

O conceito de dialética, porém, é utilizado por diferentes doutrinas filosóficas e, de acordo com cada uma, assume um significado distinto. Para Platão, era sinônimo de filosofia, o método mais eficaz de aproximação entre as ideias particulares e as universais ou puras. É a técnica de perguntar, responder e refutar que ele teria aprendido com Sócrates. Considerava ele que, apenas por meio do diálogo, o filósofo deveria procurar atingir o verdadeiro conhecimento, partindo do mundo sensível e chegando ao mundo das ideias. Pela decomposição e investigação racional de um conceito, chegava-se a uma síntese, que também devia ser examinada, num processo infinito que busca a verdade.

Aristóteles definiu a dialética como a lógica do provável, do processo racional que não pode ser demonstrado. "Provável é o que parece aceitável a todos, ou à maioria, ou aos mais conhecidos e ilustres" (Disponível em: http://pt.wikipedia.org/wiki/Dial%C3%A9tica), diz o filósofo. O alemão Immanuel Kant retomou a noção aristotélica, quando definiu a dialética como a "lógica da aparência". Para ele, a dialética é uma ilusão, pois se baseia em princípios que são subjetivos.

O método dialético possui várias definições, tal como a hegeliana, a marxista, entre outras. Para alguns, consiste em um modo esquemático de explicação da realidade que se baseia em oposições e em choques entre situações diversas ou opostas. Diferentemente do método causal, no qual se estabelecem relações de causa e efeito entre os fatos (p. ex., a radiação solar provoca a evaporação da água, esta contribui para a formação de nuvens, que, por sua vez, causam as chuvas). O modo dialético busca elementos conflitantes, entre dois ou mais fatos, para explicar uma nova situação decorrente desse conflito.

Os elementos do esquema básico do método dialético são a tese, a antítese e a síntese. A tese é uma afirmação ou situação inicialmente dada. A antítese é uma oposição a esta. Do conflito entre ambas surge a síntese, que é uma situação nova que carrega dentro de si elementos resultantes deste embate. Esta, então, torna-se uma nova tese, que contrasta com uma nova antítese, gerando uma nova síntese, em um processo em cadeia infinito.

Enquanto a filosofia descreve a realidade e a reflete, a dialética busca não interpretá-la, mas refletir acerca desta. Por isso, seus três momentos (tese, antítese e síntese) não são um método, mas derivam da dialética em si, da natureza das coisas. Esta é a história do espírito, das contradições do pensamento que ela repassa, ao ir da afirmação à negação. Em alemão *au-Fheben* significa supressão e, ao mesmo tempo, manutenção da coisa suprimida, portanto o reprimido ou negado permanece dentro da totalidade. Tal contradição não é apenas do pensamento, mas da realidade, uma vez que ser e pensamento são idênticos. Esta é a proposição da dialética, como método a partir de Hegel, na qual tudo se desenvolve pela oposição dos contrários: filosofia, arte, ciência e religião são vivos devido a esta dialética; tudo está em processo de constante devir.

As leis da dialética

Por causa das diferentes interpretações quanto ao número de leis fundamentais do método dialético pelos autores, para facilitar, pode-se dizer que são quatro leis:

- Ação recíproca, unidade polar ou "tudo se relaciona".
- Mudança dialética, negação da negação ou "tudo se transforma".
- Passagem da quantidade à qualidade ou mudança qualitativa.
- Interpenetração dos contrários, contradição ou luta dos contrários.

Métodos de pesquisa aplicados ao diagnóstico de situações na gestão de pessoas

Cabe notar que diferentes profissionais fazem uso dos termos método e metodologia. Neste texto, em particular, a conotação adotada refere-se à metodologia científica de conhecimentos da realidade e relativos a esta, bem como a apreensão dos fatos.

Esta metodologia oferece uma contribuição relevante para o estudo de situações e pode gerar informações de relevo para a gestão de pessoas; particularmente, os instrumentos de pesquisa descritos no presente texto têm aplicação nos sistemas para esta gestão, a saber:

- Captar/selecionar pessoas.

- Identificar as tarefas efetuadas/executadas e a *performance* dos parceiros/colaboradores, detectando necessidades de processos educativos (capacitação/treinamento).

- Avaliar programas educativos realizados (capacitação, treinamento e outros).

- Identificar as ferramentas (utensílios/equipamentos) utilizadas e a adequação de seu uso.

- Identificar as interações entre as pessoas e entre estas e os sistemas.

- Avaliar o desempenho dos colaboradores.

- Recolher amostra das ferramentas usadas para manipular informação.

- Consultar os colaboradores ou seus representantes (p. ex., sindicatos, associações etc.) para conhecer suas necessidades.

- Pesquisar a satisfação de parceiros, colaboradores, clientes, entre outros.

Existem vários métodos e instrumentos propícios à realização de análises ou avaliações, os quais serão explorados posteriormente.

Observação

O primeiro método a ser mencionado neste texto é a observação. Os seres humanos constantemente observam o mundo que os rodeia e as pessoas. A partir dessas observações muitas descobertas foram feitas, apesar de algumas delas serem consideradas meras lendas. Pode-se citar que Newton, a partir da observação da queda de uma maçã da árvore, esboçou a teoria da atração universal dos corpos ou gravitação.

Os indivíduos podem ser mais ou menos observadores, assim, alguns são capazes de descrever com minúcia de detalhes todo o transcorrer de um evento, enquanto para outros é totalmente impossível recordar qualquer detalhe. O poeta Vinícius de Moraes, em seus versos de *Garota de Ipanema*, mostra uma das facetas da observação:

> Olha que coisa mais linda
> mais cheia de graça.
> É ela menina que vem
> e que passa
> no doce balanço a caminho do mar.
> Moça do corpo dourado
> do sol de Ipanema
> o seu balançado
> é mais que um poema
> é a coisa mais linda que eu já vi passar....

Apesar da riqueza de detalhes que fornece, pode-se questionar: será que estas seriam as mesmas observações que um cientista, um professor ou um vendedor fariam? E estas diferentes observações conseguiriam fornecer a mesma ideia para todos que as lessem? Ou, será que toda observação tem um caráter pessoal?

Na realidade, para que a observação seja útil e confiável, no que se refere à análise de situações, faz-se necessário que se baseie em pontos de destaque que possam, posteriormente, ser retomados, a fim de aferir os resultados obtidos com qualquer intervenção feita; assim, devem-se construir instrumentos para realizar as observações com qualidade. Salienta-se que a observação deve ser sistematicamente planejada e registrada/documentada.

O pesquisador pode, eventualmente, fazer observações espontâneas e informais, todavia, estas observações devem ser consideradas parciais ou muito subjetivas, na medida em que dependem da memória do investigador. Outra preocupação ao se fazer este tipo de atividade refere-se à influência que o observador poderá causar no grupo de observados. Devem-se prever todos os cuidados possíveis para minimizar esta dificuldade, de maneira a não representar uma ameaça para o grupo.

No presente texto, dois instrumentos de observação serão descritos: ficha de observação e *check-list* ou lista de verificação. Salienta-se que ambos devem ser planejados tendo em vista os objetivos que se pretende atingir.

A ficha de observação, em geral, é um instrumento em que um rol de itens ou aspectos de interesse para a atividade relacionada a uma determinada situação é identificado. Geralmente, se estabelecem categorias a serem verificadas, subdivididas em itens.

FICHA DE OBSERVAÇÃO DE HIGIENE PESSOAL DE MANIPULADORES DE ALIMENTOS

Instrução: em relação a cada uma das categorias a seguir descritas, assinale os itens que estiverem de acordo com as normas.
Colaborador:
Sexo: masculino [ ] feminino [ ]

UNIFORME	Usa avental [ ] O avental está limpo [ ] O avental é de cor adequada (clara) [ ] O avental é adequado à ocupação [ ] Ausência de bolsos na parte superior do avental [ ] Usa calçado adequado à ocupação [ ] O calçado está limpo [ ] Usa touca [ ] A touca está limpa [ ] Usa máscara [ ] Usa luvas [ ]
MÃOS	As unhas estão aparadas [ ] As unhas estão limpas [ ] As unhas estão sem esmalte [ ] As mãos estão desprovidas de anel/aliança [ ] As mãos apresentam-se isentas de ferimentos [ ]

CABELOS/BARBA	Para homens:
	Os cabelos estão aparados [ ]
	Os cabelos estão protegidos por rede/touca [ ]
	Ausência de barba [ ]
	Ausência de bigode [ ]
	Para mulheres:
	Os cabelos estão presos [ ]
	Os cabelos estão protegidos por rede/touca [ ]

O *check-list* ou lista de verificação, por sua vez, está frequentemente apoiado em normas ou na própria legislação e, em geral, oferece duas opções: sim/não, em acordo/em desacordo, e é preenchido pelo observador, durante uma visita ao local que está sendo pesquisado ou em relação ao(s) colaborador(es) que está(estão) na situação. Exemplo:

LISTA DE VERIFICAÇÃO REFERENTE À UNIFORMIZAÇÃO

Instrução: assinale com um X, conforme o observado.
Colaborador:
Sexo: masculino [ ] feminino [ ]

Itens	SIM	NÃO
Usa avental	[ ]	[ ]
O avental está limpo	[ ]	[ ]
O avental é de cor adequada (clara)	[ ]	[ ]
Ausência de bolsos na parte superior do avental	[ ]	[ ]
O avental é adequado à ocupação	[ ]	[ ]
Usa calçado adequado à ocupação	[ ]	[ ]
O calçado está limpo	[ ]	[ ]
Usa rede/touca	[ ]	[ ]
A rede/touca está limpa	[ ]	[ ]
Usa máscara	[ ]	[ ]
Usa luvas descartáveis	[ ]	[ ]

Ou, então, apresenta uma série de ações e o observador irá assinalar as conformidades ou as não conformidades, de acordo com as instruções.

LISTA DE VERIFICAÇÃO REFERENTE À HIGIENE DAS MÃOS

Instrução: em relação a cada um dos itens referentes à higiene das mãos do manipulador, o observador deverá assinalar se está conforme (C) ou não conforme (NC) e, neste último caso, especificará, no espaço para observação, a(s) não conformidade(s) verificada(s).

Colaborador: _____ Sexo: masculino [ ] feminino [ ]

Local: _____

Data: ___/___/_____ Horário início: _____ Horário término: _____

Item	C	NC	Observação
Lava as mãos ao iniciar a atividade	[ ]	[ ]	
Lava as mãos a cada troca de atividade	[ ]	[ ]	
Lava as mãos antes de colocar luvas	[ ]	[ ]	
Lava as mãos após recolher o lixo	[ ]	[ ]	
Lava as mãos após usar o sanitário	[ ]	[ ]	
Lava as mãos ao tocar ou coçar o corpo, o cabelo ou o rosto	[ ]	[ ]	
Lava as mãos após comer	[ ]	[ ]	
Lava as mãos após tossir, espirrar ou assoar o nariz	[ ]	[ ]	
Lava as mãos após manusear dinheiro	[ ]	[ ]	
Lava as mãos após tocar em sacarias, caixas, garrafas e sapatos	[ ]	[ ]	
Lava as mãos após tocar em alimentos não higienizados ou crus	[ ]	[ ]	
Lava as mãos após usar esfregões, panos ou materiais de limpeza	[ ]	[ ]	
Lava as mãos após exercer qualquer atividade que possa envolver mãos contaminadas	[ ]	[ ]	

Pode-se, também, fornecer escalas com diferentes graduações, por exemplo: excelente, muito bom, bom, regular, ruim e péssimo, em que o observador marcará, em relação a cada requisito expresso, a sua avaliação do aspecto-alvo da observação. Recomenda-se que as escalas contemplem número par de conceitos ou graduações para evitar o erro de tendência central, ou seja, o respondente assinala a categoria intermediária, por facilidade, para não se expor ou para evitar se indispor.

LISTA DE VERIFICAÇÃO REFERENTE À HIGIENE OPERACIONAL – ARMAZENAGEM

Instruções: assinale na escala a graduação que você atribui a cada um dos procedimentos.

Considerando: **excelente (E), muito bom (MB), bom (B), regular (R), ruim (Ru) e péssimo (P).**

Colaborador: _____ Sexo: masculino [ ] feminino [ ]

Local: _____

Data: ___/___/_____ Horário início: _____ Horário término: _____

Item	E	MB	B	R	Ru	P	Observações
As matérias-primas foram armazenadas separadamente dos produtos de limpeza							
As matérias-primas foram armazenadas sem contato direto com os pisos e paredes							
As matérias-primas foram armazenadas de forma que a data de validade fosse facilmente identificada							

A legislação vigente, no âmbito dos três poderes – federal, estadual e municipal –, relacionada à vigilância sanitária de alimentos, contém inúmeros exemplos de roteiros para avaliação de estabelecimentos que os manipulam. Apesar de poderem ser utilizados, sugere-se adaptá-los às características de cada local que se pretenda analisar, sobretudo nos aspectos que se deseja conhecer melhor.

Questionário autoaplicado e entrevista

Se desejamos saber como as pessoas se sentem – qual sua experiência interior, o que lembram, como são suas emoções e seus motivos, quais as razões para agir como o fazem – por que não perguntar a elas? (G. W. Allport)

Metodologia para análise e diagnóstico de situações na gestão de pessoas | **541**

Os processos de selecionar variáveis e desenvolver métodos apropriados de coleta de dados estão entre os maiores desafios de um pesquisador. Sem métodos de alta qualidade, as conclusões de uma pesquisa estão seriamente comprometidas.

Um método frequentemente utilizado, quando se trata de descrever, explicar ou explorar o que as pessoas sabem, esperam, desejam, pensam, sentem, creem, pretendem fazer, fazem ou fizeram é aquele conhecido como levantamento ou *survey*. Este método propicia, ainda, condições de obter dados retrospectivos sobre atividades e eventos que ocorreram no passado das pessoas, ou fazer projeções sobre comportamentos que os indivíduos pretendem adotar no futuro.

Dois instrumentos utilizados, ao se realizar um levantamento, são o questionário autoaplicado e a entrevista. Alguns autores diferenciam: questionário para o primeiro caso, e formulário para as entrevistas. Neste texto, utilizar-se-á o termo questionário, indiscriminadamente.

Tanto na utilização de um quanto na realização de outro, pode-se trabalhar de forma estruturada – por meio de um conjunto de itens em que as palavras, tanto da pergunta como da resposta são predeterminadas e, portanto, todos os sujeitos respondem exatamente às mesmas questões, na mesma ordem e têm as mesmas alternativas como respostas para assinalar; semiestruturada, em que o respondente terá questões abertas, nas quais utilizará suas próprias palavras para responder e questões fechadas, em formato semelhante às estruturadas; ou não estruturada (mais informais); e em que se utiliza apenas um roteiro para conduzir o estudo. Esta última forma é típica de entrevistas, pois em geral, tratam-se de conversas cujo objetivo é esclarecer as percepções dos respondentes sem impor os pontos de vista do pesquisador. São exemplos:

- Entrevistas focais, nas quais o pesquisador possui uma lista de tópicos para serem abordados com cada um dos entrevistados. Ele encoraja os respondentes a falarem livremente sobre cada tópico e anota ou grava (com o consentimento do(s) entrevistado(s)) as respostas. Eventualmente, pode-se trabalhar esta técnica com grupos (grupos focais) de dez a vinte pessoas, pré-selecionadas de acordo com critérios definidos pelo pesquisador, que se reúnem para discussão. A forma grupal é a mais eficiente do ponto de vista de economizar tempo, todavia pode inibir alguns indivíduos de expressarem suas opiniões diante de outras pessoas.

- Histórias de vida, narrativas cronológicas sobre as experiências de uma pessoa em relação a determinado tema. Pode ser oral ou escrita.

- Diários, em que o pesquisador solicita que os sujeitos mantenham, durante um determinado intervalo de tempo, um registro dos fatos relativos a um aspecto específico de sua experiência de vida. Por exemplo, a evolução de um quadro clínico após o início do tratamento.

Lembra-se, ainda, que quanto mais minucioso for o instrumento, maior objetividade será possível. Assim, é evidente a diferença entre: "os colaboradores usam uniforme?" e "o uniforme do colaborador está adequado", pormenorizando-se todas as características desejáveis (de cor clara, limpo, isento de bolsos na parte superior etc.). Ao empregar esta última forma, pode-se identificar com precisão o que está inadequado para, então, prever como adequar a não conformidade.

Podem-se utilizar esses instrumentos para realizar estudos quantitativos, assim como qualitativos, sendo que este último tipo de pesquisa não se preocupa com generalizações populacionais, foca-se no específico, no peculiar, prezando mais a compreensão do que a explicação de fenômenos, buscando interpretações ou inferências. Salienta-se que não existe um tipo melhor de estudo, depende dos dados que se pretende trabalhar.

Salienta-se, também, que ao trabalhar com uma análise qualitativa têm importância capital as comunicações não verbais expressas pelo entrevistado, como tom de voz, postura e outros atos que constituem indicativos dos sentimentos mais profundos dos indivíduos.

Conteúdo das perguntas

O conteúdo pode abranger:

- Fatos: dados concretos da realidade da pessoa, fáceis de precisar.
- Crenças: experiências subjetivas das pessoas.
- Sentimentos: reação das pessoas diante de determinados fatos, fenômenos, instituições ou outras pessoas.

- Padrões de ação/éticos: o que deve ser feito. Padrões de comportamento: o que é ou foi feito (comportamento presente e passado).
- Razões conscientes de crenças, sentimentos, orientações ou comportamentos: visando descobrir o porquê de determinado comportamento ou fato.

Escolha das perguntas

Privilegiar perguntas relacionadas ao problema, evitando aquelas que podem ser obtidas por meios mais precisos.

Formato do instrumento

Dados da literatura sugerem que o número de questões deve limitar-se a trinta.

Formato das questões

Nas "questões abertas", ou itens, solicita-se que os sujeitos respondam às questões com suas próprias palavras, de acordo com seu quadro de referências. Quando em questionários escritos, deve-se prever espaço suficiente para a resposta. São as mais adequadas quando não se pode realizar o teste prévio do instrumento, ou quando a área de pesquisa é muito superficial. As principais vantagens são:

- Relaxam o entrevistado e o entrevistador.
- Facilitam a resposta do entrevistado.
- Permitem apreender o vocabulário do entrevistado.
- Propiciam resposta mais completa e com mais riqueza de detalhes.
- São mais interessantes para a análise posterior do entrevistador.
- Propiciam maior liberdade e espontaneidade do respondente.

Como desvantagens podem-se citar:

- Dificuldade e gasto para sua elaboração.

544 | Sistema de gestão: qualidade e segurança dos alimentos

- Podem gerar respostas com muitos detalhes irrelevantes para o estudo.
- Demora.
- Podem dar a impressão de que o entrevistador não se preparou previamente para a entrevista.
- Pode-se perder o controle sobre a entrevista.
- Necessidade de criar categorias para análise das respostas.

As "questões fechadas" oferecem aos respondentes alternativas entre as quais os sujeitos devem escolher a que mais se aproxima da resposta certa. Podem variar do simples sim/não até formatos mais complexos. Suas vantagens:

- As questões são mais difíceis de formular, porém mais fáceis de aplicar e analisar.
- Poupam tempo durante a entrevista.
- Permitem tabulação.
- Facilitam a comparação de entrevistas.
- Propiciam maior rapidez e facilidade para o respondente.
- Estão relacionadas às categorias da pesquisa.
- Facilitam quando os sujeitos têm dificuldade de se expressar.
- Vão direto ao assunto.
- Facilitam o controle da entrevista.
- Garantem maior privacidade ao respondente. Por exemplo: em vez de indagar qual a renda mensal do indivíduo, pede-se que indique a faixa salarial que corresponde aos seus rendimentos. Inconscientemente, o indivíduo pressupõe que outros percebem o mesmo rendimento que ele, por encontrar os valores próximos ao que recebe expressos no questionário.

Por outro lado, este tipo de questão apresenta algumas desvantagens, conforme segue:

- Força os indivíduos a escolherem entre respostas que nem sempre refletem precisamente suas opiniões.

Metodologia para análise e diagnóstico de situações na gestão de pessoas | **545**

- Pode tornar-se desmotivadora para o entrevistado.
- São muito superficiais: não permitem obter muitos detalhes e podem levar à perda de informações de interesse para o estudo.

O quadro a seguir resume as principais características destes dois tipos de questões.

Quadro 17.1 Resumo das características das questões

Características	Questões abertas	Questões fechadas
Confiança dos dados obtidos	Baixa	Elevada
Eficiência de tempo	Baixa	Elevada
Precisão dos dados	Baixa	Elevada
Profundidade	Elevada	Pouca
Experiência e conhecimento	Muito elevada	Pouca
Facilidade de análise das informações	Difícil	Fácil

Sugere-se a combinação de ambos os tipos de questões, visando minimizar as desvantagens de cada uma delas.

Redação

Constitui um dos pontos de maior dificuldade, sobretudo na elaboração de questões fechadas. Deve-se prestar especial atenção aos seguintes aspectos:

- Clareza: evitar questões ambíguas, isto é, que possam ser interpretadas de diferentes maneiras por diferentes respondentes. Para aperfeiçoar o instrumento, ou seja, para produzir informações significativas e precisas, sugere-se:
  - Ter clara, na mente, a informação que se está tentando obter.
  - Evitar sentenças e períodos longos.
  - Evitar questões com duas ideias ou conceitos.
  - Garantir que as perguntas façam referência a uma única ideia de cada vez.

546 | Sistema de gestão: qualidade e segurança dos alimentos

- Evitar termos técnicos se for possível, substituí-los por termos mais simples e igualmente apropriados.
- Escrever as questões na forma afirmativa.
- Levar em consideração o sistema de referência do respondente, bem como seu nível de informação.
- Evitar que a pergunta sugira a resposta que se espera.
- Evitar que a pergunta possibilite múltiplas interpretações.
- Evitar a utilização de gíria, exceto se for parte do vocabulário do(s) respondente(s).
- Evitar que a resposta da pergunta anterior possa interferir na resposta da(s) pergunta(s) posterior(es).
- Evitar mudança brusca de tema/assunto.

- Capacidade do respondente fornecer informações:
  - Utilizar linguagem simples para ser compreendida até pelo sujeito de menor nível educacional.
  - Evitar dar a impressão que o respondente deve ter as informações desejadas, de forma que ele se sinta desconfortável ao admitir sua ignorância.
  - Evitar assumir que o respondente lembre fatos, atividades ou sentimentos ocorridos no passado, com alto grau de precisão.
  - Estar consciente da possibilidade de ocorrência de *bias* (viés), pois os respondentes podem distorcer os resultados de uma pesquisa por desinformação.
  - Evitar questões que sugiram um tipo particular de resposta.
  - Evitar identificar uma opinião ou atitude com pessoas ou grupos de prestígio social.
  - Evitar assuntos pessoais ou íntimos – intrusão na vida privada das pessoas. O pesquisador deve ter em mente que o sujeito está fazendo um favor e dispendendo seu tempo para responder às questões.
  - Evitar questões que envolvam comportamentos ou atitudes não aceitos socialmente. Deve-se criar uma atmosfera de permissividade ou não julgamento; é mais fácil quando se trata de questionário autoaplicado porque o indivíduo vai assinalar ou escrever

a resposta e não necessita verbalizá-la. O fato das alternativas estarem escritas faz que o respondente pense que ele não é o único a manifestar tal comportamento/atitude. Para minimizar o embaraço e encorajá-lo pode-se, ainda, redigir de maneira impessoal.
- Polidez e encorajamento, quando de entrevistas, ajudam a motivar o respondente a cooperar.

Formato das alternativas/respostas

No caso de questões fechadas:

- Cobertura: abranger todas as alternativas possíveis. Como medida de segurança, incluir uma última alternativa, por exemplo: "outra(s)?... favor especificar".
- Evitar alternativas mutuamente exclusivas.
- Ordenar as respostas em ordem crescente ou decrescente, de concordância ou intensidade. Por exemplo:

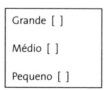

- Tamanho das respostas: todas as alternativas devem apresentar aproximadamente o mesmo tamanho.
- Evitar perguntas que provoquem respostas defensivas, estereotipadas ou socialmente indesejáveis.

Formato propriamente dito (no papel)

Os mais utilizados são:

- Questões "dicotômicas" – sim/não; conforme/não conforme; certo/errado, entre outras. Verificar a possibilidade/necessidade de incluir o item "não sei" ou "não se aplica". Colocar parênteses ( ) ou chaves [ ] para que o respondente assinale com um "X"; ou números para serem circulados (1, 2, 3) ao lado das alternativas. Cabe ressaltar a necessidade de deixar clara a instrução para o respondente do que se espera que ele faça. É importante, esteticamente, colocar os parênteses ou chaves sempre do mesmo lado, para que o respondente não perca tempo procurando onde deve assinalar. Por exemplo:

> 2. Você utiliza semanalmente este supermercado?
> ( ) S
> ( ) N

- Questões "contingenciais" – eventualmente, as questões sim/não (S/N) podem necessitar de maiores esclarecimentos subsequentes. Assim, por exemplo, se o indivíduo responder S, então formula(m)-se outra(s) questão(ões); e, se N deve-se indicar o número da questão que dará continuidade ao questionário. Para este tipo de perguntas é importante verificar o formato no papel, para chamar a atenção dos sujeitos. Por exemplo:

> 3. Você consome alimentos congelados?
> ( ) S ──────────────────────┐
> ( ) N (**ir para questão 4**)   │
>   ▼
>   3.1 Quantos produtos congelados você costuma adquirir a cada compra?
>   ( ) No mínimo um
>   ( ) Entre dois e cinco
>   ( ) Entre seis e dez
>   ( ) Entre onze e vinte
>   ( ) Mais de vinte

Quando uma questão contingencial envolver muitas outras, sugere-se colocar em páginas separadas com um cabeçalho especificando para quem se dirigem as questões. No exemplo acima figuraria "Esta página destina-se apenas àqueles que responderam S (sim) à questão 3: Você consome alimentos congelados?". Assim, evita-se que os sujeitos leiam o material irrelevante, no caso, os que responderam "Não" à questão.

- Questões de "múltipla escolha": apresentam várias alternativas para o sujeito selecionar. Deve-se redigir entre três e cinco alternativas com diferentes graus; conforme mencionado, pode-se incluir: "Outra(s)?... Favor especificar". Eventualmente, pode-se pedir que o respondente assinale mais de uma alternativa ou todas as alternativas com as quais concorda e, esta instrução, deve ficar bem clara para a pessoa que estará respondendo. Na tabulação dos dados, deve constar numa nota "questão de respostas múltiplas". Exemplo:

Instrução:

Na questão 15, assinale todas as alternativas que você julgar pertinentes.

15. Qual(is) alimento(s) congelado(s) você consome?

( ) Pescado

( ) Carnes

( ) Aves

( ) Vegetais

( ) Pratos prontos salgados

( ) Sobremesas

( ) Outro(s)? Especificar _____

- "*Ranking* de questões": solicita dos indivíduos suas respostas em um *continuum*. Como exemplo, podem-se mencionar questões com uma série de opções para que o sujeito coloque o número 1 ao lado daquela que concorda mais completamente, o número 2 ao lado da seguinte e, assim, sucessivamente. Exemplo:

---

18. No rol de afirmações a seguir listadas, atribua o número 1 àquela que você concorda mais completamente, o número 2 à segunda que você mais concorda e, assim, sucessivamente, até numerar todas as afirmações:

Questão de múltipla escolha

[ ] Os alimentos congelados são mais práticos.

[ ] Os alimentos congelados são mais fáceis de armazenar.

[ ] Os alimentos congelados são mais saborosos.

[ ] Os alimentos congelados têm melhor durabilidade.

[ ] Os alimentos congelados são mais saudáveis.

[ ] Os alimentos congelados facilitam a elaboração de cardápios variados.

[ ] Os alimentos congelados são mais apreciados por minha família.

[ ] Os alimentos congelados são mais confiáveis.

- Questões "matriciais" ou *check-list*: arranjo de duas partes em que uma série de questões é listada em uma destas (geralmente vertical) e as respostas ou alternativas são listadas na outra. Exemplo:

Instrução:

Na questão 21, assinale com um "X" a sua opinião em relação a cada uma das alternativas listadas.

21. Em relação aos alimentos congelados, pode-se afirmar que:

Itens	Concordo	Discordo	Não tenho opinião
São prejudiciais à saúde.			
São muito caros.			
São pouco variados para atender às necessidades nutricionais das pessoas.			
Requerem muito tempo para o preparo.			
Necessitam muito espaço para armazenamento.			

Cabe salientar que se devem evitar questões que forçam soluções, por exemplo: "Você concorda com os demais supervisores que a seleção de manipuladores de alimentos deve ser feita pela chefia mediata?"; assim como questões com mais de uma interrogação: "Quem deve ficar encarregado da seleção de fornecedores? Por quê? Como deve ser o procedimento?".

Ordenamento das questões

A ordem em que as questões são apresentadas pode afetar as respostas, sobretudo das últimas perguntas em questionários mais longos. Deve-se evitar redigi-las de maneira que influenciem ou induzam as respostas posteriores, assim, colocam-se primeiramente assuntos de caráter geral. A apresentação deve ser clara para que os respondentes sintam-se encorajados a responder com honestidade.

Dados demográficos (sexo, idade, escolaridade etc.), por exemplo, num questionário autoaplicado, se colocados no início, podem dar a aparência de um impresso comum que se recebe pelo correio, portanto, é melhor colocá-los no final. Todavia, numa entrevista, coloca-se no início, pois é preciso ganhar a confiança do sujeito e estabelecer uma relação.

Deve-se, também, evitar colocar no final as questões mais importantes para a pesquisa, pois o respondente poderá estar cansado.

Instruções

Frequentemente, coloca-se antes do questionário uma carta, também conhecida como *"rapport"* abrangendo os seguintes aspectos:

- Entidade patrocinadora ou entidade à qual o entrevistador está vinculado.
- Propósito da entrevista.
- Que tipo de contribuição espera-se do respondente.
- Como o respondente foi selecionado (se for o caso).
- O que será feito com as informações.
- Qual o prazo fatal para devolução do questionário (quando encaminhado pelo correio).
- Como devolver o questionário (quando encaminhado pelo correio).

552 | Sistema de gestão: qualidade e segurança dos alimentos

Em geral, junto do envelope contendo o questionário envia-se envelope selado e endereçado para a resposta, sem necessidade de o remetente identificar-se.

Cabe, ainda, assegurar o respondente quanto à confidencialidade das informações que forem prestadas e de seu anonimato, além de agradecê-lo por participar da pesquisa.

Todo questionário deve conter instruções básicas para o preenchimento das questões, especificando exatamente o que se espera do respondente. É interessante que estas instruções tenham caracteres diferenciados, ou se for o caso, cor diferente.

Quando o questionário está organizado em seções, é necessário fazer uma introdução para cada seção detalhando seus propósitos. Em casos especiais, devem-se incluir instruções para algumas questões de compreensão mais difícil (ver caso de questões contigenciais e matriciais). Eventualmente, podem-se incluir as instruções para processamento das respostas. Cabe, todavia, deixar claro para o respondente a finalidades destas instruções.

No caso de entrevista, quando as questões apresentarem várias alternativas, pode-se utilizar cartões com a resposta para mostrar ao entrevistado de maneira que ele possa analisar as respostas e escolher a ou as mais condizentes com sua opinião. Este procedimento só pode ser utilizado quando os respondentes forem alfabetizados e, portanto, tiverem capacidade de leitura e interpretação.

Revisão

Após elaborar um primeiro rascunho, deve-se fazer uma discussão crítica com pessoas que tenham experiência em construir questionários e que estejam familiarizadas com o assunto da pesquisa. Não se deve prescindir de uma revisão linguística.

Pré-teste do questionário

É importante, principalmente, para detectar problemas. Deve-se aplicar o instrumento a um grupo de indivíduos com características similares àqueles para os quais o questionário se dirige. Geralmente utilizam-se dez a vinte elementos, um número maior é utilizado quando o instrumento é muito complexo ou quando a amostra é muito heterogênea. Caso sejam detectadas muitas falhas, sugere-se um segundo pré-teste.

Por outro lado, quando não for possível realizar pré-teste, em especial quando a amostra for muito pequena ou de difícil acesso, pode-se submeter o instrumento à análise de juízes, especialistas na área/assunto de que trata o questionário, reformulando-o de acordo com as críticas e sugestões feitas. Neste caso, não se trata de revisão, mas de um trabalho mais aprofundado.

O pré-teste é importante, ainda, para estimar o tempo necessário para preenchimento do questionário.

Apresentação do questionário

A aparência do questionário autoaplicado pode influenciar a porcentagem de resposta, portanto, é importante dar atenção para o *layout* das folhas, espaço para respostas das questões abertas, qualidade e cor do papel e qualidade de reprodução das cópias.

Procedimentos para utilização de questionário

QUESTIONÁRIO AUTOAPLICADO

Em geral são encaminhados pelo correio, todavia podem ser administrados a um grupo de respondentes reunido em um mesmo local e horário, por exemplo, estudantes de uma classe. Neste caso, o pesquisador entrega os questionários às pessoas e explica o objetivo do estudo. Esta forma de aplicação garante um máximo de respostas e permite o esclarecimento de dúvidas dos sujeitos.

No caso de encaminhamento pelo correio, deve-se prever uma carta acompanhando cada questionário, bem como envelope endereçado e selado para a resposta. Tudo que puder ser feito para facilitar a devolução dos questionários deve ser previsto, no intuito de maximizar a porcentagem de retorno. Pode-se, também, disponibilizar um número de telefone, ou *e-mail*, para esclarecimento de dúvidas.

É interessante elaborar um gráfico para monitoramento da expedição e retorno dos questionários. Este gráfico permite avaliar, inclusive, a interferência de fatos ou fenômenos ocorridos ou divulgados pela mídia na resposta dos participantes.

Conforme os questionários retornarem, pode-se numerá-los para melhor controle. É importante encaminhar dois ou três *follow-up*, isto é, novas cópias do questionário para incitar aqueles que não responderam que o façam. Como, em geral, não se sabe quem já respondeu à pesquisa, deve-se enviar os *follow-up* para todos os participantes, com uma carta agradecendo àqueles que já responderam e pedindo que desconsiderem o questionário que estão recebendo. O prazo para remessa de cada *follow-up* deve ser de duas a três semanas após cada cópia e o gráfico de monitoramento ajuda a verificar o momento em que diminui o retorno de questionários, é o instante exato para o *follow-up* ser encaminhado.

Em termos de porcentagem de devolução dos questionários para análise, dados da literatura consideram: 50% adequada; 60% boa; e, 70% muito boa. Entretanto, a devolução varia entre 10 e 50%, na maioria dos casos.

Dentre os fatores que podem influenciar na porcentagem de resposta, são citados:

- Prestígio do órgão patrocinador da pesquisa.
- Formato atrativo.
- Natureza da carta pedindo cooperação.
- Facilidade de preenchimento e de devolução.
- Estímulos apresentados para resposta.
- Comprimento do questionário (número de questões).
- Natureza das pessoas que constituem a amostra. Há maior retorno dos indivíduos mais interessados, mais participantes da população e dos mais instruídos.

Entrevista

Trata-se de um encontro face a face, apesar de, mais recentemente, muitos estudos realizarem entrevistas por telefone. Tem a vantagem de atrair maior número de respondentes e diminuir o número de respostas brancas ou do tipo: "não sei". Além disso, o entrevistador pode estimular os entrevistados a fornecerem respostas mais completas, mantendo silêncio por um tempo mais prolongado usando palavras de incentivo, como: "como isso ocorreria?", "de que modo?", "algo mais?".

Esse tipo de entrevista face a face permite, ainda, observar gestos, forma de falar, postura, interesse e outros comportamentos dos sujeitos. O entrevistador pode anotar na margem do formulário estas observações, que fornecerão pistas valiosas para o pesquisador. É importante conquistar a confiança e a compreensão do entrevistado, sem, todavia, perder o controle da entrevista.

Caso todas as entrevistas não sejam realizadas pela mesma pessoa, é importante que os demais entrevistadores passem por um treinamento, tanto para familiarizá-los com o instrumento que irão utilizar, como para padronizar a maneira de aplicá-lo.

A entrevista apresenta algumas limitações para sua utilização, uma das mais relevantes refere-se à dificuldade para lidar com indivíduos muito loquazes.

Habilidades de um bom entrevistador:

- Colocar o respondente à vontade para que se sinta confortável expressando suas opiniões honestamente. O entrevistador deve ser claro, pontual, cortês e amigável, jamais deve exprimir surpresa, desaprovação ou mesmo aprovação. Em resumo, deve ser um mediador neutro da comunicação, criando uma atmosfera permissiva que encoraje o entrevistado.

- Estar familiarizado com o questionário e ser capaz de ler as questões sem cometer erros.

- Estimular o entrevistado a iniciar ou continuar a entrevista, quando este encontrar alguma dificuldade.

- Seguir o questionário com precisão e não fornecer espontaneamente explicações sobre o significado das questões. Repetir a questão pode auxiliar no caso das muito longas, de resposta complexa ou com muitas alternativas, o entrevistador deve mostrar ao entrevistado um cartão, previamente elaborado, contendo a lista de opções, para entrevistados alfabetizados, conforme mencionado anteriormente. Anotar exatamente as palavras do respondente, em caso de questões abertas, e apontar mesmo os erros de concordância, regionalismos etc. Evitar parafrasear ou resumir a réplica.

556 | Sistema de gestão: qualidade e segurança dos alimentos

- Evitar responder pelo entrevistado.
- Fazer as perguntas para todos os entrevistados na mesma ordem.
- Se necessário, repetir as questões ou as instruções para resposta, todavia evitar conduzir a resposta do entrevistado.
- Utilizar um tom de voz conversacional para construir uma relação empática com o respondente.
- Evitar demonstrar aprovação ou desaprovação pelas respostas do entrevistado.
- Vestir-se de maneira similar aos respondentes. Um entrevistador muito bem vestido, diante de respondentes pobres, pode inibi-los, ao contrário, um entrevistador mal vestido, diante de pessoas de alto nível, pode ter dificuldade para obter cooperação. Cabe lembrar, também, que a roupa pode expressar, de alguma forma, a postura do indivíduo e influenciar as respostas.

Planejamento da entrevista

O planejamento constitui a fase mais importante de qualquer atividade, na medida em que permite identificar o que se pretende e como se pretende chegar lá. Ao planejar entrevistas em uma instituição, sobretudo, deve-se priorizar esta fase. Alguns pontos essenciais referem-se a:

- Conhecer a cultura dos entrevistados e sua linguagem (vocabulário).
- Informar-se sobre a cultura da organização em que as entrevistas serão realizadas, mediante a leitura de documentos sobre a organização. Este passo é relevante para otimizar a entrevista, pois evita perguntas de caráter geral.
- Estabelecer objetivos para a entrevista – ter claro o que se necessita saber do(s) entrevistado(s).
- Decidir quem será entrevistado (em geral, é importante respeitar a hierarquia).
- Preparar o entrevistado: marcar dia e hora para a entrevista, estipular tempo necessário e pedir autorização, caso pretenda gravar a entrevista.
- Decidir sobre o tipo de questões e estrutura da entrevista:

Metodologia para análise e diagnóstico de situações na gestão de pessoas | **557**

- Questões de respostas abertas (opiniões do entrevistado).
- Questões de respostas fechadas (respostas diretas e limitadas).
- Sondas (surgem na sequência de uma resposta anterior, buscando maior detalhamento necessário).

TREINAMENTO DOS ENTREVISTADORES

Além do treinamento, deve-se prever uma supervisão periódica, a cada vinte ou trinta entrevistas, para evitar desvios.

O treinamento propriamente dito deve abranger as seguintes fases:

- Esclarecer o objetivo do estudo, qual será a utilização dessas entrevistas.
- Realizar uma discussão geral sobre as normas de procedimento.
- Analisar o questionário, questão por questão.
- Estabelecer especificações para o questionário, como lidar com as dificuldades que possam surgir, de maneira que todos os entrevistadores adotem o mesmo procedimento. Por exemplo: a respeito do estado civil, uma pessoa pode declarar que foi divorciada, mas que atualmente seu ex-marido morreu, portanto, é viúva. Estabelecer um procedimento único para todos.
- Realizar a prática do questionário, entrevistando um ao outro colega e depois invertendo papéis.
- Praticar com pessoas que não fazem parte da amostra, sempre que possível.

UTILIZAÇÃO DE GRAVADOR

Conforme mencionado, pode-se fazer uso de um gravador na realização de entrevistas, desde que o entrevistado esteja de acordo. O emprego desse equipamento facilita o registro completo de todas as falas do entrevistado, deixando o entrevistador livre, inclusive para estudar as ações e reações do entrevistado e o próprio local da entrevista, no entanto, pode provocar certo nervosismo no entrevistado. Duas outras desvantagens do equipamento referem-se ao tempo necessário para transcrição das fitas e à dificuldade em localizar uma passagem específica em uma entrevista longa.

ENTREVISTAS POR TELEFONE

Um dos maiores problemas desse tipo de levantamento refere-se ao fato de abranger unicamente as pessoas com telefone e que figuram do anuário telefônico. Alguns estudos foram realizados, utilizando uma discagem digital randômica, seleciona-se um prefixo e randomizam-se as combinações possíveis com os demais dígitos.

Outro problema refere-se a quem deve ser entrevistado, podendo também preestabelecer quem deverá ser entrevistado em cada número chamado. Faz-se necessário selecionar o horário de chamada para garantir que o maior número possível de membros da família esteja no domicílio. Este tipo de entrevista é muito utilizado por instituições que trabalham com *marketing* e estas pesquisas devem ser mais breves que pessoalmente, no máximo dez a quinze minutos.

As maiores vantagens referem-se a:

- Economia de tempo e dinheiro.
- Poder se vestir de qualquer maneira.
- Propiciar um clima mais à vontade para os sujeitos responderem a questões com respostas socialmente desaprovadas.

CONDUÇÃO DA ENTREVISTA

Alguns lembretes úteis:

- Antes da entrevista:
  - Chegar cedo.
  - Cumprimentar o entrevistado.
  - Apresentar-se e esclarecer por que está ali, quanto tempo irá demorar a entrevista e o que é pretendido.
- Durante a entrevista:
  - Se for gravar, pedir autorização.
  - Pedir autorização para tomar notas.
  - Dar tempo ao entrevistado para responder às perguntas.
  - Agir de forma organizada e gerir o tempo.

Metodologia para análise e diagnóstico de situações na gestão de pessoas | **559**

- Após a entrevista:
  - Se houver outros passos após a entrevista informar.
  - Agradecer.
  - Despedir-se.

Comparação entre questionário autoaplicado e entrevista

A opção entre questionário autoaplicado ou entrevista deve levar em conta as necessidades da pesquisa e os recursos disponíveis para realizá-la. O Quadro 17.2 fornece maiores subsídios para os leitores optarem por um ou outro instrumento.

Quadro 17.2 Comparação entre questionário autoaplicado e entrevista.

QUESTIONÁRIO AUTOAPLICADO	ENTREVISTA
• Menor custo (com pessoal)	• Maior custo (treinamento e aplicação)
• Requer menos tempo	• Não é possível o anonimato do respondente (para o entrevistador, não para divulgação no relatório)
• Questionários aplicados a grupos é a forma menos dispendiosa (tempo e recursos financeiros)	• Menor porcentagem de respondentes

• Maior abrangência geográfica	• Abrange pessoas que não poderiam preencher o questionário:
	  • Crianças
	  • Cegos
	  • Pessoas idosas
	  • Analfabetos e outros

• Completo anonimato (obtém maior número de respostas para questões envolvendo comportamentos socialmente inaceitáveis)	• Permite esclarecer perguntas ambíguas ou confusas
• Evita viés (*bias*) do entrevistador (não expõe o pesquisado à influência do pesquisador)	• Menor porcentagem de respostas do tipo "não sei"
• Informações mais superficiais	• Informações mais profundas
• Necessita pouco pessoal para aplicação e análise	• Produz informações adicionais relativas às observações do entrevistador

(continua)

Quadro 17.2 Comparação entre questionário autoaplicado e entrevista. *(continuação)*

QUESTIONÁRIO AUTOAPLICADO	ENTREVISTA
• Permite que os respondentes respondam no momento que julgarem mais conveniente, menor pressão para resposta imediata	• Permite estimular o respondente ou esclarecer dúvidas quanto à pergunta
• Exclui as pessoas que não sabem ler e escrever	• Possibilita captar a expressão corporal e outras observações relativas ao entrevistado
• Não tem sua devolução garantida, quando enviado pelo correio	• Poucas questões ficam sem resposta

Na gestão de pessoas, podem-se associar esses dois instrumentos, por exemplo, nos processos de avaliação de desempenho.

Aspectos éticos

Para a realização de entrevistas, bem como, quando da utilização de questionários autoaplicados, constitui fator primordial e indispensável atentar para os aspectos éticos contidos na legislação, visando, sobretudo, evitar qualquer tipo de constrangimento para as pessoas que irão responder à pesquisa. Na divulgação dos resultados, deve-se atentar para o sigilo das informações prestadas e para o anonimato dos participantes de maneira que seja totalmente impossível identificá-los, principalmente se os dados forem sigilosos ou puderem causar algum tipo de constrangimento.

Considerações finais sobre o uso de questionário e entrevista

Na gestão de pessoas em empresas, os instrumentos descritos no presente texto podem ser utilizados na seleção de pessoas; no diagnóstico de situações, particularmente das necessidades de capacitação/treinamento; na construção de mapas funcionais de competências; na avaliação de desempenho dos colaboradores; em pesquisas de satisfação de clientes internos e externos à empresa, entre outras atividades.

Sua utilização permite documentar as situações – fator, inclusive, essencial a uma série de sistemas de garantia da qualidade – e apresentar argumentos para mudanças que se façam necessárias. Auxiliam os gestores a superar a filosofia do "achômetro" e a fornecer fatos reais, sobretudo para os responsáveis pela tomada de decisões.

Lembra-se, finalmente, que no processo de diagnosticar situações e visando demonstrar as mudanças ocorridas, após a implantação de novos padrões ou medidas, sobretudo para os instrumentos que priorizam a observação, é muito importante complementar os dados obtidos, mediante os instrumentos aqui descritos, com uma documentação fotográfica ou filmada dos locais e colaboradores envolvidos nos processos produtivos, de maneira a comprovar as mudanças. Se possível, prever uma documentação antes e após a implementação das medidas. Essa atividade propiciará elementos convincentes em relação ao alcance dos resultados.

Referências

ALBARELLO, L. et al. *Práticas e métodos de investigação em ciências sociais*. Lisboa: Gradiva, 1997.

BABBIE, E. *The practice of social research*. 4.ed. Belmont: Wadsworth Publ.,1986. Survey research; p.202-37.

BORUCHOVITCH, E.; SCHALL, V.T. Questionnaires in health education research. Advantages and disadvantages of open-ended questions. Implications for health research methodology. *Ciência e Cultura Journal of Brazilian Association for the advancement of Science,*1999.

BRENNER, M. Survey Interviewing. In: BRENNER, M.; BROWN, J.; CANTER, D. *The research interview: uses and approaches*. London: Academic Press, 1985.

BROWN, M.; BRANDRETH, G. *Como entrevistar e ser entrevistado*. Lisboa: Editorial Presença, 1992.

CEIA, C. Estruturalismo. In: *E-dicionário de termos literários*. Disponível em: http://edtle.com.pt. Acessado em: 10 nov. 2011.

CUVILLIER, A. *Pequeno vocabulário da língua filosófica*. São Paulo: Cia Nacional, 1969. 215 p.

GIL, A.C. *Como elaborar projetos de pesquisa*. 3.ed. São Paulo: Atlas, 1995.

_____. *Métodos e técnicas de pesquisa social*. 4.ed. São Paulo: Atlas, 1994.

GRAWITZ, M. *Méthodes des Sciences Sociales*. Paris: Editions Dalloz, 1996.

HAWRYSZKIEWYCZ, I.T. *Introduction to Systems Analysis and Design*. 3.ed. Prentice Hall, 1994.

KENDALL, K.E.; KENDALL, J.E. *Systems Analysis and Design*. Prentice Hall International Editions, Englewood Cliffs, 1992.

KVALE, S. *Inter Views: an introduction to qualitative research interviewing*. Thousand Oaks (California): Sage Publications, 1996.

LAYZELL, P.; LOUCOPOULOS, P. *Systems Analysis and Development*. 3.ed.Chartwell-Brat Student Text, 1989.

MARSHALL, C.; ROSSMAN, G.B. *Designing qualitative research*. 3.ed. Sage Publications, 1999.

MARTINS, M.C.F.N. *Humanização das relações assistenciais: a formação do profissional de saúde*. 2.ed. São Paulo: Casa do Psicólogo, 2002, cap. II Metodologia qualitativa de pesquisa.

MOSTYN, B. The content analysis of qualitative research data: a dynamic approach. In: BRENNER, M.; BROWN, J.; CANTER, D. *The research interview: uses and approaches*. Londres: Academic Press, 1985.

Novo Dicionário Aurélio versão 6.0. *Dicionário Eletrônico*. 4.ed. Curitiba: Positivo Informática, 2009.

OPPENHEIM, A.N. Checklist, rating scales, and Inventories. In: OPPENHEIM, A.N. *Questionnaire design and attitude messurement*. New York: Basic Books Inc. Publishers, 1966.

POLIT, D.F.; HUNGLER, B.P. *Nursing research principles and methods*. 3.ed. Philadelphia: J.B. Lippincott, 1987. Interviews and questionaires; p.227-48.

QUIVY, R.; CAMPENHOUDT, L.V. *Manual de investigação em ciências sociais*. Lisboa: Gradiva, 1992.

REA, L.M.; PARKER, R.A. *Designing and conducting survey research: a comprehensive guide*. 2.ed. San Francisco: Jossey-Bass Publishers, 1997.

SELLTIZ, C. et al. *Métodos de pesquisa nas relações sociais*. São Paulo: Editora Herder e Editora da Universidade de São Paulo, 1967.

YOURDON, E. *Modern Structured Analysis*. Prentice Hall International Editions (Englewood Cliffs), 1989.

Índice remissivo

A

Abastecimento de água 404
Abate 99, 100, 105, 107, 109, 114, 118-121, 123, 125-127, 129-134, 137-140, 401
Abatedouro 126, 127
Aberc 289
Absenteísmo 481, 499–522
Ácaros 269
Acidentes 481–522
Acidentes de trabalho 481–522
Ações corretivas 362, 369, 414–438
Ações educativas 494–522
Açougues 110, 120, 121, 125, 140
Aditivos 397, 403, 407, 411, 412
Adubação 248, 249, 254, 264
Adubo 396
Adulteração 360, 404, 425
Adversidades 290
Aflatoxicose 273
Aflatoxinas 273, 274, 278, 279, 410
Agências de recrutamento 487–522
Agências de regulação 400, 401, 427–438
Agências oficiais de regulação 426–438
Agentes bacterianos 397

Agentes etiológicos de enfermidades entéricas 247
Agentes patogênicos 402, 429, 430
Agentes químicos 247, 363, 364, 402
Agricultura 245, 252, 253, 258-260
Agricultura familiar 294
Agronegócio 257, 263, 264, 281, 494–522
Agrotóxicos 251-255, 258, 269, 280, 420–438
Água 144, 146-152, 154, 248, 288, 290, 396, 397, 404, 411, 416, 420, 421, 433, 436
Água contaminada 290
Água de consumo 411
Água de irrigação 396, 420
Água potável 416–438
Águas envasadas 413–438
Águas estagnadas 267
Alcaligenes 160
Alcaloides do ergot 268
Alergias 265
Alfaces 247
Algas 264
Alimentação 245, 254, 256, 288, 289, 292, 294, 296
Alimentação saudável 296

Alimentos 245-248, 288-290, 250-252, 254, 256-261, 287-289, 291, 292, 294, 296, 359, 476–522
Alimentos artesanais 399
Alimentos cárneos 402
Alimentos enlatados 399
Alimentos envasados 397
Alimentos infantis 267
Alimentos inócuos 434–438
Alimentos preparados 405
Alimentos processados 396
Alimentos seguros 399, 406
Alimento vegetal 245
Ambientais 246, 247
Ambiente 272, 280, 398, 403, 409, 411, 430
Amendoim 265, 267, 272, 273, 275, 278, 279, 283
América do Norte 267
Américas 267
Amoníaco 397
Amostragem 399–438
Anaeróbios 418–438
Análise 9, 10, 15, 19, 23-29, 31, 32, 37, 39, 40, 42-48, 56, 59, 61, 65, 71, 73, 80-82, 89, 90
Análise crítica 85
Análise da função 501–522
Análise de juízes 553–562
Análise de perigos 413–438
Análise de risco 37
Análise de situações, 536–562
Análise funcional 484–522
Análise laboratorial 399, 427–438
Análises de tendências 427–438
Análise sistêmica 295
Análises microbiológicas 424–438
Animais 274, 280
Animais doentes 401
Animais domésticos 248, 249
Animalia 264
Anorexia 277
Antibióticos 289, 403, 412
Antítese 527–562
Anvisa 249, 252, 259, 260
A. parasiticus 266-268, 273
Aplicação de métodos 426–438

Aplicador 279
APPCC 18, 35, 40, 41, 46-48, 55, 56, 58, 98, 124, 125, 141, 256, 257, 264, 289, 291, 395-401, 405, 406, 408, 409, 413, 414, 416, 424-428, 436, 437
APPCC/HACCP 395-403, 405-409, 413, 414, 416, 424-428, 430, 432-435
Aprendizagem 475–522
Aquecimento global 288
Ar 288
Área de alimentos 476–522
Áreas adjacentes 403
Áreas agrícolas 291
Argentina 274, 279
Aristóteles 525–562
Armazenamento 264, 270, 271, 273, 274, 280, 281, 283, 361, 374, 404, 405, 407, 420, 423
Arroz 267, 268, 273, 275, 279
Árvore decisória 418–438
Asas de insetos 413–438
Ásia 246, 267
Aspargos 247
Aspergillus flavus 266, 268, 273, 274, 282
Aspersão 279
ATA 277
Atendimento 409
Atitudes 492–522, 546–562
Atividade agrícola 263
Atividade física 296
Atividade reprodutora 268
Atmosfera interna 418–438
Ato inseguro 513–522
Auditoria 19, 26, 41, 47, 55-57, 65, 73, 84-87, 90, 337, 349-351, 353,
Auditorias internas 495–522
Auditorias periódicas 416–438
Augusto Comte 527, 531–562
Autoavaliação 517–522
Avaliação 485–562
Avaliação de desempenho 477–522
Avaliação de resultado 496–562
Avaliação de retorno 496–522
Avaliação de situações 523–562
Avaliador 518–522
Avaliar 494-522, 535–562

Avaliar programas educativos 535–562
Aveia 277
Aves 144-156
Aviação comercial 290
A_w 406, 421, 424
Axioma 532–562
Ayer 532–562
Azeitonas 274

B

Bacillus 160
Bacillus cereus 410
Bacon 525–562
Bactérias 247, 253
Balança comercial 263, 294
Balanças 404–438
Barthes 530–562
Batatas 247, 250
Bebidas 412–438
Benefícios 483–522
Benzopireno 411
Betacaroteno 292
Binômio tempo-temperatura 397–438
Biodisponibilidade 295
Biodiversidade 292, 293-295, 297
Biodiversidade nativa 294
Biota 295
Boas práticas 100, 102, 103, 105, 108, 109, 117, 119, 120, 122, 125, 138
Boas Práticas Agrícolas 256, 257, 415–438
Boas Práticas de Fabricação 18, 35, 44, 50, 329-337, 346-354, 356, 359, 400, 403, 415, 418–438, 493–522
Boas práticas de manipulação (BPM) 204
Bolores 264, 267
Borrachas 412–438
Botulismo 246
Branqueamento de papel 411
Brasil 274
BRC 39, 54, 55, 92
Brócolis 247, 250
Brucella abortus 410
Brucelose bovina 396

C

Cadeia alimentar 402
Cadeia produtiva 97, 100, 123, 124, 434–438
Café 247, 267, 274, 279
Calazas 158
Calibração 340-342
Calibração de equipamentos 363
Calor 255
Câmaras frias 424–438
Camas de vegetais 269
Campanhas educativas 295, 296
Campo 275
Campo de aplicação 486–522
Campylobacter jejuni 410
Câncer 292
Capacitação 102, 477–522, 535–562,
Capacitação/treinamento 206
Capital 476–522
Capital humano 479–522
Captação 476, 477, 483-522
Característica do produto 423–438
Características sensoriais 111, 130, 140, 141
Caráter crônico, 410
Carbamatos 252
Carcaça 119, 126, 134, 135, 138, 147-149, 153, 154, 149, 151, 152
Carcaças de frangos 415–438
Carcinogenicidade 268, 270, 276
Carcinógenos 273, 274
Cardiopatias 292
Cardiovascular 276
Carência de micronutrientes 291
Carne de sol 112-115, 139-141
Carne DFD 150
Carne moída 108, 109, 120, 135, 138
Carne PSE 151
Carnes 99, 100, 102-112, 114-121, 125, 130-134, 136-141, 268, 269, 272, 401, 417, 434, 436
Carne seca 112, 114, 115
Carotenoides 292
Casca 269, 278
Castanhas 265, 267, 272

Sistema de gestão: qualidade e segurança dos alimentos

CDB 294
CDC 246
Cegueira 269
Celeiros 272
Celulose 411, 412
Centeio 277
Cephalosporium 276
Ceras 412
Cereais 264, 269-274, 277, 279, 280
Certificação 15, 39-41, 49, 50, 55, 56, 69, 74, 77, 82, 85, 86, 88, 89, 196, 246
Certificados de origem 424-438
Cerveja 274
Cevada 267, 268, 274, 277, 279
CGMP 331
Chalazas 158
Charque 112-115, 139
Check-list 537-562
Chiller 149, 152, 154
Chomsky 527-562
Cidadão 295, 297
Científico 532-562
Ciguatoxina 410
Circulação periférica 269
Círculo de Viena 531-562
Cirrose 273
Cisticercose suína 396
Citotoxicidade 268
Citrobacter 160
Clara 158, 159, 163
Clientes 403, 405, 476-522
Clima 263, 266, 273, 274
Cloro 411
Clostridium botulinum 410
Clostridium perfringens 410
Cocção 417-438
Codex Alimentarius 33, 35, 37, 40, 41, 44, 56, 90, 91, 93, 400, 419
Cogumelos 264, 266, 399, 410
Cólera 246
Coletivismo 527-562
Colheita 264, 269, 270, 272, 273, 280-282, 396
Colheita de amostra 374
Combustão 411
Comercialização 264, 269, 270, 276, 280, 281, 396

Comércio 476-522
Comércio clandestino 402
Comércio internacional 434-436
Comércio varejista 99, 100-103, 105, 106, 108, 109, 119-121, 137, 140, 476-522
Comissão Interna de Prevenção de Acidentes (Cipa) 515-522
Commodities 274, 291
Competência 476-522
Competência profissional 476-522
Competente 484-522
Competitiva 476, 519
Competitividade 475-522
Complicações 276
Comportamento 486-522, 528-562
Comportamento humano 528-562
Compostos orgânicos 411
Compostos voláteis 397
Comprometimento 405, 497-522
Comte 527-562, 531-562
Comunicações 435-438
Concentração 279, 281
Concorrência 493-522
Condição insegura 513-522
Condimentos 273, 410
Confiança 399, 426
Congeladores 424-438
Congelamento 104, 107-109, 122, 128, 138
Conhecimento 475-522, 525-562
Conotação higiênico-sanitária 413-438
Conservação 248
Conservadores 417-438
Consultores internos 479-522
Consultoria 426-438
Consumidor 246, 254, 256-258, 273, 359, 360, 362, 364, 371, 372, 397, 399, 407, 409, 413, 414, 420, 435, 372, 374, 476-522
Consumo 396-398, 411, 412, 417, 420, 425, 432, 433, 436
Contaminação 36, 44, 45, 51-53, 57, 58, 246, 247, 249, 258, 328, 330, 332, 333, 335-338, 341, 344, 346, 348, 350, 399, 401-404, 411, 414, 420, 520-522
Contaminantes 246, 332, 333, 339, 341
Contaminantes ambientais 411, 420
Contaminantes de alimentos 265

Contato 401, 404, 412, 431
Controle 395-400, 404, 406, 407, 412-417, 421-425, 427-433, 436
Controle de qualidade 97-99, 117, 137, 140, 366
Controle glicêmico 292
Cooperativas 476-522
Cor 106
Corantes 411-438
Cortes 105-107, 119, 121, 128, 129, 131, 135, 136, 138, 140
Cortiça 412-438
Couve-flor 247, 250
Crianças 407, 413
Critério de desempenho 486-522
Croce 527-562
Cruzeiros marítimos 289, 290
Cryptosporidium parvum 410
Cultivo 263, 271-274, 396
Cultivo de vegetais 296
Cultura 295
Custo da seleção 491-522
Cyclospora cayetanensis 247
Cysticercus cellulosae 417-438

D

Dados históricos 396-438
DAS 276
Deci 508
Declaração do fornecedor 417-438
Dedução 525-562
Defensivos 246, 249, 252-254
Defensivos agrícolas 279, 280
Degradação ambiental 293
Dejetos 290
Demissão 482-522
Densidade pluviométrica 263
Descartáveis 249
Descartes 525-562
Descrição do produto 407-438
Desempenho competente 484-522
Desenvolvimento 287, 291, 292, 293, 297, 359, 365, 368, 489-522
Desenvolvimento do sistema APPCC/HAC-CP 430-438
Desenvolvimento organizacional 493-522

Desenvolvimento sustentável 287, 292
Desinfecção 101, 128, 341, 403, 404, 339-341
Desmatamento 288, 293
Desoxinivalenol 266, 268, 278
Destinação de lixo 404
Destinação dos produtos 426-438
Destruição 417-438
Desvio do processo 425-438
Detectores de metal 424-438
Deterioração 272, 396, 397
Deterioração dos alimentos 396, 397
Determinação do microrganismo indicador 429-438
DFD 129, 130
Diacetoxiscirpenol 276
Diagnóstico 482-562
Diagnóstico estratégico 482-522
Dialética 529-562
Dialético 525-562
Diálogo 525-562
Diários 542-562
Diarreia 277, 290
Dieta 291, 292
Diferencial competitivo 478-522
Dificuldades 406
Diluição 279
Dimetildisulfeto 397
Dioxinas 411
Diphyllobothrium latum 410
Diretrizes 400, 403, 405, 431
Diversidade biológica 293, 296
Diversidade cultural 295
Documentação 422-438, 488-522, 490-522,
Documento 18, 37, 40, 41 348, 369, 346, 347, 375
Doenças 246-248, 255, 264, 268, 271, 277, 280, 287-289, 292, 295, 296
Doenças infecciosas 288
Doenças não transmissíveis 292, 295
Doenças reemergentes 289
Doenças Transmitidas por Alimentos (DTAs) 246
Doenças veiculadas por alimentos (DVAs) 153
DON 276, 277
Doses infectantes 420-438

Dose tóxica 265
Dipping test 149, 152
Drogas químicas 403
DTAs 246, 247, 332, 338, 341, 343, 344, 353, 398, 399, 409, 433

E

E. coli 160
Ecológica 255
Economia 289, 290, 294-296
Ecossistema 287, 290, 291, 295
Edema 277
Edmund Husserl 530-562
Educação 476, 477, 491-497, 504, 510, 519-522
Educação ambiental 296
Educação corporativa 496-522
Educação de pessoas 492-522
Educadores 494-522, 522
Edward Moore 532-562
Efeito cumulativo 410
Efeito de Halo 518-522
Efeitos crônicos 265
Eficiência operacional 398
Elaboração do plano APPCC/HACCP 406, 407
Elastômeros 412-438
Elemento de competência 486-522
Embalagens 106, 249, 251, 258-260, 397, 398, 412, 414-416
Êmese 277
Empíricos 532-562
Empirismo 525-562
Empoderamento 509, 510
Empregabilidade 497-522
Empregadores 503-522
Empregados 503-522
Empresa 479-522
Empresa terceirizada 499-522
Encargos sociais 503-522
Ensino 295, 297
Entamoeba histolytica 410
Enterite 275
Enterobacter 160
Enterobacter aerogenes 160
Enteroparasitoses 247

Entrevista 490-562
Entrevistado 541-562
Entrevistador 543-562
Entrevistas focais 541-562
Envelhecimento 292
Enzimas 281
EPIs 514-522
Equilíbrio ambiental 290
Equilíbrio nutricional 292
Equilíbrio químico 292
Equinos 275
Equipamentos 363, 370, 371, 374, 375, 377, 403, 404, 412, 413, 415, 416, 418, 431
Equipamentos de proteção individual (EPIs) 515, 515-522
Equipe 405, 406, 408, 424, 425, 428, 430
Erradicação da fome 296
Erro de tendência central 540-562
Escala geológica 264
Escalda 153
Escherichia coli 160, 410
Escolaridade 485-522
Escolas 289
Escombrotoxinas 410
Esgoto doméstico 397
Especialistas 406-438
Especiarias 397
Espécies fúngicas 265
Espécies nativas 291, 293, 294
Essências 530-562
Estabelecimentos processadores 400
Estabilidade 281
Estações do ano 263
Estocagem 275, 405, 417, 432
Estresse 125, 126, 129, 133, 134, 292, 477-522
Estrutura 528-56
Estruturalismo 528-562
Estruturalista 529-562
Esvaziamento 272
Etapa de verificação 426-438
Etapas preliminares 405
EUA 246
Europa 246, 256
Evidência de conhecimento 486-522
Evidência de desempenho 486-522

Evidência racional 525–562
Evisceração 148, 127
Excelência na qualidade do pescado 209
Expectativa de vida 287
Experiência 525–562
Experimentação 525–562
Exposição à venda 109, 123

F

Fabricação 396, 398, 407, 408, 413, 415
Fábricas de ração 270
FAO 291, 297
Farinhas 271
Fauna 293, 294
F. culmorum 268
FDA 399, 400
Febre tifoide 246
Feedback 509–522
Feijão 274
Feiras 161
Feiras livres 161
Fenomenologia 530–562
Fertilizantes 415–438
Fetos 268
F. graminiarum 268, 277
Ficha de observação 537–562
Fidelidade 362
Fígado 268, 273
Figos 273
Filosofia analítica 532–562
Filosofia da história 531–562
Fiscalização 270, 398
Física 399, 403, 404, 409
Fisicismo 532–562
Fitopatógenos 269
Fitotoxicidade 268
Flavobacterium 160
Flora 293, 294, 295
Flora arbórea 295
Flora do alimento 429–438
Flora natural 293
Florestas 288, 293
Floresta tropical 295
FMEA 399
FNDE 294
Fome 287, 291, 296

Formação da equipe 430–438
Formalismo lógico-matemático 532–562
Formulário 541–562
Fornecedor 412–438
Forragens 266, 267, 277
Fotossensibilização 269
Franz Brentano 530–562
Fraturas 145, 150, 151
Fraude econômica 202
Fraudes 150, 152
Frequência de notificação 410
Frio 255
Frutas 247, 251, 256, 257, 260, 261
Frutas secas 267, 273, 279
F. sporotrichioides 268
FS-X 276
Fumonisina 266, 267, 268, 275
Funcionários 273
Fungicidas 253, 412-438
Fungos 247, 253, 264-267, 269-271, 273-277, 280, 281, 283
Furanos 411, 435
Fusarenona-X 276
Fusaritoxicoses 276
Fusarium 267, 271, 275-277, 282, 283

G

Galileu 525–562
Garantia de qualidade 405, 424-438
Garantia de sucesso 435
GEF 294
Geladeiras 424–438
Gema 158, 159, 163
Geneticamente modificados 254, 255, 259, 260
Germinação 269
Gestação 268
Gestalt 529–562
Gestão 405, 409, 475–562
Gestão ambiental 59-62, 64, 65, 83, 89, 91 288, 290, 293,
Gestão da qualidade 7, 9, 10, 14, 15, 17, 18, 20-25, 27, 28, 35, 55, 62, 86, 89-92, 97, 98, 109, 185, 202, 204, 288-291, 349, 354, 356, 510
Gestão da responsabilidade social 69, 72, 73

Gestão da segurança de alimentos 33, 39-43, 48, 50, 91
Gestão de pessoas 475–522 475–522,
Gestão de segurança de alimentos 333, 344
Gestão do agronegócio 264, 281
Gestão rural 263
Gestores 479–522
Giardia lamblia 410
GlobalGAP 39, 93
Globalização econômica 478–522
GMP 329, 331, 403
Gotejamento 149, 152
Governos 435-438
Granizo 263
Grãos 264-267, 269-277, 279-283
Grau alimentar 415–438
Greimas 529–562
Grupo focal 501–522, 541–562
Grupo multiprofissional 405

H

Habilidades 476–522
Hábitos 475–522
Hábitos alimentares 293
HACCP 395-401, 403, 405-409, 413, 414, 416, 424-430, 432-434, 436-438
Hans Kelsen 531–562
Hegel 526–562
Hegeliana 533–562
Helmintos 247, 396
Hematomas 145, 150
Hematopoiético 276
Hepatite A e E 410
Hepatocarcinoma 273
Hepatogenecidade 273
Hepatomas 274
Hepatotoxidade 276
Herbicidas 253, 412–438
Herzberg 507–522
Hidroxilação 274
Hierarquia das necessidades humanas 507–522
Higiene 101-104, 106, 116-118, 120, 125, 290, 330, 335-339, 342, 346, 347, 354, 403, 404
Higiene alimentar 257, 400

Higiene ambiental 339
Higiene da operação 342
Higiene pessoal 337
Higiênicos 507–522
Higiênico-sanitária 359, 362, 364
Higienização 249, 258, 272, 331, 332, 336-339, 341-343, 347, 348, 363, 364, 375
Histamina 410, 417
Historicidade 527–562
Hobbes 525–562
Hormônios 281, 403, 412
Hortaliças 247, 256
Hortas 296
Hospitais 289
Hospitalar 290
Hotéis 289
HPAs 411
Humboldt 527–562
Hume 526–562
Husserl 530, 531

I

ICMSF 400, 430, 436
Idealismo 525–562
Identificação 405, 406, 409, 416
Identificação de competências 499–522
Identificar o produto 425–438
IFS 39
Iluminismo 526–562
Imagem no mercado 482–522
Immanuel Kant 526–562
Implantação 401–438
Imunoestimulação 292
Imunológico 276
Inalação 270
Incêndios 411
Incentivos 483–522
Incinerabilidade 249
Incineração de resíduos 411
Indicadores 429–438
Indução 524–562
Indústria alimentícia 398-400, 403
Indústrias 398–438, 476–522
Indutivismo 527–562
Infecções 289, 293, 295
Infecções hospitalares 289

Informações-chave 406
Ingestão 272
Ingredientes 397, 403, 412, 414, 417, 418
Inhame 247
Inocuidade 3, 5, 33-36, 39, 90, 190, 193, 197, 202, 206, 208, 209, 245, 246, 254, 288, 290, 333, 413, 420, 494–522
Inocuidade dos alimentos 396, 398, 399, 406, 409, 494–522
Inócuos 257, 331, 339
Inseticidas 252
Insetos 246, 248, 252, 253, 269, 413–438
Inspeção 146, 147, 151, 155, 395, 400-402, 404, 416, 424, 427, 431, 433
Inspeção sanitária 400-402, 404, 431
Instalações 403, 404, 432
Instruções 404, 407, 434
Instrumento 537–562
Intoxicações 410
Inundações 263
Investigação 427–438
Investimento 280
ISAAA 255, 261
ISO 9001 20-24, 26, 27, 69, 77, 81, 83-85, 89, 92
ISO 14001 60-62, 65, 69, 81, 83-85, 89, 91, 92
ISO 22000 39-41, 50, 54, 91
ISO 26000 68, 69, 74, 92

J

Jean-Paul Sartre 530–562
Jerked beef 112, 113, 115, 139, 140
Julgamento 476–522

K

Kant 526–562
Klebsiella 160

L

Laboratório credenciado 420–438
Laboratórios 402
Lacan 529–562
Lactação 274
Laranja 245
Laticínios 410

Lavagem 127, 420–438
Lavoura 264, 265, 271, 279, 280
Lavrador 271
LCs 421–438
Legislação 119, 482–522, 538–562
Legislação pertinente 430–438
Legumes 247
Leibnitz 526–562
Leite 267-269, 272, 274, 275, 282, 296, 397, 401, 402, 410, 421, 433, 434, 436
Lesões cancerosas 268
Lesões cutâneas 269
Lesões estruturais 269
Leveduras 264
Lévi-Strauss 529–562
Líder 518–522
Liderança 482–522
Limite 278
Limite crítico 414–438
Limites operacionais 421–438
Limpeza 101, 103, 109, 125, 339, 341, 403, 404
Linguiças 275
Linhas de produção 424–438
Lista de verificação 537–562
Listeria monocytogenes 247, 410
LMR 252
Locke 508, 525–562
Lógica formal 525–562
Lucratividade 482–522
Lucro da empresa 398

M

Má alimentação 296
Maçãs 267
Macrocíclicos 276
Madeira 411–438
Madeiras raras 293
Maiêutica 524–562
Mamão 245, 247, 255
Mamíferos 277
Mandioquinha 245
Manejo 150, 151
Manejo de resíduos 339, 342, 347, 363
Manga 247

Manifestação clínica 410
Manifestações alérgicas 412–438
Manipulação 248, 249, 257, 272, 418–438
Manipuladores 102, 109, 116, 117, 134, 139, 140, 476–522
Manipuladores de alimentos 476–522
Manter 479–522
Manual de Boas Práticas 347, 361
Manutenção 363, 404-406, 412, 424, 427, 431, 476, 477, 496, 514
Manutenção preventiva 339, 342
Mapa funcional 502–522
Mares 290
Martin Heidegger 530–562
Marx 527–562
Marxista 533–562
Maslow 507–522
Massa biológica 265
Matemático 525–562
Materiais plásticos 412–438
Materialismo 527–562
Matéria orgânica 267, 397, 411
Matérias-primas 97, 105, 106, 109, 122, 123, 278, 396, 402, 404, 405, 412, 414, 415, 417, 418, 423, 428, 434
Matriciais 550–562
Maurice Merleau-Ponty 530–562
MBP 290, 361, 368, 374
MBPF 347, 348
McClelland 508
McGregor 507–522
MEC 294
Mecânica 281
Medicamentos 289, 290
Medida de controle 398–438
Medidas planejadas 422–438
Medidas preventivas 515
Meio ambiente 248, 252, 255, 257, 265, 288, 295
Meios de transporte 269
Mel 401, 434, 436
Melancia 247
Melão 245, 247
Melhorias 427–438
Mercado de trabalho 482–522
Mercados 404

Mercosul 274, 278
Metabolismo secundário 265
Metabolitos 273, 275
Metafísicos 532–562
Metais 410–438
Metais pesados 410, 419, 420
Metanol 397, 412
Metas de desenvolvimento 296
Metilamina 397
Método 523-562
Método de análise 528–562
Método hipotético-dedutivo 525–562
Metodologia 523–562, 524–562
Metodologia de pesquisa 523–562
Métodos de inspeção 402
Micotoxicoses 265, 266, 281
Micotoxinas 250, 264-274, 276, 278-281, 283, 284, 344, 410
Micotoxina T2 268
Microbiologia 133
Microrganismo 22, 97, 103, 106, 107, 109, 110, 111, 116-118, 122, 123, 127, 128, 130, 132, 133, 134, 332, 341-344, 346, 402, 409, 429–438
Microrganismos emergentes 289
Microrganismos patogênicos 289
Migração 412–438
Milho 265, 267, 268, 271-277, 279, 281, 282
Minerais 281, 293
Minimizar 359, 360, 361
MIs 430–438
Moagem 272
Modelos operacionais 532–562
Modismos 296
Moinhos 271
Moluscos bivalves 410
Mônada 526–562
Monetários 505–522
Monitoramento 360-362, 365, 367, 369, 370, 373, 374, 414–438, 422–438, 495–522
Monocultura 293, 294
Mortes 296
Movimento verde 288
Mucosas 268
Mudanças climáticas 288, 293
Mudanças organizacionais 492–522

Músculo 106, 113, 126, 128-130, 132, 133, 135
Mutações genéticas 289
Mutagenicidade 268
Myrothecium 276

N

NACMCF 400
Natureza 287, 290, 295, 296
Natureza do perigo 429–438
Navios 290
NBR 16001 72, 81, 91, 92
Necessidades humanas 293
Necrose 277
Nefropatias 275
Nefrotoxina 274
Neopositivismo 532–562
Neosolaniol 276
Nervoso 276
NESO 276
Neurath 531–562
Neurotoxidade 276
Neurotransmissores 281
Noema 530–562
Norma de competência 485–522
Normalização 86, 87
Normas 333, 334, 336, 339, 340, 347-349, 353, 399-401, 403, 405, 422, 432
Normas de competência 484–522
Normas e padrões de qualidade do pescado 194
Normativismo 532–562
Norovírus 290
Norwalk vírus 410
Novas tecnologias 478–522, 482–522
Novos clientes 482–522
Nozes 265, 267, 273, 274
Nutrição 288, 291, 292, 296, 297
Nutrientes 281, 291, 292, 295
Nutrientes essenciais 291, 292

O

Obesidade 291
Óbito 276
Objetos estranhos 413–438
Observação 525–562

Oceania 267
Ochratoxina A 247, 251
Ocratoxina 266, 267, 274, 275, 278, 279
OGM 254, 255, 256
OHSAS 69, 76, 78, 79, 81, 83-85, 92
OMS 289, 296, 298
ONU 294, 295, 298
Orgânico de produção agropecuária 254
Organismos geneticamente modificados (OGMs/transgênicos) 254, 255
Organismos multicelulares 264
Organizações 475–522
Organizações supranacionais 296
Organoclorados 252
Organofosforados 252
Organolépticas 245
Oriente Médio 246
Origem alimentar 412–438
Origem do produto 420–438
OTA 247
Ovos 157-165, 296
Ovos contaminados 159
Ovos crus 160

P

Padrões legais 422–438
Padrões normativos 405
Padronização 195, 202
Pães 274
Palmito 247
Pão 267
Parasitas 247
Parasitos 246, 247
Parsons 529
PAS 220 50, 51, 92
Pastagens 267, 274
Pasteurização do leite 397, 421
Pátios 273
Patógeno 248, 429–438
Patulina 267, 278, 279
PCBs 411
PCC 414–438
P. crustosum 267
PCs 416
PDCA 9-14, 21, 26, 85, 92
Pecuária 396

Peixes 274
Pelos de rato 413–438
Peneiras 416–438
Penicillium 274
Penicillium verrucosum 267, 268, 271
Penitrem 267
Pequi 292
Peras 267
Percepção 530–562
Perdas econômicas 269
Perfuração 269
Perigo 6, 18, 33-35, 37, 38, 40-42, 44-48,
    53, 79, 100, 134, 249, 256, 257, 333,
    395-397, 401-403, 406, 407, 409-415,
    417-420, 428-430
Periodicidade 360, 364
Pescado 401
Pesquisa 523-562
Pesquisadores 272
Pessoal do controle 424–438
Pessoas hipersensíveis 411–438
Pessoas subnutridas 291
Pesticidas 411, 412
P. expansum 267
pH 106, 113, 126, 129, 130, 131, 133, 406, 407,
    415, 424
Piaget 529–562
Pigmentos 412–438
Pillsbury 399, 400
Pimenta-do-reino 247
PIQ's 400
Piretroides 252
Pisos mal conservados 269
Pitanga 292
Planejamento estratégico 479–522
Planilha de monitoramento 422–438
Planilhas de controle 362, 369, 370
Plano 398, 406, 407, 414-416, 418, 426-432,
    495–522
Planos de amostragens 430–438
Planta 404
Plantae 264
Plantas forrageiras 268
Plantio 270, 280, 281, 396
Platão 524–562
PNAE 294

POA 401
Poedeiras 269
Políticas agrícolas 291, 293
Políticas públicas 294-297
Poluição 288, 290, 293
Pontiagudos 413–438
POPs 18, 35, 288, 290, 359-361, 363-365, 368-
    375, 403, 432
População 396–438
Pós-colheita 248-250, 257
Positivismo 527–562
Positivista 530–562
Potabilidade de água 336, 343, 346
Potencial carcinogênico 266
Potencialidade do ser humano 493–522
PPHO 18, 401, 404, 433, 434, 436
PPRs 41, 44, 45, 403, 409
Pragas 253, 255, 263, 264, 279-281, 332, 336,
    339, 340, 342, 346, 347, 404, 432
Pragas urbanas 363, 375
Praguicidas 415–438
Práticas agrícolas 264, 270, 274, 281,
    415–438
Práticas culinárias 295
Prazo de validade 398, 418
Pré-abate 125, 126, 140
Pré-colheita 280
Preconceitos 296
Preocupações ecológicas 478–522
Preparo do solo 264
Pré-requisito 28, 35, 40, 42, 44, 46, 50, 54, 55,
    333, 403
Pré-resfriamento 144, 152, 154
Prestação de serviços 400, 431, 432, 435
Pré-teste 553–562
Prevenção 274, 367, 395–438
Princípios 399, 400, 405, 411, 413, 414, 428,
    430, 432, 434
Princípios químicos 411–438
Problemas microbiológicos 399
Procedimento educativo 496–522
Procedimentos Operacionais Padronizados
    359-362, 375, 376, 383, 388, 493–522
Procedimentos Padrão de Higiene Opera-
    cional (PPHOs) 334
Processador 416–438

Processamento 396, 405, 407, 408, 412, 416, 421, 422, 424
Processos educativos 492–522, 535–562
Processo seletivo 489–522
Produção agropecuária 476–522
Produção animal 402
Produção convencional 254
Produções agrícolas 267
Produções de leite 269
Produtividade 150, 153, 248, 256, 362, 372, 435, 482–522
Produtividade pecuária 268
Produto alimentar 403
Produto alimentício 413, 264, 268, 281
Produto in natura 396–438
Produtores 290, 294
Produtos 246-257, 259, 260
Produtos cárneos 397, 434, 436
Produtos colhidos 269
Produtos de origem animal 97-99, 119, 125, 140
Produto seguro 250
Produtos hortifrutigranjeiros 396
Produtos lácteos 267, 279, 397, 434, 436
Produtos têxteis 412–438
Produtos vegetais 246-249, 259, 260, 420-438
Professores 295
Programa de Controle Médico de Saúde Ocupacional (PCMSO) 509
Programa educativo 492–522
Programas de educação 494–522
Programas de inocuidade 400
Promoção da saúde 510, 521
Propriedade familiar 476–522
Propriedades alucinógenas 264
Propriedades funcionais 292
Protetores de lâmpadas 416–438
Proteus 160
Protozoários 247, 264, 396
PSE 129-131
Pseudomonas 160

Q

Qualidade de vida 477–522
Qualidade dos alimentos 476–522

Qualidade total 478–522
Qualitativos 542–562
Quality Index Method (QIM) 195
Quantidade 533–562
Quantitativos 542–562
Quebra de dentes 413–438
Queijo 274, 397
Queimadas 293
Questão contingencial 549–562
Questionário 541–562
Questionário autoaplicado 541–562
Questões ambientais 294, 295
Questões contigenciais 548–562
Questões "dicotômicas" 548–562
Questões "matriciais" 550–562
Química 399, 403, 406, 409, 417
Quine 532–562

R

Ração 281
Racionalismo 525–562
Rações animais 265
Rações industrializadas 268
Raios solares 269
"Ranking de questões" 549–562
Rapport 551–562
Rastreabilidade 137, 185, 196-198, 202, 206, 209-211, 343, 346, 347, 402
RDC n. 216 363, 375
RDC n. 275 362, 375
Reajustamento salarial 503–522
Realismo 526–562
Recall 343, 346, 405
Reciclagem 249
Recolhimento de alimentos 363
Recompensas 497–522
Recrutamento 477–522
Recrutamento de pessoas 487–522
Recursos 405, 435
Recursos humanos 102, 476, 478, 479, 481, 483, 492, 499, 517, 520-522
Recursos naturais 288, 293, 296
Rede de esgoto 404
Rede elétrica 404
Redução fenomenológica 530–562
Reengenharia 500–522

Reflexão 525–562
Refratômetros 424–438
Refrigeração 104, 107-109, 111, 113, 114, 117, 122, 133, 134, 138, 407
Registrada 536–562
Registro 414–438
Regulagem dos equipamentos 269
Regulamento técnico 400, 431
Reino Procaryotae 264
Reino Protista 264
Reinos de evolução 264
Reinos Mycetae 264
Relativismo Kantiano 526–562
Relógios 424–438
Remoção da pele 127
Remuneração 477–522
Rendimento econômico 398
Rentabilidade da produção 435
Reprocessamento 425–438
Requisitos legais 427–438
Requisitos regulamentares 403, 405
Reservatórios de água 249
Resfriamento 420–438
Resíduos 250, 252, 257-260
Resíduos de drogas 417–438
Respondente 540–562
Responsabilidade ambiental e social 202
Responsáveis técnicos (RTs) 494–522
Responsável pelo monitoramento 423–438
Restaurantes 289
Resultados de análises 425–438
Retornáveis 249
Revalidação 428–438
Revestimentos 412–438
Revisão dos registros 426–438
Revisão linguística 552–562
Rigor mortis 126, 129
Rins 268, 275
Rios 288, 290
Risco 37, 39, 46, 51-54, 58-60, 76, 77, 97, 98, 103, 104, 126, 127, 274, 291-293, 295, 330, 288, 333, 337, 338, 341, 343-345, 350, 396, 414, 415, 429
Riscos à saúde 412
Roedores 248, 253
Roridinas 276

Rotatividade de colaboradores 482–522
Rotavírus 410
Roteiro padronizado 361, 364
Rotinas diárias 404
Rotulagem 105, 109, 120, 121, 123, 138, 260
RTs 494–522
Ruminantes 397
Ryle 532–562

S

SA 8000 66, 69, 81, 83, 93
Sabotagem 412
Salário 483–522
Salga 111, 113-115
Salinidade 255
Salmonelas 159, 160, 161, 164, 165, 410, 415
Salmonelose 161
Saneamento 404
Saneantes 404, 432
Sanidade 254, 256, 257
Sanitização 289, 404
Sapi 256, 257
Sarna 276
Saudável 245, 254, 257, 258, 359
Saúde 246, 247, 252, 253, 255-258, 287-289, 291-293, 295, 297, 476–522
Saúde animal 268, 276, 280
Saúde do consumidor 246, 257
Saúde do pessoal 403
Saúde dos colaboradores 332, 338
Saúde dos consumidores 397, 399
Saúde ocupacional 65, 69, 77-79, 81
Saúde pública 247, 266, 268, 275-277, 280, 281
Saussure 528–562
Seca 255, 263, 267, 273, 279
Secagem 101, 110-117
Sedentarismo 296
Segurança de alimentos 4, 6, 33-46, 48, 50, 54-57, 91, 92, 193, 202, 206, 210, 292, 294, 296, 330, 333, 341, 344, 345, 348-351, 353, 354, 356, 372, 375, 398, 401, 403, 405-407, 409, 410, 429, 432-436, 489–522
Seleção de pessoas 489–522
Sementes 269, 271, 273, 275

Índice remissivo | **577**

Sensação 525–562
Sentimentos 542–562
Seres humanos 265, 266, 268, 274-276
Serratia 160
Sesquiterpenoides 276
Severidade 396, 410, 413, 414
Severidade moderada 410
SGI 81, 83
Shigella 160, 410
SIF 401, 434
Silos 270, 271, 272
Síntese 527–562
Sistema Agropecuário de Produção Integrada (Sapi) 256
Sistema APPCC 333
Sistema de análise de perigos e pontos críticos de controle 206
Sistema de documentação 427–438
Sistema de ensino 295
Sistema de gestão integrado 80-82, 85, 92
Sistema de produção 246, 248, 254
Sistemas de segurança 493–522
Sistema vascular 268
Sobrevivência 289, 291, 292, 482–522
Sociologia 527–562
Sócrates 518–5622
Soja 267, 275, 279
Solo 248, 288, 293
SOP 403
Sorgo 277
S. paratyphi 410
SSOP 404
Stachybotrys 276
Staphylococcus 160, 410
Stuart Mill 527–562
Substâncias químicas 415–438
Substâncias tóxicas 397, 432
Substituição 418–438, 428–438
Suínos 267, 269, 274277, 397, 401
Sujidades 413–438
Sulfato de cobre 412–438
Sulfeto 397
Supermercados 160-162
Supervisores 424–438
Surtos 246, 247, 277
Surtos de DTAs 409

Survey 541–562, 562
Sustentabilidade 3, 4, 7, 8, 59, 66, 68, 265, 268, 274, 280
Sustentabilidade ambiental 288, 292, 296, 297
Sustentabilidade econômica 296

T

Tabagismo 296
Tabus alimentares 296
Taenia saginata 401, 410
Taenia solium 396, 397, 401, 410
Talento humano 478–522
Taquicardia 277
TCTC 276
Técnicas para conservação 418–438
Tecnologia 422-438, 478–522
Temperatura 106, 272, 363, 364, 371, 374, 397–438
Tempo de processamento 424–438
Tempo real 424–438
Teológicos 532–562
Teores proteicos 291
Teoria da avaliação 508
Teoria da equidade 509
Teoria de Expectativa de Vroom 507
Teoria de necessidades de McClelland 508
Teoria do Equilíbrio 509
Teoria ERC 508
Teratogenicidade 268
Terceirização 499–522
Termógrafos 424–438
Termômetros 424–438
Teste prévio do instrumento 543–562
Testes microbiológicos 404
Timers 424–438
Tipificação 136, 137
Tipo de produto 413–438, 429–438
Tomate 247
Toxicidade 273, 411–438, 420–438
Toxicose 276
Toxina botulínica 247
Toxinas 246, 250, 266, 332, 342, 410
Trabalhadores 477–522
Trabalho 477–522
Trabalho manual 477–522

578 | Sistema de gestão: qualidade e segurança dos alimentos

Transcendental 526–562
Transgênicos 254, 255, 256
Transporte 100, 105-107, 121, 126, 130, 133, 134, 248, 272, 407
Transporte de alimentos 361
Tratamento térmico 407
Trato urogenital 268
Trichinella spiralis 410, 417
Trichoderma 276
Trichothecium 276
Tricotecenos 266, 268, 276
Tricotecina 276
Trigo 267, 268, 270, 273, 274, 276, 277, 282
Tulhas 271
Tumores malignos 268
Tunísia 275
Turbilhonamento 152

U

UANs 398, 399, 403, 407, 416, 434, 435
Umidade 272, 273
União Soviética 266, 267
Unidade de competência 485–522
Urbanização 295
Uruguai 274, 279

V

Validação 427–438
Validade do plano 427–438
VE-DTA 247
Vegetais 245-251, 254-260, 288, 289, 292, 293, 296
Veículos 271

Ventilação 273
Verduras 247
Verificação 414–438
Vernizes 412–438
Verrucarinas 276
Verticimonosporium 276
Vibrio cholerae O1 410
Vida de prateleira 398
Vida útil do produto 427–438
Vidro 412–438, 413–438
Vigilância 281
Vigilância epidemiológica de surtos de DTA 246
Vigilância sanitária de alimentos 540–562
Vinho 274
Vinícius de Moraes 536–562
Vírus 247
Visão humanista 475–522
Vitaminas 281
Vomitoxina 266, 267, 277
V. parahaemolyticus 410
V. vulnificus 410

W

Wolff 526–562

Y

Yersinia enterocolitica 410

Z

Zearalenona 266-268, 277-279
Zenão de Eleia 533–562